Cordelia Schmidt-Hellerau

Der Grenzgänger

Zur Psycho-Logik im Werk
Robert Walsers

Ammann Verlag

Umschlagbild:
Roland Topor, *Arbre Maternel,* 1977

Erste Auflage
© 1986 by Ammann Verlag AG, Zürich
Alle Rechte vorbehalten
ISBN 3-250-01016-2

Für RCB

Vorwort

Die Erforschung der Literatur unter psychologischem Er-
kenntnisinteresse ist so reizvoll wie riskant. Der Reiz liegt
darin zu ermitteln, von welcher besonderen Art seelischer
Bewegungen das Werk eines Schriftstellers durchzogen,
vielleicht sogar getragen ist. Daß dies in irgendeiner Form
der Fall sein muß, liegt auf der Hand: Ein Autor füllt im Laufe
seines Lebens einige hundert Seiten mit Gedichten, Prosa-
stücken, Romanen und Dramen, mit Erfundenem, Erlebtem
und Erdachtem, und wie immer seine bewußten Motivationen für seine Arbeit lauten mögen, was immer das Ziel seiner
künstlerischen Intentionen sein mag – das Seelische schweigt
niemals, schon gar nicht während der kreativen Arbeit, und
deshalb gehen seine Mitteilungen unvermeidbar mit ein in den
poetischen Text. D. h.: das literarische Kunstwerk enthält
eine psychologische Struktur, deren Kenntnis für sein Verständnis von mehr oder weniger entscheidender Bedeutung
sein kann. Die Bezugnahme auf biographisches Material bei
der Interpretation einzelner wie ganzer Werke ist eine Folge
solcher Überlegungen, und zweifellos lassen sich auch auf diesem Wege aufschlußreiche Zusammenhänge ermitteln, die
das Textverständnis wesentlich fördern. Fraglich bleibt allerdings immer, in welcher Weise denn Vita und Opus miteinander in Verbindung gebracht werden dürfen. Die Schwierigkeiten, die beim Versuch einer Klärung dieser Beziehung
auftreten, sind so mannigfaltig wie bekannt. Sie sollen hier
vermieden werden. Die vorliegenden Untersuchungen zur
Psycho-Logik im Werk Robert Walsers befassen sich also ausschließlich mit seinen Texten und gründen ihre Argumentation nicht auf den Lebens- und Leidensweg des Dichters.
Riskant ist solche Forschungsarbeit insofern, als Dichtung
sich bekanntlich den verschiedensten Deutungen zu fügen
scheint, weshalb es leicht geschehen kann, daß nicht die

Erkenntnisse anderer Disziplinen in den Dienst des Werkverständnisses gestellt werden, sondern umgekehrt: das Werkverständnis im Laufe der Arbeit unversehens dem je gewählten theoretischen Rahmen angepaßt wird. Psychologische Theorien verleiten vielleicht am ehesten zu einem solchen interpretativen Mißbrauch der Dichtung als Beleg für die zitierte Theorie, weil sich, wie Freud schon früh bemerkte, ihre Fallbeschreibungen, die Krankengeschichten, lesen lassen wie »Novellen«[1], so daß die Versuchung naheliegt, die dort gefundenen Erklärungen für klinisch bedeutsame Phänomene auf ähnlich gestaltete Erscheinungen im literarischen Text unmittelbar zu übertragen. Hier ist also höchste Vorsicht und kritische Distanz geboten. Das Problem besteht folglich darin herauszufinden, was in einem poetischen Werk zur Grundlage für die psychologische und psychoanalytische Interpretation genommen werden kann und was sich mit ihrer Hilfe erschließen läßt – will man nicht das Risiko eingehen, am Ende die ganze Psychologie, nichts aber vom Werk selber verstanden zu haben.

Das Interesse für die psychologischen Zusammenhänge im literarischen Text ist keine Erfindung der Literaturwissenschaft. Vielmehr sind es immer schon Fragen wie etwa die nach den charakterlichen Eigentümlichkeiten der verschiedenen Figuren, den Konflikten, die sie miteinander austragen, den Gründen für ihre seelischen Nöte gewesen, die den Leser zuallererst beschäftigt haben. Möchte man aber in die Vielfalt solcher Fragen eine gewisse Ordnung bringen, dann zeigt sich, daß die Psychologie der Kunst selber etwas so Vielschichtiges und Komplexes ist, daß ein isoliertes Erfassen einzelner Bereiche oftmals schier unmöglich ist. Dennoch ist es nützlich, zumindest gedanklich drei Ebenen der psychologischen Interpretationsweisen voneinander zu trennen[2]:
Das erste, was dem Rezipienten begegnet, ist der *Inhalt* eines einzelnen Werkes, mit dem er sich auseinanderzusetzen hat.

Eine bestimmte Handlungs- und/oder Gedankenabfolge liegt vor, deren Träger mehr oder weniger klar erkennbare Charaktere sind, die manifest oder latent in Beziehung zueinander stehen und durch die Zäsuren von Anfang und Schluß einen fest umgrenzten Lebensausschnitt vorstellen. Möchte man diesen in seiner psychologischen Dimension verstehen, dann kann man sich zunächst auf alle diejenigen Zeichen beschränken, die im Text selbst gesetzt sind – Anleihen aus anderen Quellen, z. B. der Biographie des Autors oder anderer seiner Werke, fügen dem zu interpretierenden Ausschnitt oft einen Aspekt hinzu, der in ihm nicht oder so nicht enthalten ist, weshalb solche Bezugnahme nicht unberechtigt, aber kritisch zu handhaben ist. Durch das Erkennen ihres Zusammenhangs läßt sich ein solides, jedoch begrenztes psychologisches Verständnis dessen erarbeiten, was sich auf der Inhaltsebene im Text mitteilt.

Unter dieser »Oberfläche« aber verbirgt sich eine zweite, wesentlich unzugänglichere Dimension, die des kreativen Impulses, d. h. eigentlich: der besonderen Beschaffenheit dieser *Kreativität,* auf die das einzelne ebenso wie das gesamte Werk eines Dichters zurückzuführen sind. Sie zu ermitteln bedeutet, die in einer Psyche wirksamen Gesetze zu rekonstruieren, die strukturbildend ein ganzes Werk auf allen seinen Ebenen gestaltet und es zu einem in dieser Hinsicht einheitlichen, individuellen und im Vergleich mit anderen unverwechselbaren geprägt haben. Gelingt es, dahin vorzudringen, den psychologischen Bereich der Kreativität in einem Werk zu erhellen, dann lassen sich von dort aus wiederum im einzelnen Text weitere Elemente in der Kausalität ihrer Verbindungen verstehen. Die Interpretation hätte in diesem Fall auszugehen von einer genauen Text- und Werkbeobachtung, die Typisches und Symptomatisches herausdestilliert, um es durch Auffinden ihres psycho-logischen Zusammenhangs in ein System zu integrieren, das zur Verständnisgrundlage für die erneute Textbeobachtung wird.

Die dritte Dimension schließlich verbindet die beiden erstgenannten mit der besonderen psychischen Struktur des Rezipienten und ist somit die der Psycho-Logik der *Wirkung*. Die berühmtesten Beispiele hierfür sind die Ödipus- und Hamletinterpretationen durch Sigmund Freud, welche die Zeitlosigkeit der Wirkung beider Tragödien als Reflex eines psychischen Grundmusters erklären, das in die seelische Entwicklung des Mannes eingewoben ist. Doch auch über solchen Bezug auf psychogenetische Gesetzmäßigkeiten hinaus betrifft die Dimension der Wirkung einer Dichtung auf den Leser die – zumeist unbewußte – Kommunikation zwischen den psychischen Gegebenheiten von Werk und Rezipient[3], woraus sich im Einzelfall Vorliebe für und Abneigung gegen bestimmte Schriftsteller erklären ließen, die unabhängig von der anerkannten Qualität ihrer Kunst manchmal von Anfang an bestehen können und gelegentlich nicht wesentlich veränderbar sind.

Nun ist ja der Schriftsteller in der Regel kein gelernter Psychologe, und die längste Zeit gab es nicht einmal ansatzweise das, was man heute als eine wie immer geartete theoretische Vorstellung von psychischen Vorgängen bezeichnen könnte. Das Leben der Seele galt als Mysterium, das in die Obhut der Religion gegeben war oder als Gegenstand der Philosophie für weitverzweigte Spekulationen Anlaß bot. Und dennoch – vielleicht gerade deshalb – entstanden auch in psychologischer Hinsicht die größten Meisterwerke in der Literatur, weshalb man zu Recht den Dichter als außerordentlich guten Menschenkenner schätzt, der seine besondere Sensibilität für die Eigengesetzlichkeit des Seelenlebens in sein Werk ein- und so dem Leser nahebringt. Solche Kenntnis der seelischen Vorgänge ist, soweit sie nicht als Erfahrung bewußt ist, immer auch als eine intuitive durch das Unbewußte des Dichters vermittelt. Von dort herkommend ist die Psycho-Logik in der Kunst sichergestellt, solange nicht »Verstand« und Wille – auch Ansprüche, die von außen an den Schriftsteller gestellt werden, z. B. ideologische – ihr entgegen disparate Ziele durchsetzen.

Die bisher dargestellten Überlegungen sind getragen von zwei Grundgedanken: erstens, daß seelisches Leben – auch im Fall der Psychose – keineswegs bizarr, nach dem Zufallsprinzip, über einmalige Verknüpfungen und plötzliche Lösungen hinweg verläuft, sondern im Gegenteil eine Struktur aufweist, deren individuelle Ausprägung letztlich immer, wenn auch im weiten Rahmen, begrenzt und zurückgebunden bleibt an allgemeine psychologische Gesetzmäßigkeiten; und zweitens, daß deshalb potentiell jede seelische Äußerung psychologisch verständlich und erklärbar ist. Ein solches Verständnis zu erarbeiten ist gewiß mit unterschiedlichen Schwierigkeitsgraden verbunden – und die allerhöchsten Anforderungen stellen in dieser Hinsicht zweifellos die Psychosen –, doch winkt solcher Arbeit im Erfolgsfalle eben auch eine hohe Lustprämie, die beim Literaturwissenschaftler im übrigen eine doppelte ist: Freud hat in seiner psychoanalytischen Literaturtheorie die Meinung vertreten,

> »daß alle ästhetische Lust, die uns der Dichter verschafft, (...) daß der eigentliche Genuß des Dichtwerkes aus der Befreiung von Spannungen in unserer Seele hervorgeht. Vielleicht trägt es sogar zu diesem Erfolge nicht wenig bei, daß uns der Dichter in den Stand setzt, unsere eigenen Phantasien nunmehr ohne jeden Vorwurf und ohne Schämen zu genießen.«[4]

Man könnte sagen, die Lust oder Vorlust, von der Freud hier spricht, ist die einfache Lust des Zuschauers im Theater, die Lust des Lesers bei seiner einsamen, von den Einwirkungen der Realität weitgehend abgeschlossenen Lektüre, sie ist eine direkt empfundene und zumeist in ihren Gründen unerkannte Lust. Zu dieser gesellt sich aber beim Forscher eine zweite, wofür Freuds Umgang mit Dichtung und bildender Kunst das beste Beispiel abgibt. In seiner Arbeit »Der Moses des Michelangelo« bekennt er, daß er »fast genußunfähig« sei, wenn er nicht *erfassen* könne, *wodurch ein Kunstwerk wirkt.*

> »Ich weiß, daß es sich um kein bloß verstandesmäßiges Erfassen handeln kann; es soll die Affektlage, die psychische Konstellation, welche beim Künstler die Triebkraft zur Schöpfung abgab, bei uns wieder hervorgerufen werden. Aber warum soll die Absicht des Künstlers nicht angebbar und in Worte zu fassen sein wie irgendeine andere Tatsache des seelischen Lebens? Vielleicht daß dies bei den großen Kunstwerken nicht ohne Anwendung der Analyse gelingen wird. Das Werk selbst muß doch diese Analyse ermöglichen, wenn es der auf uns wirksame Ausdruck der Absichten und Regungen des Künstlers ist. Um diese Absicht zu erraten, muß ich doch vorerst den *Sinn* und *Inhalt* des im Kunstwerk Dargestellten herausfinden, also es *deuten* können. Es ist also möglich, daß ein solches Kunstwerk der Deutung bedarf und daß ich erst nach Vollziehung derselben erfahren kann, warum ich einem so gewaltigen Eindruck unterlegen bin. Ich hege selbst die Hoffnung, daß dieser Eindruck keine Abschwächung erleiden wird, wenn uns eine solche Analyse geglückt ist.«[5]

Damit wird aber deutlich, daß die psychoanalytische Erforschung der Kunst, hier der Literatur, eine Form von Werk- und Selbsterkenntnis zugleich ist, insofern sie die eigene Reaktion, den »gewaltigen Eindruck« oder die spontan empfundene Lust, in ihre Arbeit mit einbezieht, ja vielfach von dieser überhaupt ihren Ausgangspunkt nimmt[6]. Dann erkennt man vielleicht plötzlich, daß sich z. B. die Freude am Sturz des Tyrannen nicht nur in den oberen Regionen der moralischen Wertsphäre abspielt, sondern auf ein tief in unserer eigenen Vergangenheit liegendes infantiles Rachegelüste gestoßen ist. Erkennen und Erinnern fallen hier also zusammen. Aber auch unabhängig davon, welchen Anteil die Erinnerung am Erkenntnisprozeß hat, also Wiedererkennen ist, betont Freud, »daß das Erkennen an sich, d. h. durch Erleichterung des psychischen Aufwands, lustvoll ist«[7].

Positiv ausgedrückt könnte man vielleicht sagen, daß die Lust des Literaturwissenschaftlers im Erfolg der Erkenntnis eine Folge von Konsolidierung und Neubildung psychologischer Struktur, mithin eine Sicherung und Erweiterung seines seelischen Bewegungsraumes wäre und sich vergleichen ließe mit der Freude des Kindes über das neu Hinzugelernte, das seine Aktions- und Reaktionsmöglichkeiten sowohl erweitert als auch differenziert und ihm so ein Stück Freiheit einträgt.

Im Falle Robert Walsers stehen psychologisch interessierte Text- und Werkuntersuchungen besonders oft im Verdacht, die Eigentümlichkeiten dieser Dichtung als pathologische Abweichung qualifizieren zu wollen[8]. »Auch abgesehen von der allgemeinen Frage nach dem Wert psychologisierender Interpretation muß diese in einem so extrem problematischen Fall wie dem Walsers zunächst ausgeschlossen werden, um nicht dieses Werk oder doch ganze Teile desselben dem eigenständig künstlerischen Bereich schon wieder zu entfremden, für den es sie kritisch überhaupt erst zu gewinnen gilt«[9], schrieb Jochen Greven in seiner Dissertation 1959. Daß seine Sorge, wenn nicht grundsätzlich, so doch in einigen Fällen durchaus ihre Berechtigung hat, zeigen Arbeiten wie z. B. die von Hans Bänziger[10], Paul Müller [11] und Werner Günther[12]. Das Problem solcher Untersuchungen besteht im wesentlichen darin, daß sie, scheinbar ohne es zu merken, zur Voraussetzung machen, was sie am Ende herausgefunden haben wollen: die Krankheit des Dichters. Möglicherweise gerät jedes biographisch geleitete Werkverständnis am Ende in diese Falle, weil der Eindruck, den das Leben und Sterben eines Dichters auf uns macht, zu gewaltig ist, um die Werkrezeption nicht wesentlich mitzuprägen. Auch deshalb scheint es mir sinnvoll, die Biographie Robert

Walsers im Bemühen um ein Verständnis seiner Texte weitgehend aus dem Spiel zu lassen. Hinzu kommt, daß die niemals vollständigen biographischen Daten, so unmittelbar auf den Text übertragen, keinen Aufschluß über diesen geben, da sie nichts anderes sind als eben Bruchstücke einer Realität, von der wir nicht wissen, welchen inneren Bezug der Dichter zu dieser hatte, und schon gar nicht, in welcher Weise er seinen Realitätsbezug für die Dichtung bearbeitet hat.

>Hierin, wie in manchen andern Dingen, täuscht man sich mitunter. Was wir zu betrachten und an uns anzuziehen meinen, gießt sich aus unserem eigenen Innern hervor usw. (...) Eigentümlich ist, wie mir Frühes und Spätes, Jetziges und Längstvergangenes, Deutlich-Gegenwärtiges und Halbschonvergessenes in- und übereinanderschwimmen und schimmern und wie blitzende Lichter, schwerfällige Wellen zusammenfallen und übereinanderwogen.« (III, 186)[13]

Und im übrigen gilt für mich in dieser Frage das Gebot der Diskretion einer Persönlichkeit gegenüber, die zeit ihres Lebens nicht sich selbst zum Gegenstand des öffentlichen Interesses hat machen wollen.

Neben solchen Arbeiten, die vor allem das Spätwerk als krankhaft beurteilen, gibt es andere, die sich gegenüber Anzeichen psychischer Störungen verhalten, als gelte es, die Ehre des Verfassers gegen ihn selber zu verteidigen. Darin zeigt sich ein ungesundes Verhältnis zur Krankheit, das genau das Vorurteil reproduziert, das darin bekämpft werden soll. Bekämpft werden soll der Ausschluß des Anormalen, die Humilisierung des Kranken, der nichts mehr wert ist, weil er nicht mehr so, wie gefordert, arbeiten kann und weil der gesellschaftlich festgesetzte Wert der Arbeit den Menschen insgesamt zu qualifizieren scheint. Also lautet die tendenzielle Devise: das, was nach Störung aussieht, ist die Darstellung einer kranken Gesellschaft, ist aber als Darstellung »gesund« – und deshalb gut. Dieses Arbeitsethos und Gesundheitssyndrom kann aber andererseits nicht verhindern, der manischen Kunstproduktion eines Adolf Wölfli mit der gleichen Bewunderung, mit ebenso starkem Interesse gegenüberzutreten wie z. B. den Werken eines Salvador Dali oder eines Arno Schmidt. Ich will damit nur sagen, daß Begriffe wie »gesund« und »krank« für das Verständnis und die Qualifikation von Kunstwerken völlig ungeeignet sind, ebenso wie der Begriff »genial« dann meist eine Verlegenheitslösung darstellt, wenn man etwas schon ziemlich verrückt, aber eben doch sehr schön und noch irgendwie gut findet. Da Begriffe wie psychische »Gesundheit«, »Krankheit« oder »Krise« möglicherweise nur formale (strukturelle) Differenzen, inhaltlich aber qualitativ nicht meßbare, gleichermaßen vielfältige Bewegungen im ununterbrochenen Fluß seelischen Lebens bezeichnen, gilt es, vorurteilsfrei die Gesetzmäßigkeiten dieser Bewegungen durch alle Seelenzustände hindurch aufzuzeigen, wenn man ihr Wirken in den Werken der Literatur verstehen möchte. Sollten also einzelne Texte Robert Walsers u. a. Ausdruck einer seelischen Störung geben, dann kann diese ohne Scheu zu fassen versucht werden, ohne daß damit ein negatives Werturteil verknüpft wäre.

Damit sind zwei weitere Grundpositionen dieser Arbeit genannt: zum einen ist mein Interesse nicht auf die Persönlichkeit Robert Walsers gerichtet, und zum anderen ist der Begriff der Krankheit für meine Überlegungen irrelevant bzw. wertneutral.

Unbehindert durch die Tabuisierung einzelner psychischer Spektren und durch die Unvollständigkeit und Ungesichertheit biographischer Daten wird der Blick frei auf die Psycho-Logik im Werk Robert Walsers, und diese ist es, die ausschließlich hier erarbeitet werden soll. Zu Rate gezogen habe ich im wesentlichen die Werke Sigmund Freuds und seiner Nachfolger, wodurch es möglich war, die einzelnen Beiträge der verschiedenen Theorie-Autoren in ein kohärentes Deutungsmuster zu integrieren, dessen Ausgestaltung ausschließlich an den Bedürfnissen der Werkinterpretation orientiert wurde. D. h., ich habe aus der Fülle psychologischer, psychoanalytischer und entwicklungspsychologischer Erkenntnisse nur die Teile ausgewählt, die für das Verständnis von Walsers Dichtung fruchtbar gemacht werden konnten.

Im ersten Teil meiner Untersuchungen soll die theoretische Basis für ein psychologisches Verständnis der Texte erarbeitet werden, das Modell einer Psychogenese der sich im Werk strukturell vermittelnden Erfahrung.

Der zweite Teil betrachtet phänomenologisch den zu dieser Erfahrung gehörenden Verhaltenstypus: den Grenzgänger. Erläuterungen zur Konstruktion dieser Figur sind erst in Teil II erforderlich und vorgesehen.

Der dritte Teil versucht – unter Einbeziehung verschiedener Kreativitätstheorien – durch eine Art Psychoanalyse des »Räuber«-Romans die Vermittlung von psychologischen und poetologischen Prinzipien deutlich zu machen. Methodische Überlegungen leiten jeden dieser drei Teile ein.

Diese Arbeit möchte also nur einen ganz speziellen Aspekt in Walsers Dichtung, eben den psychologischen, erhellen, während andere, wie z. B. literaturgeschichtliche oder soziologische, weitgehend ausgeblendet bleiben. Das ist auch deshalb vertretbar, weil diese in zahlreichen Arbeiten über Walser schon eingehender berücksichtigt worden sind[14]. Aber es versteht sich von selbst, daß nur eine Zusammenschau aller Einzelaspekte ein annähernd vollständiges Erfassen der Bedeutungsvielfalt seines literarischen Werkes ermöglichen könnte.

Die Arbeit an diesem Buch war für mich von der ersten bis zur letzten Zeile ein spannendes Abenteuer, das mir in allen Etappen Freude am Entdecken verborgener Zusammenhänge und am besseren Verstehen der Mitteilungen in Walsers Texten bereitet hat. Daß sich solche Freude nicht nur dem »Fachmann« vermitteln läßt, hat mir die stets lustbetonte Anteilnahme der Ärztin Dr. Elisabeth Bauer (Wien) in vielen Gesprächen gezeigt, wofür ich ihr sehr dankbar bin. Für kritische Lektüre, ermutigenden Beistand und wertvolle Hinweise vor allem in den Entstehungsphasen einzelner Teile dieser Arbeit möchte ich der Psychologin Kati Spillmann (Zürich), der Literaturwissenschaftlerin Dr. Claudia Schmölders (Frankfurt) sowie dem Literaturwissenschaftler Dr. Dirk Mende (Stuttgart) meinen herzlichsten Dank sagen; in vielen anregenden Diskussionen mit ihnen waren mir ihr konstruktives Fragen und nicht nachlassendes Interesse am Fortgang der Untersuchungen ein Movens für meine weiteren Überlegungen. Einen ersten Eindruck von der Praxis der Psychoanalyse verdanke ich dem Psychiater und Psychoanalytiker Professor Dr. Fritz Meerwein (Zürich); mein Wunsch, die besondere Sprache verstehen zu lernen, mit der sich Seelisches zum Ausdruck bringt, sowie das Erkennen der Eigengesetzlichkeit und des Gestaltungsvermögens, die dabei entfaltet werden, haben durch seine Vermittlung eine Vertiefung erfahren, die mir die Einsicht in die Bedeutung so mancher Textstelle erst ermöglicht hat. Wie die Lust und Entdeckerfreude des Lesers mit der Genauigkeit und Methodik des Literaturwissenschaftlers so zu verbinden sind, daß diese jene noch steigern und ertragreich machen, das und damit alles Wesentliche im Umgang mit der Neueren Literatur hat mir Professor Dr. Peter von Matt (Zürich) gezeigt, wofür ihm diese Arbeit ein Dank sein möchte. Besonders gefreut habe ich mich über das beherzte Engagement meines Verlegers Egon Ammann, der – nicht zuletzt aus Liebe zum Werk Robert Walsers – den Mut hatte, diese umfangreiche Untersuchung in sein Programm aufzunehmen. Allen, die meinem Absorbiertsein von dieser Arbeit mit Verständnis begegnet sind, fühle ich mich dankbar verbunden.

Küsnacht, im Januar 1986

Teil I

Die Gefräßigkeit der Mutter und der Schatten des Vaters

Zur Psychogenese des Grenzgängers

»Dem heranwachsenden Kinde
schleichen Vater und Mutter
leise durch das Leben nach.«
(III, 128)

Wenn Robert Walser einige tausend Seiten Tagebuch hinterlassen hätte, wäre es naheliegend, Untersuchungen zur
Psycho-Logik seines Werks eben dort zu beginnen und zu
begründen.[15] Vielleicht ergäbe sich dann aber aus der spezifischen Differenz zwischen persönlichen Zeugnissen und
dichterischen Er-zeugnissen eine nicht unwesentliche Akzentverschiebung des so gewonnenen psychologischen Verständnisses in Richtung auf den Menschen Robert Walser,
die vom Dichter, d. h. seiner in der Arbeit besonderen Existenz und ihren psychischen Bedingungen fortführen würde.
Vielleicht wüßten wir also, wenn wir den Menschen »psy-
choanalysiert« hätten, *zu viel* von ihm und würden uns gerade damit den unmittelbaren Zugang zu seinem Werk er-
schweren. Ausgehend nämlich von der Überlegung, daß
schriftstellerische Arbeit wahrscheinlich immer nur in einem
bestimmten, allerdings nicht zu eng zu fassenden Umfeld
psychischer Disposition möglich ist, so daß andere seelische
Verfassungen, die das alltägliche Erleben bestimmen, allenfalls noch an dessen Peripherie zu verzeichnen sind, ist für literaturwissenschaftliche Zwecke eigentlich nur interessant,
die Gesetze der Psycho-Logik, die während des Vorgangs
kreativer Produktion wirksam sind und in das Werk eingehen, kennenzulernen. Zugespitzt und etwas künstlich aus-
einandergehalten bedeutet das, daß uns der Dichter nur als
Dichter, nicht aber als ganzer Mensch etwas angeht.[16]
Wenn auch die grundsätzliche Notwendigkeit einer solchen
Differenzierung zwischen Mensch und Dichter bestreitbar

ist, dürfte ihre Zweckmäßigkeit für den Literaturwissenschaftler doch einleuchten. Denn gesetzt den Fall, daß ein Schriftsteller für seine Zeitgenossen ein unausstehlicher Mitmensch, sein Werk aber ein Postulat reiner Menschlichkeit wäre, dann würde die Kenntnis seiner Lebensgewohnheiten allenfalls den Schatten des Zweifels auf die Glaubwürdigkeit seiner Texte werfen, wohingegen andererseits sein Werk seine Schrullen in ein milderndes Licht tauchen könnte, was Biographen sich durchaus zunutze machen mögen. Ebenso wäre es möglich, daß das Bild einer eindrucksvollen Persönlichkeit einen Glanz auf ihr nicht ebenso eindrucksvolles Werk würfe, den es, für sich betrachtet, gar nicht hätte. Die Trennung von Persona und Opus gereicht somit ersichtlich dem Literaturwissenschaftler dort zum Vorteil, wo er eine klare Unterscheidung trifft zwischen den Beziehungen, die er einerseits zum Werk, andererseits zum Verfasser dieses Werkes in sich aufbaut.

Natürlich kann ich jetzt nicht so tun, als kennte ich den Lebensweg Robert Walsers, so wie er überliefert ist, nicht. Deshalb ist nicht auszuschließen, daß sich gewisse Fragestellungen aus eben dieser Kenntnis ableiten werden. Wenn das auch nicht zu verhindern ist, kann ich doch immerhin mein Interesse so ausrichten, daß es der Psycho-Logik *im Werk* Robert Walsers gilt, denn diese muß ich bewußt oder zumindest unbewußt verstehen, wenn ich seine Dichtung überhaupt verstehen möchte. Gilt dies als Grundsatz, dann erübrigt sich die Vermutung, solche Erwägungen wollten nur eine Tugend aus der Not machen, daß wir meistens zuwenig von den psychisch entscheidenden Einwirkungen in der Kindheit eines Dichters wissen, weshalb auch sein Seelenleben uns letztlich immer ein Geheimnis bleibt.

Die hier gestellte Aufgabe besteht nun darin, die Struktur einer Psychogenese zu erarbeiten, die als eine Art besonderer Kindheitserfahrung in das Werk Robert Walsers eingegangen ist und von dort auch wieder herausgehoben werden

kann, ohne daß dabei in seiner Biographie wesentliche Unterstützung gesucht werden müßte[17]. Hingegen wären die im Text zu beobachtenden Besonderheiten versuchsweise in Zusammenhang zu bringen mit kommunikationstheoretischen, psychologischen und psychoanalytischen Theorien. Dabei ist zu überprüfen, ob eine Anwendung der jeweiligen Theorie auf den literarischen Text zweckmäßig ist, denn wenn sie nur über einen Aspekt Aufschluß erteilt, ihre konsequente Fortführung aber keine Entsprechung mehr im Werk finden kann, ist ihre Gültigkeit für dieses überhaupt fragwürdig. Da ich davon ausgehe, daß psychische Prozesse logische Strukturen aufweisen, ist ein Phänomen niemals allein, sondern immer in seiner – wenn auch nicht unbedingt vollständig erschließbaren – Verknüpfung mit den übrigen zu sehen. Psychoanalytische Theorien verdeutlichen solche Zusammenhänge, sie sind deshalb für das hier zu erarbeitende Modell einer Psychogenese ein unerläßliches Hilfsmittel.
Entscheidend also für den Einsatz einer Theorie ist zunächst, daß sie nicht nur *ein* Phänomen im Werk zu erklären vermag, sondern deren mehrere. Sodann scheint es mir bei der Verwendung verschiedener Theorien grundsätzlich notwendig, daß diese untereinander in einem theoretischen Zusammenhang zu verstehen sind und daß dieser in seinen wichtigsten Verbindungslinien gezeigt wird, wie das z. B. in der Form eines Modells möglich ist.[18] Außerdem ist es bei der Konstruktion eines solchen Modells dann sinnvoll, sich im Detail zu beschränken, um für die darin untergebrachten Positionen maximale Wahrscheinlichkeit zu erzielen. Das bedeutet z. B., daß trotz unseres Wissens um die Geschwister Robert Walsers, theoretisch keine Geschwisterbeziehungen formuliert werden, weil die Art dieser Beziehungen psychologisch bereits auf der Struktur der Eltern-Kind-Beziehung aufbaut oder von dieser abhängig respektive abgeleitet ist[19]. Ich beschränke mich also auf die Eltern-Kind-Triade und belasse diese weitgehend in einem klinischen, d. h. ahistorischen

Raum. Damit sollen keineswegs die Einwirkungen des sozialen und politischen Lebens auf die psychische Entwicklung geleugnet werden[20]; hingegen soll hier jegliche Ideologieresistenz, jeder Verzicht auf die Auslotung des historischen Moments dem Umstand Rechnung tragen, daß bereits der darzustellende psychogenetische Vorgang von so hoher Komplexität ist, daß eine gleichzeitige Untersuchung des weiten Umfelds sozioökonomischer und politischer Einflüsse notwendig zu einer Verflachung der Untersuchungen zumindest auf der einen oder anderen Seite führen würde.[21] Da ein weiteres Kriterium für das Hinzuziehen psychologischer Theorien bei der Modellkonstruktion ihre Anwendbarkeit beim Interpretationsvorgang sein soll, muß ich auf die Erkenntnisse der psychoanalytischen Entwicklungspsychologie weitgehend verzichten[22]; ihre sehr differenzierten Beschreibungen verschiedener Entwicklungsphasen und -subphasen lassen sich in Walsers Texten nicht verankern – was insofern verständlich ist, als diese speziellen Theorien vor allem die ersten zwei Lebensjahre zu erfassen versuchen. Kurz: es handelt sich bei dem zu konstruierenden Modell mehr um die Grobstrukturierung einer Psychogenese als um deren Feinausbau.

Da dieser Teil der Arbeit die theoretische Exposition des Ganzen darstellt, ist es unvermeidlich, daß hierin die Theorie überwiegt. Die Beispiele aus Walsers Dichtung haben dabei nurmehr begleitende, veranschaulichende Funktion. Textbeispiele und ihre Kurzinterpretationen werden also dem jeweiligen Theorieteil nachgestellt, damit der Eindruck vermieden wird, die entscheidenden Stellen der Theorie leiteten sich aus Einzeltexten ab; andererseits darf dies nicht dahingehend mißverstanden werden, daß die Walsertexte die Theorie zu belegen hätten. Wieviel oder wiewenig das Modell der Psychogenese letztlich zum Verständnis von Walsers Dichtung beiträgt, muß sich in der ganzen Arbeit sowie an jedem einzelnen Textbeispiel neu erweisen und läßt sich im übrigen am

besten mit der Walser-Leseerfahrung insgesamt überprüfen.

Von allen mir bekannten Untersuchungen, die sich mit psychologischen Aspekten in Walsers Dichtung befassen, waren
mir die Arbeiten von Urs Herzog[23] und Peter von Matt[24] besonders aufschlußreich; an die Ergebnisse ihrer Untersuchungen möchte ich die meinigen anschließen.

1. Gefährliche Kindheit

1.1 Verwirrung als Anschlag

Behutsam und genau hat Urs Herzog in seiner Arbeit über die Poetik Robert Walsers[25] das Bild einer Mutter-Kind-Beziehung gezeichnet, die nicht nur unter dem Stigma gestörter Liebe, sondern auch unter der Erfahrung der Zerrissenheit der Welt unvermeidlich den Weg in die Krankheit gehen muß. Typusmäßig läßt sich die besondere Art dieser Beziehung am besten skizzieren als eine Konstellation von »schizophrenogener Mutter« und ihrem »auserwählten« Kind, wie sie die kommunikationstheoretisch orientierte Schizophrenieforschung seit den fünfziger Jahren vor allem in Amerika erarbeitet hat[26]: Ihren Beobachtungen zufolge kann eine solche Mutter aufgrund ihrer eigenen psychischen Störungen dem Kind nicht eindeutig gegenübertreten; die extreme Ambivalenz ihrer Gefühle für das Kind, das für es unbegreifliche Nebeneinander eines »Vielzusehr an Liebe«[27] und schroffer Zurückweisung verstrickt es in einen Konflikt, der keine glückliche Lösung zuläßt: ein sogenanntes »double-bind«. Um zu veranschaulichen, wie nach den Hypothesen und Ergebnissen dieser systemisch denkenden Forschergruppe eine Familie konstelliert ist, der ein später an Schizophrenie Erkrankter nicht notwendig, aber häufig entstammt, seien hier kurz und schematisch die wesentlichen Merkmale der besonderen Ehe- und Eltern-Kind-Beziehung skizziert:

Zunächst einmal wurde gefunden: »Beide Elternteile sind gleichermaßen unreif. Der eine verleugnet die Unreife und operiert mit einer Fassade übertriebener Tüchtigkeit (overadequacy). Der andere betont die Unreife und operiert mit einer Fassade der Untüchtigkeit (inadequacy). Die Übertüchtigkeit des einen funktioniert in Wechselbeziehung zur Untüchtigkeit des anderen. Keiner der beiden ist fähig, in der

Mitte zwischen Übertüchtigkeit und Untüchtigkeit zu operieren.«[28] Besonders häufig scheint der Fall zu sein, daß sich die Mutter in der Position der Stärke etabliert, »dominierend und aggressiv« ist, während der Mann sich gegenüber den Forderungen seiner Frau »hilflos und unterwürfig« verhält. Die scheinbare Tüchtigkeit der Mutter kommt aber vielfach gerade dadurch zustande, daß sie ihr Gefühl der eigenen Hilflosigkeit verleugnet und auf das Kind projiziert, wodurch es ihr gelingt, aktiv ihre eigene Unreife zu kontrollieren – indem sie sich um die Unreife des Kindes kümmert –, was wiederum ihre Angst stabilisiert, denn: Hilflosigkeit macht angst, und durch die Projektion dieser Hilflosigkeit auf das Kind läßt sich diese Angst abschwächen zur berechtigten, wohldosierbaren mütterlichen Sorge[29]. Und aufgrund dieses Zuwachses an scheinbarer Sicherheit kann sich nun auch die Beziehung des Mannes zu seiner Frau stabilisieren – wobei Stabilität allerdings nur eine gleichbleibende emotionale Distanz (auch als »emotionale Trennung« bezeichnet) zwischen den Ehepartnern bedeutet. Bis hierher sieht man bereits, welche entscheidende Funktion ein solches Kind für das psychische Gleichgewicht seiner Eltern und für ihren Ehefrieden zu erfüllen hat, woraus verständlich wird, daß jede Veränderung im Verhalten des Kindes (z. B. seine wachsende Selbständigkeit) das Familiensystem erneut destabilisiert, was Angst auslöst und folglich unterdrückt werden muß.

Betrachtet man nun die spezielle Mutter-Kind-Interaktion etwas genauer, dann läßt sich oft feststellen, daß eine solche Mutter mindestens zwei Arten von Botschaften *zugleich* vermittelt:

> »Diese Botschaftsarten lassen sich grob charakterisieren als (a) feindseliges Verhalten oder Rückzug, wann immer das Kind sich ihr nähert, und (b) simulierte Liebe oder Annäherung, wann immer das Kind auf ihr feindseliges Verhalten oder ihren Rückzug reagiert, womit

sie ihren Rückzug verleugnet. Ihr Problem ist, ihre Angst unter Kontrolle zu halten, indem sie Nähe und Distanz zwischen sich und dem Kind kontrolliert. Anders ausgedrückt: sobald die Mutter anfängt, dem Kind gegenüber Zuneigung und sich ihm nahe zu fühlen, fühlt sie sich gefährdet und muß sich von ihm zurückziehen; doch kann sie diesen feindseligen Akt nicht akzeptieren, und um ihn zu verleugnen, muß sie Zuneigung und Nähe simulieren. Wichtig ist hier, daß ihr liebevolles Verhalten ihr feindseliges kommentiert (da es dessen Kompensation darstellt) und folglich einer anderen *Art* von Botschaft angehört als das feindselige Verhalten – es ist eine Botschaft über einen Ablauf von Botschaften. Durch seine Beschaffenheit verleugnet es jedoch die Existenz solcher Botschaften, über die es eine Botschaft darstellt: den feindseligen Rückzug.«[30]

Will man sich die Situation des Kindes an einigen konkreten Beispielen verdeutlichen, so ließen sich etwa folgende »double-bind«-Situationen konstruieren: Die Mutter sagt in freundlich-besorgtem Ton zu ihrem Kind: »Liebling, du siehst ganz müde aus, geh schlafen, sonst wirst du wieder krank!« Mit dieser Fürsorglichkeit begegnet sie ihrem Gefühl, die Nähe des Kindes nicht mehr ertragen zu können. Das Kind, das vielleicht gar nicht müde ist, befindet sich hier in einem Dilemma: Entweder glaubt es an die Liebe seiner Mutter und akzeptiert, daß es müde ist, obwohl es diese Müdigkeit nicht empfindet – womit sein Vertrauen in seine Selbstwahrnehmung und sein Urteilsvermögen untergraben wird. Oder es erkennt, daß die Mutter es aus den Augen haben will und daß ihre Besorgtheit eine Täuschung ist – womit es die Liebe seiner Mutter verliert. »*Das Kind wird also bestraft, wenn es genau unterscheidet, was sie ausdrückt, und es wird bestraft, wenn es das nicht tut – es ist gefangen in einem double-bind, in einer ›Beziehungsfalle‹*«.[31] Noch komplizierter wird es für das Kind, wenn die Mutter zärtlich zu ihm sagt: »Komm auf meinen Schoß, mein Schatz«, und gleichzeitig nonverbal zu verstehen gibt: ›Bleib mir bloß vom Leibe!‹ Daß sie diese

Nähe nämlich nicht wirklich sucht, erfährt das Kind, wenn es auf sie zugeht: Dann wird die Mutter plötzlich sagen: »Aber wie läufst du denn herum, zieh dir erst mal was Sauberes an!« oder: »Hast du überhaupt schon dein Zimmer aufgeräumt?«, oder sie wird bei der ersten Berührung des Kindes sagen: »Sei doch nicht so ungeschickt, jetzt hättest du mir fast die Strümpfe zerrissen!« oder »Du tust mir weh, wenn du so grob bist!« Reagiert das Kind dann mit Wut oder Kritik an der Mutter, wird sie sagen: »Ich weiß schon, du meinst es ja gar nicht so«, womit sie wiederum den wahrgenommenen Affekt des Kindes negiert.

Man kann an diesen Beispielen erkennen, wie in solchen Beziehungen fortgesetzt die Realitäts- und Selbstwahrnehmung des Kindes ver-rückt werden. Wichtig ist dabei noch, daß die Mutter unbewußt handelt, keineswegs böswillig, im Gegenteil: sie möchte das Beste für ihr Kind, und sie verlangt von sich selbst und braucht das Gefühl, daß nur sie weiß, was dem Kind guttut, weshalb dieses Kind auch nicht selbständig und mündig werden darf, sondern sogar als erwachsenes immer noch in einem Verhältnis möglichst großer Abhängigkeit bleiben soll. »Es braucht mich halt, es kann sich allein nicht entscheiden, es ist so unselbständig«, wird eine solche Mutter von ihrem erwachsenen Kind behaupten und es auffordern, sich endlich auf eigene Beine zu stellen, während sie gleichzeitig alle Versuche seiner Verselbständigung untergräbt. Und da in dieser Familienkonstellation der Vater meist schwach und profillos ist, bleibt das Kind der mütterlichen Kontrolle hilflos ausgeliefert.

Fassen wir es noch einmal knapp zusammen: Ein »doublebind« enthält im wesentlichen drei miteinander verbundene Elemente: Erstens ist die Beziehung zwischen dem später Schizophrenen (»Kind«) und mindestens einer Bezugsperson (»Mutter«) oder auch mehreren (»Vater«/»Familie«) für das »Kind« in viel stärkerem Maße als normalerweise lebenswichtig und unlösbar, weil sie zwischen psychisch unselbständigen Personen gebildet wird, so daß die von der relativ selbständigeren »Mutter« an das relativ unselbständigere »Kind« übermittelten Botschaften von diesem unbedingt entziffert werden müssen, um eine hinreichend adäquate Reaktion zu ermöglichen, da andernfalls zusammen mit der Beziehung auch die beteiligten Bezugspersonen existentiell gefährdet erscheinen. Zweitens stehen die von der »Mutter« an das »Kind« übermittelten Botschaften auf verschiedenen logischen oder Kommunikationsebenen miteinander im Widerspruch, der jedoch verschleiert ist oder schwer erkennbar (insbesondere für ein untergrabenes Vertrauen in das eigene Erkenntnisvermögen) und auch nicht auf einer metakommunikativen Ebene aufgeklärt werden darf. Drittens muß das »Kind« sich auf diese Botschaften selbst widersprüchlich verhalten, indem es versucht, die paradoxalen Bezüge zwischen den verschiedenen Geboten aufzulösen und jeder abgespaltenen Aufforderung einzeln und allen zugleich irgendwie gerecht zu werden. Hinzuzufügen ist hier noch die Erweiterung dieser Theorie der Störung in der Entwicklung kommunikativer und metakommunikativer Interaktionsmuster im sprachlichen Bereich (Informationsaustausch) durch Alfred Lorenzer, der die gesamte vorsprachliche Entwicklung des Kindes nicht nur in das Paradox des »double-bind« mit einbezieht, sondern darin sogar das entscheidende Moment einer »basalen Matrixstörung« erkennt: »Der Zerfall von Praxis und Sprache ist dabei Folge und nicht Ursache einer tiefliegenden Strukturstörung, Folge inkonsistenter Praxisfiguren, die eben wegen ihrer Inkonsistenz in der frühkindlichen Entwicklung nicht mit Sprachsymbolen verbunden werden können.«[32]

Eine solche »Haß/Liebe-Paradoxie«[33], das ewige Spiel um Erinnern und Vergessen in der Auseinandersetzung zwischen Mutter und Kind, hat Herzog u. a. am Schneewittchen-Dramolett aufgezeigt: dort kann die Schuld der Mutter nicht *vergeben* werden, weil sie nicht *zugegeben* werden kann.

Das Bestreben zuzudecken statt durchzuarbeiten steht auf beiden Seiten einer dauerhaften Versöhnung entgegen. Die Folge solcher Verdrängungsmanöver ist dann, wie Herzog zeigt, ein Gefühl von »Welt- und Selbstentfremdung«[34]. Betrachtet man das Schneewittchen-Dramolett einmal nur unter dem Aspekt der Gesprächs- und Beziehungsdynamik, so läßt es sich lesen, als wäre es eine Falldarstellung aus der psychiatrischen Praxis:

Auf den aus dem Märchen bekannten Mordanschlag der Königin zeigt Schneewittchen eine *normale Reaktion:* es ist verstimmt. Die Königin aber hält ihr Verhalten für *krankhaft.* Alle Versuche Schneewittchens, über den Vorfall ein klärendes Gespräch zu führen, werden von der Königin umgebogen: sie nennt Schneewittchen »ernstlich krank« (VII, 105), bezweifelt ihren Geisteszustand (»schwaches Köpfchen«) (VII, 105), ihr Erinnerungsvermögen (»Ich sündigte / *vielleicht* vor langen Jahren an dir«) (VII, 105), ihren Anstand (»Wer mag sich des erinnern noch?«) (VII, 105), bezichtigt es der Blindheit und behauptet schließlich, alles sei nur ein »aberwitziges Märchen« (VII, 108), denn: »Ich liebe dich.« (VII, 108) Nachdem sie so das Selbstvertrauen Schneewittchens in sein Urteilsvermögen untergraben hat, gipfelt ihre Rede in dem zweifelhaften Rat »trau Elternwort als wie dir selbst« (VII, 109). Aber noch steht der Prinz an Schneewittchens Seite, er liebt es, sagt er, und er sagt das so oft, daß er ihm damit sagt, daß er es *nicht* liebt: »Untreu ist schnell / mit Worten da; sie spricht so rasch / (...) und übersprudelt im Geschwätz«. (VII, 111). Schneewittchen bemerkt den Widerspruch: »Ihr sprecht ja wie ein Wasserfall / vom Schweigen, und doch schweigt Ihr nicht« (VII, 112). Darauf wendet sich auch der Prinz (ähnlich wie die Königin) gegen sie: »Was hast Du, sprich! Du siehst so ernst, / herab so leidend« (VII, 112). Nun ist auch Schneewittchen bereit zu verdrängen: »Ja, laß uns plaudern, lustig sein« (VII, 113). Aber auch das wird ihr verwehrt, denn jetzt zieht es den Prinzen zur Kö-

nigin. Schneewittchen, das nun nichts mehr verlangt, »als
daß ich lächelnd tot bin, tot« (VII, 115), tröstet der Prinz:
»Kränkt' ich dich, so geschah es doch / in Liebe nur«
(VII, 116) – aber was ist das für eine Liebe, was heißt da
Treue? Schneewittchen kapituliert und erkennt »Ei, welcher
Unsinn ist im Sinn« (VII, 117) und vollzieht nun selbst die
Umkehr. Von der Königin, die eben noch in Liebe mit dem
Jäger entdeckt worden war, behauptet es, sie sei »mit Stricke-
reien beschäftigt« (VII, 118) – nämlich: Verstrickungen – und
bittet durch den Prinzen um Vergebung für es. Diese das
Verhalten des Prinzen begünstigende Wendung stößt aber
auch nicht auf Verständnis: »Schneewittchen, ich versteh'
dich nicht.« (VII, 118) Die Königin kommt, Schneewittchen
unterwirft sich ihr, bereit, alles zuzugeben, was zuvor von
ihm gefordert worden war. Aber die Königin macht nun ihrerseits eine Wendung zurück zur Wirklichkeit und beharrt
auf dem Mordanschlag, indem sie in der Form einer paradoxalen Aufforderung Schneewittchen Geistesschwäche vorwirft: »Bedenk, daß du nicht richtig denkst« (VII, 121).
Nun versucht Schneewittchen einen verzweifelten Kompromiß: Wenn der Frevel weder begangen wurde, noch unge-
rechterweise vorgeworfen, dann sind vielleicht beide Seiten
gleich unschuldig oder schuldig? »Von was doch wollt' ich
reden? Ah, / von Sünde, die auf Knien liegt / vor Euch, der
lieben Sünderin.« (VII, 122) Aber das läßt die Königin nicht
gelten: »Nein, das ist falsch. Du lügst dir selbst / ein Märchen
vor.« (VII, 122) Also korrigiert sich Schneewittchen: »Nein,
Ihr seid keine Sünderin (...) Ich auch bin keine...« (VII, 123)
Damit sind alle denkbaren Möglichkeiten von Schuld und
Unschuld der Königin wie Schneewittchens ausprobiert,
und die Angelegenheit könnte, wiewohl ungelöst, als abgeschlossen betrachtet werden. Schneewittchen jedenfalls
bittet: »erzählt etwas recht Lust'ges mir« (VII, 123) – aber
die Königin beginnt erneut: »Ich sandte, dich zu töten,
aus.« (VII, 123) Schneewittchen versucht abzuwehren: »Ah,

die Geschichte kenn' ich ja (...) Erzählt was andres« (VII, 123/24). Doch die Königin läßt nicht ab, sie ruft den Jäger, damit er zusammen mit Schneewittchen den Mordanschlag erneut in Szene setze. Der Ernst soll Spiel werden, und aus dem Spiel wird Ernst: der Haß der Königin blüht wieder auf, Schneewittchen ist betroffen, die Königin behauptet: »Es ist ja alles nur ein Spiel« (VII, 129) und beklagt sich über Schneewittchens Klagen: »ganz grundlos also trauerst du« (VII, 130). Für Schneewittchen hat sich damit jeder Zusammenhang gelöst, »die Mutter ist die Mutter nicht. / Die Welt ist nicht die süße Welt. / Lieb ist argwöhn'scher stummer Haß. / Prinz ist ein Jäger, Leben Tod.« (VII, 133) Versöhnung ist unmöglich, da jeder Grundlage beraubt. Zu allem und jedem stellt sich bei Schneewittchen ein Verhältnis ein, das es selbst charakterisiert: »Ja und doch nein. Erwürg' ich ja, / sagt nein mir wieder hurtig ja. / Sag, daß ich glaube.« (VII, 135) Diese Unterwerfungsbereitschaft hält Schneewittchen im Gespräch mit dem Jäger tapfer durch. Als endlich der König auftritt, schließt sich der Kreis, ohne daß die Spannungen zwischen Königin und Schneewittchen abgebaut wären. Verständlicherweise fällt der Fremdling, der Prinz, aus dieser Verschwörung heraus, er ist »Nicht böse, und doch auch nicht lieb. / Ich weiß nicht, was ich sagen soll« (VII, 144). Und auch der Jäger verläßt den Kreis. Wenn es am Schluß heißt: »Alle gehen gegen das Schloß« (VII, 145), so sind »alle« eben nur noch König, Königin und Schneewittchen – Vater-Mutter-Kind, eine unauflösbare Triade.

Den Her- und Fortgang des Schneewittchen-Dramoletts so ausführlich zu skizzieren, war notwendig, um einen Grundzug von Walsers Dialogik an einem Beispiel herauszustellen. Es zeigt erstens den Komplex der Erfahrung von Ambivalenz in unlösbaren zwischenmenschlichen Beziehungen, sobald sie affektiv getönt sind, und damit zusammenhängend zweitens die Verhinderung von Konsens durch unlogische Rede, um drittens sowohl zu große Nähe als auch zu weitreichende Distanzierung der Beteiligten zu vermeiden, denen keine Eigenständigkeit gestattet wird. Das Gesamt solcher Bestrebungen wird am anschaulichsten durch den Begriff »Beziehungsfalle«[35] bezeichnet.

Im Falle Schneewittchens lauten die einander widersprechenden Botschaften so: Die Königin gibt durch den Mordanschlag auf Schneewittchen zu verstehen: Ich will dich nicht mehr. Also entfernt sich Schneewittchen ein Stück weit, indem es das Verhalten der Mutter verurteilt: Du bist böse, ich will dich auch nicht mehr. Das wiederum kann die Mutter nicht zulassen, denn sie mag sich selbst nicht für lieblos halten; also beteuert sie: Ich liebe dich, d. h. ich bin lieb. Daraufhin nähert sich Schneewittchen wieder: Ich bin auch (wieder) lieb. Aber gerade die Nähe ist es, die die Mutter nicht ertragen kann, sie muß Schneewittchen zurückweisen: Ich bin ja böse (auf dich), und du lügst, wenn du etwas anderes behauptest, d. h. *du* bist böse. Daraufhin entfernt sich Schneewittchen wieder (womit sie sagt: Du bist auch böse), weshalb sich die Königin wieder nähern muß usw. usf. Daß solches Spiel endlos sein muß und daß dabei jeder Fremde (hier: der Jäger und der Prinz) nur eine marginale Rolle spielen kann, darauf hat Herzog ausdrücklich hingewiesen. Der kurze Auftritt des Königs zum Ende des Stücks hat in dieser Situation dann eine entscheidende Funktion: ihm gegenüber müssen (weil er der Dritte ist) und können (weil er der Neutrale ist) sich Schneewittchen und die Königin einigen, er bedeutet also in dem unendlichen Kampf um Nähe und Distanz die notwendige Atempause.

Was für Schneewittchen über das Ende des Stücks hinaus und in jedem Augenblick gilt, ist: die Mutter *ist* lieb *und* die Mutter *ist* böse, sowie: ich *bin* lieb *und* ich *bin* böse. Ebenso wie die Königin und Schneewittchen immer in etwa gleicher Entfernung voneinander bleiben (Herzog hat auf das Schmerzhafte von Kuß und Blick hingewiesen, Kuß und Blick bedeuten eben unmittelbare Begegnung, Berührung), bleiben auch diese gegensätzlichen Erfahrungen von Gut und Böse, Liebe und Haß in ihrer vollen Spannung erhalten, verweigern sich jedem Versuch einer Synthese.

Die Einübung ins Paradox, welches als ein Konstituens der schizophrenogenen Situation erkannt wurde[36], hat allerdings im günstigen Falle nicht verheerende Folgen für die kognitive Entwicklung des Kindes, sondern kann als ein ungeheurer Stimulus für die Kreativität des Denkens gelten. Luc Ciompi[37] hat ausdrücklich auf dieses Kreativität Kreierende des Paradoxons hingewiesen. Die Konfrontation mit dem Paradox verursacht demnach das Ansteigen einer affektiv-kognitiven Spannung, die nach dem Freudschen Lustprinzip irgendeiner spannungslösenden neuen Ordnung zugeführt werden muß. Es gibt verschiedene Möglichkeiten, eine solche, wenn auch manchmal nur vorrübergehende Entspannung herbeizuführen: Abwehr, Verdrängung oder Abspaltung einer das Paradox bildenden Komponente.

> »Aber unter gewissen Umständen, die ebenso rätselhaft wie interessant sind, kann offenbar auch etwas völlig anderes geschehen: die beiden Seiten des paradoxen Widerspruchs werden nicht negiert, sondern affirmiert, und bei dieser ausgehaltenen Konfrontation kommt schließlich eine – vorher nicht erfaßte – Gemeinsamkeit in Sicht, welche die beiden Widersprüche verbindet, so daß die Lösung der Spannung nun durch einen ›Auszug von Invarianz‹ geschehen kann. Mit diesem ›Zusammenzug‹ aber ist ein Element höherer Ordnung entstanden, das zur Bildung eines neuen und hierarchisch übergeordneten, also ›majorisierten‹ Systems beiträgt. (...) Strukturell aber ist, allgemein gesprochen, die entscheidende schöpferische Leistung einem Paradoxon gegenüber wohl immer wieder die Einsicht, daß Teil und Gegenteil (...) sich gegenseitig konstituieren und somit unausweichlich zusammengehören.«[38]

Ei, welcher Unsinn ist im Sinn: die Mutter ist die Mutter nicht, Lieb ist argwöhn'scher stummer Haß, das Leben Tod... Und genau an solchen Stellen findet Martin Walser[39] den tiefsten Grund der Walserschen Ironie, deren Fürchterlichkeit (das Lachen, das im Halse stecken bleibt) gerade in der Affirmation des Wahnsinns dieser Welt, des von uns gelebten Paradoxons besteht. Nicht verurteilt werden die verdammten Verhältnisse, sondern unerbittlich bestätigt, wodurch die Unerträglichkeit des Widerspruchs, den wir zu verdrängen gewöhnt sind, überhaupt erst wieder erfahrbar wird. »Ein ironischer Prozeß, so radikal wie der in Sokrates' Satz: Ich weiß, daß ich nichts weiß. Je mehr ich weiß, desto genauer weiß ich, daß ich nichts weiß. (...) Die logische Widersinnigkeit liefert die ironische Qualität.«[40]

> »Nicht umsonst interessieren sich gegenwärtig Literatur, Kunst, Philosophie, ja die Geisteswissenschaften überhaupt, aber auch die Mathematik, die Physik und neuerdings die Psychiatrie mit verdächtiger Gleichzeitigkeit immer brennender für das Paradoxon. Ich vermute, dies hat seine Ursache darin, daß das Paradoxon einen grundlegenden, möglicherweise an jeder Art von Entwicklung irgendwie beteiligten Mechanismus enthält, der bewirken kann, daß aus zwei Komponenten etwas Drittes und Neues entsteht. Dieser Mechanismus besteht, wie wir mit wachsender Klarheit zu sehen beginnen, in der Kombination von zwei Systemen zu einem dritten durch eine Art von ›Interferenzphänomen‹ im Grenz- und Berührungsbereich.«[41]

Die Spannung zwischen den Gegensätzen mit höchster Anstrengung auszuhalten, das läßt Walsers Poesie in den feinsten Schwingungen erzittern. Unlösbares auf Ungeklärtes häufen, ein Paradox aufs andere türmen, das macht seine Texte so unerschöpflich im Nach-Denken, so immer neu beim Wiederlesen. Nicht der *Ausgleich* der Gegensätze und Widersprüche wird hier betrieben, sondern überhaupt erst ihre *Erkenntnis,* das Wiedergewahrwerden eines fundamentalen Widersinns in allen Bereichen unserer Kultur. Solches ist an den Beginn des 20. Jahrhunderts geschrieben, welches als einzigartig in seiner Produktion paradoxaler Leitsätze gelten kann.

Eine Hypersensibilität für die Philosophie des Paradoxons mag die Folge einer Mutter-Kind-Erfahrung sein, die wie oben als schizophrenogen bezeichnet werden kann. Auf die ästhetisch-erotische Komponente solcher Mutter-Erfahrung hat Peter von Matt[42] hingewiesen, denn sie zeigt ja, bei aller Widersprüchlichkeit, neben ihrem vernichtenden Haß auch urgewaltige Liebe. So bildet das mütterliche Verhalten, das »für das Kind stets zugleich schrecklich und dramatisch-faszinierend«[43] ist, »einen Fächer von Gebärden und Signalen, der für den Sohn erregend, kostbar, luxuriös bleibt«[44]. Im Gegensatz zu den Interpreten, die bei Walser von einem Mangel an erfahrener Mutterliebe ausgehen, legt Herzog den Akzent auf deren Überfülle. Es ist für das Folgende wichtig, im Auge zu behalten, daß diese »Liebe, die derart übermächtig ist, daß sie töten kann«[45], einen entscheidenden Ansatz für das Verständnis der präödipalen und ödipalen Konfliktstrukturen bietet:

Arnold Rothstein hat in einer interessanten Arbeit über »Oedipal Conflicts in Narcissistic Personality Disorders«[46] gezeigt, daß solche Mütter, die nach dem oben umrissenen Konzept als schizophrenogen, in der psychoanalytischen Literatur auch als narzißtisch ungefestigt bezeichnet werden, die inzestuösen Hoffnungen ihrer Söhne in erschreckender Weise nähren. Und da in diesen Familien der Vater auch als Gatte zum Versager gestempelt wird, ist es für den Sohn in seiner bevorzugten Position bei der mit ihm gegen den Vater fusionierenden Mutter kaum möglich, seine natürlichen sexuellen Omnipotenzphantasien schrittweise abzubauen. Dies um so weniger, als solche Mütter in ihrem Drang nach Verschmelzung mit dem narzißtischen Objekt (ihrem Kind) direkt oder indirekt inzestuös verführerisch handeln. Auch nach Ciompi wird

»der normale, für Identitätsbefestigung und persönliche Reifung hochbedeutsame Trauerprozeß, den das klar in seine alters- und geschlechtsgemäßen Schranken gewiesene und also seine Grenzen erlebende Kind beim Ausgang aus der ödipalen Phase durchzumachen hat, unmöglich gemacht, wenn ein Elternteil aus narzißtischen Gründen eine untergründig zweideutige, die ödipal-inzestuösen Hoffnungen des Kindes nicht klar ausschließende Haltung einnimmt.«[47]

Die Folgen solcher zügellosen Mutterliebe sollen später noch genauer aufgezeigt werden. Daß Walser sich durchaus ihrer Gefährlichkeit bewußt war, hat Herzog durch entsprechende Zitate belegt: »Es gibt Mütter, oh, du meine schöne, so seltsame und so prüfungsreiche Entschwundene, die sich aus der Schar ihrer Kinder einen Liebling auswählen, den sie vielleicht küssend steinigen, dessen Existenz sie mit ihrer zärtlichen Bevorzugung, mit der Unenthaltsamkeit ihrer Liebe untergraben.« (XI, 159)

1.2 Der bedrohliche Rückzug

Das Hauptinteresse von Matts in dem genannten Aufsatz gilt dem Vater Robert Walsers, diesem stillen und freundlichen Mann, wie er in Walsers Texten auftaucht, der jegliches Ungemach mit Heiterkeit zu ertragen versteht und doch bei aller Bescheidenheit und Zurückhaltung als keineswegs harmlos einzuschätzen ist in seiner Wirkung auf das Kind. Hierzu werden folgende Überlegungen angestellt: Da Adolf Walser trotz guter Voraussetzungen sein auf solider Basis errichtetes Geschäft nicht zu halten vermag und auch seine ehrgeizige Frau Elisa den wirtschaftlichen und sozialen Abstieg nicht verhindern kann, schließt von Matt, gestützt auf entsprechende Textstellen bei Walser, auf einen sämtliche Kräfte und Aktivitäten absorbierenden innerehelichen Konflikt. In diesem stehen sich zwei konträre Positionen gegenüber: eine übertüchtige, fordernde Frau, die sich den neuen ökonomischen Gesetzen von Konkurrenz-, Leistungs-, Preis- und Zeitdruck angepaßt hat und ihre Enttäuschung über die Erfolglosigkeit des Mannes unausgesetzt in Klagen und Vorwürfen äußert; und ein stiller, dem alten Handwerkerideal (Qualität vor Quantität) treu gebliebener Mann, der sich den wirtschaftlichen Expansionsbestrebungen der Frau hartnäckig widersetzt, ohne jedoch klar Stellung zu beziehen. Das Raffinierte an der Reaktion Adolf Walsers besteht nach von Matt darin, daß er durch sein Schweigen und vordergründiges Nachgeben der Frau den Gegner entzieht, wodurch ihre Angriffe ins Leere laufen. »Der steile soziale Ehrgeiz der Mutter und die rätselhafte rasche Nachgiebigkeit des Vaters blockieren einander. Alle Tätigkeit nach außen verkümmert, während der Innendruck im Familiensystem steigt.«[48] Es ist hier nicht zu entscheiden, ob das heftige Verlangen der Frau die »lautlose Strategie«[49] des Mannes auf den Plan gerufen hat, oder umgekehrt das Unfaßbare im Verhalten des still zufriedenen Mannes die Forderungen der um das Wohl der wachsenden Familie besorgten Frau zuspitzen mußte. Tatsache ist, daß keiner der beiden Eheleute den wirtschaftlichen Niedergang verhindern kann.

Von Bedeutung ist nach von Matt diese eheliche Unvereinbarkeit von Ehrgeiz und Genügsamkeit (Übertüchtigkeit und Untüchtigkeit), neuen und alten Handels- und Produktionsidealen, Erfolgsstreben und Versagen für den Sohn Robert insofern, als die Schuld am wirtschaftlichen Abstieg allein dem Vater zugeschrieben wird, dessen Achtung in den Augen der Frau wie der Bieler Bürger unaufhaltsam zusammenschmilzt. Und dies geschieht in einer Lebensphase Robert Walsers, die seit Freud als ödipale bezeichnet und verstanden wird: sie ist gekennzeichnet durch Ambivalenz dem Vater gegenüber, durch den Wunsch, in ihm allen anderen zu begegnen, wie an seiner Statt alle anderen bei der Mutter zu ersetzen, zumindest aber und wesentlich den Vater. Diese ge-

heimen und schuldhaft erlebten Wünsche des kleinen Soh-
nes, den Vater zu beseitigen, fanden durch den wirtschaftlichen und sozialen Untergang Adolf Walsers im Erleben des
Sohnes eine ungeheuerliche Erfüllung. »Die Schwäche des
Vaters war, so mußte es scheinen, die Tat des Sohnes. Die
Tat und der Triumph, die Tat und die Schuld des Sohnes.
Der Sohn erfuhr sich als partieller Sieger. Die Mutter blieb
ihm, gehörte ihm weiterhin an in genau dem Maße, als er den
Vater real erniedrigt, besiegt, gestürzt sah.«[50] Daß unter solchen Bedingungen das Durcharbeiten des ödipalen Dilem-
mas nicht glücklich gelingen kann, ist evident.

Diese Überlegungen finden ihre Bestätigung in Rothsteins
Untersuchungen offengebliebener Ödipuskonflikte bei narzißtisch gestörten Patienten. Auch wenn der Untergang des
Vaters sich nicht so dramatisch manifestiert wie im Falle
Adolf Walsers, werden narzißtisch von der Mutter verein-
nahmte Söhne durch das Gefühl inzestuöser Nähe dem Vater
gegenüber in eine triumphale Position hineinmanövriert, die
in ihnen Schuldgefühle und schwere Ängste auslöst.

> »Father's failure in reality, but especially in mother's
> view of things, in business, in the bedroom, or in death,
> combined with a degree of maternal seduction, leaves
> these boys with a feeling that they won the oedipal battle.
> This contributes to the preservation of a narcissistic
> omnipotent view of self and an inordinate sense of guilt
> combined with an ever-present fear of retaliation by a de-
> feated father. This fear of retaliation by an objectrepre-
> sentation of father who was prone to violence and is re-
> presented as enraged, contributes to the intense castra-
> tion anxiety. (…) To the degree they believe their wishes
> omnipotently destroyed father, they fear his retaliation.
> A pre-oedipally coloured view of mother as extractive
> and as having been responsible for father's destruction
> adds fuel to the child's intense castration anxiety.«[51]

Daß der Vater in einem solchen Fall über die bevorzugte Stellung des Sohnes bei der Mutter ärgerlich ist und diesen Ärger

mit der Androhung oder dem Vollzug körperlicher Strafen (Prügel – Kastration – Ermordung: von der Drohung zur Angstphantasie) an seinem Sohn abreagiert, wurde von Rothstein wiederholt beobachtet. Daß aber auch gleichzeitig von seiten der Mutter die Vernichtung des kindlich omnipotenten Selbstbildes zu befürchten ist, liegt darin begründet, daß die Mutter ja tatsächlich den Vater zum Gatten hat und dem Sohn damit zu verstehen gibt, daß sein kindlicher Körper seine sexuellen Größenphantasien ad absurdum führt. Eine solche Erfahrung ist zutiefst beschämend für den Sohn, und so ist verständlich, daß solche Mütter als extrem kastrierend bezeichnet werden. Die Angst vor dem wiederholten Nachweis sexuellen Unvermögens durch die Mutter und die Angst vor der väterlichen Rache lassen den ödipalen »Sieg« immer als Pyrrhussieg erscheinen.

Der Sinn dieser psychologischen Betrachtungen wird deutlich, wenn von Matt schließlich die Folgerungen solchen Elternerlebens in dieser wichtigen Phase der primären Sozialisation für den Dichter Robert Walser zieht. Da zeigt sich, wie grandioses Siegerglück und sühnepflichtiges Schulderlebnis gegenüber dem Vater ihre Fort- und Umsetzung in seinem Werk finden. In immer neuen Variationen wird der Sturz der Vaterfigur zugleich genossen und abgegolten auf zwei verschiedene Weisen: Die eine stellt den unaufhaltsamen Niedergang eines Potentaten (z. B. Tobler, Benjamenta) vor, der sich unter den erbarmungslos jede Abwärtsbewegung ausforschenden Blicken eines bereits Erniedrigten vollzieht; hier ist das Vergnügen am Scheitern des Großen im voraus gesühnt durch das Bereits-gescheitert-Sein des Kleinen. Die andere Weise dieses Sieg-Sühne-Rituals ist verdichtet in der Figur des jeweiligen Protagonisten, der Aufstieg und Fall in rascher Folge an sich selbst vollzieht; die Lust an der »Mikroreproduktion«[52] des kindlichen Ödipus ist dabei eine doppelte, und man muß hier darauf achten, daß jeder dieser Schritte bereits beide entgegengesetzten Positionen enthält:

Der Aufstieg zur nötigen Fallhöhe (z. B. die vielen Stellenbe-
werbungen in »Geschwister Tanner«) kann als Versuch verstanden werden, durch eigenen beruflichen Erfolg den wirt-
schaftlich Fallierten zu übertreffen; zugleich möchte dieser
Aufstieg aber auch dem glücklosen Objekt der Identifikation, dem Vater, zur idealen Größe, zur zeitlebens verfehlten
Karriere verhelfen; der mit dem väterlichen Vorbild identifi-
zierte Absturz (Kündigung) wiederholt dann in einem den
infantilen Triumph über den Vater wie das Bedürfnis nach
Selbstbestrafung; und das Angekommensein des Stellenlosen
dort draußen vor aller sozialen Sicherheit verbindet mit der
Erledigung des Großen die Erleichterung über die Strafvoll-
streckung an sich selbst, die eigene Vernichtung, das Gefühl,
ein Nichts, eine »Nichtswürdigkeit« zu sein, »eine reizende,
kugelrunde Null« (VI, 8), wodurch ein Sich-selbst-Wieder-
finden, die Rettung des kleinen Ich vor dem einstmals über-
groß vergrößerten Ideal der väterlichen Instanz erreicht
wird. Und es ist genau dieser Komplex von positiven wie
negativen Bezugspunkten, die die unauflösbare Widersprüchlichkeit von Walsers Heiterkeit als ein »Vergnügen des
Sohnes gleichzeitig (…) an der Schwäche und (…) in der
Schwäche des Vaters charakterisiert.«[53]
Daß Walser so möglicherweise dem Rückzug des Vaters wie
dem Begehren der Mutter verhaftet bleibt, spiegelt von Matt
zuletzt noch am Lebensweg des Dichters, der mit seinem eigenen sozialen Untergang den väterlichen Spuren nicht nur
folgte, sondern weiter gegangen ist, bis hinein in den Verlust
von Freiheit und Mündigkeit, andererseits aber dem hoch-
hinaufstrebenden Ehrgeiz der Mutter ein Werk erschrieben
hat, dessen unerschöpflicher Reichtum im übertragenen
Sinne die Erfüllung all dessen geworden ist, wonach die
Mutter sich bis zuletzt vergebens gesehnt hat. »Ihr Sehnen
nach etwas, das sie nicht besaß, ging auf ihn über. Er
wünschte, die Unruhige wäre ruhig.« (XII, 300)
Bis hierher wurde gezeigt, daß Herzogs Analyse der Bin-

dung der Mutter an ihr Kind, die durch ungezügelte Liebe als fusionierend und durch paradoxale Beziehungsformen als schizophrenogen charakterisierbar ist, was beides auch ihren inzestuösen Aspekt begründet, und von Matts Analyse des schuldhaft erlebten ödipalen Siegs des Sohnes über den versagenden Vater durch die psychoanalytische Theorie der narzißtischen Persönlichkeitsstörungen und durch die zitierte Schizophrenietheorie bestätigt und in einen Zusammenhang gebracht werden. Darüber hinaus war bereits die Angst des Sohnes vor der väterlichen Rache erwähnt worden, die später noch untersucht werden soll. Aber noch ein viertes Element ist in diesen Komplex von gegensätzlichen Strebungen des Sohnes für und wider seinen Vater verwoben: »He seeks a strong, loving, respectable father. In this sense the provocative behaviour (welches so ein kleiner ödipaler Sieger zeigt, CSH) can be conceptualized as a defence against the mourning and depression implicit in accepting the reality of who father was.«[54] Diese Sehnsucht nach einem starken, bewunderungswürdigen Vater begründet nach Rothstein die homosexuellen Strebungen der narzißtisch gestörten Persönlichkeiten. Außerdem würde ein respektabler Vater in der Lage sein, der Mutter und dem Sohn Grenzen zu setzen, womit er das Kind aus den gefährlichen Mutterbanden herauslösen und zugleich von den Ängsten vor der väterlichen Rache befreien würde: »he longs for a father whom he can love and respect and who will set limits for him. Implicitly he longs for the resolution of his oedipal conflict.«[55] Das bestätigt, daß sowohl die Beziehungen zur Mutter als auch zum Vater durch starke Ambivalenz charakterisiert sind. Gegen den Wunsch, den ödipalen Sieg zu erhalten, steht das Bedürfnis, den Ödipuskonflikt zu lösen: »These patients suffer because they have not simply been defeated.«[56] Die Einübung ins Paradox der »double-bind«-Situation trainiert die Fähigkeit, mit solchen Widersprüchen zu leben. Daß diese allerdings die psychische Entwicklung auf eine ganz bestimmte Weise strukturieren, wird später erarbeitet. Zuvor soll noch gezeigt werden, in welcher Weise sich die ödipalen Muster im Werk Robert Walsers rezeptionsästhetisch vermitteln.

1.3 Der vollständige Ödipus

In »Literaturwissenschaft und Psychoanalyse«[57] hat von Matt gezeigt, welche Bedeutung der Erforschung des »psychodramatischen Substrats«[58] eines Stückes für eine Erklärung der Werkgenese wie der Wirkungsästhetik zukommt. Seit den Freudschen Interpretationen der Ödipus- und Hamlet-Tragödien weiß man, daß der in ersterer erlebte und in letzterer verdrängte Ödipus-Komplex der tiefste Grund für das Ergriffensein des heutigen Menschen (Mannes) beim Anblick dieser beiden tragischen Gestalten und Situationen ist. Das durch ihn strukturierte »abstrakte Kräftefeld«[59] aufzudecken, gibt dann »die Möglichkeit, den besonderen Effekt eines Werkes, das ausnehmend Geratene, Erfolgreiche, das oft so verblüffend Überzeugende daran aufzuklären.«[60] Wie sich von da aus- und weitergehend das merkwürdige Phänomen der (Vor-)Liebe für einen Autor beim Rezipienten erklären läßt, hat von Matt ebenfalls dargestellt.[61] Zurück zum Ödipus in der Literatur. Von Matt:

> »Wenn ich so nach den Möglichkeiten und Variationen des psychodramatischen Substrats frage, kann ich einige wenige Grundkonstellationen aufzählen, die, auf dieser vereinfachenden Ebene, alle anderen ausschließen. Entweder wird die Vaterfigur umgebracht oder nicht. Wenn sie umgebracht wird, wird das Schuldpotential entweder ökonomisch abgeleitet (...) oder es zersetzt und zerstört den oder die Mörder (...). Wenn die Vater-Figur aber nicht umgebracht wird, bedingt dies, daß der Aufständische (der Sohn, die Söhne) kapituliert. Er kann es tun durch Versöhnung, Unterwer-

fung, pathetische Identifizierung (...), oder indem er sich selber an Stelle des Vaters umbringt.«[62]

Wie dies im Falle Walsers zugeht, wurde oben kurz skizziert. Von Matts Analyse ist darin so überzeugend und aufschlußreich, wie sie verständlicherweise männlich ist. Da die Einsicht, daß Lust und Betroffenheit am Stück (d. h. hier allgemeiner: an der Literatur) nach Freud ihren Grund haben im Wiederfinden, Wiedererleben, im Ahnen des bereits Bekannten, im unbewußten Angerührtsein von den eigenen in der Krise und Krisenbewältigung intensivierten, lebensentscheidenden Entwicklungsphasen durch deren unmittelbare Veranschaulichung, da diese Einsicht zu überzeugenden Ergebnissen einer von ihr geleiteten Literaturbetrachtung geführt hat, ergibt sich für mich als Rezipient*in* bei einer psychoanalytisch orientierten Literaturinterpretation zwangsläufig die Frage, was es denn sei, was *mich* nun so besonders anspricht im Werk Robert Walsers. Denn ohne feministische Positionen zu beziehen, liegt doch die Vermutung nahe, daß das »psychodramatische Substrat« neben dem männlichen Ödipus bei Walser noch einen weiteren Aspekt enthalten muß, auf den besonders die Weiblichkeit anspricht. Walser hatte unter seiner Leserschaft immer besonders viele Frauen – der Preis des »Frauenbundes zur Ehrung rheinländischer Dichter«, den er 1914 erhielt[63], gibt davon ein hübsches Zeugnis. Es wäre also zu prüfen, ob in das Werk Robert Walsers auch das Grundmuster des weiblichen Ödipus eingewoben ist, denn der Sturz der Vaterfiguren, der so im weiblichen Ödipus nicht vorkommt, kann ja nicht dasjenige sein, was die Leserin Walserscher Prosa im Innersten anrührt. Das heißt selbstverständlich nicht, daß die Entmachtung der Vaterfiguren bei Walser nicht vorkommt; vielmehr: »Die Poesie (...) kann in Wahrheit ebenso leicht als weiblich wie als männlich empfunden oder genommen und genossen werden.« (X, 96) Davon ausgehend wäre zu untersuchen, ob sich

für das Verständnis der Dichtung Robert Walsers neue
Aspekte ergeben, wenn man sie einmal »weiblich« nimmt.
In seinen Überlegungen »Über die weibliche Sexualität« von
1931 gelangte Freud entgegen früheren Ansichten zu wesentlich differenzierteren Erkenntnissen über den weiblichen
Ödipuskomplex. Er stellte fest, daß dieser sich nicht mit nur
umgekehrten Vorzeichen in Analogie zum männlichen Ödipus entwickle und somit auch anders strukturierte Konflikte
aufweise. Erstes Liebesobjekt eines jeden Kindes, ob männlichen oder weiblichen Geschlechts, ist die Mutter, die das
Kind säugt und pflegt und für die Befriedigung seiner Bedürfnisse sorgt. Dann aber scheiden sich bei Eintritt in die
ödipale Phase die Entwicklungswege.

> »Die schicksalhafte Beziehung von gleichzeitiger Liebe
> zu dem einen und Rivalitätshaß gegen den anderen
> Elternteil stellt sich nur für das männliche Kind her.
> Bei diesem ist es dann die Entdeckung der Kastrations-
> möglichkeit, wie sie durch den Anblick des weiblichen
> Genitales erwiesen wird, die die Umbildung des Ödi-
> puskomplexes erzwingt, die Schaffung des Über-Ichs
> herbeiführt und so all die Vorgänge einleitet, die auf die
> Einreihung des Einzelwesens in die Kulturgemeinschaft
> abzielen. Nach der Verinnerlichung der Vaterinstanz
> zum Über-Ich ist die weitere Aufgabe zu lösen, dies
> letztere von den Personen abzulösen, die es ursprüng-
> lich seelisch vertreten hat.«[64]

Ein entscheidendes Moment in der Differenz zwischen
männlichem und weiblichem Ödipus liegt nun darin, daß es
den männlichen Kindern möglich ist, »ihre Ambivalenz gegen die Mutter zu erledigen, indem sie all ihre feindseligen
Gefühle beim Vater unterbringen.«[65] Dieser Weg ist dem
Mädchen versperrt, Liebe und Haß machen sich gleichermaßen an der Mutter fest, und wenn es dann soweit ist, daß es zu
einer Verschiebung des Akzents seiner emotionalen Bindung
von der Mutter auf den Vater kommt, muß das Aufgeben der

46

mütterlichen Priorität angstbesetzt sein, ist doch das Mädchen weiterhin auf die Versorgung und Zuwendung durch
die Mutter angewiesen, mit der es im allgemeinen auch die
ganze Zeit des Tages verbringt, während der Vater nur kurze
Zeit am Morgen und Abend für es verfügbar ist. Aber zurück
zur präödipalen Phase des Mädchens. Zwei Beobachtungen
setzt Freud an den Beginn seiner Untersuchung:

> »Die erste war: wo eine besonders intensive Vaterbin-
> dung bestand, da hatte es nach dem Zeugnis der Analyse
> vorher eine Phase von ausschließlicher Mutterbindung
> gegeben von gleicher Intensität und Leidenschaftlich-
> keit (...). Die primäre Mutterbeziehung war sehr reich
> und vielseitig ausgebaut gewesen. Die zweite Tatsache
> lehrte, daß man auch die Zeitdauer dieser Mutterbin-
> dung stark unterschätzt hatte. Sie reichte in mehreren
> Fällen bis weit ins vierte, in einem bis ins fünfte Jahr,
> nahm also den bei weitem längeren Anteil der sexuellen
> Frühblüte ein (...). Die präödipale Phase des Weibes
> rückt hiermit zu einer Bedeutung auf, die wir ihr bisher
> nicht zugeschrieben haben.«[66]

In dieser ersten Liebesbeziehung erhebt das kleine Mädchen
den Anspruch auf die volle, alle anderen möglichst ausschließende Zuwendung der Mutter. Daß diese in vielen Fällen als
unzureichend erlebt wird, zeigt Freud an dem immer wieder
geäußerten Vorwurf vieler seiner Patientinnen, nicht genug
Milch bekommen zu haben. Dieser Vorwurf enthält bereits
in nuce die Maßlosigkeit der Liebe zur Mutter wie die Forderung nach deren vollständiger Erwiderung, die Enttäuschung über das Nichtentsprechen des kindlichen Verlangens wie den Haß auf die Verursacherin dieser Enttäuschung.
Außerdem gibt es nach Freud noch eine Reihe von Störfakto-
ren in dieser Mutter-Tochter-Bindung, die daran arbeiten,
deren Ausschließlichkeit abzubauen und den Blick auf den
Vater freizumachen, worunter »als das stärkste Motiv zur
Abwendung von der Mutter der Vorwurf auf(-taucht, CSH),

daß sie dem Kind kein richtiges Genitale mitgegeben, d. h. es als Weib geboren hat.«[67] In welcher Weise libido-theoretisch die Verlagerung der Hauptstrebungen von der Mutter auf den Vater vor sich geht, ist hier nicht von Bedeutung. Wichtig ist, daß am Ende dieses Umverteilungsprozesses eine volle objektale Vaterliebe entstanden ist.

Die Darstellung des weiblichen Ödipus durch Freud ist in der psychoanalytischen Forschung seither kritisch geprüft und revidiert worden.[68] Was Freud noch als Penisneid des Weibes erklärt, wird heute als »Anzeichen einer narzißtischen Kränkung, einer Verletzung von geschlechtlichen Omnipotenzphantasien«[69] verstanden. Und auch die Ausschließlichkeit einer mehrjährigen Mutterbindung wurde modifiziert durch den Hinweis darauf, daß neben dieser schon sehr früh eine Vaterbeziehung in der präödipalen Phase des Mädchens installiert werde, die jedoch erst in der Ödipalphase, wenn das Mädchen eine volle objektale Vaterliebe entfaltet, das Gros seiner libidinösen Strebungen ausfülle. So berechtigt diese differenziertere Sicht des weiblichen Ödipus ist, so wenig ändert sie an den beiden zentralen Konflikten, die Freud in der psychosexuellen Entwicklung des Mädchens feststellte: Erstens dauert die Abhängigkeit des Mädchens von der Mutter nicht nur länger als die des Knaben, der sich ja in der präödipalen Phase bereits durch eine primäre Identifikation mit dem Vater von der Mutter teilweise ablöst, sondern sie wird auch gerade wegen der geschlechtlichen Identifikation mit der Mutter als absolut und zwingend erfahren. Folglich muß die Ambivalenz des Mädchens gegenüber der Mutter vollständig mit dieser ausgetragen werden und kann nicht, wie dies beim Knaben möglich ist, durch Aufspaltung, d. h. durch Überleitung des negativen Potentials auf den anderen Elternteil, den Vater, erledigt werden. Zweitens erlebt das Mädchen im Gegensatz zum Knaben beim Eintritt in den positiven Ödipus eine objektale Liebe zu einem neuen und ganz anderen Objekt, dem Vater, als es das primäre, die Mutter, gewesen ist. Und da es für diese Liebe zu dem großen – meist abwesenden – Dritten keine Einübung gibt, wie sie der Knabe bei der Mutter als seinem Primärobjekt kennt, ist anzunehmen, daß diese Vaterliebe des kleinen Mädchens einen bedeutsamen Unsicherheitsfaktor in seiner Entwicklung darstellt.

Eine solche Reduktion des komplizierten Vorgangs der weiblichen psychosexuellen Entwicklung auf das einfache Schema erlaubt eine grobe Parallelisierung mit den Ergebnissen der beiden vorangehenden Abschnitte, die aufgrund einiger weniger Indizien (paradoxale Beziehungsformen und ödipaler Konflikt) erste Hypothesen zu einer in Walsers Werk strukturell eingegangenen Psychogenese aufstellten. Dabei waren zunächst als Folge der typmäßig als schizophrenogen zu charakterisierenden Familiensituation eine außergewöhnliche Abhängigkeit von der Mutter und unlösbare Ambivalenzkonflikte mit ihr angenommen worden. Starke Abhängigkeit und entsprechend konfliktuöse Ambivalenz in der Beziehung zur Mutter werden auch seit Freud als Problemzentren der psychosexuellen Entwicklung des Mädchens erkannt. In der spezifischen Muttererfahrung bei Walser wäre also die erste Parallele zu sehen zu der Muttererfahrung im weiblichen Ödipus.

Außerdem war mit Rothstein auf die Sehnsucht des Knaben nach einem starken Vater hingewiesen worden, den er lieben und verehren könnte; diese objektal zu verstehende Vaterliebe (deren spätere Folgen homosexuelle Neigungen sein können) leitet Rothstein aus dem partiellen ödipalen Triumph über den Vater durch inzestuöse Nähe mit der Mutter ab. Diese objektale Vaterbeziehung, die später in Walsers Werk nachgewiesen werden soll, bildet somit die zweite Parallele zur ebenfalls objektalen Vaterliebe im weiblichen Ödipus.

Wie der klassische männliche Ödipuskonflikt in Walsers Werk eingegangen ist, wurde schon mit von Matt gezeigt.

Rothstein weist darauf hin, daß Patienten mit narzißtischen Persönlichkeitsstörungen dieser klassischen Ödipussituation oft viel nähergestanden haben als Knaben mit einem relativ normal verlaufenden Ödipus. Daß die Liebe zur Mutter und die Angst vor ihr ebenso wie die Sehnsucht nach dem Vater und die Rivalität mit ihm, jeweils über ein Normalmaß hinausgehend, daß also der weibliche und der männliche Typus des Ödipuskomplexes in einer Person und durch diese in einem Werk wirksam sein können, bildet durchaus keinen Widerspruch. Freud hat bereits auf die bisexuelle Anlage eines jeden in ihrer Bedeutung für die psychosexuelle Entwicklung des Menschen aufmerksam gemacht und ihre Folgen für den Ausgang des Knaben aus der Ödipussituation skizziert.

»Man gewinnt nämlich den Eindruck, daß der einfache Ödipuskomplex überhaupt nicht das häufigste ist, sondern einer Vereinfachung oder Schematisierung entspricht, die allerdings oft genug praktisch gerechtfertigt bleibt. Eingehendere Untersuchung deckt zumeist den *vollständigeren* Ödipuskomplex auf, der ein zweifacher ist, ein positiver und ein negativer, abhängig von der ursprünglichen Bisexualität des Kindes, d. h. der Knabe hat nicht nur eine ambivalente Einstellung zum Vater und eine zärtliche Objektwahl für die Mutter, sondern er benimmt sich auch gleichzeitig wie ein Mädchen, er zeigt die zärtliche feminine Einstellung zum Vater und die ihr entsprechende eifersüchtig-feindselige gegen die Mutter. Dieses Eingreifen der Bisexualität macht es so schwer, die Verhältnisse der primitiven Objektwahlen und Identifizierungen zu durchschauen, und noch schwieriger, sie faßlich zu beschreiben.«[70]
»Ich meine, man tut gut daran, im allgemeinen und ganz besonders bei Neurotikern die Existenz des vollständigen Ödipuskomplexes anzunehmen.«[71]

In Walsers Sprache liest sich dies folgendermaßen: Das Ich erzählt:

»...daß vielleicht zeitweise der Räuber wirklich ein Mädchen, so eine Art Mägdlein geworden war. Ich sage: zeitweise, und aller Wahrscheinlichkeit nach nur innerlich, so aus der Gabe der Anschmiegung, da es dringend nötig war, daß er sich allen diesen Verfolgungen zart anpaßte, was ihm ja denn auch größtenteils glückte.« (VI, 298)

Und vor dem Arzt sagt der Räuber kurz darauf:

»›Ich bekenne Ihnen ohne Umschweife, daß ich mich dann und wann als Mädchen fühle. (...) daß ich ganz fest glaube, ich sei ein Mann wie irgendein anderer (...). Im übrigen halte ich mich für einen ganz braven wackeren Mann, für einen durchaus brauchbaren Mann. (...) daß ich glaube, es lebe vielleicht in mir eine Art von Kind oder eine Art von Knabe. (...) Für ein Mädchen hielt ich mich ein paarmal.‹« (VI, 302)
»Ich verglich mich oft mit jungen Mädchen, die immerdar sehnsüchtig sind. Mitunter lag ich auf dem Bett ausgestreckt wie ein Kranker. Ich hatte Hunderte von sonderbaren Trieben.« (VIII, 278)

Diese Stellen sind nicht nur als Bestätigung des obigen Freud-Zitates interessant, sondern sie geben bereits einen wichtigen Hinweis auf eine Besonderheit, die in Walsers Dichtung anzutreffen ist: es ist der *Eindruck,* daß das dem Leser begegnende Ich oder der Protagonist des Textes teilweise mit sowohl der männlichen als auch der weiblichen Position identifiziert ist. Dies soll im folgenden genauer untersucht werden.

2. Die Falle der Mutter

2.1 Die Konstruktion der Mutter-Kind-Erfahrung

Ausgehend von den bisherigen Kenntnissen wäre nun zu fragen, in welcher Weise eine solche Muttererfahrung ihren Niederschlag im Werk Robert Walsers gefunden haben könnte. Denn weder kann davon ausgegangen werden, daß allen Figuren weiblichen Geschlechts in Walsers Prosa der Prägestempel einer konfliktuösen Muttererfahrung, so wie sie unter den Schlagwörtern »schizophrenogen« und »ödipal-inzestuös« vorgestellt wird, aufgedrückt ist; noch ließe sich hinreichend begründen, daß ausschließlich Frauen mit erkennbaren Zügen der Elisa Walser oder Frauen, die in der Dichtung als Mütter fungieren, dieser bestimmten Muttererfahrung nachgebildet sind. Wie also sollte man da unterscheiden können zwischen Frauenportraits, die durch Linien eines persönlichen Vorbilds gezeichnet sind, und solchen, bei denen dies nicht der Fall ist? Und wirkt diese Muttererfahrung nicht über die Figur des Weiblichen hinaus im Werk Robert Walsers?

Es wurde bereits gezeigt, warum das in ein permanentes »double-bind« eingeschlossene Kind nicht in der Lage ist, sich von der Mutter abzulösen und eine echte objektale Beziehung zu ihr aufzubauen. Am Beispiel des Schneewittchen-Dramoletts war kurz skizziert worden, daß sowohl die Ablösung von der Mutter durch Entfernung, als auch die Annäherung an sie zur Erfüllung eines befriedigenden symbiotischen Austausches verhindert wird. Oder anders ausgedrückt: eine entwicklungsgemäße Ablösung von der Mutter würde eine zuvor erfüllte, zufriedenstellende Symbiose mit anschließender schrittweiser Umwandlung der Bezugsebene zwischen Mutter und Kind in seinen ersten zwei bis drei Lebensjahren voraussetzen. Die Interaktion zwischen Mutter und Kind erfolgt dagegen wie beschrieben oder nach etwa folgendem Muster: überfällt die Mutter das Kind durch ein Zuviel an Liebe, dann erschreckt sie damit das Kind zutiefst, weshalb es vor der Mutter zurückweicht. Wendet sich die Mutter daraufhin gekränkt vom Kind ab, dann ängstigt sie dieses (Verlustangst), straft es also in den Augen des Kindes durch Liebesentzug; andererseits bekommt das Kind durch die Abwendung der Mutter wiederum Raum, sich ihr anzunähern. Würde sich die Mutter auf diese Annäherung hin liebevoll dem Kind zuwenden, dann wäre alles gut. Aber es ist gerade ein Charakteristikum der narzißtisch ungefestigten, unempathischen Mutter, daß sie nicht auf die Bedürfnisse des Kindes, sondern nur auf ihre eigenen reagiert, d. h. sie wird diese Annäherung des Kindes entweder aus Angst schroff zurückweisen oder ihre Angst überkompensieren durch ein Zuviel an Liebesbezeugungen, wovor sich das Kind erneut in Sicherheit bringen muß.

Um besser zu verstehen, welche Folgen dieses Verhalten der Mutter für die psychische Entwicklung des Kindes haben kann, sollen jetzt einige Überlegungen zu den frühen Objektbeziehungen des Kindes angestellt werden. Freud hat für die primitive orale Phase des Neugeborenen zwischen Objektbesetzung und Identifizierung nicht eindeutig unterscheiden wollen[72]. Allerdings verwendet er den Begriff der »primären Identifizierung«[73], welche nach den Objektwahlen und dem Durchgang durch das ödipale Dilemma in der sekundären Identifizierung Verstärkung findet. Eine Parallele dazu enthält seine Narzißmustheorie: Auch hier ist nach der Phase des Autoerotismus eine des primären Narzißmus gesetzt, die überleitet in die Phase der Objektliebe; wenn letztere enttäuschend verläuft, ist eine Regression auf die narzißtische Stufe möglich, welche jedoch als sekundärer Narzißmus vom primären zu unterscheiden ist[74]. Das Kind durchläuft also nach Freud eine Entwicklung seiner Objektbeziehungen in folgenden Schritten:

Die erste Beziehung des Kindes zu seiner Mutter ist die einer primären Identifikation mit seinem Primärobjekt, mit dem es noch symbiotisch eins ist – die Trennung von Subjekt und Objekt hat noch nicht stattgefunden – und die Libido, mit der es sein Objekt und sich selbst »besetzt«, oder besser: der Zustand, in dem es sich dabei findet, ist der des primären Narzißmus. Mit fortschreitender Entwicklung des Kindes wächst auch sein Potential an libidinösen und aggressiven Trieben, die jetzt, nach der Einsicht, daß Mutter und Kind zwei verschiedene Wesen sind, der Subjekt-Objekt-Trennung, zur Besetzung dieses Objektes verwendet werden. Im männlichen Ödipus entwickelt sich dann, wie schon angedeutet, neben der objektlibidinösen Besetzung der Mutter nach einer vorausgegangenen primären Identifikation mit dem Vater eine aggressive Besetzung dieses Rivalen, mit dem sich der Knabe später durch die Akzeptanz des ödipalen Verbots erneut, d. h. sekundär identifiziert. Dabei wird die Aufspaltung der Ambivalenz in das sexuell geliebte (aber auch aggressiv besetzte) und das gehaßte (aber auch geliebte) Objekt auf höherer Stufe, dem Über-Ich, der »Gewissensinstanz«, desexualisiert integriert und resynthetisiert: das Über-Ich enthält dann eben nicht nur die strengen Verbote des Vaters (und seine Toleranz), sondern auch liebende und permissive Anteile der Mutter (und ihre Disziplin). Scheitert aber die erste Objektbesetzung des Kindes – z. B. weil sich die Mutter dagegen wehrt –, dann kann es zu einer Regression auf den sekundären Narzißmus kommen. Welche Folgen damit für die Über-Ich-Bildung verbunden sind, soll später noch dargestellt werden.

Wertvoll ist hier noch ein Hinweis auf die zeitgenössische Objektbeziehungs-Theorie, die diesen Vorgang in struktureller Hinsicht formuliert: Danach wird als »Objekt« ganz allgemein das Gegenüber des Kindes verstanden, das auf seine Signale reagiert und somit »auf vielfältige Weise ein Modell für Imitation und Identifikation darstellt, mit dem das Kind eine symbiotische Dualunion erlebt und einen ›Dialog‹ unterhält«[75]. Durch diese Interaktion entsteht im Kind im Laufe seiner Entwicklung eine Vorstellung von sich selbst, eine Art Selbstbild, die »Selbstrepräsentanz«, und eine Vorstellung vom Objekt, die »Objektrepräsentanz«, die vorstellungsmäßig miteinander in Beziehung gesetzt werden. Der Terminus »Objektbeziehung« meint demnach den ganzen vorgestellten, phantasierten Bezug zu einer anderen Person[76], der viel weiter reicht als die tatsächliche Interaktion mit derselben, da er nicht nur die objektiven Gegebenheiten in dieser Beziehung erfaßt, sondern insbesondere alles, was der subjektiven Erfahrungswelt angehört, z. B. die mit dem Objekt verbundenen Ängste, Wünsche, Idealisierungen, die diese Beziehung überhaupt erst so bedeutungsvoll machen.

2.1.1 *Die Entwicklung des Selbst*

Vor dem Hintergrund dieses Begriffes der Objektbeziehung läßt sich die Problematik des Kindes einer schizophrenogenen Mutter am besten nach Kohut[77] darstellen, der – von Freud und Hartmann herkommend – eine psychoanalytische Theorie narzißtischer Persönlichkeitsstörungen entwickelt hat. Dies empfiehlt sich auch deshalb, weil seine Forschungsergebnisse es ermöglichen, ein Stück weit von der psychotischen Ausprägung frühkindlicher Störungen abzurücken, wie sie ja im Begriff der schizophrenogenen Mutter bereits impliziert ist, und das Interesse auf die vorerst lediglich neurotisierenden Folgen solcher Frühschädigungen zu richten. Die von Kohut ermittelten narzißtischen Persönlichkeitsstörungen lassen sich allgemein als Defekte am Selbst erkennen. Der Begriff des Selbst bezeichnet bei ihm innerhalb des aus dem Es, dem Ich und dem Über-Ich gebildeten psychischen Apparates eine Struktur, einen Inhalt, der alle drei Instanzen durchbildet; es ist, obwohl es keine eigene psychische Instanz

55

ist, mit Triebenergie besetzt und von zeitlicher Dauer[78]. Kohuts Theorie vom narzißtisch gestörten Selbst verbindet sich nun mit der Narzißmustheorie Freuds deshalb besonders gut, weil – nach Freud – in der narzißtischen Phase des Säuglings der psychische Apparat noch weitgehend undifferenziert ist, noch vorwiegend aus dem Es besteht, aus dem das Ich sich erst allmählich absondert. Hartmann, der diesen Gedanken ausbaut und sowohl das Ich als auch das Es »als Ergebnis einer Differenzierung aus einer Matrix tierischer Instinkte«[79] begreift, entwickelt das Freudsche Narzißmuskonzept weiter:

> »Tatsächlich scheinen aber bei der Anwendung des Begriffes Narzißmus oft zwei verschiedene Gegensatzpaare in eins verschmolzen zu sein. Das eine bezieht sich auf das Selbst (die eigene Person) im Gegensatz zum Objekt, das andere auf das Ich (als ein psychologisches System) im Gegensatz zu den anderen Teilstrukturen der Persönlichkeit. Das Gegenteil von Objektbesetzung ist jedoch nicht Ich-Besetzung, sondern Besetzung der eigenen Person, das heißt Selbstbesetzung. Mit dem Wort Selbstbesetzung wollen wir nicht andeuten, wo diese Besetzung lokalisiert ist, im Es, im Ich oder im Über-Ich. Diese Formulierung berücksichtigt die Tatsache, daß sich ›Narzißmus‹ in allen drei psychologischen Systemen findet; (…) Es trägt deshalb zur Klärung bei, wenn wir Narzißmus als Libidobesetzung nicht des Ichs, sondern des Selbst definieren. (Es mag außerdem nützlich sein, den Ausdruck Selbst-Repräsentanz, im Gegensatz zur Objekt-Repräsentanz, anzuwenden.)«[80]

Ereignen sich, nach Kohut, in der frühen narzißtischen Phase des Kindes durch traumatische Frustration Störungen in der Strukturbildung des Selbst, so können diese später sowohl in allen drei Instanzen des psychischen Apparates wirksam werden wie auch in einer oder zwei von ihnen besonders akzentuiert auftreten. Kurz zusammengefaßt zeigt die Narzißmus-Theorie Kohuts folgende Entwicklungsmöglichkeiten auf:

In der Phase des primären Narzißmus ist das Kind eingestellt auf die Vollkommenheit seiner Bedürfnisbefriedigung. Sowohl es selbst als auch das sein Wohlbefinden garantierende Objekt – meist die Mutter – sind von ihm mit narzißtischer Libido besetzt. Da Störungen in der Permanenz dieses archaischen Glücks aber unvermeidlich sind – wobei das Kind sowohl sich selbst als auch die Mutter als Quelle des Spannungen auslösenden Unbehagens erlebt –, ersetzt das Kind (vorübergehend) die ursprünglich erfahrene und nun vermißte Totalität seines Wohlbefindens »(a) durch den Aufbau eines grandiosen und exhibitionistischen Bildes des Selbst: das Größen-Selbst; und (b) indem es die vorherige Vollkommenheit einem bewunderten allmächtigen (Übergangs-)Selbst-Objekt zuweist: der idealisierten Elternimago«[81].

Es ist hier wichtig zu unterscheiden zwischen einerseits: den archaischen, in magischer Funktion gebildeten und eingesetzten Imagines von Größen-Selbst und (Übergangs-)Selbst-Objekt als gewissermaßen reinen Phantasieprodukten, die ausgehend von der primär-narzißtischen Phase den Verlust des symbiotischen (pränatalen) Wohlbefindens kompensieren sollen, und andererseits: den erst später gebildeten und sich durch Erfahrungen fortgesetzt verändernden Selbst- und Objektrepräsentanzen, denen ein wesentlich höherer Realitätsgehalt eignet.[82] Diese »Objekt- oder Selbstrepräsentanzen bestehen keineswegs aus einem einschichtigen, einfachen Symbol, sondern sind stets ein Gefüge, eine Sammlung von Symbolen. Das macht ihre ›Geschichtlichkeit‹ aus.«[83] Das bedeutet z. B., daß die Objektrepräsentanz der Mutter die Aspekte: sadistisch, böse, gefährlich, fordernd, leidend, unzufrieden, verlangend, erotisierend und anderes mehr enthalten kann, wobei diese verschiedenen Aspekte untereinander geflechtartig verbunden und teilweise bewußt, teilweise unbewußt sind, während daneben das (Übergangs-)Selbst-Objekt als undifferenziertes mütterliches Ideal eine Totalität darstellt.

Durch die Konstruktion von Größen-Selbst und (Übergangs-)Selbst-Objekt gelingt es dem Kind, das Gleichgewicht des primären Narzißmus wiederherzustellen. Die Kunst der elterlichen Zuwendung sollte deshalb darin bestehen, durch Einfühlung in die Bedürfnisse des Kindes sowohl sein Größen-Selbst als auch seine idealisierte Elternimago erstens zu akzeptieren und zweitens schrittweise in einzelnen ihrer Aspekte durch »optimale Frustration« zu lösen. Durch diesen »Prozeß des fraktionierten Besetzungsentzuges« wird die »umwandelnde Verinnerlichung«[84] der Aspekte des Größen-Selbst und der idealisierten Elternimago in der präödipalen Phase in stabile Ich-Strukturen und in der ödipalen Phase in die Idealisierung des Über-Ichs ermöglicht.

»Die wesentlichen Mechanismen (›Ich bin vollkommen‹. ›Du bist vollkommen, aber ich bin ein Teil von dir.‹), die die beiden grundlegenden narzißtischen Konfigurationen verwenden, um einen Teil der ursprünglichen Erfahrung narzißtischer Vollkommenheit zu bewahren, sind natürlich gegensätzlich. Und dennoch bestehen sie von Anfang an gemeinsam, und ihre jeweiligen und zum großen Teil unabhängigen Entwicklungslinien können getrennt voneinander untersucht werden. Unter optimalen Entwicklungsbedingungen können Exhibitionismus und Größenwahn des archaischen Größen-Selbst schrittweise gezähmt werden (...) Und unter gleichermaßen günstigen Umständen wird auch die idealisierte Elternimago in die erwachsene Persönlichkeit integriert. (...) Wenn das Kind jedoch schwere narzißtische Traumen erleidet, dann verschmilzt das Größen-Selbst nicht mit dem maßgeblichen Ich-Gehalt, sondern bleibt in unveränderter Form erhalten und strebt nach Erfüllung seiner archaischen Ziele. Und wenn das Kind traumatische Enttäuschungen von dem bewunderten Erwachsenen erfährt, dann bleibt auch die idealisierte Elternimago in ihrer unveränderten Form erhalten, sie wird nicht in eine spannungsregulierende psychische Struktur umgewandelt, erreicht nicht die Position eines zugänglichen Introjekts, sondern sie bleibt ein archaisches Übergangs-Selbst-Objekt, das für die Aufrechterhaltung des narzißtischen Gleichgewichts gebraucht wird.«[85]

An verschiedenen Fallbeispielen zeigt Kohut, wie es durch frühe Störungen in der Beziehung zum idealisierten Objekt, z. B. durch die Unfähigkeit einer schizoiden Mutter, sich in die Bedürfnisse des Kindes einzufühlen[86], zu einer allgemeinen Strukturschwäche kommen kann, »die weitgehend die Fähigkeit des psychischen Apparates beeinträchtigt, ein grundlegendes narzißtisches Gleichgewicht zu erhalten.«[87]

> »Wir finden insbesondere in den frühesten Phasen, daß a) die Selbstbezogenheit der Mutter zu einer Projektion ihrer eigenen Stimmungen und Spannungen auf das Kind und somit zu gestörter Einfühlung führen kann, daß sie b) selektiv (hypochondrisch) auf die Stimmungen und Spannungen des Kindes reagiert, die mit ihren eigenen narzißtischen Spannungen und Voreingenommenheiten übereinstimmen, und daß sie c) auf die Stimmungen und Spannungen des Kindes nicht reagiert, wenn ihre Voreingenommenheit nicht in Einklang mit den Bedürfnissen des Kindes steht. Das Ergebnis ist ein traumatisches Alternieren zwischen falscher Einfühlung, Übereinfühlung und mangelnder Einfühlung, das den schrittweisen Entzug narzißtischer Besetzung und Aufbau spannungsregulierender psychischer Strukturen verhindert: Das Kind bleibt insgesamt an den frühen narzißtischen Zustand fixiert.«[88]

Man wird in Walsers Dichtung zunächst kaum die Reservate des Größenwahns erkennen; auffälliger dagegen ist das Lob der Kleinheit in jeder Form. Daß aber das Kleinseinwollen der Walser-Helden eine notwendige Reaktion auf archaische Größenphantasien sein könnte, wäre zu bedenken. Interessant ist, daß dieser Aspekt einer narzißtischen Persönlichkeitsstörung, wie Kohut sie beschrieben hat, ihren Ausgang nimmt von der unzureichenden Spiegelung kindlicher Selbstdarstellung in Gesicht und Auge (!) der es stillenden oder wiegenden Mutter, was zur Folge hat, daß die in dieser Hinsicht geschädigten Analysanden es phasenweise kaum zu ertragen vermögen, ihren Analytiker nicht zu *sehen,* d. h. seine Reaktion auf ihr Verhalten nicht beobachten zu können. Das von Herzog hervorgehobene Motiv des schmerzhaften Blicks könnte hier verankert werden. Neben dieser Frühschädigung, die eintritt, wenn eine uneinfühlsame Mutter nicht liebevoll entgegennehmen und reflektieren kann, daß das Kind sich ihr *zeigt* und mit dem ganzen Körper darbietet (exhibitioniert), wäre im Falle einer schizophrenogenen Mutter eine Fortsetzung des archaischen Größen-Selbst in den sexuellen Bereich anzunehmen. Denn der beschriebene unvermittelte Wechsel von inzestuöser Nähe[89] und brüsker Zurückweisung ermöglicht es dem Kind nicht, seine natürlichen sexuellen Omnipotenzvorstellungen sukzessive seinen altersbedingten Fähigkeiten anzupassen und so ein realistisches Bild von sich selbst aufzubauen. Die Erhaltung eines solchen archaischen sexuell-omnipotenten Größen-Selbst hält natürlich keiner Konfrontation mit der Realität stand, deshalb muß diese Konfrontation vermieden werden, da es andernfalls zu schweren narzißtischen Kränkungen käme. Hierin könnte *ein* Grund für die sexuelle Enthaltsamkeit von Walsers Protagonisten liegen. – Überhaupt sind die von Kohut analysierten Patienten als überaus anfällig für narzißtische Kränkungen beschrieben worden; auch dies ist ein Zug, für den es in Walsers Dichtung viele Beispiele zu finden gäbe. – Zuletzt: die Tatsache, daß in Walsers Dichtung die Kleinheitsideen deutlicher werden als eventuelle Größenphantasien, kann als Versuch der Anpassung letzterer an die Realität verstanden werden, wobei für diese nur die Möglichkeit der Abspaltung bestünde, da das archaische Größen-Selbst im Normalfall keiner echten Korrektur mehr zugänglich ist; psychoanalytisch gesprochen bedeutet dies, daß das Größen-Selbst »vom realitätsprüfenden Ich abgespalten und/ oder von ihm durch Verdrängung getrennt werden«[90] kann.

Die Postulation der Abspaltung des Größen-Selbst nach Kohut bedeutet nicht, daß hier ein unlösbares Problem in diesem Modell »abgespalten« oder »verdrängt« werden soll; die Abspaltung des Größen-Selbst wird vielmehr deshalb behauptet, weil sie tatsächlich in Walsers Werk belegt werden kann.[91]

Der zweite von Kohut beschriebene Aspekt narzißtischer Frühschädigungen betrifft die Fixierung an ein archaisch idealisiertes Selbst-Objekt. Die von Kohut beschriebene uneinfühlsame Weise mütterlicher Zu- und Abwendung muß verhindern, daß das Kind über eine längere Phase konstanter und akzeptierter Idealisierung der Mutter langsam, durch »optimale Frustration«, das schöne Bild korrigiert und auf ein menschlicheres Maß zurechtrückt. Das verwirrend abrupte Ausagieren von Spannungen und Bedürfnissen auf seiten der Mutter stört den Verherrlichungswunsch des Kindes ebenso wie seine sanfte Ablösung von ihr, es ängstigt das Kind, und je größer seine Angst ist, desto notwendiger braucht es dieses mächtige (Übergangs-)Selbst-Objekt zu seinem Schutz; die Folge dieser Art von Mutter-Kind-Interaktion ist ein frühes Sich-Abschließen des idealisierten (Übergangs-)Selbst-Objekts gegen korrigierende Erfahrungen von außen und eine Fixierung an dieses Selbst-Objekt zur Aufrechterhaltung des narzißtischen Gleichgewichts. Daß solche Patienten später immer auf der Suche nach einer idealisierbaren Gestalt sind, hat Kohut sehr eindrücklich beschrieben. Und es ist genau dieses Verehrungsbedürfnis von Walsers Helden, das in seiner Dichtung immer wieder zum Ausgangspunkt für Sehnsucht und Hoffnungslosigkeit wird.

Was mit Kohut als Konservierung des archaischen Größen-Selbst sowie des archaisch idealisierten (Übergangs-)Selbst-Objekts (also: der idealisierten Mutter-Imago) bezeichnet werden kann, läßt sich nach Freud dadurch erklären, daß die mit der Zeit wachsende ausgesandte Objektliebe infolge einer überwältigenden Frustration auf die narzißtische Stufe

regrediert und dort unter Bildung des sekundären Narzißmus festgehalten und an einer Weiterverwendung gehindert
wird. Wenn also Narzißmus ganz allgemein als Selbstliebe,
als Verliebtheit in sich selbst, bezeichnet wird, dann ist in
psychologischer Hinsicht dabei wichtig zu wissen, *was* im
Selbst oder vom Selbst geliebt wird: es sind nach Kohut die in
Wirklichkeit *frustrierten* und deshalb in der Phantasie erhalte-
nen Bilder des eigenen Selbst und des geliebten Objekts, die
Residuen der ersten enttäuschend verlaufenen Subjekt-Ob-
jekt-Beziehung, nach Freud die zurückgezogene unerfüllte
erste Objektliebe.

2.1.2 *Das Schicksal der Triebe*

Für die Triebökonomie hat diese frühe narzißtische Störung
durch die schizophrenogene Interaktion zwischen einer unempathischen Mutter und ihrem Kind bedeutsame Folgen.
In seinem Aufsatz »Das ökonomische Problem des Masochismus«[92] zeigt Freud, was geschieht, wenn der libidinöse
Trieb an seiner Aufgabe gehindert wird, seinen Antagoni-
sten, den Destruktions- oder Todestrieb, nach außen abzulei-
ten, wobei im Erreichen des Zielobjekts ein beträchtlicher
Teil des Destruktionstriebes in den »Dienst der Sexualfunk-
tion« gestellt und als »gemäßigter Sadismus« gebraucht
wird. Der jeweils nicht nach außen abgeleitete Teil des Destruktionstriebes wird aufgrund der sexuellen Miterregung,
die vor allem in der frühen Kindheit immer dann entsteht,
wenn innere Vorgänge von großer Intensität gewisse quanti-
tative Grenzen übersteigen[93], libidinös gebunden: »in ihm
haben wir den ursprünglichen, erogenen Masochismus zu erkennen.«[94] Dieser »eigentliche erogene Masochismus« ist
nach Freud

> »ein Zeuge und Überrest jener Bildungsphase, in der
> die für das Leben so wichtige Legierung von Todestrieb

und Eros geschah. Wir werden nicht erstaunt sein zu hören, daß unter bestimmten Verhältnissen der nach außen gewendete, projizierte, Sadismus oder Destruktionstrieb wieder introjiziert, nach innen gewendet werden kann, solcherart in seine frühere Situation regrediert. Er ergibt dann den sekundären Masochismus, der sich zum ursprünglichen hinzuaddiert.«[95]

Das beim Masochismus angezeigte Wüten des wieder nach innen gewendeten Sadismus gegen das eigene Selbst wäre demnach als eine mögliche Folge verweigerter Objektliebe zu betrachten. Der sekundäre Masochismus kann also im Zusammenhang mit dem sekundären Narzißmus auftreten und läßt dann verstehen, daß ebenso wie bei letzterem die archaischen Selbst- und Objektimagines erhalten bleiben, bei ersterem die libidinösen und destruktiven Triebe in ihrer archaischen Macht fortwirken; denn erst eine erfüllte Objektliebe könnte beide in eine legierte und dadurch moderierte Form überführen.

Wichtig ist nun noch zu wissen, daß der erogene Masochismus die Grundlage des moralischen ist, weshalb letzterer nach Freud zu einer zumindest teilweisen Re-Sexualisierung der Moral führt. Während in der normalen psychischen Entwicklung das Gewissen dadurch entsteht, »daß die ersten Objekte der libidinösen Regungen des Es, das Elternpaar, ins Ich introjiziert wurden, wobei die Beziehung zu ihnen desexualisiert wurde, eine Ablenkung von den direkten Sexualzielen erfuhr«[96], führt der moralische Masochismus zu einer fortgesetzten Neubelebung des Ödipuskomplexes und bewirkt so »die Versuchung zum ›sündhaften‹ Tun, welches dann durch die Vorwürfe des sadistischen Gewissens (...) oder durch die Züchtigung der großen Elternmacht des Schicksals gesühnt werden muß.«[97] Diese Sühne, die bis zur masochistischen Selbstzerstörung reichen kann, vermittelt dem Bestraften endlich die libidinöse Befriedigung, die ihm auf anderem Wege versagt wurde.

Man kann sich im hier zu konzipierenden Modellfall gut vorstellen, daß aus dieser schicksalhaften Elternmacht, aus den
Vorwürfen des sadistischen Gewissens die Stimme, d. h.
Aspekte der Objektrepräsentanz, der inzestuös fordernden
und immer unbefriedigten, der durch kein Verhalten zu erfreuenden und immer (über Mann und Kind) klagenden
Mutter spricht. Freud hat deutlich gemacht, daß die für den
Masochismus angezeigte »Rückwendung des Sadismus gegen die eigene Person«[98] als Folge der Triebunterdrückung
ein Schuldgefühl produziert, das sich in einem Bedürfnis
nach Bestrafung zeigt, und »daß das Gewissen um so strenger und empfindlicher wird, je mehr sich die Person der Aggression gegen andere enthält.«[99] Das Kind kann sich gegen
die paradoxen Forderungen der Mutter nicht wehren, also
kehren sich seine der Mutter geltenden Aggressionen, seine
Wut über ihre Verweigerung (zusammen mit den sadistischen Anteilen der Schizoiden) gegen es selbst und befriedigen dadurch endlich sein masochistisches Bedürfnis nach
Sühne seiner Schuld, die darin besteht, die Mutter – im weitesten Sinne – nicht befriedigen und lieben zu können. Mit
anderen Worten: die von der mütterlichen Objektrepräsentanz ausgehenden Strafaktionen arbeiten unentwegt auf eine
moralische Verkleinerung, Erniedrigung des Ich und des in
ihm beheimateten Selbstwertgefühls hin, das in dieser Kleinheit sein masochistisches Schuldbewußtsein und Strafbedürfnis zugleich erlebt und erfüllt. Die Feier des Kleinheits-
ideals verbirgt also hinter dem moralischen Schuldgefühl die
masochistische Lust an der Strafe durch die in ihrem schizoiden Agieren als sadistisch erlebte Mutter – und ist auch insofern das Pendant zu einem in archaisch-omnipotenter Form
konservierten Größen-Selbst, als das Kind dabei ein narzißtisches Bedürfnis der Mutter befriedigt, den ihr unbewußten
Wunsch nämlich, das Kind möge immer klein und hilflos,
d. h. eine Projektionsfläche für ihre eigene Hilflosigkeit sein.

Damit sind nun die wesentlichen Kindheitsprägungen aus dieser besonderen Muttererfahrung genannt: als grundlegend wird eine narzißtische Störung erkannt, die zur Konservierung eines omnipotent imaginierten Größen-Selbst und einer archaisch idealisierten Mutter in der Funktion eines Selbst-Objekts führt. Dabei stellen das Größen-Selbst des Kindes und die idealisierte Mutter-Imago miteinander das narzißtische Gleichgewicht her, das im realen Austausch zwischen Mutter und Kind aufgrund einer wesentlichen Behinderung im Aufbau spannungsregulierender psychischer Strukturen nicht etabliert werden konnte. Die Folge solcher Fixierung oder Regression auf den Narzißmus ist die Rückwendung der libidinösen und sadistischen Triebe gegen das eigene Selbst, wobei es zu einer Verstärkung der introjizierten sadistischen Mutteranteile kommt. Neben dem idealisierten mütterlichen Selbst-Objekt wirkt dann die Objektrepräsentanz der sadistischen Mutter im Selbst des Kindes. Von dieser durch die nicht ableitbaren kindlichen Destruktionstriebe verstärkten, sadistischen Objektrepräsentanz der Mutter ist nach Freud anzunehmen, daß sie besonders in die Struktur der Über-Ich-Instanz eingeht, während die erotisierenden Aspekte der inzestuös fordernden Mutter den sexuellen Trieben im Es einen gefährlichen Auftrieb geben; so von beiden Seiten bedrängt, zeigt sich das Ich unter dem Einfluß des erogen-moralischen Masochismus. Aber nicht nur befinden sich somit Masochismus und Sadismus in einem komplementären Verhältnis im Selbst. Es ist darüber hinaus erkennbar, daß die idealisierte Mutter-Imago (Selbst-Objekt) ein Gegengewicht zur sadistischen »Über-Ich-Mutter« (resp. deren Objektrepräsentanz) bildet und daß das Größen-Selbst den masochistischen Strebungen (Kleinheits-Ideal) entgegensteht. Man kann also davon ausgehen, daß der komplexe Problemgehalt der speziellen Mutter-Erfahrung in ein zwar

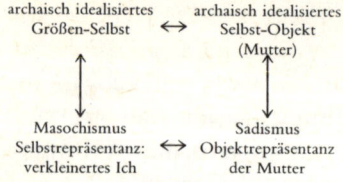

archaisch idealisiertes Größen-Selbst ←→ archaisch idealisiertes Selbst-Objekt (Mutter)

↑ ↑

Masochismus Selbstrepräsentanz: verkleinertes Ich ←→ Sadismus Objektrepräsentanz der Mutter

hochkompliziertes, aber insgesamt relativ stabiles Gleichgewicht gebracht worden ist, ein Gleichgewicht allerdings, das nicht statisch fixiert, sondern flexibel ist – und wenn jetzt von Ambivalenz die Rede ist, dann ist sehr gut vorstellbar, in welch verschiedenen Weisen das Ausbalancieren der einzelnen problematischen Kräfte vor sich gehen kann.

2.2 Vom alten zum neuen Leiden

Kehren wir zur Ausgangsfrage zurück, zur Frage nach dem besonderen Mutter-Erleben, wie es sich im Werk Robert Walsers niedergeschlagen haben könnte, und überprüfen wir in erster Annäherung, ob die Ergebnisse des vorigen Kapitels ein erweitertes Verständnis seiner Dichtung einleiten. Nebst einigen ergänzenden und kombinierenden Überlegungen sollen also die bisherigen Erkenntnisse zur Anwendung gebracht werden.

2.2.1 *Kannibalische Liebe*

Daß die narzißtische Frühschädigung des Kindes ebenso wie die besondere Art der »double-bind«-Kommunikation von einem mütterlichen Verhalten ausgehen, das zugleich durch schroffe Zurückweisung des kindlichen Liebesangebots und ein unvermittelt darauf folgendes Übermaß an Liebe das inzestuöse Potential dieser Beziehung in einer Weise anspricht, die immer neu die »physische Unzulänglichkeit, den Inzest zu verwirklichen«[100] hervorhebt, das war im letzten Kapitel ausführlich gezeigt worden. Es ist evident, daß die wiederholte Erfahrung der eigenen Unreife, der Diskrepanz zwischen Wollen und Können, zutiefst beschämend, für die erwachende Männlichkeit des Kindes kastrierend und für die Entfaltung seines Selbst vernichtend ist: Die für seine Entwicklung so wichtige Objektliebe findet keine Annahme. Dadurch wird aber der von Freud beschriebene Vorgang der schrittweise sich entwickelnden optimalen Triebmischung[101] behindert, wodurch sich Formen der Paranoia ergeben können, die bezeichnenderweise in der Angst, gefressen zu werden, ihren Ausdruck finden. Für den pathologischen Fall der weiblichen psychosexuellen Entwicklung erkannte Freud, daß man in der bereits geschilderten starken

>>Mutterabhängigkeit den Keim der späteren Paranoia des Weibes findet. Denn dies scheint die überraschende, aber regelmäßig angetroffene Angst, von der Mutter umgebracht (aufgefressen?) zu werden, wohl zu sein. Es liegt nahe, anzunehmen, daß diese Angst einer Feindseligkeit entspricht, die sich im Kind gegen die Mutter infolge der vielfachen Einschränkungen (...) entwickelt, und daß der Mechanismus der Projektion durch die Frühzeit der psychischen Organisation begünstigt wird.<<[102]

>>Angst, von der Mutter umgebracht zu werden, die ihrerseits den Todeswunsch gegen die Mutter, wenn er bewußt wird, rechtfertigt, (hat Freud auch, CSH) bei Männern gefunden, sie wird auf den Vater bezogen, ist aber wahrscheinlich das Verwandlungsprodukt der auf die Mutter gerichteten oralen Aggression. Man will die Mutter auffressen, von der man sich genährt hat; beim Vater fehlt für diesen Wunsch der nächste Anlaß.<<[103]

Die Angst, von der Mutter gefressen zu werden, hat also zwei Entstehungsgründe: zum einen erweckt das fusionierende Verhalten der Mutter, ihre plötzlich das Kind überschwemmende Liebe, mit der Inzestphantasie auch die Idee einer Rückkehr in den Mutterleib, was als Gefahr eines leiblichen Verschlungenwerdens erlebt wird und nach Rank[104] ein

67

integraler Bestandteil aller Todesmythologien ist; zum anderen führt die Abweisung der auf diese Mutter gerichteten Liebe des Kindes zu einer Rückwendung (und Entmischung) seiner libidinösen und destruktiven Triebe gegen das eigene Selbst, das diesem Potential nicht gewachsen ist – womit die Gefahr der Selbst-Zerstörung gegeben ist: und daß diese im Bild des Gefressenwerdens erscheint, läßt sich mit der oralen Fixierung erklären, die für frühe narzißtische Störungen angenommen werden kann. Phantasien dieser Art tauchen immer wieder in Walsers Dichtung auf. Eine besonders dramatische Ausgestaltung ist der

Entwurf zu einem Vorspiel

Eine Bühne

Der Vorhang geht auf, man sieht in einen offenen Mund hinein, in eine rötlich beleuchtete Kehle hinunter, daraus hervor eine große, breite Zunge leckt. Die Zähne, die den Bühnenmund umrahmen, sind spitz und blendend weiß, das Ganze sieht dem Rachen eines Ungetüms ähnlich, die Lippen sind wie ungeheure menschliche Lippen, die Zunge bewegt sich nach vorn, über die Rampe hinaus und berührt mit ihrer feurigen Spitze beinahe die Köpfe der Zuschauer, dann geht sie wieder zurück, und ein anderes Mal tritt sie wieder vor, ein schlafendes schönangekleidetes Mädchen auf ihrer breiten, weichen Fläche dahertragend. Die golden-hellen Haare des Mädchens fließen wie eine Flüssigkeit von ihrem Kopf um ihr Kleid herum, in der Hand hält sie einen glitzernden Stern, ähnlich einem großen, weichen, sonnigen Schneeflocken. Auf dem Haar eingedrückt sitzt eine zierliche grüne Krone, ihr Mund lächelt im Schlaf, während sie so liegt, auf ihren Ellbogen gestützt, auf der Zunge wie in Bettkissen ruhend. Auf einmal öffnet sie ihre Augen, und das sind Augen, wie man sie manchmal in Träumen sieht, wenn sie sich, von irgendeinem übernatürlichen Licht umflossen, zu den unseren herabneigen. Diese Augen haben einen wunderbar erfrischenden Glanz, und sie schauen jetzt so nach allen Seiten herum, wie es Kinderaugen tun, die fragend und suchend und schuldlos in die Welt blicken. Aus der feurig-schwärzlichen Kehle klettert jetzt ein Mann hervor, angezogen mit fliegenden, scheinbar von einem halbtollen Schneider entworfenen Tüchern, die wie Fetzen seine massiven Glieder umgeben, schreitet auf der unter seinen Tritten zusammenzuckenden Zunge nach vorn, zu dem Mädchen hin, beugt sich über sie und küßt sie. Im selben Augenblick sprühen aus dem Schlund Feuerflammen und Funken hervor, die über die beiden, ohne sie im mindesten ängstlich zu machen, herabregnen. Der schlanke Mann hebt die junge Dame in seinen Arm und trägt sie nach rückwärts, die große Zunge wirft sich, indem sie sich hoch aufbäumt, über das Paar, um es im Rachen krachend und hinabpolternd zu verschlingen. Der weiße Stern des Mädchens blitzt vorn bei den Zähnen, da schießen mit einem Male blaue, grüne, gelbe, hochrote, dunkelbläuliche und schimmernd weiße Sterne in einem feurig-farbigen Sturzregenbogen aus der dunkeln Kehle hervor, Musik spielt dazu, und die Sterne zerspringen immer in der Luft ins Nichts, endlich bewegen sich die Lippen des großen Maules und sprechen das stille, aber deutlich und warm hörbare Wort:

Das Stück beginnt.

Vorhang. (I, 252/53)

Diese traumhafte Skizze eines theatralischen Prologs jetzt ausführlich zu interpretieren, ist beim gegenwärtigen Stand der Überlegungen nicht sinnvoll, da die Beziehung des Kindes zum Vater noch nicht untersucht wurde. Deshalb sollen nur einige Deutungsversuche gemacht werden: Der offene Mund, das große Maul, könnte symbolisch für die gefräßige Mutter stehen. In der Traumdeutung Freuds symbolisiert der Mund auch das weibliche Genitale[105], was hier auf den erotischen Zusammenhang verwiese. Das lieblich schlafende und wunderschön erwachende Mädchen könnte, wie oben, für den sich wie ein Mädchen fühlenden Knaben stehen, oder es ist einfach ein Mädchen, ein Kind, das »fragend und suchend und schuldlos in die Welt« blickt. Die Welt aber, das ist z. B. ein Mann, der aus der feurig-schwärzlichen Kehle, aus der zuvor schon das Mädchen hervorgebracht worden war, heraufklettert; er könnte der Vater sein, den das Mädchen sucht, und da also kommt er schon, so herrlich kräftig erträumt schreitet er »auf der unter seinen Tritten zusammenzuckenden Zunge nach vorn« – welch markanter Schritt wird da lautmalerisch vorgestellt! – »zu dem Mädchen hin, beugt sich über sie und küßt sie.« Das wäre dann eine phantasierte Erfüllung der Sehnsucht, vom Vater geliebt zu werden (entweder nach dem weiblichen Ödipus, oder auch, wie oben gezeigt, als Zeichen der femininen Strebungen des Sohnes zum Vater hin im erweiterten Ödipus). Die zusammenzuckende Zunge kündigt bereits die mütterliche Eifersucht über die Vereinigung von Kind und Vater an, und schon erfolgt die Rache: »Im selben Augenblick sprühen aus dem Schlund Feuerflammen und Funken hervor...« Jedoch die in Liebe Verbundenen kann das nicht mehr stören, es ängstigt sie nicht, sie wissen beide um die Folgen dieser verbotenen Vereinigung. Der Mann trägt sie, die jetzt eine Dame ist (Identifikation mit der Mutter/vollwertiges Liebesobjekt), freiwillig in den Rachen hinein. Ist das eine der mütterlichen Eifersuchtsrache zuvorkommende Selbstbestrafung? Oder ist das der Verrat des Vaters am Kind, daß er es der gefräßigen Mutter ausliefert? Oder ist es die Versöhnung mit dem Vater, der die Vereinigung des Sohnes mit der Mutter durch seine Begleitung zu einer erlaubten macht? Oder ist es die Idealisierung des Vaters als starker Mann, der dem kleinen Sohn zu dem verhilft, wozu ihm der Mut fehlt, nämlich zu einer Vereinigung mit der Mutter? Hoch bäumt sich die Zunge auf, Wut, Eifersucht, kannibalische Lust signalisierend, »über das Paar, um es im Rachen krachend und hinabpolternd zu verschlingen.« Aus dieser Rückkehr der beiden in den Leib der Urmutter, dieser lust- und grauenvollen archaischen Vereinigung hervor stürzen feuerwerkähnlich tausendfarbige Sterne aus dunklem Kehlengrund, und die Lippen sagen es, still, deutlich und warm: »Das Stück beginnt.« – Die Dichtung beginnt.

Weder möchte ich behaupten, daß dieses Vorspiel nur so und nicht anders gelesen und verstanden werden kann, noch möchte ich jetzt nach einer Reihe von Argumenten suchen, die diesen Deutungsversuch abstützen könnten. Ich gehe lediglich davon aus, daß in der Wahl und Verbindung der einzelnen Motive psychologisch weder reine Beliebigkeit noch schiere Zufälligkeit regieren. Auch gehe ich nicht davon aus, daß es möglich sei, die letzten Gründe der Entstehung eines solchen Textes auszumachen. Nur scheint mir ein solcher Deutungsversuch vertretbar, wenn er sich einerseits aus der hier zu erarbeitenden Theorie einer Psychogenese, die erst als selbständige Theorie auf Walsers Werk bezogen wird, ableitet und andererseits der Erfahrung im Umgang mit dieser Dichtung nicht grob zuwiderläuft.

An dieser Stelle sei auch noch im allgemeinen aufmerksam gemacht auf die wiederholten Stellen im Werk Robert Walsers, wo das Gähnen, d. h. das Angähnen des Gegenübers, als tiefe Beleidigung empfunden wird und eine ungewöhnlich heftige Reaktion provoziert. Einerseits drückt das Jemanden-Angähnen natürlich eine Mißachtung des anderen aus und bedeutet insofern eine narzißtische Kränkung. Andererseits evoziert der aufgesperrte Mund auch die Angst vor dem Gefressenwerden und erklärt so die sonst eher unverständliche wütende Reaktion, die dem Gähnenden in vielen Fällen entgegenschlägt (z. B. VI, 225/26).

Wiedervereinigungslust und Vernichtungsangst treiben die
Phantasie, gefressen zu werden, hervor, ebenso die Erfahrung, daß Liebe in der Begegnung mit der Mutter nie erfahrbar wird. Aus dem Leid erwächst Poesie. In »Leben eines
Dichters« ist das sehr genau beschrieben. Dieser Dichter ist
weit gereist, hat viel erlebt, da, »Mitten in seinem wüsten
Wandertreiben verlangt es ihn sehnsuchtsvoll nach Hause
(...). Er geht wieder unter gesittete Menschen, aber sie beleidigen ihn mit *Worten* und *Mienen*« (II, 355). Das ist die Einleitung für den Umschwung. Lebt der Dichter erst ausgelassen
und interessiert in allen Kreisen, die ihn anziehen, hat die
»Sehnsucht nach Hause« schlagartig alles verdüstert. Was
jetzt kommt, ist (mit Ausnahme der Kinder, die ihn lieben)
nur noch dunkle Einsamkeit:

> »Leichtfertigen Frauen verschafft er mit seinen Gaben
> Vergnügen, aber er fühlt wohl, wie sehr ihn der Ver-
> kehr mit ihnen erniedrigt. Er ist *trostlos.* Da begegnet er
> eines Tages, es ist heller, *blendender* Mittag, einer jungen
> Dame, wie sie, ihre Röcke hebend, eben eine breite,
> zierlich gehauene Treppe emporsteigt und bleibt, *wie
> von einem Zauber umfangen,* still stehen. Er grüßt mecha-
> nisch, *sein ganzes Wesen zittert* und er öffnet den Mund
> zum Sprechen, aber *die Sprache stockt auf seinen Lippen.
> Ein unendliches Weh befällt ihn, gemischt mit den Gefühlen
> der ersten Kindheit.* Die Luft, die Welt scheint ihm *eine
> sorglose, lächelnde Umarmung.* Er tritt vor, aber sieht nur
> noch, wie *die Dame, die ihn keines Blickes gewürdigt hat,*
> hinter den Büschen verschwindet. Er steht noch lange
> da, und glaubt, sie wieder sehen zu sollen. Dann geht er
> *mit einer namenlosen Müdigkeit im Herzen* heim, immer
> die *süße, strenge Erscheinung* vor Augen tragend. Wäh-
> rend der folgenden Wochen *lebte er nur, um sie zu suchen,*
> aber er sieht sie nie mehr. *Er schreibt Briefe, in denen er alle
> Liebe ausschüttet, aber sie bleiben unbeantwortet.* Er sitzt,
> den Kopf in die Ellbogen gestützt, *elend und schwach,* wie
> er sich fühlt, auf einer Ruhebank in der Nähe des Ortes,

wo er sie das erste Mal getroffen, und *weint* in die Hände hinein. *Alle seine übrigen Hoffnungen schwinden mit dieser einzigen, die alle zusammen ausmacht. Wenn er sich ein wenig besser fühlt, schreibt er, vor sich her sinnend, kleine Gedichte und er fühlt langsam eine neue Not: die des schaffenden Künstlers. Das neue Leiden löst leise das alte auf: er dichtet jetzt. Er lernt jetzt, das ganze Leben als eine kostbare Erinnerung zu empfinden;* Leiden und Freuden machen ihm, wie hellauflodernde Feuer, gleichmäßig zu schaffen. *Er vergißt sich, um jedes Zuges, jeder Stimme aus der Vergangenheit lebhaft zu gedenken.* Bald entdeckt er, wo für ihn das höchste *Glück brennt,* und er schließt sich, da er inzwischen arm geworden ist, in einer ärmlichen Dachkammer ein, um allein der Kunst nah zu leben. Bisweilen, wenn er an die Wirklichkeit denkt, *lächelt er schmerzlich. Seine Eltern schreiben ihm* auf seine Bitten, ihm Geld zu senden, *nicht mehr.*« (II, 356/57)

Nicht daß die junge Dame eine direkte Verkörperung der Mutter gewesen wäre, mit Zügen der Ähnlichkeit, oder eine dichterische Bearbeitung des Mutterbildes. Aber unschwer kann man in dieser flüchtigen Begegnung die Übertragung seiner idealisierten Mutter-Imago auf diese Dame erkennen. Kohut beschreibt solche Spontanübertragungen des idealisierten Selbst-Objekts nicht nur aus seiner psychoanalytischen Praxis von den Patienten auf den Analytiker, sondern auch aus den Erlebnissen der so narzißtisch Gestörten. Diese weibliche Erscheinung hat also den (fiktiven) Dichter genau an der Stelle getroffen, die seine narzißtische Schwäche ausmacht: das einstige Fehlen der idealisierten Mutter in der Realität, deren er für sein seelisches Gleichgewicht bedurft hätte. Von einem rationalen Standpunkt aus würde man nämlich das Verhalten des Dichters nach der kurzen Begegnung mit der Dame als unverhältnismäßig betrachten. Aber er war ja bereits auf Zuhause eingestellt (typischerweise nach einer Zeit der Treulosigkeit gegenüber der Mutter: »Leichtfertigen Frauen…«), und zusammen mit der Sehnsucht dorthin, hin zur Mutter, mußte auch die alte Angst vor dem

73

Kinderweh, vor der fundamentalen Enttäuschung durch diese Mutter, in ihm wach werden. So prädisponiert, bedurfte es nur noch einer vorübergehenden Erscheinung, um diese traumatischen Erfahrungen zu reaktivieren, den schlimmen Kinderängsten, die er um die Mutter hatte ausstehen müssen, und auch der Erwartung einer Bestrafung für seine Treulosigkeit, zum Durchbruch und Sieg zu verhelfen, ihn von der Heimkehr abzuhalten. Er beginnt zu schreiben. Liebesbriefe, die, ob sie die Angebetete je erreichen oder nicht, jedenfalls unbeantwortet bleiben. Er ist nicht bereit, sie zu vergessen; er schließt sich ab, um ihr Bild zu erhalten. Aus den Briefen werden Gedichte. »Das neue Leiden löst das alte auf: er dichtet jetzt«, »er bringt kein Wort über die Lippen« (II, 231), dafür Tausende als Dichter aufs Papier. Der Schrei aus nie gelindertem Schmerz wird *gestaltet*. Das Gespräch in der Einsamkeit der Dichterkammer ersetzt alle Gespräche draußen in der Welt. »Der Dichter schreibt entweder, oder er liegt ausgestreckt auf dem Bett und erwartet das Ende.« (II, 357) Er lebt in vollständiger »Abgetrenntheit« (von der idealisierten Mutter) und »zerarbeitet seine Kräfte rücksichtslos.« (II, 357) So entsteht seine Dichtung. Aber erst »Nach seinem Tode findet man seine Werke schön und wert, sie im Druck zu verbreiten. *Frauen* lesen sie mit Entzücken, und manches junge Mädchen weint über dieses Dichters Leben.« (II, 357) Spät, aber doch sind die Liebesbriefe angekommen, haben bewegt und entzückt. Aber der Dichter muß darüber zugrunde gehen, er stirbt – könnte man sagen – an seiner narzißtischen Verletzung, an dem Mangel jener essentiell lebenswichtigen Liebe, die ihm die Mutter nicht in einer für ihn annehmbaren Weise hatte geben können.
Aber mit dem Werk dieses Dichters ist etwas erschrieben – und als Erschriebenes erreicht –, was nie erlebt und verwirklicht werden kann. Die kindliche Erfahrung der Verlassenheit im mütterlichen Haß-Liebe-Paradox wird so zu einem lebensbestimmenden Element – und wie sehr Dichten bei

Walser Leben bedeutet (Martin Walser spricht von seinem
»Versuch, Leben immer ausschließlicher als Schreiben zu be-
treiben; also die Professionalisierung seiner Existenz«[106]), das
sagt seine Prosa immer wieder. »Leben und Dichten müssen
ohne Frage ein Einziges und Zusammenhängendes sein.«
(II, 314)

2.2.3 *Über den Abgründen der Mutlosigkeit*

Die Lust am Kleinsein, eine Walsersche Spezialität, wurde
zuvor schon mit Freud und Kohut als eine durch den Masochismus geförderte Reaktionsbildung auf das Größen-Selbst
in der Konfrontation mit der Realität erklärt; es bewährt sich
natürlich auch am besten, wenn es sich nicht auf die Probe
stellen läßt. Insofern wäre dieser Versuch einer »Anpassung«
an die Erfordernisse der Wirklichkeit auch eine Selbstschutzmaßnahme. Daß das dahinter verborgene Größen-Selbst
auch noch aus anderer Quelle gespeist wird, soll später gezeigt werden.
Aber auch aus den pathologischen Kommunikationsverhält-
nissen ließ sich diese Lust am Kleinsein oder am Klein-schei-
nen-Wollen erklären: denn die narzißtische Ungesichertheit
der schizophrenogenen Mutter bezweckt ja den unendlichen
Fortbestand der Abhängigkeit des Kindes von ihr in alle Zukunft hinein. Gleichzeitig mit der von ihr auf der verbalen
Ebene gestellten Forderung, daß das Kind *groß,* das heißt reif,
begabt, erfolgreich sein und werden soll, wodurch ihre eigenen unerfüllten Wünsche befriedigt würden, verlangt sie von
ihm, *klein,* das heißt unselbständig, abhängig, hilflos, kindlich zu bleiben[107]. Das Kind ist also seiner Mutter Kindlichkeit und Unselbständigkeit schuldig. Und da die Art der
mütterlichen Zuwendung, ob nun positiv oder negativ, für
das Kind weder vorhersehbar, d. h. situationsangemessen,
noch beeinflußbar durch sein Verhalten ist, kann es natürlich

auch kein stabiles Selbstwertgefühl entwickeln; seine Anwesenheit, seine Verhaltensweisen *bewirken* bei der Mutter nicht das, was sie doch bewirken sollen, folglich gilt: es *ist* nichts und es kann die Mutter auch nicht wirklich lieben – weil es als Liebendes ja zurückgewiesen wird. »Die Wahrnehmung der Impotenz, des eigenen Unvermögens zu lieben, infolge seelischer oder körperlicher Störungen, wirkt im hohen Grade herabsetzend auf das Selbstwertgefühl ein.«[108] Hier sieht Freud die Ursache vieler Minderwertigkeitsgefühle. Zu unterscheiden wäre aber zwischen letzteren und einem nicht durch Minderwertigkeit affizierten, narzißtisch ungesicherten Selbstwertgefühl. Und nur dieses, das sich mit dem vorigen als eine Schwächung des Selbst durch die narzißtischen Traumata in der frühen Kindheit erklärt, prägt die Walserschen Helden. Wenn da einer in sein Tagebuch schreibt: »Mein Name ist Jakob von Gunten, und das ist ein zwar junger, aber trotzdem seiner Würde bewußter Mensch. Ich bin nicht zu entschuldigen, das sehe ich, aber auch nicht zu beleidigen, das verhindere ich« (VI, 148), dann diktieren ihm dies nicht Minderwertigkeitsgefühle; da spricht vielmehr ein deutliches Bewußtsein von der Fehlbarkeit *und* Würde oder: von der Würde trotz aller Fehlbarkeit des Menschen. Gewiß, dies ist auch das Bild des narzißtischen Größen-Selbst, das, was immer geschieht, niemals zu Fall zu bringen ist. Aber in der Begegnung mit der Wirklichkeit findet dieses leicht verunsicherbare Selbstbewußtsein seine entscheidende Unterstützung in einem Erkenntnisprozeß, der das Defizit der emotionalen Fundierung solcher Eigenwürde im Erleben des Kindes durch einen gewissermaßen kühnen philosophisch konstruierten Brückenschlag über die Untiefen der eigenen Vernichtungsängste hinweg zu kompensieren vermag. D. h., dieses Selbstbewußtsein der Walser-Helden ist vor allem ein erdachtes, das immer wieder bewußt und als Akt der Selbstbehauptung in die Praxis der jeweiligen Situation übersetzt werden muß. Die Anstrengung dieser fortwährend vorzu-

nehmenden Übersetzungs- und damit Selbstüberwindungs-
arbeit zum Zweck der Selbstbehauptung macht letztere so
schwankend wie über dem Abgrund der Verlorenheit den
aus Mut festen Schritt auf dünn gespanntem Seil. Und auch
deshalb, weil das Bewußtsein des eigenen Wertes als einer allgemeinen, nicht hoch genug zu veranschlagenden Men-
schenwürde hauptsächlich im Kopf und nicht ebenso im
Herzen der Kindheit wurzelt, erleben die Walser-Figuren immer wieder fürchterliche Einbrüche eben dieses Selbstwertgefühls, das sie aber überhaupt erst in die Lage versetzt, sich
mehr oder weniger unbeschadet noch und zeitweise nahezu
sorglos in der Welt der Menschen zu bewegen.

Aber warum sagt Jakob: »Ich bin nicht zu entschuldigen«?
Weil doch eine gewisse Selbständigkeit und Unabhängigkeit
von der Mutter erreicht wird, obwohl das Kind ihr sozusagen Unselbständigkeit und Abhängigkeit schuldet? Das wäre
eine aus dem »double-bind« hergeleitete Erklärung. Ferner
war gezeigt worden, daß das Kind durch sein Verhalten,
durch sein Eingehen auf die undurchsichtigen und schnell
wechselnden Bedürfnisse der Mutter in deren Verhalten
nichts bewirkt, keine Änderung, keine adäquate (psychologisch verständliche) Reaktion. Wird nun diese Mutter z. B.
krank, gemütskrank, und stirbt sie relativ früh, ist sie dabei
eine Frau, die nie aufhört, mit ihrem Schicksal zu hadern und
alle anderen, insbesondere die Familie, für ihren Zustand verantwortlich zu machen, so wäre denkbar, daß das seine Mutter liebende Kind, das ja eine Besserung ihrer Stimmung oder
ihres Zustandes durch sein Verhalten herbeiführen möchte,
sich schuldig fühlt, wenn es dies nicht erreichen kann, schuldig am Leid seiner Mutter und schuldig daran, daß sie es nicht
richtig lieben kann. Inwieweit diese auf den Masochismus
zurückführende Hypothese beiträgt zur Erklärung des
Schuldkomplexes, der verdeckt das Werk Walsers durchgei-
stert, soll noch an mehreren Beispielen überdacht werden.
Hierzu, d. h. zur Frage der Selbstgewißheit und der Schuld,

ein Textauszug, der auf eine ungeheuerliche Weise der Spannung zwischen solcher verzweiflungsvoll behaupteten Sicherheit und aller geahnten Ungesichertheit nahekommt. Der mit dem Titel »Über den Charakter des Künstlers« überschriebene Text gehört zu den ergreifendsten Versuchen einer Selbsterfassung und -beschreibung, die bis an die Grenze der Verständnismöglichkeiten seiner selbst gehen, bis dorthin, wo die Zusammenhänge sich verlieren, das Faßbare weicht und alles bedrohlich ineinanderstürzt – am Ende des ersten Absatzes im nun Folgenden. Mit der Narzißmustheorie Kohuts ließe sich solches Erleben als ein Erspüren der Gefahr der Fragmentierung des Selbst verstehen, welches eine Regression in den Autoerotismus mit psychotischem Krankheitsbild zur Folge hätte.[109]

»*Daß er nie zur Sicherung oder Versicherung seiner selbst gelangt*, scheint sein Los. Es ist dies weder ein sehr trübes, noch ein sehr leichtes Los. Es *brennt*, es ist das Los der *immerwährenden Spannung.* Da soll er fassen und fürchtet sich davor; da unterliegt er und ist beinahe froh darüber; da erschlafft und ermüdet er und greift zugleich einen ganz neuen, nie vorher geahnten Besitz an. *Ein seltsamer, fast gespenstischer Geist beherrscht ihn. Verloren in den Abgründen der Mutlosigkeit gewinnt er oft das Beste: sich selbst;* und *vertieft in große Gedanken verliert er sich* wie Spreu in den Wind geworfen. *Vertraulich sein kann er nicht, Mensch sein darf er nicht.* Er kann und darf beides, aber… *es ist immer eine Frage da, ein Gedanke, ein Geist, ein Fortlaufendes, und es bricht immer in ihm, es tönt, und er bildet sich ein, immer bildet er sich ein, treulos zu sein an einem schönen, unbezwinglichen, gräßlichen Etwas, das da ist und nie da ist, das nie da ist, weil es selbst ist, weil er das selbst ist, was da ist und immer fortgeht.*

So lebt er in *fortlaufenden überzarten Sorgen,* die ihm *die gesunden Sinne zu verrücken* drohen. Er haßt daher ›Aussprachen‹. Mit sich selbst stets im Unklaren, *dünkt es ihn fürchterlich, auch nur von ferne irgendwelches Vertrauen zu sich zu haben und strotzt doch zugleich von Vertrauen zu sich*

selber; aber er traut sich nur dann, wenn er mitten im Fieber des Schaffens begriffen ist. Ist er müßig (von Zeit zu Zeit muß er es doch wohl sein) so zittert es in seinem *Schlund-Bewußtsein* wie von *Vulkan-Feuern*, die beides nicht recht können: *nicht ausbrechen und auch nicht verlöschen.* Sein Freuen und sein Leiden sind gleich unbegreiflich und müssen daher immer, bestenfalles, mißverstanden werden. Und wie will er immer das Gute, Leidenschaftliche und Ganze. Es dämmern ihm, strahlenartig, gleich eine ganze Menge von Ideen auf; *der stolze Grundgedanke klopft an, wie wenn die Seele eine verschlossene alte Türe wäre und der Gedanke eine Hand: topp, topp, mach auf. Nun, das ist natürlich dann eine sehr wilde Bestürzung.* (...)
So sehen wir ihn fort und fort *einzig nur auf sich selbst angewiesen* und verstehen daher zuweilen seine Fröhlichkeit, aber auch seinen Gram nicht; und wir brauchen ihn ja auch nicht zu verstehen. *Ist er echt, dann ist er ein Phänomen.*« (VIII, 55–58)

Schuldig zu sein und nicht verstanden zu werden, das ist die kindliche Erfahrung dieser Mutter-Sohn-Beziehung, und das ist das Moment der Gefährdung dieses narzißtisch ungefestigten Selbst des erwachsenen Künstlers. Nicht verstanden zu werden, aber schuldig zu sein, ist eine Grunderfahrung, die dazu führt, Aussprachen zu hassen, ernsthafte Gespräche eher zu meiden, eine Vorliebe für die einsame Rede: das Dichten zu gewinnen. Und das bedeutet den Verzicht auf direkte Bestätigung durch andere und die Not, sich schreibend seiner selbst vergewissern zu müssen, um sich jeden Augenblick wieder verlieren zu können. So im Innersten abgeschlossen von der Welt wirkt auch die archaisch idealisierte Mutter-Imago fort in ihrer unerreichbaren Schönheit, die das Verehrungsbedürfnis der Walserschen Protagonisten begründet, und in ihrer gräßlichen, alles verschlingenden Liebe, die seine Angst vor ihrer Nähe erklärt. Und ebenso abgeschlossen, meist auch dem Bewußtsein entzogen, wirken die sexuellen Omnipotenzphantasien eines narzißtisch fixier-

ten Größen-Selbst, das nur selten in der Dichtung zum Durchbruch gelangt und doch die Walser-Helden in der Rolle des
Kleinseins mit der Aura des Erotischen umgibt[110] und sie zuletzt davor bewahrt, sich in ein schieres Nichts aufzulösen.

2.3 Der Beziehungszirkel

Nimmt man nun alle diese verschiedenen Aspekte einer Erfahrung, die ein solches Kind mit der beschriebenen Mutter
macht, zusammen, dann ergibt sich auf der Beziehungsebene
ein merkwürdiger Kreislauf:
a) das Verhalten der Mutter wird als vernichtend erlebt, sowohl in bezug auf ihre Liebeszuwendung (Gefräßigkeit) als
auch hinsichtlich ihres Einflusses und ihrer Reaktionen auf
die Persönlichkeitsentwicklung des Kindes (widersprüchliche Kommunikation/»double-bind«); b) deshalb muß das
Kind aus Gründen des Selbstschutzes Distanz zur Mutter
nehmen, und in dieser Distanz gerade erfährt es erste Ansätze
einer Selbständigkeit; c) Distanz und Selbständigkeit machen
aber das Kind der Mutter gegenüber schuldig, denn die narzißtisch ungefestigte Mutter braucht das Kind als narzißtisches Objekt zur permanenten Verfügung für ihre Bedürfnisse; d) das von der Mutter deshalb schuldig gesprochene
Kind (etwa: »Du liebst mich nicht«), das diesen Schuld-
spruch auch verinnerlicht, möchte seine Verfehlung wieder-
gutmachen, ohne seine Selbständigkeit aufzugeben und sich
damit der Mutter wieder auszuliefern; es erfindet gleichsam
zu seiner Entschuldigung die Verehrung der Mutter, mit der
es ihr von Ferne sagt, daß es sie liebt; e) mit diesem Ausweg
aber, der Verehrungsbereitschaft, gerät es doch wieder in die
mütterliche Falle, denn, um diese Mutter verehren zu können, muß es sich künstlich klein machen und selbst erniedri-
gen, wodurch es dann wieder a) den mütterlichen Ansprüchen erliegt, denn diese Selbsterniedrigung hebt unversehens
die zuvor gewonnene Selbständigkeit wieder auf.

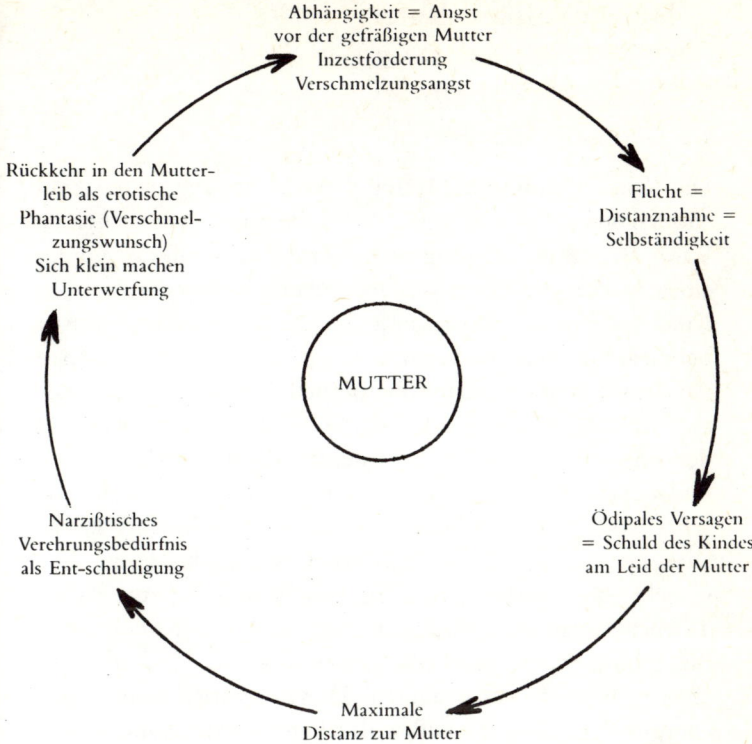

Abhängigkeit = Angst
vor der gefräßigen Mutter
Inzestforderung
Verschmelzungsangst

Flucht =
Distanznahme =
Selbständigkeit

Rückkehr in den Mutter-
leib als erotische
Phantasie (Verschmel-
zungswunsch)
Sich klein machen
Unterwerfung

MUTTER

Narzißtisches
Verehrungsbedürfnis
als Ent-schuldigung

Ödipales Versagen
= Schuld des Kindes
am Leid der Mutter

Maximale
Distanz zur Mutter

Natürlich ist bei dieser Darstellung zu bedenken, daß die darin skizzierte Situation insofern etwas künstlich ist, als sie ausschließlich die Beziehung des Kindes zur Mutter zeigt. Deutlich wird dadurch allerdings, daß auf der Bahn des Kindes um die Mutter, die nur eine Laufrichtung zuläßt, kaum ein Ausweg möglich ist. – Es sei denn, es bekäme Hilfe von außen. Und von außen, das könnte und sollte in erster Linie der Vater sein, der das Kind aus seiner Satellitenposition in diesem Beziehungszirkel herauslösen müßte.[111]

3. Der unfaßbare Vater

3.1 Die Ausgangsbasis

Die Konstruktion der Mutter-Kind-Beziehung in unserem Modell einer Psychogenese hat für die nun zu entwickelnde Vater-Beziehung in bezug auf die Triebökonomie des Kindes eine grundlegende Voraussetzung deutlich gemacht: die vom Kind an die Mutter ausgesandte Liebe konnte nicht dauerhaft bei ihr untergebracht werden, hat zu keinem befriedigenden Austausch geführt und mußte folglich ins Selbst zurückgezogen werden. So entstanden der sekundäre Narzißmus und der Masochismus als Produkte der Rückwendung libidinöser und aggressiver Triebe gegen das eigene Selbst. Da mit fortschreitender Entwicklung aus dem Es zunehmend Triebenergien freigesetzt werden, wird, wenn das zuständige Objekt, die Mutter, nicht für eine Besetzung mit diesen Triebenergien zur Verfügung steht und »die Ichbesetzung mit Libido ein gewisses Maß überschritten«[112] hat, der psychische Innendruck ansteigen. Dieser Anstieg von Triebenergie, die nicht nach außen abgeleitet werden kann, weckt Unlustgefühle – vielleicht aus Angst vor ihrer Selbst-zerstörenden Kraft. Folglich wächst das Bedürfnis, ja die Notwendigkeit, ein anderes Objekt zu finden, das den triebenergetischen Überschuß aufnehmen könnte: der Vater erhält hier seine vitale Bedeutung für das Kind.

Im ersten Kapitel waren bereits die vier wichtigsten Aspekte der Beziehung des Kindes zum Vater genannt worden. Innerhalb des Ödipuskomplexes sind dies: der (Schein-)*Triumph* über den Vater, die daraus resultierenden *Schuld*gefühle und die *Angst* vor der väterlichen Rache: verglichen mit einer regulären Ödipussituation, ist die tendenziell inzestuös konstellierte einer schizophrenogenen Mutter-Sohn-Dyade ersichtlich konfliktreicher. Hinzu kommt nun noch die bereits genannte *Sehnsucht* nach einem starken, bewunderungswürdigen Vater, der nicht nur die ödipalen Strebungen des Sohnes zur Beendigung bringen und dabei helfen könnte, diese Beendigung zu bewältigen, sondern der auch als Empfänger der im Es-Ich-Bereich aufgestauten Libido unbedingt gebraucht wird. Man kann sagen, daß in der Entwicklungsgeschichte des Kindes diese Sehnsucht nach dem Vater, d. h. das Bedürfnis nach einem liebenswerten Objekt, älter ist als das Ödipusproblem, das sich vielmehr späterhin komplizierend zur Problematik seiner Objektbeziehungen hinzugesellt. Und deshalb, weil diese Sehnsucht psychogenetisch dem Ödipus vorausgeht und dann den gesamten Ödipuskomplex – der ja in seinen wichtigsten Zügen bereits skizziert ist – in entgegengesetzter Richtung unterläuft, sollen die Strebungen des Kindes auf einen geliebten und liebenden Vater hin zunächst in möglichst engem Kontakt mit Walsers Texten untersucht werden.

Im Normalfall ist es sicher richtig anzunehmen, daß die erste Objektbeziehung des Kindes diejenige zur Mutter ist. Allerdings geht man inzwischen im Gegensatz zu Freuds Erkenntnissen nicht mehr davon aus, daß der Vater erst beim Eintritt des Kindes in die ödipale Phase für es Bedeutung erhält. Vielmehr »besteht heute weitgehend Einigkeit darüber, daß der Vater während der ersten Lebensjahre als eine Bezugsperson für Identifikationen, als teilweiser Vermittler des kindlichen Ich-Ideals und von Vorläufern des sich später entwickelnden Über-Ichs, vor allem aber für den Übergang von einer dyadischen zu einer triadischen Objektbeziehungsdynamik, von größter Wichtigkeit ist.«[113] Auch in als normal zu bezeichnenden Familienverhältnissen ist für den Sohn die Loslösung aus der dyadischen Beziehung mit der Mutter, die »Ent-Identifizierung« mit ihr[114], die die Voraussetzung für eine primäre Identifikation mit dem Vater ist, keine leichte Aufgabe. Wieviel schwieriger muß sie dann für das Kind einer fusionierenden, narzißtisch ungefestigten Mutter sein!

Kohut hat nachdrücklich darauf hingewiesen, daß Kinder, die in der Phase des primären Narzißmus traumatisiert werden, durchaus die Chance einer »gesunden« Entwicklung haben, wenn der Vater sich mit dem Kind gegen die Mutter verbündet und somit in etwa nachholt und ausgleicht, was durch die frühe narzißtische Schädigung verhindert wurde[115]. Er hätte durchaus die Möglichkeit, für das Kind der »Retter« zu sein, der es aus der paradoxalen Bindung an die Mutter befreit, ihm eine neue Identifikationsmöglichkeit anbietet und den Knaben zum kleinen Mann emporhebt. Man könnte sagen, der Sohn erwartet, erhofft genau dies von seinem Vater. In dem hier zu erarbeitenden Modell-Fall ist eine solche vom Vater ausgehende gesundende Einwirkung auf den Sohn allerdings nicht anzunehmen. Von Matt hat bereits auf die raffinierte Strategie des lautlosen Rückzugs hingewiesen, mit der der Vater gerade noch sich selbst zu retten vermag. Auch in der systemisch arbeitenden Schizophrenieforschung[116] wird der Vater als zumeist profillos und durchsetzungsunfähig charakterisiert. »Mit anderen Worten, der Vater opfert das Kind bei dem Versuch, sich selbst dem destruktiven Einfluß seiner Frau zu entziehen, und das Kind bleibt unter dem pathogenen Einfluß der Mutter.«[117]
Als Kämpfernatur darf man ihn sich also eher nicht vorstellen. Und gerade im Fall einer schizophrenogenen Mutter wäre ein energisches Eingreifen des Vaters nötig, um den in die »double-bind«-Beziehung mit der Mutter verstrickten Sohn zu befreien. D. h., das symbiotisch mit der Mutter verschmolzene Kind schafft die für eine normale Entwicklung hochnotwendige Abgrenzung zwischen Ich und Du nicht, schon gar nicht, wenn es dabei nicht aktiv vom Vater unterstützt wird. Walser selbst hat diese Hilflosigkeit des Kindes gegenüber einer tyrannischen, selbstbezogenen Mutter beschrieben:

»Ach, wie erbärmlich schrie gestern ein Kind, das nicht

gehorchen wollte. Zur Rache fürs Nichtfolgenwollen muß man eben schreien und grännen. Es grännte erbärmlich, das liebe kleine Kind. Für die Mama war es kein liebes Kind, vielmehr ein böses, weil es nicht folgen wollte, weil es bei der Mama nicht glücklich war. Jede Mama verlangt, daß so ein Kind bei ihr selig ist. Wie es sich mit seinen kleinen Kräften gegen die starke Mama wehrte. Es glich einem Kampf, und das Kind wurde natürlich mit Leichtigkeit überwunden. Die Mama zog es mit fort, ob es Lust hatte oder nicht. Die Augen des Kindes waren von einem Weinen des Verzweifeltseins ganz überschwemmt, doch die gute Mama nahm hierauf keine Rücksicht. So eine Mama muß eben das Übergewicht haben. ›O laß mich doch zu Papa‹, flehte das dumme Kind, das ein dummes Kind war, weil es so dumm bat und flehte. Das Flehen empörte bloß die Mama, denn zwischen Papa und Mama gibt es ja bekanntlich immer eine Art Neid, eine Art Eifersucht in bezug auf Kinderbehandlungsweisen. Eine Mama hört natürlich nicht gern, wenn das Kind zum Papa hin will, also gleichsam der Mama sagt, es wäre viel lieber beim Papa. Unverschämtheit das von so einem Kind, nicht bei der guten Mama bleiben zu wollen. O wie es grußete, und wie die Mama über das unverhüllte Gegruß, d. h. Leid, das nicht zu Papa durfte, beleidigt war« (VI, 247/8).

Man sieht: das Kind will zum Vater, die Mutter läßt es nicht, und der Vater hilft ihm nicht. Damit ist bereits indiziert, daß so ein Sohn gar nicht in eine reguläre, normal verlaufende Ödipusphase hineinwachsen kann, denn um mit dem Vater um die Mutter rivalisieren zu können, müßte er sich zuerst von ihr abgegrenzt und mit dem Vater identifiziert haben. Genau dies aber wird in der Symbiose verunmöglicht, die gerade die objektale (Abgrenzung voraussetzende) Beziehung des Kindes zur Mutter und damit eine Identifikation mit dem Vater verhindert. Die Beziehung des Sohnes zum Vater wird dann, wenn sie nicht identifikatorisch sein kann, objektal. »Es ist leicht, den Unterschied einer (...) Vateridentifizie-

rung von einer Vaterobjektwahl in einer Formel auszuspre-
chen. Im ersten Falle ist der Vater das, was man *sein,* im zweiten das, was man *haben* möchte. Es ist also der Unterschied,
ob die Bindung am Subjekt oder am Objekt des Ichs an-
greift.«[118] Es scheint mir demnach angezeigt, zur Untersuchung der Vater-Sohn-Beziehung vom erweiterten Ödipus
auszugehen.

Das Kind einer schizophrenogenen Mutter kann also, bild-
lich gesprochen, nur von der Mutter her den Vater sehen, es
bleibt mit dieser identifiziert und will genau so wie sie von
ihm geliebt werden: der Knabe wird zum »Mädchen«. Die
Eifersucht, die er der Rivalin gegenüber zeitweise empfindet,
mag ihn ein wenig von ihr entfernen und damit ein Stück
Freiheit, d. h. Ungebundenheit erwirken. Aber ohne diese
für sich fruchtbar machen und in den normalen ödipalen
Konkurrenzkampf mit dem Vater eintreten zu können, wird
er – wie der Kreislauf der Beziehung zur Mutter gezeigt hat –
schon wieder zurückgetrieben in die Union mit der Mutter,
wofür er belohnt wird durch die kurzfristige »Wiedererlan-
gung der Befriedigungen, die der symbiotischen Beziehung
innewohnen.«[119]

Erschwert wird diese prekäre Lage mithin, wenn der Vater
schwach ist. Und Schwäche des Vaters fanden die Schizo-
phrenieforscher in nahezu allen von ihnen untersuchten Familien. »Sämtliche Ehefrauen besaßen kein Vertrauen zu ihren Männern«[120] heißt es da kurz und bündig; weder bei der
eigenen Frau noch bei den Kindern war dem Familienvater so
viel Ansehen verblieben, daß er im Familienspiel noch eine
wichtige Rolle hätte besetzen können. Entweder war der Vater konstitutionell schwach und der Frau nicht gewachsen,
oder er wurde von der Frau als schwach dargestellt, wodurch
seine tatsächlich vorhandene Stärke allmählich untergraben
und zum Einsturz gebracht wurde.

Die Akzentuierung des Vaters als Schwächling bedeutet
zweierlei: Erstens taugt der Vater nichts in der Verteidigung

seines Sohnes bei mütterlichen Übergriffen. Er zieht sich ja still zurück, wie von Matt darstellt, und nicht selten wird dann die Wut der Frau über ihren Schlag ins Leere am Sohn Ausgleich und Abgeltung finden. Mit so einem Unhelden kann sich der Sohn auch später schwerlich identifizieren.

> »Ein gleichgeschlechtlicher Elternteil, mit dem sich das Kind während der Latenz und Adoleszenz identifizieren können müßte, der aber von dem anderen Elternteil nicht als Liebesobjekt bestätigt, sondern gehaßt und verachtet wird, kann nicht zum Vorbild werden, durch das das Kind seine reife Identität erlangen kann. Für potentielle homosexuelle Tendenzen, die in der Schizophrenie eine bedeutende Rolle spielen, ist der Weg offen.«[121]

Solche homoerotisch eingefärbten Begegnungen gibt es an manchen Stellen bei Walser, z. B. die Begegnung Simon Tanners mit dem Krankenwärter, die Verbindung zwischen Jakob von Gunten und Herrn Benjamenta, oder Jakobs Zusammenstoß mit Tremala und Joseph Martis Zuneigung zu seinem Vorgänger Wirsich. Diese Seite ist sicher nicht überzubewerten, aber sie ist immerhin vorhanden und weist hin auf: Zweitens, die Schwäche des Vaters als Liebhaber. Der durch das »double-bind« und alle seine Implikationen an die Mutter gekettete Knabe entwickelt die femininen Seiten seines Wesens: er will vom Vater geliebt werden, darf sich diese Liebe aber nicht aktiv holen, da Aktivität und Eigeninitiative dem mütterlichen Zwang zur Unselbständigkeit des Kindes widersprächen. Also wartet es, passiv, stumm und voller Hoffnung. Der Vater aber ist ein Meister im Rückzug, und wie er der Mutter seine Liebe vorenthält, so läßt er sie auch nicht oder nicht ausreichend dem Sohn zukommen. Wie könnte er auch? Ist doch der Sohn einer solchen Mutter nicht nur quasi ein Ersatz für den unzureichenden Gatten, sondern vielfach noch eine Waffe in ihrem Kampf gegen den Mann. Der Sohn aber möchte den Vater lieben und imaginiert ihn deshalb als liebenswert, und folglich liebt er den Vater, vielleicht auch um seiner listigen Manöver willen, mit denen es ihm gelingt, sich der Mutter zu entziehen. Das schafft das Kind nicht, das würde es gern zustande bringen, darum beneidet es den Vater, darin ist er ihm ein Held. Das alles kann es nicht sagen, wohl nicht einmal denken, es ahnt dies, spürt dies tief in seinem Innersten als unstillbare Sehnsucht nach dem Vater. Da dieser Vater für das Kind und den Überdruck seines Liebesbedürfnisses absolut notwendig, ja überlebenswichtig ist, sich aber als Liebesobjekt nicht vollumfänglich zur Verfügung stellt, muß er verstärkt als liebenswert imaginiert werden, d. h., es findet eine *Idealisierung* des Vaters statt. Mit anderen Worten: Weil das Kind nicht in der Lage ist, seine Mutterliebe zu realisieren, muß es verzweifelt an seiner Phantasie vom guten Vater festhalten, will es nicht jegliche Hoffnung auf einen liebenden Bezug zur Welt verlieren. Das Bild des Vaters in der Dichtung Robert Walsers wäre folglich dem Modell dieser Psychogenese nach zu betrachten als eine transparente Illusion, die mit den zarten Farben der kindlichen Sehnsucht auf einen dunklen Grund aus furchtbarer Verlassenheit malt. Die Konturen der auf diese Weise abgebildeten Vater-Sohn-Beziehung wären nun in den Hauptlinien ihrer Problematik, wie sie in Walsers Texten erscheint, zu ermitteln und in das Modell der Psychogenese einzuzeichnen.

3.2 Das schöne Andenken

Zunächst einmal fällt auf, daß die Figuren in Walsers Texten, die den Namen »Vater« tragen oder »der alte Mann« oder »der sonderbare Mann«, in denen als Gemeinsamkeit auch lebensgeschichtliche und charakterliche Merkmale von Adolf Walser zu erkennen sind, mit nahezu stereotyper Freundlichkeit ausschließlich positiv geschildert werden. Sie sind: »hei-

ter, bescheiden, vernünftig, friedlich, gänzlich unthea-
tralisch, unhoffärtig, unaufbrausig, unaufgebauscht und un-
affektiert« (III, 292), ferner: gut, harmlos, nachgiebig,
geduldig, treuherzig, sanftmütig, gehorsam, ruhig, still, anständig, bescheiden, neidlos, aufrichtig, wacker, liebenswürdig, freundlich, selbstzufrieden, tröstlich, unehrgeizig, see-
lengut, hilfsbereit..., um nur aus der Rede der Geschwister an
der Bahre des toten Vaters zu zitieren; natürlich ist »Das Bild
des Vaters« (III, 278–298) bei solchem Anlaß immer verklärt.
Aber auch die anderen »Vater«-Beschreibungen sind ge-
spickt mit Sanftmut und Güte. Zugleich macht die obige
Aufzählung solcher angenehmer Eigenschaften etwas mißtrauisch, wenn nicht aggressiv, und so manches Lob könnte
auch ein stiller Vorwurf sein, »selbstzufrieden« zum Beispiel
und auch »harmlos, nachgiebig, gehorsam«. Wenn man
dann nochmals die Lobeshymne auf den Vater liest, mag man
den kritischen Unterton nicht mehr überhören und vielleicht
auch nicht eine versteckte Wut auf so viel penetrante Güte.
Anderseits sind diese lobenden Worte sehr dezent auf die
Texte verteilt, so daß es durchaus berechtigt ist zu sagen, die
Darstellung der »Vater« genannten Figuren ist die eines liebenden Sohnes, oder einer dieser Figur freundlichen Gesin-
nung. Gewiß, es gibt auch Kritik: es wird die »Schwäche«
genannt, »dann und wann fröhlich und unbefangen zu spotten«, aber: »Hohn und Ärgeres waren ihm jedoch in keiner
Weise eigen; wissentlich hat er nie jemand beleidigt. Kann ein
redlicher Mensch mit harmloser Art Spott es jemals bös meinen? Gewiß nicht.« (III, 284) Also auch das kritisch Anzu-
merkende löst sich bei näherem Hinsehen in ein freundliches
Lob auf. Zwar: »Väter haben auch ihre Schwächen« (II, 74)
heißt es im »Brief eines Vaters an seinen Sohn« (II, 73–76),
aber: »Elterliche Fehler auch nur versuchshalber zu erblik-
ken, schickt sich niemals für uns« (III, 286). »Für gerechte
Kinder sind alle beide Eltern durchaus gleicherweise bedeutend und nie anders als unsäglich gut und schön.« (III, 294)

Nur empfindet kein Kind so. Und deshalb ist zu erwarten, daß das Vaterbild bei Walser noch andere als solche lieblichen Töne enthält.

3.2.1 *Die unüberwindbare Distanz*

Nun ist ja für ein Kind der geliebte Vater wirklich nicht mit tausend schönen Worten hinreichend gut beschrieben, aber es gibt sich durchaus mit zwei, drei anerkennenden Bemerkungen zufrieden, wenn seine Liebe auf sichere Gegenliebe gestoßen, die Vater-Kind-Beziehung also zufriedenstellend geregelt ist. Vielleicht gilt in vielen Fällen sogar: je umfänglicher das Lob, desto heikler die Beziehung. Quälend jedenfalls wird das Liebesverlangen eines Kindes, wenn der geliebte Vater nicht zurückliebt. Dabei geht es nicht darum, ob der Vater seinem Gefühl nach das Kind liebt, entscheidend ist, ob er diese Liebe vermitteln kann und ob diese Akte der Vermittlung den bestimmten Liebesbedürfnissen des Kindes entsprechen. Nicht ein dokumentarisch verbürgter liebender Vater Walser also ist das, was hier interessiert, sondern das Gefühl des Mangels an väterlicher Liebe, das aus den Texten Walsers spricht. Dazu einige Stellen aus »Der Vater« (II, 109–111), deren Interpretation zunächst ein Versuch sein soll, in die Schattenseite dieses Vaterbildes einzudringen. Es ist von einem Spaziergang zum Haus des Vaters die Rede, »den ich von Zeit zu Zeit, etwa nach dem Abendessen, besuche, um mit ihm zu plaudern, der gerne ein Gespräch über die Stadt und ihre Bewohner führt.« (II, 109) Sehr schön hat Walser durch die Beschreibung des Weges, den der Fußgänger zurücklegt, um zu des Vaters Haus zu gelangen, Leben und Charakter des alten Mannes in ihrer historischen und sozialen Dimension mitgezeichnet (II, 109), aber hier soll jetzt nur die Vater-Sohn-Beziehung, wie sie sich im Text abzeichnet, untersucht werden.

Vom Vater, der auch in anderen Texten meist »der alte Mann« genannt wird, was die Distanz im Verhältnis zwischen Vater und Sohn ausdrückt, heißt es weiter: »es stimmt mich fröhlich, zu wissen, daß er so gut haust und wohnt, der alte Mann, der mir so nahesteht, dem ich so nahestehe.« (II, 110) Die beiden letzten Nebensätze scheinen durch die umgekehrte Verdopplung eher den Wunsch nach Nähe als seine Erfüllung, zumindest eine gewisse Unsicherheit auszudrücken, denn: »Gerade sehr viel gehe ich nicht zum alten Manne. Es soll meinem Gefühl nach eine zarte Scheu sein zwischen Sohn und Vater, und dann habe ich am ersten Tage schon gemerkt (d. h. von allem Anfang an, CSH), daß er der erklärte treue Freund gewisser strikter wunderlicher Gewohnheiten ist, und in seinen lieben, guten, eingesessenen Gewohnheiten mag, soll und will ich ihn nicht stören.« (II, 110) Vor allem das »soll« ist hier bedeutsam, drückt es doch eine Zurückweisung durch den Vater aus, das Gebot: »du sollst mich nicht stören!«, und damit natürlich verbunden eine arge Enttäuschung für das Kind. So heißt es auch im Anschluß daran gleich: »Süße zarte Rosen im kleinen grünen Garten und schneeiges Weiß auf dem alten Kopfe. Welt, wie bist du wunderbar, wie bist du so leicht und doch so schwer verständlich. Ewiges reizendes Geheimnis!« (II, 110) Der kleine Sohn mit seiner blühenden Liebe, die als unerfüllte auch im Erwachsenen noch jung ist, das sind »süße zarte Rosen im kleinen grünen Garten«, und der Vater, das ist die Welt, »so leicht und doch so schwer verständlich«, und zwar »am ersten Tage schon« und auch heute, wo »schneeiges Weiß auf dem alten Kopfe« liegt; so leicht verständlich ist der eine, der freundlich vorgestellte, dem Sohne zugewandte, der »gern ein Gespräch« führt mit ihm, wenn auch nur über so allgemeine und damit Persönliches eher meidende Gegenstände wie »die Stadt und ihre Bewohner«; so schwer verständlich ist der andere, der sich abkapselnde Vater, der nicht gestört werden will vom Sohn, der »seine Zeitung lesend«

fern von ihm ist, so fern, wie das Ziel der kindlichen Sehnsucht, das ewig reizende Geheimnis.

> »Fast noch lieber als zu ihm hineinzutreten und ihn zu sehen ist mir das bloße Draußenstehenbleiben vor seinem schönen bescheidenen Haus und dann so das Denkendürfen, daß er nun ruhig und behaglich drinnen sei, in der kleinen Küche beim stillen friedlichen Abendbrot oder im lieblichen, länglichen Wohn- und Schreibzimmer, seine Zeitung lesend. Das tut mir wohl bis hinein in die Seele. Einmal stand ich auch so da, und schaute zu des Vaters rötlichem Fenster hinauf, sehend und wissend, daß er wohlaufgehoben sei. Da war gerade der Mond am Himmel, und wundervoll war's, wie er so mild, zart und freundlich, sanft und groß und gut auf die schlafende dunkle Welt hinabblickte.« (II, 110/1)

Von schöner Scheu ist diese Liebe zum Vater, die die Distanz nie preisgibt. Der Sohn geht nicht hinein zum Vater. Er zieht es vor, wie ein abgewiesener oder unzeitgemäßer Verliebter nachts vor dem erleuchteten Fenster der Angebeteten zu stehen und sie in freundlicher Stimmung da drinnen zu wissen, sich in dieser Vorstellung ihr nah zu fühlen. Die ersehnten väterlichen Eigenschaften werden auf den Mond (der Mond symbolisiert allerdings auch das Prinzip des Weiblichen) projiziert: »so mild, zart und freundlich, sanft und groß und gut.«
An anderer, melancholischer Stelle heißt es dann deutlicher: »Der alte Vater mit seinen weißen Haaren stand in Gedanken vor mir, was mich zum nichtsbedeutenden, schüchternen Knaben machte.« (VIII, 119) Das, scheint mir, ist genau der Punkt, der die Vater-Sohn-Beziehung charakterisiert. Nur vordergründig ist im Stück »Der Vater« von der zufriedengestellten Fürsorglichkeit des Sohnes die Rede, der den Vater am warmen Ort gut aufgehoben weiß. Dahinter aber wird deutlich, daß die Freude auf und am Vater eine gebrochene, die Vertrautheit mit ihm eine ersehnte ist: es ist die ausgelas-

sene Begegnung, die Freude und Vertrautheit ironisch unterlaufen. Das hier aufscheinende Problem der Distanz – Distanz, die in der Mutter-Sohn-Beziehung nicht steuerbar, in der Vater-Sohn-Beziehung unüberwindbar war – hat in das Walsersche Werk unzählige Energiequanten versenkt, deren Impulse für die fortgesetzte, nahezu niemals nachlassende Bewegung dieser Dichtung verantwortlich sind. Dies soll später noch ausführlicher dargestellt werden.

3.2.2 *Die unerhörte Rede*

Die bedeutsame Folge der unerbittlichen, still vollzogenen Distanz in der Vater-Sohn-Beziehung ist eine fundamentale Kommunikationsstörung, denn grundsätzlich ist das Gespräch des Vaters mit dem Sohn ein Zeichen seiner liebevollen Zuwendung. Ein geglücktes Gespräch bedeutet für jeden Gesprächspartner, vom anderen wahr- und angenommen, und so in irgendeiner Form bestätigt zu werden[122]. Verweigert sich ein für das Kind so eminent wichtiger Gesprächspartner wie der Vater aber fortgesetzt, dann kann sich ein zwangloses Geben und Nehmen von Rede und Gegenrede, Du und Ich gar nicht entwickeln. Gänzliches Verstummen, Einsilbigkeit, Stottern oder unablässiges Monologisieren können die Folgen solcher Kommunikationsstörungen sein, ferner eine tiefe Verunsicherung, Mangel an Selbstvertrauen, Mißtrauen zwischenmenschlichen Beziehungen gegenüber – wobei eben zu berücksichtigen ist, daß die Störung in der Beziehung das Primäre, die Störung der verbalen Kommunikation dann eine Folge davon ist.[123]

Eine Störung in der Beziehung und im Dialog ist ja in der als widersprüchlich und unauflösbar erlebten Mutter-Kind-Beziehung bereits vorgegeben. Um so wichtiger wäre demnach der Vater als einfühlsamer Gesprächspartner. Wenn seine Antwort auf das Agieren der Mutter schweigende Zurückhaltung ist, wird er auch kaum auf das mit ihr verbundene Kind (das ja als ihr narzißtisches Objekt wie ein Teil von ihr behandelt wird) seine Partei ergreifend eingehen. Und das Kind seinerseits, das im Erleben der Mutter das Scheitern echter gegenseitiger Kommunikation erfahren hat, wird nicht das Selbstvertrauen aufbringen, vom Vater, der nicht geben will und kann, zu verlangen, was es dringend bräuchte.

Wie sieht das nun in Walsers Dichtung aus? Still und freundlich und sanft, wie der Vater dargestellt wird, scheint die Liebe des Sohnes zu sein, aber auch heiß und fordernd und sehnsüchtig ist sie, wenn herzzerreißend von Zeit zu Zeit der Ruf nach ihm hervorbricht:

> »...und *ich schrie, so laut ich konnte,* daß es in den Schluchten und Klüften ringsum *widerhallte:* ›Ich bin zu einem Entschluß gekommen.‹ – *Doch er hörte mich nicht. Qualvoll schrie ich:* ›Heda, Herr Vorsteher, hören Sie.‹ Nein, er wandte mir den Rücken. *Sein Blick war in die Ferne,* ins Leben hinab- und hinausgerichtet. Und *nicht einmal den Kopf bog er nach mir.*« (VI, 162)

Nicht einmal den Kopf biegt er nach ihm, reagiert einfach nicht, hört nicht den von den Schluchten, den Abgründen der Mutlosigkeit vielfach wiedergegebenen Schrei. Solche Gleichgültigkeit gegenüber der sich offenbarenden Verzweiflung ist in höchstem Grade das schwache Selbst des Kindes gefährdend, droht es mit der Gewalt seiner Negation zu vernichten. Und mag dieses Vaterbild noch so schön erträumt und nach den Träumen rekonstruiert sein, unverändert schmerzhaft bleibt die Erfahrung versagter Zuwendung doch in der

Erinnerung

So viel ich mich erinnere, war es so: er, der sonderbare ältere Mann und ich, der ebenso seltsame, sonderbare, jedoch junge Mann, saßen einander in seinem, des älteren Mannes, Zimmer gegenüber. Er schwieg nur immer, und ich, ich redete nur immer. – Was war es, was mich bewegen konnte, so stürmisch zu reden, und was war es, was ihn, der mir gegenüber saß, bewegen konnte, so beharrlich zu schweigen? Je ungeduldiger, feuriger und offenherziger ich sprach, um so tiefer hüllte er sich in sein geheimnisvolles, düsteres und trauriges Schweigen. Mit traurigen Augen betrachtete er mich vom Kopf bis zu den Füßen, und von Zeit zu Zeit, und das war mir das Allerunangenehmste, gähnte er, indem er die Hand wie entschuldigend zum Munde führte. Seltsame Käuze, sonderbare Sonderlinge waren wir sicherlich beide, er mit seinem Gähnen und beharrlichen Stillschweigen und ich mit meinem fortgesetzten Bestürmen eines Ohres, das offenbar auf alles, was ich sagte, gar nicht hörte, das ganz woanders hinhorchte, als auf mein herzliches Reden. Jedenfalls war es eine bedeutungsvolle Stunde, und darum ist sie mir so lebhaft in der Erinnerung geblieben. Auf der einen, d. h. auf seiner, des älteren, gereiften Mannes Seite ein glanzloses Auge und ein Benehmen, welches Gelangweiltheit verkündete, und auf der anderen, d. h. auf meiner Seite idealisch loderndes Wesen und eine hingeworfene, hingegossene Beredsamkeit, die, der leichten Welle ähnlich, am Felsen von des mürrischen Mannes trockenem und hartem Betragen zerschellte. Sonderbar bei der ganzen Sache war, daß ich wohl wußte, wie wenig Wert all mein Reden und Sprechen habe, wie wenig Eindruck es machen müsse, und daß ich vielleicht gerade darum mich nur um so inniger in das beseelte Sprechen hineinsprach. Ich glich einem Brunnen, der nicht anders konnte als zu sprudeln, einer Quelle, die hervorbrach mit all ihrem drängenden Inhalt, ohne daß sie es wollte. Ich wollte und wollte wieder absolut nicht reden. Es drang so heraus, und alles, was ich fühlte und dachte, sprang mir als Wort und Satz über die Lippen, welche öfters in der Eile und in der seltsamen Beklemmung anfingen zu stottern, wobei es mir war, als sehe ich mein Gegenüber spöttisch lächeln, als habe er eine Art von dunkler, stiller Freude, mich in der Bedrängnis zu sehen, welche mich umflatterte. (II, 122–24)

»Was war es, was mich bewegen konnte, so stürmisch zu reden...?« Es ist die Angst vor dem Schweigen des Vaters. Denn immer, wenn eine Rede endet, wird nach einer Antwort verlangt. Ist die Antwort Schweigen, entwertet sie die Aussage, vernichtet den Redner, es ist dann, als sei er nicht da, als habe er nichts gesagt. Und es ist dieser unheimliche Drang, den Schweiger zu einer Antwort zu überreden. Die Eile, die dies versucht, die Beklemmung, die sich, je länger die Rede, desto deutlicher einstellt, bremsen den rhetorischen Schwung, der hinreißen möchte und doch in einem Stottern endet. Dann plötzlich taucht das Bild des Gegenüber unvermittelt nah auf, »wobei es mir war, als sehe ich mein Gegenüber spöttisch lächeln, als habe er eine Art von dunkler, stiller Freude, mich in der Bedrängnis zu sehen, welche mich umflatterte.« Dies ist nicht mehr die Betrachtung von außen: »der sonderbare ältere Mann«, es ist der Versuch, mit der Zurückweisung fertig zu werden, das Unheimliche dieser Freude zu verstehen, zu erklären – es ist der Versuch einer Deutung des Schweigens, der nur noch die Projektion der verlorenen eigenen Freude auf den Vater und die Identifikation mit der Bedrängnis, in die ihn diese stürmische Rede hatte bringen wollen, bleibt als Vorstellung vom Innenleben des anderen – zuletzt als dichterische Fiktion.

Wie im Gespräch der Schweiger den Redner entwertet, so hat Paganini, der Geigenspieler, virtuos das Schweigen als Reaktion entschärft. Er spielt,

> »als spiele er für niemanden. Aber gerade darum spielte er so schön. Er spielte, wie wenn er der Sklave seines Zauberspieles sei, und das Spiel der dämonische Zauberer... als sei er das Wort im Mund des Liebenden« (I, 196).

»...nur waren es Töne, nicht Worte, und der Mund, mit dem er redete, war seine Geige (...). Die Abneigung mußte sich in Neigung, der Unmut sich in Mut, die Unlust sich in Lust und der Unsegen sich in Segen verwandeln, (...) und lange Zeit schon Totes und Verschüttetes erweckte er zum Leben; dafür war, wer ihm lauschte, ganz nur Aufmerksamkeit, ganz nur Ohr.« (I, 198)

»...es war, als wenn die Liebe selber spielte; (...) die bloße große Seele, die ja aller und jeder Kunst erst die Weihe, den Klang und den Inhalt gibt. Dadurch, daß er spielte, als wenn er lachte, redete und weinte, küßte und mordete (...), war er dämonisch. (...) Paganini wußte im voraus nie genau, wie und was er spielen wollte und würde, er ließ sich von den Tönen zu den Tönen, von den Stufen zu den Stufen, von den Wellen zu den Wellen, von den Unbewußtheiten zu den goldenen Bewußtheiten hinreißen, derart, daß ihm das Geigenspiel wie eine stolze Palme aus dem Boden des Beginnens emporwuchs und größer und größer, schöner und schöner wurde wie ein breites, gedankenvolles, wollüstiges Meer... alles, alles lauschte ihm, ganz Aufmerksamkeit, ganz nur Ohr.« (I, 349–51)

»Still erhoben sie sich von den Plätzen und gingen nach Hause.« (I, 198)

Einer, Paganini, spielt, und alle hören zu – einer, Robert Walser, dichtet, und »dafür war, wer ihm lauschte, ganz nur Aufmerksamkeit, ganz nur Ohr«. Daß die Zuhörer still nach Hause gehen – von Beifall ist ja nicht die Rede –, ist hier nicht mehr negativ, wie etwa das Ausbleiben einer Antwort im Gespräch, sondern als Zeichen der Ergriffenheit zu verstehen. Unverkennbar hat Walser sich in »Paganini« zum eigenen Prozeß künstlerischen Schaffens geäußert. Alles, was er hier über Paganini sagt, vom künstlerischen Entwurf (er »wußte im voraus nie genau, wie und was er spielen wollte und würde«) über die Absicht seiner Arbeit (»die Verwandlung von Abneigung in Neigung« etc.), den Impetus seiner Schöpfung (»die Liebe selber«) bis hin zu dieser unstillbaren

Sehnsucht (»alles, alles lauschte«), das sagt Walser auch über sich selbst als Dichter. Und nicht zuletzt ist es die Einsamkeit Paganinis auf der Bühne vor großem Publikum, in der sich der Dichter widerspiegeln mag.

Zurück zum Modell. Der Sohn braucht den Vater. Aber der Vater entzieht sich. Und die symbolische Funktion des Vaters ist durch niemanden anderes zu ersetzen. Also schreibt der Sohn, und schreibend erobert er sich und erhält sich zugleich diesen großen Schweiger als seinen wichtigsten Zuhörer. (Daß er dichtend zugleich die schwierige Mutter umwirbt, wurde schon gezeigt.) Was die Wirklichkeit nicht bietet, wird in der phantasierten Objektbeziehung des Sohnes zum Vater eingeholt. Nicht um einfache Tagträumereien handelt es sich bei dem appellativen Charakter dieser Dichtung, sondern um Ausgestaltung einer Sehnsucht, der Lust an und auf einen liebenswerten Vater. Und die Schwierigkeit, diese Vaterstrebungen in Walsers Dichtung immer wieder konkret auszumachen, beruht eben darauf, daß die Vaterbeziehung vordergründig vom Sohn als eine gute, beglückend erlebte behauptet wird.

3.2.3 Das versteckte Werben um Freundschaft

Wollte man die Vater-Sohn-Beziehung im Werk Robert Walsers umfassend behandeln, dürfte man sich nicht auf die Textstellen beschränken, in denen vom »Vater« direkt oder in Analogie zu dieser »Vater«-Figur indirekt die Rede ist. Es wäre dann z. B. ergiebig, das immer wieder auftauchende Motiv vom verlorenen Sohn zu analysieren[124], auch in seinen Abwandlungen in Franz und Karl Moor, wobei sich zeigen ließe, daß die im biblischen Gleichnis dem Heimkehrer vollumfänglich geschenkte Vaterliebe Walsers verlorenen Söhnen nicht mehr so beseligend zuteil wird; die Ironisierung solchen Sohnesglücks ist dabei eine Möglichkeit zu sagen:

»Daß die Geschichte vom verlornen Sohn (...) eine angenehme und erbauliche Geschichte wäre, hielt ich für unmöglich. Vielmehr war ich in jeder Hinsicht vom Gegenteil überzeugt.« (VIII, 261) Des weiteren wäre das identifikatorische Verhältnis zu Gottes Sohn, »seiner Lieblingsrolle Jesus«[125], und natürlich zu Gott zu untersuchen. Daß das Verhältnis zu Gott in direkter Analogie zum Verhältnis zum Vater begreifbar ist, ist spätestens seit Freuds »Totem und Tabu« bekannt[126]. Wie also wird dieser Walsersche Gott geschildert? Er ist »das Nachgiebigste, was es im Weltraum gibt. Er besteht auf nichts, will nichts, bedarf nichts (...) *Für ihn ist nichts.*« (IV, 94) Dabei ist er »über alle Begriffe gütig und groß« (IV, 94), aber eben »*zu groß, um etwas zu spüren*« (IV, 306). Zwar: »Gott ist auch hier, er ist überall.« (VI, 100) Aber er »ist zu erhaben zur Hilfe. *Zu helfen und zu erleichtern, das würde dem Allmächtigen gar nicht ziemen, so fühle ich es wenigstens.*« (VI, 124) Daraus folgt dann und immer im Hinblick auf das Verhältnis zum Vater die Frage: »*Muß man denn nicht auch Gott entbehren? Das Gute, Reine und Hohe irgend, irgendwo versteckt in Nebeln zu wissen und es leise, ganz, ganz still zu verehren und anzubeten, mit gleichsam total kühler und schattenhafter Inbrunst: daran bin ich gewöhnt.*« (VI, 41)[127]
Schließlich müßte man die Darstellung der Vaterrepräsentanten in der Figur des Königs, des Offiziers und des Chefs beobachten in Hinsicht auf die Beziehung, die die kleinen Walser-Helden zu diesen »Herrscherähnlichen« einrichten. Unter allen diesen ist der Institutsvorsteher Benjamenta sicher die prächtigste Figur – andere heißen Tobler oder sind Schreibstubenvorsteher oder Abteilungsleiter, mithin vorübergehend Autoritätspersonen. Wahrscheinlich ließe sich nachweisen, daß sie alle und am gelungensten der Zöglingsmeister Benjamenta *Gestaltungen* von höchster Präzision alles dessen sind, was das Vater-Erleben des Sohnes in seinen einzelnen Aspekten enthält. Benjamenta ist nicht das unmittelbare *Abbild* einer entbehrungsreichen und problematischen

Vaterbeziehung, dafür ist die Dramaturgie der Freund-
schaftsbildung, die Fieberkurve der Zusammenfindung zwischen Jakob und Benjamenta viel zu klar und in ihrer Dynamik folgerichtig gestaltet; er ist das *poetische Produkt der Arbeit*
an dieser Entbehrung und Problematik und den daraus entstehenden Wunscherfüllungsphantasien. Hier läßt ein kleiner
Held sehr bewußt und gezielt einen Koloß nach seiner Pfeife
tanzen – dies drückt ja bereits die Form des Tagebuches aus:
Jakob von Gunten schreibt, er schreibt, was *er* will, behauptet etwas über *seine* Wirklichkeit, aber diese ist niemals abgelöst zu sehen von ihrem Erfinder. Wie also geht es zu in diesem Tagebuch (nicht: in diesem Institut)?
Zunächst ist dieser Institutsvorsteher Benjamenta ein
»Riese« und der Zögling Jakob nur ein »Zwerg«. Dieser
»Herkules« darf anfangs auch sehr mächtig scheinen, den
Kleinen anschnauzen und erzittern lassen. Aber allein der
Hinweis, daß solch ein Simson nur »einer Schar von so winzigen, unbedeutenden Geschöpfen« (VI, 17/18) vorsteht, ironisiert schon die behauptete Riesengröße. Zwar schweigt
auch er und liest Zeitung, wenn der kleine Zögling gegen ihn
revoltiert, aber meistens erteilt er direkte Befehle, ist schroff
und laut und zornig – mithin alles, was der Vater *nicht* war
(oder als Rächer hätte sein müssen). Und Jakob ist auf subversive Weise in seinen devoten Gesten dreist und frech, ver-
spottet den Knabenherrscher offen und versteckt und erkämpft sich so die Achtung und Liebe des somit »entthronten
Königs«. Den ersten Ansturm auf die liebevorenthaltende
Festung des Knaben-Gebieters gewinnt Jakob durch einen
keck verfaßten Lebenslauf, der Benjamenta ein Lächeln ab-
ringt. Danach überschlägt sich Jakob beinahe vor Glück,
muß sich fast »kaputtfreuen, kaputtlachen«. Als Benjamenta
dann sogar zitternd seine Vorliebe für den kleinen Jakob gesteht, kann dieser seine Lust kaum bezwingen und muß zur
Aufrechterhaltung der notwendigen Spannung Kälte und
Härte vortäuschen, um das labile Glück zwischen beiden

nicht durch Sentimentaliäten zu gefährden, während er innerlich vor Freude jubelt und die empfangene Liebe sogleich an den kleinen dummen Kraus weitergibt. Es ist etwas »wie eine beiden Teilen sichtbare, verbotene Frucht« (VI, 105) zwischen sie gefallen: Freundschaft, etwas »Natürlich-Nahes« – »›willst du mein Freund, mein kleiner Vertrauter sein?‹«, das ist das langersehnte, schwererkämpfte, unerhörte Wort, es spricht im Bild der »verbotenen Frucht« auch den erotischen Bezug an und muß deshalb in Schweigen gehüllt werden. Interessant ist der auf diese Freundschaftserklärung folgende Traum Jakobs (VI, 108–110): Der von so viel Liebe und Vertrauen durch den großen Benjamenta hochgehobene kleine Zögling ist im Traum sogleich »Kriegsoberst«, befehligt eine Reihe von Offizieren (!), entscheidet nicht nur über den Frieden von halb Europa, sondern auch über Leben und Tod! Als »ein ganz armer Teufel, ein ertappter Verräter« (VI, 108), der zum Tode verurteilt ist, ihm vorgeführt wird, widmet er sich »dem volleingeschenkten Glas Wein« (VI, 109), so wie ein anderer die Zeitung lesen würde. Aber »da schrie der Verruchte wie verzweifelt, noch mehr, wie zerrissen, zum voraus zerrissen von tausend entsetzlichen Martertoden« (VI, 109). Der Kriegsoberst ist zwar »an den Anblick des Furchtbaren und Jammervollen mehr wie gewöhnt, *doch merkwürdig, das konnte ich nicht ertragen*« (VI, 109), er begnadigt den Verdammten, aber da geschieht etwas »*ebenso Ergreifendes wie Widerwärtiges*« (VI, 109): der vom Tode Erlöste »stürzte wie unsinnig zu meinen Füßen und küßte den Staub meiner Schuhe. Ich stieß ihn weg. *Ich war von Ekel und Grauen erfaßt worden.*« (VI, 109) Der durch die Liebe des Großen in einem manischen Triumph selbst allgewaltig gewordene Zögling begegnet in dem Verdammten, dem ertappten Verräter sich selber in der Haltung der vollständigen (Selbst-)Erniedrigung. Kurz darauf aber empfängt der Kriegsoberst »mit einer Würde, einer Hoheit, die selbst mir beinahe ein Lächeln abnötigte, den Gesandten des Papstes.« (VI, 109) Gleich zu Beginn des nächsten Abschnitts nennt Jakob die Zöglinge (und damit sich selbst) »Entwürdigte« (VI, 110). Das Institut Benjamenta geht seiner Auflösung entgegen. Lustvoll quält Jakob Benjamenta noch ein wenig, indem er ihn auf die Zusage für spätere Gemeinsamkeit warten läßt; aber sein darauf folgender Traum verrät, daß diese Lust bestraft werden muß, daß sie also das Umwandlungsprodukt einer tiefen Angst ist: der Angst, diese Gemeinsamkeit sei gar nicht möglich, d. h. hier: der Angst, daß, wenn Jakob sich für diese Gemeinsamkeit mit Benjamenta entschließt und ihm dies sagt, Benjamenta ihn zurückweisen könnte; die Entscheidung für diese Gemeinsamkeit fordert von dem durch ihr fortgesetztes Ausbleiben Enttäuschten ungeheuer viel Mut.

> »Mir schien, als wehe, als flattere der ganze spiegelblanke, süße Traum. Wie war ich glücklich. Ganz flüchtig dachte ich an ›diesen Menschen‹. Natürlich war es Herr Vorsteher, an den ich so dachte. Plötzlich sah ich ihn, er war hoch zu Roß und war bekleidet mit einer schimmernd schwarzen, edlen, ernsten Rüstung. Das lange Schwert hing an seiner Seite herunter, und das Pferd wieherte kampflustig. ›Ei, sieh da! Der Vorsteher zu Pferd‹, dachte ich, und ich schrie, so laut ich konnte, daß es in den Schluchten und Klüften ringsum widerhallte: ›Ich bin zu einem Entschluß gekommen.‹ – Doch er hörte mich nicht. Qualvoll schrie ich: ›Heda, Herr Vorsteher, hören Sie.‹ Nein, er wandte mir den Rücken. Sein Blick war in die Ferne, ins Leben hinab- und hinausgerichtet. Und nicht einmal den Kopf bog er nach mir.« (VI, 162)

Ist »dieser Mensch« wirklich »natürlich« der Herr Vorsteher, an den Jakob »ganz flüchtig« denkt, oder ist es der Vater, der kurz in den Traum eingeblendet und von Benjamenta sogleich überblendet wird? Der Vorsteher zu Pferd, in edler Rüstung und mit einem langen Schwert an der Seite – nach der Schönheit des Eindrucks, dessen Sexualsymbolik unübersehbar ist, muß sogleich der Gedanke folgen: er reitet (weg) *ohne mich,* ich habe zu lange gezögert, es ist meine Schuld – Jakob ruft, Benjamenta hört nicht: ist es zu spät, für immer zu spät? Das macht Jakobs Qual verständlich. Benjamentas Blick gilt nicht mehr ihm, er hat ihn verlassen, straft ihn durch Nichtachtung! Auch wenn die letzte Tagebucheintragung den gemeinsamen Aufbruch anzeigt, der Traum dementiert den Glauben an solche schönen Aussichten. Auch in »Jakob von Gunten« gibt es (ähnlich wie im »Schneewittchen«) am Ende eine Dreierkonstellation: Jakob, Benjamenta und seine Schwester sind allein zurückgeblieben – nur daß diese schon tot ist und also der Freundschaft der beiden nicht mehr im Weg stehen kann. Die beiden Potentaten, der große und der kleine, geben sich die Hand, um gemeinsam in die Wüste zu ziehen.

3.3 Melancholische Liebe

Auch von Matt hat auf die »verdeckte Liebe zur Vater-Figur«[128] hingewiesen, die allerdings in einem relativ normal verlaufenden Ödipus durch die Aggressionen gegen den väterlichen Nebenbuhler gemildert wird. Geht man aber vom erweiterten Ödipus aus, in dem die feminine Einstellung des Knaben aufgrund seiner erzwungenen Symbiose mit der Mutter verstärkt zur Ausprägung kommt, dann ist solch große Liebe zum Vater ohne Antwort ein folgenreiches Leid. Was mit dieser Liebe geschieht, läßt sich mit Hilfe von Freuds Aufsatz über »Trauer und Melancholie«[129] begreifen. Danach trifft der Melancholiker seine Objektwahl auf narzißtischer Grundlage (und diese wurde – wie bereits gezeigt – als Folge einer schizophrenogenen Mutter-Kind-Beziehung zur Ausgangsbasis für die weitere psychische Entwicklung des Kindes angenommen). Folglich muß »einerseits eine starke Fixierung an das Liebesobjekt vorhanden sein, andererseits

aber im Widerspruch dazu eine geringe Resistenz der Objektbesetzung.«[130] Die Libido ist also an eine bestimmte Person
gebunden, aber

> »durch den Einfluß einer *realen Kränkung oder Enttäu-
> schung* von seiten der geliebten Person trat eine Erschüt-
> terung dieser Objektbeziehung ein. (...) Die Objektbe-
> setzung (...) wurde aufgehoben, aber die freie Libido
> nicht auf ein anderes Objekt verschoben, sondern ins
> Ich zurückgezogen. Dort fand sie aber nicht eine belie-
> bige Verwendung, sondern diente dazu, eine *Identifizie-
> rung* des Ichs mit dem aufgegebenen Objekt herzustel-
> len. *Der Schatten des Objekts fiel so auf das Ich,* welches
> nun von einer besonderen Instanz wie ein Objekt, wie
> das verlassene Objekt, beurteilt werden konnte. Auf
> diese Weise hatte sich der Objektverlust in einen Ichver-
> lust verwandelt, der Konflikt zwischen dem Ich und der
> geliebten Person in einen Zwiespalt zwischen der Ich-
> kritik und dem durch Identifizierung veränderten
> Ich.«[131]

Die Selbstbeschimpfung, Selbsterniedrigung des Melancholikers, die bis hin zur tatsächlichen Leistungsunfähigkeit führen kann, gilt gar nicht ihm selbst, sondern dem verlorenen,
enttäuschenden und damit unwürdigen Liebesobjekt. Daher
kann der Melancholiker auch seine Selbstanklage so laut und
schamlos in die Welt hinausrufen, er klagt ja damit nur den
einstigen Geliebten an. Auch die Erwartung, ja Einforderung
von Strafe und Ausstoßung will nur das einstige Liebesobjekt
strafen und ausstoßen. Freud spricht von »Kleinheits-
wahn«[132] und hat sehr genau beobachtet, »daß zwischen dem
Ausmaß der Selbsterniedrigung und ihrer realen Berechtigung (...) keine Entsprechung besteht. (...) Endlich muß
uns auffallen, daß der Melancholiker sich doch nicht ganz so
benimmt wie ein normalerweise von Reue und Selbstvor-
wurf Zerknirschter. Es fehlt das Schämen vor anderen (...).
Man könnte am Melancholiker beinahe den gegenteiligen
Zug einer aufdringlichen Mitteilsamkeit hervorheben.«[133]

Genau dies hat Walter Benjamin in seinem vielzitierten Satz eingefangen: »Denn das Schluchzen ist die Melodie von Walsers Geschwätzigkeit.«[134]

Bei der Melancholie und ihrem Begleitphänomen, der Manie, begegnet man wieder derselben affektiven Besonderheit, die wir auch schon bei der Mutter-Kind-Beziehung angetroffen haben.

> »Das Verhältnis zum Objekt ist bei ihr (der Melancholie, CSH) kein einfaches, es wird durch den Ambivalenzkonflikt kompliziert. Die Ambivalenz ist entweder konstitutionell, d. h. sie hängt jeder Liebesbeziehung dieses Ichs an, oder sie geht gerade aus den Erlebnissen hervor, welche die Drohung des Objektverlustes mit sich bringen. (...) Es spinnt sich also bei der Melancholie eine Unzahl von Einzelkämpfen um das Objekt an, in denen Haß und Liebe miteinander ringen, die eine, um die Libido vom Objekt zu lösen, die andere, um diese Libido-Position gegen den Ansturm zu behaupten.«[135]

Der »Tatort« liegt dabei im Unbewußten, und »so lockert auch jeder einzelne Ambivalenzkampf die Fixierung der Libido an das Objekt, indem es dieses entwertet, herabsetzt, gleichsam auch erschlägt«.[136] Die sadistischen Neigungen, die hierbei zum Vorschein kommen, sind dann auch für die Geringschätzung des Todes und Selbstmords verantwortlich. Gelingt es dem Ich nun wenigstens vorübergehend, den Verlust des Objekts zu überwinden, wird plötzlich »der ganze Betrag von Gegenbesetzung, den das schmerzhafte Leiden der Melancholie aus dem Ich an sich gezogen und gebunden hatte, verfügbar«[137]. So wechselt der Melancholiker in die manische Phase über. Die Maßlosigkeit dieser dann einsetzenden Welteroberungsstimmung muß von »den drei Voraussetzungen der Melancholie: Verlust des Objekts,

Ambivalenz und Regression der Libido ins Ich (…) mit der Regression der Libido auf den Narzißmus zusammenhängen.«[138]

Es gibt eine Unzahl von Textstellen, deren Melodie solch ein manisch anmutendes Jauchzen und Jubeln ist, wie z. B. diese: »Ich war der Held, der Herr des Tages. Von meiner Laune, meiner Zufriedenheit hing der Frieden von halb Europa ab.« (VI, 109)[139]

Auch für die Melancholie gibt es in Walsers Dichtung viele Belege, sie wird sogar öfter direkt angesprochen. In »Das ›Tagebuch‹-Fragment von 1926« (X, 61–113) werden – übrigens in der Folge eines Gesprächs »mit einem von unseren jungen Intellektuellen, einem Studierenden, über den Sinn und Wert der ›Psychoanalyse‹« (X, 62) – einige Überlegungen dazu angestellt:

> »Oh, welch eine Sehnsucht ich habe! Was für eine Sehnsucht könnte das sein? Wenn man mich das fragen würde, so könnte es Wirklichkeit werden, daß ich mich bezüglich einer den Erfordernissen genügenden Antwort in die eminenteste Verlegenheit geworfen sähe. Seelisches ist ja solch ein Rätsel, eine solche Vereinigung voller Widersprüche. Fange ich hier an zu klagen? Pfui! Als wenn das eines aufrechten Fahnenträgers des Schriftstellerberufes würdig wäre! Aber ich will gestehen, daß ich eine außerordentlich schlechte Nacht hatte. Vielleicht ist es das, was mich so melancholisch macht. Bin ich denn aber wirklich und wahrhaftig melancholisch? Wäre es möglich, daß ich das für wahr hielte? ›Fluch dir, du elende, erbärmliche Fessel, du Knechtschaft, die ich mir betreffs der Verwirklichung der Wirklichkeitsidee auferlegen ließ‹, könnte ich heute früh beinahe die größte Lust haben, mit der lauttönendsten Stimme auszurufen, was ich aber ›wieder einmal‹ selbstverständlich aus dem Gefühl des verfluchten, verabscheuenswürdigen Anstandes heraus säuberlich unterlasse. (…) Wirklichkeit scheint in der Tat zunächst zu sein, daß ich Sehnsucht in mir verspüre, grimmig meine ›Revolutionslocken‹ zu schütteln.« (X, 97)

Es ist bekannt, daß Melancholiker morgens, nach in der Regel schlecht verbrachten Nächten, besonders arg dran sind. Ferner bezeichnet diese unbestimmte »Sehnsucht« sehr genau den Grund der Melancholie, der verborgen ist im Seelischen, dieser Vereinigung voller Widersprüche, dem Austragungsort der Ambivalenzkämpfe. Auch das Rebellische gehört zur Melancholie, »Revolutionslocken«, die grimmig geschüttelt werden wollen. Und nicht zuletzt der Anstand, der eine wirksame Auflehnung, eine Selbst-rettende Ablösung immer schon verhindert hat.

Bis hierher haben wir gesehen: der Sohn ist in quälende Beziehungen zu einer ihn mit ihren jeweiligen Bedürfnissen überschwemmenden oder brüskierenden Mutter verwickelt, aus denen er gern entkäme, die er aber allein nicht zu lösen vermag. Von da aus sieht er den Vater in stoischer Ruhe unbeirrt von den Anfällen der Frau, von den Erfordernissen des Geschäftlichen, von den Bedürfnissen der Familie und den Hilferufen des Sohnes seinen Weg gehen – ein wahrer Fels in der Brandung, so will es scheinen. Was ist das aber für ein Mensch, muß man sich fragen, der von rein gar nichts umzuwerfen ist, der nicht einmal auf seinen wirtschaftlichen und gesellschaftlichen Ruin eine nennenswerte Reaktion zeigt? Es ist mit Kohut anzunehmen, daß solch ein ungeheures Verdrängungsvermögen auf der Konservierung eines Größen-Selbst beruht, dessen Grandiositätsvorstellungen nicht durch die größte Katastrophe zu beeinträchtigen sind.

Grandiositätsvorstellungen über sich selbst ermöglichen es dem Vater, den Angriffen der Mutter standzuhalten, und das immerhin ist eine allen wahrnehmbare Leistung. Dem verrückten Ansturm der Mutter setzt er seinen heimlichen Größenwahn entgegen, und dieser teilt sich dem Kind mit. Mag der Vater auch noch so sehr als Schwächling und Versager angeklagt werden, den hinter der äußerlich unterwürfigen Haltung verborgenen Stolz spürt es sehr wohl heraus. Wenn der Vater nun bei der Mutter nicht dem Kind gegenüber als energischer Rivale auftritt und also dem Sohn den ödipalen (Schein-)Triumph läßt, dann bestätigt diese Situation das narzißtische Größen-Selbst des Kindes. Der Sohn als (passiver) ödipaler Sieger mag sich dann – zumindest zeitweise – bei der Mutter in der Rolle des Gatten fühlen, und in diesem Sinne könnte man vielleicht von einer Identifikation mit dem Vater reden, d. h., es wäre denkbar, daß das sich dem Kind unterschwellig mitteilende Größen-Selbst des Vaters das Größen-Selbst des Kindes identifikatorisch verstärkt. (Ganz sicher fördert das Wahrnehmen des väterlichen Größen-Selbst die Idealisierung des Vaters, d. h. eines Aspekts seiner Objektrepräsentanz.) Darin läge auch die Hoffnung, später einmal so gelassen wie der Vater aller Unbill die Stirn bieten zu können. Und zugleich würde die Verstärkung des kindlichen Größen-Selbst ein scheinbarer Schutz in der akuten Gefährdung des Sohnes, der sich von der Mutter überfremdet und vom Vater zurückgewiesen fühlt, bedeuten.

Auf den ödipalen Konflikt soll sogleich weiterführend eingegangen werden. Zuvor aber sei noch resümierend darauf hingewiesen, daß neben dieser Verinnerlichung eines Teilaspekts des Vaters, nämlich seines heimlichen Größen-Selbst, der objektale Bezug zum Vater bestehen bleibt, weil die Notwendigkeit, ihn zum Freund, Verteidiger und Vorbild zu haben, die ganze Zeit der Kindheit und Jugend über, also auch über die Ödipalphase hinaus, bestehen bleibt. Denn um so mehr, als der Vater dem Sohn in seiner heimlichen Stärke erfaßbar ist, muß sich seine Liebe zu diesem großen Dritten sehnsuchtsvoll gestalten. Und daß diese Liebe, wenn sie keine Erwiderung findet, vielleicht weil der Vater schon sich selbst genug ist und gar kein Liebesbedürfnis verspürt, weder in der Beziehung zu seiner Frau noch zu seinen Kindern, melancholisch verkehrt in die Brust des abgewiesenen Anbeters eingeschnürt wird – wen anders hätte das Kind schließlich an Stelle dieses Vaters gleichwertig lieben können? –, das scheint eine psychologische Konsequenz solcher Familienkonstellation zu sein. Durch die melancholische Introjektion des geliebten Objekts vermeidet das Kind jedenfalls, sich von ihm trennen zu müssen, es behält den idealisierten Vater auf diese Weise für sich und kann nun scheinbar nach seinen Bedürfnissen über ihn verfügen: es kann ihn beschimpfen in der Form der Selbstanklage, und es kann ihn idealisieren in der Vorstellung vom guten Beschützer. Es kann auf jeden Fall den Mangel an väterlicher Zuwendung durch eine virtuose Konstruktion kompensieren: die unterbliebene Auseinandersetzung mit dem Vater, das ausgelassene Gespräch, findet statt – nicht in der Wirklichkeit, sondern im Bereich der Phantasie, später in der Dichtung.

In ihrer psychoanalytischen Theorie der zyklothymen Depression[140] hat Edith Jacobson sich mit den Problemen der Entstehung melancholischer Erkrankungen infolge narzißtischer Frühschädigungen auseinandergesetzt. Ausgangspunkt ihrer Überlegungen war die Hypothese, daß bei den so Geschädigten die »Ich- und Überich-Entwicklung durch das Zusammenwirken von konstitutionellen und umweltbedingten Faktoren (emotionale Entbehrungen sowie übermäßige Stimulation und/oder Frustration der Triebe in der frühen Kindheit) zum Stillstand gekommen und unzulänglich verlaufen ist.«[141] Solche Frustrationen haben aber, wie oben schon gezeigt wurde, zur Folge, daß die Neutralisierung (Mischung) der libidinösen und aggressiven Triebe unzulänglich bleibt, womit eine Tendenz zu ihrer erneuten Entmischung und Deneutralisierung angezeigt ist. Dadurch aber wird »die Entwicklung von dauerhaften libidinösen Besetzungen der Objekt- und der Selbstrepräsentanzen wie die Fähigkeit, stabile Objektbeziehungen und feste Ich- und Überich-Identifizierungen aufrechtzuerhalten«[142], stark beeinträchtigt. Infolge dieser Instabilität findet man »bei Manisch-Depressiven eine besondere infantil-narzißtische Abhängigkeit von ihrem Liebesobjekt. Sie sind darauf angewiesen, daß ein hochgeschätztes Liebesobjekt sie ständig liebt und moralisch unterstützt«[143]. Die Ambivalenzkämpfe, die oben bereits mit Freud beschrieben wurden, finden in der Selbstpsychologie nach Jacobson (an einem konkreten Fall aus ihrer Praxis) dadurch ihre Erklärung, daß sich bei diesem narzißtisch gestörten manisch-depressiven Patienten

> »in seinen Selbstrepräsentanzen die infantile Vorstellung von einem hilflosen Selbst erhielt, das seine Stärke von einem mächtigen, idealen Liebesobjekt bezieht. Er bemühte sich, die Imago dieses Liebesobjekts in einem Zustand libidinöser Überbesetzung zu halten; die libidinöse Besetzung, die er der Selbstimago ständig entzog, ließ er der Objektimago zufließen. Dann freilich mußte er wieder seine Selbstimago stützen, indem er sich von der Imago des Liebesobjekts einen libidinösen Rückfluß sicherte. Diese ständigen Fluktuationen der Besetzung drückten sich in entsprechenden emotionalen Schwankungen aus.«[144]

Da die Selbstbehauptung des Manisch-Depressiven nach Jacobson notwendig eine ihm unerträgliche Abwertung des Liebesobjekts bedeutet, muß er das Liebesobjekt auf *Distanz* halten, um es vor solcher Entwertung zu schützen.

> »Diese Haltung unterscheidet sich von der schizoiden Unnahbarkeit durch die gleichzeitig libidinöse Überbesetzung des Objekts. Da das Liebesobjekt unerreichbar bleiben muß, wird der Manisch-Depressive vermeiden, ans Ziel zu kommen oder Erfolg zu haben, indem er das endgültige Zustandekommen oder den tatsächlichen Vollzug einer Liebesbeziehung aufschiebt, für die er verzweifelt gekämpft hat.«[145]

Ein solcher Kampf um die Freundschaft des Vaters und die Notwendigkeit, Distanz zu ihm zu wahren, war oben an verschiedenen Beispielen bei Walser gezeigt worden. Es gibt aber eine Stelle, in der die Distanz durchbrochen, dieser große Gleichmütige aus der Fassung gebracht wird. Und gerade weil sie den Durchbruch zeigt durch die Unberührbarkeit des Vaters, scheint sie mir hier interessant. Das geht so: »Der Handelsmann, der so hart um seine Existenz kämpfte, gebrauchte eines Tages einem seiner Söhne gegenüber ein häßliches Wort. Der Jüngling, der in Erregung war, sagte zu seinem Vater, was kein Sohn je zum Vater sagen darf.« (VIII, 236) Er sagte »Elender«, wie später mitgeteilt wird.

» ›Was sagst du?‹ schrie der Vater, ›ich will dich lehren!‹ Er warf sich gegen den Sohn, um ihn zu erwürgen. (...) Der Vater schrie wild auf, weniger im Unmaß des Zornes, als im Übermaß des väterlichen Schmerzes. (...) ›Das tötet mich, das hat mich getötet‹, stöhnte der Handelsmann. Er war bleich und er zitterte schrecklich. Er mußte sich auf den Tisch stützen, damit er nicht zu Boden stürzte. Auch den Sohn hatten alle Kräfte verlassen. ›Ja‹, sagte der Vater, ›solches muß ein Vater ertragen, dem kein Glück im Geschäft beschieden war. Solches muß ein armer glückbetrogener Vater sich vom Sohne sagen lassen. Das macht mich um zwanzig Jahre älter. ‚Elender!‘ muß sich ein Vater vom Sohne sagen lassen, nachdem er doch vom Unglück schon genug geschlagen worden ist, nachdem er gerungen hat mit den Schlägen des Mißgeschickes, um die Familie notdürftig zu erhalten. O Natur, kannst du solche Unnatur zulassen. Ich bin für meine Söhne ein Elender, weil ich kein Glück gehabt habe. Das macht mich zum alten hilflosen Mann.‹ Er weinte. Auch der Sohn weinte. Sie waren beide gleich arm und elend. Sie waren beide gleicherweise gänzlich gebrochen, und daher weinten sie beide. Sie sahen ein, daß ihr Streit nur eine Folge der Not sei. ›Verzeih mir, bester Vater‹, sagte der Sohn. ›Verzeih auch du mir, lieber Sohn‹, sagte der Vater. ›Ich wollte dich nicht angreifen‹, sagte der Sohn, und der Vater sagte: ›Ich dich auch nicht.‹ – ›Das ist das Unglück‹, sagte der Sohn, und der Vater sagte: ›Ja, das ist das Unglück.‹ ›Es tut mir weh‹, sagte wieder der Sohn. ›Mir ja auch‹, sagte der Vater. Sie beruhigten sich allmählich wieder.« (VII, 236/37)

Dies ist eine der anrührendsten Stellen des ganzen Werkes. Sie vermittelt die ungeheure Intensität eines Näheerlebnisses zwischen Sohn und Vater, den Schreck über den aggressiven Charakter – auch die ödipale Vatertötung ist hier angesprochen –, den diese Begegnung der Natur der Vater-Sohn-Beziehung nach haben muß, und eine Art Betäubung von dem, was da in der Nähe erlebt wurde. Es ist, als lauschten beide einem kurz angeschlagenen Akkord nach, als vergewisserten sich beide gegenseitig, das gleiche vernommen zu haben. Was sie da plötzlich gefühlt haben, ist eine Art Gleichheit, ihre Schicksalsgemeinschaft und Ebenbürtigkeit: Vater und Sohn sind gleichermaßen stark und schwach – wobei der Sohn, der des Vaters Ruhe und Unberührtheit zum Einsturz bringt und auch die Reihe der Versöhnungsangebote anführt, dem Vater bereits einen Schritt voraus ist. Dieser Stelle ist auch nicht – wie sonst meist bei Walser – am Ende die Spitze umgebogen durch eine ironische, spöttische oder flapsige Wendung. Sie läßt unangetastet, woran auch weiterhin nicht zu rühren ist.

Eine Spiegelung dieser Szene findet sich in »Jakob von Gunten«, wenn Benjamenta sich plötzlich auf Jakob stürzt, um ihn zu erwürgen. »Gleich einem Rasenden hat er sich auf mich gestürzt. Geworfen hat er sich mit seinem mächtigen Körper auf mich wie ein dunkles Stück verrückt gewordenen Jähzornes: wie eine Meerwelle kam es auf mich zu, um mich zu zerschmettern an den harten Wasserwänden.« (VI, 143) Das ist ein Moment allergrößter, fürchterlichster Nähe zwischen Jakob und Benjamenta, und Nähe meint hier Bedrängnis jeder Art. Sie hat offenbar beide, zumindest aber Jakob, völlig überrascht. Er reagiert auf diesen Angriff mit Angstsymptomen, er bebt am ganzen Körper, es flakkert vor seinen Augen, und er rettet sich, indem er »den großen Herrn Benjamenta, den Riesen Goliath« (VI, 142) in den Finger beißt! » ›Was machen Sie da, *verehrter, lieber* Herr Vorsteher?‹ schrie ich aus und rannte wie besessen zur

Bureautüre hinaus. Und da horchte ich wieder. (…) Da
hörte ich's leise lachen« (VI, 143).

3.4 Das zerrissene Bild

Hinsichtlich der Liebe des Sohnes zu seinem Vater ließe sich
nun folgende Überlegung anstellen: wenn der vom Sohn in
allen Verhältnissen als sorgsam, den Menschen gegenüber als
freundlich, in jeder Hinsicht als schlichtweg gut beurteilte,
kurz: der idealisierte Vater die Liebe seines Sohnes nicht genügend beachtet, nicht mit Gegenliebe beantwortet, dann
hat der Sohn dafür nur zwei Erklärungsmöglichkeiten.
Die erste sagt: Alle sind liebenswert, nur *ich* nicht, deshalb
liebt mich der Vater nicht. Also, der Vater ist gut, ich bin es
nicht. Dies wäre sozusagen die banale Version dessen, was
Freuds Theorie von der Entstehung der Melancholie erklärt:
die Umwandlung der Wut auf den enttäuschenden Geliebten
in Selbsthaß.
Die zweite Erklärung lautet: Dieser *Vater* ist gar nicht so gut,
so freundlich und sorgsam, wie es der Liebe scheinen will.
Hier wurzelt ein furchtbarer Zweifel, der noch verstärkt
wird durch die täglichen Klagen der Mutter über des Vaters
Ungenügen als Mann, Erzieher und Geschäftsführer.
Nun kann dies und das Schwinden der ökonomischen Existenzgrundlage der Familie durch die Schuld des Vaters, wie
von Matt zeigt, im normalen Ödipuskonflikt vom rivalisie-
renden Sohn als Erfüllung seiner gegen den Vater gerichteten
Vernichtungswünsche aufgefaßt und schuldhaft erlebt werden. Es kann aber auch zu einer Unvereinbarkeit der Gefühle
für den Vater kommen, nämlich dann, wenn der Sohn seine
Vaterliebe gar nie hatte befriedigen können, diese also noch
ungesättigt ist und er von der Sehnsucht nach Erwiderung
seiner Gefühle nicht loskommt. Dann liebt der Sohn weiter,
muß er weiterlieben – und kann es doch nicht ungebrochen.

Denn da gibt es neben dem so heiß und hoffnungsvoll Verehrten den anderen, der wirklich enttäuschend ist, und zwar, wie das Kind erkennen muß, nicht nur für es selbst, sondern auch für die Mutter und die ganze Familie. Die mütterlichen Klagen verschiedenster Art über den Vater unterstreichen also im kindlichen Erleben die negative Erfahrung, die es selber macht. Auf eine kurze Formel gebracht, sagen die Gefühle des Kindes dann: Ich liebe den Vater, d. h. ich bin lieb. Aber der Vater liebt mich nicht und verhält sich überhaupt so, daß gilt: der Vater ist böse. Zumal wenn das väterliche Verhalten dem Kind gegenüber nicht deutlich anerkennend oder ablehnend ist, sondern ausweichend und damit unverständlich, muß das Kind über seine Bewertung im Ungewissen bleiben. Und als tendenziell verunsichert in bezug auf seine Wahrnehmungen war das Kind einer »schizophrenogenen Mutter« ohnehin charakterisiert worden.

Zu dieser Enttäuschung am Vater, der zufolge er als »böse« erkannt wird, kommen nun noch die von Rothstein bezeugten Ängste vor der, aus dem »ödipalen Triumph« abgeleiteten, väterlichen Rache. Einerseits kostet der Sohn diesen ödipalen Triumph über den Vater aus, andererseits scheint ihm dessen Vergeltungsschlag unvermeidlich. Daß Väter auf die bevorzugte Stellung der Söhne bei der Mutter gelegentlich massiv und sogar mit Kastrationsdrohungen reagieren, hat Rothstein beobachtet. Aber selbst wenn dies nicht deutlich in Worten oder im Verhalten ausgedrückt würde, bliebe dem Sohn das Unrechtmäßige seiner inzestuös-nahen Position bei der Mutter doch nicht verborgen. Und Zeichen des ödipalen Konflikts mit dem Vater sind unübersehbar in Walsers Prosa: Der Handelsmann will seinen Sohn erwürgen, weil dieser ihn mit einer Beleidigung getötet hat; und Jakob beißt Benjamenta in den Finger![146] Von Matt hat die Umwandlung des ungelösten Ödipus bei Walser in das Sieg-Sühne-Ritual bereits dargestellt. Der darin enthaltene Aspekt der Selbstbestrafung entspricht einem Zuvorkommen der als noch viel fürchterlicher vorgestellten Bestrafung durch den Vater: »Because the boy feels that retaliation is inevitable he may actively seek a lesser punishment rather than passively wait to be destroyed by a father represented as castrating, enraged, jealous, and retaliating.«[147] Und daß der Vater sich mit einem vernichtenden Vergeltungsschlag am Sohn rächen würde für alle erfahrene Erniedrigung durch ihn und seine Frau, das scheint um so sicherer, als der Vater ja nicht nur den Eindruck der Schwäche, sondern dahinter lauernd und drohend den ungeheurer Stärke vermittelt. Das mit eiserner Ruhe gepanzerte Größen-Selbst des Vaters muß so in der Phantasie des kleinen Sohnes eine permanente Bedrohung darstellen.

Das Kind hat dann sozusagen zwei Väter, den »guten« und den »bösen«, den bewunderten Verehrten und den lieblosen potentiellen Rächer – zwei Vorstellungen von so scharfer Gegensätzlichkeit, daß sie auf *eine* Person nicht mehr vereinbar erscheinen und daher voneinander losgelöst werden. »Es ist der wohlbekannte Vorgang der Zerlegung einer Vorstellung mit gegensinnigem – ambivalentem – Inhalt in zwei scharf kontrastierende Gegensätze«[148], so erkennt Freud in »Eine Teufelsneurose im siebzehnten Jahrhundert«[149] und macht auch genau diese Ambivalenz für die bei Enttäuschung oder Verlust des Liebesobjekts nachfolgende Melancholie verantwortlich. Daß das Verhältnis zu solchen aufgespaltenen Objekten Züge von »verehrungsvoller Unterwerfung und rebellischer Auflehnung«[150] zeigt, entspricht dem Verhältnis von liebender Hingabe und gekränkter Liebe, die, gepaart mit der Angst vor der väterlichen Rache, identifikatorisch selbst zum Rächer werden möchte.

Drängt nun das Liebesbedürfnis des Sohnes gegenüber dem Vater unbedingt und verzweifelt auf Erfüllung, dann müssen diese negativen Vatergefühle ver-drängt werden. Es gibt dann für das Bewußtsein nur noch den guten Vater. Der böse, gefährliche Vater und alle ihm geltende Wut, auch solche Wut, die aus der Hilflosigkeit gegenüber der schizophre-

nogenen Mutter und der diesbezüglich mangelnden Vertei-
digungsbereitschaft des Vaters entspringt, werden somit
dem verehrungsbedürftigen Bewußtsein entzogen. Zusammen mit den negativen Gefühlen für den Vater wird dadurch
aber auch die Grundlage, der Ansatz oder Bestand des Ödipuskomplexes verdrängt. Die Notwendigkeit solcher Ver-
drängungsarbeit ist zu verstehen als eine Rettungs- oder
Selbstschutzmaßnahme des narzißtisch ungefestigten, unter
das schizoide Paradox der Mutter geschlagene Ich des Sohnes, welches in einem weiteren, für es essentiell wichtigen
Fall, nämlich der Vaterliebe, solch gravierendem Widerspruch (der »gute« und der »böse« Vater) nicht mehr gewachsen ist. Fürs erste wäre damit die Gefahr des Verlusts
des geliebten Objekts bei Überhandnehmen der negativen
Empfindungen scheinbar gebannt, ebenso die einer weiteren
Aufspaltung und Zersplitterung des Ichs, welches aufgrund
seiner unzureichend entwickelten synthetischen Fähigkeiten
(als Folge der schizophrenogenen Situation) nurmehr die
Möglichkeit gehabt hätte, den »guten« *neben* dem »bösen«
Vater bestehen zu lassen und auszuhalten.

Was verdrängt ist, belastet zwar nicht das Bewußtsein, ist
aber dennoch nicht aus der Welt geschafft. In seinen Überlegungen über »Das Unheimliche«[151] stellt Freud dar, wie

> »jeder Affekt einer Gefühlsregung, gleichgültig von
> welcher Art, durch die Verdrängung in Angst verwan-
> delt wird (und daß es, CSH) unter den Fällen des Ängst-
> lichen eine Gruppe geben (muß, CSH), in der sich zeigen
> läßt, daß dies Ängstliche etwas wiederkehrendes Ver-
> drängtes ist. Diese Art des Ängstlichen wäre eben das
> Unheimliche und dabei muß es gleichgültig sein, ob es
> ursprünglich selbst ängstlich war oder von einem ande-
> ren Affekt getragen.«[152]

Mit dieser Erkenntnis, daß das Unheimliche gerade nicht das
Fremde, sondern das durch bestimmte Eindrücke wiederbe-
lebte, hochkommende Verdrängte ist, also das Verpönte und

zutiefst Vertraute, erklärt Freud auch das Motiv des Doppel-
gängers als eine Abwehrmaßnahme des Ichs, das den Gehalt
dieses Unheimlichen aus sich hinausprojiziert.

> »Aber nicht nur dieser der Ich-Kritik anstößige Inhalt
> kann dem Doppelgänger einverleibt werden, sondern
> alle unterbliebenen Möglichkeiten der Geschicksgestal-
> tung, an denen die Phantasie noch festhalten will, und
> alle Ich-Strebungen, die sich infolge äußerer Ungunst
> nicht durchsetzen konnten, sowie alle die unterdrückten
> Willensentscheidungen, die die Illusion des freien Wil-
> lens ergeben haben.«[153]

Man kennt diese unheimlichen Gestalten bei Walser, die bedrohlich und riesenhaft plötzlich aus der Finsternis auftauchen oder den hellichten Tag verdunkeln, sich dem Helden in
den Weg stellen, ihn zutiefst erschrecken. Und immer sind
diese Unheimlichen so unheimlich vertraut und wohlbe-
kannt.

> »...*weil sich* beim Spazieren viele *Einfälle,* Lichtblitze
> und Blitzlichter *ganz von selber einmengen und einfinden,*
> *um sorgsam verarbeitet zu werden, kam* ein Mensch, *ein Un-*
> *getüm und Ungeheuer* mir entgegen, der mir *die helle*
> *Straße fast völlig verdunkelte,* ein hochaufgeschossener,
> *unheimlicher Kerl, den ich nur allzu gut kannte,* ein höchst
> sonderbarer Geselle, nämlich der Riese Tomzack.
> An allen anderen Orten, auf allen andern Wegen eher als
> hier auf dem lieben, weichen Landweg würde ich ihn
> vermutet haben. Seine *traurige, schauervolle Erscheinung*
> *flößte mir Schrecken ein, und sein tragisches, ungeheuerhaftes*
> *Wesen nahm alle schöne, helle Aussicht, alle Frohheit und*
> *Freude sogleich von mir weg.*
> Tomzack! Nicht wahr, lieber Leser, der Name allein
> klingt schon nach schrecklichen, *schwermütigen* Dingen.
> ›*Was verfolgst du mich,* was hast du nötig, mir hier mitten
> auf dem Wege zu begegnen?‹ rief ich ihm zu. Doch
> *Tomzack gab mir keine Antwort.*
> *Groß,* das heißt *von hoch oben herab* schaute er mich an. Er

überragte mich an Länge und Höhe um *ein Bedeutendes;* neben ihm *kam ich mir wie ein Zwerg* oder *wie ein kleines, armes, schwaches Kind* vor. Mit größter Leichtigkeit würde mich der Riese haben *erdrücken* oder *zertreten* können.

Ah, *ich wußte, wer er war. Für ihn gab es keine Ruhe. Er schlief in keinem sanften Bett,* wohnte in keinem wohnlichen, heimeligen Hause. Er hauste *überall und nirgends.* Heimat hatte er keine und darum auch kein Heimatrecht. Gänzlich *ohne Glück, ohne Liebe,* ohne Vaterland und Menschenfreude lebte er.

Irgendwelchen *Anteil nahm er nicht, dafür nahm auch an ihm und seinem Treiben und Leben niemand Anteil. Vergangenheit, Gegenwart und Zukunft waren ihm eine wesenlose Wüste,* und das Leben schien zu gering, zu eng für ihn zu sein. *Für ihn existierte keinerlei Bedeutung; doch bedeutete wieder er selbst für niemand irgend etwas.* Aus seinen Augen brach ein Glanz von *Unterwelten- und Überwelten-Gram* hervor, und ein *unbeschreiblicher Schmerz* sprach aus jeder seiner müden, schlaffen Bewegungen.

Nicht tot, doch auch nicht lebendig, nicht alt und auch nicht jung war er. Hunderttausend Jahre alt schien er mir zu sein, und ferner *schien mir, daß er ewig leben müsse, um ewig nicht lebendig zu sein. Jeden Augenblick starb er und vermochte dennoch nicht zu sterben.* Für ihn gab es nirgends ein Grab mit Blumen. Indem ich *ihm auswich,* murmelte ich für mich: ›*Leb' wohl und lass' es dir immerhin gut gehen, Freund Tomzack.‹*

Ohne mich nach dem *Phantom, bedauernswürdigen Übermenschen, unglücklichen Gespenste* näher umzusehen, wozu ich wahrhaftig nicht die geringste Lust haben konnte, ging ich weiter und gelangte bald nachher, in weicher, warmer Luft ruhig weiterschreitend und *den trüben Eindruck verwindend,* den die fremdartige Riesengestalt auf mich gemacht hatte, *in einen Tannenwald, durch den sich ein gleichsam lächelnder, schelmisch-anmutiger Weg schlängelte, den ich mit Vergnügen verfolgte.«* (III, 229–31)

Riesenhaft baut sich ein Phantom vor dem Ich des Textes auf, so daß es sich »wie ein Zwerg«, »wie ein kleines, armes, schwaches Kind« vorkommt. Alles wird durch diesen trüben, schrecklichen Eindruck verdüstert. Tomzack heißt der unheimliche Kerl, »den ich nur allzu gut kannte«. Es ist der verdrängte Teil des jämmerlichen, enttäuschenden und des fürchterlichen, rachsüchtigen Vaters, der als Phantom dem Ich über den Weg geistert. »Jeden Augenblick starb er und vermochte dennoch nicht zu sterben« – die Ambivalenzkämpfe, die um den melancholisch introjizierten Vater ausgetragen werden, sind noch zu keinem Ende gekommen. »›Leb wohl und laß es dir immerhin gut gehen, Freund Tomzack‹«, so grüßt ihn das Ich im Weitergehen, es weiß, es wird ihn wiedersehen.¹⁵⁴ Ihn »verwindend« dringt es nun vergnügt auf schelmischem Weg in den Tannenwald (Symbol des Weiblichen) ein!

Es gibt viele solcher Riesen, Phantome, Gespenster, Unheimlichen und merkwürdige graue, große Gestalten in Walsers Dichtung. Dabei ist festzustellen, daß diesen Ungeheuern sowohl die Attribute des Vaters wie des Sohnes (insbesondere seines archaischen Größen-Selbst) zugesprochen werden in je unterschiedlichen Mischungsverhältnissen: mal überwiegt die jämmerliche und an schwermütige Dinge erinnernde oder die riesenhafte, rächende Gestalt des Vaters, mal die traurige, verzweifelte oder sich empörende, den Aufstand probende Figur des Sohnes, wie z. B. in »Hans«, der sah

> »an einem der Tage, die aus manchen guten Gründen für ihn *bedeutend* wurden, weil sie gewissermaßen *eine seltsame Art von Übergang,* nämlich *die Verwandlung eines Alten oder Müden und Verbrauchten in ein völlig Junges, Neues oder Unabgeriebenes und Unbenutztes* darstellten –, auf freiem Felde einen *erzürnten, erbosten Mann,* der ähnlich einem bühnenmäßig handelnden, *mit mehr oder minder Glück und Erfolg seine Rolle spielenden Tragöden,* laut *mit den Lüften redete,* wobei er *auf schreckliche Manier gestikulierte«* (III, 305/6).

Hier erhebt sich der Sohn gegen den Vater, er hat plötzlich das Gefühl, die Last alter Bindungen, Zurückbindungen sei-

ner Kräfte, abstreifen zu können, fühlt sich jetzt neu, unabge-
rieben, unverbraucht: kräftig und hat freies Feld. Da kann er
sich erzürnen, wird zum erbosten wilden Mann. Daß dabei
gleichzeitig das Bild vom Tragöden auftaucht, der nur im
Spiel, nicht in der Wirklichkeit mehr oder minder erfolgreich, aber zuletzt doch mit tragischem Ausgang agiert, der
obendrein mit den Lüften redet und nicht mit dem wirklichen Adressaten all seiner Wut, das zeigt die Aussichtslosig-
keit solchen Aufbegehrens. Die Fortsetzung dieser Stelle vermag zu illustrieren, was da im ungeliebten Sohn emotional
zurückgestaut wurde:

> *Der wilde, böse Mann ging Hans nie wieder aus dem Kopf.*
> Vielmehr dachte er stets eifrig und eindringlich an die
> *ebenso klägliche, traurige und bedauerliche* wie *komische und
> lächerliche Erscheinung.*
> Mit dem Mann auf freiem Felde harmonierte sozusagen
> das Wetter selber, da es sich fast ebenso *rauh* und *stür-
> misch* gebärdete wie jener, der *mit überlauter Stimme eine
> Sprache führte* und *Worte* in die Gegend *hinausschrie,* wie
> nur ein *gegen Gott und Welt ingrimmig sich auflehnender Re-
> bell* sie in den Mund nehmen mag, indem er das *wildzer-
> rissene Gebäude seiner Empörung gigantenturmhaft bis in den
> Himmel hinauftürmt, schreckliche Wirkungen verbreitet,
> grausige Zustände ringsumherschleudert.*
> Offenbar befand sich der Mann in *ungezügeltem Aufruhr-
> zustand.* Aus seinen *entsetzlichen, grauenvollen Gesten,* die
> zehrenden, fressenden Flammen ähnlich zu sehen schie-
> nen, *redeten, loderten Verachtung, Zorn, Haß und Grimm.*
> Wahrscheinlich war er aber ganz einfach nur im *Gemüt
> und Kopf ernstlich krank;* denn in der Regel *gehen Einsame
> still ihren Weg, reden nicht* derart *mit menschenleerem
> Raum,* mit Bäumen und Winden, die für erregter Men-
> schen unbesonnene Aufführung *weder Gehör noch Ver-
> ständnis* haben können.
> *Jemand,* an den *der Wütende* seine *zornige Deklamation*
> hätte richten können, war im Umkreis *nirgendwo* zu er-
> blicken. In nächster Nähe stand nur Hans, den jedoch
> der wilde Mann, da er ihm den Rücken kehrte, keines-
> falls sah.

Demnach redete der in *krankhaften Beschimpfungen gegen* alles Vorhandene sich auf ganz und gar keine Art Genüge leistende *Empörer* einzig und allein mit *Gespenstern, wesenlosen, durch und durch trockenen, dürren Wahngebilden,* höchstens also mit *einem Phantom* oder *mit den eigenen kranken Einbildungen,* die ihn in ebensolchem Unmaß zu *verführen wie zu verhöhnen* schienen.

Er kämpfte mit einem vollkommenen Nichts, schlug sich in lächerlichster Erbitterung mit einem *absolut Unsichtbaren* herum, *verteidigte sich* wie *auf Leben und Tod* gegen durchaus nur eingebildeten, *übermächtigen Angriff,* sprach *mit Gestalten und Stimmen, die entweder niemand als nur er oder vielleicht nicht einmal er selber sah und hörte.*

Alle seine ungestümen Bewegungen waren völlig *verschwendet, alles, was er sprach, verhallte ungehört,* und sein wüstes Benehmen und Gebaren blieb insofern *sinnlos,* als *niemand Notiz* davon nahm, weswegen es *nicht die geringste Wirkung* ausübte. Die Erinnerung an eine freilich *mehr Abscheu wie Mitleid* herausfordernde Gestalt blieb als *warnendes, abschreckendes Beispiel* für Hans immerhin bedeutsam, der jedoch bald hierauf Zuschauer eines wahrhaft schönen Schauspiels wurde.« (III, 306/7)

Auch der Schluß dieser Stelle ist typisch für alle jene, in denen die Unheimlichen auftauchen. Sie erscheinen, wie aus dem Nichts hervorgehoben, jedenfalls dem Helden scheinen sie so unvermittelt entgegengestellt, oft gerade dann, wenn sich ein erotisch gefährliches Näheerlebnis anbahnt; er weicht ihnen aus, oder er schreit ihnen wütend etwas entgegen; da verschwinden sie oder werden zurückgelassen, und die Welt ist wieder heiter und friedlich wie zuvor, als sei nichts passiert.

Bei einem Vergleich aller Stellen, in denen solche Unheimlichen auftreten, ließe sich sicher als Kernstück dieser Phantomasien der ungelöste ödipale Konflikt, Wut, Angst und Enttäuschung in der Vater-Sohn-Beziehung nachweisen; daß bei ihrem Erscheinen zugleich die aggressiven, gegen die Mutter gerichteten Gefühle, Haß ebenso wie Angst, mit abfließen können, ist anzunehmen.

Jacobson hat in differentialdiagnostischer Absicht versucht, einige besondere Merkmale der Manisch-Depressiven (der Melancholiker) und der Depressiv-Schizophrenen herauszuarbeiten, und damit gezeigt, wie schwierig eine klare Unterscheidung zwischen beiden Krankheitsbildern in manchen Fällen ist. Die Grenzfälle, auf die sie hinweist, lassen zumindest vermuten, daß eine strikte Abgrenzung zwischen Melancholie und Schizophrenie in der Behandlungspraxis manchmal dem Patienten nicht zuträglich ist, wenn sie zu einem Entweder-oder-Entscheid für unterschiedliche Therapierung führt. Theoretisch eindeutig ist dagegen die Chronologie der Pathogenese, die dem Melancholiker ein reiferes Entwicklungsstadium für die Wurzeln seiner Krankheit zuweist als dem Schizophrenen. Und das ist insofern bedeutsam, als bei einer psychotischen Regression der Melancholiker nicht so weitreichende Auflösungserscheinungen der konsistenten Ichfunktionen zeigt wie der Schizophrene.

Vor diesem Hintergrund seien in bezug auf die unheimlichen Phantome in Walsers Erzählungen Jacobsons differentialdiagnostische Kriterien für die depressive Schizophrenie und die Melancholie kurz skizziert: Sowohl bei der schizophrenen wie bei der manisch-depressiven Psychose kann der Beginn einer Depression durch leichte Reizbarkeit und aggressives Verhalten gekennzeichnet sein. Jedoch richtet sich die Destruktion des Melancholikers bald gegen ihn selbst, was seinen für ihn charakteristischen Schuldgefühlen entspricht; durch diese Rückwendung der aggressiven Triebe gegen sich selbst schützt der Melancholiker das geliebte Objekt, dessen empfundene Lieblosigkeit zur Ursache seiner Erkrankung wurde. Der depressive Schizophrene dagegen kennt keine Schuldgefühle, er neigt dazu, »vor allem destruktive Triebimpulse gleichzeitig oder im raschen Wechsel in Richtung auf die äußeren Objekte und auf das Selbst abzuführen oder zu entladen«[155]. Die für ihn angezeigte Möglichkeit zur Projektion inneren Erlebens – vor allem des stark triebhaften, aggressiven – auf Objekte der realen Außenwelt, die beim Schizophrenen zu Verfolgungswahn führen kann, hält Jacobson beim Melancholiker nicht für typisch.

Was bedeutet dies nun für Tomzack und die anderen unheimlichen Gesellen, die den Walserschen Protagonisten begegnen? Man könnte sagen, daß sie nach Jacobson als Hinweise auf depressiv-schizoide Tendenzen zu betrachten sind. Oder man könnte sie ihrem Inhalt nach als melancholisch deuten – die Phantome ängstigen die Protagonisten nicht eigentlich, sie sind eher von einer verzweiflungsvollen Traurigkeit gezeichnet, als daß sie Verfolgungsabsichten signalisierten – und davon ausgehen, daß diese melancholischen Inhalte zusammen mit dem unbewältigten ödipalen Vaterbild (in wechselnder Akzentuierung) deshalb projektibel sind, weil unter der aus der unzureichenden Vaterbeziehung hervorgegangenen Melancholie die von der Muttererfahrung herrührende narzißtische Störung eine schizoide Tendenz anzeigt, die dann den generellen Impuls für Projektionen abgibt – wobei die Projektion, ganz allgemein verstanden, ein Ich-Abwehrmechanismus ist, der vom Ich nicht tolerierte Regungen nach außen befördert, damit es dort besser mit ihnen umgehen, sie dort vielleicht bekämpfen kann.[156]

Man sollte aber vielleicht gerade hier über solche psychoanalytischen Erklärungsversuche hinaus eines bedenken: *Tomzack ist nicht das reale Erleben eines wirklichen Patienten, Tomzack und die anderen Unheimlichen sind dichterische Gestaltungen,* die – möglicherweise spielerisch? – den Texten und ihren jeweiligen Helden beigegeben werden, die besondere Aussagen transportieren, welche nur über eine genaue Interpretation der jeweiligen Textstelle im Erzählzusammenhang ermittelt werden können. Tomzack ist also keinesfalls als pathologisches Wahngebilde zu betrachten, sondern immer als poetische Phantasiegestalt, die auch deshalb, weil sie über das Medium des Dichterischen erscheint, jederzeit ganz einfach irgendwo am Weg des Protagonisten zurückgelassen werden kann – was bei Wahngebilden nicht so leicht möglich ist. Deshalb sind psychoanalytische Überlegungen zu den Figuren der Unheimlichen nicht irrelevant; nur darf man dabei nicht vergessen, daß solche Hinweise auf die verschiedenen Theorien der Psychoanalyse unmittelbar nichts über den poetischen Text oder seinen Verfasser aussagen, sondern allenfalls Bereiche einer besonderen geistigen Erfahrung und damit Inhalte von – wie auch immer bearbeiteten – Assoziationen psychologisch mitverstehen oder besser: erahnen lassen. Und letztlich ist ja auch die Fähigkeit zur Projektion das ureigenste Element des Dichterischen überhaupt.

3.5 Zwerg und Riese

Wie bewußt nämlich mit diesen merkwürdigen und/oder furchterregenden Erscheinungen der Unheimlichen und der in ihnen enthaltenen Verbindung von Knabe und Riese gearbeitet wird, davon zeugt z. B. eine Stelle in »Geschwister Tanner«, die den emotionalen Grund solcher Zerrissenheit zwischen den Extremen erkennt:

> »Wenn er Liebe und Zärtlichkeit in sich spürt, ist er beleidigt, und er straft sich unbarmherzig, daß er sich erlaubt hat, ein weiches Gefühl in der Brust gehegt zu haben. So unnatürlich stolz ist er. Kein Mann, sondern eine Mischung von Knabe und Riese. Einen Mann verletzt es nicht, sich von Empfindungen überwältigt zu finden, aber einen Knaben, der mehr sein will als ein aufrichtig fühlender Mann, der ein Riese sein will, der nur stark sein will und nicht auch zuweilen schwach.« (IV, 138)

Der Knabe will ein Riese sein, will stark sein und auch wild und böse. Damit wird genau die Entwicklungsphase bezeichnet, die den normalen Ödipuskonflikt einleitet: der Sohn will den Vater ersetzen (erschlagen), will selber der Gatte seiner Mutter sein. Die Geschichten von den Unheimlichen lassen möglicherweise nachlesen, wohin dieser Wunsch, den Vater zu entmachten, und die Angst vor dem antizipierten Racheakt im Ansatz abgedrängt werden können: dem Bewußtsein verborgen und somit immer unerlöst bleiben die aggressiven Impulse der Vatertötung und die Furcht, vom Vater getötet zu werden, in der Tiefe und Dunkelheit des Unbewußten, aus dem sie von Zeit zu Zeit, wenn »die Wächter« schlafen, geisterhaft emporsteigen, sich so riesenhaft, wie er selbst hat sein wollen, vor dem noch immer kleinen Helden auftürmen und ihn zutiefst erschrecken.

Die Trennung dieser Antipoden durch ein Drittes, das sich entweder gegen den Zusammenprall des Kleinen mit dem Großen oder gegen ihre synthetische Verarbeitung wehrt, wird gelegentlich deutlich ausgesprochen: »Ich bin der Riese, der sich erträgt, der sich die Aufladung der Last, die ich ihm zumute, gefallen läßt, und bin der Knabe, der mit Bällen spielt.« (X, 123) Interessant an dieser Stelle ist, daß die Identität von Knabe und Riese mit dem Ich deutlich wird und zugleich ihre Unvereinbarkeit mit diesem; ich bin der Riese, heißt es, der sich erträgt, aber: ich mute *ihm* die Last (mich) zu, es zu sein, und indem er sich dies gefallen läßt, bin ich ihm überlegen und bin ich zugleich – oder wegen dieser Überlegenheit – der mit den Bällen spielende Knabe. Daß sich in dieser Zwerg-Riese-Spannung das Größen-Selbst und seine melancholische Verkehrung in den Däumlingstraum (Kleinheitsideal) erhält, ist offensichtlich. Daß dabei aber eine gleichsam Regie führende, d. h. Autonomie beanspruchende realitätsnahe und insofern relativ funktionstüchtige Ichinstanz über die beiden Extreme seiner eigenen Rollenmöglichkeiten wacht, läßt erkennen, daß das Spiel mit den Facetten seines Wesens dem Walser-Helden ein *kontrolliertes* ist.

Faßt man die Ergebnisse der bisherigen Überlegungen zur Vaterbeziehung einmal tabellarisch zusammen, so werden die aus dieser resultierenden Spannungen anschaulich (und es ist hierbei zuerst wichtig, das Verwirrende des Gesamteindrucks wahrzunehmen, dann die Zweiteilung des Schemas in eine schmale linke Spalte, die das Bewußtsein beinhaltet, und einen breiten rechten Teil, der das Unbewußte enthält; erst zuletzt wären die Beziehungen zwischen den einzelnen Aspekten zu beachten).

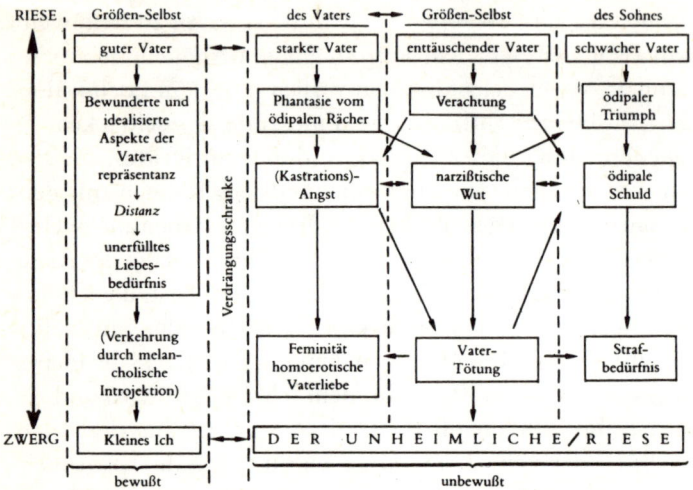

Zweierlei zumindest wird durch diese graphische Darstellung deutlich: erstens beinhaltet das »zugelassene« Bild des Vaters nur einen kleineren Ausschnitt aus den vielfältigen Aspekten der hier beschriebenen Vatererfahrung: den guten, bewunderten, idealisierten, aus der Distanz verehrten Vater, dem gegenüber (nach der melancholischen Verkehrung durch Introjektion) der Sohn sich selbst verkleinert; da der Vater als bewunderter aber auch »stark« sein muß (wobei diese Stärke die skizzierten Konsequenzen androht), bleibt die Grenze zum Bereich des Verdrängten durchlässig; zweitens zeigt sich, daß das Vaterbild beziehungsweise die Vaterbeziehung weitaus widersprüchlicher und spannungsreicher ist als die im Bild des Zirkels vorgestellte Beziehung zur Mutter. Die Spannung zwischen Riese und Zwerg bezieht

126

sich dann einerseits auf das Verhältnis von einem indirekt durch das Größen-Selbst des Vaters gespeisten Größen-Selbst des Sohnes zu seinen Kleinheitsideen als verkehrtes väterliches Introjekt, andererseits auf das Verhältnis zwischen letzterem und der Übermacht des ins Unbewußte Verdrängten. Dabei zeigt sich aber, daß das durch die narzißtische Störung in der besonderen Muttererfahrung bereits geschwächte Ich, das durch die melancholische Identifizierung mit dem enttäuschenden Vater erneut überschattet wurde, offenbar immer noch stark genug ist, den immensen Bereich des konfliktuösen, potentiell Ich-gefährdenden Unbewußten abzuwehren. Bei aller Unzulänglichkeit solcher Schematisierung der für unser Modell konstruierten seelischen Vorgänge läßt sich immerhin ahnen, wie kompliziert es sein muß, über diese verschiedenen Spannungen und Strebungen die Kontrolle zu behalten, zumal wenn man sich hierzu noch den Beziehungszirkel aus der Verpflichtung gegenüber der Mutter hinzudenkt. Es ist unmittelbar einsichtig, daß beide nicht integrierbar sind.

4. Das Gespräch mit den Gegnern

Wenn man so, wie es hier geschehen ist, die Vater-Sohn-Beziehung psycho-logisch konstruiert, dann ist zugleich ersichtlich, daß diese Konstruktion viel weniger eine Rekonstruktion der angenommenen Wirklichkeit als der Versuch einer Ermittlung der auf Teilaspekte dieser Wirklichkeit bezogenen Phantasie ist. D. h., in ›Wirklichkeit‹ mag dieser Vater nicht anders als still, ausweichend, gelassen und freundlich erscheinen. Aber wenn diese Erscheinung psychologisch nicht zum Verhalten der Umgebung paßt, z. B. zu einer fürchterlich stimmungsschwankenden Frau, dann muß ein Kind dafür eine Erklärung finden. Und finden heißt hier: er-finden. In Wirklichkeit ist dieser Sohn ja auch kein ödipaler Sieger und der Vater kein Rächer, in Wirklichkeit verlaufen solche Familienbeziehungen vielleicht unheimlich ruhig und für einen Außenstehenden womöglich recht normal. Aber unausgesprochen ist da die Anbindung an die Mutter, deren Nähe inzestuöse Vorstellungen provoziert, und so wirklichkeitsnah solche Vorstellungen erlebt werden, so konsequent wird auch der als Rächer vorgestellte Vater gefürchtet, der betrogene schuldvoll gemieden, der als stark erlebte geliebt und gefürchtet. Die phantasierte Objektbeziehung des Kindes ist seine Realität, und diese Realität steht in irgendeinem, uns unbekannten Bezug zu seiner konkreten (historischen) Wirklichkeit.

Ausgehend vom phantasierten Bezug zwischen den oszillierenden Aspekten der Selbstrepräsentanz des Kindes und den vielschichtigen Repräsentanzen von Vater und Mutter läßt sich zusammenfassend festhalten: Neben der als archaisch idealisiertes narzißtisches (Übergangs-)Selbst-Objekt fixierten Mutter-Imago wirken im Selbst des Kindes die Aspekte der in ihrem schizoiden Agieren als sadistisch erfahrenen Mutter und befriedigen die masochistischen Strebungen des

Kindes. Außerdem nährt die Mutter durch ihr als fusionierend und tendenziell inzestuös erlebtes Verhalten die sexuellen Omnipotenzphantasien des kleinen Sohnes, d. h., sie trägt zur Fixierung des sexuellen Aspekts seines Größen-Selbst bei, welches jedoch aufgrund der ödipalen Implikationen als abgespalten vom Alltagsbewußtsein dargestellt wurde und deshalb meist nur als dynamisches Moment faßbar werden kann.

Der Vater wird ebenfalls in doppelter Weise erlebt: äußerlich schwach, unfähig, der Frau energisch entgegenzutreten, und innerlich stark, von keinem ihrer Angriffe umzubringen. Entsprechend vielschichtig ist das Bild, das sich der Sohn von ihm und seiner Beziehung zu ihm macht: Unbewußt wird der Vater als ödipaler Verlierer verachtet, als Rächer aber gefürchtet; dabei ist die Furcht eine Ausweitung des Schuldgefühls, die Verachtung eine Folge der Enttäuschung; und als ödipaler (Schein-)Sieger findet das »sexuelle« Größen-Selbst des Sohnes »identifikatorisch« Verstärkung durch das latent vermittelte Größen-Selbst des Vaters. Bewußt bleibt ein Rest der verzweifelten Vater-Verehrung als idealisierte väterliche Objektrepräsentanz bestehen, während gleichzeitig die Enttäuschung am Vater zu einer melancholischen Identifizierung eines Teils des Ich durch introjektive Umkehr des allmächtig gewünschten Großen in das kleine nichtswürdige Ich führt.[157]

Verkürzt könnte man das Ergebnis mit Freud so formulieren: Neben einem Komplex ungelöster Strebungen und Beziehungskonfigurationen besteht eine narzißtische »Identifikation« mit der Mutter und eine melancholische »Identifikation« mit dem Vater. Und die Auswirkungen mehrfacher Identifikationen hat Freud anschaulich so beschrieben:

> »Nehmen diese überhand, werden allzu zahlreich und überstark und miteinander unverträglich, so liegt ein pathologisches Ergebnis nahe. Es kann zu einer Auf-

splitterung des Ichs kommen, indem sich die einzelnen Identifizierungen durch Widerstände gegeneinander abschließen, und vielleicht ist es das Geheimnis der Fälle von sogenannter *multipler Persönlichkeit,* daß die einzelnen Identifizierungen alternierend das Bewußtsein an sich reißen. Auch wenn es nicht so weit kommt, ergibt sich das Thema der Konflikte zwischen den verschiedenen Identifizierungen, in die das Ich auseinanderfährt, Konflikte, die endlich nicht durchwegs als pathologische bezeichnet werden können.«[158]

Karl Abraham[159] hat einen, den psychischen Prozessen in diesem Modellfall sehr ähnlichen Vorgang beschrieben bei der Untersuchung melancholischer Erkrankungen durch zweifache Liebesenttäuschung in der Phase des kindlichen Narzißmus.

»Der Patient, der sich zuvor als Liebling seiner Mutter gefühlt hatte und ihrer Liebe sicher gewesen war, erlitt durch sie eine Enttäuschung, von deren erschütternder Wirkung er sich nur schwer erholen konnte (…), zumal sich auch keine geeignete weibliche Person fand, auf welche die Libido übergehen konnte. Des weiteren aber scheiterte auch der Versuch einer Wendung zum Vater entweder sogleich oder später. In dem Kinde entstand so der *Eindruck des völligen Verlassenseins.*«[160]

Als besonders gravierend wird das traumatisch frustrierende Verhalten der Mutter beschrieben, wenn das Kind sich noch in der narzißtischen Phase, d. h. vor der regulären Ödipussituation befindet. In dem von Abraham untersuchten Fall wurde die Mutter als aktiv, fordernd und zupackend, der Vater als passiv, unentschlossen und im praktischen Leben unbrauchbar beschrieben. Der Sohn fühlte sich darin dem Vater ähnlich und klagte sich derselben Schwächen an, wie sie durch die Mutter am Vater verurteilt worden waren. »So bedeutete also jene Selbstkritik ein abfälliges Urteil der introjizierten Mutter über den introjizierten Vater. Ein lehrreiches Beispiel für den zweiseitigen Introjektionsvorgang!«[161] Der hier von Abraham beschriebene Fall ist der eines Kranken. Dieses Beispiel zu zitieren bedeutet jedoch nicht, Walsers Dichtung für »krank« zu halten, es soll nur das in etwa veranschaulichen, was Freud als multiple Persönlichkeit bezeichnet hat. Der von Abraham beschriebene Kranke war seinen Stimmen hilflos ausgeliefert. Daß dies bezüglich der psychischen Multiplizität, wie sie auch in der Dichtung von Walser gelegentlich deutlich wird, *nicht* der Fall ist, daß es also zwischen seiner Kunst und der Sprache des Pathologischen eine spezifische Differenz gibt und worin diese besteht, soll nun noch angedeutet werden:

Er und sie

Er sowohl wie sie sind allem Anschein nach als kultiviert zu betrachten. Er war weltgewandt, sie ebenfalls, er geistreich, sie nicht minder. Beide stehen, wie man sagen kann, auf den Höhen des Lebens, von den lächelnden Auen überlegener Bildung umgeben. Der Wissensdrang machte beide mit vielerlei Menschen und Gegenden bekannt. Sie siedelten sich bald hier, bald dort an, lernten Sitten, Gegenstände und Zuständlichkeiten aller Art kennen und verhielten sich teils still und zurückhaltend, andernteils beweglich und gesprächig. Am Ufer eines Sees ließ sich die Frau ein Haus bauen und lud ihn, den sie liebte, ein, es sich bei ihr bequem zu machen. Er, der sie seinerseits ebenfalls hoch einschätzte, wußte nicht, ob er ihr Anerbieten annehmen oder ablehnen solle. Anscheinend war er schwankend, tastend, abwägend und sondierte, prüfte gern. Im Grund war sie ähnlich, ich meine, wissend und mit ihrem Geist überall lebend, veranlagt. Sie wohnte mit ihrer Seele anderswo, als wo sie sich körperlich aufhielt. Indem sie ihn liebte, mißfiel ihr diese Tatsache, und daher liebte sie ihn nicht. Mit ihm verhielt sich's ebenso. Ihr angehörend, gehörte er einer andern an. Sie machte ihm, da sie wußte, er sei zweideutig, unzuverlässig, Vorwürfe. Er ersparte ihr seinerseits nicht, was man nicht gern hört und sieht, zarte Szenen. Vor Zartheit wußten sie hie und da nicht, was sie sich sagen sollten. Dann entstand ein Schweigen, das der Unterbrechung bedurfte. Begreiflicherweise waren beide Egoisten, die Unabhängigkeit der Unfreiheit vorziehend. Sie würde ihn nicht gern unfrei gesehen haben. Anhänglichkeit kann lästig sein. Dennoch fand sie ihn lieblos, wenn er sich wegen ihr keine Gedanken machte. Er wieder war froh über ihre Selbständigkeit, die er jedoch nicht umhin konnte zu bemängeln. Beide wünschten Idealgestalten zu sein. In diesem Sinn schrieben beide ein Buch. Das ihrige würde er, und das seinige sie lesen. Sie schrieb weiblich, er männlich, doch das Schreiben tönt an und für sich weich, ist männlich und weiblich zugleich und stammt aus Seelen, die verklärt sind. (XII, 181/2)

Ein Geheimnis des poetischen Reizes in Walsers Dichtung scheint mir darin zu liegen, daß sie die gegensätzlichen Strebungen mütterlicher und väterlicher Provenienz in sich miteinander ins Gespräch bringt. Aber es sprechen da nicht einfach die Stimmen von Vater und Mutter, nein, die Virtuosität seiner poetischen Dialogik aus psychogenetischem Grund liegt in der Mitsprache des Kindes, in der versöhnenden und klärenden Bearbeitung der elterlichen Stimmen durch den still und genau beobachtenden und gezielt eingreifenden Dritten, den Dichter. Er darf und vermag, was dem Patienten nicht mehr gelingt: er vereint, indem er verklärt, ohne die Unterschiede zu verwischen, er zeigt, daß und wie die Gegensätze zusammengehören; es ist das, was als dialektische Bewegung der Gedanken bei Walser immer wieder verwirrt und bezaubert: Durch die Idealisierung, die Überhöhung und Stilisierung der schärfsten Gegensätze bildet sich im kreativen Prozeß des Dichtens, des Komponierens (und im kreativen Prozeß der Rezeption) synthetisch eine neue Sinnebene heraus, die nur prozeßhaft begriffen, die nur durch diese Bewegung entsteht, besteht und rezipiert werden kann. Es ist, als spiele ein Jongleur mit vielen Bällen gleichzeitig: in Ruhestellung sieht man nur die einzelnen in sich abgeschlossenen Elemente dieses Spiels, aber kaum werden sie in Bewegung gesetzt, entstehen große bunte raumfüllende Formen und Figuren, die dann, nach Beendigung des Spiels, kaum in allen Einzelheiten erinnert werden können.

Mag sein, daß ein Dichter, auf den all dieses modellhaft Skizzierte zuträfe, beginnen würde zu schreiben, weil er andernfalls im weitesten Sinne des Wortes krank würde, also um eine Erkrankung abzuwehren. Aber es ist auch möglich, daß er letztlich krank wird, weil er schreibt – wenn er denn überhaupt krank wird, denn dies ist keine zwingende Folge solcher Psychogenese! Freud hat darauf hingewiesen, daß es dem melancholischen Ich möglich ist, nach einer Unzahl von Ambivalenzkämpfen den lange nicht verschmerzten Verlust eines geliebten Objekts zu verwinden.[162] Vielleicht zehrt so ein Dichter lange, sein ganzes Dichterleben lang, von diesem melancholischen Schmerz über die vorenthaltene Vaterliebe, weil er diesen Schmerz immer wieder bearbeiten, d. h. künstlerisch gestalten kann. Aber es ist möglich, daß auch in ihm eines Tages der Vater schreibend »erschlagen« ist, die Sehnsucht nach seiner Liebe erlöscht. Vielleicht – aber das würde sicher ein schwieriges und in seinem Nachweis immer vage bleibendes Unterfangen sein – ließe sich in Walsers Werk eine kontinuierliche Abnahme des von der Vatersuche ausgehenden Impulses nachweisen. Und es wäre vorstellbar, daß mit dem Ruf nach dem Vater auch die Dichterstimme erstirbt.

> »Von Nichts sind wir auch nicht mehr imstande, etwas zu schreiben. Selbst der liebe Gott löste sich aus Gram über seine eigene Zerstörungswut endlich auf, so daß dem Nichts nicht einmal mehr der es bestimmende, färbende Charakter blieb.« (I, 131)

Im Rahmen der psychoanalytischen Theorie Freuds ist es denkbar, daß das Ende einer Melancholie den Anfang einer akuten Schizophrenie einleitet durch das plötzlich freiwerdende Libidopotential, d. h. durch eine Steigerung der freien Libido, »die zu gewaltig ist, als daß sie auf den bereits eröffneten Wegen Erledigung finden könnte, und die darum an der schwachen Stelle des Baues den Damm durchbricht.«[163] Die schwache Stelle im Seelengebäude eines Kindes von schizophrenogener Mutter liegt aber in der allerersten Etappe psychosexueller Entwicklung, »in dem Stück zwischen Autoerotismus, Narzißmus und Homosexualität«[164], und eine Fixierung auf dieser frühen Stufe der Psychogenese nahm Freud auch für die Schizophrenie an. Sollte also der melancholisch geliebte Vater, dieses standhafte Bollwerk gegen die schizoiden Überfälle der Mutter, den Ambivalenzkämpfen einmal erlegen sein, dann hätten sich am Ende wirklich zwei arge Feinde gegenübergestanden: die gefräßige Mutter und der wütende Riese.

Teil II

Die Flucht vor der Angst

Zur Phänomenologie des Grenzgängers

> »Er lebte mehr im Geiste als in der
> Welt; er lebte ein doppeltes Leben.«
> (III, 110)

1. Der »Grenzgänger« – ein Strukturtypus

Walsers Helden, schrieb Walter Benjamin 1929, seien »Figuren, die den Wahnsinn hinter sich haben«[165]. Was das für ein
Wahnsinn gewesen sein könnte, wurde in Teil I dargestellt.
Gewiß, man kann sagen, sie haben den Wahnsinn hinter sich
und sind insofern Entkommene. Aber allen Schrecken hinter
sich wissen, das heißt auch: allen Schrecken *in* sich tragen,
und es ist dieses Entsetzliche in ihrem Innern, das die Entflo-
henen zu endlos Fliehenden macht. Die Spur dieser Flucht-
wege ist die Spur des Grenzgängers, die durch einige tausend
Seiten wunderschöner Walser-Dichtung führt. Man darf
also, meine ich, *nicht* sagen, Walsers Lieben seien »alle geheilt«[166].
Pathologisch ist diese Dichtung deshalb noch lange nicht!
Und pathologisch muß auch das Verhalten und Befinden
desjenigen nicht zwangsläufig werden, der in Verhältnissen
wie den in Teil I – wohlbemerkt: modellhaft – dargestellten
aufwächst. Zu viele in ihrer Bedeutung und Wirkung nicht
abschätzbare und zu viele unbekannte Faktoren sind an der
psychischen Entwicklung beteiligt, zu ungeklärt ist »die
Wirksamkeit der konstitutionellen und der akzidentiellen
Faktoren in ihrem Verhältnis zueinander[167], als daß die Konstruktion einer bestimmten Familienstruktur bereits die alles
umfassenden Prämissen für nur noch eine Conclusio – das
wäre etwa eine Retortenpsyche – liefern könnte. Allerdings
bleibt zu erwarten, daß das im Rahmen solcher Familienver-
hältnisse heranwachsende Kind eine gewisse Präformierung

der Art und Richtung seines Fühlens und Denkens erfährt, mithin seiner Verhaltensweisen, wobei die dadurch entstehende Determinante eher einen negativen Bereich ausgrenzt, als daß sie den positiven Bereich der Entwicklungs-Möglichkeiten eingrenzen würde. Psychologisch gesehen besteht z. B. eine bestimmte Bereitschaft für Angstreaktionen in den immer gleichen – traumatisch besetzten – Situationen, so daß sich diese bis zu einem gewissen Grad vorhersehen lassen. Das Bündel solcher in den immer gleichen Situationen immer gleichstrukturierter Reaktionen macht einen Typus aus, hier: den »Phänotypus« des Verhaltens (zuvor: sein »Genotypus«); und das Bestimmen eines solchen Typus bedeutet eine Orientierungshilfe – nicht mehr, aber auch nicht weniger.

Die Zweckmäßigkeit, für ein Walser-Verständnis aus psychologischer Sicht einen solchen strukturellen Verhaltenstypus auszumachen, liegt darin begründet, daß es unmöglich ist, jeden einzelnen Text psychoanalytisch zu entschlüsseln, und daß der Versuch, die Nützlichkeit des im ersten Teil erarbeiteten Modells an jedem Prosatext nachweisen zu wollen, weder dem Walser-Verständnis förderlich wäre, noch dem heuristischen Wert der Modell-Konstruktion entsprechen würde. Die Aufgabe besteht jetzt darin, Tendenzen des Verhaltens in ihrem strukturellen Zusammenhang herauszuarbeiten, die auf der Grundlage der vorgestellten Psychogenese verstanden werden können. Waren also die Überlegungen im ersten Teil vorwiegend analytisch, so werden die folgenden sich bemühen, weitgehend deskriptiv zu bleiben. Der Blick, der zuerst den Anfang einer Psychogenese erfassen wollte, soll jetzt hauptsächlich auf das Erscheinungsbild der daraus erwachsenen Psyche gerichtet werden.

»Grenzgänger« soll die im Modell »Kind« (Sohn) genannte Figur heißen, deren »Entwicklungsgeschichte« etwa wie beschrieben vorgestellt werden kann. Welches das theoreti-

sche Minimum an Folgeschäden einer solchen Kindheitsgeschichte ist, läßt sich nun einerseits aus dem Modell der
Psychogenese ableiten, andererseits aus Walsers Dichtung
selbst herauslesen durch Beobachtung der darin deutlich erkennbaren psychischen Strukturmerkmale. Selbstverständlich ist nicht davon auszugehen, daß ein Autor sein Leben
lang nichts weiter als seine problematische Vater- und Mutter-Erfahrung gestaltet; aber die *generelle Antwort* auf solche
Kindheitsprägung, die, wenn sie sich ausspricht, Lebensan-
schauung heißt, wenn sie dies nicht tut, durch eine bestimmte Verhaltensweise, die Lebensweise, erkennbar ist,
diese Antwort ist beteiligt an der Textgestalt – sie umfaßt
den phänomenologischen Bereich des Strukturtypus
»Grenzgänger«.

1.1 Das szenische Verstehen

Natürlich ist die Ermittlung eines Strukturtypus verbunden
mit einer radikalen Reduktion des dichterischen Vorgangs
auf den Niederschlag des Immerwiederkehrenden, so daß die
Fülle der den einzelnen poetischen Text ausmachenden Variationen, das je Besondere darin nicht ausgewiesen werden
können. Ein solches Verfahren wird bekanntlich auch von
nicht primär psychoanalytisch interessierten Literaturwissen-
schaftlern angewandt und führt in vielen Fällen zu aufschluß-
reichen Ergebnissen: die in einem Werk durch Wiederholung
und Ähnlichkeit auffallenden Motive, Personengruppierun-
gen und Situationskomplexe sowie die Art ihrer Darstellung
und Kommentierung werden als die für den Autor charakteristischen zusammengetragen und bilden so eine Art Typologie als »heuristisches Hilfsmittel, das auf phänomenologi-
schem Wege gewonnen wird«[168]. Diese Typologie erlaubt
dann durch Integration in ein besonderes (z. B. psychologisches, soziologisches oder anderes) System die Konstruktion

einer Grundform unter spezieller Perspektive, welche ihrerseits wiederum den Blick schärft für die mannigfaltigen Abweichungen von dieser. Die dabei zu durchlaufende Denkbewegung ist also eine dialektische insofern, als eine Fülle von Details durch den Eindruck der Ähnlichkeit, verbunden mit einem theoretischen Konzept (z. B. der Psychologie), einen ersten Entwurf der Grundform ermöglicht, welche ihrerseits als das einfache, reduzierte Muster genau den Hintergrund abgibt, vor dem die Einzelphänomene in ihrer ganzen Verschiedenheit erst sichtbar werden, was wiederum zu einer Korrektur der Grundform führt, indem die nun deutlicher wahrgenommenen Verschiedenheiten auf neue Gemeinsamkeiten aufmerksam machen usw. usw. Ihre operationelle Zweckmäßigkeit begrenzt allerdings das Ausdifferenzieren der Merkmale in einer solchen Grundform, weil sie andernfalls wieder aufginge in der unendlichen Vielfalt der Einzelerscheinungen.

Dieses Vorgehen des Literaturwissenschaftlers, das man mit von Matt auch als »den wiederholten Zirkelgang von Einfühlung und Rationalisierung des Erspürten und neuer Einfühlung von der so erreichten Ebene aus«[169] charakterisieren kann, läßt sich nun direkt parallelisieren mit der Arbeitsweise des Psychoanalytikers, wie sie Alfred Lorenzer in »Sprachzerstörung und Rekonstruktion« beschreibt. Danach gruppiert sich das in der Analysestunde vom Patienten präsentierte »Rohmaterial« zu szenischen Arrangements, in denen sich die Objektbeziehungen des Subjekts darstellen. Unabhängig davon, ob das Mitgeteilte ein vergangenes, erinnertes Erlebnis, eine aktuell durchlebte Situation oder einen Vorstellungsinhalt betrifft, immer äußert es sich in Form einer Szene, deren bestimmte, unveränderliche Anordnung durch die »Gesetzlichkeit von Interaktionsmustern«[170] strukturiert ist. In diesen Interaktionsmustern zeigt sich aufgrund des von Freud erkannten Wiederholungszwangs der in den für den Analysanden spezifischen Beziehungssituationen wirksame Trieb, der »mit dem gleichen dramatischen Muster, demselben dramatischen Entwurf in tausenderlei Verkleidungen«[171] auftritt. Und dieser in den Interaktionsmustern erkennbare Trieb entstammt genau der infantilen Situation der Objektbeziehung, die einst zu seiner Verdrängung geführt hat. Eine besondere Bedeutung erhalten daher in der psychoanalytischen Stunde die Phantasien, denn:

> »Es ist keine Phantasie denkbar, die nicht dieses Wesensmerkmal der Inszenierung hat. In der Phantasie wird der Trieb deshalb sichtbar, weil er sich hier in einer Objektsituation darstellen kann. Man kann Freuds Bemerkung, daß der Trieb nur in der Vorstellung faßbar ist, so variieren: Triebe sind nur erlebbar in den (in der Realität oder Phantasie inszenierten) Objektbeziehungen, d. h. in einem realen oder phantasierten *Spiel mit dem Objekt*. Die Vorstellungen sind als Darstellung der Beziehungssituation zu verstehen. Was immer der Patient berichtet, die Bedeutung, die in dieser Mitteilung verstanden werden will, ist die Situation, in der eine Trieberfüllung inszeniert ist, eine bewußte oder unbewußte Situation, die Wiederholung einer erlebten oder die Erdichtung einer ersehnten Szene.«[172]

Dabei zielt das »szenische Verstehen«, das Lorenzer als ein »Verstehen in kleinen Schritten«[173] beschreibt, auf die »Restitution einer dem Bewußtsein des Patienten nicht mehr zugänglichen Szene«[174], der historischen Originalszene – Lorenzer wählt für sie den Begriff »Situation« –, die durch den Vorgang der Verdrängung und aller damit etablierten Abwehrmanöver zerschlagen und dem Bewußtsein in ihren verpönten Inhalten nicht mehr zugänglich, als dynamisches Moment aber weiterhin wirksam ist. Gelingt es also über die Perzeption einer Vielzahl von szenischen Varianten das komplette Interaktionsmuster der Originalszene, d. h. also der konkreten historischen »Situation«, zu rekonstruieren, dann fallen im »Originalvorfall (...) Interaktionsmuster und

Interaktion zusammen. An dieser (um es nochmals zu betonen) historisch korrekten Stelle wird der Sinn der Interaktion mit realer Interaktion verknüpft erfahren, wobei das
Zusammenstimmen von Szene und Situation evident erlebt
wird.«[175]

Damit wird nun unmittelbar einsichtig, daß die von Lorenzer
als kritisch-hermeneutisches Verfahren verstandene Psychoanalyse[176] in ihrer konkreten Arbeit am Patienten einen
Schritt weiter geht, als das in der Absicht des psychoanalytisch interessierten Literaturwissenschaftlers liegen kann.
Der Psychoanalytiker versucht, auf die *Veränderung* einer
neurotisch verstellten Lebenspraxis hinzuwirken. Der Literaturwissenschaftler dagegen möchte nur *erkennen,* welcher
Art die Szenen sind, die die kreative Phantasie des Autors
produziert, und welche Interaktionsmuster diesen Szenen
zugrunde liegen. Denn nicht zuletzt ist er selbst als Leser
schon in eine »Objektbeziehung« mit dem Text verstrickt,
was für ihn sowohl die Notwendigkeit als auch überhaupt
erst die Möglichkeit bedeutet, einen Text, seine besondere
Sprache (Stil, Form und Inhalt) und seine Mitteilung zu verstehen. Dabei erfolgt »die Sicherung der Verständnisbrücke
im Besitz von gemeinsamen Strukturen, hier den überein-
stimmenden Interaktionsmustern bei Analytiker und Analysand«[177], in unserem Fall bei Rezipient und Werk.

Wenn wir also davon ausgehen, daß das szenische Verstehen
des Psychoanalytikers »strukturell auch den frühen noch
nicht bewußten und den nicht mehr bewußtseinsfähigen,
d. h. unbewußten Grundelementen von Denken und Handeln«[178] entspricht, dann bedeutet das hier analog dazu, daß
die Konstruktion eines strukturellen Verhaltenstypus, wie er
in dieser Arbeit unter dem Namen »Grenzgänger« eingeführt
werden soll, gründet auf den spezifischen Interaktionsmustern, die sich in den fortgesetzten Variationen der Dichtung
jeweils in Form einer zu verstehenden Szene zeigen und im
wesentlichen genau den frühen Erfahrungen entsprechen

müßten, die in Teil I als Modell einer Psychogenese vorgestellt wurden. Kurz: der »Grenzgänger« repräsentiert ein bestimmtes Interaktionsmuster, sein Verhaltensbereich ist die
Szene, und das szenische Verständnis ermittelt die Struktur
des Interaktionsmusters, dessen Psychogenese bereits dargestellt wurde.

Und für die Arbeit am Text bedeutet das: Wenn z. B. für die
Namen Jakob, Simon, Ich oder andere der Name »Grenzgänger« eingesetzt wird, dann soll damit nur die diesen Figuren strukturelle Gemeinsamkeit betont werden, nicht aber
kann alles, was diese Figuren eben zu Jakob, Simon, Ich oder
anderen macht, darin einbeschlossen sein. Und das erklärt
zugleich, daß und warum dieser Typus nur ex negativo beschrieben werden kann: Wollte man versuchen, den positiven Bereich seiner Möglichkeiten einzufangen oder nur
anzudeuten, würde man diesen Typus unwillkürlich einer
unzulässigen Beschränkung unterwerfen; hingegen kann
ziemlich genau der Bereich erfaßt werden, der von diesem
Typus ausgegrenzt wird. Das Gesetz nennt nur das Verbot,
über das Erlaubte sagt es nichts. Zu wissen, was dem Grenzgänger unmöglich ist, bedeutet dann allenfalls zu ahnen, was
alles ihm möglich ist.

1.2 Der Erwartungshorizont

In psychologischer Hinsicht wird dieser Negativbereich nun
am umfassendsten durch die Zonen der Angst ermittelt[179].
Diese für das allgemeine Verhalten aus den bisherigen Ar-
beitsergebnissen zu ermitteln, ist durchaus nicht einfach. Das
liegt unter anderem daran, daß psychoanalytische Theorien
sich intensiver mit den Ursachen und Folgen einer psychischen Problematik beschäftigt haben als mit der Beschreibung ihrer vielfältigen oberflächlichen und oft versteckten
Symptome, solange sie noch als relativ normal zu bezeichnen

sind. Immerhin lassen sich aus der bereits skizzierten Theorie einige Vermutungen ableiten:

Die geringste Folge solcher Elternerfahrung wird eine grundsätzliche Vorsicht, eine Tendenz zur Zurückhaltung in der Begegnung mit den Menschen sein sowie eine Hypersensibilität für Dissonanzen und Ablehnung aufgrund einer leichten narzißtischen Verwundbarkeit. Die Angst vor negativen Erfahrungen wird ein Zurückweichen vor menschlicher Nähe, zumindest aber innere Verschlossenheit bewirken[180]. Liebesbeziehungen, die auf Hingabebereitschaft und dem Wunsch nach Vereinigung gründen, sind von daher weniger zu erwarten. Es besteht allerdings, wie gezeigt wurde, aufgrund einer idealisierten Mutter-Imago ein gewisses Verehrungsbedürfnis, vor allem Frauen gegenüber. Diese haben aber die Funktion, bewundert zu werden, d. h., sie werden auf ein Podest gestellt und sind daher – auch erotisch – unerreichbar. Dieses Verehrungsbedürfnis ist gekoppelt an ein Unterwerfungsvermögen, jedenfalls den idealisierten Gestalten gegenüber. Wenn ein archaisches Größen-Selbst konserviert ist, dann liegt auch in der Unterwerfung noch Größe, d. h., es besteht die Tendenz zur Doppelrolle. Rollenspiel und Rollenwechsel sind auch in der nach Freud beschriebenen multiplen Persönlichkeit angelegt. Die beiden Hauptrollen einer solchen Persönlichkeit lassen sich aus dem durch die besondere Mutter- und Vatererfahrung entstandenen Interaktionsmuster ableiten. Grob schematisiert und auf die Extreme verkürzt, entstehen sie als Reaktion auf erstens die Angst von der fusionierenden Mutter verschlungen zu werden, und zweitens auf die Sehnsucht nach einem liebenden Vater. Im erotischen Bereich wird das zu größerer Toleranz dem männlichen Geschlecht gegenüber führen. Generell wird das unerfüllte Sehnen nach der väterlichen Liebe eine Bewegung auf die Menschen zu begründen. Die Erfahrung mütterlicher Überfremdung setzt dem die Fluchtbewegung entgegen. Zwischen diesen antagonistischen Strebungen hin- und herpendelnd entsteht die Dauerbewegung als psychologische Notwendigkeit. Das bedeutet zugleich, daß jeglicher Versuch einer Festlegung in jeder Hinsicht angstauslösend ist. Festlegung als Problem ist vielleicht der allgemeine Nenner dieser Kindheitserfahrung: sie drückt sich aus in der Angst vor Bindung an Menschen, Berufe, Orte und in der Angst, erkannt und auf einen Standpunkt fixiert zu werden. Dieser Angst steht das Bedürfnis nach Liebe, Verständnis und Zugehörigkeit entgegen und die Angst, immer heimatlos, unverstanden, ungeliebt zu sein.

Die hier aufgezeigten Verhaltenstendenzen bilden einen ungefähren Erwartungshorizont als psychologische Konsequenz aus dem Komplex der beschriebenen Kindheitserfahrungen. Auf das Werk bezogen unterstreichen sie bereits einige Erfahrungen, die man beim Lesen von Walsers Dichtung gemacht hat. Anschaulicher noch läßt sich das Phänomen »Angst« begreifen nach Riemann[181], dessen Beschreibung und Klassifizierung von vier Grundformen der Angst sich deshalb so gut für eine Charakterisierung des Grenzgängers eignet, weil Riemann – bis auf wenige Ausnahmen – aus der Perspektive des Betrachters die Ängste schildert, eines Betrachters allerdings, der durch langjährige Beobachtung einen geschulten Blick hat und auch weiß, was ungefähr sich während des Angsterlebnisses im Bewußtsein des Ängstlichen abspielt. Er unterscheidet die Ängste von vier verschiedenen Persönlichkeitstypen: der schizoiden, der depressiven, der zwanghaften und der hysterischen Persönlichkeit. Diese vier Persönlichkeitstypen sind nicht als pathologische, sondern als »normale« und tendenziell neurotische vorgestellt. Bei der Beschreibung der Angsttypen wird dann deutlich, wie fließend der Übergang vom Normalverhalten über das neurotische bis zum psychotischen ist. Die relativ normale Persönlichkeit ist nach Riemann zumeist ein Mischtyp, der mindestens zwei und bis zu allen vier Formen der Angst kennt und erlebt – was dann bewirkt, daß sich bei ihm die jeweiligen Angstantagonismen gegenseitig etwas neutralisieren. Gegentypus für die zwanghafte Persönlichkeit ist die hysterische, für die schizoide ist es die depressive Persönlichkeit – und nur letztere beide Formen der Angst sind hier interessant.

1.2.1 *Der schizoide Typus*

Das Grundproblem des schizoiden Charakters ist nach Riemann die »Angst vor Hingabe«, weshalb sein Impuls auf »Selbstbewahrung und Ich-Abgrenzung« ausgerichtet ist. Das bedeutet, daß er »so unabhängig und autark wie möglich« sein muß, weshalb er sorgfältig auf Distanz zu seinen Mitmenschen achtet. »Wird diese Distanz überschritten, empfindet er das als Bedrohung seines Lebensraumes.«[182] Seine »Angst vor mitmenschlicher Nähe« produziert den Wunsch nach »Anonymität« als »Schutzhaltung« – und »Enttäuschungsprophylaxe«. »Am liebsten hätte er die Tarnkappe des Märchens verfügbar, unter deren Schutz er unerkannt am Leben der anderen teilnehmen«[183] kann. »Man kann sie (die schizoiden Persönlichkeiten, CSH) lange kennen, ohne sie wirklich zu kennen, (...) je näher sie uns gerade gekommen waren, um so schroffer wenden sie sich plötzlich von uns ab«[184]. Die Folge dieser Angst vor Nähe ist wachsende Isolation und Einsamkeit, mit der der Schizoide aber meist besser zurechtkommt als andere. Da ihm Erfahrung im Umgang mit den Menschen fehlt, »weiß er nie recht, was im anderen vorgeht. (...) Daher ist er auf Vermuten und Wähnen angewiesen (...) und (...) zutiefst unsicher, (...) ob seine Wahrnehmungen nur seine Einbildung und Projektion, oder aber Wirklichkeit sind.«[185] »Er weiß nie genau, (...) ob das, was er fühlt, wahrnimmt, denkt oder sich vorstellt, nur in ihm selbst existiert, oder auch draußen.«[186] Er hat das Gefühl einer »tiefen Ungeborgenheit«. So kommt es, daß er sich in der Liebe meist »nur auf unverbindliche, leicht zu lösende, oder auf rein sexuelle Beziehungen einläßt, in denen er die Sexualität von seinem Gefühlsleben gleichsam abspaltet«[187]. Die aber auch in ihm vorhandene »Sehnsucht nach Hingabe (…) staut sich durch die Unterdrückung auf und verstärkt die Angst, so daß Hingabe dann nur noch als völliges Sichausliefern, als Ich-Aufgabe und Verschlungenwerden vom Du vorgestellt werden kann. Dadurch kommt es zu einer Dämonisierung des Partners«[188]. Der schizoide Mensch bevorzugt das »geschwisterlich-kameradschaftliche« Verhältnis zum anderen Geschlecht. »Das einzige, was dem schizoiden Menschen wirklich gehört und ihm einigermaßen vertraut ist, ist er selbst; daher seine Empfindlichkeit gegen wirkliche oder vermeintliche Gefährdung seiner Integrität, gegen Übergriffe und ihn überfremdende Einbrüche in seine Distanz, die er braucht, um seinen Halt an sich selbst nicht zu verlieren.«[189] Jeder Angriff auf diese Distanz bewirkt bei ihm ein »reflexhaftes sich Zusammenziehen, sich Zurücknehmen von der Welt«[190]. Diese fortgesetzte Weltferne führt zu einem Vorgang, der als »Objektverlust« bezeichnet und als »Weltuntergangserlebnis« beschrieben wird: »riesige Sandwüsten« oder »öde Schneelandschaften« tauchen in den Träumen dieser Weltabgewandten auf. »In ihrem Verhältnis zur Religion sind sie meist Skeptiker«, und wenn sie glauben, dann ist es »kein Glaube an einen persönlichen liebenden Gott«[191]. Das Alter mit seiner naturgemäß sich vergrößernden Isolierung ertragen sie gelassen und »fürchten auch den Tod weniger, nehmen ihn als Faktum unsentimental und stoisch hin. Da sie nicht so viel in die Welt und in die Menschen investiert haben, haben sie auch weniger zu verlieren und aufzugeben; sie hängen an nichts besonders stark, nicht einmal an sich selbst, und können daher leichter loslassen.«[192] Sie bevorzugen »Berufe, die mit viel Einsamkeit verbunden sind«. »Geniale Menschen entwickeln sich manchmal auf solchem Hintergrund, im Annehmen des Gefühls totalen In-Frage-gestellt-

Seins.«[193] In der Kunst versuchen sie, »ihre komplizierten Innenerlebnisse zu gestalten. (...) Ihr Stil ist meist eigenwillig, unkonventionell, jedenfalls originell, manchmal zukunftweisend. (...) Sie erfassen oft psychologisch-atmosphärische Dinge, deuten Unsagbares an und ragen in Bezirke, die von anderen nicht gesehen oder gemieden werden, so daß ihre Werke unser Wissen vom Menschen vertiefen können. Sie sind selten zu ihren Lebzeiten populär.«[194]

1.2.2 Der depressive Typus

Die depressive Persönlichkeit ist das Komplement der schizoiden. Ihre Hauptangst ist nach Riemann das »Herausfallen aus der Geborgenheit«, d. h. »ein eigenständiges Ich zu werden«. Im Gegensatz zum Schizoiden quält den Depressiven die trennende Kluft zwischen Ich und Du, »erlebt er jede Distanz, jede Entfernung und Trennung von einem Partner mit Angst« – es ist die Angst vor dem »Alleingelassenwerden, Verlassenwerden, und das kann ihn in tiefe Depressionen bis zur Verzweiflung führen.«[195] Diese bei ihm dominierende Verlustangst ist die »Kehrseite der Ich-Schwäche«, die auch der Grund für sein »geringes Selbstwertgefühl« ist. Deshalb begibt er sich gern in Abhängigkeit, denn »Abhängigkeit scheint ihm (...) Sicherheit zu geben. (...) Gebrauchtwerden verspricht (...) eine gewisse Garantie (...), nicht verlassen zu werden.«[196] Er »befleißigt sich daher aller altruistischen Tugenden: Bescheidenheit, Verzichtsbereitschaft, Friedfertigkeit, Selbstlosigkeit, Mitgefühl und Mitleid«[197] und kann sich leicht unterordnen. Seine Aggressionen kann der Depressive nicht ausleben, da dies seine Verlustangst erhöhen würde. Er entwickelt deshalb eine »Ideologie der Friedfertigkeit (...). Dann nimmt man Gelegenheiten zur Aggression und diese selbst nicht mehr wahr, in und außer sich. Wo man sich durchsetzen, sich auseinandersetzen sollte, wo man sich

148

eigentlich wehren müßte, entschärft man die Situation, indem man sie umdeutet und verharmlost«[198]. Die dennoch vorhandenen Aggressionen können sich in der Folge solcher Friedfertigkeitsideologie gegen ihn selbst richten – wie es beim Melancholiker der Fall ist. In der Beziehung zum Mitmenschen kann sich die »Identifikationsbereitschaft« der Depressiven »bis zu medialer Einfühlung steigern«; sie »versetzen sich in die Situation des anderen«, und das ermöglicht ihnen ein »tiefes Fremdverständnis«; aber der Depressive bleibt »gleichsam in der Identifikation stecken«, und »wenn er sich für alles verantwortlich fühlt, so (...) aus fehlender Ich-Stärke, die ihn mehr in anderen leben läßt, als in sich selbst«[199]. Der Depressive hat zutiefst das Gefühl, »nicht liebenswert zu sein«, und ist »so daran gewöhnt, sich zurückzustellen, keine Ansprüche zu haben, daß es (das depressive Kind, CSH) auch später immer auf andere ausgerichtet ist und deren Forderungen und Erwartungen zu erfüllen bemüht ist«[200]. Weil er zur Befriedigung seiner Bedürfnisse keine Aktivität zu entfalten wagt, begibt sich der Depressive auch gern in die Rolle des Hilfsbedürftigen, des Armen, des Kindes: »armes Kind – liebes Kind«. Er ist »stark im Ertragen und Verzichten«, scheut aber den Kontakt mit vielen Personen, weil er unmöglich alle ihre Forderungen zugleich erfüllen könnte. Das erlebte Liebesdefizit sublimiert er in helfenden Tätigkeiten, aufopfernder Nächstenliebe und karitativen Berufen. Nimmt das Gefühl, nicht genügen zu können, überhand, kann es zu einer »Ablehnung aller Forderungen«, zu zunehmender »Indifferenz, Gleichgültigkeit und Apathie« kommen; er zieht dann seine »Gefühlsanteilnahme von der Welt zurück«, weil er weiteren Frustrationen nicht gewachsen wäre; sein »Sich-aus-der-Wirklichkeit-Nehmen« ist Ausdruck für den Wunsch, »in das Ungeborensein« zurückzufallen; »in der Religion zieht sie (die Depressiven, CSH) die Erlösungsidee, die Erlösung vom Leiden und die Vergebung der Schuld am stärksten an. Ihre Sehnsucht geht oft auf mystische Erlebnisse der Allverbundenheit.«[201] »Den Tod erlebt er (der Depressive, CSH) am ehesten als Erlösung, und die Demut des Sterbens findet man hier am häufigsten. (...) So hat er zum Schicksal oft eine hinnehmende Einstellung, in der reifsten Form etwa im Sinne des amor fati.«[202] Gegen die Schwere des Lebens entwickeln Depressive als Gegengewicht »Humor – etwa im Sinne des ›Humor ist, wenn man trotzdem lacht‹, (...) sie stellen ihr Licht eher unter den Scheffel, so daß man sie ›entdecken‹ muß. Sie sind oft die stillen Wasser, die tief sind.«[203]

1.2.3 *Zur Metaphorik des »Grenzgängers«*

Die Literatur über Robert Walser mag in der Interpretation seiner Dichtung auf das »Einerseits-Andererseits« nicht verzichten, und das Berücksichtigen der Gegensätze ist ja bei Walser selbst angelegt. Wo Freud und Leid so nah beieinanderstehen, wo der poetische Reiz gerade in der dialektischen Bewegung des Gedankens haust[204], wo sich die Kraft zeigt, die Spannung zwischen den Gegensätzen auszuhalten, da trifft eine Deutung, die auf den Satz den puren Gegensatz folgen läßt und beides affirmiert, gewiß ein wesentliches Element. Ungenau kann eine so versuchte Deutung dann werden, wenn aus der Beachtung des Gegensätzlichen ein hilfloses Hin- und Herschwanken entsteht. Unentschiedenheit ist nun aber nicht der Grund dafür, daß der Grenzgänger mit Riemann sowohl als schizoider wie auch als depressiver Angsttypus charakterisiert wurde, obwohl beide in einem antagonistischen Bezug zueinander stehen. Wie nämlich diese gegensätzlichen Strebungen in *einer* neuen Verhaltensform, *einem* Interaktionsmuster zusammenfließen, das den über das szenische Verstehen zu erfassenden »Grenzgänger« ausmacht, soll in diesem zweiten Teil der Arbeit gezeigt werden. Zuvor aber und über alle psychologische Ermittlung hinweg möchte ich ihn noch beschreibend vorstellen.

Der Grenzgänger – das ist einer, der unterwegs ist; allein und der Gefahr ausgesetzt, liebt er das Leben, das nur als gewagtes ihm fühlbar wird. Er ist ein Abenteurer, der die Freiheit braucht, und auf seine Weise ein Weltreisender, der vielem begegnet und alles zurückläßt. Immer fort und fort auf der Suche nach Heimat erobert er fremde Territorien, um sie als vertraute zu meiden; seine Lust ist der Grenzübertritt, der ständige Wechsel, sein Ort das verbotene, sein Ziel das gelobte Land, nach dem sich zu sehnen er niemals müde wird. Immer von den Menschen weg geht er seinen Weg hin zu den Menschen, denen er als Fremder nur nah sein kann. Hoch über ihren Plätzen spannt er sein Seil und lädt sie ein, über ihn zu lachen. Mit Tanz und Pantomime erobert er ihre Herzen. Zauberei und Akrobatik entstehen mit tollkühner Leichtigkeit auf dem dünnen Faden seines Glücks. Kein Netz gibt ihm Sicherheit, es sei denn das Gewebe seiner Kunst, alle Freuden und Ängste miteinander zu verknüpfen. Sein Abschied ist ein schwindelerregender Salto mortale, nach dem er nicht mehr gesehen wird, denn fein ist sein Verschwinden und seine Rückkehr ungewiß.

»Ja, sein Lebenswandel ist wie ein Traum und seine Erscheinung ist wie ein Rätsel. Immer dicht vor dem Sturze stehend sind ihm die äußeren Erfolge wie Liebkosungen, die man satt hat und die Mißerfolge wie Streiche, die nicht treffen. Da er das Edle und Schöne nur im Ganzen erblickt, so lebt er auch gleich in das Ganze hinein. Wollte er Vorsichtsmaßregeln anwenden, so würde er in jedem Sinne verunglücken, starr werden für immer; daher sieht man ihn scherzen mit seiner Existenz und spielen mit seinen Gefühlen. (...) Wie? Wenn ihn der Reiz nicht mehr reizt? Was dann? Wer, wer hilft ihm, zu erglühen? Den Übergang finden ins Unermessene? Das Kleinste mit dem Größesten zu verbinden?« (VIII, 57)

Der Typus, von dem hier die Rede ist, soll also als Strukturträger begriffen werden, der einen erkenn- und beschreibbaren Verhaltensbereich repräsentiert, er ist somit ein Konstrukt, eine theoretische Figur in einem Modell, die *so* bei Walser nicht vorkommt und doch als der einfache oder Grundvorgang der Interaktion in seiner Dichtung erscheint. Diesen Typus mit dem metaphorischen Namen »Grenzgänger« zu umkleiden scheint mir sinnvoll, damit eine mit seiner Hilfe zustande kommende Deutung beweglich bleibt, d. h. sie kann, wenn »der Grenzgänger« als Vorstellung präsent ist, nicht zu eng gefaßt, nicht zu einseitig, gleichsam statisch gesehen werden, so daß der Trugschluß, mit einem Terminus technicus wie z. B. »schizoid-depressiv« bereits alles verstanden zu haben, was gemeint und der Fall sei, verhindert wird.[205] Zudem scheint mir als Verständnishilfe ein Name, der ein »bewegtes Bild«, eine gewissermaßen »lebendige« Erscheinung ausdrückt, einer Walser-Lektüre eher angemessen als ein starrer Wissenschaftsbegriff.

2. Arbeit als Spiel

Das Thema Arbeit unter psychologischen Gesichtspunkten zu betrachten bedeutet hier, seine soziale und politische Dimension zu vernachlässigen. Es geht auch nicht darum, das Wesen der Arbeit im Sinne von Selbstentfremdungs- oder Selbstverwirklichungsaspekten bei Walser zu untersuchen, obwohl dies alles in seiner Dichtung z. B. als Kritik an den sozialen Mißständen und hierarchischen Strukturen enthalten ist. Das Feld der Arbeit wird hier untersucht als Ort der Begegnung, der reglementierten Beziehung zwischen dem Strukturtypus »Grenzgänger« und seiner Umwelt. Die Frage ist also nicht: Wie sind die Verhältnisse beschaffen, in denen der Grenzgänger arbeitet? sondern: Wie verhält sich der Grenzgänger zu und in seiner jeweiligen Arbeitsstelle? Und da die Rolle des Dieners bei Walser eine ganz bevorzugte ist, sei nun eine solche Dienerrolle beobachtet im Hinblick auf die soeben aufgezeigten strukturellen Verhaltensweisen.

2.1 Diener und Herrin

Bei der Auswahl einer in ihrem Verlauf zu verfolgenden Dienerstellung habe ich mich für eine relativ kurze, in sich geschlossene Episode in »Geschwister Tanner« (11. und 12. Kapitel) entschieden. Das 11. Kapitel beginnt mit der Ankunft Simons »in der großen Stadt, die er vor ungefähr drei Monaten verlassen hatte«(IV, 180), um bei seiner Schwester eine relativ glückliche Zeit auf dem Land zu verbringen. Das depressive Geborgenheitsbedürfnis ist dort befriedigt worden und hat für beide den Abschied auf eine natürliche Weise notwendig gemacht. Die große (eigentlich vertraute) Stadt ist nun der weite Raum der Freiheit und Ungewißheit, das ersehnte und zugleich etwas gefürchtete Neue. »Simon zitterte, als er aus dem Wagen ausstieg, er war *hungrig, steif, matt, traurig* und *mutlos* und konnte eine gewisse *Beklemmung* nicht loswerden. (…) Er gab (…) sein Gepäck am Gepäckschalter ab und *verlor sich unter die Menschen.* So wie er *freie Bewegung* bekam, *fühlte er sich auch sofort besser*« (IV, 180). Diese drei Sätze zeigen den Stimmungsumschwung an: die depressive Angst vor der Verlorenheit in der Menge verkehrt sich in die schizoide Lust an der Anonymität in der Masse, an der Freiheit in der Ungebundenheit. Simon stillt nun seinen Hunger »in einem jener seltsamen Volkslokale« (IV, 180) und »nahm sich vor, jetzt nicht mehr an das Land zurückzudenken, sondern sich *an die neue Welt zu gewöhnen.*« (IV, 181) Dennoch hält ihn weiterhin gefühlsmäßig fest, was er dort so sorglos hatte genießen können. Während er sich durch das Beobachten der Stadtmenschen von seinem Gefühl der Einsamkeit abzulenken versucht, bedrängt ihn das Bedürfnis, »einen von ihnen *aufzuhalten* und ihn mit den Worten *anzureden*: Wohin so schnell? Aber er hatte doch nicht den Mut zu einer so *törichten* Handlung. *Er fühlte sich wohl, sonst aber ein wenig matt und gespannt. Eine kleine nicht zu verhehlende Trauer hielt ihn gefangen*« (IV, 181/82). Simon, der sich als »Landmensch« in einer auffallenden Weise anders als all die Städter um sich herum wähnt, ist bemüht, sich der neuen Umgebung anzupassen. »Er mochte nicht auffallen und es tat ihm wohl, zu bemerken, daß er weiter keinem Menschen durch sein Betragen auffiel.« (IV, 182) Einerseits ist es sein Bedürfnis, jemanden anzuhalten, sich bemerkbar und damit auffallend zu machen, andererseits ist er froh, *nicht* aufzufallen, unbeachtet zu bleiben; wobei die Ängstlichkeit, unter all den beschäftigten Menschen jemandem aufzufallen, ein wenig übertrieben anmutet und dann die folgende Begegnung herbeiführt:

> »Plötzlich hörte er sich von jemand angesprochen. Er drehte sich um und erblickte eine Dame, die ihn *aufforderte*, ein Paket, das sie ihm hinstreckte, bis in ihr Haus

zu tragen. Es war keine besonders schöne Dame, aber in diesem Augenblick hatte Simon sich nicht lange zu besinnen, ob sie schön war oder nicht, sondern hatte, *wie ihm eine innere Stimme zurief*, ihrer Aufforderung lebhaft nachzukommen.« (IV, 183)

Im Zustand der existentiellen Ungewißheit, die überzugleiten droht in tiefe Verlorenheit und Mutlosigkeit, kommt die Rettung von außen: eine Frau fordert ihn auf, ihr zu helfen. Und Simon beeilt sich, dieser Forderung nachzukommen – ohne sich lange zu besinnen, es ist die »innere Stimme«, nicht die »äußere« der Frau, die ihn zur Hilfeleistung veranlaßt. Das Gefühl, gebraucht zu werden, gibt dem Depressiven Sicherheit. Simon nimmt das Paket, »das gar nicht schwer war« (IV, 183) (!) und folgt der Frau, die, »ohne sich nur einmal nach dem jungen Mann umzudrehen«, zu einem »wie es schien, prachtvollen Hause« geht, wo sie ihm »befahl«, mit ihr hinaufzukommen (IV, 183). Schon zu diesem frühen Zeitpunkt ist deutlich, daß nicht Zuwendung, sondern Distanz das Verhältnis zwischen der Frau und Simon bestimmt, und das ist auch die einzige Möglichkeit für Simon, im weiteren überhaupt in ein Verhältnis der Abhängigkeit zu ihr einzutreten. Jedenfalls »sah er keinen Grund, warum er nicht hätte gehorchen sollen. Mit *dieser* Dame in *deren* Haus zu gehen, das war etwas *ganz Natürliches,* und der Stimme der Dame *zu gehorchen war seiner Lage, die ihm nichts vorschrieb, durchaus angemessen.*« (IV, 183) Das Zimmer, das die Frau nun betritt, schien ihm sogleich »ein prächtiges Zimmer« zu sein, und als sie, die sich inzwischen gesetzt hat, den »vor ihr Stehenden« fragt, »ob er sich entschließen könne, bei ihr in Dienste zu treten« (IV, 183), ist Simons Antwort ein schlichtes »›Warum nicht‹«. Die Frau hat ganz richtig erkannt, Simon ist einer, »der froh ist, *irgendwo unterzukommen*« (IV, 184), womit nämlich die Situation für den Depressiven gerettet ist: in Dienste genommen zu werden, das entspricht seinem Bedürfnis nach Abhängigkeit, Unterordnung und Hilfsbereitschaft und hebt somit sein Gefühl der Verlassenheit auf. Zugleich scheint diese Frau eine kleine Tyrannin zu sein, sie befiehlt ihm, ein gar nicht schweres Paket für sie zu tragen, und behandelt ihn dabei wie einen Nichtswürdigen. Genau dieses Verhalten aber muß dem Grenzgänger aus seiner Erfahrung mit der Mutter äußerst vertraut sein, mit solchen Frauen kennt er sich sozusagen aus. D. h. also: er begibt sich in die *Abhängigkeit* einer *fremden* Frau, deren Verhalten ihm *vertraut* ist. Wie verträgt sich nun aber solche Selbstanbindung mit den Unabhängigkeitsstrebungen des schizoiden Typus?

Hier nun hat Walser eine für seine Figuren ganz unverwechselbare Haltung beschrieben: Der »äußere Mensch« begibt sich in Abhängigkeit, und zwar in eine solche, die dem »inneren Menschen« erlaubt, frei zu bleiben. Das geht etwa so: die Dame fragt Simon nach seinem Vorleben, und Simon erfindet ihr eine schöne Geschichte. Er behauptet nämlich, bislang nur von einem kleinen elterlichen Vermögen gelebt und niemals für nötig gefunden zu haben zu arbeiten. Soeben aber habe er sein Geld bis auf den letzten Heller verzehrt, was seine Absicht, in Dienste zu treten, plausibel macht. Gleichzeitig benennt er den Vorgang und weist auf den Charakter der Beziehung zwischen ihm und ihr hin: »›Sie werden *befremdend* (sic!) auf eine solche Aussage *herabblicken, aber, sollte ich Ihnen eine Unwahrheit berichten?*‹« (IV, 184) Der Leser weiß, es ist eine Unwahrheit. Die Wahrheit oder Unwahrheit des darauf folgenden Satzes hängt dann allerdings an einem einzigen Wörtchen: »ich habe bis jetzt noch keinem Menschen auf der Welt einen einigermaßen *bemerkenswerten* Dienst erwiesen.« (IV, 184) Es ist nicht definitiv entscheidbar, ob das die Fortsetzung seiner für die Frau erfundenen Lügengeschichte ist, ob es ironisch gemeint ist oder vom Standpunkt des Melancholikers aus als wahr empfunden wird, noch keinem Menschen der Welt einen einigermaßen *bemerkenswerten* Dienst geleistet zu haben.

Nicht zufällig stellt sich Simon seiner neuen Herrin gegenüber in diesem Lichte dar. Er hat sofort erkannt: sie gehört »zu der Sorte von Weibern, an denen das Hervorstechende und Markante das Bürgerliche ist« (IV, 207). Entsprechend fällt nun auch ihre Entrüstung aus: » ›Wie konnten Sie so liederlich leben?‹ « (IV, 184). Unabhängig davon, ob Simon selbst sein Leben als liederlich beurteilt, in seinem Spiel mit der neuen Herrin hat er nun Gewißheit, daß er ihre Reaktionen manipulieren kann: sein bewußt eingesetztes Verhalten provoziert genau die von ihm erwartete Antwort. Das bedeutet, daß diese Frau ihm – zumindest vorerst – nicht gefährlich werden kann; er hat eine gewisse Sicherheit bezüglich ihres Verhaltens gewonnen. Außerdem hat er sich, wie seine Vorstellung und ihre Reaktion darauf zeigen, die Tarnkappe mit Erfolg überziehen können. Das schizoide Bedürfnis nach dem Unerkanntbleiben ist zufriedengestellt zugleich mit dem depressiven Wunsch, irgendwo hinzugehören. Sein Anerbieten, daß sie ihn nach Belieben behandeln und erziehen solle, reizt seine Herrin ebenso wie seine Versicherung, er werde ihre »Interessen natürlich streng beobachten; denn in einem solchen Falle hätte ich dann keine andern Interessen mehr, als die Ihrigen, die die meinen wären. Meine eigenen Interessen! Wo wäre ich je dazu gekommen, eigene Interessen zu haben! Wann hätte ich je eigene ernstliche Angelegenheiten gehabt. (...) In fremden Interessen würde ich aufgehen, es versteht sich von selber; denn wer keine eigenen Ziele hat, lebt eben für die Zwecke, Interessen und Absichten anderer.« (IV, 185)[206]

Sie darf sich also als seine Erzieherin fühlen und zugleich sich schmeicheln, daß er gewissermaßen nur noch für sie lebe. Das muß für eine Frau ihres Schlages verlockend sein. Das gezielte Verhalten Simons bezweckt die Stimulierung des Herrschaftsbedürfnisses der Frau, und somit zielt sein Verhalten darauf ab, sie für sich zu gewinnen, *sie an sich zu binden.* Man sieht: der Vorgang des In-Dienste-Tretens ist äußerst komplex und vielschichtig:

Während sich Simon äußerlich in die Dienste, d. h. Abhängigkeit von einer fremden Frau begibt, hat er sie innert kürzester Zeit so fein ausgeforscht, daß er erstens der Distanz zwischen sich und ihr einigermaßen sicher sein kann bei zweitens einem relativ hohen Grad an typmäßiger Vertrautheit mit ihrem Verhalten, wodurch es ihm drittens möglich ist, ihre Reaktionen zu manipulieren, d. h. Regisseur in diesem Herrin-Diener-Spiel zu sein und viertens das Abhängigkeitsverhältnis, in dem er sich der Form nach ihr gegenüber befindet, umzukehren in eine für sie nahezu unbemerkbare wesentliche Abhängigkeit von ihm und seinen Regieanweisungen. Daß dies alles in der ersten Begegnung zwischen Simon und der Herrin geschieht, wird auch nicht durch seine zur Schau gestellte Gleichgültigkeit (»Warum nicht?«) widerlegt. Gleichgültigkeit, offene Bescheidenheit oder sogar Ablehnung führen oft schneller zum angestrebten Ziel, indem sie zum Widerspruch des Gegenübers herausfordern – die Einmietung Simons bei Klara ist dafür ein schönes Beispiel.

Wenn Simon behauptet, hinfort nur noch die Interessen seiner Herrin kennen zu wollen, dann darf man dies natürlich nicht für platterdings bare Münze nehmen. Abgesehen vom gerade dargestellten Zweck, den dies Versprechen bei der Steuerung seiner Beziehung zur Herrin erfüllt, ist es auf zweifachem Seelengrund verwurzelt: einerseits bezeichnet es die charakteristische Ich-Schwäche des Depressiven, der sich zur Stabilisierung seines Selbst an andere und deren Wünsche in inferiorer Position anlehnen möchte, andererseits ironisiert es solches Verhalten und ist somit typisch für das Distanzierungs- und Selbstdistanzierungsbedürfnis des Schizoiden – Ironie ist ja immer Mittel und Ausdruck der Distanznahme. Und das macht auch die Lust an der Dienerrolle aus, daß sie *in einem* die tatsächliche, d. h. faktische Selbstunterwerfung unter den (die) scheinbar überlegene(n) Herrn (Herrin) erlaubt und vorführt, bei gleichzeitiger Ironisierung des eigenen Verhaltens und Verspottung eben dieses Herrn (dieser Herrin) aus innerer Überlegenheit. Unter dieser Perspektive läßt sich nun alles weitere in seinem Zusammenhang verstehen: die etwas hochmütige Herrin und der aufräumende, abkehrende, abbürstende, abwischende, abputzende Diener; wunderschön ist hier die Beschreibung des Tischdeckens, welches besorgt wird mit der Gewissenhaftigkeit eines Chirurgen, der über Leben und Tod zu entscheiden hat, oder derjenigen eines Beamten, dem seine Dienstvorschriften noch neu sind (IV, 197). Wie der Begriff »Herrin« zu gewichten ist, verdeutlicht nochmals die Darstellung des Dienstmädchens als »Herrin in der Küche« (IV, 187).

Nebst einfachen Hausarbeiten hat Simon den kleinen kranken Sohn seiner Herrin zu waschen, anzukleiden, mit Essen zu versorgen, ihm vorzulesen, seinen Schlaf zu bewachen und ihn in einem Wagen auszufahren. Die Pflege dieses hilfsbedürftigen Kindes könnte nun ja den innersten Nerv des in aufopferungsvoller Hingabe sich beglückenden Depressiven treffen. Hier aber ist vor allzu großer Gefühligkeit ein schwerer Riegel geschoben: Simon begegnet diesem »kleinen *Herrn*« nämlich so: »Es war ein blasser, hübscher, wenngleich *von der Krankheit entstellter Knabe,* der seine Augen *kalt* auf diejenigen Simons richtete, ohne etwas zu sprechen. Man ahnte, *daß er nicht sprechen,* vielleicht etwa nur lallen konnte, wenn man seinen Mund ansah, der *unbehilflich* in dem Gesicht lag, *als gehörte er gar nicht dazu,* als klebe er dort nur an und sei nicht immer dagewesen.« (IV, 187) Seine Hände hingegen schienen »die ganze schöne Last weinender Trauer zu tragen« (IV, 187). Kalte Augen (Mutter-Erfahrung) und ein stummer Mund (Vater-Erfahrung), daneben die schönen Hände, die diese »ganze schöne Last weinender Trauer« (des Kindes) tragen – bei einer derart komprimierten Wahrnehmung, ja Verkörperung der eigenen leidvollen Kindheitserfahrung können die Reaktionen des Grenzgängers unmöglich nur der einen, depressiven Seite seines Wesens entsprechen: jedes Überhandnehmen von Gefühligkeiten muß vielmehr sorgfältig vermieden werden – und findet auch nicht statt. Bemerkenswert im Verhältnis Simons zu seiner Herrin ist seine Lust am Tadel, sein Wunsch nach einer Ohrfeige. Früh am Morgen überrascht ihn die Frau »mit einem strengen Blick« (!) (IV, 189) in der Küche, wo er mit dem Polieren ihrer Schuhe und den dazu passenden Gedanken beschäftigt ist. »Simon beeilte sich, ihr guten Tag zu sagen, worauf sie nur mit ihrem Kopf nickte. Simon fand das allerliebst, ja entzükkend, sich guten Morgen sagen zu lassen und nur so mit dem Kopf zu nicken als Erwiderung, als wolle man sagen: ja, lieber Bursche, ja, ich danke dir, ich habe es gehört, es war sehr nett gesagt, es hat mir gefallen!« (IV, 189) Diese schiere Unhöflichkeit findet Simon »allerliebst, ja entzückend«; entlarvender läßt sich ein Verhalten, das hoheitsvoll scheinen will, kaum bestätigen; und entzückend ist auch, daß sie die »Herrinnen-Rolle« so perfekt spielt, nämlich mit »falscher Hoheit«: d. h., die Perfektion ihres Spiels dieser Rolle liegt gerade in der ungewollten Darstellung der Schwächen der Herrschaftsausübung.

Und es geht gleich weiter mit dieser schiefen Herrscherwürde: »›Sie müssen meine Schuhe besser putzen, Simon‹« (IV, 189), sagt jetzt die Frau, und diese Schuhe sind dabei so sauber, daß es »eigentlich nichts daran zu säubern« (IV, 189) gibt. »Simon war sehr glücklich über ihren Tadel. Wie oft, wenn er durch *heiße, verbrannte, menschenleere* Gassen geschlendert, absichtslos herumgewandert war, *empfand er in seinem Herzen Sehnsucht nach einem bösen, bissigen Tadel,* nach einem *Schimpfwort,* nach einem *Fluch* und *beleidigenden Ausruf, nur um die Gewißheit zu haben, nicht ganz allein, nicht ganz ohne Teilnahme zu sein,* und wenn die Teilnahme auch eine rohe und verneinende gewesen wäre.« (IV, 190) Da sind die Stichwörter: Menschenleere, heiße Sehnsucht, das ist Einsamkeit, die den brennenden Wunsch nach Teilnahme heraufzwingt, nach überhaupt einer Empfindung, und sei es eine der Beleidigung (= Unterordnung), nach direkter Ansprache, sei es Tadel, Schimpfwort oder Fluch, »nur um die Gewißheit zu haben, nicht ganz allein, nicht ganz ohne Teilnahme zu sein«. Tadel, womöglich gar eine Ohrfeige, etwa eine »klatschende Ohrfeige ins Gesicht: ich möchte alle Küsse, die ich noch erwarten darf, dafür weggeben« (IV, 209) – einerseits wird dieser Wunsch als »eine echt bourgeoise Empfindung« bezeichnet, als »Sehnsucht nach dem Weit-Zurückliegenden (...) an eine vielleicht noch frühere Zeit, als die Kindheit ist« (IV, 209), eine Empfindung, die »Scham und Wut« – das sind die typischen Empfindungen narzißtisch Gestörter[207] – mischt, und »das treibt zu Höherem, das reizt zu Taten« (IV, 208).

Andererseits: »›wie *bindet mich das an sie,* wie sehr *verbindet* und *verknüpft* und *fesselt* es, man fühlt solch einen Tadel wie eine kleine, gar nicht sehr schmerzende Ohrfeige (...). Heute morgen bereits einen lieben Tadel geerntet‹, dachte Simon, und weiter: ›wie angenehm ist es, der Getadelte zu sein, es ist gewissermaßen ein reiferer, *überlegener* Zustand.‹« (IV, 190) Simon »fühlte: Nun erst bin ich der Diener dieser Frau; denn sie tadelt mich, weil sie ein Recht in sich fühlt (...) ein Diener gehört einem« (IV, 191).

Ungewollt bindet der Tadelnde durch eine Rüge – erst recht durch eine Ohrfeige – den Getadelten an sich. Entscheidend für des Grenzgängers stete Lust am Tadel ist, daß der Tadel nie etwas Ernstzunehmendes, wirklich Wichtiges betreffen darf, d. h., er darf nicht zu einer narzißtischen Kränkung führen. Sofern es sich beim Anlaß des Tadels um Lappalien handelt, ist die Überlegenheit des Getadelten gesichert, und es steht ihm frei, als Getadelter den Gekränkten oder Reumütigen oder Aufmüpfigen zu spielen. Für die Ermöglichung dieses Spiels ist der Diener seiner Herrin dankbar. »Im Lobe ist mehr Zudringlichkeit, als im Tadel«, heißt es bei Nietzsche[208], und dies meint das Moment der Distanz: Während der Lobende mit seinem Lob ausdrückt: ich verstehe dich, und ich kann dich beurteilen, sagt der Tadelnde: ich bin anders als du, und mein Recht, dir das zu sagen, ist unabhängig von deinem Recht, nicht gekränkt zu werden; darin wurzelt also ebenfalls die Lust am Tadel, die somit die Vereinigung zweier Gegensätze ist: die Anbindung, die durch eine Distanzierung entsteht.

Nebenbei wird da noch eine Art Besitztheorie formuliert, die auf folgenden Tatbestand aufmerksam macht: Im Tadel distanziert sich die Frau von dem, was ihr erst dadurch gehört, daß sie sich von ihm distanziert. (In diesem Fall ist das der Diener – so jedenfalls interpretiert es dieser.) D. h. aber: Nicht nur ist Besitz dadurch definiert, daß man sich von ihm trennen *kann* – was man nicht besitzt, kann man auch nicht weggeben –, sondern Besitz wird definiert durch seine Negation: erst wenn man etwas weggibt, kann man es mit Bewußtsein besitzen. »In starkem Grad besitzt einer nur, was ihm fehlt, da er's suchen muß.« (X, 409)[209]

Ein Spiel wird gespielt. Auch die Frau spielt eine Rolle, sie gibt sich hochmütig, aber sie »ist doch nur ein gutes, sanftes Weib, ich weiß es, und das ist die Schurkerei an der Sache: daß ich es weiß.« (I, 208) Also beide spielen eine Rolle, beide wissen nun darum, d. h. Simon weiß es von Anfang an, die Frau bemerkt erst später, daß sie durch sein unterwürfiges Verhalten in ihre Herrinnenrolle hineingedrängt wird. Simon steuert dieses Spiel, ist gleichzeitig Regisseur und Hauptdarsteller. Das ist als Vorgang die vollkommene Distanzierung von der eigenen Unterwerfungslust, die gleichzeitige Befriedigung der Bedürfnisse nach Abhängigkeit und Unabhängigkeit.

Einmal läßt die Frau eine Porzellanplatte fallen. Simon, der den Knall im Flur gehört hat, öffnet die Tür seines Zimmers, um nachzuschauen. Als sie bemerkt, daß Simon sie beobachtet, »verwandelt sich sogleich ihr betrübtes Gesicht in ein zürnendes und anklagendes« (IV, 202), und sie befiehlt Simon, die Scherben einzusammeln. Simon tut, wie ihm befohlen, und dabei finden sich in ihm Gedanken ein von schönster depressiver Einfühlsamkeit und auch sadistisch-masochistischer Lust.

»›Verzeih mir, daß ich gerade dastehen mußte, um zu sehen, daß du dich ungeschickt benommen hast. Ich begreife deinen Zorn. Ich bekenne mich schuldig, die Platte, die du hast fallengelassen, zerbrochen zu haben. Ich habe sie zerbrochen. Wie muß es dir doch weh tun. Eine so schöne Platte. Gewiß war sie dir lieb. Du tust mir leid. (...) Ich lese absichtlich langsam zusammen. Versetzt es dich nicht in neuen Zorn, dies bemerken zu müssen? Es macht mir Spaß, der Übeltäter zu sein. Du gefällst mir, wenn du mir zürnst. (...) Du mußt einige Achtung vor mir haben, da es dich kränken kann, wenn du dich vor mir blamierst. Du Hohe vor mir Niedrigem. Wie entzückend zornig befahlst du mir, die Scherben zusammenzulesen. Und ich beeile mich damit gar nicht; denn ich möchte, daß du recht ärgerlich und böse würdest, weil ich so lange bei den Scherben verweile, die mir doch sagen müssen, wie ungeschickt du warst, die es dir auch sagen müssen.‹« (IV, 202)

Es mischen sich da die Freude, helfen zu können, und die Lust, mit dieser Hilfe zu kränken. Und es wird gesagt: in dem Maße, wie einer vom anderen kränkbar ist, hat er auch Achtung vor diesem, will man also die Achtung des anderen erringen, muß man ihn kränken. Die sadistische Lust ist die einer Selbstaufwertung. Die Schwäche der ihre Untergebenen kränkenden Herrscher wird offenbar durch ihr Bedürfnis, sie zu kränken, weil anders sie ihrer Achtung nicht sicher sind. Die schizophrenogene Mutter kränkt das Kind, weil anders sie nicht sicher sein kann, ein achtbarer Mensch zu sein. Und das Kind achtet die Mutter eben um dieser ihrer schwachen Selbstachtung willen, indem es von dieser narzißtischen Ich-Schwäche der Mutter fortgesetzt selber narzißtisch gekränkt wird. Der Grenzgänger rächt sich für diese früh erfahrene Kränkung, indem er sich diese Art der Achtungs-Beschaffung zu eigen macht. Jetzt kann Simon seine Herrin achten, weil sie versucht, ihn zu kränken (hoheitsvoll tönende Befehle), wodurch er erst in die Lage versetzt wird, sie zurückkränkend ihre Achtung und damit Selbstachtung zu gewinnen. So kompliziert dieser psychische Vorgang zu sein scheint, so stellt er doch den direkten Weg zu einer Erringung von Selbstachtung dar.

Simon denkt: »›Es muß jetzt eine Mischung von seltsamen Empfindungen in dir sein: Scham, Schmerz, Zorn, Ärger, Gleichmut, Gereiztheit, Gelassenheit, Überraschung und Hoheit und so viel kleines, nebenherschleichendes Unsagbares, das der Moment wegnimmt, ehe man es nur recht hat empfinden können‹« (IV, 203). Aber gefühlvoll wird diese Stelle deswegen keinen Augenblick, sie ist vielmehr, was die Rolle der Herrin anbelangt, von Anfang an komisch, ohne daß dieses Komische, das den »Unfall« einleitet, dazu da wäre, die Herrin lächerlich zu machen. Es fängt nämlich so an: »Sie hatte die Platte mit einem Stück Torte drauf vom Eisschrank weg in ihr Zimmer tragen wollen und dieselbe fallen lassen, sie konnte selber nicht sagen, wie.« (IV, 201) Da ist also nicht nur die Platte, sondern auch die Torte futsch, und an diesem Tortenstück, das sie vielleicht liebevoll auf die Platte drapiert und zum Verspeisen ins Zimmer hatte bringen wollen (um die Situation noch ein wenig auszuspinnen: das Wasser mag ihr schon im Munde zusammengelaufen sein), an diesem Tortenstück hängt ein guter Teil des Witzes und der Raffinesse dieser Episode. Denn die Torte verweist auf den lüsternen, appetitlichen Menschen, auch das betrübte Gesicht ist unmittelbar menschlich, d. h. echt – kaum aber tritt Simon hinzu, meint die enttäuschte Frau sich in eine strenge hoheitsvolle Gebieterin verwandeln zu müssen. Und *Simon weiß das.* In dieser Situation stecken zwei gegenläufige Aussagen: erstens wird das Menschliche der Herrin durch das Lächerliche der Begebenheit offenbar – und zugleich wird dieses Menschliche schonend verhüllt durch das Betonen des für den Bereich reiner Menschlichkeit vollkommen gleichgültigen Hierarchieverhältnisses; zweitens wird das Lächerliche einer Herrscherposition, die *nicht* auf Menschlichkeit gegründet ist, deutlich; damit ist das vom Menschlichen ausgehende Lächerliche auf die Herrscherrolle hinübergewechselt. Darin liegt auch die subversive Kraft der Dienerrolle, daß sie die großen Herrscher als von Geringem beherrscht vorführt und zu Fall bringt.

Kann es nicht immer so weitergehen? Innen keck und außen gehorsam? Die Verhältnisse ändern sich und komplizieren die Beziehung zwischen Simon und seiner »Beherrscherin«. Es beginnt mit der Lesung: Die Frau und der Sohn haben Simon eine Stunde lang andächtig zugehört. »Simon, dessen Wangen *hochrot vor Bewegung* glühten, fand es schön, daß man ihm dankte.« (IV, 201) So schlicht es vermerkt ist: er fand es schön, daß man ihm dankte, so prall drängt doch das dahinter aufkeimende Gefühl, wenn seine »Wangen hochrot vor Bewegung glühten«. Mehr braucht da nicht gesagt zu werden, und es ist auch schon das Äußerste an möglicher Empfindsamkeit. Der Umschlag erfolgt denn auch sogleich: Obwohl es der Frau »nicht lieb« ist, wenn Simon raucht, *raucht* Simon, » ›muß ihr denn alles lieb an mir sein? Das Rauchen gebe ich nicht auf. Nein! Zum Teufel nein! Und wenn zwanzig Damen kämen und eine nach der anderen es mir verböten.‹ Er war wütend, aber er wurde sofort wieder sanft und sprach zu sich: ›Ich hätte die Zigarette wegwerfen sollen; das war unverschämt!‹« (IV, 201) Nach dieser Überlegung zerbricht die Frau die Tortenplatte und gibt damit Simon Gelegenheit, das Diener-Herrin-Verhältnis äußerlich wieder zu stabilisieren und sich für Nähe und Bevormundung zu rächen. – Das während der Lesung entstandene Gefühl von freundlicher Gemeinsamkeit ist durch den kurzen Akt der Rebellion (das Weiterrauchen) und den anschließend ermöglichten Dienst (das Niederknien vor der Herrin und das Scherbenaufsammeln) »gesühnt«, d. h. wieder in die nötige Distanz und damit Ordnung gebracht worden.

Was er aber nicht verhindern kann, ist die zwangsläufig sich einstellende größere Nähe durch Gewöhnung, durch das

Kennenlernen des Verhaltens des anderen und durch gemeinsame Erlebnisse. Für den schizoiden Charakter ist die sich anbahnende Nähe angstauslösend: das Tarnkappenspiel ist zu Ende, wenn es (zum ersten Mal) durchschaut wird: als Simon seine Herrin bittet, den »unziemlich« gegen sie verfaßten Brief, den er in ihrer unmittelbaren Nähe geschrieben hat (wieder: Zusammenspiel von Nähe und Distanz), zu lesen, lehnt sie *lächelnd* ab; sie hat in diesem Moment aufgehört oder vergessen, die hochmütige Herrin zu spielen, und auch Simon hatte während der Schilderung seiner Freundschaftsgefühle für Kaspar »vergessen«, die echten Empfindungen hinter erfundenen zu verbergen – auch daß es sich nicht um einen Freund, sondern um den Bruder handelt, hat er freimütig zugegeben. Vergessen oder vom Mitteilungs- und Annäherungsbedürfnis hingerissen oder vom Wunsch getrieben, das Verlassen dieses Dienerverhältnisses mit Notwendigkeit herbeizuführen – [»Ich wollte, ich könnte Gelegenheit haben, etwas zu verüben, das dich veranlassen würde, mich zum Teufel zu jagen.« (IV, 203)] –, jedenfalls haben ihn seine aufrichtigen Mitteilungen in zu große Nähe zu seiner Herrin gebracht. Mitleid, das, was ihn »für immer« Kaspar verbindet, empfindet er auch nicht dieser Frau gegenüber. Das Ende seiner Dienerschaft ist abzusehen und hat sich bei Beginn des nächsten Kapitels auch bereits vollzogen.

2.2 Die Eroberung der Selbstgewißheit

Es gibt, meine ich, spezifische Differenzen im Verhältnis des Grenzgängers zu Herrinnen einerseits, Beherrschern andererseits: Das Verhältnis zur Frau ist meist übersichtlicher, weil es im wesentlichen auf einen Aspekt (die schizophrenogene oder: die widersprüchliche, herrschsüchtige Mutter) zurückführbar ist; problematisch wird es allerdings sofort, wenn es erotische Züge annimmt. Deshalb muß eine Herrin in einem distanzierten Verhältnis zum Grenzgänger stehen, was zugleich mit seiner – wenn auch nur gespielten – Unterwürfigkeit die Erhöhung der Stellung der Frau ermöglicht und damit seinem Verehrungsbedürfnis entspricht. Dennoch läßt sich beobachten, daß gegenüber der Herrin die Gefahr, unterlegen zu sein, seltener deutlich wird, als dies im Verhältnis Herr–Knecht (Diener) der Fall ist. Neben dem Bedürfnis, eine idealisierte Frau zu verehren (verkappter erotischer Bezug), steht dasjenige, sich an einer ihn beherrschenden Frau zu rächen. Da der Typus der herrschsüchtigen Frau ihm vertraut ist (fusionierende Mutter), gelingt es dem Grenzgänger, sie bis an den Punkt zu treiben, der ihre Ohnmacht offenbar werden läßt. In der Kränkung der Herrin findet das gekränkte Gemüt des einstigen Kindes Genugtuung. Die dadurch gewonnene *Selbstachtung* ist allerdings immer nur eine momentane und läßt sich genausowenig stabilisieren, wie es dem Grenzgänger möglich wäre, in einer Dauerstellung zu verharren.

Im Verhältnis zu einem Beherrscher müssen sehr viel komplizitere psychische Strebungen miteinander verbunden und bewältigt werden. Zunächst steht es unter dem Zwang, den unerreichbaren Potentaten gewinnen, seine Achtung und Zuneigung erkämpfen zu müssen. Zugleich aber erfährt diese melancholische Liebessehnsucht durch das Sieg-Sühne-Ritual einen sadistisch-masochistischen Zug, dem zeitweise aufgrund der Angst vor der potentiellen Rache des Rivalen und aufgrund der reaktivierbaren Wut über die enttäuschende Schwäche des Vaters etwas Gewaltsames anhaftet. Diese verschiedenartigen Erfahrungsmuster im Umgang mit einem überlegenen, mächtigen Mann führen oft zu einer Dramatisierung der Verhältnisse zwischen Grenzgänger und Herrscher. Dies um so mehr, als der Grenzgänger ein vitales Interesse daran haben muß, die Beziehung zu seinem Herrn so weit zu entwickeln, daß sie ihm die Versöhnung mit dem geschwächten Mächtigen erlaubt und ihm somit zu einem positiven *Selbstwertgefühl* verhilft. Daß ein solches Stadium im Verhältnis zwischen Diener und Herr, sofern es erreicht wird, unmittelbar überleitet ins Aus, d. h. zu einem erneuten Anfang aller Bemühungen, liegt darin begründet, daß der Melancholiker keine stabilen libidinösen Besetzungen der Selbst- und Objektrepräsentanzen zustande bringt, weil die Eroberung des Mächtigen zwar zu einer Aufwertung der Selbstrepräsentanz führt, zugleich aber das Liebesobjekt auf eine unerträgliche Weise entwertet, so daß der Rückfluß an libidinöser Besetzung von der Selbst- auf die Objektrepräsentanz den Entmachteten wieder zu einem unerreichbar Mächtigen, den Sieger wieder zum kleinen Nichtswürdigen degradiert – weshalb das geliebte Objekt (der Vater) am besten auf Distanz zu halten ist[210]. Oder, metaphorisch gesprochen: Es kann zu keiner dauerhaften Freundschaft zwischen dem Herrscher – als Vaterrepräsentanten – und dem Beherrschten kommen, weil die Verletzungen der Kindheit nicht durch ein einmalig und verspätet aufgetragenes Pflaster heilen können, sie haben gewissermaßen eine Resistenz gegen Sofortheilung herausgebildet; oder mit Freud gesehen, bedeutet dies: daß das melancholisch introjizierte Objekt nur über eine Unzahl von Ambivalenzkämpfen erledigt werden kann.

In diesem Sinne läßt sich überhaupt das unermüdliche Streben nach immer neuen Herren und Herrinnen verstehen: Beide sind auf unterschiedliche Weise die idealisierten Adressaten der erotischen und Selbstbehauptungs-Strebungen des Grenzgängers; und in der Begegnung, in Spiel und Kampf mit beiden, vermittelt sich dem Grenzgänger von außen ein kleines Quantum Selbstachtung, eine vorübergehende Bestätigung seines Selbstwertgefühls, mithin die lebensnotwendige Portion Selbstgewißheit, die ihm dann für einen kurzen Zeitraum Freiheit und Ungebundenheit ermöglicht. Neben diesen geschlechtsspezifischen Unterschieden ließe sich unter Abstraktion von allen besonderen Umständen eine Art Grundvorgang des Herr/Herrin–Diener-Verhältnisses skizzieren:

Da sind zunächst als Grundimpulse die Angst vor und die Sehnsucht nach Abhängigkeit, die den Grenzgänger in Bewegung halten. Vor Eintritt in eine neue Stelle ist er in der Regel eine Weile »arbeitslos«, d. h., er ist frei und ungebunden. Je länger er sich aber in solcher Unabhängigkeit bewegt, desto verlorener fühlt er sich, und dieses Gefühl vollständiger Ungeborgenheit treibt ihn schließlich in eine neue Anstellung.

Die »Wahl dieser Stelle« ist niemals zufällig. Der Grenzgänger wählt eine Arbeit, der er sich nicht nur gewachsen, sondern auch innerlich überlegen fühlt, die ihn also unterfordert. Niemals ist es eine Arbeit, in der er ein wirklich ganz persönliches Interesse entwickeln und entfalten könnte, niemals eine, die ihm eine große Verantwortung und Entscheidungsbefugnis aufbürden und ihn damit ernstlich binden würde. Er sucht untergeordnete Posten. Die Arbeit hat – außer dem Zweck, ihm Geld für seinen Lebensunterhalt einzutragen – hauptsächlich ihren Grund in dem Bedürfnis, sich irgendwo anzuschmiegen, irgendwo hinzugehören, sich einzubetten in einen sozialen Rahmen mit einer besonderen Beziehung zum jeweiligen Vorsteher dieses Bereichs und dort sein Spiel mit ihm zu treiben.

Weil die Beziehung zum Herrscher oder zur Herrscherin der Situation unter psychologischen Aspekten der eigentliche Kern und das wesentliche Moment des Arbeitssituationsverlaufs ist, ist die »Wahl dieser Vorgesetzten« auch nicht zufällig. Es zeigt sich, daß sie sämtlich nur aus ihrer momentanen Position heraus dem Grenzgänger überlegen sind, daß aber er sie an Geist und Witz beherrscht. Gleichsam von der ersten Minute an durchschaut er sie, deshalb kann er sie als für sich geeignet überhaupt »wählen«. Er erkennt ihre Schwächen und Neigungen und gestaltet mit diesem Wissen für die Zeit seiner Anstellung ein belustigendes Spiel, das er regiert. Ziel dieses Spiels ist es, diese Herren und Herrinnen auf verschiedene Weise für sich zu erobern.

Zugleich bedeutet dieses Spiel die durch Wiederbelebung versuchte Verarbeitung der Angst vor Zurückweisung (Vateraspekt) und der Angst, von solcher Nähe erdrückt zu werden (Mutteraspekt): es ist das Spiel mit der Angst, das dem Grenzgänger die prickelnde Lust am Experiment mit den Potentaten verschafft. Dieses Spiel erlaubt ihm, alle Rollen einzunehmen, deren er bedarf, die unterwürfige ebenso wie die rebellische. Aber zufällig ist darum die jeweilige Rollenwahl nicht: sie hängt ab von der Dynamik des Zusammenspiels (d. h. des für ihn spezifischen Interaktionsmusters), deren Gesetz das Einhalten einer bestimmten Distanz ist. (Deshalb z. B. *muß* Jakob Kälte heucheln, wenn Benjamenta ihm seine Vorliebe für ihn gesteht, käme er ihm andernfalls doch gleich *zu nah*.)

Der rhetorische Schwung, das Drängende der Antrittsrede hängt nun ganz davon ab, wie quälend das Gefühl der Verlorenheit für den Grenzgänger bereits geworden ist (dies läßt sich nicht in jedem Fall ermitteln) und wie sicher er sich der neuen Stelle sein kann [man vergleiche die erste Bewerbung des Simon Tanner in der Buchhandlung mit dem Stellenantritt des Joseph Marti im Hause Tobler, wo es schlicht heißt: »›Ich bin der neue Angestellte.‹« (V, 5)] Es geht also bei der jeweiligen Arbeitssuche um die Befriedigung des als depressiv charakterisierten Abhängigkeits- und Anlehnungsbedürfnisses, von dem sich der Grenzgänger allerdings bereits im Vollzug der Selbstanbindung immer distanziert durch die Wahl der Stelle und des Vorgesetzten *und* durch das Wissen, daß er nur eine eng begrenzte Zeit in dieser Stelle zubringen wird. Diese Versicherungen muß er aus seinem als schizoid bestimmten Unabhängigkeitsbedürfnis treffen.

Vom ersten Augenblick an, d. h. eigentlich: anfangs besser als später, bestimmt der Grenzgänger das Verhältnis zwischen dem/der Vorgesetzten und sich. Das Verhalten des Beherrschten beherrscht den Beherrscher, könnte man sagen, aber das Unberechenbare – und damit Reizvolle – liegt in der

Zeit, die so ein »Machthaber« braucht, die dahin führt, das Spiel des Grenzgängers zu durchschauen. Gelingt es einem dieser Großen unvorhergesehenermaßen oder droht es in absehbarer Zeit diesem zu gelingen, dem Kleinen die Tarnkappe des Gehorsams zu entreißen, verliert dieser nicht nur allen Spaß an seiner Rolle, sondern überhaupt die Möglichkeit zu spielen; er fühlt sich »entlarvt«, peinlich entdeckt und erkannt: die Angst vor solchem Bloßgestelltsein, vor derartiger Nähe schlägt Alarm und führt zur Flucht. Das eigentlich und zutiefst Ersehnte: echte dauerhafte Liebe, ist und bleibt die für immer »verbotene Frucht«.

Es gibt noch drei andere Gründe für die Beendigung der Anstellungsverhältnisse, für »das bestimmte Schlußbewußtsein« (V, 289). Erstens die Überforderung des Grenzgängers durch Ansprüche an ihn als ganzes (nicht geteiltes) menschliches Wesen: entweder durch fortgesetzte Bitte um seine »echte Anteilnahme« – dann muß die Situation derart beschaffen sein, daß sich ihre Ironisierung und damit Distanznahme von selbst verbietet; oder indem, ohne daß dahingehende Wünsche an ihn gerichtet werden, die Situation, in der sich der Grenzgänger bewegt, sich so gestaltet, daß sie von selbst (z. B. aufgrund seiner eigenen Geschichte) zuviel Anteilnahme, d. h. Gefühl in ihm erweckt. Anhaltende Überforderung dieser Art aktiviert einerseits das schizoide Temperament, führt andererseits durch das gesteigerte Gefühl des Ungenügens beim Depressiven zum Rückzug aller Gefühlsanteilnahme und zur Kapitulation vor *allen* Forderungen. Zweitens die vorzeitige Störung von außen oder Auflösung der Geborgenheit in der Arbeitsstelle, die ja als Grund für das Eingehen eines Dienstverhältnisses ausgewiesen wurde. Drittens die Befriedigung, die eintritt, wenn über längere Zeit hinweg das Gefühl der Geborgenheit ausgekostet ist: mit dem Schwinden des Bedürfnisses nach Zugehörigkeit wächst dann naturgemäß der Wunsch nach Freiheit und Unabhängigkeit.

Vier Gründe beenden also im allgemeinen seine Anstellung: Entlarvung (d. h. direkte, offene Berührung), Anteilnahme (d. h. unmittelbare, verdeckte Berührung), Störung (also die Verletzung des Bedürfnisses nach Geborgenheit) und Befriedigung (eben dieses Bedürfnisses). Diese vier Gründe, die ersten beiden schizoider, die beiden letzten depressiver Natur, machen zugleich deutlich, warum es für den Grenzgänger keine »Lebensstellung« geben kann. Die Art seines Abschieds ist dann abhängig vom jeweiligen Grund desselben. Er kann still, klammheimlich, gleichgültig, oder betroffen, verletzt, panisch, oder wütend und trotzig oder euphorisch sein. Oft sind es Mischverhältnisse, die den Weggang begründen und die Art des Abschieds bedingen.

Allgemein läßt sich festhalten: der Grenzgänger lernt nichts in seinen verschiedenen Anstellungsverhältnissen, und er möchte auch gar nichts Berufliches lernen. Die Arbeit ist ihm ein Spiel, das ihm gefallen muß; verliert es seinen Reiz, dann zieht er weiter. Aber vielleicht ist er darüber hinaus auch ein wenig auf der Suche nach sich selbst, vielleicht geht es ihm darum, daß er »durch freies Rollen-Experimentieren sich in irgendeinem der Sektoren der Gesellschaft seinen Platz sucht, eine Nische, die fest umrissen und doch wie einzig für ihn gemacht ist«[211]. Erikson hat gezeigt, daß solches Rollen-Experimentieren in der Phase der Adoleszenz notwendig ist, um in dem schwierigen Prozeß der Selbstfindung einerseits nicht allzu sehr von außen gestört zu werden (Unabhängigkeitsstreben, Anti- und Protesthaltung) und andererseits nicht ganz den Bezug und Maßstab für die Gültigkeit dieser Selbstfindungsresultate in den Augen der anderen zu verlieren (Ausprobieren verschiedenster Lebensbereiche, Wunsch nach Bestätigung). Am Ende dieser als »psychosoziales Moratorium« bezeichneten Phase sollte es dann dem Ich gelungen sein, seine verschiedenen Kindheitsidentifikationen synthetisch zu einer neuen Form gebracht zu haben, der Ich-Identität. »Die Ich-Identität entwickelt sich also aus einer gestuften Integration aller Identifikationen«[212] und ist nicht einfach ihre Summe. Und »erst nachdem ein einigermaßen sicheres Gefühl der Identität erreicht ist, ist eine wirkliche Intimität mit dem anderen Geschlecht (wie übrigens auch mit jedem anderen Menschen und sogar mit sich selber) möglich.«[213] Solche Sicherheit eigener Identität erreicht der Grenzgänger nicht. Das Gegenstück zur Intimität aber ist nach Erikson genau die Distanzierung[214], welche als eine elementare, psychisch notwendige Verhaltensweise des Grenzgängers dargestellt wurde.

> »Sehr früh schon fing er dieses sonderbare Treiben an, daß er auf die Seite ging und ein so ausdrückliches Gefallen am Alleinsein fand. Er erinnerte sich in späteren Jahren deutlich, daß niemand ihn auf solche Dinge aufmerksam machte. Ganz von allein kam es und war es da, das seltsame Bedürfnis, einsam und abgelegen zu sein. Ganz allein aus sich selber holte er den Gedanken, daß es schön sei, sich zu verschließen, um so wieder frische Lust zu gewinnen, und neue Sehnsucht zu empfinden, offen zu sein, und harmlos unter die Menschen zu treten.« (II, 163)

2.3 Kunst und Kniff poetischer Vermittlung

Einsamkeit ist »das seltsame Bedürfnis«, das ihm einen festen Platz unter seinen Mitmenschen verbietet. Verloren ist dieser Grenzgänger gleichwohl nicht. Denn über seine immerwährende Ungesichertheit spannt er zwischen den gegensätzlichen Polen Freiheit und Zwang (Abhängigkeit und Unabhängigkeit) ein Seil, auf dessen Mitte er zu stehen kommt: als Künstler. Mit aller Vorsicht (und nicht ganz im Sinne Eriksons) läßt sich sagen, daß im Dichter der Grenzgänger seine einzige Identität oder vielleicht besser: sein Selbstverständnis von Dauer gefunden hat. Und deshalb nimmt auch innerhalb der verschiedenen Arbeitsrollen, die im vorigen unter den strukturellen Gesichtspunkten des Grenzgängers allgemein umrissen wurden, die des *Dichters* eine Sonderstellung ein, die hier in ihren Grundzügen wenigstens skizziert werden soll.

Jedes Arbeitsverhältnis konstituiert eine Beziehungssituation zwischen dem Arbeitenden (als Person), der Arbeit (als Tätigkeit und Produkt) und dem Empfänger der Arbeit (der zugleich auch der Arbeitgeber sein kann). Dies ist in der Kunst nicht anders: auch hier entsteht eine in irgendeiner Weise erlebbare Beziehung zwischen dem Künstler, seiner Kunst und dem Rezipienten; und die Spannungen zwischen diesen drei Polen werden – sicher nicht nur, aber zumindest auch – nach den spezifischen Bedingungen, die für den Grenzgänger ermittelt wurden, verständlich.

Zunächst ein erster Entwurf zur Person des Dichters als Grenzgänger: Der als schizoid bezeichnete Distanzierungszwang weist den Weg in die Einsamkeit, wo dann die Not des Depressiven, die Angst vor Verlassenheit, den Impuls zum Schreiben abgibt. Wenn er schreibt, lebt der Grenzgänger in seinen erdichteten Figuren (»Der Künstler ist nie allein« VIII, 56), fühlt sich also nicht mehr verlassen, kann die strukturelle Labilität seines Selbst kompensatorisch bearbeiten. Das ist das Gesetz: *allein und doch nicht allein* – das Dichten erlaubt sowohl das vollständige Aufgehen im anderen, wenn auch nur Erdichteten, wie auch absolute Zurückgezogenheit.[215]

»›(...) Ich werde gegen den kommenden Herbst aus der Stellung, die ich zurzeit bekleide, austreten und folglich arbeitslos und stellenlos sein, worauf ich in die *Einsamkeit* zu gehen im Sinne habe. Ich werde mich in die *Abgelegenheit* irgendeines vorstädtischen Zimmers *einschließen* und dort fortfahren, Gedichte zu schreiben. Dies ist ein ganz einfacher Plan, den ich, wenn mich nicht alles trügt, *unbedingt* ausführen, *verwirklichen* und *lebendig ma-*

chen kann. Wenn ich dann einige *annehmbare* Sachen geschrieben haben werde, so suche und finde ich einen
neuen, geeigneten Posten, trete wieder in ein Büro ein
und bin derselbe vernünftig sowohl wie zweckmäßig
arbeitende Mensch wie zuvor.‹« (II, 313)

Diese Absicht, vorübergehend alle sozialen Bindungen aufzugeben, um sich in vollständiger Zurückgezogenheit dem
Dichten zu verschreiben, entspricht einer deutlichen Einsicht
in die eigenen inneren Nötigkeiten: »›(...) Ich kann Ihnen
versichern, daß ich mir immer Mühe geben werde, zur
Kenntnis meiner selbst zu gelangen und mich danach zu verhalten. (...)‹« (II, 313) Und diese Nötigkeit, sich in der Einsamkeit um Selbsterkenntnis zu bemühen, läßt sich, wenn sie
denn dringend wird, d. h. wenn ihr nicht zuvor schon einem
Wunsch oder Plan folgend entsprochen wurde, mit obigem
verstehen als eine Erschöpfungsreaktion, die eine Folge der
permanenten Anstrengung ist, den unvereinbaren Forderungen des Innenlebens im Außenleben nachzukommen. Wenn
der Druck der inneren Belastungen, die als von außen kom-
mend erlebt werden, zu groß ist, zieht sich der Grenzgänger
zurück, möchte er »einsam« und »unangetastet« sein und in
sich hineinhorchen.

»Im Herbst hatte ich meinen *Abseitsgedanken* wahr gemacht und saß *einsam, mit allerlei seltsamen dichterischen
Dingen beschäftigt,* in einem kleinen *armseligen* Zimmer,
dessen Fenster freilich eine entzückende *Aussicht* in die
Herbst- und später in die *Winter*landschaft gewährte. Die
Stille und die *Sonderbarkeiten* taten es mir an, und ich
fühlte mich *unwiderstehlich von der Macht des Düsteren und
Einsilbigen angezogen. Das Nichts riß mich mit seinem wunderbaren Gehalt hin. Die Beschäftigungslosigkeit beschäftigte
mich* im höchsten Grad, und ich trank in vollen Zügen
den *melancholischen Reiz der Leere. Unangetastet und un-
zerstreut wollte ich sein,* und ich war es. Von Zeit zu Zeit
sprang die Türe auf, und ein *übermütiger Tänzer* tanzte
unter wunderlichen, drolligen Bewegungen zu mir her-

ein. Auch besuchten mich bisweilen *Reue, Wehmut und Trauer* (...). Das Haus, das ich bewohnte, glich einem *Räuberhaus,* aber ich liebte es gerade wegen seiner *ergreifenden Zerfallenheit.* Die Tür zur Wohnung war meistens nur angelehnt, keineswegs sorgsam zugeschlossen, und es sah aus, als sei die Tür *zu müde, um in einigermaßen ordentlichem Zustand zu sein.* Öfters drang ein *klägliches Kinderwimmern* an *mein stets lauschendes Ohr.* Die Stunden kamen und gingen, eine um die andere. *Manchmal wollte ich verzagen, aber immer wieder fand ich im sinnenden und dichtenden Innern Ermunterung. Beunruhigungen machten mich ruhig,* während mich *Ruhe und Leichtsinn plötzlich wehmütig machen* und beunruhigen konnten. So lebte ich dahin (...). Hin und wieder schlich *das Bangen* zu mir und berührte mir die Stirne; doch *ich wußte es zu verscheuchen, indem ich zu lachen und in der Stube umherzutanzen* begann. *Nichts störte mich, und auch ich störte und behelligte niemanden. Kein Mensch wußte, wo ich war, aber es brauchte es auch kein Mensch zu wissen. Kein Mensch kam zu mir, aber auch ich ging zu keinem Menschen.*« (II, 315–17)[216]

An diesem Textabschnitt (wie der vorige ein Auszug aus »Doktor Franz Blei«) läßt sich ablesen, wie der »Abseitsgedanke«, der immer wieder in Walsers Dichtung ausgesprochen wird, den Stoff hervorbringt, aus dessen künstlerischer Verarbeitung dann das Werk entsteht. Hier wird gezeigt, daß der Grenzgänger, unwiderstehlich angezogen »von der Macht des Düsteren und Einsilbigen«, erst in der Einsamkeit »das Nichts (...) mit seinem wunderbaren Gehalt« erfährt – das Nichts also als ein höchst gehaltvolles Wunderbares! Denn: »Die Beschäftigungslosigkeit beschäftigte mich im höchsten Grad«, und das ist wortwörtlich ernst gemeint. Dieser Beschäftigungslosigkeit nämlich, die unmittelbar fühlbar wird als plötzliche Ruhe nach dem Sturm der alltäglichen Bemühungen und Zerstreuungen, entspringt jetzt aus der Zerreißprobe des sich zu Wort meldenden Innenlebens – »ein übermütiger Tänzer«, der sich »unter wunderlichen, drolligen Bewegungen« dem Dichter zugesellt. Genau das ist der Moment der Begegnung mit einer Gestalt der Phantasie, die Kreation eines Du, die Herauslösung, Entlassung einer Figuration des Selbst aus der Verspannung der seelischen Strebungen. Dies zuzulassen kostet »Hingabe und Mut«, und damit die Überwindung von Angst.

»Hin und wieder schlich das Bangen zu mir und berührte mir die Stirne; doch ich wußte es zu verscheuchen, indem *ich* zu lachen und in der Stube herumzutanzen begann.« Das personifizierte Bangen (wie zuvor schon »Reue, Wehmut und Trauer«) entweicht dem Selbst, entlastet es also vom seelischen Innendruck, und dadurch wiederum kann der Dichter jetzt in die Rolle des lachenden Tänzers schlüpfen, um es, dieses Bangen, zu vertreiben. Die Lust, die dabei empfunden wird, steht – wie Freud wiederholt nachgewiesen hat – in einem direkten Zusammenhang mit der zuvor erfolgten Spannungsverminderung, d. h. mit der Ersparnis genau des psychischen Aufwands, der zur Unterdrückung der Angst, des Bangens nötig gewesen ist. Interessant an dieser Stelle scheint mir eine Überlegung von Ernst Kris, der den Inspirationsvorgang unter anderem als »auf einer Re-Introjektion des zuvor Projizierten«[217] beruhend erklärt, ein Gedanke, der – ohne daß er hier in seinem theoretischen Kontext diskutiert werden soll[218] – an obigem Walser-Zitat eine überraschend genaue Bestätigung findet: die Projektion des übermütigen Tänzers wird reintrojiziert ins Ich. So erhalten die Bilder aus der Vorstellungswelt des Grenzgängers eine Zeitlang Wirklichkeitscharakter, ohne daß ihre Herkunft aus dem Reich der Phantasie dabei vergessen würde:

> »Indessen halte ich Spuk durchaus nicht für so ganz und gar unwirklich, und im übrigen war ich in jenem Augenblick wahrscheinlich ganz einfach durch fortwährendes Stillsitzen nur *sehr hoch erregt* und durch *Abspannung des Geistes, des Gemüts und der Nerven stark geschwächt,* weshalb ich vorübergehendermaßen veranlagt sein konnte, Gebilde zu schauen und Gegenstände

wahrzunehmen, die offenbar gar nicht existierten.« (II, 317)

Durch die »Verwirklichung« seiner Vorstellungswelt gelingt es dem Grenzgänger über vielfältiges Experimentieren mit seinen phantasierten Objekten und ein dadurch möglich werdendes Rollenspiel, die Spannungen und Widersprüche seines Innenlebens in einem neuen Gleichgewichtsverhältnis zu ordnen. Dabei darf aber nicht übersehen werden, daß dann das Einfangen dieser Figuren im poetischen Text »unter keinen Umständen irgendein Unterhaltungsspiel ist, das nur so als Nebensache oder Zerstreuung betrieben werden kann. »Leben und Dichten müssen ohne Frage ein Einziges und Zusammenhängendes sein.« (II, 314) Die Stille und Einsamkeit der Dichterkammer ermöglicht also dem in sich hinein »stets lauschenden Ohr« des Grenzgängers das Vernehmen all der »Sonderbarkeiten«, die als Gebilde seiner Phantasie sich ihm vorstellen, wodurch er sie sowohl psychisch als auch poetisch in eine neue Beziehung zueinander setzen, und das heißt hier: *gestalten* kann. Damit wird deutlich, daß die *kreative* Arbeit für den Grenzgänger zugleich eine *rekreative* Funktion erfüllt, nämlich die Herstellung seines psychischen Gleichgewichts, ohne das ihm eine Rückkehr in die Welt der Menschen dauerhaft versagt wäre. Und deshalb ist das Abseits- oder Beiseitesein sowohl eine Notwendigkeit als auch eine Möglichkeit, eine Art Mittelstellung, vielleicht könnte man sagen: die einzige dem Grenzgänger mögliche *Synthese* aus den Angst-Antagonismen der schizoiden und depressiven Positionen zu finden.

Wenn nun so, wieder vereinfacht ausgedrückt, der Antrieb zum Dichten und das Dichten selbst interpretiert werden als die einzige Möglichkeit, dem *Zwang* wie der *Unfähigkeit*, allein, abseits, distanziert zu sein, *zugleich* zu entsprechen, dann ist dabei zu beachten, daß bereits dieser Vorgang auf zwei verschiedenen Ebenen abläuft: erstens indem die Dichterfiguren sich in der Welt der Walser-Dichtung nach dem Grenzgänger-Prinzip bewegen, und zweitens indem diese Dichterfiguren nach dem Grenzgänger-Prinzip dichten, d. h., auf der Ebene des dichterischen Produktionsprozesses nimmt sich der Dichter und hat er die Freiheit, seine Figuren bei Bedarf nah heranzuholen und sie auch jederzeit, wenn sie ihm zu nah kommen und damit gefährlich werden, wieder zu entfernen. Mit anderen Worten: Nähewunsch und Distanzierungsregel können in der Dichtung freier gehandhabt werden als im Leben.

Darüber hinaus aber hat das Schreiben noch eine andere psychologische Bedeutung: Schreiben allgemein ist das Vermitteln von Botschaften über das Medium der Schrift. Im Gegensatz zur Rede ist die Schrift die verdinglichte Form der mittelbaren Mitteilung. Sie erreicht den anderen, ohne daß der Mitteilende anwesend oder auch überhaupt be- oder gekannt sein muß. Erweitert man den Blick von der Mitteilung, die ihrem Wesen nach monologisch ist, auf das Gespräch, das dem Wesen des Dialogs entsprechend auf die Rede die Gegenrede benötigt, so ist Schreiben das Gespräch mit einem imaginierten Partner (dem Leser), dessen entscheidende Funktion, nämlich unmittelbar Antwort gebend einzugreifen und die Richtung des Gesprächs mitzubestimmen, außer Kraft gesetzt wird. In unserem Fall bedeutet dies: Wenn die Gesprächssituation für den Sprecher aus ihn prägender Kindheits-Erfahrung heraus angstbesetzt ist, z. B. mit der Angst, nicht erhört zu werden, keine oder eine widersinnige Antwort zu erhalten, dann ist Schreiben sozusagen angstfreies Sprechen – eine Art Teil-Kompensation gestörter Kommunikation.[219]

Dichten bedeutet gegenüber dem einfachen Schreiben (z. B. dem Briefeschreiben) eine weitere Distanzierung der am Produkt (der Dichtung) beteiligten Partner: Schreiber und Leser. Außer in Autobiographien ist der Dichter hinter seinen Helden und fiktiven Schreiber-Ichs versteckt bis zur Unauffindbarkeit und Unkenntlichkeit. Und auch der Leser ist als ein anonymer, der das Buch *gekauft* hat, sehr viel weiter vom Verfasser entfernt als z. B. der Briefempfänger. Zuletzt ist auch das Mitgeteilte erdichtet, d. h., das Material, das zur dichterischen Aussage gelangt, tritt umgesetzt, organisiert und verwandelt vor die Augen des Lesers[220], was das Verständnis einem mehr oder weniger komplizierten Interpretationsverfahren unterwirft. Dies alles kann als Maßnahme der Distanzierung und Selbstdistanzierung des Schriftstellers aufgefaßt werden. Für den Grenzgänger bedeutet das: Der Wunsch, sein Innerstes zu offenbaren, sich mitzuteilen, und die unüberwindliche Angst vor solcher Selbstentblößung finden in der Dichtung einen idealen Kompromiß: der Schriftsteller verschwindet unter der Tarnkappe der Selbst-Fiktionalisierung, er bearbeitet das, was ihn zum Schreiben drängt, z. B. den für ihn in seiner Lebenspraxis unerfüllbaren Wunsch nach Liebe und Gemeinsamkeit, d. h., er distanziert sich von seinen psychischen Konflikten und Bedürfnissen, indem er sie sich inter-essant macht, und kann sie damit zugleich wenigstens vorübergehend lösen und befriedigen. Mit entscheidend für die Schonung seines Schamgefühls bei einer Veröffentlichung seiner Texte ist dann der Umstand, daß der Dichter seine Leser im allgemeinen nicht kennt.

Auch der rein sprachliche Aspekt ist in diesem Zusammenhang bedeutsam: in den seltensten Fällen handelt es sich bei der Dichtung um (vom Autor) gesprochene Sprache; meist ist es Schriftsprache (bei Walser zudem Hochdeutsch statt Schweizerdeutsch), und immer ist es dichterische Sprache. Ferner sei an den Gestus vieler Walser-Schreiber-Ichs erinnert, die das soeben Geschriebene zerreißen oder verbrennen oder in den Papierkorb werfen mit der Begründung, es habe nun für sie keinen Wert mehr – dies ist nicht nur, aber auch die zumindest behauptete Ablehnung des potentiellen Lesers. Dieser ganze Bereich könnte vor dem Hintergrund des im ersten Teil erarbeiteten Modells als ausgehend von dem Unvermögen zu austauschender liebender Gemeinsamkeit in der erfahrenen Mutter-Kind-Beziehung und der gestörten Kommunikation zwischen Vater und Sohn verständlich werden, d. h. hier: Durchdringung von (in der Form) schizoiden und (im Wesen) depressiven Strukturanteilen.

Über das *Wie* der Walserschen Dichtung (der Vollständigkeit halber wird im folgenden nicht vom Grenzgänger, sondern von Walser die Rede sein) nur ein Weniges zu sagen, ist nur dann zulässig, wenn es unter einer so speziellen Perspektive wie der hier gewählten psychologischen geschehen soll. »Die Psychologie des künstlerischen Stils ist noch nicht geschrieben«, so erkannte Ernst Kris 1952[221], und an dieser Situation hat sich bis heute auch noch nicht allzuviel geändert. Es sind zwar etliche Versuche unternommen worden, dichterische, vor allem lyrische Sprachphänomene insbesondere von den Ausdrucksformen Schizophrener allgemein zu unterscheiden[222], aber die Liste aller Merkmale, die dabei dem einen Bereich zu- und dem anderen aberkannt werden, macht immer wieder darauf aufmerksam, daß sich Stilphänomene nicht isoliert betrachten, sondern nur über die Aussage im Textzusammenhang validieren lassen. Daher sollen hier zu Stil und Form nur einige Tendenzen aufgezeigt werden.

Als Leitsatz gilt wiederum: sich mitteilen, ohne entdeckt zu werden. Das bringt – unabhängig von der Notwendigkeit, sich umfangmäßig beim Schreiben den Möglichkeiten des Feuilletons anzupassen – eine Vorliebe für die kurze Form: Je länger ein Text, desto mehr Zwänge ergeben sich für seinen Verfasser, z. B. was die Festlegung auf ein bestimmtes Arbeitsprogramm oder was die innere Logik des Romangeschehens oder Erzählvorgangs betrifft. Auch die mit den Figuren der Dichtung über eine längere Strecke und Zeit (Umfang) sich einstellende Verbundenheit könnte als bedrohlich empfunden werden. Außerdem läßt sich eine Relation zwischen der Länge eines Textes und der Erkennbarkeit des dahinterstehenden Autors und seines Wesens aufstellen: je länger einer schreibt, desto deutlicher faßbar wird er. Ausgenommen »Der Gehülfe« tritt also überall bei Walser die Präferenz für das Episodische hervor. Daß durch die vielen Kurzprosatexte am Ende dann eben doch ein Gesamtbild, das vielzitierte »Ich–Buch« des Autors, entstanden ist, kann hingenommen werden, weil es nicht *beabsichtigt* war und weil auch dieses »Ich–Buch« so tausendfach »zerschnitten« ist, daß das Ich darin so leicht nicht faßbar wird.[223]

Die Erzählung oder Episode im Roman zeigt dann häufig den klassischen Walser-Schluß: entweder wird das soeben Erzählte auf eine verwirrende Weise in Frage gestellt: die Frage am Ende überträgt die Verantwortlichkeit vom Autor auf den Leser, *er,* nicht der Autor, muß Stellung beziehen; oder das Geschriebene wird in Zweifel gezogen, oder das Gegenteil versuchsweise behauptet, oder der Text endet mit einem Selbst-Tadel, mit Selbst-Verspottung oder Selbst-Widerspruch: der Autor entzieht sich und überläßt dem Leser das Feld. Diese Art, den Text zu beenden, ist aber nicht Ausdruck von Unsicherheit, Entscheidungsschwäche oder dergleichen, in ihr steckt vielmehr Methode – und im übrigen kann ja gerade das Kontradiktorische, Antithetische, die schon genannte Vorliebe fürs Paradox bis hinein in die wunderlichen Walserschen Neologismen als hervortretendes Charakteristikum seines Stils gelten. Natürlich, der Autor kann sich hinter jedem Selbstwiderspruch verbergen, und das stimmt sehr gut mit dem Bisherigen zusammen. Aber kein Verbergen ohne ein Verborgenes – und dieses Verborgene ist nicht nur das empfindliche Ich des Dichters, es ist zugleich die *Wahrheit* des Dichters, deren Gehalt in Form und Stil seiner Poesie einen adäquaten Ausdruck gefunden hat. Wie geht das zu?

Am Beispiel der Ironie sei dies zuerst dargestellt: gemeinhin versteht man unter ironischem Reden, das Gegenteil dessen zu sagen, was gemeint ist, und zwar so, daß die Differenz zwischen Gesagtem und Gemeintem evident ist. Wenn z. B. im Schulalltag ein Lehrer zu einem wie Kraus sagen würde:

An dir »sieht man so recht, was das Wort Bildung eigentlich bedeutet« (VI, 79), dann wäre kaum daran zu zweifeln, daß er damit ausdrücken wollte, Kraus sei ein Musterbeispiel für *Unbildung*. D. h., in dieser gebräuchlichsten Form von Ironie steckt immer eine gehörige Portion Unernst; und genau dies ist bei der Walserschen Ironie nicht der Fall[224]. Walser zeigt z. B. an Kraus, »*was das Wort Bildung eigentlich bedeutet*«: alles, was da steht, muß *ernst* genommen werden, und dann erst zeigt sich der ironische Prozeß nicht als von einem souveränen Autor betrieben, sondern als in den Gegenständen selber begründet. Martin Walser hat die ironische Qualität bei Walser also gerade in der Affirmation des Bestehenden aufgefunden. »Hier stimmt zum ersten Mal einer der Gegenwart zu wie sie ist: und wir erkennen so scharf wie noch nie, wie furchtbar sie ist. Der Wahnsinn, der im Bestehenden sofort spürbar wird, wenn man sein Bestehenbleibenwollen betont, weil das sein Vernünftigsein behauptet, tritt grell hervor.«[225] Wer aber *alles* bestätigt, bestätigt mit jedem Ding auch seine Negation, und bei Walser erfährt man, daß diese nicht außerhalb, sondern innerhalb der Dinge selber liegt: »Jede Bewegung produziert ihre Widerläufigkeit, ihre eigene Vernichtung aus sich selbst, indem sie sich entfaltet.«[226] Deshalb auch ist seine Dichtung ihrem Wesen nach nicht mono-, sondern dialogisch: die Dinge sprechen miteinander, werden miteinander ins Gespräch gebracht, denn »im Alltäglichen ruhen die wahren Wahrheiten.« (VI, 105) Und so wird am Ende deutlich, daß Wahrheit nicht entweder hier oder dort, in These oder Antithese (auch jede Synthese ist ja wieder eine neue These) zu finden ist, Wahrheit bei Walser *entfaltet* sich in der *dialektischen Bewegung* zwischen den sich ausschließenden und doch einander bedingenden Gegensätzen, in der Korrespondenz alles Fürwahrgehaltenen, und damit ist sie durch und durch *objektive* und nicht mehr subjektive Wahrheit.

Eine ähnliche Denkbewegung führt auch zu dem für Walser

spezifischen Humor. Freud hat gezeigt, daß der Humor als »Abwehr der Leidensmöglichkeit«[227] genau »die Affekte erspart, zu denen die Situation Anlaß gäbe«[228]. »Das Ich verweigert es, sich durch die Veranlassungen aus der Realität kränken, zum Leiden nötigen zu lassen, es beharrt dabei, daß ihm die Traumen der Außenwelt nicht nahegehen können, ja es zeigt, daß sie ihm nur Anlässe zu Lustgewinn sind.«[229] Also gerade das Schreckliche in der Welt ermöglicht den höchsten Triumph des Lustprinzips, verursacht die im Humor durchgesetzte, wirklich empfundene Lust. Damit es Schmerz überhaupt gibt, braucht es also nicht nur das Schmerzverursachende, sondern auch das Schmerzempfindende; und wer sich dem Schmerz zu verweigern versteht, hat ihn dadurch schon bearbeitet und in Lust verwandelt.[230] Das heißt dann aber auch: an dem, was entsteht, was *wahr* ist in einem Moment, sind immer Subjekt und Objekt gleichermaßen beteiligt.

Wie die Fröhlichkeit bei Walser ebenso aus dem Zwiespalt erwächst, hat von Matt dargestellt.[231] Sie ist, noch einmal nach dem Grenzgänger-Prinzip betrachtet, eine Reaktion auf genau die errungene Zuwendung (z. B. Benjamentas Freundschaftserklärung an Jakob), die eine gelungene Abwendung möglich macht (z. B. Jakobs Kältereaktion auf diese Liebeserklärung). Und wie die manische Begeisterung aus der plötzlichen Überwindung der Melancholie erwächst, ist im ersten Teil schon erklärt worden.

Was denn nun bei Walser überhaupt für wahr zu halten sei, ist deshalb nicht der Beliebigkeit anheimgestellt. Nur läßt sich hier Wahrheit, wenn sie nicht bloß subjektiv behauptet werden soll, eben nicht an konkreten Einzelaussagen festmachen. Sie ist objektiv immer nur zu *ermitteln,* und zwar auf der sprachlichen Ebene, d. h., Wahrheit ist ein in ihrem Wesen hermeneutischer Denk-Prozeß, der im Falle der Dichtung nicht einmalig und *vor* der dichterischen Produktion mit einem Ergebnis beendbar wäre, sondern nur *in* der Dichtung und *durch* sie sich vollzieht und sichtbar wird[232]. Das Auffinden dessen, was jeweils wahr genannt zu werden verdient, bedingt kreative Arbeit, nicht nur des Künstlers, sondern auch des Rezipienten. Dies gilt im besonderen für das Werk Robert Walsers, das im unausgesetzten Vollzug dieser dialektischen Bewegung seinen eigenen Wahrheitsanspruch begründet und einlöst. Und die Ermittlung dieses seines Wahrheitsgehalts findet nun seinerseits nicht in, sondern außerhalb von ihm statt, im verständnissuchenden Gespräch zwischen Werk und Rezipient. Und damit tritt der Autor aus seiner Sonderstellung als Urheber und Erfinder zurück: es ist seine, die diskreteste Art, die Wahrheit zu »sagen«, d. h. sich am Vermittlungsprozeß von Wahrheit zu beteiligen.

Es ist nicht unproblematisch, mit großen philosophischen Begriffen in der Literaturinterpretation zu arbeiten, ohne deren Erklärung ein langes Kapitel zu widmen. Dennoch schien mir wichtig, in allergrößter Kürze auf diesen Punkt hinzuweisen, um deutlich zu machen, daß die dialektischen Denkbewegungen bei Walser gerade *nicht* Zeichen der Schwäche (Entscheidungs-, Positions-, Ich-Schwäche, etwa gar pathologische) sind, sondern Stärke, die Stärke nämlich, die Spannung zwischen den Gegensätzen in der Bewegung auszuhalten. Diese Stärke zeigt, wie einst erfahrenes Kinderleid, die Einübung in den Wahnsinn, ins Paradox des »Unsinn im Sinn« *bearbeitet* wird und kunstvoll *verwandelt* in die Lust am Sinn im Unsinn und in die Erkenntnis und poetische Vermittlung der dabei entstehenden Wahrheit[233].

Das alles kann nun auch erklären, warum sich für die typisch Walserschen Gedankenbewegungen gelegentlich die Pathologen interessieren. Wenn man bei Walser den jähen Wechsel zwischen verschiedenen logischen Typen und Kommunikationsebenen beobachtet, das Betonen des »Nebensächlichen« bei gänzlicher Vernachlässigung des sogenannten »Hauptsächlichen«, die »unzumutbaren« Aufforderungen, irgendwelchen absurden Behauptungen Glauben zu schenken, den

Wechsel von Stimulation und Frustration, den Wechsel der Bedeutungsebenen bei gleichbleibendem Thema, schließlich, daß ein und dieselbe Sache erst im Ernst, dann ohne Übergang im Spaß kommentiert wird, oder daß das Ernste genauso ernst wie das Unernste dargestellt wird – dies entspricht ungefähr den Searlesschen Arten der Schizogenese[234] –, wenn man bei Walser diese strukturell schizoiden Kommunikationsformen isoliert betrachtet, ohne nachzuprüfen, wie mit ihnen *gearbeitet* wird, wie sie *gestaltet* sind, warum sie eingesetzt werden *müssen* zur »Erzeugung von Konfusion, Verwirrung oder Zweifel, die oft nicht als solche erkannt«[235] und deshalb als Naivität dem Autor angelastet werden, wenn man also so sich Walser nähern will, wird man ihn niemals entdecken können, weil man ihn zuvor schon nicht ernst genug genommen hat. Dann wird man auch glauben, daß jede Art der psychologischen Walser-Interpretation diese Dichtung als pathologisch abqualifizieren müsse. Aber weder Wahrheit noch Wahnsinn sind begrenzt auf genau lokalisierbare Bereiche, und es ist Walsers Kunst zu zeigen, wie das eine gelegentlich versteht, das andere würdig und aufschlußreich zu vermitteln.

Doch was gelegentlich einmal »verrückt« anmutet in seiner Dichtung, kann diesen Eindruck ja ohnehin nur durch die Konfrontation mit dem erwecken, was der Rezipient an Wahrgeglaubtem, »Richtigem« beisteuert. Nebst der sich in der Bewegung zwischen Text und Leser kreativ vermittelnden Wahrheit wäre also das Gespräch zwischen beiden strukturell ebenfalls unter dem Grenzgänger-Prinzip zu betrachten:

Walsers Dichtung *spricht* mit dem Leser, sie redet ihn vielfach an, sie spielt mit seinem Verständnisvermögen, mit seinen Gefühlen und Einstellungen, mit einem Wort: sie manipuliert ihren Leser, wodurch sie ihn extrem herausfordert. Dabei lassen sich zwei verschiedene Rollen unterscheiden, die dem Rezipienten zugeschoben werden: entweder versucht

die besondere Art der dichterischen Sprache und Aussage-
form, den Leser in die Position der Mutter zu drängen, oder
sie überträgt ihm diejenige des Vaters.

Konkret bedeutet das, daß im ersteren Falle die Taktik des
Ausweichens und Verbergens Vorrang erhält: Stilistische
und gedankliche Brüche und Wendungen, jähe Distanzierung, Paradoxien und Neologismen, scheinbare Unentschiedenheit, extrem kurzphasige Dialektik und die Technik der
Collage, das Kaleidoskopische, Bewegliche und wie Flüchtige – dies alles läßt sich verstehen als eine Antwort auf die
Struktur des »double-bind«: es sind Stilmittel der Abwehr
des schizoiden Überfalls, der Flucht vor einer verrücktma-
chenden Überfremdung; die Angst, in den Bann des mütterlichen Wahnsinns zu geraten, wird verkehrt in die listige Of-
fensive des Verwirrspiels: nicht der Grenzgänger verliert sich
im Labyrinth der mütterlichen Fallstricke, sondern die Mutter selbst, projiziert auf den Leser, wird mit ihrer eigenen
Taktik zum Erliegen gebracht. Es sind diejenigen Texte und
Textpassagen Walsers, bei deren Interpretation der Leser sich
auf unendlichen Denkwegen erschöpft und doch am Ende
noch immer nur ein Rätsel kennt, das ihn zum Weitergehen
antreibt.

Wird aber dem Leser die Position des Vaters übertragen,
dann darf er sich umworben und unterhalten fühlen: der Fluß
der Rede reißt nicht ab, Wortgirlanden aus Klang und Bedeu-
tungsassoziationen umschlingen mit dem Gegenstand ihren
Betrachter, Neues wechselt über zu Schönem und Interes-
santem und fesselt so alle Aufmerksamkeit dieses einst so ungewissen, da stummen Zuhörers; die Appellstruktur solcher
Texte gilt dem fernen Geliebten, dem »großen Vater«, dessen Zuwendung damals wie heute das ersehnte Ziel aller tausendfach bemühten Worte ist, und bezaubert als Liebesbe-
kenntnis den Leser.

Damit wird deutlich, daß der Leser es sich bei Walser niemals
bequem machen kann, denn immer wieder wird er fast un-

merklich auf einen neuen Posten gestellt, auf dem ihm nicht vergönnt ist, heimisch zu werden. Oder könnte man sagen: um die eigene Spaltung aufzuhalten, wird der (die) Leser(in) aufgespaltet in eine(n) gehaßt-geliebte(n) und in eine(n) verehrt-umworbene(n)? Die Not des Grenzgängers, mit den Gegensätzen im Gespräch zu bleiben, verkehrt sich so in die Lust des Dichters am Spiel mit seinem Leser.[236]

3. Unter Menschen

Das einzige ihn zwingende Gesetz im Reich des Grenzgängers ist zuerst allgemein, dann anhand seiner besonderen Beziehungen zu seinen Arbeitgebern und –verhältnissen dargestellt worden: nicht zu nah und nicht zu weit entfernt, so lautet die Verhaltensmaxime, nicht allein, aber auch nicht wirklich gemeinsam. Als Angestellter kann der Grenzgänger sein Nähe-Distanz-Spiel über die jeweilige Dienstfunktion legitimieren. Wie aber verhält er sich in der freien Begegnung mit den Menschen, dann also, wenn er sich nicht hinter einer fest umrissenen gesellschaftlich anerkannten Rolle, dem Beruf, verstecken kann? Hier nun sollen sehr grob zwei Bereiche unterschieden werden:

Der erste umfaßt den vorwiegend *intellektuellen* Bezug zum Menschen, das, was ihm von Interesse ist, womit auch seine kultur- und sozialkritische Position angesprochen wird. Wie diese in allen Einzelheiten zu bestimmen ist, soll hier nicht untersucht werden. Die Richtung dazu wird in den Betrachtungen zum Phänomen Masse angegeben. Dabei interessiert allerdings in erster Linie, welche psychologischen Strukturen im Verhalten des Grenzgängers als Teil der Masse sichtbar werden.

Der zweite Bereich in der Begegnung mit dem Du ist durch den *emotionalen* Bezug zum Mitmenschen charakterisiert. Hierzu gehören die Beziehung zu den Eltern (die aber nicht mehr berücksichtigt wird, da sie in Teil I ausführlich befragt wurde), alle Freundschaftsbeziehungen, darunter auch die zu den Geschwistern, und der ganze Bereich dessen, was nicht stattfindet, was sozusagen nur in der Negation erfahrbar wird: realisierte Liebesbeziehungen; und da man etwas, das nicht stattfindet, nicht untersuchen kann, bleibt hier nur zu fragen, wie sich an Hand der Texte erklären läßt, warum erotische Liebe nicht erlebt werden kann.

Der Mensch ist dem Grenzgänger eine interessante Angelegenheit. Dies allerdings mehr noch im Hinblick auf das Allgemeine, sozusagen das Wesen des Menschlichen, das im einzelnen wirkt, das in ihm erkennbar wird, als was seine besondere Individualität anbelangt. Deshalb geht er gern unter die Leute. Man kennt ihn als Spaziergänger in den Städten, als echten Flaneur (welcher zu unterscheiden ist vom Wanderer), der im Vorübergehen allerlei scheinbar flüchtige Überlegungen anstellt, die allerdings von äußerst »hinterhältiger Simplizität«[237] sind. Er skizziert gern Passanten, z. B. wie einer Stock und Hut trägt, um darin, also im Stock-und-Hut-Tragen, menschliche Eigenschaften und Verhaltensweisen darzustellen, die bereits abgelöst sind von ihrem Träger, indem also z. B. nicht zwei Herren sich begrüßen, sondern ihre Hüte sich voreinander verneigen. Das ist insofern typisch für Walsers Dichtung, als darin Kritik, wo nötig, mit Vorliebe an scheinbar unbedeutenden Kleinigkeiten festgemacht wird, an sogenannten Äußerlichkeiten, die dann von selbst auf die in ihnen zum Ausdruck kommenden Schwächen aufmerksam machen. Für das sich darin aussprechende Bedürfnis, dem Kritisierten nicht zu *nahe* zu treten, sind Passanten als Zielscheibe seiner Zeit- und Gesellschaftskritik besonders gut geeignet. So zufällig sie auftauchen, so sicher verschwinden sie wieder in der Masse, ihre Anonymität garantiert ihre Unverletzlichkeit.

Die Masse Mensch als Phänomen ist für Walser ein Faszinosum und ein schier unerschöpfliches Thema für zeitkritische Betrachtungen aller Art. »Es wimmelt von Menschen« (I, 307), heißt es z. B. in »Tiergarten« (I, 307–310). »Die Menschen sind starke bewegliche Flecke im zarten, verlorenen Sonnenschimmer (...). Die Leute gehen leicht und bequem, so als fürchteten sie, in Marschierschritt und in grobes Gebärden zu verfallen.« (I, 307) Der Mensch, ein beweglicher Fleck im Sonnenschimmer. Auf ihrem sonntäglichen Spaziergang durch den Zoologischen Garten, in dem eine Regimentsmusik gespielt wird, gehen die Müßiggänger »ganz gemächlich«, »leicht und bequem«; aber gerade diese Leichtigkeit der Gangart ist schwere Anstrengung, denn sie wird gegen die Versuchung, die Befürchtung erkämpft, »in Marschierschritt und in grobes Gebärden zu verfallen«.

> »Dunkle und helle Kleider wechseln ab. Die Herren tra-
> gen meistens die unvermeidlichen trockenen halbhohen
> steifen Hügelhüte auf den Kegelköpfen. Man möchte
> lachen und zugleich ernst sein. Es ist alles zugleich lustig
> und heilig, und man ist sehr ernst dabei, wie alle. Alle
> zeigen denselben schicklichen leichten Ernst.« (I, 308)

Der Kopf des Massenmenschen ist nicht mehr Sitz der Individualität, Kennzeichen des Besonderen, der Kopf ist nur noch ein beliebiger Kegelkopf, und jeder Kegelkopf ist mit dem gleichen »unvermeidlichen trockenen halbhohen steifen« Hügelhut bedeckt. Man möchte darüber lachen, denn dieses einheitliche Gewoge der vielen gleich aussehenden Köpfe ist lächerlich, da es zutiefst jeder Vorstellung vom Menschen als einem *einmaligen* »Menschenexemplar« (VI, 38) widerspricht; auch führt das Befolgen der Modevorschriften nicht zur Verschönerung, sondern in Hutfragen ersichtlich zur Verdeckung von Schönheit, die ja immer im Besonderen liegt, also zur Verunschönung. Gleichzeitig ist es heilig, weil all dieser offenbare Anstand, der in der persönlichen Unauffälligkeit hervortritt (eben als das nicht Hervortretende!), den einzelnen so viel Mühe, Verzicht und Anstrengung gekostet hat. Außerdem aber muß man dabei ernst sein, »sehr ernst«, denn diese Vermassung ist die vor Augen geführte Vernichtung des einzelnen als eines unverwechselbaren, in seiner Einzigkeit erkennbaren Menschen; und dieser Ernst ist selbst auch schon wieder »schicklich«, d. h., er ist selber bereits ein Phänomen des Verhaltens-Kodex der Massengesellschaft, und insofern ist dieser Ernst auch »leicht«, denn er verlangt vom einzelnen keine Eigenständigkeit, nur die Eingliederung in den Strom präformierter Verlaufsschemata. Solche Sprachkunst, eine derartige Beschreibung eines Sonntagsspaziergangs naiv und romantisch-heiter nennen zu wollen, hieße, nicht richtig hinschauen, was da auf wenige Zeilen verdichtet ist. Und doch ist bei allem dem Leser noch ein Lächeln entlockt.

> »Wenn man nun in die Ferne schaut, so wimmelt es von Landschaftsmalmotiven, schaut man zur Erde, so entdeckt man Schalen von Äpfeln und Nüssen, Fleischabfälle, Papierreste, halbe und ganze Weltblätter, einen Hosenknopf, ein Strumpfband. Blickt man hoch auf, so ist es ein Himmel, blickt man gerade vor sich, so ist es ein Durchschnittsmenschengesicht, von Durchschnittstagen und -nächten redet man nicht, von einer Durchschnittsnatur auch nicht. Ist denn nicht das Durchschnittliche das Festeste und Beste? Ich bedanke mich für Genietage und -wochen, oder für einen außergewöhnlichen Herrgott. Das Bewegliche ist stets das Gerechteste. – Und wie zierlich können einen Bauernweiber angucken. Mit welch seltsamen leisen Gebärden sich hin und her drehen. Der Markt läßt immer ein Stück Landahnung im Städteviertel zurück, gleichsam um es aus seinem monotonen Hochmut aufzurütteln. Wie hübsch ist das, daß alle diese Kaufgegenstände in der freien, frischen Luft liegen.« (I, 293/94)

Das entfremdete Verhältnis des Stadtmenschen zur Natur besteht darin, daß er sie schon gleichsam als Kunstware sieht, als eine Fülle von »Landschaftsmalmotiven«, die als Gemälde dann z. B. in den Weltblättern abgedruckt werden, die neben allerlei Unrat auf dem Boden liegen und von eben diesen Städtern mit Füßen getreten werden. Das ist das Werk des Durchschnittsmenschen. Und dieser ist das Festeste und zugleich das Beste? Aber wenn er das Festeste ist, kann er dann gleichzeitig das Bewegliche sein? Und nur dieses ist das Ge-

rechteste. – ? – Wie zierlich dagegen können einen Bauern-
weiber anschauen: die Ironie schlägt um auf die andere Seite:
»zierlich« und »Bauernweib«, das paßt nicht recht zusammen, und vermutlich schauen sie eher schlau und geschäfts-
tüchtig, ihre Ware anpreisend, und würden sie zierlich
schauen, so wäre solcher Blick nur Geschäftsgebaren. Also
keine Landidylle gegen Großstadtverdorbenheit. Und wer
kennt nicht ihre »leisen Gebärden«, mit denen sie die Käufer
heranlocken und über den Markt hin ausrufen? Bäurische
Geschäftigkeit, das ist an dieser Stelle mitgesagt, kann sich
mit städtischer durchaus messen – und vermag trotzdem
noch die Stadt aus ihrem monotonen Hochmut aufzurütteln.
Der Markt hat (dieser Text wurde 1908! in der »Neuen
Rundschau« veröffentlicht) bereits eine exotische Aura, sein
Handelsgebaren mutet schon antiquiert, beinahe museal an,
wie da die Kaufgegenstände an der *frischen* Luft liegen, jedenfalls wird es besonders als hübsch vermerkt.

> »Da schlug es Mittag, und alle diese Arbeits- und Be-
> rufsmenschen liefen wie ein Haufen von Ameisen nach
> allen Straßenrichtungen auseinander. Es wimmelte auf
> der weißen Brücke von schwarzen, beweglichen Punk-
> ten. Und wenn man daran dachte, daß jeder dieser
> schwarzen Punkte einen Mund hatte, mit dem er jetzt
> das Mittagessen essen wollte, so mußte man unwillkür-
> lich lachen. Wie so ein Bild des Lebens einzig sei, emp-
> fanden sie, und lachten dabei. Auch sie kehrten jetzt um,
> denn schließlich waren sie auch Menschen, die Hunger
> bekamen; und je näher sie dem Ufer kamen, desto grö-
> ßer wurden wieder die Ameisen; und dann stiegen sie
> aus und waren ebenfalls Punkte, wie die anderen. Aber
> sie spazierten selig (...)« (IV, 59)

Neu ist hier der Schritt vom Massenmenschen zur Arbeits-
masse, das Ameisen-Syndrom, und daß Klara und Kaspar,
die sich in einem Boot ein Stück weit vom Stadtleben entfernt und vom See aus ihre Beobachtungen gemacht hatten,
selbst, wenn sie zurückkehren – »schließlich waren sie

auch Menschen« –, zu solchen Massenpunkten werden. Auch Simon wird indirekt zu diesen »Punkten mit Mund« gerechnet, denn ihn trifft man »kaum tausend Schritte weit entfernt«, d. h. ein wenig abseits, aber wenig, in einer Speisehalle beim Essen. »Hier pflegte *allerhand Volk* zu essen, das *billig* und *schnell* essen *mußte*.« (IV, 60) Letzte Besonderheit des oben zitierten Abschnitts: Der Erzähler nimmt, sobald Klara und Kaspar an Land gehen, zoomartig Distanz zu seinen Figuren: erst werden die Ameisen größer, dann werden die beiden Ausflügler selber zu Punkten.

»Einer, der dem Rummel zusieht, muß das notwendigerweise einzig finden. Er geht dann so und meint beinahe, auch rennen, atempusten und seine Arme hin und her schwenken zu müssen; das Treiben und Emsigtun ist ja so *ansteckend*.« (I, 286) Das ist keine Aufforderung an den Müßiggänger und Arbeitslosen, sich ein Beispiel am ameisenhaft arbeitenden emsigen Volk zu nehmen. Die Überschwemmung des einzelnen durch die Übermacht der undefinierbaren Vielen: in der Masse findet sie ihr Abbild, und der Bildbetrachter ist selbst einer dieser Vielen, einer, der zwar in diesem Fall noch als Beobachter eine distanzierte Position einnimmt, aber: »Kaum ist man Beobachter, wird man selber schon wahrgenommen« (III, 380/01), d. h. hineingestrudelt in das, was alle tun. Alexander Mitscherlich hat auf den angsterzeugenden Regressions-Sog der Masse hingewiesen, der als Abwehr-Reaktion die Distanzierung hervorruft.

> »Das Faktum selbst: die Möglichkeit, in einer unabsehbaren Zahl von Menschen gleichartige affektive Regungen und Gestimmtheiten zu erzeugen (und wahrzunehmen, CSH), bei gleichzeitigem ›abaissement du niveau mental‹ – das heißt Einschläferung des kritischen Vermögens und des Gewissens –, dieses Faktum selbst wird als unheimliche Bedrohung empfunden, solange wir uns der Narkose zu entziehen vermögen. Es ist also ein ›Distanzeffekt‹, der neben dem ›Echoeffekt‹ die Mas-

senhaftigkeit für unser Erleben so beunruhigend macht. Der Distanzeffekt stellt sich ein, sobald ich vieler einzelner gewahr werde, die eine gleiche Bewegung vollziehen, auch gleiche Denkbewegungen, und deren Gleichheit mir den Eindruck des Automatischen erweckt. (...) das Erlebnis der Gefahr rührt aus dem Unisono her.«[238]

In dieser Situation der Bedrohung versucht nun der einzelne sich zu retten, indem er das Gefährliche aus sich heraus und ausschließlich auf die anderen projiziert: die Masse, das sind die anderen – der Haken ist nur: für die anderen ist auch er ein Teilchen der Masse, da jeder dieser vielen ein Erlebniszentrum bildet, für das alles, was nicht Ich ist, das andere ist. Der Grenzgänger kennt diesen Doppeleffekt der Masse, er läßt sich gern treiben, beobachtet gern, fühlt sich angenehm aufgehoben in der Bewegung der vielen – bis plötzlich und schmerzhaft der Umschlag erfolgt: dann, wenn es anfängt, ihm fast zu gut zu gehen, dann wird ihm bewußt, daß dieses Gutgehen mit Selbstentfremdung und Distanzverlust zugleich erreicht wurde: er hat angefangen, im Gleichschritt mit den anderen zu gehen. Und von da aus ist es nicht schwer, sich vorzustellen, daß jeder dieser vielen glaubt, ein die anderen beobachtender einzelner zu sein.

»Mir schien sehr eigentümlich, daß ich für das Sichtbare selber wieder sichtbar sei, daß alles, was ich sah, selber wieder rund um sich schaue. Betrachten, sorgsames Prüfen, Aufpassen, Horchen, vielfältiges Schauen und Merken sowie Fragen und Überwachen schienen gegenseitig geworden zu sein. Wo ich selber andauerlich forschte, wurde wieder ich selbst erforscht, aufmerksam betrachtet. Wenigstens bildete ich mir ein, daß dies so sei. Wo ich staunte, wurde vielleicht auch ich bestaunt; fraglich, bedenklich, wie die Umgebung für mich zu sein schien, war ich auch für sie. Mindestens schien mir dies möglich.« (III, 190)

Beobachten und beobachtet werden – ist der Beobachter also gar kein Außenstehender mehr, wird er ebenso von den Beobachteten beobachtet, wie er sie beobachtet?[239] Erkennt er die Beobachterrolle als Illusion der Selbstrettung? Ist der Beobachter längst schon eingeflochten in das System der Masse? Oder, wenn nicht: wie groß ist sein Freiraum? Diese Fragen an der Grenze zu tiefgreifender Verunsicherung charakterisieren den Grenzgänger als Teil und Außenstehenden der Masse.

Wenn man jetzt nochmals darauf hinweisen möchte, daß die Lust, beobachtend sich in der Masse treiben zu lassen, und der plötzliche Umschlag in die Angst, von ihr getrieben zu werden, der Umschlag auch von der Beobachtung zur Projektion den Schizoiden kennzeichnet, dann hat man genau eine Gelenkstelle zwischen individuellem und kollektivem Wahn benannt. Das, was den einzelnen noch und jeweils für kurze Zeit vor der Vermassung bewahrt, ist die *Reflexion* der Vermassung und damit die Brechung ihrer Gewaltsamkeit. Aber wenn dieser Beobachter einmal nicht aufpaßt, beginnt er selber zu rennen und atemzupusten wie alle anderen. »Der Einfluß, den Mitwelt und Zeitalter auf uns ausüben, kann ins Beklemmende gehen. In einem gewissen Grad neigen wir, zu sein, wofür man uns ansieht, und erst ich mit meinen Dutzenden von Feinfühligkeiten!« (X, 187)

Es ist ein ständiges Auf-der-Hut-Sein, das den Grenzgänger in der Masse bewegt, ein Sich-in-acht-Nehmen vor der Vereinnahmung durch das Monster Masse. Und es ist daher für ihn unabdingbar, »nach allen Seiten hin hübsch aufzupassen und verteidigungsfähig zu bleiben. Wohin man blickt, lauern Gefahren.« (VIII, 143) Die Gefahr ist z. B. »das Wunder der Stadt« (I, 287), nämlich »daß eines jeden Haltung und Benehmen untertaucht in all diesen tausend Arten, daß das Betrachten ein flüchtiges, das Urteil ein schnelles und das Vergessen ein selbstverständliches ist.« (I, 287) Wenn auch das Untertauchen in der Masse, der Spaziergang des Grenzgängers in der Stadt, immer in heiterer Verfassung und voller Neugierde geschieht, so liegt darin stets kritische Wachsamkeit;

der Grenzgänger ist keinesfalls ein fröhlich-naiver Stadtbummler, ein oberflächlicher Zuschauer, er ist ein aufmerksamer Erforscher des Zivilisationsdschungels, der auf niemandes Unterstützung oder gar Hilfe rechnet und daher um so sorgfältiger zu vermeiden versucht, sich im bunten Allerlei selbst zu verlieren; »denn gerade der Einsame ist ja recht eigentlich stets auf Angriffe gefaßt und daher stets wohlausgerüstet mit Werkzeugen der glücklichen Verteidigung. Ich war immer einsam und infolgedessen immer auf irgendwelchen Kampf vorbereitet.« (VIII, 383) Im Normalfall ist eine Verteidigung bestenfalls wirksam oder erfolgreich, bei Walser ist sie glücklich – ein Glück, das aus der Bedrohung erwächst; an solchen Feinheiten kann man Walser erkennen.

Daß zu Beginn der industriellen Revolutionierung der mitteleuropäischen Gesellschaft im großen Stile auch Walser diese Hypersensibilität für Phänomene der Masse zeigt, ist nur verständlich. Unparteiisch ist er bei dem, was er als Beobachter wahrnimmt, nicht. Wo immer sich der Grenzgänger unter Menschen bewegt, spürt man seine behutsame, zurückhaltende Liebe für die Kleinen, Armen, Elenden, Ausgestoßenen, Hilfsbedürftigen, Unterdrückten, Benachteiligten. Er selbst fühlt sich ihnen näher als jedem anderen Bessergestellten. Aber diese Einstellung fordert von ihm keine Konsequenzen: weder ist er Rebell noch Sozialreformer, noch Fürsprecher der Armen. »Was seine sozialpolitische Meinung betrifft, so war er zu allein, um so etwas haben zu können« (III, 111), heißt es von einem Arbeiter, in der für Walser typischen, vertrackt ironischen Art. Für seine politisch-praktische Zurückhaltung gibt es aus psychologischer Perspektive zwei wesentliche Gründe: erstens ist, um sich konsequent engagieren zu können, ein hohes Maß an Überzeugtheit von der vollkommenen Richtigkeit dessen, wofür man zu kämpfen beabsichtigt, nötig – etwas wie eine konkrete Wahrheits-Vorstellung –, und die Fixierung des Grenzgängers auf eine, z. B. politische, Position ist undenkbar; zweitens braucht der Grenzgänger die Gewißheit, d. h., er hält sich immer die Möglichkeit offen, sich jederzeit allem und jedem entziehen zu können, und auch das verbietet jedes Festlegen in irgendwelchen Vereinigungen oder Gesellschaften. Der Grenzgänger fürchtet die suggestive Wirkung der Masse, er fürchtet, plötzlich einmal mitgerissen zu werden von einer ihrer Bewegungen, in den Bann ihres Gleichschritts eingeschlossen zu sein, das führt zur Angst vor Selbstverlust, und das produziert als Verteidigungsmaßnahme den Rückzugsgedanken. Kurz gesagt: weil das Heil nicht nur an einem Ort zu finden ist und weil er Angst hat vor den Menschen und besonders vor ihrem Auftreten in Massen, kann er sich auch politisch nicht für sie engagieren. Der einzige Beitrag, den er als Protest gegen die Unmenschlichkeit der Verhältnisse – allerdings in einem sehr praxisfernen Zusammenhang – zu leisten vermag, ist: subversives Dabei- und Danebensein in seiner Dichtung.

3.2 Ferne Freundschaft

In den bisher dargestellten Beziehungen des Grenzgängers zu seinen Mitmenschen ist die Verteidigung seiner Anonymität als Selbstschutzmaßnahme immer wieder deutlich geworden. Darin ist er dem Rumpelstilzchen nicht unähnlich. Man erinnere sich an den kleinen Kerl, der allein im Wald haust und dreimal hilfsbereit der armen Müllerstochter beispringt; das dritte Mal aber äußert er einen Wunsch, dessen Erfüllung er selbst nicht verkraften kann, er wünscht sich nämlich etwas, was den innigsten Bezug zur Müllerstochter stiften würde, etwas, was Liebe und Nähe bedeutet: ihr erstes Kind. Und mit diesem Wunsch riskiert er sein Inkognito, damit veranlaßt er selbst die junge Königin, nach ihm zu forschen. Sie nennt ihn beim Namen!

» ›Heißt du etwa Rumpelstilzchen?‹
›Das hat dir der Teufel gesagt, das hat dir der Teufel gesagt‹, schrie das Männlein und stieß mit dem rechten
Fuß vor Zorn so tief in die Erde, daß es bis an den Leib
hineinfuhr, dann packte es in seiner Wut den linken Fuß
mit beiden Händen und riß sich selbst mitten ent-
zwei.«[240]

Sie nennt ihn beim Namen, das ist das Herzzerreißende. Die
Spaltung, die da vor den Augen der Königin exekutiert wird,
hat ihren Grund nicht allein in der unmittelbaren Berührung
durch die Ansprache, sie ist dadurch aber sichtbar und endgültig geworden. Wenn man sich Rumpelstilzchen als Typus
Grenzgänger vorstellt, dann ist folgendes geschehen: Die
gegensätzlichen Strebungen nach sowohl Nähe, Liebe, Zugehörigkeit, als auch nach Freiheit und Ungebundenheit
kommen gut miteinander aus, solange *beide* beweglich, gegenseitig anpassungsfähig bleiben. Durch ein Versprechen
(darin liegt bereits das Verhängnis: das *Ver-sprechen*) ist Rumpelstilzchen, äußerlich frei, bis zur Geburt des Kindes mit der
Königin innerlich verbunden, für es eine ideale Kombination. Sie denkt nicht mehr daran, aber für den kleinen Kerl,
der da weit ab von den Menschen lebt, ist das Trost in der
Einsamkeit und Glückverheißung in der Freiheit durch ein
ganzes langes Jahr. Nur muß Rumpelstilzchen am Versuch
der Einlösung dieses Versprechens scheitern, denn sie führt
durch seine *Ent-Deckung*: »du bist Rumpelstilzchen!«, zu seiner Festlegung: bis an den Leib steckt es in der Erde, und die
Fluchtbewegung, die immer möglich ist, solange Liebessehnsucht nicht bindend wird, muß es jetzt mitten entzwei-
reißen.
Auch den Grenzgänger treibt die Sehnsucht nach Zuneigung
und Ansprache zu den Menschen. Immer wieder muß er sich
ein bißchen wärmen an der traulichen Verbundenheit anderer, teilhaben an einem Gefühl für das, was sie ihr Zuhause
nennen. Das hat z. B. Joseph Marti eine gewisse Zeit im

Toblerschen Hause genießen können. Aber man erinnere sich an das Weihnachtsfest, das er in ihrem Kreis verbringt, kurz bevor er seinen Abschied nimmt.

»Tobler war *bemüht,* dem Fest einen gemütlichen, wirt*shäuselnden Anstrich* zu geben, er rauchte die gewohnte Pfeife und blinzelte mit seinen Augen den Tannenbaum an, der lieblich umherstrahlte. Frau Tobler lächelte und sagte ein paar *schickliche Worte,* zum Beispiel, wie schön doch so ein Bäumchen sei. Aber es mochte ihr nicht so recht zum Mund herauskommen. Überhaupt stockte alles ein bißchen, und es verbreitete sich *keine* sonderliche *Freudenandacht* um *die paar dastehenden Menschen,* sondern es legte sich *Wehmut* um alles. *Auch war es kalt im Gastzimmer,* und wo Weihnachtsfreude hätte herrschen sollen, da durfte es nicht kalt sein. Man ging daher immer ins Wohnzimmer hinüber, um sich dort ein wenig Wärme zu holen, und kam dann wieder zum Baum. Jeder Weihnachtsbaum ist schön und jeder hat noch *Rührung erzwungen.* Auch der Toblersche war schön, nur die Menschen, die um ihn herumstanden, konnten sich zu *keiner längeren und tieferen Rührung und Freude aufschwingen.* (...) So nahm man *zu den Spielkarten Zuflucht.*
Der Baum war inzwischen *strahlen- und lichterlos* geworden. (...) Ja, *einsam waren diese drei Menschen,* am einsamsten der Gehülfe, weil er fühlte, daß er als ein hinzugeflogenes Glied einem Haus angehörte, das langsam aufhörte, ein solches zu sein, (...) weil er hätte Weihnachten haben und begehen wollen, da er sich doch einmal in solch einem Hause und in solch einer bürgerlichen Familie befand; weil er *des Glaubens gewesen war in den letzten Jahren, er entbehre viel, solches vermissen zu müssen.«* (V, 271–73)

Weihnachten, Fest der Liebe und Versöhnung, so sollte es sein. Toblers bemühen sich auch, alles recht zu machen, aber schon allein das Bemühen erklärt das Mißlingen; Kälte ist in dieses Heim eingezogen, Herzlosigkeit, der menschliche Unverstand Toblers, der meint: »Ja, da wo Geld ist, da ist noch Lust, Feste, und noch dazu heilige, zu feiern. Wo Wohlstand ist, wo Glück, Erfolg und allgemeine, häusliche Freude ist.« (V, 274) Das, was Joseph gesucht hat, ist da nicht mehr zu finden. Er war des Glaubens gewesen, »er entbehre viel, solches vermissen zu müssen«. Aber nicht einmal der Weihnachtsbaum hatte ihm oder den anderen Rührung abzwingen können. Hätte er sich denn wirklich rühren lassen? Die Weihnachtsszenen im Werk Robert Walsers zeigen immer wieder eine auffällige Steigerung der sentimentalen Regungen, es ist die Zeit im Jahr, wo es draußen kalt, öd und leer ist, wie so oft in den Einsamkeits-Visionen des Grenzgängers, wo alles in die warme Stube zum Kerzenschein hindrängt – erst recht so einer ohne Zuhause. Dieser Wunsch (wohl auch als »eine echt bourgeoise Empfindung« eine Reminiszenz aus den Kindertagen) taucht auch beim Grenzgänger auf. Aber er kann ihn sich gleichwohl nicht erfüllen, denn er verträgt nur die Nähe derer, die ihm fern sind, die ihm innerlich fremd bleiben, und dort ist kein Fest der Liebe zu feiern.

»Leute, die Neigung zu mir fassen, laß ich am Gebäude ihrer Freundschaft so lange bauen, wie sie wünschen; gestört werden sie von mir nie, denn ich beachte sie gar nicht.« (III, 377) Echte Freunde hat der Grenzgänger deshalb nicht. Am liebsten sind ihm angenehme Zufallsbekanntschaften, Wegbegleiter auf einer Wanderung, Zechgenossen im Wirtshaus, Menschen vom Schlage Wirsichs, die keine Ansprüche an ihn stellen, die er jederzeit verlassen kann.

> »Im übrigen bestand seine Gesellschaft aus einigen fröhlichen, muntern Kumpanen, gutmütigen, wilden, jungen Leuten, die *keinerlei Anspruch erhoben* haben wollten als recht viel Lebhaftigkeit, Witz und Scherz zum lustigen Gelage. *Die ihr Tieferes für sich zu behalten wissen, sind allem Anschein nach immer die besten Kameraden.*« (III, 154)

Das Entscheidende ist genannt und überrascht nach allem Bisherigen auch nicht weiter. Die Rede war hier vom Maler (auch: der Bruder, in »Geschwister Tanner« heißt er Kaspar, und ihre typmäßige Identität ließe sich nachweisen), der nicht nur der ideale Freund des Grenzgängers, sondern manchmal auch sein Alter ego zu sein scheint. Wenn man die Freundschaft mit dem Bruder betrachtet (z. B. in »Geschwister Tanner«), dann ist dieses geschwisterliche Verhältnis von der entspanntesten Vertrautheit, die dem Grenzgänger überhaupt begegnen kann. Psychologisch ist das insofern verständlich, als die schizophrenogene Familie als »geschlossenes System« beschrieben wird[241], und das bedeutet zugleich mit der hermetischen Abdichtung des Kontakt- und Erfahrungsbereichs nach außen hin (»Gummizaun«) eine fest umrissene Beziehungs- und Rollendefinition der Familienmitglieder im Innern, und damit »Sicherheit«. Aber auch von seinen persönlichen Eigenschaften her ist der Maler dem Grenzgänger am liebsten: beide leben frei, beide sind Künstler, aber auf verschiedenen Gebieten, das ist wichtig, beide nehmen, wenn es sich gerade so trifft, Anteil an dem Treiben und Schaffen des anderen, ohne daraus Ansprüche oder gegenseitige Verpflichtungen irgendwelcher Art ableiten zu wollen. Im Notfall wären sie füreinander da, das wissen sie, und das genügt ihnen. All dies macht den Maler-Bruder zum wohl einzigen dauer- und wahrhaft angstfrei »Geliebten« des Grenzgängers.

Das Innigste also, was eine freundliche Begegnung des Grenzgängers mit anderen Menschen zustande bringt, ist ein geschwisterliches Verhältnis. Mit Geschwistern kennt er sich aus, bei ihnen fühlt er sich sicher. Es fällt überhaupt auf, daß die meisten Begegnungen des Grenzgängers mit anderen nicht unter Freund- oder Feindgefühlen stehen, sondern den eher spannungslosen Freundlichkeitscharakter eines Geschwisterverhältnisses aufweisen, dessen Vertrautheitsgrad manchmal den Rand der Gleichgültigkeit streift.

Angenehm für den Grenzgänger ist z. B. das Verhältnis Simons zu seiner Schwester Hedwig in »Geschwister Tanner«.

Zwar kritisiert sie ein wenig an ihm herum, aber doch an nichts wirklich Ernstzunehmendem und auch nicht zu nachdrücklich. Dafür darf Simon einige Zeit bei ihr zu Hause sein, sie haben eine kleine Wohnung, die Wohnung der Schwester, einen geregelten Tagesablauf und viel Verständnis füreinander. Geben und Nehmen sind zwischen den Geschwistern völlig ausgeglichen: während Hedwig ihrem Bruder das Gefühl innerer Geborgenheit gibt, ein Dach über dem Kopf und Essen auf dem Tisch, trägt Simon Fröhlichkeit und die phantastische Weite seiner Welt in das enggefaßte, pflichterfüllte Leben seiner Schwester; er kocht ihr den Tee und erwartet sie nach der Arbeit; am Abend unterhalten sie sich, bis sie beide müde sind. Das ist ein vom Grenzgänger hoch geschätztes Glück. Außerdem verkörpert Hedwig das Weibliche in seiner für ihn denkbar angstfreiesten Form. Man erinnere sich, daß der Schizoide das geschwisterliche Verhältnis zum anderen Geschlecht grundsätzlich bevorzugt, da es ihn vor Bindungsansprüchen jeder Art bewahrt. Deshalb z. B. kann Simon ungeniert Klara lieben: erstens ist sie verheiratet und zweitens liebt sie Kaspar. Zwar ist sie auch lieb zu Simon, aber sie meint nicht eigentlich ihn, sie sieht in ihm nur den Bruder, und damit übersieht sie das Wesen und die Empfindungen Simons ein wenig – so fühlt er sich wunderbar ge- und verborgen in der schwesterlichen Umarmung Klaras.

Man kann es immer wieder beobachten: dem Grenzgänger ist es am wohlsten bei Frauen, die – glücklich oder unglücklich – andere lieben. Er versteht auch sozusagen »stürmisch« solche Frauen zu lieben, die ihn nicht beachten oder sogar verachten (Muttererfahrung), die ihn jedenfalls *nicht* lieben. »Es existiert eine, die mir noch kein Wort, als höchstens ein nachlässiges, und noch kein anderes Zeichen, als ein absprechendes bewilligte. *Diese besitzt mich. Ich gehöre der, die mich nicht haben will, mich freigibt* und mir damit die Pflicht auferlegt, zu mir selber zu sehen. Ihr zu Ehren ergötz' ich mich an

meinen Eigenschaften, habe damit zu tun und bin froh.«
(III, 415/16) Die ablehnende Haltung einer Frau entspricht
dem zutiefst wurzelnden Gefühl des Depressiven, nicht liebenswert zu sein, ist insofern eine Selbstbestätigung und läßt
den schizoiden Strebungen nach Ungebundenheit den nötigen Freiraum. »Vielleicht ist gerade die Liebe die Feindin der
Liebe« (III, 398), scherzrätselt der Grenzgänger und hat damit
einen unauflösbaren Knoten um dieses Problem geschlungen.
Immer, wenn eine Verbindung zu einer Frau (die vielleicht zuerst seine Herrin oder Zimmervermieterin ist) anfängt, emotionale Züge oder Bindungsansprüche zu entfalten, erst recht,
wenn eine Frau ihm ein Liebesgeständnis macht (falls er es
überhaupt so weit kommen läßt), spätestens in diesem Moment entwickelt der Grenzgänger das starke und durch nichts
zu zügelnde Bedürfnis zu verreisen, er *muß* dann einfach fort!
Die Kunst verlangt es, oder die Geschwister rufen ihn oder
sonst eine Lebensnotwendigkeit, und schon ist er über alle
Berge und auf Nimmerwiedersehen verschwunden. Die Pa-
nik, die er gegenüber Annäherungsversuchen von weiblicher
Seite her entwickelt, ist ungleich größer als diejenige, die das
Freundschaftsangebot eines Mannes in ihm hervorruft, selbst
wenn dieses zu homosexuellen Beziehungen führen soll (Simon und der Krankenwärter). An dem im ersten Teil erarbeiteten Modell ist dies psychoanalytisch erklärt worden. Le-
benspraktisch liegt der Grund für solches Verhalten auch – wie
man immer wieder beobachten kann – darin, daß dem Grenzgänger von männlicher Seite her keine ernsthaften Bindungs-
Ansprüche drohen, während verliebte Frauen schon gelegentlich einmal mit solchen Anliegen vorrücken.

> »Irgendwo gibt's eine Revue, worin sich nur Verheira-
> tete blicken lassen dürfen. Ich muß eilen und mich ver-
> heiraten. Kunigunde sitzt einsam im Kaffeehaus, weint
> sich ob meiner Unerbittlichkeit die Augen aus. Ich
> glaube folgendes: *Mein Geist wird im Ehebett seine Aufer-
> stehung feiern.* Letzthin erhielt ich einen Brief. Was stand

darin? Die rührende Bitte, ich möchte nicht dem bösen
Beispiel Gottfried Kellers folgen. Hahn im Korbe zu
sein, sei so schön. Ich antwortete: ›Eine dörfliche Üppige steht mir zur Verfügung.‹ Ich soll sowohl zu einer
Ehehälfte, wie zu einem Kunstwerk kommen. Das beste wird sein, ein Kind zu zeugen und das Produkt einem Verlag anzubieten, der es kaum ablehnen wird.
Meine Frau wird mich täglich mit Vorwürfen bedek-
ken, einen Überzieher man jetzt ja brauchen. Von
dem Kind werd' ich lernen. Welche verheißungsvolle
Zukunft!« (III, 354)

Das ist die spöttische Antwort auf eine Lebenseinstellung, die
nur der reglementierten, in vorgeformte Bahnen gelenkten,
staatlich sanktionierten Liebe eine Glücksberechtigung zubil-
ligen möchte. Beißend wird der Spott dann, wenn solche bie-
derliche Weltanschauung missionarisch in das Lebensgefühl
des Grenzgängers einzudringen versucht. Das Angebot allein
verdient schon, lächerlich gemacht zu werden: »Hahn im
Korbe zu sein« – dafür steht dann gewiß jederzeit eine »dörfliche Üppige« bereit. Auch der Räuber soll bei Gelegenheit
einer   kleinen   Abendgesellschaft   verkuppelt   werden
(VI, 254–56); zu diesem Zwecke hat man eine »Geeignete«
eingeladen, die zwar nicht hübsch ist, aber gerade deshalb für
passend gehalten wird – nur ist der »Esel von Räuber« so
frech zu tun, als begriffe er nicht, was da mit ihm eingefädelt
werden soll. Wer mag ihm das verdenken? Eine solche oder
ähnliche Ehe einzugehen, das würde wahrhaftig voraussetzen, daß man seinen Geist aufgäbe – der dann im Ehebett
wiederauferstehende müßte also zuvor gestorben sein und
wäre dann höchstwahrscheinlich anderer Couleur.[242]

3.3 Das erotische Leid

Warum der Bereich der Erotik meist nur verschlüsselt hinter der überhöhten Verehrung unantastbarer Frauen zur Sprache kommt, ist psychoanalytisch begründet worden. Direkte Vorstöße von weiblicher Seite auf den Grenzgänger als geschlechtliches Wesen werden mit Witz zurückgewiesen. Seine Liebe zu den Menschen mag nicht reserviert werden für einen einzigen, eingesperrt in den Händen einer tüchtig damit waltenden Ehefrau. Demgegenüber erlaubt die geschwisterliche Art von Liebe mehr Freiheit und mehr Liebenswürdigkeit. Doch spart sie den sexuellen Bereich aus, so daß zu fragen wäre, wie der Grenzgänger als erotischer Ent-sager sich in der Konfrontation mit der erfüllten Liebe anderer verhält. Zur Beantwortung dieser Frage soll zunächst das Prosastück »Der Maler« (I, 66–90) gelesen werden.

Es beginnt mit einer wechselseitigen Distanzierung nach bekanntem Muster: Einer behauptet, das folgende seien »Blätter aus dem Notizbuch eines Malers« (I, 66), d. h., ›nicht *ich* habe dies geschrieben, sondern ein anderer‹, und dieser Maler wiederum beginnt seine Notizen mit der Mitteilung seiner Absicht, die zu beschreibenden Blätter am Ende verbrennen zu wollen: »Die Welt ist mir gleichgültig, ebenso die Menschen, ebenso diese paar Aufzeichnungen. Ich schreibe zu meinem Vergnügen« (I, 66); es wird aber angemerkt, daß, wenn diese Notizen »einem neugierigen, schwatzhaften Schriftsteller in die Hände fallen; was kann mir daran liegen?« (I, 66); auch das sei ihm also gleichgültig – daß sie aber doch »zufällig aufbewahrt werden« (I, 66), dementiert diese Gleichgültigkeit. Einer macht zu seinem momentanen Vergnügen Aufzeichnungen, an denen ihm scheinbar nichts liegt, und ein anderer veröffentlicht sie, weil ihm etwas daran liegt – dazu kann der Grenzgänger sich bekennen, weil es ja dann nicht *seine* Aufzeichnungen sind.

Wie es nun dem Maler im einzelnen ergeht, das soll hier nicht untersucht werden. Er lebt in der Villa einer Gräfin, die für seinen Unterhalt sorgt und dafür zur Besitzerin seiner Bilder wird. Das Angenehme an dieser Situation für den Maler ist: er kann ungestört arbeiten, und er lebt in einem Rahmen, der ihm Sicherheit gibt – die Gräfin erfüllt seine bescheidenen Bedürfnisse nach Ansprache, Wärme und Zuwendung. Nicht nur dies, sondern auch die Äußerungen des Malers über Kunst[243] entsprechen dem, was wir an anderer Stelle auch vom Grenzgänger erfahren.

Die Aufzeichnungen des Malers teilen nun mit, daß er die Gräfin portraitiert, die »*kalt* und *unbeweglich* vor sich geschaut« (I, 81) hat und wie ein gleichgültiger Gegenstand gemalt wird, aber: »Ich *male fortwährend im Gehirn weiter, furchtbarer Zustand! Die ganze Nacht, in Träumen, entsetzlich wilden*, wird fortgemalt.« (I, 80) Und: »Ich habe gemalt, wie ein armer Schuft vor dem Wunder. Dann bin auch ich, *zu meinem Glück, kalt geworden,* und es ist, wie man so sagt, ›gegangen‹. Dann an *ihren verzweifelt kalten Augen* habe ich wieder gemalt *wie ein Verzweifelter*.« (I, 81) Nur Kälte, d. h. Distanz ermöglicht Kunst – die Gefühle, die in dieser Situation im Maler der Gräfin gegenüber auftauchen, verschaffen sich in seinen Träumen Ausdruck. Auch während der Pausen *sprechen sie nicht,* und als das Bild fertig ist, drückt die Gräfin dem Maler nur stumm die Hand. »Ich weiß, sie betrachtet es nur noch als Kunstwerk« (I, 81), notiert der Maler und möchte ihr damit gern die Distanz zum im Bild Ausgedrückten, nämlich: dem inneren Bezug zwischen Maler und Gräfin, unterstellen, die er kaum hatte wahren können. Aber: »Das sei sie wirklich, hat sie mir viel später gesagt.« (I, 81) Diese ganze Episode wäre in unserem Zusammenhang nicht weiter bedeutsam, wenn sie nicht die stille, scheinbar kühle Vorgeschichte einer kurzen, heißen Liebe wäre, die sich vorerst noch unter der arbeitsamen Strenge des Kunstschaffens verbirgt. Das Portraitieren und Portraitiertwerden wird zum Medium der Begegnung, ähnlich wie das Dichten.

207

Bevor aber diese Liebe sich äußert, zieht ein »*kranker Dichter*« in die Villa ein. »Die Gräfin, die eine innige Verehrerin und Liebhaberin seiner Verse ist, hat ihn zu sich kommen lassen, um *ihn wenigstens anständig und ruhig sterben zu lassen.* Er hat in seinen Gedichten, die wirklich herrlich sind, feinste und genaueste *Wiederholungen des Lebens* gegeben. *Des tönenden Lebens da draußen und des stillen, seufzenden Lebens der Seele!*« (I, 82) Der Dichter, der Künstler, taucht auf, um in der Konfrontation mit der Liebe des Malers (Bruders, Freundes) abzusterben, er ist die stille, seufzende Seele, die den im tönenden Leben stehenden Maler heimsucht als stumme Warnung: die sich anbahnende Liebe bedeutet, wenn sie sich vollzieht, (Todes-)Gefahr[244].

Die Gräfin liebt auch den Dichter, allerdings nur als Dichter schöner Verse, und überhaupt bevorzugt sie die Malerei. Der schwache Kranke muß also ihre Zuneigung nicht als ausufernd fürchten. Der Dichter wird in Ruhe gelassen, er hat »vollständige Handlungsfreiheit hier« (I, 82), wird mit dem Nötigsten versorgt. »Wenn er berauscht ist, so tanzt er« (I, 82) – dieser berauschte Tänzer erinnert an den manischen Umschwung des Melancholikers, erinnert an den Tanz des Todes mit dem Leben in der Malerei, an den übermütigen Tänzer in der abseitigen Dichterkammer des Prosastücks »Doktor Franz Blei« (II, 316). Von einem Gespräch zwischen Maler und Dichter wird nichts berichtet, aber ersterer notiert: »Wie ich ihn liebe, den blonden, arglosen, träumerischen Menschen!« (I, 82) Er portraitiert ihn bis auf weniges »aus dem Kopf«, und es wird sein »bestes Werk«. Dann taucht der Dichter nicht mehr auf in den Notizen.

Hingegen tritt die Gräfin beim Maler wieder in den Vordergrund und »legt plaudernd ihr Herz vor mir aus« (I, 86). *Während der Maler schreibt, spricht sie* zu ihm, aber er braucht ihr gar *nicht zuzuhören.* Und im nächsten Abschnitt ist es dann plötzlich passiert: »Mehrere Tage sind vergangen. Ich bin unbegreiflich glücklich. (...) es hat lange schon wie *mit Tigeraugen gelauert,* es ist nun *ausgebrochen,* mag es sich meinetwegen *weiterbohren.*« (I, 87) Die Gräfin hat »*mir gesagt,* mich wissen und spüren lassen, daß sie mich liebe. Sie hat mich genommen und geküßt und hat *nichts sagen können,* und mir *verboten, etwas zu sagen,* als *fürchtete* sie, *ich möchte nein, nein sagen.*« (I, 87) Auch der Maler liebt, (der Maler kann das, was der kranke Dichter nicht kann) weil: Die Liebe ist da und sie hat alles andere vertrieben! »Lieben will nichts mit der Kunst zu tun haben, wenigstens mein Lieben nicht. Lieben ist ein Verschwenden, Kunst ein Sparen.« (I, 88) Maler und Grenzgänger sprechen da aus einer Seele. Schönes, kurzes Glück, das Ende ist vorhersehbar, schon im nächsten Abschnitt, dem letzten in diesen Aufzeichnungen, heißt es:

> »Ich bin in die Berge gegangen, habe mich wollüstig dem Regen, dem Sturm, der Sonne ausgesetzt, zwei Tage lang. Ich habe nichts angesehen, bin vor nichts stillgestanden. Es ist mir alles gleichgültig gewesen. Weder Beängstigung noch Freude habe ich empfunden. Ich habe mich müde laufen wollen, das war alles. Dann bin ich heimgegangen, *habe die Vorwürfe der lieben Frau gleichgültig hingenommen,* habe mich schlafen gelegt. *Ich muß fort! Ich kann Liebe nicht ertragen,* ich bin für ein wilderes, kälteres Leben bestimmt. Es reizt mich nicht auf die Länge, mich geliebt zu wissen (…). *Ich ertrage die Ruhe, vor allem das Glück nicht* (…). *Ich will kein Glück, ich will Vergessen.* Glück und Unglück sind mir immer, wenn nicht gänzlich fremde, so doch unliebe Empfindungen gewesen. Es ist nichts für mich. Ich muß (…) diese Welt verlassen (…). Es gilt schnell zu verlassen, wenn einmal doch Abschied genommen werden muß (…). Ich werde sie vergessen: ich vergesse alles. (…) Mir ist sehr weh zumut, aber ich verbiete mir, deswegen trostlos zu sein. *Schmerzen und Bangigkeiten erlaube ich nicht, Macht über mich zu gewinnen.*« (I, 89/90)

Das Näheerlebnis, das dem Maler vergönnt ist, das der Grenzgänger vielleicht am intensivsten, weil durch »Bruderbande« am freiesten im Maler erleben kann, ist ein zweifaches: es ist einerseits in der Liebe des Malers zum Dichter Freundes- und Bruderliebe, und andererseits ist es die erotische Liebe zur Frau, die sich vor dem Beobachterblick des Grenzgängers erfüllt. Der Auftritt des sterbenden Dichters hat aber den Schatten des Leids auf die Liebesfreude des Malers geworfen, damit ihr baldiges Ende angekündigt, das Übertreten des Liebesverbots (dazu später) gesühnt – und ist so in seiner Stellung in diesem Prosastück begründet.

Dem Maler also glückt solch ein Liebeserlebnis, auch wenn es nicht von langer Dauer sein kann, denn auch ihn schlagen die Grenzgänger-Gebote in die Flucht. Der Dichter ist stummer, sterbender Zeuge solchen Liebesglücks. Es macht beinahe den Eindruck, als sei er eigens angereist, krank von dem bevorstehenden Vereinigungserlebnis des Malers, um diesem vor Augen zu führen, daß dies nicht sein kann, weil es nicht sein *darf*.

Da man aber davon ausgehen muß – und nach den Überlegungen des ersten Teils gezielt davon ausgehen darf –, daß sich auch unter störungsträchtigsten Kindheitserfahrungen der Sexualtrieb nicht für immer verdrängen, gar eliminieren läßt, wäre nun zu fragen, wie er sich, wenn er denn einmal zu seinem Recht zu kommen fordert, beim Grenzgänger bemerkbar macht. Hierzu sollen zunächst zwei Texte untersucht werden, die die Liebesbeziehung eines Freundes in ihrer den Grenzgänger erotisierenden Wirkung vorstellen.[245]

Der »Freundschaftsbrief« beginnt so: »Deine Nachricht, daß Du eine Frau liebst, hat mich *tief übernommen*.« (IX, 91) Damit ist die Erschütterung angedeutet, die solche Liebeskunde im Grenzgänger angerichtet hat. Es folgt nun als typische Reaktion auf diese innere Verwirrung das Bemühen, Fassung zu bewahren.

> »Ich habe eine fröhliche Entdeckung in mir gemacht: ich liebe deine Liebe und bin in deinem Glück glücklich, und da du so reich an Fühlen bist, so bin ich es auch. Rei-

zend ist die Freundschaft, die nicht den Neid und die üble Anwandlung von Mißgunst kennt. Wäre ich böse, so würde ich mich töten. Haß ist töricht, und Unmut nicht würdig, daß man sich ihm hingibt.« (IX, 91)

Man kann bereits ahnen, daß diese Zeilen nicht ganz so unbeschwert daherkommen, wie sie klingen sollen, und hört etwas heraus, was wie eine leise Mahnung dem Schreibenden selber zu gelten scheint. Der Briefschreiber soll, muß, möchte sich mit dem Erlebnis des Freundes identifizieren. »Ich erlebe es mit dir, bin vom Ergreifenden so stark ergriffen wie du selbst. Das glaubst du doch.« (IX, 91) Dieser letzte Satz ist keine Frage, sondern eine Vermutung, in der eine Anklage verborgen liegt: Warum sonst hätte der Freund ihm die schamlose Mitteilung seines Liebesausbruchs machen können, mit der er sich nun herumquälen muß, als in dem treuherzigen Glauben, sein Freund könne dadurch ebenso freudig ergriffen werden wie er selber, der Liebende. »Du wanderst über ein *zackiges Gebirge*, und *die Lust in dir* ist so *groß,* daß du lachen mußt, was auch mich zum *Übermut zwingt,* weil *alles Kleine* mit einmal weit entfernt *scheint.*« (IX, 91) Es scheint nur weit entfernt, wie wir gleich sehen werden, und der Übermut ist »erzwungen«. Während der Briefschreiber sich bemüht, sich selbst zur Begeisterung für die Liebe des Freundes hinzureißen, schleicht das Bedrohliche immer näher heran.

> »Der Wind macht dir das Haar flattern. *Unter dem Sturm krümmen sich die Bäume.* Wie groß ist ein Glück von hoher Art (...).« (IX, 91)
> »*Wie ein Nachtvogel* ist dieses Schöne übers Haus geflogen; es gleicht dem *fremdartigen Strom,* den man liebt, weil er wundervoll ist.« (IX, 92)
> »Die Innigkeit ist die Kraft, die uns aus uns selbst wie *aus dem Sarg heraus*hebt. *Ohne Fühlen ersticken wir an uns, wir können sagen, was wir wollen. Redensarten helfen uns nicht.*« (IX, 92)

Und schon ist es um den so verzweifelt freundlich Gesonnenen geschehen. Seine Redensarten haben auch ihm nicht geholfen, unversehens sind in ihm durch seine Identifikation mit dem Liebesvollzug des Freundes alle die Ängste wach geworden, die ihn selber daran hindern, ein erotisches Näheerlebnis zu wagen, ja, überhaupt nur zu denken.

> »Ich *zittere,* schweife aus. Das Leben steht wie ein *Riese* vor mir. Der Bogen Papier fliegt mir weg, ich bin wie im *Fieber.* Die *Feder springt,* mir wird *angst.* Ich muß an die Luft *hinaus,* damit ich mich kühle und *mich etwas oberflächlicher fühle, sonst zergehe ich.* Wie bin ich im *Meer der Erregtheit* arm.« (IX, 92)

Da ist er, der Riese (s. Teil I), in den der ganze Sexualtrieb zurückgestaut wurde. Wenn der Riese auftaucht, muß der Grenzgänger fliehen. Er kann dann nicht mehr arbeiten, nicht denken, nicht mehr ruhig handeln – es hilft nur noch eines: die Flucht.

> »Doch bin ich froh, denn ich denke, daß nur der Arme fähig sei, vom *engen Selbst* geringschätzig wegzugehen, um sich an etwas Besseres zu verlieren, an das *Schwebende, das uns selig macht,* an die *Bewegung, die nicht stockt,* an *ein Hohes, das immer wächst,* an das schwingende Allgemeine, an das *nie erlöschende Gemeinsame,* das uns trägt, bis es uns *in Frieden begraben* mag.« (IX, 92)

So endet der Brief. Es fehlt nur noch das Amen, aber es wäre nicht das christliche, sondern dasjenige restloser Erschöpfung von der anhaltend auszuhaltenden Zurückhaltung. Wie lange er an diesem Brief genagt, wie sehr er sich abgequält hat, ihn zu verfassen, das läßt sich ausführlicher nachlesen in »Der Kamerad« (IX, 53). Daß es sich dabei um dieselbe Begebenheit, die gleiche Szene handelt, ist aus vielerlei Übereinstimmungen in den beiden Prosatexten zu schließen. Zuerst die Selbstdistanzierung: »Immerhin erzähle ich vielleicht hier etwas Lächerliches.« (IX, 53) Das Ich erzählt, daß es sich »damals« in der Stadt und in der Stellung wohl gefühlt hatte. »(...) die Leute behandelten mich freundlich. Trotzdem war ich unzufrieden und *verging schier vor Unruhe*. Der neue Platz behagte mir und war mir zugleich unerträglich. Wie war das möglich? *Was war an dieser verwerflichen Verworrenheit schuld?*« (IX, 53) Auf einmal »war's null und nichts; alles rings erschien mir *klein*lich und albern.« (IX, 53) Das Ich fragt sich, ob das wohl an Geldproblemen gelegen habe, und verwirft diese Möglichkeit sogleich wieder. Der Grund ist ihm bekannt, aber nur langsam kann es sich an ihn herantasten. Doch zuvor wieder eine Distanzierung: »Nein, um etwas viel *Dümmeres* handelte es sich. Da ich es aber *sehr ernst* nahm, so war es *durchaus nichts Dummes und dennoch furchtbar dumm*.« (IX, 53) Die weiteren Schritte werden jetzt kurz zitiert:

> »Das Beste, was ich dazumal hatte, war ein *gleichaltriger* Kamerad, der mir einen Brief schrieb, worin er mir mitteilte, daß er eine Frau liebe. Für mich war das *etwas Gewaltiges, und von da an mißfiel ich mir.*
> *In der Überstürzung* hatte ich nichts Eiligeres zu tun, als *mich auf die Nachricht hin *völlig gering zu schätzen,* was offenbar unrichtig war. (...)
> Bisher hatte ich närrischerweise für *unmöglich* gehalten, daß dem einen oder dem andern von uns je solches *Große* und *Hohe* widerfahren könne. (...)
> Freilich hatte ich schon früher stets *auf etwas Seltsames gleichsam gespannt gewartet,* wobei ich jedoch immer lächelte, indem ich dachte, *es würde niemals kommen.*
> Nun kam es also doch. Mein Kamerad hatte eine Liebe, und was für eine ernste, tiefe! (...) Was war ich nun, mit ihm verglichen?
> Tagelang nagte ich an dem Brief, der eigentümlich ernsthaft lautete, und wurde *in gewissem Sinne krank* davon. Zunächst hatte ich *an nichts mehr Freude.* Heute lache ich, weil mir das alles drollig vorkommt. Damals war ich *aufgewühlt,* und von Lachen war keine Spur.
> *Was ich nie erlebt hatte, erlebte ich jetzt. Was ich nie sah, war*

213

nun sichtbar. Wie ein Riese stand das Erlebnis vor mir. (…)
Wundersam war's. Es glich dem *unbegreiflichen nächtlichen Geräusch,* dem *undurchdringlichen Wald,* dem *fremdartigen Strom.* Kurz, *es überwältigte mich.*« (IX, 54)

Da ist er wieder, der Riese, der, wenn er auftaucht, etwas aus dem dunklen Bereich der Erotik, aus der Übermacht des Sexualtriebs herauftransportiert. Eine in aller Kürze einmal versuchte psychoanalytische Deutung der verwendeten Symbole[246] kann diese Stelle vielleicht verständlicher machen: Da ist ein unbegreifliches Geräusch, der Riese, der Erwachsene kommt in das Schlafzimmer des halbträumenden (von der Mutter träumenden?) erregten Knaben, es ist dunkel, und diese Dunkelheit ist undurchdringlich (der Wald steht auch als Symbol für Genitalbehaarung[247]), und dann erfolgt eine Pollution – ein fremdartiger Strom: »Kurz, es überwältigte mich.« In dieser Weise ließen sich nun auch die im »Freundschaftsbrief« verwendeten Symbole nach Freud »übersetzen«: das »zackige Gebirge« steht für das männliche Genitale[248], ebenso weist das »flatternde Haar« des Freundes auf den Genitalbereich hin[249]; der Baum steht für den Penis des Briefschreibers, er krümmt sich unter dem Sturm, wird vom Sturm geschüttelt: das zeigt die Kastrationsdrohung an[250]; der »Nachtvogel«, der »über das Haus fliegt«, steht für den Koitus[251] im Schlaf[252] mit der Frau[253]; ferner symbolisiert nach Freud das »Papier« (das mit der Feder beschrieben werden soll!) die Frau[254], es fliegt weg (Koitus s. o.), die »Feder« als männliches Genitale[255] »springt«! Der hoch erhobene Kopf symbolisiert wieder den erigierten Penis des anderen[256] – und in diesem Sinne ließe sich lesen: »Die Innigkeit ist die Kraft, die uns aus uns selbst wie aus dem *Sarg* heraushebt.« Und: »Ich muß *an die Luft hinaus* … sonst *zergehe* ich. Wie bin ich im *Meer der Erregtheit* arm.«[257] Die Entdeckung durch den »Riesen« verursacht ein tiefes Gefühl der Scham, Minderwertigkeit und Nichtswürdigkeit gegenüber dem Großen, auch: ein Gefühl der Angst (Kastrationsangst).

Es ist gewiß nicht unproblematisch, einen literarischen Text mit der Freudschen Symboldeutung gleichsam »übersetzen« zu wollen. Wenn man es aber einmal versucht, wie z. B. hier, dann zeigt sich deutlich, daß die zunächst unverständlich scheinenden, in den Text gesetzten Zeichen nicht nur poetisch reizvoll und als Metaphern rätselhaft sind, sondern daß sie alle einen ziemlich genau zu ermittelnden psychischen Kontext haben und insofern die Sprache des Unbewußten sprechen. In diesem Sinne könnte man dann auch das Folgende lesen:

> »Ich sah ihn *als einen Großen* und Glücklichen über ein *Gebirge* schreiten, den *Kopf hoch erhoben, das Haar frei im Sturm, der die Bäume schüttelte. Die Lebenslust* nötigte ihn laut zu lachen. (…)
> Zu Hause, im lieben, aber dumpfen Zimmer, schrieb ich auf einen Bogen Papier verzagt hin: »Warum bin ich nun *arm und klein zum Zergehen* und *unmutig,* daß mir *das Herz springt,* als wenn es *mich töten* wollte? Wie unschön ist *Niedergeschlagenheit. Ihn hebt es; mich drückt es. Er geht freudig, ich traurig. Um ihn steht es gut, um mich schlimm.* Wie im *Fieber* schlich ich hin und her. Heller Sonnenschein flößte mir Kälte und wirbelnden Schwindel ein.« (IX, 55)

Nun begeht dieses Ich auch noch »die *Ungeschicklichkeit, meinen Bürovorgesetzten zu verletzen*« (IX, 55) und verliert seine Stelle. Zufällig mag einem das nicht vorkommen, vielmehr scheint es wie eine selbstbetriebene Ausstoßung durch einen, der im Recht ist, wie eine Selbstbestrafung.

> »War ich verrückt? O nein, keineswegs! *Ich war in einem Konflikt mit mir selbst und lief schließlich herzlich gern fort.*« (IX, 55)

Eines nun ist bei diesen beiden Texten – oder dieser einen erzählten Begebenheit – nicht zu vernachlässigen: es handelt sich hier, wenn auch nicht offen ausgesprochen, um ein Rivalitätserlebnis, d. h. um die Wiederbelebung des verdrängten ödipalen Dilemmas – für welches, wie schon gezeigt, der Riese symbolhaft auftaucht. Der Riese steht dem Knirps immer im Weg, wenn es um die Befriedigung sexueller Bedürfnisse geht. Gleichzeitig damit droht der Verlust des Freundes durch die Liebe zur Frau, damit Verlassenheit, welche Angst hervorruft... und so dreht sich die Spirale des Grauens – bis der »Kopf« (!) wieder kühl und der Grenzgänger entkommen ist. Das umgekehrte Verhältnis, daß nämlich eine mit dem Grenzgänger befreundete Frau ihm ihre Liebe zu einem anderen Mann gesteht, macht dem Grenzgänger keine Mühe, ermöglicht vielmehr seine Nähe zu ihr. Das als relativ entspannter bezeichnete Verhältnis des Grenzgängers zum Mann als Freund (nicht als Vorgesetzten) hat also seine Grenze an der Zone der Liebe, die, wenn sie überschritten wird, das verdrängte Unheimliche wachruft.

Der dritte Text, den ich zum Thema Erotik und Sexualtrieb analysieren möchte, stellt das Phänomen der Liebes-Angst auf ihrer tiefsten, vielleicht ursprünglichen Ebene dar. Es ist ein furchtbar schönes Stück Prosa mit dem Titel »Die Verlassene« (II, 189–193), worin mit einer ungeheuerlichen Bewegung des Grenzgängers die Distanz-Nähe-Problematik, alle Sehnsüchte und alle Ängste zusammengenommen in den grauenhaften Farben des Alptraumes aufgezeichnet werden. Nur auf Schwerpunkte einer psychoanalytisch orientierten Deutung dieses Prosastücks möchte ich jetzt in einem ersten Durchgang aufmerksam machen, um anschließend unter Hinzuziehung von Freuds theoretischen Überlegungen zur Angst die Bewegung dieses Textes insgesamt zu erklären.

Erste Stufe. Es beginnt in absoluter Hoffnungslosigkeit: eisig, kalt, düster, unbarmherzig, finster, hoffnungslos ist alles ringsum. Wichtig in dieser Situation ist: »Alle guten Eingebungen und alle guten Gedanken waren mir verloren, und ich selbst war verloren. (...) Alles kalt und tot, und die Welt gestorben.« (II, 189) Die Dichtung also, rettende Gesellschafterin in der Einsamkeit, hat versagt: schweigt. Nun ist alles, die Welt tot. (Ist die Welt wie in Teil I »der Vater«?) »Behaglichkeit und Geselligkeit waren wie für immer von der Erde verschwunden. Befriedigung und Freude schien es von nun an keine mehr geben zu können (...), das Furchtbare und Schreckliche war zur *gähnenden* Wirklichkeit geworden.« (II, 189) Statt behaglicher Geselligkeit deutet das Gähnen die *Gefahr des Verschlungenwerdens* an. Entsetzen, Schrecken, Haß und Mord peitschen die Stimmung hoch: es ist das Erlebnis der Angst. »Wild stürmte ich dahin, gejagt und getrieben von *wilden Gewissensbissen, von schrecklicher Vorwürfe ungeheuerlich lodernder Feuersbrunst.* Alles war verloren, ich hatte keinen einzigen guten Gedanken mehr.« (II, 190) Da ist es wieder: Irgend etwas ist geschehen, was das glückhafte Zusammenspiel zwischen äußerer Einsamkeit und innerer Gemeinsamkeit (mit den Gestalten der Dichtung) gestört hat. »Zerrissen im Innersten war ich, wie nie zuvor.« (II, 190) Was ist es, was dieses Ich so paralysiert? Was sind das für »Gewissensbisse« und »schreckliche Vorwürfe«?

Zweite Stufe. »*Der Sturmwind riß mir den Mantel empor,* daß er sich *über meinem Kopfe hochauftürmte,* und ich glich *auf der finstern mitternächtlichen Straße* in all der Finsternis und Düsternis dem *fürchterlichen König Richard, dem ewigen Juden und dem Mörder Paricida.*« (II, 190) In der Dunkelheit wird das Ich zum Mörder, Betrüger, Hasser, Verräter und Verächter. König Richard, der Ewige Jude, der Mörder Paricida bilden gesamthaft in der Idee des Vatermords den Ödipus, der ungebändigt aus finsterer Verdrängung, aufgejagt von einem »unendlichen *Sehnen nach (...) Liebe*« (II, 190), emporsteigt. Da gelangt das Ich an ein »*trauriges verwahrlostes Armutshaus*«, das »einem *Schlupfwinkel für Räuber und Verbrecher* glich«. (II, 190)

Das Ich betritt »ohne das geringste Zögern und mit guter Zuversicht« (II, 190) – das ist bemerkenswert, daß in solcher Situation gute Zuversicht, d. h. auch eine gewisse positive Erwartung, besteht – dieses Haus. »*Die verhärtete, eisenfeste, hoffnungslose Seele* war auf *alles Schreckliche und Häßliche* nur zu lang schon gefaßt (...) *Kälte ringsumher und Kälte mitten im eigenen Herzen.*« (II, 190/91) Dennoch geht es weiter:

> »(...) auf einem Treppenabsatz kauerte ein *armes junges* Mädchen, dessen *Haar* ich *mit der Hand streifte.* Die *Treppe* war in ihrer ächzenden, stöhnenden, krachenden Verlottertheit *furchtbar,* denn mir war es, indem ich sie betrat, als sei sie *die letzte aller Treppen, die Treppe, die zur Vernichtung,* zur Verzweiflung, *zum verzweiflungsvollen Selbstmord führen* müsse. *Trotzdem stieg ich empor,* und ich erinnere mich, daß mir *das elende Herz vor Bangigkeit zum Zerspringen klopfte,* und daß ich nach jedem kleinen Schritt innehielt, um *mit gespannter Sorgfalt* in all die *Leere* und in all die *grausame kalte Finsternis* hinein zu horchen und zu lauschen. (...) Alles war *totenstill im schrecklichen Haus der Armut. Im Bauche eines schlummernden Ungetümes konnte es nicht lautloser und stiller sein.*« (II, 191)

Das Signal ist gesetzt: der Gang *zur* Mutter (Koitus) und das Verlassen der Mutter (Geburt) durch den dunklen Geburtskanal nach draußen in die Kälte fließen phantastisch ineinander. Es heißt nämlich weiter auf der dritten Stufe:

> »Über die Wohnungstüre, an die ich endlich im Dunklen tappte, muß ich noch besonders reden, denn *sie war nicht wie irgendeine andere beliebige Türe, sie war offen!* (...) Diese Türe hier war nur nachlässig angelehnt, so, als verlohne sich in der ganzen Welt *in Zukunft* infolge überhandnehmender Gleichgültigkeit und *Herzlosigkeit keinerlei Treue* und behutsame Aufmerksamkeit und Sorgfalt mehr, und so, als sei in Zukunft im menschlichen Leben *alles, alles gänzlich gleichgültig,* und so, als sei alles, alles *lebensüberdrüssig, müd, abgestumpft, ruchlos, kalt* und *gleichgültig,* und so, als sei es gleich geworden, ob noch ein Leben vorhanden sei oder *ob alles tot, nackt und zerrissen sei,* und ferner so, als sei jede feinere, zartere Gemütsbildung ein Ding der Undenkbarkeit und etwas

völlig Nebensächliches und Überflüssiges geworden, und zuletzt so, als freute sich die geknickte, zertretene und entmenschte Menschheit gar noch über ihre Verwahrlosung, über ihre Zerstückelung und über die Verwüstung. *Wüste hier und Wüste dort,* doch das macht nichts. *Es ist ja jetzt alles, alles, alles gleichgültig...*« (II, 191/92)

Die Mutter hat den Sohn verstoßen, ihn hinausgetrieben aus dunkler Wohnung sichrem Schutz, sie hat die Tür (den Muttermund) nicht fest genug verschlossen, die bergende Hülle barst und stieß das Schutzlose, Wehrlose in die kalte Wüste (!) hinaus. Jetzt geht es durch einen dumpfen, kalten Korridor,

»(...) ich selbst angestrengt auf das *hervortretende Schrecknis* lauschend, *auf dessen Erscheinen ich gefaßt war,* weil ich mir sagte, daß an solchem Ort nichts anderes als Schreckliches zu erwarten sei, mein Dastehen in der entsetzlichen *Erwartung dessen, was jetzt kommen mußte:* Ich darf wohl sagen, daß es *einigen Mut brauchte,* um den sinkenden, zusammenstürzenden Mut noch einigermaßen aufrecht zu halten und in dieser Öde auszuharren, *in diese Wüste und Öde weiter einzudringen. Plötzlich jedoch zitterte ein süßer, zarter Lichtschein aus einer Ritze mir entgegen,* und ich glaubte eine schöne hohe gelinde *Liebesmelodie* zu vernehmen von weit, weit her und doch auch wieder aus allernächster Nähe. *Ich öffnete eine Türe und stieß einen Schrei des Entzückens,* der entzückenreichen Überraschung aus. In einem lichten schönen warmen Zimmer oder Gelaß saß eine Frau, und *ich kannte sie von früheren Zeiten her* (...), und die schöne Frau, die wie ein Engel aussah, *lächelte mich freundlich und liebreich an,* als sie mich *elenden armen Wanderer, Umhergetriebenen* erblickte. Alles war plötzlich wieder gut, *eine sonnige, wonnige Jugendkraft stürzte über mein Wesen* (...). Ja doch, das war der wunderbare, wenngleich düstere Ort, wo ich die *herrliche Verlassene wiederfand,* der Ort der Einsamkeit, wo ich die *schöne Verlassene wiedersah* (...) die himmlisch schöne Einsame und Verlassene.« (II, 192/93)

219

Das Ich eilt, »hinreißendem Antrieb gehorchend«, zu ihr hin, »und die Entzückende schaute mich gütig an. – *Sie tat nicht fremd. Ich war ihr gut. Ich war ihr recht. Sie zeigte sich über meine Gegenwart erfreut, und das freute mich unendlich.*« (II, 193)

Es ist ersichtlich, daß die Beschreibung des äußeren Handlungsverlaufes das Bemühen um Verständnis dieses dunklen Bildes kaum voranbringen würde. Man konstatierte allenfalls, daß durch irgendwelche Störungen das Ich in fürchterliche Untiefen abstürzt, um am Ende einer beseligenden Begegnung teilhaftig zu werden. So ließe sich kaum mehr treffen als die Aussage: die gesuchte Nähe erfordert das Überwinden einer Reihe grauenvoller Ängste.

Eine psychoanalytisch orientierte Lesart bringt hier profunde Klärung. Auffällig sind zunächst das ödipale Muster und deutliche Anklänge an das Geburtstrauma sowie Angst als vorherrschende Stimmung, d. h. höchste Anspannung, und dann Entspannung zum Schluß des Textes. In Freuds Arbeit über »Hemmung, Symptom und Angst«[258] ist nachzulesen, daß Angst »als Affektzustand nach einem vorhandenen Erinnerungsbild reproduziert«[259] wird und daß »der Geburtsakt als das erste individuelle Angsterlebnis dem Ausdruck des Angstaffekts charakteristische Züge geliehen«[260] hat. Für die Wiederbelebung solcher »Niederschläge uralter traumatischer Erlebnisse«[261], wie es der Geburtsvorgang für einen jeden ist, bedarf es nach Freud z. B. eines Anstiegs an freier und auf Abfuhr drängender Libido.

»Es ist nicht abzuweisen, daß bei Abstinenz, mißbräuchlicher Störung im Ablauf der Sexualerregung, Ablenkung derselben von ihrer psychischen Verarbeitung, direkt Angst aus Libido entsteht, d. h. jener Zustand von Hilflosigkeit des Ichs gegen eine übergroße Bedürfnisspannung hergestellt wird, der wie bei der Geburt in Angstentwicklung ausgeht, wobei es wieder eine gleichgültige, aber naheliegende Möglichkeit ist, daß gerade der Überschuß an unverwendeter Libido seine Abfuhr in der Angstentwicklung findet.«[262]

Der Kern des Geburtstraumas ist das Trennungserlebnis, und dieses ist auch wiederum das Kernproblem beim Kastrationskomplex: die Angst vor der Trennung von einem geliebten Objekt, in diesem Fall dem Penis. »Die hohe narzißtische Einschätzung des Penis kann sich darauf berufen, daß der Besitz dieses Organs die Gewähr für eine Wiedervereinigung mit der Mutter (dem Mutterersatz) im Akt des Koitus enthält.«[263] Schließlich bemerkt Freud, »daß die Phantasie der Rückkehr in den Mutterleib der Koitusersatz des Impotenten (durch die Kastrationsdrohung Gehemmten) ist.«[264] Zweierlei ist zum Angstaffekt noch anzumerken. Erstens: »Die Angst hat eine unverkennbare Beziehung zur *Erwartung*; sie ist Angst *vor* etwas.«[265] Zweitens: Die Erwartung des Ängstlichen ist »eine Situation von Hilflosigkeit«[266], so wie sie z. B. das Trauma der Geburt vermittelt hat.

> »Nach der Entwicklung der Reihe: Angst – Gefahr – Hilflosigkeit (Trauma) können wir zusammenfassen: die Gefahrsituation ist die erkannte, erinnerte, erwartete Situation der Hilflosigkeit. Die Angst ist die ursprüngliche Reaktion auf die Hilflosigkeit im Trauma, die dann später in der Gefahrsituation als Hilfssignal reproduziert wird. Das Ich, welches das Trauma passiv erlebt hat, wiederholt nun aktiv eine abgeschwächte Reproduktion desselben, in der Hoffnung, deren Ablauf selbsttätig leiten zu können.«[267]

Zurückkehrend zum Text »Die Verlassene« läßt sich nun vieles in seinem Zusammenhang deutlicher sehen. Zunächst einmal wird eine Verfassung fürchterlichster Verlorenheit vorgeführt, Dunkelheit ringsum, alles (der Vater) tot. In diese Finsternis hinein klagt das Ich über den Verlust der intrauterinen Behaglichkeit, über den Verlust aller guten Gedanken und Eingebungen, d. h., die Möglichkeit der Kompensation durch Arbeit ist gestört, und durch diese Störung potenzieren sich das Gefühl der Verlassenheit (nach der Geburt) und die mit ihm einhergehende (Geburts- und Kastrations-)Angst fortgesetzt. Der Grund dieser Störung scheint eine plötzlich eintretende und nicht sublimierbare sexuelle Triebregung zu sein.

Solche, den Schaffensprozeß des Künstlers störende Triebregungen lassen sich mit Freuds Überlegungen zur Sublimierung erotischer Triebkraft durch intellektuelle und künstlerische Arbeit erklären[268]. Danach ist es möglich, ein gewisses Quantum Libido durch die Leistung der Energieverschiebung zu desexualisieren und diese desexualisierte Libido der Arbeit, hier: der Kunst, zuzuführen. Wird nun aber »die Konzentration der Aufmerksamkeit auf eine intellektuelle Leistung und geistige Anspannung«[269] sehr hoch, dann kann der Sublimierungsprozeß teilweise rückgängig gemacht werden, wobei die intellektuelle Arbeit durch eine »sexuelle Miterregung« gestört wird. »Bei einer Überbesetzung des Denkens werden die Gedanken wirklich – wie von außen – wahrgenommen und darum für wahr gehalten.«[270] Und solche für wahr gehaltenen Gedanken, zumal wenn sie um Themen der für den Grenzgänger verbotenen Liebe kreisen, können dann, wenn sie durch äußerste Konzentration übermächtig werden, Angst und d. h. auch eine somatische Reaktion auslösen – sei es eine manifeste Schreibhemmung [»Der Bogen Papier fliegt mir weg (...) Die Feder springt, mir wird angst.« (IX, 92) »Alle guten Eingebungen, alle guten Gedanken waren mir verloren, und ich selbst war verloren« (II, 189)], sei es eine nötig werdende Fluchtreaktion [»Ich muß an die Luft hinaus, sonst zergehe ich. Wie bin ich im Meer der Erregtheit arm.« (IX, 92)]. So ließe sich vielleicht auch die Vorgeschichte der Erzählung »Der Spaziergang« verstehen, zumal in dieser später Tomzack auftaucht. Unter dem Gesichtspunkt der Triebökonomie ließe sich jedenfalls erklären, warum das Schreiben, das ja libidinöse

Triebenergien sublimiert, immer dann, wenn es ein Schreiben über die Liebe und damit über die Tabuzone der Sexualität ist, zu einer Resexualisierung des in der Arbeit gebundenen Libidoquantums führt und damit das verhindert, was es zuvor so glücklich bewirkt hat: die Bewältigung der Triebenergie durch die Arbeit des Dichtens.

Nun kann die Richtung dieses archaischen Sexualtriebes, wenn er denn rege wird, z. B. auf die Mutter hin gehen. Der (Wieder-)Vereinigungs-Wunsch mit der Mutter aber unterliegt der Kastrationsdrohung, d. h. dem verdrängten Ödipuskomplex. Die Signale im Text hierfür lassen sich wiederum aus der Symboldeutung erschließen: Der hoch über den Kopf getürmte Mantel steht für das männliche Genitale[271] des Sohnes, der König, gemeint ist Richard III., der Verräter-Jude und Paricida, der Vater-Mörder, symbolisieren den Ödipus, der auf der finsteren, mitternächtlichen Straße auf dem dunklen Weg ist: dem Weg in die Mutter – wie man gleich sehen wird. Das Ich gelangt endlich an ein Armutshaus: »Verarmungsangst« gilt als auffälliger Charakterzug der Melancholie[272]; das Haus steht für die Frau[273]. Das Haus gleicht einem »Schlupfwinkel für Räuber« – ist also der Schlupfwinkel des Vaters[274]. Das nun folgende Eindringen in das Haus (die Mutter) geschieht »dennoch«. Das Besteigen der Treppe symbolisiert den Geschlechtsakt[275]. Auf der Stiege kauert ein armes, junges Mädchen, »dessen Haar ich mit der Hand streifte«: das Mädchen ist das kastrierte Kind (der kastrierte Sohn), also der Beweis für die Glaubwürdigkeit der Kastrationsdrohung, es kann aber auch das männliche Genitale symbolisieren[276] (das Haar weist auf Schamhaar hin) oder es symbolisiert eine nachgeborene Schwester; zugleich auch wird dann mit dem Mädchen die eigene feminine Haltung des Knaben (dem Vater gegenüber) zurückgelassen. Die Treppe, der Koitus mit der Mutter, führt verständlicherweise »zur Vernichtung… zum verzweiflungsvollen Selbstmord«, d. h. zur Kastration, zur Tötung durch den rächenden Vater. Erst hinter all diesen angstauslösenden Momenten liegt die »Stille im Bauche eines schlummernden Ungetümes«.

Bis hierher, läßt sich feststellen, ist die Bewegung diejenige des Eindringens in den Urgrund der Mutter. Und von da ab läuft die Entwicklung wieder gegensinnig, d. h., es erfolgt nach dieser Wieder-Vereinigung die Vertreibung aus der Union mit der Mutter durch den Geburtsakt. Da ist zunächst die geöffnete Tür (Muttermund), dann der dumpfe, kalte Korridor (Geburtskanal), plötzlich der »zarte Lichtschein«, der aus einer »Ritze« aufscheint: »Ich öffnete eine Türe und stieß einen Schrei des Entzückens, der entzückenreichen Überraschung aus.« Nach dem ersten Schrei stürzt »Jugendkraft über mein Wesen«, und dort findet die Wiederbegegnung mit der aus früheren Zeiten bekannten Frau statt, die soeben Verlassene, die den armen Umhergetriebenen annimmt: »Sie tat nicht fremd. Ich war ihr gut. Ich war ihr recht. Sie zeigte sich über meine Gegenwart erfreut, und das freute mich unendlich.« Welch ein (in der Walser-Dichtung) selten beglückender Moment![277] Der »wunderbare, wenngleich düstere Ort... der Ort der Einsamkeit«, das ist der pränatale Ort intrauteriner Geborgenheit und Bedürfnislosigkeit bzw. -befriedigung, im Bauche des schlummernden Ungetümes. Denn wie erklärte sich anders seine Düsternis, wo er doch zuvor von zartem Licht durchflossen war? Wie erklärte sich sonst seine Einsamkeit, wo er doch die schöne Verlassene dort wieder-fand?

Das Zentrum dieses Textes, die Stoßrichtung der Bewegung liegt im Bauch eines schlummernden Ungetümes: daß es schlummert, bedeutet eine Herabminderung der Gefahr, die von ihm ausgehen könnte, und damit überhaupt erst die Möglichkeit einer Annäherung. Das Ziel der Sehnsucht ist die beglückende Begegnung. Die Gegenbewegung, die der Text vorführt, liegt darin begründet, daß der Wunsch nach Nähe zugleich die Angst vor der Rache des ödipalen Vaters und die Angst vor mütterlicher Nähe erzeugt – eine Erfahrung aus der als schizophrenogen charakterisierten Mutter-Kind-Beziehung –, wobei diese Angst vor der bei jedem Annäherungsversuch erfolgenden Zurückweisung (Grunderfahrung des Kindes im Modell) nach dem Urbild des Ausgestoßenwerdens reproduziert wird. Ist also der auf Vereinigung gerichtete Trieb nicht beherrsch- oder ablenkbar, dann brechen die domestizierten Ängste urweltenhaft über dem schwachen Ich zusammen. Man sieht: die in der Verlassenheit entstehende, manchmal nicht kompensierbare Trennungsangst als Antwort auf einen plötzlich eintretenden, auf Wieder-Vereinigung zielenden resexualisierten libidinösen Trieb verschmilzt hier reproduktiv das Geburtstrauma mit dem Ödipuskomplex, quält in der Dunkelheit der Not, in fürchterlichster Einsamkeit[278] die Erinnerung zurück in die Uranfänge des eigenen Lebens – und gebiert ein wunderschönes Bild wie eine Wunscherfüllungsphantasie: die vollkommene Liebe. Sie ermöglicht die am Ende des Textes eintretende spürbare Entspannung. Wobei eben gerade die letzten Sätze das Ziel der Sehnsucht nennen, das später nicht mehr erreicht und immer erstrebt wird: »Sie tat nicht fremd. Ich war ihr gut. Ich war ihr recht. Sie zeigte sich über meine Gegenwart erfreut« – dies bezeichnet genau das, was eine schizophrenogene Mutter dem Kind *nicht* zu geben vermag.[279]

Es tauchen bei Walser gelegentlich solche an das Geburtstrauma erinnernde Zeichen der Angst auf. Diese Urform der Trennungsangst, der Ausgeliefertheit an eine unbeeinflußbare Übermacht erhält dann verschiedene Prägungen, die nicht ausschließlich der einstigen Mutterbindung zuzuschreiben sind (dies zeigt z. B. ihre ödipale Fassung). Wenn etwas so angstbesetzt ist wie für den Grenzgänger das ersehnte Näheerlebnis, wird Distanz zur obersten Verhaltensmaxime. Dieses Distanzierungsbedürfnis – Riemann erklärt es unter anderem als »Enttäuschungsprophylaxe« – läßt sich auf nahezu jeder Seite im Werk Robert Walsers nachweisen. Texte wie »Die Verlassene« sind daher selten, denn gerade sie halten nicht die nötige Distanz zwischen dem Schreibenden und den im Niedergeschriebenen fortwirkenden Ängsten und Sehnsüchten, Gefühlen und Erlebnissen, Erinnerungen und Hoffnungen. Die normale Begegnung mit der Frau bricht in der Dichtung ab, weit bevor auch nur annähernd solche Innigkeit in der Beziehung zwischen ihr und dem Grenzgänger hätte entstehen können. Und somit ist er auf ewig der einstigen Geliebten, der einzigen je wirklich Verbundenen treu: der Mutter.

4. Die Liebe des Todes

> »Was meine Nachtgedanken betrifft, so bezogen sie sich auf die Liebe, die eine Art Sterben ist. Ich will die Liebe nicht so gerade nur für Leben halten, ich empfinde sie doppelt: als belebend sowie tötend, finde aber, daß gerade darin Großes liegt. Wenn schon gestorben sein soll, sterbe ich doch lieber gern als ungern, und ich stelle mir die Liebe wie eine Brücke zwischen Leben und Tod vor, und sie sei mühsam, unbequem, nicht damit wir sie satt bekämen, aber damit uns der Abschied von ihr nicht gar so schwer falle.« (X, 188)

Die Liebe führt das Leben in den Tod – der Tod ist durch die Liebe mit dem Leben verbunden – der Gang in den Tod, das Sterben, verheißt die Erfüllung der im Leben unerreichbaren Liebe – der Tod ist am Ende dann noch schöner als die Liebe. Rank[280] hat an Hand vieler Beispiele aus der analytischen Praxis, der Volkskunde und der Mythologie gezeigt, wie der Todesgedanke mit der lustvollen Vorstellung der Rückkehr in den Mutterleib assoziiert wird.[281] Ihm zufolge knüpft die Idee der ewigen Ruhe, der erlösenden Entspannung im Tod unbewußt an die Erinnerung pränatalen Glücks in der Sicherheit intrauteriner Bedürfnisbefriedigung in Permanenz an. Somit ist die Liebe des Todes immer auch die Liebe der Mutter.[282] »An den Tod und an das Ende zu denken, war ihm ein sonderbarer Genuß.« (II, 44) Riemann skizziert die Einstellungen des Schizoiden und des Depressiven zum Sterben und zum Tod: ersterer nimmt beides mit stoischem Gleichmut hin, da er an nichts, auch nicht an sich selbst, besonders hängt und deshalb leicht loslassen kann; letzterer empfindet den Tod vor allem als Erlösung von der nicht nachlassenwollenden Anstrengung, in der Lieblosigkeit eines abweisenden Lebens noch ein wenig Geborgenheit zu finden. Der Tod und der Gedanke an ihn haben bei Walser niemals etwas Schreckliches. Schrecklich kann nur das Leben in seiner Unerbittlichkeit dem einzelnen gegenüber sein.

»Unter verschiedenem anderem zeichnete er einen armen Mann, der mantelumhüllt in bleicher Einöde, das heißt auf kalter, höchst hoffnungsarmer, sichtlich in alle Winde und alle Unerbittlichkeit hinausgeworfenen Kugel oder Erdkugel steht, die tatsächlich verloren, verworfen zu sein scheint. In wüstenhafter Einsamkeit stehend, zieht der Mann kläglich die Achseln zusammen, woran man merkt, daß er auf elendiglichem, leidigem Posten erbärmlich friert. Die Hände stecken in den Hosentaschen, der Kopf ist tief gebeugt, aber seine Haltung deutet auf den festen Entschluß, alles was kommen und ihn beklemmen mag, tapfer auszuhalten und alles Unangenehme ruhig über sich gehen zu lassen.« (III, 153)

Sei ruhig, denn es gibt keine andere Hoffnung als die, daß es möglich sei, alles, was kommen mag, tapfer auszuhalten – dies etwa könnte das Motto sein. So grauenvoll die Vision von der Verlassenheit in bleicher Einöde sein mag, so schön ist die Gelassenheit, die dieses Schicksal annimmt, der Hinweis auf den festen Entschluß, alles standhaft auszuhalten; es ist dies der letztgültige, eher stoische als heroische Sieg über alle Schrecken des Erdenlebens, die Verweigerung der Annahme der Elendigkeit in alles ergreifender Konsequenz; es ist die Ästhetisierung der Verworfenheit, ein still vollzogenes Trotzdem, das der Depressive seiner existentiellen Ungeborgenheit entgegensetzt.[283] Das entsprechende Bild für den vor anhaltender Überforderung durch leidige Umstände zurückweichenden Schizoiden ist der vielzitierte Schluß von »Helbigs Geschichte«:

»Ich sollte eigentlich ganz allein auf der Welt sein, ich, Helbig, und sonst kein anderes lebendes Wesen. Keine Sonne, keine Kultur, ich nackt auf einem hohen Stein, kein Sturm, nicht einmal eine Welle, kein Wasser, kein Wind, keine Straßen, keine Banken, kein Geld, keine Zeit und kein Atem. Ich würde dann jedenfalls nicht mehr Angst haben. Keine Angst mehr und keine Fragen, und ich würde auch nicht mehr zu spät kommen.

Ich könnte die Vorstellung haben, daß ich im Bett läge, ewig im Bett. Das wäre vielleicht das Schönste!« (II, 72)

Ewig im Bett, ewig im Mutterleib, diese Sehnsucht nach dem intrauterinen Glück ist Todessehnsucht. »Vielleicht«, dies Wörtchen hält Helbig aber am Leben, es ist nicht viel und ist doch ausreichend. »Die seltsame Frage beschäftigt mich: warum bin ich überhaupt zur Welt gekommen? Soviel ich mich erinnere, äußerte ich nie ausdrücklich den Wunsch, ein Lebewesen zu werden, aber man kümmerte sich um meine noch ungeborene eigene Meinung nicht im geringsten.« (II, 269/70) Psychologisch gesprochen bedeutet das: warum hat mich die Mutter in die Welt geschickt? Die daraus immer wieder neu erwachsenden, uralten philosophischen Fragen, die zum Ursprung aller Religionen gerechnet werden: Warum bin *ich* da? – Woher komme ich? – Wohin gehe ich? streift Fritz im Vorübergehen, ohne sich mit dem Versuch einer Antwort weiter abzuquälen. Die allgemeine Haltung, die der Grenzgänger gegenüber Leben und Sterben praktiziert, ist – trotz allem, was da kommen mag – die der gelassenen Hinnahme dessen, was kommt, *und* der Versuch, das Hingenommene zu gestalten, so, daß es als das Schöne ein bißchen liebenswerter erscheint.

> »Er liebte das Unweigerliche und Unumgängliche, und er sah den Tod als die goldene hohe Krone, die Idealisierung, Schmuck und letzte Schönheit des Lebens an, welches er nur zu lieben vermochte, weil er auch den Tod liebte, welches er nur schön zu finden vermochte, weil er diesen schön fand. Er lebte mit dem Todesgedanken im lebendigen und tötenden Leben, das ja töten muß, das ja sterben muß. Denn nie kann ja etwas leben und nicht sterben. Ewig lebendig hieße ewig nie lebendig sein.« (VIII, 385)

Das ist alles andere, als halbherzig aus der Not eine Tugend gebastelt. Es ist die Gewißheit, daß alles nur durch seine Negation ganz und schön erfahrbar und reizvoll wird, das Leben durch den Tod, die Liebe durch Lieblosigkeit, Gemeinsamkeit durch das Vermissen derselben [»Die Einsamkeit war (...) die Gesellschaft, in welcher ich lebte.« (II, 41)] Und es ist die Gewißheit, nicht grenzenlos überfordert zu werden durch ein nie endenwollendes Müssen. Diese Gewißheit, daß am Ende die große Entspannung alles Leid auslöschen wird, daß auch einem »Schwendimann« (II, 214–217) nach aller Lebenshast und -anstrengung am Ende die ewige Ruhe zuteil wird, diese Sicherheit ermöglicht überhaupt erst den Eintritt der Freude in das Leben, so daß sich zuletzt sagen läßt: »›So will denn auch ich, wenn es sein soll, gerne sterben. Eine Erinnerung wird mich noch im Tode beleben und eine Freude mich noch im Grabe beglücken, ein Danksagen für die Genüsse und ein Entzücken über das Danksagen‹ (...) Daß man im Tode doch auch den Tod noch fühlte und genösse!« (III, 232)

Teil III

Die erfundene Liebe

Zur Dialogik des Grenzgängers

>Sind wir am schönsten, am ansehenswertesten, wenn sich auf unserer Aufführung Widersprüche, Kämpfe der Seele, edle Beklemmungen abspiegeln? Sind wir verworren am wahrsten, unklar am klarsten, ungewiß am sichersten?« (93/21)[284]

1. Auf der Suche nach einem Weg durch den »Räuber«-Roman

Die Möglichkeiten und Grenzen der psycho-phänomenologischen Betrachtungsweise von Robert Walsers Prosa wurden in Teil II gezeigt. Sicher sind manche dieser Ergebnisse auch auf andere Weise zu erzielen. Nur ist es mit dem psychologischen Ansatz eher möglich, die Einzelbeobachtungen in ihrem strukturellen Zusammenhang zu sehen. Neben solchen, jeder sorgfältigen Beobachtung zugänglichen Resultaten, gibt es aber, wie sich bereits gezeigt hat, Bedeutungsebenen in der Dichtung Robert Walsers, die ohne den psychoanalytischen Ansatz nicht verständlich sind. Die Interpretation von »Die Verlassene« war hierzu ein Beispiel, ebenso das Auftauchen der Unheimlichen sowie verschiedene Textpassagen, die im Dienst der Angst-Abwehr stehen. Für den »Räuber«-Roman, um den ausschließlich es in diesem dritten Teil meiner Arbeit gehen soll, möchte ich ebenso behaupten, daß sich ein, vielleicht das *zentrale Geschehen* dieses Textes nicht erschließen läßt, wenn man meint, auf eine psychoanalytische Interpretation verzichten zu sollen. Daß außer dem psychologischen noch andere interessante Aspekte dieses Romans herausgearbeitet werden könnten, ist selbstverständlich, soll aber in meiner Untersuchung wiederum nicht weiter berücksichtigt werden. Einige Beispiele der »Räuber«-Rezeption sollen im nächsten Abschnitt zu einer ersten Begegnung mit diesem schwierigen, aber auch schönsten Roman Robert Walsers führen.

1.1 Stimmen zum »Räuber«-Roman

In die Reihe der großen Werke der Weltliteratur zu Beginn dieses Jahrhunderts (Joyces »Ulysses«, Prousts »A la recherche du temps perdu«, Kafkas »Der Prozeß« und »Das Schloß«, Manns »Zauberberg«, Döblins »Berlin Alexanderplatz« und Musils »Der Mann ohne Eigenschaften«) Walsers »Der Räuber« zu stellen, hält Heinz F. Schafroth durchaus für gerechtfertigt[285]. Damit weist er zugleich alle Mißdeutungen von Walsers Berner Prosa, sie trage die Anzeichen der beginnenden Geisteskrankheit, energisch zurück. »Hätte nicht die Souveränität, womit im »Räuber«-Roman komplexeste Erzählkonzeptionen und -strukturen gemeistert sind, eine derartige Betrachtungsweise als absurd erscheinen lassen«[286] müssen? Frei sei dieses Buch und treibe vom ersten Satz an sein Spiel mit dem Leser. Die Freiheit und Diskretion des Dichters sei zugleich auch die Freiheit und Anforderung an den Leser. Der Versuch, »sich nicht festlegen zu lassen und seinerseits nichts festzulegen, sich, als Schriftsteller, keiner Autorität zu unterwerfen und selber nicht autoritär zu sein«[287], entspreche einer Bewußtmachung unseres Verhältnisses zu unseren Sicherheiten. Ebenso gelinge es Walser »mittels der ebenso einfachen wie ingeniösen Idee, im ›Räuber‹-Roman als ›Ich‹ und ›Er‹ aufzutreten«[288], den Leser in bezug auf seine, Walsers, Person im unsicheren zu lassen.

»Der Räuber-Roman ist eher eine innere Autobiographie. Er dürfte sich aber auch als solche weitgehend aus faktisch Erlebtem zusammensetzen. Schauplätze und Personen (…) wirken über weite Strecken real, nicht fiktiv, imaginiert (…) Wichtiger ist die seelisch-geistige Erfahrung, die an die Schauplätze und Personen gebunden ist. Die benennbare Realität und die äußere Faktizität werden entzogen und teilweise aufgelöst, zugunsten einer nicht an Namen gebundenen Realität und einer inneren Faktizität. Das ergibt die innere Autobiographie und das überaus Persönliche des ›Räuber‹-Romans. Und ›Ich‹ und ›Er‹ würden den ganzen Walser ergeben – eine einfache Addition also, nur weiß man nicht, was für Größen zu addieren sind, d. h. die Schwierigkeiten liegen in der Definition von ›Ich‹ und ›Er‹ und ihres Verhältnisses zueinander.«[289]

Dieses bestehe im wesentlichen aus einem Kampf des »Ich« gegen die Neigung zur Identifikation mit dem »Er«, somit aus dem fortgesetzten Bemühen um Selbstdistanzierung als einer »Art Wille zur Selbstbehauptung«. Dabei falle »es schwer, sich Walser anders als in den Spiegel blickend und den Räuber nicht als das, was ihm aus dem Spiegel entgegenschaut, vorzustellen.«[290] Die darin liegende Selbstbefragung sei auch ein Versuch der Selbstbehauptung »in fortwährender Auseinandersetzung mit der Gesellschaft.«[291] Dabei zeige sich, »daß eine tödliche Bedrohung auf der Existenz des Räubers lastet«[292], daß es im Grunde um seinen Überlebenskampf gehe. Zwischen der Fröhlichkeit und dem Ernst seiner Rede zeige sich in der Hintersinnigkeit seiner Sätze Robert Walser als scharfer Kritiker seiner Zeit und ihrer Gesellschaft.

Urs Widmer hält den »Räuber«-Roman für den gleichzeitig freiesten und bewußtesten, für »ein überraschend souveränes Buch«[293]. Auch für ihn stellen das Ich und der Räuber zwei Seiten von nur einer Figur dar, deren Name Robert Walser ist. Das Ich vertrete die gesellschaftlich akzeptierten Anteile des Schriftstellers, der Er hingegen sei der, auf den alles gesellschaftlich Unerlaubte projiziert sei, der somit alles dürfe, was »jenseits der Schranke des Erlaubten« liege.[294] Diese Freiheit aber beleuchtet Widmer zugleich als Unfreiheit, insofern der Räuber, ein Krimineller, sich seine Rolle nicht selber ausgesucht habe, sondern von der Gesellschaft erst »in die Illegalität gedrängt worden sei«[295]. »Es gibt schon zu denken, daß Walser sich einen Schriftsteller nur noch als einen Asozialen vorstellen konnte«.[296] Ein anderer Aspekt dieser Zweiteilung der Außenseiter-Persönlichkeit wird mit dessen Einsamkeitsempfinden begründet.

> »Etwas von diesen Ängsten ist auch in diesem todeinsamen Buch. Niemand ist da, der auf die Hilferufe antwortet. So kann man es fast als eine psychische Notwendigkeit ansehen, daß die Romanfigur sich zweiteilt: damit einer da ist, mit dem das ›Ich‹ reden kann. Denn der brave ›Ich‹, der die von der Gesellschaft akzeptierten Anteile Walsers aufbewahrt, ist immerhin der sehr nahe Freund des ›Er‹. Wenn die beiden zu Beginn des Romans auch noch in kritischer Distanz zueinander auftreten, so nähern sie sich doch immer mehr. Sie brauchen sich.«[297]

Trotz solcher Rollenaufteilung maskiere sich Walser in diesem Buch am allerwenigsten. »Walser weiß auch, daß ganz rollenfreies Schreiben nicht möglich ist – in der Rolle liegt seine Bewußtheit. Seine Rollen haben aber auch mit Scham, Angst, Abwehr zu tun, und hier zeigt er sich mutig wie selten.«[298] Insofern komme Walser im Räuber-Roman der autonomen Sprache, soweit sich einer ihr annähern könne, am nächsten. »›Der Räuber‹ ist ein schönes trauriges Buch.«[299]

Auch Ernst Osterkamp geht es in seinen Überlegungen zum »Räuber«-Roman um die Spannung des Künstlers zwischen Ungebundenheit und Eingebundenheit in der Gesellschaft.[300] Der Räuber, der nur in negativen Beschreibungskategorien zu fassen sei (nichtsnutz, unvermögend), sei nicht nur ein Verweigerer gesellschaftlicher Zwänge, sondern auch ein von diesen Verweigerter, was durch die fortgesetzte Verhinderung erotisch erfüllter Beziehungen verdeutlicht werde. Das Anders-Sein und das damit verbundene Bewußtsein der Gefährdung werden bei Osterkamp als positive Qualität, als Quelle der Erkenntnis akzentuiert, die jedoch in ihrem Rückbezug auf die Gesellschaft ihre eigene Gegenbewegung enthalte.

> »Für den ›Räuber‹-Roman bedeutet dies, daß der Roman vom Räuber sich konstituiert als Reflexion über den Roman. (...) Daß im Räuber eine Roman-Figur entsteht, mehr noch, daß der Räuber als Gestalt nur entsteht, weil in ihr ein Roman entsteht, darüber reflektiert der Roman. Der Räuber als Inbegriff des Entbundenseins und der Eigengesetzlichkeit gerät so unterderhand zum Vollzugsgehilfen einer formalen Intention. Nicht er konstituiert die Form des Romans, sondern die Form des Romans konstituiert ihn. (...) So verbirgt sich der Widerspruch von Selbstbestimmung und Unterwerfung darstellerisch in dem Antagonismus zwischen der im erzählten Sujet gelungenen Autonomie und der im Erzählen sich durchsetzenden Heteronomie, wodurch die im Sujet mühsam hergestellte Identität mit sich selbst zur totalen Nicht-Identität sich wieder verkehrt.«[301]

Da der Verweigerer zum Versager gestempelt werde, trage der Ich-Erzähler die Beweislast dafür, daß das Nicht-Wollen des Räubers nicht einem Nicht-Können entspringe. Dadurch entstehe also genau das Produkt, der Roman, dessen Produktionsverweigerung die Autonomie des Räubers begründet habe. »Der Räuber kann nur dann Räuber bleiben, wenn der Ich-Erzähler seinen Roman für ihn schreibt; damit der eine der Nicht-Unterworfene bleiben kann, muß der andere sich unterwerfen.«[302] Entsprechend dieser Aufgabenteilung zwischen Ich und Räuber, die Autonomie als nur scheinhaft erkennbar mache, reflektiere sich im Auseinanderstreben von Wollen und Müssen die Realität in der dichterischen Darstel lung als eine zerfallende. Wenn der Ich-Erzähler als Agent der Außenwelt am Ende des Buches aufatmet, so geschehe das deshalb, weil er den Beweis erbracht habe, daß er den von der Gesellschaft geforderten Roman zu erbringen noch imstande war – weshalb zuletzt auch der Räuber ein Akzeptabler, ein Normaler sei.

Malcolm Pender untersucht beim »Räuber«-Roman ebenfalls die Stellung des Dichters zu und in der ihn umgebenden Gesellschaft[303]. Gezeigt werde in diesem Roman die Position des Außenseiters, die als Voraussetzung jeglicher Kunstproduktion eine relative ideelle Unabhängigkeit des Schriftstellers ermögliche, und zugleich die Notwendigkeit und der Wunsch, von der sozialen Realität nicht ausgeschlossen zu sein. Das Ich und der Räuber, beide als Schreibende, seien Verkörperungen des dialektischen Bezugs zwischen Kunst und Wirklichkeit. »In one sense, therefore, the writer's perception is identical to that of society in that he frankly admits his financial dependence. In another sense, however, this admission is an exercise which could be described as ›reculer pour mieux sauter‹, for it serves to underline his independence in another direction.«[304] In die Diskussionen um den jeweiligen Standort werde der Leser einbezogen, indem er durch die Reflexionen des Erzählers am Entscheidungsprozeß über die Führung der Räuber-Figur teilnehme. Damit werde Literatur aus der »aura of inevitability« gelöst. Künstlerisches Schaffen werde als Auseinandersetzung mit der gesellschaftlichen Wirklichkeit erfahrbar. Dadurch, daß der Erzähler demonstriere, daß es mit dem Räuber auch anders hätte gehen können, werde zugleich mit der Eigenverantwortlichkeit des Dichters ein gewisses Maß an Unabhängigkeit unterstrichen. Das Für und Wider einer Verehelichung des Räubers lasse den Konflikt zwischen Anpassung und Widerstand zum Kristallisationspunkt für das gesellschaftliche Dasein des Künstlers werden. Einem Arzt gegenüber bezeichne der Räuber die Insignien seines Widerstands (keine

Besitzlust) als seine Krankheiten. Doch ebenso wie sich zeige, daß der Widerstand gegen Gewalt und Herrschaft (Szene: Kampf der Mutter mit dem Kind, das lieber zum Vater möchte[305]) notwendig sei, so werde er als begrenzt ausgewiesen. »The progress of the novel demonstrates that the Räuber loses the struggle with society on two counts: by virtue of the fact he is an outsider he cannot draw sustenance from relationship within society, and yet it is beginning to appear that he is irremediably conditioned by the society to which he is an outsider.«[306] In diesem Konflikt zwischen dem ursprünglichen Einbezogensein in die Gesellschaft und einer von ihr produzierten und vom Dichter gewählten Außenseiterposition werde durch Abwägen, Ironisieren und Experimentieren mit verschiedenen Positionen die Unabhängigkeit der Kunst als zentrale Frage gestellt.

Schon Martin Jürgens hat in seinem Nachwort zum »Räuber«-Roman das Verhältnis von Ich-Erzähler und Räuber sowie deren Stellung zu und in der Gesellschaft berücksichtigt (VI, 361–365). Wie überhaupt in seiner Berner Prosa gehe es Walser »in letzter Instanz (...) um die Bedingungen und Möglichkeiten, um die Aussichten und Aporien einer ästhetischen Existenz.« (VI, 364) Nur formal werde die Trennung zwischen »Ich« und »Er« aufrechterhalten, der Kampf gegen die Identifizierung des »Ich« mit dem »Er« ermögliche durch die Spiegelung der eigenen Schriftstellerexistenz im anderen, dem Räuber, die »Verobjektivierung einer gefährdeten künstlerischen Subjektivität« (VI, 364) und verwirkliche so »eine mit sich selbst identische ästhetische Existenz (...), die nicht an ihrem Widerspruch zur gesellschaftlichen Realität scheitert, sondern ihn aufhebt in seiner Darstellung.« (VI, 364) »Aus dieser Perspektive ist einzuschätzen, worum es diesem letzten Roman Robert Walsers zu tun ist: um einen modernen Anti-Helden, (...) um ein literarisches Plädoyer für das, was dem Verdikt einer normativen Normalität als das Abnorme und Krankhafte verfällt; um ein künstlerisches

Selbstverständnis, das im Bewußtsein seiner Heteronomie und unter dem Druck der gesellschaftlich geforderten Norm seine eigene Freiheit verteidigt, das noch die ›Verkennung‹, die es erleidet, als notwendige Voraussetzung seiner Behauptung zu verstehen gezwungen ist.« (VI, 364) Neben diesem sozialkritischen Aspekt findet das Verhältnis zwischen »Ich« und »Er« im »Räuber«-Roman das meiste Interesse unter der Fragestellung: Identität oder Verschiedenheit zwischen beiden und Robert Walser. Auch Martin Jürgens verweist auf autobiographische Momente im »Räuber«-Roman, um

> »auf eine spezifische Form des Mißverstehens aufmerksam zu machen: Nicht selten ist besonders die späte Prosa als Symptom eines fortschreitenden psychischen Verfalls ihres Autors eingeschätzt worden. Mehr noch als andere Texte aus der Berner Zeit scheint gerade der ›Räuber‹-Roman eine solche Interpretation nahezulegen. Zur Bezeichnung seiner formalen Struktur – der extremen Diskontinuität des Erzählens, der Heterogenität der Erzählelemente, der Unbestimmtheit der zur Sprache kommenden Gegenstände und Situationen – scheint sich beispielsweise ein Begriff wie ›Ideen-‹ oder ›Gedankenflucht‹ anzubieten. Die komplizierte, zum Teil eigentümlich affektbesetzte Beziehung des Ich-Erzählers zum Protagonisten des Romans, dem ›Räuber‹, scheint als Ausdruck einer schizoiden Störung deutbar.« (VI, 361)

Eine solche Interpretation übersehe aber – »bewußt oder unbewußt« –, daß dieser Roman das Resultat »einer bewußt gehandhabten Darstellungsmethode« sei, »die sich zudem im Textverlauf immer wieder selbst reflektiert.« (VI, 362) Und danach folgt die auch schon von Greven vorgenommene generelle Aburteilung des »psychologisierenden Interpretationsansatzes«, weil dieser »den Roman vorschnell zum Reflex einer mehr oder minder deutlich diagnostizierbaren individuell-pathologischen Abweichung verkürzt.« (VI, 362) Ebenso äußert sich Osterkamp:

»Indem aber ästhetische Kritik bei der Bewertung dieser Texte sich von der Fragestellung der Psychiatrie leiten läßt, muß sie verfehlen, daß in der Literatur der Moderne Mißlingen und Scheitern als Fragment und Verweigerung von Geschlossenheit selbst Authentizität zu konstituieren vermögen. Ihr psychischer Entstehungsgrund sagt ebensowenig über die Werke aus, wie mit dem Nachweis ihrer strukturellen Homologie zu Texten von Schizophrenen ihr Mißlingen sich beweisen läßt.«[307]

Wenn aber das Fragmentarische in der Literatur der Moderne selbst schon Authentizität konstituiert, dann bedeutet das doch wohl nicht, daß ich dies Fragmentarische nur konstatieren darf; vielmehr ergäbe diese Erkenntnis erst recht die Aufgabe, die Art und Weise des Zerfalls von Geschlossenheit und Zusammenhang, mithin den Vorgang der Fragmentierung zu untersuchen. Und gerade weil die Einwirkung gesellschaftlicher Kräfte auf die Psyche des einzelnen nicht zu unterschätzen ist, kann auch die Ermittlung des psychischen Entstehungsgrundes eines Werkes wiederum Aussagen machen über Konfliktlagen und deren Bewältigungsversuche einer Zeit, in der ein Werk entsteht, und einer Zeit, in der es in wachsendem Maße seine Leserschaft findet. Nicht »vorschnell« soll also im folgenden der »Räuber«-Roman zum Reflex einer individuell-pathologischen Abweichung »verkürzt« werden. Aber auch nicht ängstlich sollen alle Zeichen umgangen oder umgedeutet werden, deren »pathologischer« Grund erkennbar ist und ausgewiesen werden kann. Nicht das Benennen ihres Vorkommens wird dabei das Interessante sein, sondern die Beobachtung dessen, was mit ihnen geschieht, wie mit ihnen gearbeitet wird.

Im übrigen ist es ein allgemein bekanntes Phänomen, daß sich ein Erkrankter unter Umständen seiner Krankheit gegenüber sehr viel einsichtsvoller verhält – wodurch er auch eher in die Lage kommt, sie zu überwinden – als ein Gesunder, der sie wie etwas Peinliches zu leugnen versucht ist. Und gerade letzteres soll hier vermieden werden; über Gesundheit und Krankheit läßt sich vielmehr reden, wie über jeden anderen Lebenszustand auch. Der »Räuber«-Roman jedenfalls tut dies, und in diesem Sinne wäre auch seine Aufforderung zu lesen:

> »Ich richte an die Gesunden folgenden Appell: Leset doch nicht immer nur diese gesunden Bücher, machet euch doch auch mit sogenannter krankhafter Literatur näher bekannt, aus der ihr vielleicht wesentliche Erbauung schöpfen könnt.«(68/15)

1.2 Zum Verständnis von Kreativität

»Noch nie, so lange ich am Schreibtisch tätig bin, habe ich so kühn, so unerschrocken begonnen zu schriftstellern. Alle diese Sätze, die ich schon aufs Papier warf, und alle diejenigen, die den schon niedergeschriebenen noch folgen.« (28/7)

Genau an dieser Stelle ist eine wesentliche Entscheidung über den Verlauf der Verständnisbemühungen zum »Räuber«-Roman zu treffen: Nimmt man diese Äußerung ernst, hält man sie also für eine treffende Charakterisierung des dichterischen Produktionsprozesses, oder begreift man sie ironisch – dann allerdings in einer für Walser eher untypischen Art von Ironie[308] –, d. h., deutet man sie als verhüllende Maßnahme, hinter der die Anstrengung kompositorischer Leistung verborgen bleiben soll? Letzteres würde bedeuten, daß gleichsam unter der Maske der Leichtigkeit die verzweifelte Mühe, einen Roman zustande zu bringen, schamhaft verleugnet würde; und damit wäre ein falscher Triumph ausgekostet, nämlich, daß dieser Roman, der schließlich doch zustande kommt, eben so, wie die Leute meinen, daß es zugehen müsse, dem Dichter aus der Tasche gefallen sei (84/19). Eine solche Deutung erschiene mir abwegig. Ich halte es im Gegenteil für sehr wahrscheinlich, daß obige Sätze eine wichtige Mitteilung über die Entstehung dieses »Räuber«-Textes machen.

Die Behauptung des Ich-Erzählers, er werfe seine Sätze so unerschrocken und kühn aufs Papier wie nie zuvor, enthält ersichtlich jedenfalls nichts, was als Anzeichen von *Arbeit* (Gestaltungsarbeit) verstanden werden müßte. Der hier unter der Bezeichnung »schriftstellern« skizzierte Vorgang könnte vielmehr erinnern an das freie Assoziieren, das jedem aus den eigenen Mußestunden, dem Analysanden verstärkt aus der psychoanalytischen Stunde bekannt ist. Wie aber wäre dann ein Zusammenhang von der behaupteten freien Assoziation und deren Bearbeitung in der Dichtung, an der grundsätzlich ja nicht zu zweifeln ist, zu verstehen?

Damit ist nun eine Frage von so fundamentaler Bedeutung aufgeworfen, daß sie hier unmöglich erschöpfend beantwortet werden kann: die Frage nach dem *Wie* der schöpferischen Tätigkeit. Wie, d. h. nach welchen Gesetzmäßigkeiten – wenn es denn solche gibt –, entsteht und verläuft Kreativität? Die Richtung, in der man versucht, Antworten auf diese Frage zu finden, ist nicht nur für den kreativ Arbeitenden interessant, sie ist auch für das interpretatorische Vorgehen des Literaturwissenschaftlers entscheidend. Denn das Verständnis eines Werkes, insbesondere dann, wenn es nicht durch vielfache und über lange Zeiträume sich erstreckende Bearbeitung von seiner ursprünglichen Form entfernt und entfremdet wurde, impliziert auch ein Verständnis seiner Genese, d. h. der Kreation seines – auch: psychologischen – Sinngefüges, das nur als ein im Zusammenhang aller Einzelphänomene sich entwickelndes gedacht werden kann. Ich gehe also grundsätzlich davon aus, daß auch das, was bei einer ersten Lektüre des »Räuber«-Romans unlogisch und unzusammenhängend erscheint, zumindest von einer inneren Logik, der psychischen, getragen ist, die sich im Vollzug der kreativen Produktion selbst manifestiert.

Traum, Tagtraum, das freie Assoziieren (z. B. in der Psychoanalyse) und die Kunst, also auch die Dichtung, haben, das wissen wir seit Freud, etwas Gemeinsames: die heimliche, d. h. dem eigenen Bewußtsein meist verborgene, Inszenierung einer Wunscherfüllung. »Man darf sagen, der Glückliche phantasiert nie, nur der Unbefriedigte. Unbefriedigte Wünsche sind die Triebkräfte der Phantasien, und jede einzelne Phantasie ist eine Wunscherfüllung, eine Korrektur der unbefriedigenden Wirklichkeit«[309] – so Freud in seinem 1908 publizierten Aufsatz »Der Dichter und das Phantasieren«. Der dynamische Kern der Phantasieproduktionen im allgemeinen und der künstlerischen im besonderen ist demnach zu verstehen als ein Bote aus dem Reich der Triebe, der Kunde gibt von der Existenz eines unbefriedigten Wunsches, der dort, im Es, seit den Anfängen der individuellen Lebensgeschichte eingraviert, noch immer hartnäckig auf Erfüllung drängt. Freuds Traumdeutung hat gezeigt, in welcher Form diese Wunscherfüllung zulässig ist und warum sie uns als solche vielfach nicht erkennbar wird: sie ist gehüllt in ein symbolisches Gewand, und in dieser Verkleidung nur kann sie die Zensurbehörde ungehindert passieren; die verschiedenen Techniken vor allem der Verdichtung und Verschiebung, die eingesetzt werden, damit das Unbewußte sich Ausdruck verschaffen kann, sind dabei nicht nur im Schlafzustand, sondern auch im Wachen erkennbar: sie wirken z. B. in den vielzitierten sogenannten »Freudschen Versprechern« ebenso wie im Witz und zeugen damit von der ungebrochenen Kraft der sie ins Werk setzenden Triebenergien. So weit, so allgemein bekannt.

Was hier nun aber zu klären ist, betrifft eine mögliche *Übertragbarkeit* dieser Freudschen Erkenntnisse auf den Vorgang kreativer Produktion in der Dichtung, mithin im wesentlichen die beiden Fragen: Wie wirken Unbewußtes und Bewußtes (Es und Ich) in der Kreativität zusammen? Und in welcher Weise ist die symbolische Form des Traumes vergleichbar mit derjenigen der Dichtung? Interessante Versuche, Antworten auf diese Fragen zu finden, stammen von Ernst Kris, Lawrence S. Kubie und Alfred Lorenzer; ihre theoretischen Überlegungen sollen deshalb im folgenden wenigstens insoweit dargestellt werden, als sie uns ein brauchbares Werkzeug an die Hand geben, um bei der noch zu leistenden Interpretationsarbeit am »Räuber«-Roman kontrollierbare Deutungsergebnisse zustande zu bringen.

1.2.1 Regression im Dienste des Ich

Ernst Kris konzentriert seine Überlegungen zur »Psychologie des künstlerischen Produktionsprozesses«[310] auf den Bereich des Vorbewußten. Bereits Freud hatte unterschieden zwischen dem Unbewußten, das in etwa gleichzusetzen ist mit der Es-Instanz, und dem Vorbewußten, das gewissermaßen eine Zone zwischen dem Unbewußten und Bewußten, dem Es und dem Ich bildet, als potentiell bewußtseinsfähig aber letztinstanzlich dem Ich zuzuschlagen ist[311]. Unter dynamischen Gesichtspunkten bedeutet das: Vorgänge im Unbewußten verfügen über freie psychische Energie, deren Abfuhr als Primärvorgang bezeichnet wird; dagegen arbeitet das Vorbewußte bereits mit gebundener Energie (sowohl mit neutralisierter Energie als auch mit Libido und Aggression in nicht neutralisierter Form), die über den Sekundärvorgang abgeleitet wird. Das Zusammenspiel von Ich und Es verläuft nun normalerweise so, daß sich das Ich gegen Eindringlinge aus dem Es mit entsprechenden Gegenbesetzungen wehrt. Es zeigt sich aber, daß auch der umgekehrte Fall vorkommt, daß nämlich diese Es-Abkömmlinge mit Ich-Energie besetzt werden, wodurch sie »in einem beträchtlichen Abstand zum ursprünglichen Trieb an die vorbewußten Geistesvorgänge gebunden werden.«[312] Nimmt das Ich diese Besetzung wieder zurück, dann rutscht der vorbewußt gewordene Es-Abkömmling durch erneute Besetzung mit Es-Energie wieder in den Primärvorgang. Nimmt das Ich aber seine Besetzung nicht zurück, sondern erhöht sie vielmehr noch durch Konzentration seiner Aufmerksamkeit auf den vorbewußten Vorgang (indem es z. B. die Richtung seiner geistigen Anspannung von der Außenwelt ab- und auf die Introspektion hinlenkt), dann kann Material aus dem »Strom des Vorbewußten«[313] plötzlich *bewußt* werden.

> »Es-Inhalte können überdies das Bewußtsein erreichen, ohne je vorbewußt geworden zu sein. Metaphorisch gesprochen: Sie müssen dem Ich nicht von innen, sie können ihm von außen zugänglich gemacht werden. Sie treten dann als Wahrnehmungen auf und erfahren gleichsam unmittelbar die Überbesetzung, die das Bewußtsein erfordert. Das ist ein ungewöhnlicher (oder doch seltener) Weg ins Bewußtsein, der Weg der Halluzination.«[314]

Kris führt nun an, daß beim Reflektieren, wie bei allen zielgerichteten Denkvorgängen, vor allem neutralisierte Ich-Energien abgeleitet werden. Dagegen zeige sich, daß »phantasiegeladene, frei schwebende Denkvorgänge« vorwiegend Libido und Aggression in nicht-neutralisierter Form abführen, d. h.: »In der Phantasie stehen die Ich-Vorgänge weitgehend im Dienste des Es. Nicht allein das Es jedoch ist darein verwickelt. Selbstverständlich spielen auch das Über-Ich und ›narzißtische‹ Regungen eine Rolle.«[315] Solche Es-Nähe der Ich-Funktionen wird als Regression bezeichnet und ist bekannt von den Zuständen der Ich-Schwächung »im Schlaf, beim Einschlafen, in der Phantasie, im Rausch und in Psychosen.«[316] Und nun folgt die entscheidende Überlegung:

246

»Vor Jahren brachte mich das auf den Gedanken, daß das Ich den Primärvorgang auch benutzen könne und nicht nur von ihm überwältigt werde. Diese Anschauung hat ihre Wurzel in Freuds Erklärung des Witzes, nach der ein vorbewußter Gedanke ›für einen Moment der unbewußten Bearbeitung überlassen‹ werde. Das scheint mir mannigfache schöpferische und andere Erfindungsprozesse zu erklären. Trotzdem stellt das Problem der Ich-Regression bei Schaffensvorgängen nur ein Sonderproblem in einem allgemeinen Bereich dar. Die grundsätzliche Annahme ist, daß unter bestimmten Bedingungen das Ich die Regression handhabt, und daß die integrativen Funktionen des Ich eine willentliche und zeitweilige Abziehung der Besetzung aus dem einen oder anderen Gebiet einschließt, um hernach seine Herrschaft gefestigt wiederzugewinnen.«[317]

Wichtig für das Verständnis der von Kris bei schöpferischen Vorgängen gesehenen Ich-Regression ist, daß sie als eine »funktionale Regression« begriffen wird, »die unmittelbar den Leistungscharakter, die Bezogenheit auf die Aktivität des Subjekts zeigt«[318], wodurch sie von der »genetischen Regression« in der Neurose unterschieden wird. Demnach ist gerade nicht Ich-Schwäche, sondern Ich-Stärke vorhanden, wenn durch eine gezielte Regression Impulse des Es ins Ich integrativ aufgenommen werden können; und zugleich erweist sich hier die bereits von Freud für den Künstler geltend gemachte, an sich gefährliche »Lockerheit« der (...) Verdrängungen«[319] als solchem Regressionsvermögen entgegenkommend. Nicht also eine rigide Trennung zwischen Ich und Es, sondern eine möglichst breite Zone des Vorbewußten mit flexiblen, bei Bedarf kontrolliert durchlässigen Grenzen zum Es begünstigt dann Kreativität.

Was hier mit Freud und Kris dargestellt wurde, gibt bereits eine Antwort auf die vieldiskutierte Frage nach der Verwandtschaft von Genie und Wahnsinn: Verdrängte Triebregungen im Unbewußten zielen auf eine Abfuhr, insbesondere dann, wenn die Verdrängungen »locker« sind. Damit ist der Impuls zur Phantasieproduktion gegeben, denn in dieser werden nicht neutralisierte Energien (Libido und Aggression) abgeleitet. Kommt es also zu einem schöpferischen Vorgang, dann regrediert das Ich und *bindet* die heraufdrängenden *freien* Es-Energien (Libido und Aggression), wodurch sie dem Primärvorgang entrissen und dem Sekundärvorgang, d. h. der Bearbeitung durch das Ich, zugänglich gemacht worden sind. In der Psychose dagegen werden die verdrängten Triebregungen direkt über den Primärvorgang abgeführt, was zu einer Überwältigung und Außerkraftsetzung der Ich-Funktionen führt. Man sieht: ein starkes Potential an locker Verdrängtem und ein starkes Ich, das den Regressionsvorgang gezielt handhaben kann, bilden günstige Voraussetzungen für den kreativen Arbeitsprozeß.

Von da aus konzipiert Kris zuletzt noch eine zweiphasige Kreativitätstheorie, in der auf eine »Inspirations«-Phase (der Ich-Regression) eine »Ausarbeitungs«-Phase (der Ich-Arbeit) folgt.

> »Die inspirative Phase ist durch die Leichtigkeit gekennzeichnet, mit der Es-Strebungen oder deren nahe Abkömmlinge aufgenommen werden. Man könnte sagen, daß Gegenbesetzungs-Energien in gewissem Ausmaß zurückgezogen und der Geschwindigkeit, Stärke oder Eindringlichkeit, mit der sich die vorbewußten Vorstellungen ausformen, zugesetzt werden. Während der ›Ausarbeitungs‹-Phase kann die Schranke der Gegenbesetzung wieder in Betrieb genommen werden, die Arbeit geht langsam voran, die Besetzung richtet sich auf andere Ich-Funktionen wie Realitätsprüfung, Ausformulierung oder allgemeine Zwecke der Verständigung. Der Wechsel zwischen den beiden Phasen kann sich rasch vollziehen, kann oszillieren oder sich auf lange Zeitstrecken verteilen.«[320]

»Allein durch freie Assoziationen kann der Geist ohne bewußte vorsätzliche Tendenz, ohne Vorurteile von Gedanken
zu Gedanken, von Empfindung zu Empfindung fortschrei-
ten; wenn kein verformender Druck von seiten unbewußter
Vorgänge ausgeübt wird, ist dies der spontane, primitive,
natürliche und schöpferische Denkvorgang schlechthin.«[321]
Auch für Lawrence S. Kubie ist die Kreativität ein Vorgang,
der im Bereich des Vorbewußten statt hat, dort also, wo die
Möglichkeit zur »freien Assoziation« besteht. »Frei« bedeutet dabei nicht die Unabhängigkeit von kausalen Gesetzmäßigkeiten, sondern die Ungestörtheit von Einwirkungen aus
den Systemen des Unbewußten wie des Bewußten.
Die Sonderstellung des Vorbewußten als Ort freier Assoziationen für den kreativen Prozeß liegt nach Kubie darin begründet, daß hier das symbolische Denken »wortlos« erfolgt, wodurch es möglich, ja unumgänglich ist, an viele
Dinge *gleichzeitig* zu denken; »auf dieser Stufe ist es sogar unmöglich, nur an *eine* Sache zu denken«[322]. (Vielleicht könnte
man Kubies Unterscheidung zwischen den Wortsymbolen
des Bewußtseins und den wortlosen Symbolen des Vorbewußten auch so treffen: das bewußte Denken ist ein Denken
in Begriffen, das vorbewußte Denken dagegen ein Denken in
den wesentlich komplexeren Bedeutungen?) Die Arbeit des
Vorbewußten besteht nun darin, alle die Materialien, die
nicht zum Kontext eines »Themas« gehören, auszuschalten
und gleichzeitig die zugelassenen zu koordinieren, wobei
sich überraschend neue Muster bilden können, die im Moment der Bewußtwerdung aufschlußreiche Kombinationen
darstellen. Damit wird einsichtig, daß ein absichtsvolles, pla-
nendes und kontrollierendes voreiliges Eingreifen des Bewußtseins in den Assoziationsstrom das Auffinden solcher
neuen Verbindungen verhindert, indem das Denken dann,
ans Wort (den Begriff) gebunden, quasi zu den immer glei-

chen, eben definierten »Sätzen«, in die altbekannten Denk-
bahnen führt. Und ebenso wird verständlich, daß »der Einfluß vornehmlich im Unbewußten wirksamer störender Affekte«[323] sowohl das freie Assoziieren hemmen als auch seine
Hervorbringungen verzerren kann.

Während Kris in seiner Kreativitätstheorie die schöpferische
Geistestätigkeit vor allem in vertikaler Richtung verlaufend
sieht – vom Bewußten durch eine Ich-Regression hinab ins
Unbewußte zur Aufnahme von Es-Trieben und -Inhalten
(den Symbolen) zurück über das Vorbewußte zum Bewußten –, skizziert Kubie die betreffenden Vorgänge quasi in ho-
rizontaler Richtung: er spricht von »den drei gleichlaufenden
Systemen des psychischen Prozesses«, drei parallel fließenden
Strömen vergleichbar, wovon der mittlere (das Vorbewußte)
rasch und turbulent seinen Weg nimmt, während die beiden
äußeren (das Unbewußte und das Bewußte) eher zähflüssige,
teilweise stehende Bereiche bilden, die aber die Tendenz
aufweisen, sich über ihre Grenzen in das System des Vorbewußten auszudehnen. Gelingt es nun den Mächten des Unbewußten (z. B. Angst, Schuld, Haß), die Gewalt und Steuer-
funktion über das Assoziationsmaterial zu erlangen, dann
liegt nach Kubie im Schaffen aus solcher Quelle das Produkt
einer Geisteskrankheit vor; den archaischen Gewalten des Unbewußten, verbunden mit dem reißenden Strom vorbewußter Assoziationen, werden die Dämme, die das Bewußte dagegen errichtet hat, nicht lange standhalten. Vermag aber das
Bewußtsein den Reichtum freier Assoziationen in sich aufzunehmen und zu entfalten, dann kann daraus eine künstlerische
Neuschöpfung, eine wissenschaftliche Entdeckung entstehen: es liegt dann überhaupt eine kreative Leistung vor. Auch
Kubie entwickelt also eine zweiphasige Kreativitätstheorie:
die erste Phase besteht in einem freien Assoziieren, im »Prozeß
des *cogito,* des Zusammenschüttelns«, die zweite Phase ist die
des »*intelligo*« und hat gegenüber der ersten vor allem kritisch
prüfende und ordnende Funktionen zu erfüllen.

Neu an Kubies Überlegungen ist nun, daß er die Quelle schöpferischer Leistungen vollständig aus dem System des Unbewußten ausgliedert, ja er spricht diesem sogar eine Kreativität zerstörende Rolle zu. Während Kris noch in der traditionellen Auffassung der Psychoanalyse steht, wonach die Symbole als Produkte des Primärprozesses die »Sprache des Unbewußten« darstellen und als solche die Conditio sine qua non jedes künstlerischen Ausdrucks sind, entwickelt Kubie ein Modell »der ›Reifungsstufen‹ in der Symbolbildung – einer Stufenfolge, die von den rigiden Stereotypien, wie sie unter dem Einfluß der unbewußten Prozesse gebildet werden, über die flexiblen vorbewußten Vorgänge zu den wiederum rigiden Bewußtseinssymbolen führen«[324] – und verortet die kommunikative Vielschichtigkeit der künstlerischen Symbolik im System des Vorbewußten.

> »Wo an einem Ende des Spektrums die bewußten Vorgänge dominieren, setzt sich die Rigidität durch, weil bewußte symbolische Funktionen durch ihre bis ins einzelne festgelegten Bezüge an spezifischen Wahrnehmungs- und Begriffseinheiten verankert sind. Wo am anderen Ende unbewußte Vorgänge überwiegen, ist die Verankerung noch starrer, und zwar an der Irrealität, d. h. an jene unannehmbaren Konflikte, Gegenstände, Ziele und Impulse, die für bewußte Introspektion wie auch für den korrigierenden Einfluß der Erfahrung unzugänglich gemacht sind und die durch ihre eigenen Symbole in unveränderlichen Tarnungen ausgedrückt werden. Solange ihre Ursprünge unbewußt bleiben, wird der symbolische Ausdruck nicht abzuändern sein. Das Ergebnis ist eine vollständige Erstarrung. Nun ist aber die Flexibilität der metaphorischen Symbolik wesentlich, wenn der Symbolprozeß jenes schöpferische Potential haben soll, das uns zu echten Menschen macht. Ich wiederhole: Diese schöpferische Beweglichkeit wird vor allem durch die freie, fortlaufende und gleichzeitige Tätigkeit der vorbewußten Vorgänge ermöglicht.«[325]

Mit Kris und Kubie sind wir bereits in groben Zügen über die hier berücksichtigte psychoanalytische Theorie vom Verlauf des kreativen Prozesses unterrichtet, und auch Lorenzer schließt sich im wesentlichen diesen Überlegungen an. Entscheidend ist – das sollte jetzt bereits festgehalten werden –, daß *das Vorbewußte* für alle drei Theorie-Autoren *der zentrale Ort der Kreativität ist*. Wo aber ist dann das Symbol zu Hause? Bei Kris ist es noch fest im Unbewußten verankert und muß durch Ich-Regression erst ins Vorbewußte gehoben werden; Kubie sieht auf allen drei Bewußtseinsstufen Symbole von je unterschiedlichem Reifungsniveau und weist der Kreativität die Entwicklungsstufe der Symbole mit der größten Flexibilität zu, die im Vorbewußten verortet wird. So weit, so anschaulich, aber erinnern wir uns an die eingangs gestellten Fragen, jetzt spezifiziert in den Worten Bernd Urbans:

> »wie kann z. B. der ›literarische Text‹ – analog zum Traum*text* und dessen Symbolik, durch alle ›sekundäre‹ Bearbeitung hindurch – gedeutet werden? Welche Bezüge gibt es zwischen sekundärer Bedeutung und künstlerischem Schaffen? Welchen Anteil hat die psychoanalytische Symbolik an der dichterischen?«[326]

dann wird deutlich, daß die oben referierten Kreativitätstheorien dem Literaturwissenschaftler zwar eine allgemeine Vorstellung von psychischen Abläufen bei der schöpferischen Produktion vermitteln, nicht aber ein Werkzeug für die präzise Textanalyse an die Hand geben, womit etwa obige Fragen einer Antwort näher gebracht werden könnten. Ein solches Instrumentarium soll allerdings für unsere Zwecke bereitgestellt werden, auch wenn dies noch einige komplizierte Gedankengänge erforderlich macht. Bezugsautor der folgenden Erörterungen ist Alfred Lorenzer, der sich in seiner lesenswerten »Kritik des psychoanalytischen

Symbolbegriffs« um die Klärung und Präzisierung des sich wandelnden Symbolbegriffs in der Psychoanalyse bemüht. Seine Überlegungen sind nun besonders aufschlußreich in bezug auf die Frage, wie, in welcher Form und wann *das Unbewußte* in den kreativen Vorgang hineinspielt. Es geht also im nun folgenden eigentlich *nicht* mehr um die Darstellung der kreativen Tätigkeit schlechthin, sondern vor allem um das Erfassen ihrer *Ausnahmeerscheinungen,* um die Freilegung dessen, was sich vereinzelt in der Kunst als roher, ungestalteter Abkömmling des Unbewußten bemerkbar macht. Die Möglichkeit, hier zu differenzieren, wäre ein wertvolles Hilfsmittel für eine psychoanalytische Textuntersuchung.

Angeregt durch die interdisziplinär geführten Diskussionen um den Sonderstatus des psychoanalytischen Symbolbegriffs – etwa neben demjenigen der Philosophie oder der Mathematik – zeigt Lorenzer den geschichtlichen Wandel des Symbolverständnisses in der Psychoanalyse von der ursprünglichen Auffassung der Symbolisierung als einer »pathologischen« Form subjektiven Verhaltens (nach dem Motto: »Nur was verdrängt ist, wird symbolisch dargestellt; nur was verdrängt ist, bedarf der symbolischen Darstellung.«[327]) zu einem Verständnis des Symbols als Produkt eines ausschließlich den Ich-Funktionen zuzurechnenden Symbolbildungsvermögens. Die Arbeiten von Kris und Kubie erscheinen dabei als wichtige Schritte auf dem Weg zu diesem neuen Symbolverständnis, für das Kubie bereits den Vorentwurf geliefert hatte. Lorenzer stellt nun folgende Überlegung an:

Wenn das Symbol nicht mehr als primärprozeßhafter Ausdruck des Es, sondern als »Produkt einer einheitlichen Ich-Leistung«[328] verstanden wird und dennoch nicht davon abzugehen ist, daß das Unbewußte sich (z. B. im Traum) symbolisch mitteilt, dann muß für die Symbolbildung zwischen einem Reiz- und einem Organisationszentrum unterschieden werden. Ersteres liegt selbstverständlich im Es, das über ein hohes Potential an freiverschieblicher Energie verfügt, letzteres ist im Ich zu lokalisieren, das als die allein strukturbildende Instanz durchgängig auf allen drei Ebenen des Bewußtseins seine geistige Tätigkeit zu Resultaten von je unterschiedlichem Niveau organisiert. Folglich faßt der Begriff Primärprozeß zwei verschiedene Bedeutungen, nämlich einerseits die einer hohen Dynamik aufgrund freiverschieblicher Energie und andererseits die einer »niederen Stufe der Denkorganisation im Sinne der ›presentational symbolization‹«[329]; und analog dazu ist unter dem Begriff Sekundärprozeß sowohl die niedrige Triebdynamik infolge »›stabiler Besetzung‹ mit einem hohen Anteil neutralisierter Energie« als auch eine »höhere Organisationsstufe zielgerichteten Denkens« zu verstehen.[330]

> »Mit dieser Feststellung ist die Frage, ob die Annahme einer durchgehenden Symbolbildung durch das Ich – von den Traumbildern bis zu den Begriffen – die psychoanalytischen Vorstellungen vom Ubw bedroht, schon beantwortet: Die Zentrierung einer jeden Symbolbildung im Ich erzwingt keine Alternative, Psychoanalyse als Ich-Psychologie *oder* Triebpsychologie zu verstehen. Es geht nicht um eine Zentrierung entweder im Ich oder im Es. Für die Symbolbildung sind grundsätzlich zwei Zentren zugleich anzunehmen; je nach der Art der Frage erscheint eine andere Zentrierung im Blickfeld. Erhebt sich die Frage nach den Bildungsprozessen, so stellt sich notwendig das Ich auch bei der Psychoanalyse in den Mittelpunkt. Wird dagegen das ganz anders geartete dynamisch-energetische Konzept bei der Untersuchung maßgebend, so rückt eo ipso das Es in den Blick. Erscheint erkenntnispsychologischer Betrachtung das Ich als Zentralinstanz des psychologischen Subjekts, dessen Erkenntnisobjekt (unter anderem) die Gehalte des Es sind, so wendet eine dynamische Psychologie den Blick um; ihr wird das Es im Rahmen ihrer dynamisch-energetischen Betrachtungsweise zum Mittelpunkt als Energiezentrum, von dem aus sich die Besetzungen auf die Repräsentanzen richten.«[331]

Die hier von Lorenzer angeschlossene theoretische Klärung des Zusammenhangs zwischen Symbol und Repräsentanz ist nun auch für den Literaturwissenschaftler interessant, der sich die Frage stellt, ob und in welcher Weise er z. B. berechtigt sei, ein Symbol im poetischen Text mit Hilfe psychoanalytischer Erkenntnisse zu deuten. Daher sollen diese zugegebenermaßen sehr speziellen und komplexen Theorieteile wenigstens kurz skizziert werden, denn wir werden sie für die hier zu leistende Aufgabe der Interpretation des »Räuber«-Romans brauchen, und vielleicht lassen sich über unsere besonderen Zwecke hinaus auf diesem Wege auch Antworten finden auf methodische Fragen, die sich in einer Verbindung von Literaturwissenschaft und Psychoanalyse zwangsläufig ergeben.

Zunächst einmal gilt: Repräsentanzen sind mit Triebenergie besetzbare Strukturen, die auf allen drei Bewußtseinsebenen vorkommen. Hinzu kommt, daß jede Objektrepräsentanz ein facettenreiches, mehrschichtiges Gefüge darstellt, dessen Einzelaspekte nur zusammengenommen die quasi vollständige Repräsentanz des Objekts bilden. Und außerdem ist nach Lorenzer zu beachten, daß jede Objektrepräsentanz mit einem Verhaltens- respektive Beziehungsaspekt verknüpft ist, d. h., mit jeder Stelle einer Objektrepräsentanz korrespondiert eine solche der Selbstrepräsentanz. Diese Annahmen über die Natur der Repräsentanzen: ihr Vorkommen auf allen drei Bewußtseinsebenen, ihre facettenreiche Mehrschichtigkeit und ihre jeweilige Verknüpfung mit einem Beziehungsaspekt, lassen sich am Beispiel des in Teil I entworfenen Modell-Vaters etwa so veranschaulichen:

Auf der Ebene des Bewußtseins ist der Vater für den kleinen Sohn der »große, bewundernswerte Mann«; dieser Vorstellung entspricht der Verhaltens- und Beziehungsaspekt der »Liebe« und »Verehrung«, und je größer diese Verehrung ist, desto mehr gilt dann für die bewußte Selbstrepräsentanz des Kindes der Aspekt der »Nichtswürdigkeit«, das »kleine Ich«[332]. Auf der Ebene des Unbewußten sieht das nun aber ganz anders aus: dort zeigen die Facetten der Vaterrepräsentanz z. B. den Aspekt der »Schwäche«: der Vater, der versagt, seinen Aufgaben nicht gewachsen ist, der »ödipale Verlierer«; und andererseits den Aspekt »ungeheuerlicher Stärke«, den an ihm wahrgenommenen heimlichen Größenwahn: daraus entsteht das Bild des »ödipalen Rächers«, des »kastrierenden Vaters«. Diesen gegensätzlichen Imagines entsprechen die Beziehungsaspekte einerseits des »Verachtens« und andererseits des »Fürchtens«. Und für die Selbstrepräsentanz stellt sich demnach das Bild des entweder »triumphierenden« oder des zu Tode »geängstigten« Ichs ein, wobei diese gegensätzlichen Selbst-Imagines einer weiteren zugeordnet sind: dem Ich in seiner »ohnmächtigen Wut«. Daß aus dem Bereich des Unbewußten einzelne Facetten der Objektrepräsentanz des Vaters ins System des Vorbewußten eindringen oder hineingenommen werden können, muß nicht weiter erläutert werden; zu berücksichtigen wäre dabei aber in jedem Falle, daß dies nach Lorenzer nur geschehen kann, wenn *gleichzeitig* die jeweiligen Aspekte der Beziehung und der Selbstrepräsentanz mit vorbewußt werden.

Es gibt also, wie gezeigt, zwei Arten von Repräsentanzen, bewußte und unbewußte. Und nun differenziert Lorenzer terminologisch wie folgt: »Die bewußten Repräsentanzen haben den Charakter von Symbolen, die unbewußten Repräsentanzen dagegen sind nicht-symbolische Strukturen. Ich möchte vorschlagen, sie *Klischees* zu nennen, um Ähnlichkeit und Unterschied zu den Symbolen in einem bezeichnen zu können.«[333] Wodurch unterscheiden sich nun solche Klischees von den Symbolen?

Ausgehend von der Stufe der frühen infantilen Entwicklung kann man sagen, »daß in den Anfängen ›Selbst‹ und ›Objekt‹ sich aus einer primären Verbundenheit ausdifferenzieren und daß auf den früheren Differenzierungsstufen der ›gestische‹

gegenüber dem ›gegenständlichen‹ Aspekt dominiert, ebenso wie beim Erkennen die synthetische Leistung vor der diskriminatorischen prävaliert.«[334] Dies gilt nach Lorenzer gewissermaßen für jeden Lernschritt; aus einer ursprünglichen Verbundenheit differenzieren sich Selbst und Objekt heraus und treten zueinander in eine spezifische Beziehung. Solches Ausdifferenzieren läßt sich verstehen als Prozeß der Bewußtseins- und Symbolbildung und bedeutet somit auch eine Transformation in Sprache. Diese Entwicklung, die also immer auch zugleich Sprachentwicklung ist, kann nun durch traumatische Einwirkungen, die Verdrängungsprozesse in Gang setzen, empfindlich gestört werden.

> »Was meint Verdrängung in dem hier entfalteten Verständnis? Vergegenwärtigen wir uns die beiden wichtigsten psychoanalytischen Bestimmungen: Ausschluß aus dem Bewußten und Vorbewußten, Verweisung ins Unbewußte – als topographisches Kriterium – und Entzug der neutralisierten Energie mit voller Besetzung durch unveränderte Triebenergie – als energetisches Kriterium. Die Objektrepräsentanzen werden aus dem Gesamt der Symbole als inkompatibel ausgeschlossen, der Erkenntnisprozeß wird gleichsam zurückgespult, das Symbol wird unkenntlich. (...) Das heißt: wenn das Liebesobjekt, bzw. eine Objektrepräsentanz, nicht losgelassen werden kann, so muß diese Repräsentanz ihren Charakter als ›Symbol‹ verlieren. Sie wird unter Belassung der Triebbesetzung desymbolisiert, wobei das Festhalten des Triebes an dem Objekt als Ursache der Desymbolisierung angesehen werden muß. Man kann das auch so ausdrücken: weil die Objektrepräsentanz weder freigegeben werden, noch auch ›mit Besetzung‹ bewußt ertragen werden kann, wird sie ›verleugnet‹.«[335]

Die Klischeebildung ist folglich zu verstehen als ein regressiver Schritt, bei dem aufgrund einer Verdrängung ein bereits entfaltetes differenziertes Symbolsystem wieder *desymbolisiert* wird, wobei der »szenisch-situative Aspekt prävaliert, er saugt gleichsam das Objekt auf«[336], d. h., es kommt dabei gegebenenfalls wieder zur ursprünglichen Verschmelzung von Selbst und Objekt. Dies eben auch deshalb, weil mit dem Symbol, also: der bewußten Objektrepräsentanz, auch sein Beziehungsaspekt und die betreffende Selbstrepräsentanz aus dem Bewußtsein ausgeschlossen werden. Dieses Rückgängigmachen eines bereits vollzogenen Reifungsschrittes bezeichnet Lorenzer als »Ausschluß aus der Sprachkommunikation«[337].

Das Klischee ist dann dem Bewußtsein und dessen sprachlichem Integrationsvermögen unzugänglich, es ist strikt determiniert, irreversibel, stereotyp; und noch etwas ist wichtig: da beim Klischee durch die hohe Besetzung mit ungebundener Triebenergie der gestisch-funktionale Aspekt dominiert, ist es auch an einen szenischen Auslösereiz gebunden und setzt sich immer und nur dann, wenn dieser gegeben ist, nach dem Prinzip des Wiederholungszwanges quasi »hinter dem Rücken des Individuums durch, wobei dieses Durchsetzen sich bald in motorischen Aktionen, bald in Träumen (bzw. Tagträumen) äußert.«[338]

Veranschaulicht man sich die bis hierher dargestellten Zusammenhänge wiederum am Vater-Beispiel aus unserem Modellfall, so läßt sich folgendes sagen: Die Unheimlichen und Riesen – so wurde in Teil I erkannt – sind gleichsam die bildliche Verdichtung der gesamten ungelösten ödipalen Konfliktsituation – ihre Riesenhaftigkeit entspricht im übrigen noch dem realen Größenverhältnis zwischen Vater und ödipalem Sohn. Das bedeutet nun: Das Wissen um die ödipale Rivalität und alle damit verbundenen Gefühle wurden ins Unbewußte verdrängt, mithin desymbolisiert, erhielten dort ihre hohe (riesige) Triebbesetzung und vereinigen nun in *einer* Figur, die Tomzack, wilder Kerl, der Unheimliche oder anders genannt werden kann, sowohl die verschiedenen Repräsentanzen des Vaters als »ödipaler Verlierer« und »kastrierender Rächer«, als auch die entsprechenden Selbstrepräsentanzen des Sohnes als »Triumphator« und »potentiell Kastrierter«, sowie den dazugehörigen Beziehungsaspekt. D. h. in der psychoanalytischen Terminologie nach Lorenzer: der (man könnte auch sagen: das) Unheimliche ist eine aus der produktiven Sprachlichkeit ausgeschlossene, aber – wie gleich zu zeigen ist – symbolisch überformte Klischeebildung, die infolge der ödipalen Verdrängung eingetreten ist und je nach Auslösesituation mal in den Darstellungen der Selbstrepräsentanz, mal in denjenigen der Objektrepräsentanz ihren Schwerpunkt erhält. Und das bedeutet auch, daß das Auftauchen dieser Unheimlichen immer und ausschließlich an einen solchen Auslösereiz gebunden ist, der im tatsächlichen Erleben des Dichters liegen kann – hierzu läßt sich dann kaum mehr als vermuten, da solches nur manchmal in geringen Spuren im Text angezeigt sein könnte (z. B. in den ersten Zeilen der Erzählung »Der Spaziergang«) – oder in einer vorgestellten, phantasierten Situation, die erdichtet, erschrieben wurde – diese wäre dann deutlicher im Text nachzuweisen.

Wie aber gelangen diese Klischees in die Literatur, ist doch das Schreiben als eine wache (manuelle) Tätigkeit immer mit Bewußtsein verbunden, so daß – anders als beim Tagträumen und Assoziieren in der Psychoanalyse – die Distanz zwischen einem Gedankenimpuls und seiner Fixierung bedeutend größer ist, als dies bei un- und vorbewußt ablaufenden Prozessen sonst der Fall ist? Nicht speziell für den künstlerischen Arbeitsprozeß, sondern ganz generell (also auch gültig für das Verhalten des Psychotikers) gibt Lorenzer hierzu die Antwort:

> »In jedem Falle wird klischeebestimmtes Verhalten mit symbolvermitteltem Handeln vermischt. Das Ich nimmt zumindest in Form von Rationalisierungen oder sekundären Überarbeitungen (wie der sekundären Traumarbeit) Stellung. Gerade die Erinnerung an den Traum warnt uns davor, die Ichleistung zu unterschätzen. Diese Überformungen und Eingriffe sind nur der

Spezialfall einer unablässigen Verknüpfung mit Symbolen in Bildung sekundärer Motivationszentren.«[339]

Die für die Interpretation eines literarischen Werkes daraus ableitbare These lautet demnach: Im Prozeß kreativer Produktion können solche durch einen szenischen Auslösereiz provozierte Klischees auftauchen; wenn sie aber auftauchen, werden sie in irgendeiner Form vom Bewußtsein bearbeitet, d. h.: ohne daß ihre *eigentliche* Bedeutung von diesem Bewußtsein überhaupt oder vollumfänglich erkannt würde, werden diese Klischees entweder vom Text ferngehalten – sie können z. B. nicht in einen bereits angelegten Erzählzusammenhang eingepaßt werden –, oder sie werden hineinrationalisiert, wobei dem Kontext eine mehr oder weniger starke Biegung in Richtung auf das Klischee zugemutet, im glücklichen Falle aber eine zufällige Bereicherung zuteil wird. Zwei Beispiele aus dem »Räuber«-Roman zeigen, in welcher Weise solche Klischees ins Bewußtsein und in den Text aufgenommen werden können, ohne wirklich in den Erzählzusammenhang integriert worden zu sein – auf das Interpretieren des szenischen Zusammenhangs, aus dem sie entstehen, muß hier vorerst verzichtet werden:

> »Warum fallen mir jetzt eine Menge *Damenmäntel* ein? Wohin gehören dieselben? Lichter gehen mir auf und sterben wieder.« (26/6)
> »Daß uns doch nur schon endlich einmal diese *Nasen* und diese *Spazierstöcke* in Ruhe ließen. Wie ein Bürolist schreibe ich hier...« (59/13)

Gewiß könnte man sagen, daß das plötzliche Auftauchen der Vorstellung von einer Menge Damenmäntel den Anfang einer vielleicht unbewußt gewesenen und nun vorbewußt gewordenen Erinnerungsspur anzeigt; die Damenmäntel bildeten dann das erste visuelle und, wie Freud wiederholt betont, vielfach in seiner Bedeutung nebensächliche Element eines vergessenen Eindrucks, der wieder erinnerungsfähig werden will. Was aber an Stellen wie diesen allgemein (und jetzt einmal abgesehen von einem besonderen Erlebnis, in dem Damenmäntel eine Rolle gespielt hätten) deutlich wird, ist folgendes: eine Vorstellungssituation in der Dichtung, d. h. während der Schreibarbeit kann unter Umständen genau den szenischen Auslösereiz bilden, der das Klischee (Damenmäntel, Nasen, Spazierstöcke) auf den Plan ruft; und das Klischee tritt, weil es mit hoher freier Triebenergie besetzt ist, unmittelbar hervor und kann somit erst nachträglich in die bewußte Geistestätigkeit »eingeflickt« werden. Daß aber nicht nur Flickwerk entsteht, wenn solche Klischees ins Bewußtsein eindringen, zeigen wiederum die schönen Erzählpassagen, in die dann die Unheimlichen, Riesen und wilden Kerle eingearbeitet wurden. Nicht also im literarischen Sinne handelt es sich bei diesen Erscheinungen um Klischees, das sollte nach dem Bisherigen unmißverständlich klar sein, und keine Wertung ist mit dieser Bezeichnung verbunden, denn eine Wertung ergäbe sich erst nach Beantwortung der Frage, wie das Klischee in den poetischen Text eingearbeitet wurde – sondern der Begriff Klischee wird hier ausschließlich in psychodynamischer und -struktureller Hinsicht verstanden.

Im Rahmen unserer psychoanalytischen Fragestellung ließe sich also sagen: die *eigentliche* Bedeutung der Figur des Unheimlichen ist der gesamte Ödipuskomplex. Da aber »der Unheimliche« als bildliches Klischee eines psychischen Komplexes durch die Dichtung in symbolvermittelte Sprache eingebunden wird, bedeutet dann »der Unheimliche« immer zugleich mehr als sein psychischer Kerngehalt, nämlich auch all das, was ihm der poetische Text situativ hinzufügt: er kann mit vollem Recht als Metapher für das Leid der Welt oder die Bedrohung der eigenen Existenz und ähnliches aufgefaßt werden. Und dieses wiederum, das Einbinden des Klischees in das Symbolgeflecht des dichterischen Textes, könnte in triebökonomischer Hinsicht bedeuten, daß die ungebundene Energie, die das Klischee steuert, in der poetischen Überformung eine zwar nicht endgültige, aber vorübergehende Transformation in gebundene Energie erfährt. Wenn dem so wäre, dann läge hier ein wesentlicher Ansatz für die Beantwortung der Frage, inwieweit die künstlerische Produktion therapeutische Wirkung zeitigen könnte.

Durch das Einbeziehen des Klischees in die symbolvermittelte Sprache der Dichtung entsteht somit in einem wertungsfreien Sinn, d. h. nur in psychologischer Hinsicht, eine »Verfälschung« – eine Fälschung der Originalbedeutung des Klischees als unbewußter Ausdruck einer Verdrängung. Es gibt aber noch eine zweite mögliche Verfälschung einer sprachlichen Bedeutung, deren Erklärung durch Lorenzer auch für literaturwissenschaftliche Zwecke nutzbar ist. Daher sei in größter Kürze das von ihm angeführte Beispiel dazu vorgestellt: »Ein Patient hat Streit mit einem Vorgesetzten, weil er ›seinen Vaterprotest auf diesen Vorgesetzten überträgt‹.«[340] Eine durchaus nicht unalltägliche Situation also, in der folgendes passiert: Der Patient erkennt den Vorgesetzten zwar als Vorgesetzten, behandelt ihn aber wie den einstmals autoritären Vater, d. h., er reagiert »als Sohn« mit einem der realen Situation unangemessenen Wutausbruch. Lorenzer erklärt dies folgendermaßen:

> »Dasselbe Geschehen wird zugleich ›nicht verstanden‹ und ›verstanden‹, indem es falsch verstanden wird. Wir können dasselbe Verhalten als gleichzeitigen Austausch von ›nichtsignifikanten Gesten‹ und ›signifikanten Gesten‹ gelten lassen.
> Nicht Sprachlosigkeit, sondern eine eigentümliche Sprachverwirrung liegt vor. An der Vermischung der Objektrepräsentanzen wird diese Sprachverwirrung ganz deutlich. ›Vorgesetzter‹ entspricht hier der Formel ›Vorgesetzter‹ = Vorgesetzter (+ Vater).
> Der in Klammer gesetzte Anteil ist dynamisch dominant, der andere ist bewußtseinsdominant. Es gelten aber beide zusammen:

›Vorgesetzter‹ = Vorgesetzter + Vater.
Es versteht sich, der in Anführungszeichen gebrachte
Begriff ›Vorgesetzter‹ hat gleichzeitig
1. einen nur für diesen Patienten geltenden Begriffsum-
fang – er ist Teil einer ›Privatsprache‹.
2. Er ist gleichzeitig Teil der Umgangssprache, über
den sich zu verständigen unproblematisch zu sein
scheint (im Selbstverständnis des Betroffenen und anderer), was aber nicht der Fall ist. Man sieht, es wäre irre-
führend, hier von einer bloßen Ausklammerung aus der
Sprachgemeinschaft zu sprechen. Der Begriff ist re-in-
tegriert, er ist Bestandteil einer ›pseudo-kommunikati-
ven Privatsprache‹.«[341]

Mit dieser Erklärung sind wir nun für ein differenziertes Verständnis der einzelnen Szenen im literarischen Text vorbereitet: Es wird nämlich immer wieder bei der Interpretation der
Episoden im »Räuber«-Roman notwendig sein zu fragen, inwieweit das Verhalten des Räubers zu den verschiedenen Be-
ziehungsfiguren durch solche »Vermischung der Objektrepräsentanzen« gekennzeichnet ist, ob also in diesem Verhalten neben einer bewußten auch eine triebdynamische Komponente wirksam ist, die dann vielleicht erklären könnte,
warum z. B. eine Reaktion des Räubers als nicht situationsangemessen erscheint. Dies ist um so mehr angezeigt, als der
Ich-Erzähler selbst Hinweise in dieser Richtung gibt:

>»In Wahrheit hatte sich der Räuber Wanda gegenüber
als Vater gefühlt und Edith gegenüber als Knabe.«
(133/31)

Diese wichtige Mitteilung darf zwar nicht dahingehend
überinterpretiert werden, daß z. B. für Edith im ganzen Roman die Gleichung gälte: »Edith« = Edith (+ Mutter) – es
gibt vielmehr eine Reihe von Szenen, für die (weitgehend)
gilt: »Edith« = Edith; aber es gibt auch Szenen, die sich nicht
anders erklären lassen als dadurch, daß in ihnen ein Aspekt
der mütterlichen Objektrepräsentanz dynamisch dominant

wirksam ist. Und daß solche Vermischungen der Objektrepräsentanzen nicht nur beim Verhalten des Räubers Edith gegenüber, sondern auch in den Beziehungen zu anderen Figuren zu beobachten sein könnten, das ist zumindest eine Überlegung, die das szenische Verstehen der im Roman dargestellten Situationen begleiten sollte.

Kehren wir noch einmal zurück zur Symboltheorie Lorenzers. Es war gezeigt worden, daß, ausgehend von einem bereits entfalteten Symbolsystem, das Klischee aufgrund eines
durch Verdrängung erfolgten regressiven Entwicklungs-
schritts entsteht, wobei der Distanzverlust zwischen Selbst
und Objekt bis hin zur vollständigen Wieder-Verschmel-
zung beider reichen kann. Daher gilt für das Klischee die Prä-
valenz des gestisch-funktionalen (d. h. nicht-symbolischen)
Anteils, ein hoher Grad an Emotionalität durch die Besetzung mit ungebundener Triebenergie sowie die Abhängigkeit vom szenisch-situativen Kontext – das Klischee enthält
also die aus dem Bewußtsein ausgeschlossene Verbindung
von Selbst- und Objektrepräsentanz, die der Verdrängung
anheimfallen mußte. Die Stereotypie des Klischees entspricht dabei der allgemeinen Auffassung der Symbolisierung unbewußter Gehalte, für die »nur ein relativ einförmig-
konstantes Zeichenrepertoire zur Verfügung«[342] steht, das
sich willentlich nicht evozieren noch korrigieren läßt.

Hier knüpft Lorenzer an Kubie an: dieser hatte für die Stufen
der Symbolbildung vom Unbewußten über das Vorbewußte
zum Bewußten die Reihenfolge Rigidität – Flexibilität – Rigidität aufgezeichnet, und es ist deutlich, daß das *Klischee* Lorenzers der Rigidität der unbewußten Symbolik Kubies zuzuordnen wäre. In progressiver Entwicklungsrichtung bildet
das *Symbol* dann das Zentrum höchster Flexibilität bei ausge-
wogener Distanz zwischen Selbst und Objekt, mithin einem
Gleichgewicht von lebensgeschichtlicher Bedeutung, also
auch affektiver Beteiligung des Erlebnis-Subjekts einerseits
und objektiver Übereinstimmung mit dem Gegenstand an-

dererseits: das Symbol ist sprachlich kommunizierbar, ein Mittel bewußter individueller Verständigung. Schreitet die Symbolbildung weiter voran, dann erreicht das Symbol wiederum jene erneute von Kubie beobachtete Rigidität, die z. B. für wissenschaftliche Begriffe notwendig ist: Lorenzer nennt diese rigiden Bewußtseinssymbole im Anschluß an Piaget *Zeichen*. Zeichen sind charakterisiert durch die maximale Distanz zwischen Selbst und Objekt, d. h. der Gegenstand ist aus der Beziehungssituation völlig herausgelöst, der gestische Anteil ist verblaßt, die emotionale Bedeutung ist verlorengegangen: das Zeichen ist ein reiner Operator.

»Die kurze Übersicht dürfte fürs erste schon gezeigt haben, daß es im Symbolgefüge der Objektrepräsentanz eine Aufreihung gibt, die sich mit zunehmender Bewußtheit, mit zunehmender Fähigkeit, verbal erfaßt zu werden, und schließlich mit zunehmender Allgemeinheit des Begriffes immer mehr von jenen Vorstellungssymbolen entfernt, die besetzbar sind. Diese stellvertretenden Zeichen verlieren die Eigenart einer konkreten Repräsentanz eines Objekts in seiner historischen Besonderheit und seiner unaustauschbaren Beziehung zu diesem Erlebnissubjekt. Das Höchstmaß von Annäherung (und das heißt struktureller Übereinstimmung) an das konkrete Objekt für den Erlebenden ist an der Stelle zu lokalisieren, wo nach Freuds Auffassung Sachrepräsentanzen mit Wortrepräsentanzen zusammenkommen. An diesem Punkt ist das Zentrum der instrumentellen Wirksamkeit der Symbole als Objektrepräsentanzen anzunehmen. An dieser Stelle setzt der Prozeß der Entpersönlichung, der ›Isolierung‹ (durchaus im doppelten Sinne verstanden als Ablösung von affektivem Verhalten und zugleich Distanzierung der Beziehungen zwischen Selbst und Objekt, als Vergegenständlichung) ein. Zugleich aber hat an dieser Stelle das Ich Zutritt zu den handlungsregulierenden Strukturen. Nicht von ungefähr ist dies auch der Punkt, den wir als Zentrum der Kreativität angenommen haben.«[343]

Lorenzer macht also das Zentrum kreativer Leistung an

genau der Stelle fest, von der aus sowohl die regressive De-
symbolisierung (bei Verdrängung) als auch die progressive
Zeichenbildung (bei Intellektualisierung) ihren Ausgang
nehmen. Diese Stelle entspricht etwa der Mitte auf der Linie
der Symbolisierung zwischen Klischee und Zeichen, es ist die
Zone der Symbole mit flexibler Bedeutung. Begrifflich unterscheidet Lorenzer weiter nach drei Gesichtspunkten: erstens nach der Höhe der *Symbolbildungsfähigkeit,* die eine reine
Ich-Leistung darstellt; zweitens nach den verschiedenen *Sym-
bolniveaus,* die von der niederen Stufe der präsentativen Symbole (starke Bildhaftigkeit und Emotionalität) bis zur höchsten Stufe der diskursiven Symbole reichen – womit jedoch
keinerlei Wertung verbunden ist: eine Symphonie oder ein
lyrisches Gedicht bewegen sich z. B. auf der niederen Stufe
der präsentativen Symbole, während ein einfacher Zeitungs-
artikel auf der höheren Stufe der diskursiven Symbole verfaßt ist; und drittens nach der *Symbolqualität,* die sich danach
bemißt, inwieweit »der breite Strom der Konnotationen
mehr und mehr in festumrissene Denotationen kanalisiert
wird.«[344]

»Besonders aufschlußreich ist das Verhalten zwischen
den drei verschiedenen Aspekten bei der künstlerischen
Kreativität. Daß hier ein hohes Symbolisierungsvermö-
gen vorliegt, ist ebenso klar wie es auch eindeutig ist,
daß das Organisationsniveau sich auf der niedrigen
Ebene der präsentativen Symbole aufhält. Desgleichen
versteht sich ohne weiteres, daß die Symbolqualität in
der mittleren Region der flexiblen Symbole (mit einem
weitgreifenden Kreis von Konnotationen, ›Unsagbares‹
zu begreifen) zu suchen ist. Gerade am Beispiel der
schöpferischen Leistung in der Kunst läßt sich zeigen,
daß bei Symbolniveau wie Symbolqualität die Einstu-
fung in ›höher‹ und ›niedriger‹ keine Wertung enthält.
Die Wertung ergibt sich immer erst aus der Relation zur
Aufgabe. Verlangt die Lösung eines mathematischen
Problems zwingend das Operieren mit feststehenden

Zeichen auf der Organisationsebene der diskursiven Symbolik, so ist künstlerische Kreativität notwendigerweise nur auf den ›niedrigen‹ Ebenen von präsentationaler Transformation und dem mittleren Feld der flexiblen Symbole angesiedelt.«[345]

Man sieht: Theorie und Terminologie sind bei Lorenzer differenzierter als bei Kubie und Kris; dennoch treffen, wie gleich gezeigt werden soll, die Ergebnisse ihrer Überlegungen in manchen Punkten zusammen. Und wenn der Literaturwissenschaftler auch nicht den gesamten Theoriekomplex in seiner Arbeit fruchtbar machen kann, wenn auch z. B. das Unterscheiden zwischen Symbolbildungsvermögen, -niveau und -qualität in seinen konkreten Textuntersuchungen meist wenig eintragen mag, so wird er doch vor diesem Hintergrund sensibilisiert sein für die Zusammenhänge zwischen bewußten und unbewußten Vorgängen, für die verschiedenen »psycho-literarischen« Phänomene also, und er vermag von daher so vorsichtig wie frei von Berührungsangst, die einzelnen Erscheinungen verstehend zu ordnen und kritisch einzuschätzen.

1.2.4 *Zusammenfassung*

Die eingangs gestellten Fragen lauteten: Wie läßt sich in psychologischer Hinsicht das Phänomen der Kreativität verstehen? Wie wirken dabei Bewußtes und Unbewußtes zusammen? Und schließlich: Inwieweit sind die Erkenntnisse, die in den psychoanalytischen Kreativitätstheorien formuliert werden, für die konkrete Arbeit des Literaturwissenschaftlers relevant? In welcher Weise also ist z. B. die symbolische Form des Traumes vergleichbar mit der symbolischen Form der Dichtung?

Nach dem Bisherigen ist deutlich geworden: alle drei Autoren, die hier zitiert wurden, ermittelten als Zentrum der

Kreativität das Vorbewußte (Kris) als die Zone der größten geistigen und sprachlichen Flexibilität (Kubie), der die eigentlichen Symbole (Lorenzer) zuzuordnen sind. Nach Kris hat dabei aber das Es nicht nur in dynamischer, sondern auch in struktureller Hinsicht eine entscheidende Funktion: erst dann nämlich, wenn durch eine »Regression im Dienste des Ich« ein vorbewußter Gedanke sozusagen gezielt für einen Moment der unbewußten Bearbeitung überlassen wird, erst dann entsteht (in der »Symbolsprache des Unbewußten«) nach Kris genau das, was das Exzeptionelle des Künstlerischen ausmacht. Oder, mit anderen Worten: bei Kris formt gerade die Einsprache des Verdrängten im Unbewußten das vorbewußte Material im kreativen Akt zum schöpferischen Produkt des Kunstwerks, der wissenschaftlichen Leistung oder dergleichen. Kubie hatte dem entgegengehalten, daß genau dieser Einfluß des Unbewußten auf das freie Assoziieren die Kreativität nicht nur stören muß, sondern auch zerstören kann; er vertritt die Ansicht, daß wahrhaft schöpferische Prozesse sich nur dann entwickeln, wenn die flexiblen vorbewußten Vorgänge vom Bewußtsein überhaupt vollständig entfaltet werden. Auch Lorenzer nimmt wie Kris an, daß sich der kreative Akt einer funktionellen Regression bedient[346], wobei sich aber das regredierende Ich (die strukturbildende Instanz) nur die größere Triebenergie der Primärorganisation und die präsentative Symbolik an der Grenze des Vorbewußten zunutze macht zum Zwecke eines »using the fantasy to correct common-sense reality«[347]. Nicht also die verdrängten Inhalte des Unbewußten, sondern die mittels einer erhöhten Triebdynamik intensivierten vorbewußten Prozesse in der eigentlichen Zone der flexiblen Symbole, die Kubie in den Vordergrund seiner Überlegungen gerückt hatte, provozieren dann den kreativen Akt.

Die ins Unbewußte verdrängten Inhalte hatte Lorenzer als aus der Sprachkommunikation ausgeschlossene Strukturen (und d. h. dann auch: als spezifisch unkünstlerische Ausdrucksformen) bezeichnet und für sie den Begriff »Klischee« gewählt. Diese Klischees entsprechen in etwa den Freudschen Traumsymbolen, die sich im Symbolregister nachschlagen und in konstante Bedeutungen »übersetzen« lassen. Lorenzer zufolge setzen sich solche Klischees mit der Regelmäßigkeit des Wiederholungszwanges und der Unmittelbarkeit, die ihrer Besetzung mit ungebundener Triebenergie eignet, gewissermaßen hinter dem Rücken des Subjekts oder über dessen Kopf hinweg durch, sobald der ihnen zugehörige Auslösereiz gegeben ist. In solchen Klischees sind dann die Aspekte der Selbst- und Objektrepräsentanzen verborgen, die in der einstmals unbewältigten Konfliktsituation verdrängt und somit einer bewußten und d. h. sprachlichen Erfassung unzugänglich geworden sind. Wenn sie aber auftauchen, werden sie durch die strukturbildende Leistung des Ich in symbolvermittelte Sprache eingebunden.

Traum und Dichtung enthalten beide, ersterer in größeren Anteilen als letztere, solche aus dem Unbewußten sich durchsetzende Klischees, die vom Ich in der sekundären Traumarbeit beziehungsweise durch eine Integration in den poetischen Text mit symbolischer Sprache überformt werden. In der Kunst tauchen die Klischees aber nur vereinzelt auf, und sie sind dann, wenn ihre Integration nicht bis zu einer seltenen Vollkommenheit geführt hat, zu erkennen an der Plötzlichkeit und Unvermitteltheit, mit der sie singulär den Erzählfluß durchkreuzen [»Warum fallen mir jetzt eine Menge *Damenmäntel* ein?« (26/6)] Läßt sich ein bestimmter wiederkehrender Zusammenhang erkennen, innerhalb dessen immer die gleichen (z. B. der »Unheimliche«) oder ähnlichen (»Nasen«, »Spazierstöcke«) Bildbegriffe ohne inhaltlichen Bezug erscheinen, dann kann auch der Literaturwissenschaftler mit einiger Sicherheit in psychologischer Hinsicht von einem Klischee sprechen, das einer in ihrer Interaktionsstruktur zu erkennenden Szene angehört.

Nun ist, wie eingangs schon betont wurde, die kreative Arbeit eine Ich-Leistung, die vor allem im Vorbewußten und Bewußten erfolgt. In bezug auf die generelle Mitwirkung des Unbewußten gilt dann: nicht die Strukturen der verdrängten Repräsentanzen, die Klischees, sondern vor allem die *Dynamik des Unbewußten* ist es, die das Kunstwerk auf allen Ebenen in unterschiedlichen Maßen durchbildet. Kris hatte erkannt, daß bei allen Phantasievorgängen (wie z. B. beim freien Assoziieren) ungebundene Triebenergien abgeleitet, mithin Kräfte aus dem Unbewußten freigesetzt werden. Als ein Beispiel dafür, wie die Dynamik des Unbewußten in bewußte Vorgänge einwirken kann, war mit Lorenzer gezeigt worden, daß es zu einer Vermischung der Objektrepräsentanzen kommt, wenn sich die triebdynamische Seite einer verdrängten mit der Struktur einer bewußten Repräsentanz verbindet; es entsteht dann ein privatsprachliches respektive -bewußtes Verhalten, das prima vista unverständlich, d. h. realitäts- und situationsunangemessen erscheinen kann. Im solcherart »Unverständlichen« darf also auch der Literaturwissenschaftler unter psychologischer Perspektive die Derivate unbewußter Kräfte mitverstehen, die in der Dichtung eine besondere Legierung mit den bewußten Symbol- und Textstrukturen eingegangen sind. Und so könnte es auch sein – und dies ist für das Verständnis von Literatur in psychologischer Hinsicht vielleicht am wichtigsten –, daß es überhaupt gerade die Dynamik des Unbewußten ist, die zu einer so gewaltigen Öffnung und Bereicherung der erdichteten, auf dem Papier erlebten Szenen, der Figuren und ihren Interaktionen führt, einer Öffnung nämlich in Richtung auf die unausgemessenen Dimensionen einer unbewußt wirkenden einst durchlittenen Lebensgeschichte, die in ihrer Individualität und historischen Konkretheit als ungebändigte Kraft ihren absoluten Wahrheitsanspruch vermittelt.

»Noch nie, so lange ich am Schreibtisch tätig bin, habe ich so kühn, so unerschrocken begonnen zu schriftstellern. Alle diese Sätze, die ich schon aufs Papier warf und alle diejenigen, die den schon niedergeschriebenen noch folgen.« (28/7) Diese Aussage soll also ernst und das heißt wörtlich genommen werden. Die darin eigens herausgestrichene Kühnheit und Unerschrockenheit läßt sich dann folgerichtig dadurch erklären, daß jeder Regressionsvorgang, der als ein Öffnen der Verteidigungslinie des Ich gegen das Unbewußte zu verstehen ist, Angst auslöst; und dieser Angst wird hier also kühn und unerschrocken begegnet. Da die aufs Papier hingeworfenen Sätze, die dann den »Räuber«-Roman gebildet haben, somit als Produkt freier, aber doch künstlerisch gerichteter Assoziationen gelesen werden können, ist nun zu erwarten, daß bei der Untersuchung gerade des »Räuber«-Romans – wie vielleicht an keinem anderen Walser-Text – genau die Vorgänge beobachtbar sind, die sich während der kreativen Produktion ereignen: daß uns also Walser mit diesem Werk auch das Phänomen Dichtung in statu nascendi hinterlassen hat.

1.3 Der Räuber, das Ich und der Leser

Wenn wir also, wie es hier geschehen ist, Kreativität begreifen als ein besonderes, verstehbares Zusammenspiel und Ineinanderwirken von unbewußten und bewußten Vorgängen, und wenn wir weiterhin, wie im vorigen begründet, die Entstehungsweise des »Räuber«-Romans als ungewöhnlich frei betrachten und wissen, daß der Text keine strenge systematische Überarbeitung erfahren hat, dann liegt es nahe, sich zur Aufgabe zu machen, das zu ermitteln, was durch die gestaltende, erzählerisch strukturierende Arbeit des Künstlers hindurch noch faßbar ist vom ursprünglichen Kern poetischer Produktion: dem frei fließenden Assoziationsmaterial. Daher versuchte ich, auf den Text zu hören, ähnlich wie ein Analytiker auf die Rede seines Analysanden, mit dem Unterschied, daß ich das Moment der Umformung einzelner Assoziationen zum Zwecke der Einordnung in einen größeren Zusammenhang, also das Moment der besonderen künstlerischen Bearbeitung, niemals außer acht lassen durfte. Die Schwierigkeiten und Mängel meiner so versuchten, auf ein Kunstwerk angewandten Psychoanalyse liegen zunächst darin begründet, daß ich kaum über andere »psychoanalytische Erfahrungen« verfüge als über die der Rezeption der in der psychoanalytischen Literatur dargestellten Fallbeispiele; die Art meiner Analyse wird daher vorwiegend eine theoriebezogene sein. Außerdem ist die Beziehung zwischen Text und Leser nur bedingt mit einer psychoanalytischen vergleichbar: die entscheidenden Momente der Übertragung und Gegenübertragung werden dabei nicht im selben Umfang wirksam wie während einer Psychoanalyse, und der Leser-Analytiker ist von der Möglichkeit des Fragens (Nach- und Rückfragens) ausgeschlossen.[348] Das alles führt – will man dennoch den »Räuber«-Roman psychoanalytisch lesen – dazu, daß die einzelnen Ergebnisse der Analyse nurmehr als Interpretationsangebote vorgetragen werden können. Aber selbst wenn einige der folgenden Deutungen als zu weitgehend oder als einengend ablehnbar sind, ist doch der *Gesamtertrag* dieser psychoanalytischen Verständnisbemühungen so reichhaltig, geht doch die durch diese Interpretationsmethode ermittelte Struktur des hier stattfindenden »Entwicklungsprozesses« so deutlich aus dem Textganzen hervor mit einer Objektivität, die eben in der Psycho-Logik des Roman-Geschehens gründet, daß mir bei aller Unzulänglichkeit meiner so versuchten angewandten Psychoanalyse dieses Verfahren doch vertretbar scheint, wenn denn das Ziel jeder Interpretation ein erweitertes Textverständnis sein soll. Ein solches Vorgehen leugnet keinesfalls den künstlerischen Wert dieses Textes, nicht einmal wird er dadurch vernachlässigt oder für zweitrangig gehalten. Vielmehr erschließt er sich gerade durch die Erleuchtung seines psychologischen Hintergrunds klarer und deutlicher als zuvor erkennbar.

Die Grundlage für eine solche »Psychoanalyse« des »Räuber«-Romans bildet nun das in Teil I erarbeitete Modell der Psychogenese des Grenzgängers. Auch hier also wird sich mein Vorgehen unterscheiden von dem des Analytikers, indem ich meine Beobachtungen bereits vor einem bestimmten Erwartungshorizont tätige, und dies könnte zunächst einmal – wie gegenüber einer Voreingenommenheit – bedenklich stimmen. Dem kann momentan nur entgegengehalten werden, daß die konkreten Äußerungen des Textes und die praktische Arbeit an ihm ihren eigenen, genau kontrollierbaren Weg gehen, für den dann unsere Modellkonzeption nur quasi im Hintergrund das theoretische Vor-Verständnis beisteuert.

Das weiterhin bei der Roman-Analyse zu leistende szenische Verstehen zielt dann weniger auf die in Teil II ermittelte Phänomenologie des Strukturtypus »Grenzgänger«, als vielmehr auf das Verständnis der psychischen Substruktur der einzelnen Szenen in ihrem Zusammenhang; genauer: mich interessiert die seelische Bewegung, die in diesem Roman zur Sprache kommt, die über das Medium der Poesie einen wenigstens annähernd adäquaten Ausdruck zu finden hofft und d. h. die im kreativen Prozeß sprachlich gefaßt und faßbar wird.

Und weil es um den Nachvollzug einer – hier zunächst einmal zu unterstellenden – seelischen Bewegung geht, und weil als Methode für die Erforschung dieser Bewegung die psychoanalytische gewählt wurde, wird auch in bezug auf das *Zeitverständnis* im Text die Erzählchronologie maßgebend sein. Der Autor schreibt, d. h. hier: Der Ich-Erzähler erzählt, assoziiert gewissermaßen schriftlich, und die einzelnen Elemente seines Berichts folgen dann, so inhaltlich unzusammenhängend sie auch erscheinen mögen, so verworren und widersinnig sie auch in bezug auf die Chronologie der erzählten Zeit sein mögen, der Logik des Psychischen. Abgesehen davon, daß es mir kaum möglich erschiene, das im »Räuber«-Roman Erzählte in einen klaren Zeitplan einzuordnen – zu oft beschränken sich die Zeitmarken auf Angaben wie: damals, früher, nachher, einmal, gestern, morgen, nun, bald und dergleichen –, selbst dann nicht, wenn es gelänge, die Zeitebene des Ich-Erzählers von derjenigen des Räubers klar zu unterscheiden und die Bedeutungen ihrer Bezüge auszumachen, abgesehen also davon, daß das Zeitproblem jedem Interpreten dieses Werkes, der Zeit und Handlung in Korrelation setzen wollte, ein schweres Rätsel aufgäbe, läßt sich dieses Vorgehen auch dadurch rechtfertigen, daß der Ich-Erzähler dieses Romans sich immer wieder als ein gewissermaßen *jetzt* Schreibender zu erkennen gibt, d. h. die einzige mit Sicherheit auszumachende Zeitfolge im »Räuber«-Roman ist die des *schreibenden* Ich-Erzählers beziehungsweise des Geschriebenen (im Unterschied etwa zur erzählten Zeit dieses Ich-Erzählers). Und für die psychoanalytische Interpretationsmethode bedeutet das, daß es nicht eigentlich die Zeitstruktur ist, die interessiert (die psychoanalytische Deutung von Zeit-Gefühlen wird hier nicht thematisiert), sondern interessant ist bei den folgenden Textbeobachtungen *die Psycho-Logik der Sukzession der einzelnen Erzählelemente*. Welche Bedeutung hat z. B. eine Episode aufgrund der Tatsache, daß sie nach einer bestimmten einzelnen oder einer Reihe von anderen erzählt wird? Diese Frage wird wiederholt während der Deutungsarbeit zu stellen und zu beantworten sein. Das soll andererseits nicht heißen, daß der Leser-Analytiker sich für sein Textverständnis auf die Informationen, die bis zu einer jeweils zu verstehenden Szene gegeben wurden, beschränken müßte. Manche Szene bleibt auch dem Analytiker zunächst noch ganz oder teilweise unverständlich, erhält aber nachträglich durch weitere Mitteilungen des Analysanden vollen Aufschluß. Und so ist es dem analysierenden Literaturwissenschaftler erst recht grundsätzlich erlaubt, bei Bedarf durch Vorgriffe auf später Erzähltes die Bedeutung einer Szene zu erklären, denn er hat, im Gegensatz zum Analytiker, einen unveränderlichen, vollständigen, schriftlich fixierten Text zur Grundlage seiner Überlegungen. Doch wird im folgenden an jeder Stelle deutlich zu machen sein, wo mit einem Vorgriff auf spätere Angaben und wo mit der Abfolge der Erzählelemente argumentiert wird.

Eine weitere Frage stellt sich hinsichtlich einer psychoanalytischen Deutung der vielen im Roman auftauchenden Figuren: sollten sie als festumrissene Gestalten und Repräsentanten bestimmter Eigenschaften und Verhaltensweisen betrachtet werden, oder werden die mit ihrer Hilfe dargestellten Konfliktlagen in der Interaktion durch Verschiebungen zwischen den Figuren hin und her bewegt? Ich habe diese Frage so zu beantworten versucht: Verschiedene psychische Konflikte der Figureneinheit »Ich/Räuber« (hierzu sogleich mehr) werden durch Projektion und/oder die künstlerische Bearbeitung der sie betreffenden freien Assoziationen mit den Figuren im Text gleichsam experimentierend ausgetragen. Diese Figuren erhalten aber im Fortgang des Romangeschehens immer festere Konturen, so daß sich (in der Vorstellung) etwas wie eine Art persönlicher Beziehung zwischen »Ich/Räuber« und ihnen entwickeln kann – mithin größere Nähe. Das wiederum kann dazu führen, daß die diese Beziehungen konstituierenden Konflikte mit diesen Figuren nicht mehr oder nicht immer – je nach dem momentanen Stand der Beziehung – bearbeitet werden können (wegen Abwehr, Widerstand vor Konfliktbearbeitung), so daß vorübergehend neue Figuren eingeführt werden, die demselben Konfliktkontext zugeordnet sind, diesen aber auf einer anderen Bearbeitungsstufe angreifen. D. h., die Figuren sind als in sich geschlossene Gestaltungen zu betrachten, mit denen z. B. durch den oben beschriebenen Vorgang einer Vermischung der Objektrepräsentanzen verschiedene psychische Konflikte durchgespielt werden, wobei dann aber keine Figur exklusiv einen bestimmten Problemkreis vertritt und jede dieser Beziehungen (z. B. durch Veränderung der

Autorperspektive) veränderlich gehalten wird. Oder anders ausgedrückt: Es geht in dieser literarischen Psychoanalyse nicht darum, wie die einzelnen Figuren für sich genommen zu beurteilen sind, sondern nur darum, wie die Beziehung von »Ich/Räuber« zu diesen Figuren von beiden beurteilt wird, d. h., was hier interessiert, ist die phantasierte Objektbeziehung zwischen »Ich/Räuber« und allen anderen. Diese Entscheidung ist wiederum auch deshalb zulässig, weil dieser ganze »Räuber«-Roman vom Ich-Erzähler ausgeht: er ist es, der die Figuren erfindet und in Beziehungen setzt, und er ist insofern auch der eigentliche Analysand, der zum Leser (dem Analytiker) spricht. Was aber, wer ist dann der Räuber?

1.3.1 *Warum ist der Räuber ein Räuber?*

Es gehört kein analytischer Scharfblick dazu (und deshalb ist es bemerkenswert, wie wenig die Rezensenten auf diesen Punkt eingehen), um festzustellen, daß es diesem Räuber unaufhörlich um die Liebe in jeder Form geht. Schon rein äußerlich werden zahllose »Flirts« eingegangen, in denen er sein vordergründig gewitztes, untergründig ernsthaft fragendes und suchendes Spiel mit den Frauen treibt; auch mit den Männern legt er sich probeweise an; Verehelichungsüberlegungen und sogar Heiratspläne kommen ins Spiel, sowohl von seiner Seite wie auch von seiten der ihn umgebenden Frauen und Töchter; eine Reihe von Ehen wird in aller Kürze abgeschildert, wobei sich – bis auf eine Ausnahme – zeigt, warum und daß diese scheitern müssen. Auch Untreue und ein Eifersuchtsmord geschehen am Rande des Räuber-Wegs durch ein biederlich-plattidyllisches bis grotesk-sittenverwildertes Liebesland. Auffallend dabei ist, daß dieses Spiel um die Liebe mit den jeweiligen Liebesobjekten nicht verdunkelt wird durch die bekannten, aus dem Unbewußten aufsteigenden Unheimlichen und Riesen. Was ist das also für einer, dieser Räuber?

Wenn man sich fragt, warum der Räuber »Räuber« heißt, dann erkennt man zunächst, daß dieser Name als Berufsbezeichnung nicht hinreichend begründet ist. Er raubt gelegentlich einige Landschaftseindrücke und Neigungen (30/7) oder »Geschichten, indem er immer solche kleinen Volksbüchlein las und sich aus den gelesenen Erzählungen ureigene zurechtmachte, wobei er lachte«. (37/8) Oder er »tötete bloß etwa im Wiener Café bei den Klängen einer ungarischen Kapelle die Seelenruhe eines schönen Mädchens am Fenster mit dem hineinstechenden St(r)ahl seiner Unschuldsaugen und mit hinstrebenden Gedankenübertragungen.« (20/5) Genausogut wie man ihn da Räuber nennen kann, dürfte er auch Mörder heißen – das aber wird tunlichst im Text vermieden.

> »Die Räuber, nächtlichen Einbrecher und Gespenster, vor denen man sich vor dem Zubettgehen fürchtet, und die auch gelegentlich den Schlafenden heimsuchen, entstammen einer und derselben infantilen Reminiszenz. (...) Aus den Analysen einiger dieser Angstträume habe ich noch die Person des nächtlichen Besuchers zur Agnoszierung bringen können. Der Räuber war jedesmal der Vater.«[349]

Ebenso wie Freud hat auch Rank die Verbindung zwischen dem Bild des »Räubers« und dem Vater beschrieben. Dennoch, dies ist nicht sonderlich originell und schon gar kein Anlaß, nun eine direkte Gleichsetzung zwischen Walsers Räuber und dem Traum-Räuber von Freuds Analysanden vorzunehmen. Immerhin sei es als Hinweis auf eine mögliche Verbindung der Räuber-Figur zum Vater-Erleben verstanden.

Die Charakterisierung des Räubers zu Beginn des Romans könnte diesen Aspekt im Hinblick auf unser Modell unterstreichen: er wird dargestellt als der »Nichtsnutz, der kein Geld besitzt« (11/1), als nachgiebig und menschenfreundlich

(11/1), als einer, der sich »unter der Herrenwelt Wertschätzungen« (11/1) nicht zu erwerben verstand, der manchem mit seinen »höflichen Manieren längst auf die ›Nerven‹« (11/1) geht, als »Schafskopf« und »Abgetaner« (11/1), als der »unverbesserlich Gutgelaunte« (11/1). Diese Titulierung des Räubers könnte den Eindruck erwecken, als werde da mit ihm – und d. h. indirekt mit dem (Modell-)Vater – einmal richtig abgerechnet. Dennoch wäre eine unmittelbare Identifizierung zwischen »Räuber« und »Vater« selbstverständlich verfehlt.

Die Verbindung ist komplizierter: »*Weswegen wurde er zum Räuber? Weil sein Vater herzensgut, aber arm war.*« (110/26) Das scheint mir die Ausgangsposition für die Ermittlung der Räuber-Figur zu sein. Versteht man das Bild des Räubers nach Freud als symbolische Darstellung des Vaters, dann wäre bei der Wahl der Räuber-Figur im Roman eventuell eine *Teil*identifikation des Kindes mit dem Vater entscheidend gewesen. Denn: »herzensgut« war dieser Vater, aber »arm«, so arm, daß er dem Sohn nichts geben konnte, und folglich war auch der Sohn arm, und weil er arm war und nicht hatte, was er brauchte, wurde er ein Räuber. Wenn hier also von Identifikation zu sprechen wäre, dann gäbe die Armut dazu einen Ansatzpunkt: wie der gute Vater arm war, so auch sein Sohn, der Räuber. Betrachtet man nach unserem Modellfall die Psychogenese solcher Armuts-Vorstellungen, so ließen sich diese z. B. erklären durch die Vorwürfe der Mutter gegen den fallierenden Vater, indem dann nämlich die Verknüpfung zwischen dem Arm-Werden und -Sein des Vaters und der Übersetzung dieses ökonomischen Niedergangs durch die Mutter in ein »Nichts-Sein« und ein »Lieblos-Sein« gegenüber der Familie deutlich wird; daß also »Geld = Gut haben« als gleichbedeutend erlebt werden kann mit »Geld geben = Gutes tun«. Zuletzt ist dann das Geld (der Schatz) die verdinglichte Form der Liebe, insbesondere da, wo sie nicht in ausreichendem Maße immateriell zuteil wird.

Auch deshalb könnte der Räuber also ein Räuber sein, weil es ihm mangelt an dem, was auch dem Vater schon fehlte.[350] Und daß diese Identifikation dann melancholischer Natur ist, verdeutlicht gerade die Verbindung der am Vater geliebten »Herzensgüte«, an der das Kind in unserem Modell so verzweifelt festhält, mit der dieser Güte letztlich doch zuwiderlaufenden »Armut«, die eben zusätzlich zur ökonomischen als eine Armut an Liebesgaben empfunden werden mag. Und deshalb wird, wie Freud dies in »Trauer und Melancholie« beschrieben hat, dieser arme, aber geliebte Vater auf dem Wege der melancholischen Introjektion in das liebende und leidende Ich des Kindes hineingenommen: der Sohn wird arm, denn nun zeigt sich: »Der melancholische Komplex verhält sich wie eine offene Wunde, zieht von allen Seiten Besetzungsenergien an sich (...) und entleert das Ich bis zur völligen Verarmung«[351] – womit Freud eine Erklärung für das Phänomen der allgemeinen Verarmungsangst des Melancholikers fand. Und so ließe sich schließlich auch die Frage beantworten: »Weswegen wurde er zum Räuber? Weil sein Vater herzensgut, aber arm war.« (110/26)

Nimmt man jetzt den ungelösten Ödipuskomplex hinzu, so erhält der Name »Räuber« eine weitere Dimension: es entsteht dann das Spektrum des gefährlichen Vaters, der dem Sohn die Mutter raubt, oder umgekehrt, der den Sohn von der Mutter wegraubt – letzteres entspräche einer Mischung aus Angst- und Wunschphantasie, ersteres dem klassischen Ödipuskomplex. Umgekehrt kann »der Räuber« auf der ödipalen Ebene bedeuten, daß der Sohn ein Räuber sein will, d. h. die Mutter dem Vater rauben will.

Allgemeine Assoziationen runden das Bild vorerst ab: Ein Räuber ist zunächst einer, der sich etwas nimmt, was ihm nicht gehört; deshalb nimmt er es meist heimlich und notfalls gewaltsam. Insofern ist er einer, der sich selbst außerhalb der gesellschaftlichen Konventionen bewegt, und daher wiederum einer, der von der Gesellschaft ausgeschlossen ist.

Das, was ihn mit ihr verbindet, ist das zu Raubende, Geraubte: das Unrecht. Offenbar gibt es für ihn keinen anderen Weg, in den Besitz des gewünschten Guts zu gelangen, als den Raub: man scheint ihm zu verweigern, was er braucht. Ist dieses Räuber-Gut die Liebe?[352]

Zunächst einmal gingen meine Überlegungen etwa folgendermaßen fehl: ich betrachtete den Räuber (unter weitgehendem Ausschluß der ödipalen Komponente) als die dichterische Gestaltung der Repräsentanz des melancholischen Vater-Introjekts und nahm von da ausgehend an, daß der »Räuber«-Roman die Beobachtung der von Freud beschriebenen Ambivalenzkämpfe um dieses Introjekt zulasse. Ziel dieser Kämpfe sei die Erledigung der melancholischen Liebe (Ediths Schuß auf den Räuber am Ende des Romans) und daran anschließend zeige sich eine Versöhnung mit dem Vater, wie er nun einmal in seiner Unvollkommenheit für das Kind gewesen ist (siehe Modell). Entsprechend vertrete das Ich des Romans in etwa die Stelle des Über-Ichs (das Urteil der Gesellschaft), welches wesentliche Teile der herrischen Mutter in sich aufgenommen hätte (dies hätte auch der Theorie der Über-Ich-Bildung nach Freud und Kohut entsprochen, nach der ein zurückweichender Vater geringeren Einfluß auf diese zu nehmen in der Lage ist als eine idealisierte Mutter-Imago von dominanter Wirkung). Der Räuber wäre dann eine Verkörperung des melancholischen Vaterintrojekts als Teil des Ichs. Schwierigkeiten bei einem so gerichteten Interpretationsversuch hätten sich aber schon allein daraus ergeben, daß nach der Melancholietheorie die Besetzungsvorgänge in bezug auf das introjizierte Objekt sich mal auf der Seite des Ichs, mal auf der Seite des Über-Ichs abspielen und dieser Wechsel kaum mit genügender Klarheit im Text hätte ausgemacht werden können. Aber nicht nur diese Schwierigkeiten haben mich davon überzeugt, daß dieser Roman nicht die Plattform für eine erkämpfte Versöhnung mit dem versagenden Vater darstellt, sondern die psychoanalytische Beobachtung des Romanverlaufs immer direkt am Text entlang.

Diese Fehlannahme habe ich beschrieben, um erstens darauf hinzuweisen, daß ich nicht ein *zuvor* getroffenes Analyse-Ergebnis im nachhinein durch entsprechende Argumente aus dem Text belege – es ist vielmehr umgekehrt so, daß das Ergebnis meiner Analyse des »Räuber«-Romans erst ganz am Schluß deutlich wurde; alle meine Vermutungen, die ich während der Textanalyse auf den verschiedenen Stufen der jeweiligen Arbeitsschritte hinsichtlich einer Deutung des Roman-Endes traf, gingen im wesentlichen am eigentlichen Ergebnis dieser Psycho-Historie vorbei. Zweitens sollten meine Fehlannahmen darauf aufmerksam machen, daß bei der Übertragung von Einzelbestandteilen der psychoanalytischen Theorie auf einen literarischen Text und sein Strukturverhältnis äußerste Vorsicht geboten ist. Das Freudsche Modell des psychischen Apparates mit den Instanzen Es, Ich und Über-Ich stellt nur eine theoretische Hilfskonstruktion dar, die das Verständnis der psychischen Vorgänge erleichtert, und ist so unmittelbar nicht auf die (literarische) Wirklichkeit übertragbar, schon gar nicht, was die saubere Trennung der einzelnen psychischen Instanzen anbelangt.

Demgegenüber bietet die Selbst-Psychologie Kohuts den entscheidenden Vorzug, daß sie breiter ansetzt und begrifflich die »ganze Person« zu erfassen sucht, indem das Selbst als Inhalt bzw. als eine Struktur des psychischen Apparates aufgefaßt wird, die in allen drei Instanzen wirksam enthalten ist. Das bedeutet des weiteren, daß die Schädigungen bei narzißtischen Persönlichkeitsstörungen nach Kohut in allen drei Sektoren des psychischen Apparates auftreten können bei gleichzeitig möglicher relativer Ich-Stärke und kohärentem Selbst.[353] Die narzißtische Störung manifestiert sich dann als Strukturschwäche in einem Bereich des Selbst, der mehr oder weniger umfassend vorgestellt werden kann.

Das Ergebnis meiner wiederholt versuchten psychoanalytischen Roman-Lektüre legt nun nahe, mit Kohut etwa folgende grobe verständnisleitende Aufteilung vorzunehmen: In der Figur des Räubers kristallisieren sich die strukturschwachen Bereiche des Selbst, wohingegen das Ich das Zentrum der strukturell stärkeren, d. h. funktionstüchtigeren, Selbstbereiche darstellt. (Die Bezeichnung »stark« und »schwach« ist dabei immer unter dem Aspekt der *Struktur* des Selbst zu verstehen und hat im übrigen lediglich unterscheidende Funktion, denn selbstverständlich können z. B. die »schwachen« Selbstbereiche, d. h. diejenigen, die ob ihrer Schädigung relativ funktionsuntüchtig und labil sind, sehr prägnant werden – wie dies in den Psychosen der Fall ist – und damit gerade die »starken«, d. h. der Ich-Kontrolle zugänglichen Selbstbereiche empfindlich schwächen.) Entscheidet man sich für eine solche Aufteilung, dann läßt sich an der Figur des Räubers studieren, welcher Art die psychischen Konflikte des Grenzgängers sind; der Ich-Erzähler wiederum führt bei dieser Rollenverteilung vor, wie er sich zu diesen Konfliktbereichen verhält.[354] Die vom Ich beschriebenen Erlebnisse des Räubers antizipieren so experimentierend den Bereich eigener Erlebnismöglichkeiten, die – da es sich dabei um Gedankenspiele handelt – befürwortet und zurückgewiesen werden können.[355] Zwar stellt ein solches Rollenverständnis von Ich und Räuber für die Interpretation eine gewisse Vorentscheidung dar, aber an Hand der mit dieser Aufteilung erzielten Arbeitsergebnisse läßt sich zuletzt doch kritisch beurteilen, ob die gewählte Hilfskonstruktion von heuristischem Wert ist oder nicht.

In der so getroffenen Entscheidung, daß der Räuber die Strukturschwäche des Selbst, das Ich seine starken »gesunden« Teile verkörpert, sind bereits eine Reihe von Bezügen gedeutet. Erstens versteht sich daraus, in welcher Beziehung das Ich und der Räuber zueinander stehen: beide bilden zusammen das Selbst, die »ganze Person« des Romans. Zweitens erklärt dies, warum das Ich die gesellschaftlich integrierte Seite, der Räuber den dissoziierten Part des Schriftstellers beziehungsweise der einen Persönlichkeit bilden. (Allerdings widerspräche diese Interpretation einem Versuch der Heroisierung der Außenseiterposition.) Drittens macht dies verständlich, warum der Räuber nicht nur auf den melancholisch geliebten und vermißten Vater bezogen ist, sondern auch an dem ganzen Komplex der ungelösten ödipalen Strebungen arbeiten muß. Bezogen auf die Mutter verkörpert der Räuber dann den Teil des Selbst, der inzestuös-archaisch die Mutter liebt, schizoid-inzestuös in einem Haß-Liebe-Paradox gefangen ist und schizoid-sadistisch sich gegen diese Mutter-Liebe wehrt; bezogen auf den Vater verkörpert der Räuber dagegen den Teil des Selbst, der melancholisch-masochistisch den Vater liebt, sich ambivalent mit ihm identifiziert und ödipal mit ihm rivalisiert.

Wenn also das Ich als einziger Erzähler des Romans und der Räuber als Erzählter zusammen den Analysanden bilden, dann bedeutet das, daß das Ich der eigentliche Partner und Bündnisbefähigte des Analytikers (des Lesers) ist, der Räuber hingegen eine Projektion des ganzen problematischen Feldes des Selbst aus dem Ich heraus, das gerade dadurch erst einer gezielten Bearbeitung voll zugänglich wird. Und das ist ein weiteres Ergebnis meiner psychoanalytischen Textbeobachtung: daß dieser Roman auch einen Versuch einer (Teil-)Heilung des Selbst darstellt, daß der Erzählverlauf einen versuchten Selbstheilungsverlauf beobachten läßt. Daß dies zum größten Teil bewußt geschieht – und das wäre nach Kubie bereits das Kriterium für den künstlerischen Wert des Textes im Gegensatz zum psychopathologischen Produkt –, zeigt das Ich durch fortgesetzte Reflexion dessen, was assoziativ in ihm aufkommt und in der Kenntnis dieses Selbstheilungsversuches bearbeitet wird:

»Und dann ist folgendes im Auge zu behalten: er kam um ›jene Zeit‹ sicher krank in unsere Stadt, voll seltsamer Unausgeglichenheit, Unruhe. Es plagten ihn da sozusagen gewisse innere Stimmen. *Kam er zu uns, um zu gesunden,* um sich in einen heiteren und zufriedenen Mitbürger umzuwandeln? Jedenfalls litt er dazumal an Anfällen, die darin bestanden, daß ihm ›alles‹ verleiden wollte. Er war ziemlich lang nachher noch ungemein mißtrauisch. Glaubte sich verfolgt. Nun, das wurde er ja in der Tat, aber nach und nach lernte er – wieder lachen. Eine ziemlich umfangreiche Zeit lang hatte er nämlich gar nicht mehr lachen können. Lacht er dafür etwa heute zuviel? Das wohl nicht.« (51/52/12)

Aus dieser Textstelle sprechen gleichermaßen ein deutliches Krankheitsbewußtsein und der klare Wunsch, zu gesunden. Vorgreifend auf das letzte Drittel des Romans sei deshalb hier schon der Arztbesuch des Räubers hinsichtlich seiner Krankheitseinsicht in den wesentlichen Punkten gedeutet. Nimmt man die Aussage des Ich-Erzählers hinzu:

»Und nachher muß mir der Räuber endlich mal zu einem Arzt. Das kann ich unmöglich länger mitansehen, wie er sich jeder Prüfung entzieht.« (72/15)

dann unterstützen sowohl das Verhalten des Ich-Erzählers, der den Räuber zur ärztlichen Konsultation schickt, als auch die grundsätzliche Einsicht des Räubers in seine »Krankheit« einerseits unsere Vorannahme, daß das Ich die strukturstarken, der Räuber die strukturschwachen Selbst-Anteile verkörpere, andererseits die These vom Versuch einer (Teil-) Heilung des Selbst durch die dichterische Bearbeitung der psychostrukturellen Defekte.

> »›Oberflächlich betrachtet verfüge ich über eine voll-
> kommene Gesundheit. Außer bei Anlaß eines Knaben-
> streiches, der mir eine Gesichtswunde zuzog, war ich
> noch nie bei einem Arzt, aber da es mich nie drängte,
> Nächte mit Frauen zusammen zu verbringen, sagte ich
> mir, ich würde doch endlich einmal einen Arzt zu Rate
> ziehen müssen, und wieder bitte ich Sie um ein klein
> wenig Geduld, bis ich mich besonnen habe, denn ich
> möchte vermeiden, Ihnen Unzutreffendes zu sagen,
> und Sie werden ja verstehen, wie schwierig es ist, sich
> hinsichtlich von schier Unerklärlichem zu erklären.‹«
> (113/14/27)

»Oberflächlich betrachtet«, d. h. in einem ganz alltäglichen
Sinne, verfügt also der Räuber nach eigener Aussage über
eine »vollkommene Gesundheit«. Und dennoch sucht er
ärztlichen Rat. Seine »Krankheit« besteht nämlich darin, daß
es ihn »nie drängte, Nächte mit Frauen zusammen zu verbringen«, und diese seine Eigentümlichkeit, mit der er bisher
sehr gut hatte leben können, wird ihm, wie er ganz am
Schluß der ärztlichen Sprechstunde mitteilt, jetzt zum Problem, denn:

> »›nun liebe ich bei all diesen Wesensverzweigtheiten ein
> Mädchen, und zwar rein und herzlich, mächtig und zu-
> gleich sanft, so wie's sich für einen braven Menschen
> schickt, aber meine Sinne sind dabei vollkommen ru-
> hig, und ich bin aus diesem Grund vor ihr ohnmächtig.
> Diese Ohnmacht anerkenne ich aber in keiner Weise,
> d. h. sie spielt für mich keine Rolle, und doch fällt sie
> in's Gewicht und ist entscheidend und entscheidet wie-
> der nicht das Kleinste, aber auch dieser Umstand macht
> mich nicht unglücklich ––‹« (115/27)

Eine offenbar ernsthafte Liebe (oder ein Liebesbedürfnis)
zwingt den Räuber, sich mit seinen »Wesensverzweighei-
ten« an einen Arzt zu wenden. Und dieser Arzt hat Verständ-

nis dafür – der Räuber setzt dieses Verständnis voraus –, »wie schwierig es ist, sich hinsichtlich von schier Unerklärlichem zu erklären.« Er verhält sich also wie ein Seelenarzt – vielleicht weniger wie ein Psychiater: testend, nach spezifischen Symptomen forschend, als wie ein Psychoanalytiker: abwartend, aufmerksam zuhörend, zuletzt vorsichtig ratend: »›Lassen Sie sich so, wie Sie sind, leben Sie so weiter, wie Sie bisher gelebt haben. Sie kennen sich ja anscheinend ausgezeichnet, finden sich ausgezeichnet mit sich ab‹« (115/27). Wie dieser Rat des Arztes zu verstehen ist, soll erst zu einem späteren Zeitpunkt der Analyse entwickelt werden. Dagegen läßt sich jetzt schon zeigen, daß diese »Wesensverzweigtheiten«, die den Räuber an der Erfüllung seines Wunsches nach einer liebenden Verbindung mit einem bestimmten Mädchen zu hindern scheinen und mit denen er seinen Arzt bekannt macht, in ihm eigentümlichen Widersprüchen bestehen, die vor dem Hintergrund des in Teil I erarbeiteten Modells sehr gut verständlich sind und hier im Text in ihrem psychologischen Zusammenhang verstanden und dargestellt werden: Das erste Problem, das der Räuber seinem Arzt vorträgt, betrifft seine Anlage zur Bisexualität, seinen relativ stark ausgeprägten femininen Wesenszug, der im Modell der Psychogenese des Grenzgängers erklärt worden war als Folge des Fusionszwangs der Mutter, die dem heranwachsenden Sohn keine Eigenständigkeit zubilligt, weshalb der Sohn nicht in eine normale ödipale Rivalität zum Vater eintreten, sondern diesen nur gleichsam aus der weiblichen Perspektive (aus der Union mit der Mutter heraus) lieben kann. Dadurch wird aber seine Reifung verhindert, er bleibt also seelisch ein »Kind«, obwohl er sich physisch und zumindest mit einem Teil seines Selbstverständnisses zum Mann entwickelt hat.[356] Die entscheidenden Sätze hierzu fallen in der ersten Hälfte seines Gesprächs mit dem Arzt:

»›Ich bekenne Ihnen ohne Umschweife, *daß ich mich*

dann und wann als Mädchen fühle.‹ (…) ›und so vernehmen Sie denn, hochverehrter Herr, daß ich ganz fest
glaube, ich sei ein Mann wie irgendein anderer, nur daß mir
oft schon, d. h. früher niemals, aber in letzter Zeit an
mir aufgefallen ist, daß ich gar *keine* Angriffs-, keine Besitzlust in mir lodern, weben und aus mir herausdrän-
gen spüre. Im übrigen halte ich mich für einen *ganz braven wackeren Mann,* für einen *durchaus brauchbaren Mann.*
(…) Ihre Ruhe ermutigt mich, Ihnen weiterhin anzu-
vertrauen, daß ich glaube, *es lebe in mir vielleicht eine Art
von Kind oder eine Art von Knabe.* (…) *Für ein Mädchen
hielt ich mich ein paarmal.* (…) *Aber ein richtiges Mädchen
bin ich natürlich keineswegs.* (…) Vor allem fällt mir da
jetzt ein, *daß mich die Frage, ob ich etwa ein Mädchen sein
könnte, nie, nie, auch nicht einen einzigen Augenblick lang
beunruhigte* oder mich aus der bürgerlichen Fassung
brachte oder mich unglücklich machte. Ich stehe überhaupt keineswegs als Unglücklicher vor Ihnen, ich
möchte dies ganz speziell betonen, denn *eine geschlechtli-
che Qual oder Not spürte ich nie, denn es hat mir nie an den
sehr einfachen Möglichkeiten gefehlt, mich jeweilen von Andrängungen zu befreien.*‹« (112/13/27)

Man sieht: die fehlende psychosexuelle Reife stört zwar den
erotischen Kontakt mit den Frauen – in unserer Modellkonzeption wäre auch die Angst vor der schizoiden Falle der
Mutter ein unüberwindliches Hindernis –, nicht aber das gesamte Sexualleben des Räubers, da er »die sehr einfachen
Möglichkeiten« nutzt, sich »jeweilen von Andrängungen zu
befreien.« Diese Mitteilung zeugt in ihrer Offenheit von einem Selbstverständnis des Räubers, das der Garant seines alltäglichen Glückes ist: seine psychische Disposition ist von
ihm nach eigener Aussage immer hingenommen worden,
ohne ihn auch nur »einen Augenblick lang« zu beunruhigen,
ohne ihn »aus der bürgerlichen Fassung« zu bringen oder gar
»unglücklich« zu machen.
Die Widersprüchlichkeit seiner psychosexuellen Strebungen
zeigt sich also in der Spannung zwischen seinem Selbstemp-
finden als Mädchen einerseits, als Knabe andererseits sowie

als Knabe einerseits und als Mann andererseits. Auf diese Weise fluktuierend zwischen seinen wechselnden Identitäten kann der Räuber im Spiel mit den verschiedenen Rollenmöglichkeiten einem kleinen durchaus erfüllenden Glück nachgehen, so lange jedenfalls, wie ihm nicht die Liebe zu einem bestimmten Mädchen die Eindeutigkeit der erwachsenen Männlichkeit aufnötigt. Hier erst, so sieht er selbst, werden ihm die verschiedenen, miteinander unvereinbaren Neigungen zum Problem, machen ihn »ohnmächtig«, und diese »Ohnmacht anerkenne ich aber in keiner Weise (...), und doch fällt sie ins Gewicht und ist entscheidend und entscheidet wieder nicht das Kleinste« – und verstrickt ihn somit in einen unauflösbaren Konflikt.

Ausgehend von diesem Konflikt bringt der Räuber nun zur Sprache, welchen Ausweg er aus diesem seinem Dilemma gewohnt ist zu nehmen: es ist die Liebe der Verehrung aus der entfernten und deshalb sicheren Position der Selbstunterwerfung, von der aus die Idealisierung der Angebeteten möglich ist und die masochistische Lust der Erniedrigung – zumindest vorstellungsmäßig – erlebt und genossen werden kann. Interessant ist dabei wiederum das klare Bewußtsein, das der Ich-Erzähler für den Räuber und dessen Einsicht in die Besonderheiten seiner Lebens- und Liebespraxis bereithält.

> »›Eigentümlich, d. h. *wichtig für mich wurde die Entdeckkung, die ich an mir machte,* daß ich in *liebliche Lustigkeit* hineinkam, wenn ich in Gedanken irgendwen *bediente. Natürlich ist diese Art von Anlage nicht alleinbestimmend.* (...) Gegen ein gewisses *Verlangen, mich jemandem zu unterordnen,* sei's Frau, sei's Mann, habe ich von jeher, d. h. nein, es ist nicht so, sondern bloß vornehmlich in letzter Zeit stark ankämpfen müssen, grad als sei ich *erst in letzter Zeit gewissermaßen aus Unwissenheiten heraufgestiegen.* (...) Auf gewisse Weise, lieber Herr Doktor, vermag ich alles Erdenkliche, und *vielleicht besteht meine Krankheit,* falls ich meinen Zustand so nennen kann, *in einem zu vielen Liebhaben.* Ich habe einen ganz *entsetzlich großen Fonds*

an Liebeskraft in mir, und *jedesmal, wenn ich auf die Straße trete, fange ich an, irgend etwas, irgend jemand lieb zu gewinnen.* (...) Meine Veranlagung drängt mich also hauptsächlich zum Liebsein mit den Leuten, zum Behülflichsein usw. (...) Nun ist es noch [so] mit mir: *Das mir eigentümliche Wesen sucht,* wie ich herausgefunden habe, bisweilen auch *eine Mutter, eine Lehrerin,* d. h. besser gesagt, *eine Unnahbarkeitsperson, eine Art Göttin. Manchmal finde ich die Göttin augenblicklich,* während es manchmal wieder sehr lange dauert, bis ich sie mir *vorzustellen* vermag, d. h. bis ich ihre heitere und annehmlichkeithervorrufende Gestalt finde und *ihre Macht spüre.*‹« (113/14/27)

Was sich hier mit seltener Deutlichkeit ausspricht, war in Teil I als Vorgang der spontanen Übertragung des idealisierten (Übergangs-)Selbst-Objekts bezeichnet worden: Der große »Fonds an Liebeskraft« ergießt sich, z. B. »wenn ich auf die Straße trete«, auf eine zufällige Erscheinung[357], die aber in jedem Falle eine »Unnahbarkeitsperson« sein muß, »eine Art Göttin«, da andernfalls eine Verehrung lediglich aus der Distanz nicht sichergestellt wäre. Daß dies alles nicht zuletzt auch manchmal nur in der Vorstellung, d. h. in der Dichtung, erlebt und genossen werden kann, teilt der Räuber selber mit und macht damit unmißverständlich deutlich, daß für die Intensität seines Lebensgefühls nicht die Wirklichkeit selbst, sondern die Vollkommenheit der Geschichte zuständig ist – sei sie nun wirklich oder besser noch: nur vorstellungsmäßig zu erfahren:

»›Um zu einem menschlichen Glück zu kommen, muß ich mir erst *irgendeine Geschichte ausspinnen,* worin die oder die Person mit mir zu tun bekommt, wobei *ich der unterliegende, gehorchende, opfernde, bewachte, bevormundete Teil bin.* Natürlich ist das noch lange nicht alles, aber *es hellt immerhin einiges auf.* Viele Leute glauben, es sei demnach also furchtbar leicht, mich in Behandlung, gleichsam in Dressur zu nehmen, aber diese Leute irren sich alle sehr. Denn sobald jemand Miene macht, mir

289

gegenüber sich zum Meisterlein zu erheben, fängt etwas in mir an zu lachen, zu spotten, und dann ist es natürlich mit dem Respekt vorbei, und *im anscheinend Minderwertigen entsteht der Überlegene, den ich nicht aus mir ausstoße,* wenn er sich in mir meldet. Das Kindliche in mir will absolut nicht mißachtet und möchte dann zu Zeiten doch wieder ganz gern ein bißchen geschulmeistert werden. Ich hätte Sie also hier mit einem Widerspruch bekannt gemacht.‹« (114/15/27)

Auch hier also ein Widerspruch: die masochistische Lust an der Erniedrigung durch ihn bevormundende andere, »sei's Frau, sei's Mann«, die Lust an der eigenen Selbstunterwerfung findet ihre Grenze an der leichten narzißtischen Kränkbarkeit, die immer, »sobald jemand Miene macht, mir gegenüber sich zum Meisterlein zu erheben«, den »Überlegenen« in ihm auf den Plan ruft. Auch die Dressur also, die genossen werden will, muß eine sehr subtile sein und einfühlsamer geübt werden, als dies die Wirklichkeit gemeinhin zustande bringt. Und damit ist erneut der Weg in die Dichtung, der zum Ausweg aus einem unbefriedigenden Leben wird, vorgezeichnet. Zuletzt ist die geistige Arbeit dann tatsächlich die große Entspannung von den Strapazen der Aufmerksamkeit einer Realität gegenüber, die mit ihren vielfältigen Gefahren und Angriffen auf die eigene fragile Persönlichkeit als eine permanente Aufforderung zur Achtsamkeit und Selbstverteidigung empfunden wird. Und so kann der Räuber dem Arzt mitteilen, »daß ich dann, wenn ich zu Hause bei einer Beschäftigung sitze, die Intelligenz fordert, alles dieses vergesse, daß mir alles dieses Welt- und Menschenlieben angenehm fernliegt.« (114/27)

Was der Räuber in diesem Gespräch seinem Arzt vorstellt, betrifft also im wesentlichen seine psychosexuellen Probleme[358], die angesichts seiner neuen Liebe zu einem Mädchen auf eine Lösung hindrängen. Es wird dabei deutlich, daß der Wunsch und das Gefühl, noch ein Kind zu sein, und die Einsicht in die Notwendigkeit, jetzt ein Mann sein zu müssen, einen ebenso festen Spannungsbogen bilden wie die Lust an der eigenen (Selbst-)Erniedrigung und der daraus erwachsende Drang zur unbedingten Überlegenheit. Solche Widersprüche, das sieht der Räuber sehr genau, lassen sich, wenn überhaupt, am besten in der Vorstellung erledigen. Ist damit nun das komplette Psychogramm des Räubers vorgestellt? Mir scheint, es fehlt dazu noch die Erwähnung einer kleinen Bemerkung, die der Räuber ganz an den Anfang seiner ärztlichen Unterredung setzt und die, vielleicht gerade weil sie so unscheinbar wirkt und auch im folgenden nicht weiter erläutert wird, ganz bedeutungsvoll ist für seine seelische Grundgestimmtheit: »Ich würde Sie *in erster Linie* zu bitten haben, sich mich *recht arm* vorzustellen.« (112/27)

1.3.4 *Die Arbeit des Ich-Erzählers*

Schaut man sich nun die letzten Sätze des eben besprochenen und die ersten des darauffolgenden Abschnitts an, dann wird deutlich, in welcher Weise der Ich-Erzähler das Erzählte strukturiert:

> »Als der Räuber ihn fragte, was die Mühe, die sich der Doktor gegeben habe, koste, sagte er: ›Woran denken Sie?‹ Aber wovon sprachen die beiden Mädchen im Spiegelsaal? Gut, daß wir dran denken.« (115/27)

> »Und so behalte ich denn jedenfalls über diese Räubergeschichte hier die Direktion. Ich glaube an mich. Der Räuber traut mir nicht recht, ich lege jedoch keinen großen Wert darauf, daß man an mich glaubt. Ich muß hiezu selber in der Lage sein.« (116/28)

Der Ich-Erzähler erzählt hier eine »Räubergeschichte«. Und über diese von ihm erzählte Geschichte behält er »die Direktion«, er allein bestimmt, was zu geschehen hat; z. B. bricht er die Szene, in der der Arzt und der Räuber sich im Anschluß an ihre Unterredung »noch zu einem Geplauder über andere Gegenstände« (115/27) zusammengefunden haben, an einer interessanten Stelle abrupt ab, indem er plötzlich auf etwas ganz anderes zu reden kommt: »Aber wovon sprachen die beiden Mädchen im Spiegelsaal?« Warum der Ich-Erzähler an dieser Stelle diesen Einfall hat und die zuvor gestellte Frage unbeantwortet läßt, wäre allenfalls psychoanalytisch abzuklären. Hier sei zunächst einmal nur vermerkt, daß das Ich sich als Erzähler und damit auch als Erfinder dieser Geschichte behauptet – und gegenüber dem Räuber durchsetzt. Warum aber sollte der Erzähler sich gegenüber einer von ihm selbst erfundenen Figur durchsetzen müssen?

Die generelle Antwort auf diese Frage ist im vorigen schon einmal als These formuliert worden: Es ist der Wirklichkeitscharakter, den jede Phantasieproduktion hinsichtlich der Intensität ihres Erlebens annehmen kann. Und das bedeutet im Falle der Dichtung, daß die vom Erzähler erfundenen Figuren von Seite zu Seite immer deutlichere Konturen erhalten, so daß sie in eine Art persönliche Beziehung zu ihrem Erfinder eintreten können und ihm gegenüber eine Eigenständigkeit zu entwickeln drohen, die es dem Erzähler immer schwerer macht, nach Belieben mit ihnen zu verfahren. Im Laufe des Arbeitsprozesses beginnen also die Figuren ein Eigenleben zu führen, so daß das Ich schließlich zu Recht sagen kann: »*Der Räuber traut mir nicht recht, ich lege jedoch keinen großen Wert darauf, daß man an mich glaubt. Ich muß hiezu selber in der Lage sein.*« Und das bedeutet: das Phantasieprodukt, der Räuber, hat sich von seinem Produzenten, dem Ich-Erzähler, abgelöst und gefährdet nun zumindest potentiell durch seine Selbständigkeit dessen Regieanspruch. Deshalb muß das Ich sich auch seiner selbst vergewissern, muß sagen, daß es an sich selber glaubt, daß es »jedenfalls über diese Räubergeschichte hier die Direktion« behält. Also muß der Ich-Erzähler auch gelegentlich harsch eingreifen, wenn er nicht will, daß die Szenen ihren eigenen Gang nehmen. Und das wiederum kann er gerade im Falle des »Räuber«-Romans nicht immer wollen, wenn denn unsere Arbeitshypothese zutreffend ist, daß nämlich das Ich in der Figur des Räubers einen Teil seines Selbst, und zwar den problematischeren, untergebracht hat. So wäre dann vielleicht auch seine Aussage zu verstehen: »Ich muß immer acht geben, daß ich mich nicht mit ihm verwechsle.« (71/15)

Unter dieser Voraussetzung ist dann die Aufgabe des Erzählers eine doppelte: einerseits muß er aufpassen, daß er der »ausgestoßenen« Hälfte seines Selbst nicht einen allzu großen Freiraum gewährt – es ließe sich z. B. denken, daß zwischen Arzt und Räuber an der Stelle, an der das Ich durch seine Intervention die Szene beendet, eine homoerotische Verbindung ihren Anfang nähme, die aber vom Ich nicht gebilligt würde; andererseits aber muß er in der Projektion seines konfliktuösen Selbstbereiches auf die Figur des Räubers seine Probleme auch zur Darstellung bringen, um sie überhaupt erst einer heilsamen Bearbeitung zugänglich zu machen. Die Schwierigkeit des Erzählers besteht, kurz gesagt, darin, »die Geister« zu rufen, sie loszulassen und dennoch nicht die Kontrolle über sie zu verlieren. Oder, in der psychoanalytischen Terminologie gesprochen: der Erzähler hat hier einen besonderen Regressionsschritt zu leisten, nämlich in Richtung auf seine persönlichen Probleme, die dann in der Figur des Räubers ihren Brennpunkt finden und d. h., sowohl eine Eigendynamik entwickeln wollen als auch vom Erzähler einer künstlerischen Formung unterworfen werden müssen. Gelingt dieses schwierige Unterfangen, dann ist damit eo ipso eine selbstheilende Wirkung verbunden.[359] Daß dies aber obendrein noch eine mehr oder weniger deutlich bewußte Absicht dieses Romans ist, zeigt sich immer wieder im Verhalten des Ich-Erzählers zu seinem Helden, dem Räuber, dem er ein ebenso sorgsamer wie unerbittlicher Partner ist, dessen Tun und Lassen er vorsichtig steuert und sehr genau beobachtet; und von daher scheint es mir wichtig, die Kommentare dieses Ich-Erzählers eben auch im Hinblick auf diese selbstheilende Absicht zu lesen, d. h. im Hinblick auf die angestrebte Rückeroberung all der Kräfte, die als nicht mehr integrationsfähige aus dem Selbst hinaus und auf die Figur des Räubers projiziert wurden.

»Alles das könnte ich euch nicht beschreiben, wenn ihm nicht sein (des Räubers, CSH) Onkel aus Batavia geholfen hätte. Auf Grund dieser Hülfe führte er gleichsam *seine eigenartige Existenz* weiter, und *auf Grund dieser unalltäglichen und doch auch wieder alltäglichen Existenz baue ich hier ein besonnenes Buch auf, aus dem absolut nichts gelernt werden kann.* Es gibt nämlich Leute, die aus Büchern Anhaltspunkte fürs Leben herausheben wollen. Für diese Sorte sehr ehrenwerter Leute schreibe ich demnach zu meinem riesiggroßen Bedauern nicht.« (14/15/2)

»Der Räuber wies viele Fehler auf. Davon zuversichtlich später.« (21/5)

»Wir aber schnauzen ihn für Verfehlungen stetsfort kalt an. Er befindet sich bei uns sozusagen in festen Händen, denn uns scheint, er habe das nötig.« (28/7)

»Dieses Kapitel bildet fraglos für den Räuber eine ganz saftige Blamage. Selbstverständlich gönnen wir sie ihm herzlich, der Typ schämt sich nämlich gern.« (35/8)

»Wie alle diese Eindrücke auf mich eindrängen. Auch auf ihn drängten sie wahrscheinlich ein.« (39/10)

»(...) wir wollen ihn ›diesmal schildern‹, wie er ist, mit all seinen Fehlern.« (43/10)

»Ja, er hat viel, viel gesündigt, dieser junge Mann. Und noch immer sind wir mit Aufzählen seiner Verfehlungen nicht fertig. Ob wir das je würden?« (45/46/11)

»Gleichwohl übernehmen wir die Verantwortung für ihn in einer Weise, die vollständig genannt werden kann.« (47/11)

»Immer ist versucht worden, ihm das Gefühl der Unsicherheit, der Spaltung, der Uneinigkeit mit sich selbst einzuflößen. Er sollte sich aufregen, in die Sprünge, Sätze, d. h. in Wut sollte er geraten, hitzig sollte er werden.« (52/12)

»Ich muß immer acht geben, daß ich mich nicht mit ihm verwechsle.« (71/15)

»Und nachher muß mir der Räuber endlich mal zu einem Arzt. Das kann ich unmöglich länger mitansehen, wie er sich jeder Prüfung entzieht.« (72/15)

»Man soll also versuchen, das Böse in sich bös, aber als solches schön zu finden, und es ist ja auch etwas Schönes, etwas viel, viel Schöneres als alles freundlich-fade Gesicht zum Abphotographieren, das an sich gar nichts wert ist, da es einen Beweis von Mangel an Erleben darstellt.« (83/84/19)

»Sind wir verworren am wahrsten, unklar am klarsten, ungewiß am sichersten?« (93/21)

Dies letzte Zitat weist wiederum hin auf die unmittelbar unverständlichen Bilder, die in der freien Assoziation auftauchen und erst in ihrer bewußten Erfassung und Bearbeitung, d. h. Einfügung in einen größeren Kontext, Aufschlüsse über ihren tieferen psychischen Grund ermöglichen. Im übrigen ließe sich die Reihe der Ich–Kommentare, die zeigen, wie der Räuber dem Ich angenähert werden soll, d. h. wie der Erzähler an der Redintegration der von ihm »exorzierten« schwachen Selbst-Anteile arbeitet, noch lange fortsetzen. Da die Erschließung des Psychogramms dieses Romans ein umfangreiches Unternehmen ist, kann während der Textanalyse nicht auf alle diese Stellen hingewiesen werden, wie überhaupt Auslassungen von interessanten, aber die jeweils erreichten Ergebnisse nur bestärkenden Passagen unvermeidlich sein werden.

Ebenso wäre nun noch auf die direkte Bezugnahme zum Leser (Analytiker) zu achten, mit dem sich das Ich verbündet, den es (rhetorisch) befragt, um dessen Aufmerksamkeit es sich bemüht:

»Schon gut, schon gut. Schon fürchte ich *den Leser* entsetzlich gelangweilt zu haben. Wo sind nur alle diese ›famosen Einfälle‹.« (15/3)

»Eine Ohrfeige steht uns nun bevor. *Sie* werden sofort erfahren, wo und wie.« (37/8)

»Wir werden dies später noch erläutern, aufhellen. Manches in diesen Blättern wird dem Leser noch geheimnisvoll erscheinen, was wir sozusagen hoffen. Denn wenn alles schon so offen für's Verständnis daläge, würden *Sie* anfangen, über dem Inhalt dieser Zeilen zu gähnen.« (51/12)

»Aber *Sie* machen sich gar keinen Begriff, wie mir das komisch vorkäme, wenn ich ihn sie anflehen hörte. Er ist gewissermaßen begabt im Bitten. Ich versichere *Ihnen*, er tut das sehr nett.« (105/25)

»*Sie* sehen, daß wir's genau mit ihm nehmen, und wenn wir etwas finden, etwas nur Haardünnes, das einem Fehler gleicht, so zerren wir ihn zu ihr hin, müßten wir ihn auch bei den Haaren hinschleppen und würde er auch dabei laut um Hülfe rufen.« (107/25)

»Ich bitte *Sie* darüber einstweilen nachdenken zu wollen.« (128/31)

»Heute ist der Räuber ganz bleich vor lauter Dichten, denn *Sie* können sich ja denken, wie er mir wacker bei der Niederschrift dieses Buches mithilft.« (133/32)

»Auch *Sie* werden in Zukunft wieder rascher und intensiver an mich glauben.« (148/35)

Solche Hinweise zeigen sehr deutlich, daß das Ich diesen Roman einem Zuhörer/Leser erzählt. Es ist an seiner Aufmerksamkeit interessiert und gestaltet den Fortgang des Geschehens daher möglichst spannend (z. B. durch Vorgriffe auf später Dargestelltes); zugleich ist es ihm gegenüber zu Glaubwürdigkeit verpflichtet, und es achtet darauf, vom Leser ernst genommen zu werden; zuletzt sind die Rückversicherungen an den Leser auch ein Zeichen dafür, daß das Ich sich durch Verbündung mit ihm gewissermaßen Rückenstärkung erhofft und holt. Insofern könnte man diese Gesprächssituation durchaus mit der einer psychoanalytischen vergleichen, in der der Analysand auch das Wort an den Analytiker richtet, mit dem er sich verbündet hat, von dem er aber nicht immer, und im Roman keine Antwort erhält.

1.3.5 Die Dialogik des »Räuber«-Romans

Die psychoanalytische Lektüre des »Räuber«-Romans war für mich ungeheuer spannend, ein reiches, klärendes Lese-Erlebnis. Es zeigte sich nämlich, daß es dabei nahezu durchgehend möglich ist, die psychische Substruktur des Textes mitzuverfolgen. Die einer normalen Lektüre überraschend unzusammenhängend erscheinenden Bilder und Episoden, die kurz genannten und wieder vergessenen Gegenstände und Themen, die zunächst in keinem funktionellen Zusammenhang zu sehen waren, verketteten sich dem psychoanalytischen Verständnis zu einer kohärenten Sprache des Selbst, das unermüdlich die strukturschwachen Selbstbereiche besprechend seine eigene Stärkung zu formulieren sucht. Dabei entsteht ein besonderer Dialog des Selbst mit sich selbst, hier: des Ich-Erzählers mit dem Räuber. Von seiten des letzteren ist die Kommunikation nonverbal, seine Handlungen sind seine antwortenden Reaktionen auf die Forderungen des Ich, das fortwährend auf ihn einredet. Das wiederum entspricht der Situation des Kindes in unserem Modellfall gegenüber dem schweigsamen Vater. Denn ebenso wie dieser Vater schweigt sich auch der Räuber dem Ich gegenüber aus, er spricht an keiner Stelle direkt mit dem Erzähler, doch seine vom Ich mitbestimmten Aktionen nehmen immerhin Bezug auf ihn, womit sie ihn letztlich doch indirekt bestätigen. Vielleicht läßt sich dies alles vorläufig auch so interpretieren: Das versagte Gespräch mit dem Vater wird in der Dichtung nachgeholt im fiktiven Dialog des Selbst mit sich selbst (welcher vom Monolog charakteristisch unterschieden ist), und dieser wiederum ruft hier, wie gezeigt wurde, über den Rahmen der Dichtung hinaus den Leser an, mit dem der Erzähler in einen den unmittelbaren ersetzenden Dialog eintreten möchte. Die folgenden Textinterpretationen wollen deshalb die Mitteilungen des Ich-Erzählers nicht nur verstehen, sondern ihm mit ihrem Verständnis auch auf ihre Art ein Gesprächspartner sein.

Die Rede des Ich-Erzählers ist also insofern eine einsame, als sie keine Gegenrede zu erlangen vermag. Der Dialog, der sich in dieser Situation nur entwickeln kann, ist derjenige des *Selbstgesprächs*. Die dabei entstehende Dialogik ist nun aber auch die einer »doppelten Logik«: es ist die Logik der Normalität, vertreten vom Ich dieses Romans, die ins Gespräch gebracht wird mit der Logik der Abnormalität, vertreten durch den Räuber, der als solcher schon ein Sinnbild des »Nicht-Gesellschaftsfähigen« ist. Man müßte Walsers Stellung zur Gesellschaft aus seinem ganzen Werk ermitteln, um beurteilen zu können, ob sich in der Figur des Räubers auch ein Plädoyer für den Widerstand gegen gesellschaftliche Normen, mithin eine Heroisierung der Außenseiterposition verbirgt; dies zu eruieren liegt aber außerhalb meines in dieser Arbeit abgesteckten Interessenfeldes. »Normalität« und »Abnormalität« werden hier also ausschließlich in ihrer psychologischen Bedeutung verstanden, und d. h. dann: die Logik der bewußtseinsfähigen Psyche, die im Rahmen normaler Existenzbedingungen anpassungs- und lebensfähig ist, wird in einen Dialog gebracht mit der »Logik« derjenigen psychischen Bereiche, die vom Bewußtsein nicht souverän steuerbar, die also in ein normales Tageswachbewußtsein nur teilweise integrierbar sind und damit die Lebensfähigkeit des betreffenden Individuums (auch als soziales Wesen) bedingt beeinträchtigen *können*. Kurz und etwas pointiert formuliert: die »Logik des Bewußtseins« wird in einen Dialog mit der »Logik des Unbewußten« gebracht, wobei dann allerdings die Integrationsbewegung nicht einseitig zu Ungunsten des letzteren verläuft, sondern auf dialektischem Wege zu einer Erweiterung des ersteren führt. Wie diese »Logik des Unbewußten« generell und theoretisch zu verstehen ist, war in Teil I im Modell der Psychogenese veranschaulicht worden. In welcher Art und Weise sie aber im besonderen Falle des »Räuber«-Romans ein Mitspracherecht erhält, wollen die folgenden Analysen herausfinden. Es könnte sich dabei zeigen, daß die Dialogik zwischen bewußten und unbewußten Vorgängen dann genau der Logik der Kreativität entspräche, die im vorigen bereits genauer dargestellt wurde.

Wollte ich den Verlauf dieser Textanalyse Seite um Seite im Detail nochmals schriftlich vollziehen, dann entstünde ein Buch, das den Umfang des »Räuber«-Romans um einiges überträfe. Eine solche minutiöse Detailanalyse kann aber schwerlich von großem Interesse sein, schon allein wegen der allgemeinen Redundanz der Äußerungen des Psychischen auf den jeweiligen Entwicklungsstufen. Deshalb beschränke ich mich im wesentlichen darauf, die einzelnen Entwicklungsphasen, die jeweils mehrere Abschnitte umfassen, schwerpunktmäßig zu untersuchen. Dennoch soll diese Untersuchung, eben weil sie eine Psychoanalyse des gesamten Romangeschehens ist, eine Art besondere *Lektüre* des ganzen »Räuber«-Buches sein. Sollten die einzelnen Deutungen hinsichtlich ihres psychologischen Gehaltes zu Anfang noch befremdlich wirken – es geht immerhin darum, die »Logik des Unbewußten« mitzuverstehen –, so hoffe ich doch, daß die Zweckmäßigkeit dieses Vorgehens bald über den Gesamtzusammenhang der Textinterpretation evident wird. Und zudem gelte, wie in jeder psychoanalytischen Situation, daß *zufällig* nichts in den Sinn und damit aufs Papier kommt: kein Bild, kein Einfall, kein Gedanke und keine Geschichte, womit gesagt ist, daß durch einen Hinweis auf biographisches Material (z. B. die Briefe) keine psychoanalytische Deutung bestätigt oder entkräftet werden kann. Daß solche Mikroanalyse des Textes vor allem zu Beginn, wenn es darum geht, die Ausgangssituation und Grundlage des folgenden Romangeschehens Szene um Szene zu ermitteln, für den Leser etwas mühsam sein kann, läßt sich bedauerlicherweise nicht ändern; andernfalls müßte ich die Ergebnisse dieser Feinarbeit als Behauptungen aufstellen, welche so unvermittelt kaum nachvollzogen werden könnten. Nach der besonders ausführlichen Deutung der ersten fünf Abschnitte, die als Exposition des Romans auch besonders wichtig sind, ist allerdings ein zügigeres Vorgehen geplant, das dann nur noch die Schwerpunkte dieser Psychohistorie berücksichtigen wird.

2. Das Abenteuer

2.1 Exposition: Die Lust der Angstphantasie – Kindheit

2.1.1 *Erster Abschnitt: Edith liebt ihn*

Wer je versucht hat, den »Räuber«-Roman zu lesen, und jeder, der ihn dann auch gelesen hat, kennt den ersten Abschnitt sehr genau: er hat ihn nämlich mit Sicherheit mehr als einmal gelesen, zweimal, viele Male, und wenn er sich nicht hat entmutigen lassen und auch über die nächsten drei bis vier Abschnitte hinausgekommen ist, dann allerdings hat ihm ein Leseerlebnis von seltener Schönheit, reichster Phantasie und höchster Lust bevorgestanden. Aber wie eine Perle in der Austernschale, so fest ist diese Walsersche Kostbarkeit hinter einem schier undurchdringlich kompakten Romananfang verschlossen. Und das hat seine Gründe – muß seine Gründe haben.

Man lese nun den Text ein einziges Mal nur wie die wörtlich transkribierte Aufzeichnung einer ersten Analysestunde und versuche zu verstehen! Dazu gibt es immerhin einige Vorinformationen: das Modell der Psychogenese des Grenzgängers wird als bekannt vorausgesetzt, und die unter Punkt 1 im dritten Teil angestellten Überlegungen sollten schließlich einen ersten Zugriff auf die Eröffnungsrede gestatten. Trotzdem fühle ich mich etwas irritiert und geärgert, die »Manieren« des Erzählers gehen mir ein wenig »auf die Nerven« – denn es will sich so rasch keine tragfähige Basis für das Verständnis dieser Lektüre aufbauen lassen.

Dabei enthält der erste Abschnitt eine Menge Informationen – ja es sind wohl zu viele Signale, die hier aufleuchten und sogleich wieder verlöschen oder durch andere überblendet werden. Von einer Edith erfahre ich, die »ihn« liebt, und werde damit sogleich auf später vertröstet. Dann lese ich, daß dieser Nichtsnutz kein Geld besitzt, aber doch irgendwie in

eine Geschichte mit »sozusagen berühmten hundert Franken« verwickelt ist, an der aber wiederum nichts dran sein
soll; aus diesen hundert Franken werden im nächsten Satz
»hunderttausend Mark«, die der Arme »in den Händen anderer liegen« ließ. Trotzdem hat er sich »zu seinem Vergnügen
(…) keine Wertschätzungen« erwerben können, jedenfalls
nicht »unter der Herrenwelt«. »Nicht einmal einen Freund
hat er.« Auch die Mädchen finden ihn unmöglich und langweilig und verspotten den »Schafskopf«. Nur »diese arme
Edith liebt ihn, und er geht inzwischen (…) nachts noch um
halb zehn Uhr baden.« Was hat das Bad mit der Liebe zu tun?
Und liebt »er« denn auch zurück, Edith, diesen anscheinend
einzigen Menschen, der ihn »gleichsam vom ersten Augenblick an herzlich lieb gehabt« hat? »Heute hat es ein wenig ge-
regnet, und sie liebt ihn also«, wird zum dritten Mal von
Edith mitgeteilt, »er aber hat es nicht für möglich gehalten.«
Von seinen Manieren und seiner Erziehung ist die Rede, von
einer um ihn gestorbenen Witwe und ihrem Geschäft, von einer Stadt, die Ähnlichkeit mit einem Hof hat, von Schickli-
chem und Unvornehmheiten, von »Abgeordnetinnen«, die
nach ihm ausgesendet werden, und seiner unverbesserlich
guten Laune, von Redensarten, die ihn »ein bißchen vor sich
selber zittern« lassen, und seiner Vergeßlichkeit, von einer
Bank im Wald und zuletzt, »daß ihm Direktoren die Hand
geben. Ist das nicht sehr eigentümlich? Diesem Räuber?«
Also ein Räuber ist »er«, ein offenbar recht vergnügter Räuber, den aber wenigstens vorerst keiner so richtig leiden
kann, weshalb er vielleicht auch nicht für möglich hält, daß
Edith ihn liebt. Soweit ist das noch einigermaßen verständlich: die Edith-Liebe scheint ein Faden zu sein, der auch ins
kommende Phantastikum versponnen ist. Und all die anderen Zeichen?
Da ich bei der erneuten Lektüre des ersten Abschnitts immer
noch Mühe habe, dem Zickzackkurs der Mitteilungen zu folgen, die verschiedenen Widersprüche aufzulösen und die ein-

zelnen mit schneller Hand skizzierten Bilder in einem vorläufigen Entwurf festzuhalten, da sich erneut bei mir eine Art nervöser Reizung einstellt, gehe ich nun davon aus, daß *genau dies* beabsichtigt ist: Ich soll nicht verstehen, soll den Erzähler auf keine Absicht oder Aussage festlegen können, soll mich gar nicht auf ihn einlassen: *Ich soll das Buch nicht lesen, das hier geschrieben werden will.* Und das immerhin wäre eine wichtige Mitteilung.

Rückblickend auf das Modell der Psychogenese kann, wenn dies als erste eigentliche Information der Ouvertüre verstanden wird, ihre Deutung versucht werden: Der *Abwehr* des *angelockten* Lesers, so läßt sich jetzt verstehen, entspricht die *Flucht* des *wagemutigen* Autors vor der schizoiden Falle der großen Gehaßtgeliebten: der Adressat des Textes wird in die Position der Mutter gedrängt und dort bekämpft.[360] Trifft dies zu, dann kann man sagen, daß mit gleichsam sadistischer Lust dreimal vermerkt wird, daß Edith ihn liebt, diesen Räuber. Und das wäre dann zugleich mit dem Mysterium der um ihn gestorbenen Witwe, dem Rätsel um hundert Franken oder hunderttausend Mark, seiner letztendlichen Anerkennung durch irgendwelche Direktoren und der Freiheit seiner trotz aller Ablehnung immer guten Laune Attraktion und Tortur für eine Herrschsüchtige, deren Anspruch auf schrankenlose Verfügungsgewalt über den Erzähler hier mit jedem Satz zurückgewiesen wird. D. h.: die schizoide Defensivstruktur des Textes bannt zugleich mit der gefürchteten Attacke die Angreiferin im Leser durch das Auffächern vielfältiger Anzeichen für – der indizierten Erwartung nach – spannendste Geschichten: Räubergeschichten. Damit ist die Abweisung auch nicht endgültig, sondern auf das Einhalten einer bestimmten Distanz bemessen nach dem bereits bekannten Schema: nicht zu nah und nicht zu weit entfernt.

Man sieht, daß hinsichtlich dieses Textes ein Rückgriff auf tieferliegende psychologische Gründe hilfreich sein kann. Vor dem Hintergrund des in Teil I erarbeiteten Modells eröffnen sich also Perspektiven, die den Blick schärfen für die Beobachtung besonderer Bedeutungsgehalte des kommenden Romangeschehens. Die Logik des Textes ist dann nicht mehr auf diesen selbst begrenzt nur verständlich, sondern weist über den ersten Abschnitt und – wie sich zeigen wird – auch über den Roman selbst hinaus in den größeren Zusammenhang des Werkganzen. Das schließt aber nicht aus, daß die im ersten Absatz versammelten Verheißungen im Folgenden ihre Erfüllung finden, worüber im Schlußkapitel des dritten Teils noch die Rede sein wird.

Konzentriert man sich bei der Beobachtung des ersten Abschnitts also einmal auf die Frage, inwiefern sein Hauptadressat eine Art Mutter-Figur sein könnte, dann akzentuieren sich seine Mitteilungen deutlicher um die Themen Liebe, Treue/Untreue, Eifersucht, Verfolgung, Abhängigkeit und Versagen, Themen, die im ganzen Roman immer wieder zur Sprache gebracht werden. Dies sei jetzt noch einmal kurz im Überblick dargestellt:

»Edith liebt ihn.« (11/1) Darum geht es vom ersten bis zum letzten Moment nicht nur in diesem Abschnitt, sondern im ganzen »Räuber«-Roman. Edith liebt ihn: der Ausgangspunkt und das Ziel des Schreibens sind damit zu Beginn bereits präsent. Nach dieser interessanten Mitteilung an den Leser wird das Thema vorläufig zurückgestellt: »Hievon nachher mehr.« (11/1), um noch einen kurzen Nachtrag zu erhalten:

> »Vielleicht hätte sie nie zu diesem *Nichtsnutz, der kein Geld besitzt,* Beziehungen anbahnen sollen. Es scheint, daß sie *Abgeordnetinnen,* wie sollen wir sagen, Kommissärinnen *nach ihm aussendet.*« (11/1)

Neben dieser ersten Charakterisierung des Räubers als armer Nichtsnutz wird hier bereits das Thema der *Verfolgung* des Räubers und indirekt das Thema der *Eifersucht* angesprochen – beiden wird man später wieder begegnen. Dreimal jedenfalls wird Ediths Liebe auf diesen ersten beiden Seiten betont.

Aber gegen diese Edith-Liebe steht der Räuber-Zweifel entweder an der Wahrhaftigkeit dieser Liebe oder an deren Realisierbarkeit. Direkt nach den ersten vier, Edith betreffenden Sätzen heißt es:

> »Er hat überall so seine *Freundinnen, aber es ist nichts mit ihnen,* und vor allen Dingen ist wieder nichts mit diesen sozusagen berühmten *hundert* Franken. Einst ließ er aus nichts als Nachgiebigkeit, aus Menschenfreundlichkeit *hunderttausend Mark in den Händen andrer liegen.«* (11/1)

Daß mit den Freundinnen des Räubers nichts ist, versichert Edith indirekt der Räuber-*Treue* und spricht zugleich die später aufgenommene, im vorigen schon erörterte »scxuelle Problematik« des Räubers an. Bemerkenswert ist, daß die Beziehung zu diesen Freundinnen im selben Satz in Verbindung gebracht wird mit dem Motiv des Geldes, das »in den Händen andrer« liegenbleibt – worin eventuell ein Hinweis auf die Notwendigkeit von oder den Verzicht auf käufliche Liebe gegeben sein könnte.

Er, der Räuber, hat nun zwar überall so seine Freundinnen, aber er hat dennoch (wie damals bei der Mutter?) keinen Erfolg bei den Frauen; sie behandeln ihn »wie einen richtigen Abgetanen« (11/1), indem sie ausrufen: »›Ist dieser Unmögliche auch schon wieder einmal zur Abwechslung da. O, wie langweilig!‹« (11/1) Eingekreist wird dieser Ausruf von den Bemerkungen: »*Unglaubliche Mühe, ihn zu bilden, hat man sich gegeben.* Glaubt denn dieser Peruaner, oder was er sein will, er könne das selber?« (11/1) und: »*Barsch angeschaut zu werden,* belustigt ihn.« (11/1) Bildung, d. h. Erziehung, verweist auf Abhängigkeit und Verpflichtung, also Zurückbindung, z. B. an die Mutter, deren strenger (barscher) Blick zur alles durchdringenden Grenzforderung wird – was den Räuber aber belustigt: er ist also, so kann man vermuten, gelegentlich in der Lage, sich solchen Forderungen zu entziehen.

Im Zusammenhang mit dem Zweifel an der Möglichkeit der

Edith-Liebe wird »diese um ihn gestorbene Witwe« (11/1) erwähnt. Daß sie »um ihn« gestorben ist, könnte ein wichtiger Hinweis auf ein tiefverwurzeltes Schuldgefühl des Kindes am (frühen) Tod der Mutter sein – daß es sich dabei um eine Witwe handelt, würde im Zusammenhang mit der ödipalen Problematik bedeuten, daß es sich um eine Beziehung zu einer Frau handelt, bei der der Rivale bereits tot ist! Aber solche Deutungen wirken vorerst noch überspitzt.

Damit sei die Analyse des ersten Abschnitts zunächst beendet. Sie zeigte, wie schwierig es ist und wie viele Widerstände (des Textes und des Lesers) überwunden werden müssen, um zu einem psychologischen Verständnis dieser Mitteilungen vorzudringen, daß aber andererseits gerade ein solches Verstehen der psychologischen Tiefenstruktur in der verwirrenden Vielfalt der Aussagen einen ersten inneren Zusammenhang sichtbar macht, der sich dann ja auch deutlich genug ablesbar an der Textoberfläche niederschlägt. Auch die Analysen der folgenden Abschnitte werden noch mit denselben Schwierigkeiten zu kämpfen haben, die hier auffällig wurden; ist aber mit der Interpretation der Exposition die Verständnisgrundlage erarbeitet, dann werden sich die folgenden Etappen als leichter zugänglich erweisen.

2.1.2 *Zweiter Abschnitt: Der arme Säufer*

> »*Wurstigkeit, Schnuppigkeit* von Fußgängern auf Straßen irritiert Automobilisten. Ich will auch rasch noch dieses sagen: *es gibt da einen* Vertreter, *der mir nicht gehorcht.* Ich will ihn seinem *trotzigen Benehmen* überlassen. Ich werde ihn *auf das großartigste vergessen.* Aber es hat da *ein Mittelmäßiger bei Edith einen Erfolg gehabt.* Er trägt jedenfalls einen jener kleidsamen *Hüte,* die allen ihren Trägern ein Aussehen von Zeitgemäßigkeit verleihen. *Auch ich bin mittelmäßig* und freue mich, daß ich's bin, aber *der Räuber* auf der Bank im Wald war's *nicht.*« (12/2)

Irritation durch »Wurstigkeit, Schnuppigkeit«, Ungehorsam und trotziges Benehmen: mit diesen Zeichen der Auflehnung beginnt der zweite Abschnitt – und es ist zu überlegen, worauf solcher Widerstand hinweist. Einer, vermutlich der Räuber, gehorcht dem Ich-Erzähler nicht: in welcher Hinsicht aber? Er soll deshalb »auf das großartigste vergessen« werden. Diesem Vorsatz begegnet sogleich ein »Aber«: »Aber es hat da ein Mittelmäßiger bei Edith einen Erfolg gehabt.« Wer ist dieser Mittelmäßige? Der Räuber, den Edith doch liebt, ist es jedenfalls nicht, denn er ist gerade nicht mittelmäßig – wohingegen der Ich-Erzähler dies für sich durchaus in Anspruch nimmt. Bemerkenswert an diesem Mittelmäßigen scheint zu sein, daß er einen *Hut* trägt – was ist Besonderes an diesem Hut?[361] Und nun läßt der Erzähler den Räuber »vor sich hinflüstern«:

> »Wenn's mir licht um's Gedächtnis herum ist, holte ich im Auftrag *meiner Herrin* ein *Lampenglas, oder was es sonst etwa war. Ich bewachte damals einen alten Mann* und erzählte *einem jungen Mädchen,* was ich gewesen sei, eh' ich in seine Nähe gelangte.« (12/13/2)

In diesen beiden Sätzen werden drei verschiedene Szenen vorgestellt und miteinander verknüpft. Man könnte nun für sie folgende Deutung versuchen: Die ersten beiden Szenen skizzieren eine Phantasie, in der der Räuber (der Sohn) allein seiner Herrin (der Mutter) dient, während er (»damals«) den »alten Mann« (den Vater, wie er so oft genannt wird) – bewacht. Bezüglich der dritten Szene wissen wir aus dem vorhergehenden Kapitel bereits, daß der Räuber später zu einem Arzt sagen wird: »nun liebe ich bei all diesen Wesensverzweigtheiten ein Mädchen (...), aber meine Sinne sind dabei vollkommen ruhig, und ich bin aus diesem Grund vor ihr ohnmächtig.« (115/27) Dieser Vorgriff ermöglicht jetzt das Aufstellen einer ersten *Hypothese:*

Der Räuber liebt ein junges Mädchen, Edith, und Edith liebt ihn, aber der Räuber kann diese Liebe nicht realisieren, weil sie in ihm einen ungelösten Kindheitskomplex aufrührt: Der Besitzanspruch der Mutter, ihre Eifersucht bei Zuwendung des Kindes zu einem anderen Menschen, die Angst auch, bei Annäherung von ihr verschlungen zu werden, und der gegenläufige Wunsch, sich mit ihr zu vereinigen, all das produziert eine Reaktion der Abwehr, die aber nicht verhindern kann, daß gleichzeitig auch die unbewältigten ödipalen Rivalitäts- und Angstgefühle, die in bezug auf den Vater erhalten blieben, reaktiviert werden. Der Ich-Erzähler sieht also eine schwierige Situation auf sich und den Räuber zukommen, denn: »es gibt da einen Vertreter, der mir nicht gehorcht. Ich will ihn seinem trotzigen Benehmen überlassen.« Er will also offenbar einmal zulassen, daß der Räuber – sein (Stell-)Vertreter? – sich in eine Liebesgeschichte verwickelt, die ihm dann aber die Bewältigung einer Reihe noch ungelöster seelischer Konflikte abverlangt. Wenn diese Hypothese zutreffend ist, dann läßt sich jetzt sagen: Nachdem der erste Abschnitt versucht hat, den durch die plötzliche Edith-Liebe wieder verstärkt spürbar gewordenen Einfluß der gefährlichen Aspekte der Mutter-Repräsentanz teils zu bannen, teils abzuwehren, versucht der zweite Abschnitt folgerichtig, das Problem mit dem »ödipalen Vater« in den Griff zu bekommen. Dazu wird nun eine hübsche Szene entworfen, in der der Räuber diesem »Vater« einmal aufbegehrend in den Weg tritt. Zunächst heißt es einleitend noch:

»›Die *Eisenbahn* hat mich dann hieher befördert, damit mir Ediths Gesicht furchtbar sei. Mein *Schmerz* um sie gleicht einem *Tragbalken, woran wieder die Lustigkeiten schaukeln.*‹ So unterhielt er sich unter der Blätterbedachung mit sich selbst, worauf er mit einigen Sprüngen auf einen *armen Säufer* zueilte, der soeben seine *Schnapsflasche im Rock versteckte.* ›Halt, du dort‹, rief er aus, ›steh mir Rede, was du da für ein *Geheimnis* vor der Mitwelt verbirgst.‹ Der Angerufene stand still wie eine *Säule,* nicht ohne zu lächeln. Sie schauten einander an, wonach sich der *arme Mann* kopfschüttelnd weiterbegab, über den Zeitgeist allerlei leise Redensarten verlierend. Der Räuber sammelte alle diese Bemerkungen sorgfältig auf.« (13/2)[362]

Spätestens an dieser Stelle wird klar, daß einem ausschließlich wörtlichen Verständnis viele dieser Mitteilungen rätselhaft bleiben müssen. Schon allein die Finalität des ersten Satzes verschließt sich jeder vernünftigen Erklärung, und auch der Anschlußsatz erscheint so völlig isoliert. Gehe ich aber davon aus, daß diese Aussagen sich in freier Assoziation aneinanderreihen, dann kann ich in Kenntnis der psychischen Vorgänge während der kreativen Produktion die Frage stellen, ob hier nicht Material aus dem Unbewußten auftaucht, das nicht nur in den Text hineingearbeitet wurde, sondern die Szenengestaltung ganz wesentlich mitbestimmt hat.

Da nun alle folgenden Deutungsversuche von dieser Annahme mit ausgehen, sei hierzu nochmals kurz in Erinnerung gerufen: Wenn freischwebende Phantasievorgänge ungebundene und d. h. Es-Energien freisetzen (Kris), wenn der kreative Akt über einen Regressionsschritt zustande kommt (Kris/Lorenzer) und wenn dabei vor allem Vorgänge in der Zone der flexiblen Symbolik (Kubie) an der Grenze des Vorbewußten (Kubie/Lorenzer) über die Dynamik des Unbewußten aktiviert und mit Hilfe der präsentativen Symbole ins Bewußtsein gehoben werden (Lorenzer), wenn also der kreative Prozeß auf diese Weise vor sich geht, dann muß davon ausgegangen werden, daß, je nachdem, ob die Ich-Intervention früher oder später einsetzt, oder anders ausgedrückt: je nachdem, wie groß die von der Ich-Kontrolle tolerierbare Flexibilität gegenüber dem aus dem Unbewußten heraufdrängenden Material ist, dieses sich in mehr oder weniger großen Anteilen zu dem Stoff hinzugesellt, der in der Dichtung gestaltet werden muß. Dieses Material des Unbewußten hatte Lorenzer mit dem Begriff Klischee bezeichnet; Klischees »symbolisieren« nach der allgemeinen Auffassung der Psychoanalyse unbewußte Gehalte auf einförmig-konstante Weise, derart, daß schon Freud für seine Traumanalysen (unter der Voraussetzung allerdings, daß die persönlichen Assoziationen des Träumers keine andere Deutung nahelegten) bestimmten Symbolen eine feststehende Bedeutung zuerkannte. Wenn nun also in der freien Assoziation der Kreativität Klischees aus dem Unbewußten auftauchen, die dann in irgendeiner Weise in den dichterischen Text eingearbeitet werden, dann müßten diese Klischees analog der Symboldeutung in Freuds Traumanalysen »übersetzbar« sein, und d. h.: es kann grundsätzlich zumindest immer dann, wenn ein Bild oder eine Szene aus sich oder dem Zusammenhang heraus unverständlich bleibt, versucht werden, durch eine Deutung derselben nach Freuds Symbolverständnis einen Schritt weiterzukommen. Wenn nun im folgenden bei solchen Interpretationsversuchen von »Symbol« die Rede ist, dann ist damit immer das gemeint, was Lorenzer unter dem Begriff »Klischee« versteht. Da diese Klischees aber für etwas anderes stehen, nämlich für besondere Gehalte des Unbewußten, soll hier weiterhin der gewohnte Symbolbegriff verwendet werden, der zugleich mitberücksichtigt, daß das Klischee durch die strukturbildende und überformende Tätigkeit des Ich immer – und hier besonders durch den poetischen Text, in den es eingebunden wird – symbolvermittelt auftritt.

So vorbereitet kann nun der obenstehende Walser-Text in seiner tiefenpsychologischen Aussage vielleicht folgendermaßen verstanden werden: Im Motiv der »Eisenbahnfahrt« hat bereits eine symbolische Verdichtung von infantilen Sexualvorstellungen[363] und Todesphantasien[364] stattgefunden; d. h., die Sexualität und insbesondere der Koituswunsch sind aufgrund des unbewältigten Ödipuskomplexes tabuisiert. Und weil dieses Tabu unumstößlich fest steht, wird dem Räuber Ediths Gesicht »furchtbar«, was auch den Zusammenhang mit dem nachfolgenden »Schmerz« erklären und insgesamt zum Bild der Mutter-Beziehung passen würde. Für den »Tragbalken« bietet sich dann eine Übersetzung an in den »Phallus«, an dem »wieder die *Lust*igkeiten *schaukeln*«! Kurz: Der Wunsch nach einer liebenden Vereinigung mit Edith hat ihm Ediths Gesicht furchtbar gemacht, weil dieser Wunsch dem alten Verbot unterliegt und dadurch genau den Schmerz provoziert, der mit der Unterdrückung der wiedererwachten Lust verbunden ist.

Und nun die Szene mit dem armen Säufer: Hier symbolisiert die Flasche das weibliche Genitale[365] und stiftet damit auch eine Verbindung mit dem »Lampenglas, *oder was es sonst etwa war*« (!). Der arme Säufer ist dann eine Darstellung des Vaters, der die »Flasche« in seinem Rock versteckt, d. h., er nimmt sie in Alleinbesitz. Für den Sohn stellt das weibliche Genitale ein Geheimnis dar – die Schnapsflasche hat er ja gesehen, sie also kann kein »Geheimnis« für ihn sein. Und nun ruft der Räuber den Säufer mutig an, und dieser steht »still wie eine *Säule*« – auch hier läßt sich eine phallische Symbolik mitverstehen, da der Vater als der Mächtige, Potente, dem Sohn weit überlegen ist –, er kann also über den halbstarken Angriff seines Sohnes lächeln und kopfschüttelnd seines Weges gehen, wobei er allerlei Bemerkungen macht, die der Sohn »sorgfältig« einsammelt: es sind die wenigen väterlichen Worte, die der Räuber wie Kostbarkeiten aufhebt und bewahrt.

Nach diesem versuchten Angriff auf das väterliche Vorrecht (die Flasche des Säufers) putzt der Räuber Schuhe (der »Schuh« symbolisiert das männliche und das weibliche Genitale, und das Schuhputzen könnte also in diesem Fall als Masturbationsphantasie gedeutet werden. Der Fuß- und Schuh-»Fetischismus« in Walsers Dichtung ist bekannt[366]), rennt »die Treppe herunter« (Treppen, Schienen, Leitern »sind symbolische Darstellungen des Geschlechtsaktes«[367]) und begibt sich zu einem Spaghetti-Essen. Und während dieser aufmüpfige Räuber nun beim Essen sitzt, macht sich der Ich-Erzähler auf, dessen – hier so verstandene – erotische Phantasie abzubüßen: er schneidet sich nämlich eine »Gerte« ab und richtet an eine gertenschlanke Kellnerin die Frage: »›Fräulein, wollen Sie *mir mit meiner Gerte eins auf die Hand geben?*‹ Betreten weicht sie vor dem Gesuchsteller zurück.« (14/2) Diese Bitte könnte einen (auch masochistischen) Selbstbestrafungs-Wunsch erkennbar machen. Es heißt dann weiter:

> »Ich kam in die Stadt und berührte *mit meinem Stab* einen Studenten (…). *Der Berührte* schaute mich an, als schaue er auf etwas Nochniebishergesehenes, und alle anderen Studenten schauten auch so auf mich. Es war, als hätten sie urplötzlich vieles, vieles überhaupt noch nie begriffen. Was sag ich da, jedenfalls spielten sie alle aus *Anstandsgründen* sehr die Erstaunten, und nun breitet mein Romanheld (…) die *Decke bis über den Mund* und denkt an etwas.« (14/2)

Skizziert diese Szene eine exhibitionistische oder homoerotische (Jugend-)Phantasie, die dem sexuellen Drang (nach obiger Zurückweisung oder Selbstbestrafung) entspricht? Oder will sich der Ich-Erzähler damit nur eines unschicklich begangenen Annäherungsversuches bezichtigen? Es geht hier nicht darum, definitive Erklärungen bereitzustellen, es soll nur der Blick dafür geschult werden, daß eine solche psychosexuelle Bedeutungsebene durchaus in diesem Text mitschwingt. Dies scheint mir um so mehr berechtigt anzunehmen, als es ja auch inhaltlich im »Räuber«-Roman ständig um die *Liebe* geht und die Liebe mit der Sexualität und die Sexualität mit den Kindheitskonflikten auf unlösbare Weise verbunden sind.

Gewiß kann man auch verstehen, daß der Mittelmäßige einfach einen Hut auf dem Kopf hat, daß der Säufer eben seine Flasche im Rock versteckt und daß es dabei rätselhaft bleibt, was der Räuber daran geheimnisvoll findet, und ebenfalls ungeklärt lassen, was die Eisenbahnfahrt mit Ediths Gesicht zu tun haben soll. Versucht man aber diese offenbleibenden Fragen mit Hilfe des Freudschen Symbolverständnisses zu beantworten, dann zeigt sich der tiefenpsychologische Sinn der im zweiten Abschnitt vorgestellen Szenen schwerpunktmäßig darin, daß hier eine Art ödipaler Rivalität mit dem Vater neu belebt wird – weil da so ein Mittelmäßiger mit »Hut« bei Edith einen Erfolg gehabt hat und diese Rivalität, die triebdynamisch dem Vater gilt, wird dann in verschiedenen Phantasien (Schuhputzen, Treppenlaufen, sich schlagen lassen, jemanden mit seinem Stab berühren) ausgetragen, so daß der Erzähler am Ende des zweiten Abschnitts versöhnlich sagen kann: »O trockenster, solidester, brävster, bürgerlichster, liebenswürdigster, stillster aller Abenteurer, schlaf einstweilen wohl.« (15/2)

2.1.3 Dritter Abschnitt: Erniedrigt und beleidigt

> »Ich weiß nicht, *bin ich berechtigt oder nicht,* wie jener Fürst Wronsky aus dem Buch ›*Erniedrigte und Beleidigte*‹ des Russen Dostojewski zu sagen, *ich brauche Geld und Beziehungen.* Möglich ist, daß ich nächstens eine *Heiratsannonce* in hiesiges Blatt setzen lassen werde.« (15/3)

Die entscheidenden Stichwörter fallen gleich zu Beginn des nächsten Abschnitts: erniedrigt und beleidigt – ist der Sohn durch das ödipale Dilemma, in dem er einst steckengeblieben ist, weil – im Modellfall – der Vater nicht energisch genug und die Mutter so zweideutig aufgetreten sind. Verfolgt man also einmal den hier eingeschlagenen Weg einer »psychoanalytischen Lektüre«, so wird man annehmen können, daß der genannte Buchtitel etwas bedeutet, wenn er dem Erzähler so »zufällig« in den Sinn kommt. Er assoziiert sich mit der Überlegung, »Geld und Beziehungen« nötig zu haben, sowie mit dem Gedanken, eine »*Heirats*annonce« in die Zeitung zu

setzen. Das könnte heißen: der durch die unbewältigte Ödipussituation gekränkte Sohn wendet sich von seinen Eltern
ab und braucht (jetzt erst recht) Geld, als abstraktes Liebesgut
und als Auf*wert*ung seines lädierten Selbst*wert*gefühls, und
Beziehungen, die er sich notfalls mit diesem Geld verschaffen
könnte. Es gibt aber noch einen anderen Weg: »Notwendig,
d. h. wichtig wäre für mich eventuell ein *wackerer* Freund,
obschon ich die Freundschaft für unausführbar halte, weil sie
eine zu schwierige Aufgabe zu sein scheint.« (15/3) Am Ende
des 2. Abschnitts wurde der Räuber »*wacker*« genannt. Es
scheint, daß das Ich diesen Räuber zum Freund bräuchte[368],
also die desintegrierten Selbstanteile für sich zurückgewin-
nen möchte.

Zwei Auswege aus dem ödipalen Dilemma werden somit
gesehen: die Heirat, also die Legitimierung der ersten Position bei der Frau, und/oder die Freundschaft mit dem Räuber, mithin Ersatz für die fehlende Vatersolidarität: beides
könnte Selbst-Heilung bedeuten, doch dies scheint vorerst
unerreichbar zu sein – scheint, denn was in Wirklichkeit unausführbar ist, kann vielleicht auf dem Papier schreibend
vollzogen werden durch die »Freiheit« der dichterischen
Phantasie.

Und diese Phantasie darf und muß immerhin eine Reihe von
»›famosen Einfällen‹« produzieren, hier eine Sequenz von
Vorstellungen, die noch einmal in bezug auf ihre in ihnen
mitschwingende Sexualsymbolik gedeutet werden sollen. Es
geht dabei um »des Räubers Wohnen bei der *Frau mit dem großen Kropf.* Der Mann dieser Frau war *Eisenbahner,* sie wohnte
dicht unter dem Dach.« (15/16/3) Von ihr absehend berichtet
der Erzähler kurz von einer »Vagabundin«, die »im Wald
oberhalb der Stadt hauste« (16/3) und die der Räuber, *sich von
der verheirateten Kropffrau abwendend,* küßte, obwohl ihre
»Lippen keineswegs am feinsten dufteten« (16/3). Dann:

»Bei *Mondschein* fuhr er über den *Bodensee.* Es handelt

sich bei dieser Münchenreise und bei diesen *Frauen mit Kröpfen* um *Früherlebtes*. In München kaufte er sich *mindestens doch Glacéhandschuhe*. (...) *Kröpfe* sieht man heute kaum noch [sich] in der Öffentlichkeit herumbewegen (...) Ganz früh sah ich einmal, *mit den Eltern* spazierengehend, einen Bettler an der Erde sitzen. Eine *gewaltige Hand* hielt den Spaziergängern einen *Hut* dar (...) Diese Hand war ein wahrer *blauer und roter Klumpen*. Heutzutage würde man einer solchen *auffälligen Hand* kaum noch *gestatten,* sich *bemerkbar* zu machen (...) so daß *Auswüchse* wie Kröpfe und Cyklopenhände *schon im Entstehen unterdrückt* werden können.« (16/3)

Einerseits wird der Kropf, der dicke Hals, umgangssprachlich für das Beleidigtsein verwendet, andererseits steht er hier auch für Auswüchse, die unterdrückt werden müssen[369]. Da wäre also das Beleidigtsein der Kropffrau – »Es handelt sich (...) bei diesen Frauen mit Kröpfen um *Früherlebtes*« –, für die der triebdynamische Aspekt der mütterlichen Objektrepräsentanz virulent wird; diese Kropffrau ist *mit einem Eisenbahner verheiratet* (!) und wohnt außerdem unter dem Dach, also oben, wohin man nur über eine Treppe gelangt – wir hatten mit Freud die Eisenbahn(er)-Phantasien als Reminiszenzen infantiler Sexualvorstellungen gekennzeichnet, und diesem Vorstellungskreis lassen sich auch Schienen und Treppen zuordnen, die in den Träumen als Koitussymbole auftauchen[370]. Der *Kropf* wird nun in Verbindung gebracht mit der *Cyklopenhand* (Hand als Symbol für männliches Genitale)[371] : beides sind *Auswüchse* (!) und: »(...) von der Kropffrau weg direkt nach München fuhr« (16/3) der Räuber, wo »er sich mindestens doch *Glacéhandschuhe*« kaufte, zur Verhüllung (Unterdrückung) der Hand also. Diese Phantasie, die unter der Textoberfläche einen Koitus mit der verheirateten (beleidigten?) Kropf-Frau (Mutter) thematisiert, wird symbolisch auch noch verbunden mit der Geburtsphantasie: die Fahrt über den Boden*see,* auf den der *Mond* scheint – der Mond auch als Lichtpunkt am Ende des Geburtskanals verstehbar –, und der Hinweis auf *Früherlebtes* stehen in engem Zusammenhang[372].

> »Diese Frau mit dem Kropf wünschte *dem fortziehenden Erlebnisaufsucher* alles Gute auf seine(r) Karriere. Sie hatte sogar Tränen im Auge. War das nicht sehr nett von ihr, sich *mütterlich* bei einem Zufallsabschiede zu gebärden« (16/3).

Jetzt tut sich das Ich mit dem Räuber zusammen. Er muß sich nämlich bei seiner »Geliebten« entschuldigen, weil er »in ihrer und anderer Gäste Gegenwart laut ausrief: ›Hoch der Kommunismus‹« (16/3). Im Hinblick auf die psychologische Bedeutung des hier Ausgesagten ließe sich dann »Kommunismus« sozusagen klischiert verstehen als die Gesellschaftsordnung, in der es keinen Privatbesitz mehr gibt, also auch kein alleiniges Besitzrecht des Vaters auf die Mutter. Das Ich wird den Räuber begleiten, wenn er sich dafür nun zu entschuldigen hat, »denn er leidet an Zaghaftigkeit. Vielen, die *übermütig* sind, fehlt's an Mut« (16/3), und so treten »Schwache stark auf, Verärgerte fröhlich, Erniedrigte stolz« (16/3) – womit der Schluß die Verbindung mit dem Anfang des dritten Abschnitts herstellt.

Dann denkt das Ich wieder daran, sich »brieflich an eine Repräsentantin unserer Damenwelt« (17/3) zu wenden, behauptet: »oft ganze Bündel Briefe« (17/3) zu erhalten, und nimmt sich vor, bei dem Besuch einer Dame so zu tun, »als hätte ich eine meiner *Hände* hiebei in der *Rocktasche*« (17/3). Das wiederum könnte an den armen Säufer im 2. Abschnitt erinnern. Zuletzt wird ein Bericht über die im ersten Abschnitt erwähnte »*verstorbene* Witwe« angekündigt.

Das wichtigste in diesem dritten Abschnitt wäre also, daß das Ich sich mit dem Räuber verbündet, mit ihm Freundschaft schließt und ihn so akzeptiert, wie er eben ist, um ihm nämlich bei der Bewältigung einer schwierigen, jetzt unmittelbar bevorstehenden »Verführungssituation« beizustehen. Genau das aber hatte der Modellvater versäumt, er hatte keinen Pakt mit seinem in schizoid-inzestuöse Verstrickungen geratenen Sohn gegen die fusionierende Mutter geschlossen. Die erwähnte Heiratsannonce ist dabei durchaus doppeldeutig zu verstehen: einerseits als ein Fortstreben von der Mutter durch Bindung an eine andere Frau, andererseits aber auch die Ankündigung der Absicht, die Mutter zu heiraten. Daß diese Interpretation gar nicht so unbegründet ist, wie man vielleicht glauben möchte, werden die beiden folgenden Abschnitte belegen.

2.1.4 *Vierter Abschnitt: Die Forderungen der »Henri Rousseau-frau«*

Es ist bei der Interpretation der ersten drei Abschnitte nach psychoanalytischer Methode deutlich geworden, daß die Begründungen dafür, *warum* die verschiedenen Motive und Szenen auftauchen und welche tiefenpsychologische Bedeutung ihnen an den betreffenden Stellen zukommt, vor allem im Hinblick auf den psychodynamischen Aspekt gesucht wurden, d. h., es ging bisher vor allem darum, eine Erklärung für die eventuell *unbewußten* Motivationen der dichterischen Einfälle zu finden. Diese Fragerichtung wird noch einmal im vierten Abschnitt unsere Verständnisbemühungen leiten, wohingegen dann der fünfte und letzte Teil der Roman-Exposition erlaubt, den psychologischen Vorgang bei der Kreativität in struktureller Hinsicht kennenzulernen. Die bisherige Zentrierung der Deutungsversuche um die Frage der Psychodynamik ist dabei nicht willkürlich, sondern diktiert vom szenischen Geschehen, dessen Tempo und Intensität eben gerade eher auf eine hohe energetische Schubkraft denn auf die temperierende Einwirkung einer strukturierenden Ichleistung schließen läßt. So besehen, müßten eigentlich dem vierten Abschnitt, der von einer einzigen Szene nur bestimmt ist, als quasi erstem »epischem« Entwurf die deutlichsten Anzeichen einer gestaltenden Tätigkeit des kreativen Ichs aufgeheftet sein. Und doch soll hier noch einmal die Frage der Triebdynamik im Vordergrund stehen, weil gerade der diesen Abschnitt fast gänzlich ausfüllende Dialog auf eine so verwirrende Weise affektiv geladen ist, daß sich seine Antriebskraft vor allem aus einer tiefgreifenden psychodynamischen Konfusion herzuleiten scheint. Und da das psychische Geschehen in diesem Abschnitt dem darauffolgenden fünften, dem Höhepunkt der Exposition, den Boden bereitet, ist hier eine besonders gründliche Lektüre wichtig.

> »Aber es ist *unverantwortlich, wie ich vergeßlich bin. Einst* begegnete dem Räuber *ja im bleichen Novemberwäldchen,* (...) die Henri Rousseaufrau, ganz in Braun gekleidet. *Er blieb betroffen vor ihr stehen. Der Gedanke ging ihm durch den Kopf, er habe in vergangenen Jahren, gelegentlich einer Eisenbahnfahrt, mitten in der Nacht, zu einer Frau, die mit ihm fuhr, gleichsam schnellzugshaft gesagt: ›Ich fahre nach Mailand.‹ Ebenso* dachte er jetzt *überaus blitzartigrasch* an Täfeli, die man in Spezereiläden kauft. *Kinder* essen sie gern und der *Herr Räuber* aß auch *immer noch* gern von Zeit zu Zeit welche, *als gehörte die Liebe für Täfeli usw. zu den Obliegenheiten des Räuberstandes.«* (17/18/4)

Wieder sollte man hellhörig reagieren auf die ersten Stichworte, die den neuen Abschnitt eröffnen: Die Hinweise mit Signalwirkung, die der Ich-Erzähler für das kommende Geschehen dem Leser (Analytiker) an die Hand gibt, lauten: »unverantwortlich« und »vergeßlich«. Deuten lassen sich diese Mitteilungen vorerst noch nicht – irgendwer oder -was scheint unverantwortlich gewesen zu sein, d. h., eine Unverantwortlichkeit wurde begangen, deren sich der Erzähler nun selbst bezichtigt, und dieses Unverantwortliche wird mit der Vergeßlichkeit in Verbindung gebracht, oder im psychoanalytischen Terminus: mit der »Verdrängung«. Ob diese Annahme sich bestätigen läßt, bleibt abzuwarten; je-

denfalls steht dieser erste Satz völlig isoliert vom vorange-
gangenen, aber nicht ganz so beziehungslos zum nachfolgenden Geschehen, denn das »ja« stellt immerhin eine zumindest
rhetorische Verbindung zum Anschließenden her, und insofern läßt er sich als eine einleitende Kommentierung des Folgenden durch das Ich verstehen.

Die Szenerie für die Begegnung zwischen dem Räuber und
der Henri Rousseaufrau (die ihren Namen vermutlich einer
Gestalt eines Rousseau-Bildes verdankt, worauf die Bezeichnung »ganz in Braun« schließen läßt) wird denkbar unge-
mütlich vorgestellt: ein bleiches Novemberwäldchen. Er-
gänzend dazu heißt es später: »Das ganze Land lag *starr-kalt*.
Man hatte Mühe, an *warme Stuben* zu glauben« (19/4). Hierzu
läßt sich sagen: Wenn der Bereich der Erotik mit Hitze,
Feuer – zumindest mit der Wärme von »warmen Stuben« (!)
allgemein assoziiert wird, dann ist die nasse Kälte eines blei-
chen Novemberwäldchens, die starre Kälte, die hier vorzu-
herrschen scheint, in einen krassen Gegensatz dazu gestellt –
unabhängig davon, wie solcher Kontrast zu deuten wäre, ob
als Abwehrmaßnahme oder als Deklaration eines einst empfundenen Mangels.

Die Betroffenheit, mit der der Räuber sogleich vor der
Henri Rousseaufrau stehenbleibt, erinnert an den beschriebenen Vorgang der spontanen Übertragung eines idealisierten (Übergangs-)Selbst-Objekts. Nur solche Betroffenheit
macht es dann auch überhaupt selbstverständlich, daß sich
der Räuber in ein Gespräch verwickeln läßt, in dem er auf das
heftigste attackiert wird und sich nur mühsam und kläglich
zu wehren vermag. Interessant dabei ist, daß die Henri Rousseaufrau den Räuber gleich duzt, während er sie zunächst
siezt; in der Mitte der Szene reden sich beide dann für kurze
Zeit in der Höflichkeitsform der dritten Person an, um anschließend beide das Du zu gebrauchen (mit einer einzigen
Ausnahme, die einen vergeblichen Versuch der Distanznahme kennzeichnet: »›Sind *Sie* Doktorin?‹ fragte der Flie-

hende.« (19/4)) Das bedeutet, daß die Henri Rousseaufrau den Räuber von Anfang an wie einen dummen Jungen behandelt: sie ist streng mit ihm, tadelnd: »›Lüge doch nicht‹« (18/4) ist der uns mitgeteilte Eröffnungssatz des Zwiegesprächs, und es folgt sogleich ein weiterer Vorwurf:

> »›Du willst *immer allen deinen Mitmenschen, die dich zu etwas Brauchbarem machen möchten,* zum Glauben verhelfen, dir fehlte, was *für's Leben und seine Gemütlichkeit wichtig* ist. Fehlt dir aber *dieses Wesentliche?* Nein, *du hast's ja.* Du achtest es nur nicht, *willst es als lästig halten. Während deines ganzen bisherigen Lebens* hast du ein Besitztum ignoriert.‹ ›Ich habe kein Besitztum‹, erwiderte *ich,* ›wovon ich nicht *Lust* gehabt hätte, Gebrauch zu machen.‹ ›Doch, du hast eines, aber *du bist namenlos bequem. Hunderte von Anklagen,* ob unberechtigt oder vernünftig, ziehen sich dir *wie eine lange Schlange* oder wie eine sehr ernste Schleppe nach. *Doch du fühlst nichts.‹«* (18/4)

Der Form und Aussage nach ist das die Rede einer vorwurfsvollen Mutter: schon die Übertreibung und Generalisierung, die das »immer« und »alle« ausdrücken, verbunden mit der Erziehungsidee, jemanden zu etwas Brauchbarem zu machen, weisen auf den Typus der mütterlichen Klage hin, und so enthalten auch die weiteren Anschuldigungen jeweils Beurteilungen des Räubers und seines Wesens, die mit seiner Selbsteinschätzung völlig im Widerspruch stehen. Bemerkenswerterweise geht aber der Räuber auf diese Art Mutter-Kind-Dialog ein, er versucht sich zu verteidigen, indem er die gegen ihn gerichteten Vorwürfe zu entkräften versucht, d. h., er selbst begibt sich damit in die Rolle des angeschuldigten Kindes. Auch der Ich-Erzähler hatte ja das Kindliche an diesem »Herr Räuber« – wie er an dieser Stelle ironisch betitelt wird – bemerkt durch den Hinweis, daß er ebenso wie die Kinder »immer noch« gern »Täfeli« esse, und dem noch einen ganz wesentlichen Zusatz nachgeschickt: »als gehörte die Liebe für Täfeli usw. zu den *Obliegenheiten des Räuberstandes«;* und damit ist ausgedrückt, daß das noch Kindliche, im Kindlichen Verhaftete, das Unreife genau der Lebensbereich ist, der diesem Räuberstatus wesentlich eignet – was unsere Arbeitshypothese stützt, die besagt, daß die Figur des Räubers als Projektionsfläche für den gesamten strukturschwachen und d. h. von einer normalen Entwicklung durch Verdrängung ausgeschlossenen Selbstbereich gebraucht wird. Daß der Ich-Erzähler nach den ersten Anklagen hier versehentlich für den Räuber einspringt (»erwiderte *ich*«), zeigt eine Unmittelbarkeit der Betroffenheit, die den Erzähler für einen Augenblick vergessen läßt, daß er die Bewältigung solch schwieriger Situationen der Räuber-Figur delegiert hatte; oder ist durch diesen Wechsel nur angedeutet, daß das Ich seinem wackeren Freund, dem Räuber, helfen möchte? Warum aber bedürfte es dieser Hilfe, worum geht es eigentlich in diesem Gespräch, das eine Kette von Vorwürfen und Entschuldigungsversuchen ist? Bereits das erneut verwendete Motiv der »Eisenbahnfahrt«, das der Räuber augenblicklich zur Begegnung mit der Henri Rousseaufrau assoziiert, kündigt nach bisherigem Verständnis den sexuellen Erlebnisbereich an. Sind in dieser Hinsicht also die Gesprächsbeispiele als durchwegs zweideutige zu verstehen? Ich meine, daß dem so ist, und wenn man einmal in dieser Hinsicht den Dialog liest, dann zeigt sich, daß das »fürs Leben und seine Gemütlichkeit« Wichtige, dieses »Wesentliche«, das er nach ihrer Meinung »als lästig halten« wolle, dieses »Besitztum«, das er ignoriere – woraufhin der Ich-Erzähler entgegnet, daß er wohl »*Lust* gehabt *hätte*« davon auch Gebrauch zu machen! –, daß dieses »*Werkzeug* (...), *womit man Glück einflößt*« (18/4), die erwachende Männlichkeit des Räubers ist, die hier wie einst gefordert wird. Und eben dieser Forderung hatte er nicht – oder nicht zufriedenstellend – entsprechen können. Sieht man in der Henri Rousseaufrau also einmal eine Gestaltung der Aspekte der mütterlichen Objektrepräsentanz, die mit der Inzestforderung verknüpft sind, dann merkt man, wie das Gespräch unablässig um die Inzestfrage kreist, die dann ja am Ende auch beinahe ausgesprochen wird. In diesem Sinne lese man die folgende Zitatensammlung; da aus Raumgründen nicht alle Aussagen einzeln interpretiert werden können, soll die Kursivsetzung wenigstens der Lektüre die hier interessierende Richtung weisen.

»›Hochverehrte, liebe Henri Rousseaufrau, Sie irren sich, *ich bin nur, was ich bin, habe nur, was ich habe, und was ich habe und nicht habe, weiß ich wohl selber am besten.* Vielleicht hätten mich die Zufallslaunen zu einem *Cowboy* machen sollen, *ich bin allerdings ungeheuer leicht.*‹ Die Dame erwiderte: ›*Du bist zu träg, auch nur zu denken, es könnte jemand vielleicht sehr glücklich durch dich und deine Gaben sein.*‹ Er stellte das aber in Abrede. ›Nein, ich bin zu solchem Denken nicht zu träg, aber ich habe das *Werkzeug nicht, womit man Glück einflößt*‹, und er ging weiter. (...) ›Sind Sie nicht mit einem Wort eigensinnig?‹ ›Warum wollen Sie durchaus haben, *daß ich das haben soll, wovon ich doch lebhaft empfinde, daß es mir abgeht?*‹ ›Es ging Ihnen doch nicht abhanden. Sie haben es doch nicht irgendwann verloren.‹ ›Nein, keineswegs. *Was ich nie hatte, kann nie von mir abgefallen sein.* Ich kann es auch nicht veräußert, verschenkt haben, und es [ist] nichts an mir, was von mir vernachlässigt worden ist. Meine Gaben wurden fleißig benützt, glauben Sie mir doch das, bitte.‹ ›*Ihnen glaube ich nie etwas!*‹ Immer ging sie den *zarten* Dingen nach. Sie hatte sich's nun einmal in den Kopf gesetzt, ihn für einen *Verleugner eines Teiles seiner Fähigkeiten* zu halten, und war mit keiner Zusicherung, sie täusche sich, von der Meinung abzubringen, *er bringe sich selbst um, sei ein Verlotterer seiner teuersten Angelegenheiten, einer, der sich selbst lausig behandle.* (...) ›Deine *Genügsamkeit* ist weiter nichts als ein mühseligkeitenüberschüttetes *Kunststück.*‹ (...) ›*Du erfüllst Deine Pflicht als Mitglied der Gesellschaft nicht.*‹ (...) und *da floh also der Täfeliesser, der Liebhaber von Schokoladenstängeli vor der Gemeindewohlsverwalterin, die aber hauptsächlich an sich dachte.* ›Ich hörte einmal ein *großes Beethovenkonzert. Das*

Eintrittsgeld glich an Winzigkeit einem Monumentalbau.
Eine Fürstin saß im Konzertsaal neben mir.‹ ›Das war alles
bloß mal.‹ ›Aber es darf doch mit deiner gütigen Erlaub-
nis *als Erinnerung in mir fortleben?‹* ›Du bist ein Feind der
Allgemeinheit. *Du schuldest mir Zärtlichkeit.* Im Namen
der Zivilisation hast du unbedingt zu glauben, *du seist*
wie für mich geschaffen. Ich sehe dir an, daß du Ehemanns-
tugenden hast. Mir scheint, du hast einen *starken Rücken.*
Deine Schultern sind breit.‹ Er bestritt das*,* indem er mit leiser Stimme vorbrachte: *›Meine Achseln sind das Zarteste,*
was je in dieser Hinsicht geschaffen worden ist.‹ ›Du bist
ein Herkules.‹‹«* (18–20/4)

Hier spätestens sollte deutlich geworden sein, von welcher
Unverantwortlichkeit eingangs die Rede war und was dem
Vergessen beinahe anheimgefallen wäre: es ist die hartnäk-
kige Forderung der Mutter, daß der Knabe ihr seine Männlichkeit beweise: er schulde ihr Zärtlichkeit, habe bereits
»Ehemannstugenden«, breite Schultern, sei ein »Herkules«.
Der Räuber aber, der weder Herkules noch Ehemann sein
will, der auf seine zarten Schultern hinweist, um ihr seine
Kindlichkeit vor Augen zu führen, hat immerhin während
dieses ganzen Streitgesprächs den Mut zur Entgegnung. Interessant ist die *Erinnerung* an das *Konzert,* dessen *»Eintritts-*
geld« an *»Winzigkeit* einem *Monumentalbau«* glich; daß eine
»Fürstin« dabei *neben ihm* saß, wird hinzugefügt. Dieser Erinnerung, die in ihm *fortlebt,* ist unschwer ein erotischer Gehalt
zu entnehmen, und entsprechend schwach, d. h. latent
schuldbewußt, ist dann auch die Entgegnung der Henri
Rousseaufrau: »›Das war alles bloß mal.‹«
Damit ist also der Räuber vorgestellt als der Knabe, der der
Mutter nicht recht hatte gefällig sein können[373], ihr nun aber
immerhin einen wenn auch zaghaften Widerstand leistet. Der
Ich-Erzähler kann sich dennoch am Schluß dieser abenteuer-
lichen Begegnung eines Spottes nicht enthalten:

»Und so ein *Ausreißer* ging im *Räuberkostüm* umher. Er

trug einen *Dolch im Gürtel.* Die *Hose war breit* und matt-blau. Eine *Schärpe* hing ihm am schmalen Leib. *Hut und Haar vergegenwärtigten das Prinzip der Unerschrockenheit.* Das Hemd schmückte ein Spitzenbesatz. Der *Mantel war allerdings etwas fadenscheinig, immerhin aber mit Pelz verbrämt. (...) Die Pistole, die er in der Hand hielt, lachte über ihren Besitzer.* Sie nahm sich dekorativ aus.« (20/4)

Das eigentlich furchterregende Räuberkostüm mit Dolch im Gürtel und breiter Hose, Schärpe und Hut, nach dem Prinzip der Unerschrockenheit drapiert, ist insgesamt denn doch etwas fadenscheinig, und die Pistole (!) lacht obendrein noch über ihren Besitzer! Liest man dies unter Einbeziehung von Freuds Sexualsymbolik, dann findet man in solcher Bildbeschreibung die Zeichnung eines Pubertären (der fadenscheinige Mantel, der immerhin schon mit Pelz verbrämt ist), der aber noch kein rechter Mann geworden ist (da eben die Pistole über ihren Besitzer noch zu lachen hat). Infolgedessen muß es zuletzt heißen: »›So schone mich doch‹, bat er die Angreiferin (...). Und sie liebte ihn, aber der Räuber kam um Edith nicht herum. Stets stand sie hoch vor ihm. Sie war ihm unerhört wert. Nun zu Rathenau.« (20/4) Daß dieser Abschnitt mit dem Hinweis auf Rathenau endet, ist kein Zufall, wie sich bei der Besprechung des fünften Abschnitts zeigen wird. Wichtig wäre noch, hier festzuhalten, daß Edith, sofern Anteile der mütterlichen Objektrepräsentanz auf sie übertragen sind, offenbar eher in der idealisierten Rolle gesehen wird (»hoch vor ihm«) als verknüpft mit der durch das Inzesterlebnis (?) tabuisierten Frage der Sexualität, was ja wiederum mit des Räubers Eingeständnis seiner Ohnmacht vor dem von ihm geliebten Mädchen beim Arzt zusammenstimmt.

Fünfter Abschnitt: Die Ermordung Rathenaus und die Löffeliliebkosung

Der fünfte Abschnitt beginnt mit der Unterscheidung zwischen »unserem Bürschchen« (20/5), dem Räuber, und dem großen Rinaldini, der aus lauter Idealismus ein echter Räuber und sogar Mörder gewesen ist. »Der hiesige und unsrige tötete bloß etwa (...) die Seelenruhe eines schönen Mädchens« (20/5), berichtet der Erzähler und teilt ferner mit, daß der Räuber als Fühlender die Neigung zum Unglücklichsein hatte, was gewissermaßen eine »*Lebensgefahr*« für ihn darstellte. Es wird also zunächst darauf aufmerksam gemacht, daß der Räuber im landläufigen Sinne gar kein Räuber ist und eher selber in Lebensgefahr schwebt, als daß er andere gefährden würde – und es wird sich zeigen, wie dieser Hinweis gemeint ist.

Und nun werden wir in vier Etappen von den folgenden Ereignissen unterrichtet:

Erstens: »Spazieren wir nun zunächst mit ihm auf den Gurten, so heißt ein Berg in nächster Umgebung.« (21/5)

Zweitens: »Zehn Uhr vormittag ist's, er betritt, aus hellgrünen Auen niedersteigend, wieder die Stadt, wo ihm ein Plakat die *Ermordung Rathenaus* ankündigt, und was tat da der wundervolle, seltsame Fözel, *er klatschte in die Hände,* anstatt daß er vor *Schreck und Trauer umgesunken* wäre bei solcher niederschmetternden Benachrichtigung. *Suche einer uns nur das Händeklatschen* zu erklären. *Die Beifallskundgebung dürfte vielleicht mit einem Löffeli zusammenhängen.* (...) Diese *Gottesluft auf dem Berg,* die *Atemübungen im Tannenwald,* und dann noch dieser *Extragenuß,* lesen zu können, ein *Großer sei von einigen Unbedeutenden überwältigt worden. Denn ist nicht nach Friedrich Nietzsche das Anschauen, das Miterleben einer Tragödie im feineren und höheren Sinn eine Freude, eine Lebensbereicherung? ›Bravo‹, hat er da sogar noch extra ausgerufen und hat sich nachher in's Café verfügt.* Wie ist dieses rohe ›Bravo‹ zu erklären? Eine schwierige Nuß, das, doch probieren wir's.« (21/5)[374]

Drittens: »Bevor er nämlich auf den Gurten heraufzusteigen sich entschlossen hatte, *Gott der Genauigkeit, gib mir Kraft, alles bis auf's Itüpfchen wiederzugeben, leckte er, indem er dachte, er sei ihr Page, dies Löffelchen der Witwe ab. In ihrer Küche war's.* In der Küche regierte eine große, herrliche Einsamkeit, eine Sommereinsamkeit, und der Räuber hatte vielleicht tags zuvor im Schaufenster einer Buch- und Kunsthandlung eine Reproduktion des Bildes ›*Le baiser dérobé*‹ von Fragonard gesehen (...). Und nun war da also außer ihm keine Seele in der Küche. Neben dem Schüttstein *ruhte und träumte in einer Tasse das Löffeli, das die Witwe zum Kaffeetrinken benutzt hatte. ›Das Löffeli ist von ihr zum Mund hineingesteckt worden.* Ihr Mund ist bildhübsch. Das übrige an ihr ist hundertmal weniger hübsch als gerade ihr Mund, *und ich sollte zaudern können, dieses Hübsche, das sie an sich hat, dadurch hochzuschätzen, daß ich jetzt dieses Löffeli gleichsam küsse?*‹ Solchergestalt lauteten seine literarischen Ausführungen. (...) Einen *Freudensprung* mindestens wird er wohl ausgeführt haben nach seiner *Löffeliliebkosung.* Was sie für Augen gemacht hätte, wenn sie's mitangesehen haben würde. Man darf sich ja so etwas gar nicht ausdenken. In besagter Küche herrschte übrigens so eine Art *Halbdunkel,* ein beständiges *Poesiezwielicht,* eine *fortwährende Nacht, etwas Jungmachendes, und vielleicht wurde gerade hier und nirgendsanderswo der Räuber zum Jüngling, und jetzt hatte er da also eine stattliche Leistung auf erotischem Gebiet zustande gebracht, er, der sonst in diesem Fach stets schwach oder doch ungenügend geblieben war,* und war dann auf seinen Berg hinaufgehüpft, nichts als Löffeli im Kopf, und um dieselbe Zeit hauchte draußen im Reich ein Geistesheld sein Zeitliches aus, indem er von sehr anständig denkenden Leuten niedergeschossen wurde. Noch bleibt uns das Händeklatschen ein Rätsel. Das Bravorufen setzen wir auf's Konto seiner himmelblauen *Unverschämtheit.* Offenbar handelt's sich da um die sonnigste Gedankenlosigkeit. *Oder erschien ihm der Tod Rathenaus schön und darum zukunftverheißend?* Dies dürfte schwer zu erhärten sein. *Beinah komisch wirkt ja diese nahe Aneinanderreihung von witfraulichen Gebrauchsgegenständen und hochbedeutsamen Tagesereignissen, denen der Wert des Geschichtlichen zukommt.* Auf der einen Seite eine Kaffeetassenangelegenheit, das Vorgehen eines Pagen im süßen Heimlichen, und auf der anderen Seite eine durch die gesamte *Kulturwelt* bebende zuckende Zeitungsmeldung.« (21–23/5)

Viertens: »Dazu kommt nun noch folgendes *Geständnis: Rathenau und der Räuber waren persönliche Bekannte.*« (23/5)

Probieren wir also, diese »schwierige Nuß« zu knacken. Zunächst einmal fällt auf, daß der Erzähler nicht chronologisch vorgeht in seinem Bericht. Denn *zuerst* hatte der Räuber das Löffeli der Witwe abgeleckt, *dann* war er auf den Gurten gestiegen, und *beim Herabkommen* hatte er die Nachricht vom Tod Rathenaus gelesen, mit dem er persönlich bekannt war. Dagegen teilt der Ich-Erzähler die Ereignisse in folgender Reihenfolge mit: erstens die Besteigung des Gurten, zweitens die Nachricht vom Tode Rathenaus, drittens die Liebkosung des Kaffeelöffelchens der Witwe und viertens das Geständnis der persönlichen Bekanntschaft des Räubers mit Rathenau. Was aber bedeutet solche Umordnung der Geschehnisse? Erinnern wir uns hier kurz an die klassische Sage von König Ödipus: König Laios, dem seine Frau Iokaste einen Sohn, Ödipus, gebärt, durchstößt diesem die Füße (Oidipus bedeutet Schwellfuß[375]) und läßt ihn aussetzen, da ihm von Apollon vorausgesagt worden ist, daß sein Sohn ihn töten werde. Das Mitleid eines Hirten rettet Ödipus jedoch das Leben. Er wächst bei Polybos und Merope auf, die ihn als ihren eigenen Sohn annehmen und behandeln. Doch eines Tages wird Ödipus mit dem Zweifel bekannt, daß er gar nicht der leibliche Sohn von Polybos und Merope sei, weshalb er das Orakel von Delphi befragt. Dort aber erfährt er lediglich, daß es sein Schicksal sei, der Mörder seines Vaters und der Gatte seiner Mutter zu werden. Um gerade dieses zu verhindern, will er nicht mehr zu seinen Pflegeeltern zurückkehren und trifft nun, von Delphi und seinem Heimatland wegwandernd, auf

Laios, der in einem Wagen unterwegs ist, das Orakel nach der Sphinx zu befragen, die Theben plagt. Da Ödipus ihm den Weg nicht freimachen will, entspinnt sich ein Streit, der dazu führt, daß Ödipus Laios tötet. Als er dann nach Theben kommt, findet er dieses in Trauer um den Tod des Königs. Ödipus, der das Rätsel der Sphinx löst, darf daraufhin Iokaste heiraten. Doch ein erneutes Unglück Thebens, die Pest, führt zu Nachforschungen über den Mörder Laios' – zunächst hat es geheißen, Straßenräuber hätten ihn getötet –, wobei sich herausstellt, daß sich der Schicksalsfluch über Ödipus vollzogen hat. Iokaste nimmt sich daraufhin das Leben und Ödipus blendet sich.

Solches eingedenk, liest man die Reihenfolge der Erzähleinheiten plötzlich mit einem anderen Verständnis: erstens: der Wanderung auf den Gurten entspricht jetzt die Reise von Delphi nach Theben; zweitens: die Nachricht vom Tode Rathenaus, die der Räuber, aus den »hellgrünen Auen niedersteigend«, öffentlich verkündet findet, läßt sich parallelisieren mit der öffentlichen Trauer um den ermordeten König Laios, als Ödipus nach Theben kommt; drittens: der Akt der Löffeliliebkosung vertritt dann die Heirat des Ödipus mit seiner Mutter Iokaste; und viertens: das Bekenntnis der persönlichen Bekanntschaft zwischen dem Räuber und Rathenau weist hin auf die späte Entdeckung des Verwandtschaftsverhältnisses zwischen Ödipus und Laios und seiner Schuld. Nun mag solche Parallelität zufällig sein und sie überhaupt als solche anzuerkennen eine Zumutung. Deshalb müssen die Aussagen des Walser-Textes daraufhin überprüft werden, ob ihnen tatsächlich die Ödipussage als Folie unterlegt ist. Dies soll hier geschehen unter der Maßgabe der Erzählchronologie.

Aus der Besteigung des Gurten läßt sich vorerst nicht auf die Wanderung des Ödipus von Delphi nach Theben schließen. Allerdings wird später die »Gottesluft, auf dem Berg« erwähnt, und das mag immerhin an den Schicksalsfluch über

Ödipus gemahnen. Deutlicher wird die Ähnlichkeit der Ereignisse in der zweiten Etappe. Als der Räuber die Nachricht vom Tode Rathenaus liest, klatscht er in die Hände, anstatt vor »Schreck und Trauer« umzusinken, ruft auch noch »Bravo«: »Suche einer uns nun das Händeklatschen zu erklären.« Und: »Wie ist dieses rohe Bravo zu erklären?« Der Erzähler selbst gibt dazu deutliche, wenn auch unauffällig plazierte Hinweise: »Oder erschien ihm der Tod Rathenaus schön, und darum *zukunftverheißend?*«, fragt er, und hier läßt sich nun sagen, daß die Zukunft, die der Tod Laios' dem Ödipus verheißt, diejenige seiner Ehe mit Iokaste ist. Deshalb also, weil Rathenaus Tod den Weg zur Löffeliliebkosung freimacht, kann es auch heißen: »Die Beifallskundgebung dürfte vielleicht mit einem Löffeli zusammenhängen.« So wird der Sinn dieser Aussage nur verständlich, wenn man die Löffeliliebkosung in Zusammenhang bringt mit dem Inzest des Ödipus, wofür es noch weitere Gründe aufzuzeigen gilt.

Eine Andeutung für die Richtigkeit unserer Verständnisbemühungen fällt denn auch schon bald in der zweiten Erzähletappe: »...und dann noch dieser Extragenuß, lesen zu können, ein Großer sei von einigen Unbedeutenden überwältigt worden. Denn ist nicht nach Friedrich Nietzsche das Anschauen, das Miterleben einer Tragödie im feineren und höheren Sinn eine Freude, eine Lebensbereicherung?« Um eine Tragödie handelt es sich hier also, aber offenbar ist dieser Begriff nicht umgangssprachlich einfach für etwas Schreckliches, sondern mit Nietzsche im klassischen Sinne gebraucht: Seinem Schicksal zu entfliehen, hat Laios Ödipus aussetzen lassen, und er begegnet diesem gerade auf dem Weg, das Orakel erneut zu befragen: der Mensch zwischen Selbstbestimmung und Schicksal, das ist der klassische Stoff der Tragödie – und als Tragödie in diesem Sinne ließe sich die Ermordung Rathenaus schwerlich bezeichnen. Daß »ein Großer (...) von einigen Unbedeutenden überwältigt worden« sei, erinnert nochmals an den Sagenstoff: man hat in Theben angenommen, Laios sei von Wegelagerern, von Unbedeutenden also, umgebracht und ausgeraubt worden. Bis hierher haben sich also unsere Vermutungen bestätigen lassen, daß diese fröhliche Episode im fünften Abschnitt des »Räuber«-Romans eine Art Berner Ödipustragödie vorstellt. Ob dieser Interpretation aber letztlich zuzustimmen sei, dies steht und fällt nun mit der Deutung der Löffeliliebkosung, die sich, wie das vorige, ausschließlich auf die Aussagen im Text gründen wird.

Zunächst einmal ist bemerkenswert, daß das liebkoste Löffeli einer Witwe gehört, nicht irgendeiner Frau, die den Räuber angestellt hat, sondern eben einer verwitweten – und auch Iokaste ist verwitwet, als sie Ödipus heiratet. Und das Löffeli steht gleichsam für die Witwe, zumindest aber für ihren »bildhübschen« Mund, denn die »literarischen Ausführungen« des Räubers hierzu lauten: »Ihr Mund ist bildhübsch. (…) und ich sollte zaudern können, *dieses Hübsche,* das sie an sich hat, dadurch *hochzuschätzen,* daß ich jetzt dieses Löffeli gleichsam küsse?« und d. h.: indem er das Löffeli *küßt,* schätzt er oder küßt er dieses Hübsche der Witwe, ihren Mund. Dies geschieht in denkbar günstigster Umgebung, in der Einsamkeit der Küche, im »Halbdunkel« und »Poesiezwielicht« – auch dies ist als Hinweis auf die poetische Doppelbödigkeit dieser Episode zu verstehen –; und psychologisch interessant ist die Ergänzung der atmosphärischen Beschreibung durch »fortwährende Nacht« und »Jungmachendes«, die als Indizien für die Berührung mit reminiszenten Kindheitsmustern gewertet werden können: das Jungmachende weist auf einen Regressionsschritt in Richtung Kindheit hin, die fortwährende Nacht ist der dunkle seelische Ort, an den das sexuelle Geschehen gebunden bleibt. Und nun, nachdem »unser *so stark zu Verliebtheiten neigendes Räuberlein*« (23/5) (!) das Löffeli der Witwe abgeleckt hat, heißt es: »jetzt hatte er da also eine *stattliche Leistung auf erotischem Gebiet* zustande gebracht, er, der sonst in diesem Fach stets schwach oder doch *ungenügend* geblieben war« – der Räuber ist hier auf *erotischem* Gebiet, wie es eindeutig heißt (gewiß unzweifelhaft mit dem ironischen Unterton, der diese ganze Episode so vergnüglich macht), endlich, zum ersten Mal nicht mehr »ungenügend« gewesen; *»gerade hier und nirgendsanderswo«* wurde er vom Kind »zum Jüngling«, und verständlich, daß er da »einen Freudensprung mindestens« (!) gemacht hat.

Der Ich-Erzähler gibt ja nun selber zu, daß »diese nahe Aneinanderreihung von witfraulichen Gebrauchsgegenständen und hochbedeutsamen Tagesereignissen, denen der Wert des *Geschichtlichen* zukommt«, diese »die gesamte *Kulturwelt*« durchbebende Tat »beinah komisch« wirkt, und komisch ist wahrhaftig diese Walsersche Variation der griechischen Ödipustragödie, die nun, nach allen Ereignissen den sophokleischen Schluß in seinem Bekenntnis erhält, daß »Rathenau und der Räuber (...) persönliche Bekannte« gewesen seien. Und wer jetzt noch daran zweifelt, daß Walser hier eine lustige Nachdichtung der Ödipussage vorlegt, der lese, was der Erzähler nach dem Erinnerungsbericht über einen einstigen Besuch des Räubers bei Rathenau notiert:

> »und jetzt lag diese erschreckende Meldung vor, und der Räuber sprach hiezu: ›*Herrlich, dieser Abschluß einer Karriere!*‹ *Unter Umständen dachte er natürlich auch noch etwas anderes. Doch vor allen Dingen lag etwas,* wir möchten sagen, *Entzückendes in seinem Stillstehen vor der höchlich betroffen machenden Nachricht, die gleichsam etwas Fröhliches,* Griechisches *enthielt, etwas vom Lebendigen uralter Sagen.«* (23/24/5)

Also »etwas Fröhliches, Griechisches (...), etwas vom Lebendigen uralter Sagen« – wenn man genau hinschaut, dann lassen sich die Verborgenheiten von Walsers Dichtungen sehr gut erkennen; es fehlt also nur noch der Name Ödipus, sonst sind alle Hinweise zur Lösung dieses kleinen »Prosa-Rätsels« in den Text eingearbeitet.[376]

Ein Raffinement der Erzählkunst in diesem fünften Abschnitt sei aber nicht übersehen: Die Chronologie der erzählten Ereignisse unterläuft hier gegensinnig die Erzählchronologie: *zuerst* vollbringt der Räuber seine stattliche erotische Leistung, »war *dann* auf seinen Berg hinaufgehüpft, nichts als Löffeli im Kopf, und *um dieselbe Zeit* hauchte *draußen im Reich* ein Geistesheld sein Zeitliches aus«; und nimmt man nun die Erkenntnisse der Thebaner hinzu, daß es nicht Räuber waren, die Laios erschlugen, dann wird hier mitgeteilt: der Räuber hat gar keinen Inzest begangen, Rathenau wurde ja »um dieselbe Zeit« ermordet, als er, nach bereits vollbrachter Löffeliliebkosung, auf den Gurten hinaufhüpfte: das Ödipusdrama des Räubers besteht demnach nur in der *Phantasie* der Vatertötung und im durchaus zwiespältigen Inzestwunsch – denn nicht die Witwe selber, sondern nur ihr Löffeli wurde in herrlicher Kücheneinsamkeit beglückt. Und warum dieser Ödipuswunsch so ambivalent ist, wird durch die diesen fünften Abschnitt abschließende Erzählung einer Episode von »damals« deutlich, in der sich der Räuber »in einer *Herrenge*sellschaft« »wahrhaft *mädchenhaft* aufgeführt« hatte, weshalb über ihn »herabgelächelt« wurde. Der psychosexuelle Grund solcher Aufführung, die als homoerotische deutbar ist, muß hier nicht weiter erläutert werden. »Der Räuber war zu jener Stunde sehr, sehr beleidigt. Er erinnert sich heute dieser Beleidigtheit mit einer Art Schmunzeln, was uns eine gewisse Abgeklärtheit beweist.« (24/5)

2.1.6 *Zusammenfassung*

Die ersten fünf hier ausführlich besprochenen Abschnitte des »Räuber«-Romans bilden, so wurde behauptet, die Exposition und Verständnisgrundlage für das folgende Geschehen. In psychodynamischer Hinsicht hatten sich die ersten Teile etwa wie folgt verstehen lassen: Ediths Liebe erweckt im

Räuber die alten Kindheitsängste der Ödipusphase: das als inzestuös interpretierbare Verhalten der fusionierenden Mutter produziert im ersten Abschnitt eine heftige Reaktion der Abwehr und belebt gleichzeitig die Rivalitätsgefühle gegenüber dem Vater, die im zweiten Abschnitt laut werden. Der Ich-Erzähler entschließt sich deshalb – und weil er entschlossen ist, den Räuber in eine Liebesaffäre zu verwickeln – im dritten Abschnitt mit seinem Helden zu paktieren. Mit dieser Rückenstärkung schickt er den Räuber im vierten Abschnitt in die Begegnung mit der Henri Rousseaufrau, deren Anliegen als Aufforderung zum Inzest gedeutet wurde; insofern wäre dann dieser vierte Abschnitt wiederum in Verbindung zu bringen mit dem ersten: was dort noch abgewehrt werden mußte, so könnte man vielleicht sagen, läßt sich jetzt, nach der Begegnung mit dem ödipalen Vater und der Selbstversicherung durch den Erzähler, einmal annäherungsweise vorstellen. Der Räuber widersteht kläglich, aber immerhin tapfer dem Begehren der Henri Rousseaufrau – und ist doch, wie sich in bezug auf den fünften Abschnitt folgern läßt, geehrt durch ihr Interesse an ihm, d. h. durch diese in Aussicht gestellte Möglichkeit. Das gibt dann den triebdynamischen Hintergrund für die Berner Ödipustragödie, die der Räuber einerseits im klassischen Sinne erfolgreich mit einer stattlichen Leistung auf erotischem Gebiet besteht, andererseits aber nur in der Phantasie des Löffelileckens bei gleichzeitig durch die Chronologie des Erzählten dementiertem Vatermord. Die strukturierende Leistung der kreativen Ich-Tätigkeit war im fünften Abschnitt besonders deutlich geworden. Daß dieser bewußte Gestaltungswille der Ichfunktionen bereits von Anfang an erkennbar ist, läßt sich klarer erst nach der Interpretation des gesamten Romans fassen. Hier sei vorerst nur darauf hingewiesen, daß bereits im ersten Abschnitt die Witwe als eine dann »um ihn gestorbene« (11/1) bezeichnet wird, was als ein weiteres Zeichen für ihre Parallelisierung mit Iokaste aufgefaßt werden kann und auf die Absicht des Erzählers hinweist, das Ödipusdrama neu zu erzählen. Auch könnte man eventuell die im dritten Abschnitt vorgetragene Erinnerung an die Auswüchse der Kropffrauen und Cyklopenhände in Zusammenhang bringen mit dem »Schwellfuß« des Ödipus – wobei dies der Text nicht gerade nahelegt. Andererseits ist es durchaus berechtigt, die Episode mit der Kropffrau in dynamischer Hinsicht als Wegbereiterin für die Begegnung mit der Henri Rousseaufrau zu verstehen, und diese wiederum macht dann die Ödipustragödie erst akut.

Und das bedeutet nun allgemeiner: die Abwehr und Bannung der schizoiden Aspekte der mütterlichen Objektrepräsentanzen im ersten Abschnitt, die daraufhin – oder gleichzeitig? – einsetzende Rebellion gegen den ödipalen Vater, die danach einzuholende Rückversicherung beim Ich-Erzähler und die deshalb im vierten Abschnitt möglich werdende Begegnung mit der mütterlichen Inzestforderung machen die im fünften Abschnitt vorgetragene Ödipustragödie sowohl möglich als auch nötig. D. h., der durch die eingangs vorgestellte Edith-Liebe mächtig gewordene, bislang ins Unbewußte zurückgestaute libidinöse Trieb bildet den *Antrieb zum Schreiben* und fördert zugleich auch Material (Klischees wie z. B. das Symbol der Eisenbahnfahrt, das gleich dreimal auftaucht) aus dem Unbewußten ins Vorbewußte, wo es durch die strukturbildende Leistung des Ich aufgenommen und in einen ersten textlichen Zusammenhang mit dem poetischen Stoff gebracht wird. Die Gestaltung dieses Stoffes erfolgt dadurch, daß offenbar bewußte Gedanken, Leitmotive und Themenkomplexe, hier konzentriert um die klassische Ödipustragödie, im Vorbewußten einer besonderen Bearbeitung und Umformung unterzogen werden, wobei der altbekannte Stoff eine absolut individuelle Prägung erfährt. Unter strukturellen Gesichtspunkten ließe sich deshalb sagen, daß die Attacke auf den Säufer, die Kropffrau-Episode und die Begegnung mit der Henri Rousseaufrau assoziativ zur Berner

Ödipus-Aventüre auftauchen und vorab erzählt werden, um dieser eine Verständnisgrundlage zu bereiten. Aber erst *nachdem* in den ersten vier Abschnitten der triebdynamische *Überhang* aufgefangen worden ist, kann die strukturbildende Leistung des Ichs sich voll entfalten und in ein poetisches Spiel mit den Motiven eintreten, wodurch dann dieser Berner Ödipus nicht nur in dynamischer, sondern auch in struktureller Hinsicht erzählerisch und psychologisch den ersten Kulminationspunkt der im »Räuber«-Roman dargestellten »psychosexuellen Entwicklung« bildet; wobei gilt, daß das, was hier »Entwicklung« genannt wird, nicht als eine linear fortschreitende, irreversible mißverstanden werden darf, sondern im Sinne einer dialektischen Bewegung aufzufassen ist, die, an ihrem äußerst möglichen Ende angelangt, genau den Um- und/oder Rückschlag einleitet, der in Teil II als die typische Pendelbewegung des Grenzgängers phänomenologisch beschrieben wurde; dieser Vorgang soll im dritten Kapitel dieses Teils noch genauer erklärt werden.

2.2 Erster Zyklus: Das Kind

Es ist nach der bis hierher vorgeführten Mikroanalyse der ersten vierzehn Romanseiten notwendig, eine schnellere Gangart einzuschalten, um die Deutung der noch verbleibenden 125 Seiten bewältigen zu können. Das Vorgehen in den ersten fünf Abschnitten ist allerdings auch für meine folgenden Interpretationsversuche maßgebend gewesen, und seine Darstellung auf den zurückliegenden Seiten kann deshalb als exemplarisch gelten. Nun ist aber evident, daß die schriftliche Fortsetzung solcher Feinarbeit, die sich gleichsam von Satz zu Satz vortastet, Hypothesen entwirft und überprüft und die Lücken in der Verständnisbildung über den symbolischen Gehalt singulärer Bildbegriffe zu schließen versucht, für die Darstellung ebenso wie für die Rezeption eine ungeheure Belastung würde. Daher soll bei der Erschließung der folgenden Textpassagen eine andere Fragestellung als bisher leitend sein: Es kann nicht mehr jedes Detail einzeln untersucht und dabei differenziert werden zwischen den psychodynamischen und den strukturbildenden Leistungen während des kreativen Prozesses, sondern die anstehenden Verständnisbemühungen werden sich jetzt verstärkt an der Frage der Psycho-Logik des Romangeschehens zu orientieren haben, d. h., es gilt zu klären, um welche psychischen Konflikte sich die einzelnen Szenen gruppieren und wie diese Problemzentren im Zusammenhang mit dem Vorhergehenden und Nachfolgenden zu verstehen sind. Dabei wird sich zeigen, daß die Ermittlung der Psycho-Logik im »Räuber«-Roman zugleich mit seiner Dynamik auch seine Struktur freilegt. Es sollen also von nun an nur noch Schwerpunkte der psychologischen Entwicklung berücksichtigt werden. Auch erscheint es mir für die Herausarbeitung der einzelnen Erzählschritte und ihrer Interdependenz zweckmäßig, die Ergebnisse meiner Textuntersuchungen unter Vernachlässigung aller »Seitenpfade« thematisch gruppiert und im Hinblick auf das Ganze vorstrukturiert zu präsentieren, d. h., die folgende Kapiteleinteilung gibt bereits von einer inneren Ordnung des Romangeschehens Ausdruck, die mir erst *nach* der vollständig abgeschlossenen Analyse seiner Tiefenstruktur sichtbar wurde. Da erst zeigte sich auch, daß die psychologische Entwicklung des Geschehens in drei thematischen Einheiten, hier Zyklen genannt, vorangetrieben wird und daß innerhalb dieser Zyklen wiederum je eine Bewegung auf einen Höhepunkt hin erfolgt, der dann überleitet zum jeweils nächsten, ein Folgeproblem thematisierenden zyklischen Geschehen. Dieser innere Rhythmus wird im Laufe der Interpretationen deutlich werden.

Wir hatten im vorigen den Abschluß und Höhepunkt der Roman-Exposition als eine eigenwillige Walsersche Variation
der klassischen Ödipustragödie interpretiert und müssen uns
nun fragen, welche Folgen der dabei erzielte erotische Erfolg
des Räubers nach sich ziehen könnte. In entwicklungspsychologischer Hinsicht jedenfalls wäre er eigentlich als Mißerfolg zu deuten, denn es ist absehbar, daß die Resistenz der
Phantasie vom Tod des ödipalen Vaters und vom Inzest mit
der Mutter eine reguläre ödipale Entwicklungskrise nicht
zum Abschluß bringt, sondern ihre spezifischen Probleme
perpetuiert. Wir können dann mit Freud von einer Fixierung
sprechen und verstehen: »Die Tatsache der Fixierung kann
dahin ausgesprochen werden, daß ein Trieb oder Triebanteil
die als normal vorgesehene Entwicklung nicht mitmacht und
infolge dieser Entwicklungshemmung in einem infantileren
Stadium verbleibt. Die betreffende libidinöse Strömung verhält sich zu den späteren psychischen Bildungen wie eine
dem System des Unbewußten angehörige, wie eine verdrängte.«[377] Mit anderen Worten, das Kind, das den Ödipuskonflikt nicht durchsteht, wird in seiner psychosexuellen
Reifung zurückgehalten, es bleibt in dieser Hinsicht ein
Kind, während es sich im übrigen durchaus altersgemäß entwickeln kann. So hatte auch der Erzähler im vierten Abschnitt auf das Kindliche am Räuber hingewiesen, die Äußerungen der Henri Rousseaufrau und die Beschreibung des
Räuberkostüms hatten den Schluß nahegelegt, daß es sich,
genauer gesagt, um einen Pubertären handeln könnte, und
das wurde im fünften Abschnitt schließlich bestätigt: »vielleicht wurde gerade hier (...) der Räuber zum Jüngling«.
Nun ist bekannt, daß die Ödipusprobleme der Kindheit in
der Pubertät noch einmal virulent werden[378], in abgeschwächter Form, wenn sie einstmals gut bewältigt wurden,
aber verstärkt, wenn sich ihnen damals schon kein glückli-

cher Ausweg eröffnete und der Komplex als ganzer noch mit den Ängsten behaftet ist, die aus der Archaik ungebundener Triebkräfte erwachsen. Somit ließe sich hier sagen, daß die Schilderung des Räubers als Berner Ödipus einen Jüngling skizziert, der den klassischen Ödipuskampf der Kindheit noch immer zu keinem Abschluß gebracht hat, der also immer noch in infantile Konflikte und Phantasien verstrickt ist, und man darf annehmen, daß im Falle eines Adoleszenten die organische Reife diese psychosexuellen Probleme verschärft zum Ausdruck bringt. Für sie wird folglich dringend nach einer Lösung oder einem Ausweg verlangt. So gesehen wird verständlich, daß die Wiederbelebung der Phantasie vom ödipalen Sieg einerseits all die Ängste reaktiviert, die eine Fluchtbewegung von den Eltern fort bewirken, andererseits aber auch genau die sexuellen Omnipotenzgefühle stark macht, die dann erste Annäherungsversuche in Richtung auf neue erotische Objekte einleiten. Wie dies im einzelnen vor sich geht, soll nun gezeigt werden.

> »Es scheint, er verstehe das Weintrinken wie *Sancho Pansa,* dessen Eltern Rebbauern waren. Im Wein liegt es wie *Recht auf Überlegenheit. Wenn ich Wein trinke, verstehe ich frühe Jahrhunderte, ich sage mir, sie hätten auch aus Gegenwärtigkeiten bestanden* und aus Lust, sich in sie einzustellen. *Der Wein macht zum Kenner der Zustände der Seele. Man achtet da alles und achtet wieder nichts.* Im Wein schimmert der Takt. Bist du ein *Freund des Weines,* so bist du auch ein *Freund der Frauen* und ein Beschützer dessen, was ihnen lieb ist. *Die Beziehungen, auch die verzweigtesten, die es zwischen Mann und Frau gibt, gehen dir aus dem Weinglas wie Blumen auf.*« (24/6)

Der Wein und die Liebe – das bildet das Motiv für die nächste Erzählphase. Beides zu genießen ist ein Vorrecht der Erwachsenen, ein »Recht auf Überlegenheit«. Der Ich-Erzähler, der hier spricht, kennt sich darin offenbar schon aus, er weiß um die Zustände der trunkenen Seele, der die Vergangenheit wieder gegenwärtig wird, er weiß, wie das ist, wenn einem die »Beziehungen, auch die verzweigtesten, die es zwischen Mann und Frau gibt, (...) aus dem Weinglas wie Blumen« aufgehen. Der jugendliche Räuber scheint noch nicht über solche Erfahrungen zu verfügen, er wird sich also im Trinken wie in der Liebe erst zu bewähren haben. Und so lesen wir schon im nächsten Abschnitt: »Einstweilen trug er *Räusche* aus der Genfergasse mitten in's abendlich konzertierende Kasino.« (28/7), und im darauffolgenden erfährt man dann in einer treffend komischen, pointiert gesellschaftskritischen Erzählung von seinem Besuch im Variété (32/33/8)! Damit ist er gewissermaßen demonstrativ aus den Kinderschuhen ausgestiegen. Aber schneller ist einer trinkfest als erwachsen, besonders dann, wenn es um die Liebe geht: da benimmt sich der Räuber doch noch mit der jugendlich-übermütigen Fröhlichkeit eines Halbwüchsigen, dessen größte Lust auch in der Liebe das Spiel ist:

> »Unser Räuber machte nun ja auch auf einer unserer Promenaden die Bekanntschaft eines internationalen *Knaben,* der den Fehler aufwies, daß er blinzelte und zwinkerte. *Fehler rühren uns.* Er fragte den Knaben: ›Darf ich dein *Dienstmädchen* sein? Das wäre süß für mich.‹ Der Knabe erteilte ihm einen Verweis, indem er ihn [an] die Notwendigkeit mahnte, bei Verstand zu bleiben. Als der Knabe sprang, sprang ihm der Räuber nach, und als er sich wieder setzte, saß auch der Räuber schon wieder. Dieser weitgereiste Knabe besaß neben einem sehr hübschen Gesicht, worin grünliche Äugelein schimmerten, *kurze Höschen, die die Knie bloßließen, und nun küßte dies räuberische Dienstmädchen dem Knaben die Knie.* Wir fühlen uns bewogen, das von ihm auszusagen, ob es ihm zur Last gelegt wird oder nicht. Ich würde es nicht tun. Der Räuber blieb von zwei Uhr nachmittags bis abends um sieben der *Untertan* des fremden Knaben. Leute gingen hin und her. Es war dabei gar *nichts Geheimes.* Krankenschwestern kräuselten, als sie die Dienstmädchenhaftigkeit und *des Jungen Her-*

rentum sahen, ihre Münder zu einem durchaus wissen-
den und darum verzeihenden Lächeln.« (26/6)

Diese vergnüglich zu lesende Szene wird vom Ich-Erzähler
ihrer Harmlosigkeit wegen gebilligt, obwohl das Verhalten
des »räuberischen Dienstmädchens« unverkennbar eine homoerotische Neigung zu erkennen gibt. Das vorübergehend
Begehrenswerte an diesem »internationalen Knaben«, der
hier vielleicht etwas mißverständlich blinzelt, liegt für den
Räuber in dessen Kindlichkeit, von der ihm keine Gefahr
droht, und in seiner Gleichgeschlechtlichkeit, die er als vertraut empfinden kann und die – nimmt man den in Teil I konzipierten Modellfall hinzu – den infantilen Vaterstrebungen
(»des Jungen Herrentum«) ebenso entgegenkommt, wie sie
die Angst ausblendet, die den Weg zur Mutter versperrt und
von daher jede Berührung mit dem anderen Geschlecht als
gefährlich erscheinen läßt. Aber letztlich ist solche Dienst-
mädchenhaftigkeit vor allem ein kleiner Spaß, der sogar
Krankenschwestern ein verzeihendes Lächeln entlockt.
Zuvor aber lernt der Räuber ja auch Wanda kennen, und das
geht so:

> »Er saß in besprochenem Garten *lianenumwachsen, töne-*
> *umschmetterlingelt* und *umschlingelt von den Schlingeleien*
> *seiner Liebe* zur schönsten Herrentochter, die je aus den
> Himmeln der elterlichen Behütetheit in die Öffentlich-
> keit herabsprang, *um das Herz eines Räubers mit ihren Rei-*
> *zen totzustechen. Sie machte ihn zur Leiche,* doch zu was
> für einer noch nie zuvor so *lebendig* gewesenen. (...)
> Nachts war der Mond der Zuschauer seiner *liebhaberi-*
> *schen Gebärdungen.* O gestatte uns, du Wunder, daß wir
> dich Wanda nennen, obgleich es sich trifft, daß auch
> eine Magd so heißt, die ich übrigens schon seit längster
> Zeit nicht mehr wiedersah. *Sie scheint geheiratet zu ha-*
> *ben.*« (25/26/6)

Wanda also wird sie genannt nach einer, die geheiratet zu haben scheint, d. h. die sowohl *verboten* und *unerreichbar* gewor-

den ist als auch *ungefährlich*. Dennoch wird diese Wanda-Liebe als tödlich und somit auch als gefährlich dargestellt: Wandas Reize stechen sein Herz tot, machen ihn zu einer lebendigen Leiche (!) und trachten ihn zu fesseln (»lianenumwachsen«). Oben war bereits zitiert worden, daß der Räuber sich Wanda gegenüber als »Vater« fühlt (133/31), was auf einen größeren Altersunterschied hinweisen könnte – recht eigentlich erotisch anspruchsvoll und dadurch gefährlich erscheint ihm Wanda also nicht. »Wanda sah aus, als ginge sie noch zur Schule.« (29/7) Sie ist – wie der verehrte Knabe – das Kind – oder die Kindliche –, an das nun versuchshalber alle erotischen und männlichen Phantasien geheftet werden können, ohne daß die Einforderung ihrer Realisierung zu befürchten wäre. So kann es auch hier zugehen wie im Spiel:

»Sie trägt ein blaues Röckchen, ein Schoßhündchen zittert und glöckelt hinter ihr her. Er stürzt auf sie zu, faßt ihre Hand und haucht: ›Gebieterin‹. Sie fragt ihn, was er von ihr wolle. ›Ich will bei Ihnen sein, jeden Augenblick‹, stößt er stark und doch wieder *sterbensweich* und *-krank* hervor. Genauso, *als habe er Fieber*. ›Gehen Sie weg‹, befahl sie, ›mich freut, wenn Sie mich lieben, aber wo um Gotteswillen bleibt denn Mama?‹ Und schaut ängstlich herum. O wenn Mädchen ängstlich werden, wie sie da hübsch sind. Er nannte sie das Bernermeitschi. Wir müssen, damit man ihn nicht mißverstehe, beifügen, daß er ihr vier Monate lang fast täglich nachgegangen war, ohne den Mut gefunden zu haben, sie anzureden. Nun war's geschehen. *Er kam sich wie ein Portugiese vor. (...) Seine bebende Seele, vom Anstande gebändigt, glich dem stilliegenden Meer,* und mit Hülfe eines Teppichhändlers zog er auf *Entdeckungen neuer Kontinente aus,* indem er sich von diesem edlen jungen Mann erzählen ließ, wie sie heiße, wer ihre Eltern seien, wo sie wohnte. *Ein Reich ging ihm vor den Augen auf.* Damals wußte er von Edith noch nichts. Wir fangen nun langsam an, geordnet zu erzählen. Aus den *Urwäldern (...) ragen vor den Augen staunender Reisender riesige Bauten auf. So ragte vor des Räubers Herzen der Bau der Beschwingung*

341

seines Innenlebens auf. Er verging vor Lust. Es gab Tage,
wo er zu tanzen begann. (...) Allabendlich pflanzte er
sich nun vor dem Haus ihrer Anverwandten auf (...)
manchmal schien ihm, die ganze Stadt beschäftige sich
mit seiner *aus den Urwäldern seines Charakters gestiegenen
Liebe.«* (28/29/7)

Vier Monate also ist er Wanda nachgeschlichen, bevor er
endlich den Mut findet, das Bernermeitschi mit »Gebieterin«
anzusprechen. Unverkennbar ironisiert Walser hier romantisches Gebaren, doch in psychologischer Hinsicht ist das Verhalten des Räubers durchaus begründet: die Angst vor dem
Weiblichen läßt ihn so lange zögern, sein Verehrungsbedürfnis, das dem Wunsch nach einer »reinen« Beziehung entspricht, läßt ihn so exaltiert auftreten. Welche inneren Spannungen dabei zu bewältigen sind, teilt uns das Ich mit einem
eindrücklichen Vergleich mit: »Seine bebende Seele, vom
Anstande gebändigt, glich dem stilliegenden Meer«: welch
bändigende Kraft muß da aufgebracht werden, um das innere
Beben zum Stillstand des Meeres (der Erregtheit) zu bringen!
Dennoch, nach dieser Eröffnung zieht der Räuber – »mit
Hülfe eines Teppichhändlers« allerdings – auf »Entdeckungen neuer Kontinente« aus. Diese Kontinente, das Reich, das
ihm vor Augen aufgeht, das sind die Territorien des Weiblichen, das Land der Liebe, das es zu erobern gilt, und das ist
natürlich auch das ganze unerforschte Gebiet der Sexualität,
die jetzt »riesigen Bauten« gleich aus den »Urwäldern seines
Charakters« vor ihm aufsteigt.
Diese Wanda-Episode scheint überhaupt der Beginn seiner
Expedition ins Reich der Liebe zu sein. Nach ihrer Vergegenwärtigung – sie wird im Präsens erzählt – schaltet sich kommentierend der Ich-Erzähler ein, berichtet von den Vorgängen im Innenleben seines Helden und kennzeichnet diese
Begegnung als eine längst vergangene: »Damals wußte er
von Edith noch nichts.« Sie also hat seine Wanda-Verehrung
nicht stören können. Und doch darf sie nicht ausgelebt wer-

den. Zunächst rät ihm jener »Orientale, der ihm Aufschlüsse« über sie erteilt hatte, von ihr ab. »Der Räuber glaubte, er gönne sie ihm nicht. Liebende sind dumm und zugleich durchtrieben« (29/7), bemerkt der Erzähler. Aber nicht der Verdacht auf Mißgunst bringt den Räuber von Wanda ab, sondern interessanterweise tauchen genau hier, in dieser Situation freudig-erwartungsvoller Verliebtheit, zum ersten Mal die ihn warnenden Stimmen auf:

> »Mehr als einmal erhielt er Briefe, worin ihn Leute, die ihn schätzten, an die *Fortführung der Pflichten* seines so nützlichen Standes *mahnten. ›Wo sind Ihre einst so gesucht und so glänzend honoriert gewordenen Räubereien?‹* hieß es. Wenn er solches las, war es ihm, als höre er *Bauchredner,* von so tief unten, so hoch oben und von so weit entfernt klangen die Stimmen.« (30/7)

Woher diese Stimmen kommen, soll weiter unten überlegt werden. Die Mahnung zur »Fortführung der Pflichten« (!) seines »glänzend honoriert gewordenen« Räuberstandes können wir hier aber schon mit den Erkenntnissen aus dem vierten Abschnitt verstehen als direkte Aufforderung, *kindlich* zu bleiben, und d. h.: keine Selbständigkeit in Liebesbeziehungen zu entwickeln, abhängig zu bleiben von der Mutter. Ob dies zutreffend ist, wird das weitere entscheiden. Jedenfalls lassen sich diese Briefe und Stimmen als Vorboten einer nötig werdenden Distanzierung von Wanda verstehen, die dann ja auch in den nächsten Begegnungen unerbittlich vollzogen wird. Zunächst beobachtet er sie noch, während sie sich mit ihren Freundinnen vergnügt, draußen am Gartenzaun auf den Zehenspitzen stehend und freut sich über die Freude der Mädchen. Als dann der Vorhang vor dieses liebliche Bild fällt, begibt er sich in den Kursaal und sendet anderntags einer Sängerin kostbare Perlen in Begleitung einiger Zeilen. Tut er das wirklich, oder sind es bloß schöne Tagträume, die solches verrichten? Seine Phantasie ist jedenfalls unermüdlich tätig, seinen Verliebtheiten die prächtigsten Szenerien zu entwerfen:

> »Als er Wanda sah, die auftrat, *als lägen zu ihren kleinen jungen Füßen weiße Wölkchen, damit sie es weich habe,* nichts Bemühendes spüre, *machte er sie* im Handumdrehen, d. h. *von seinen Gedanken bevollmächtigt,* was ja eine sehr anfechtbare Bevollmächtigung sein mochte, *zur Kaiserin Rußlands,* und indes Kaffeehausmusik *seine Sinne umschmeichelte, sah er sie in einem Prunkwagen, der mit sechs oder auch zwölf Pferden bespannt war, unter dem Staunen der Bevölkerung, das sich in Jubel auflöste, durch Petersburgs Straßen fahren.* Nicht ganz umsonst wurde dem Räuber später gesagt: ›Du spinnst, mein Lieber.‹ *Die Geigen vermitteln ihm lauter Revolutionen.* Übersehen wir das. *Wer lebhafteren Geistes ist, spinnt eben ab und zu mal.«* (49/50/11)

Die Diskrepanz aber zwischen seinen phantastischen Vorstellungen von Wanda als »Kaiserin Rußlands« und der ernüchternden Wirklichkeit, in der sie lediglich ein Schulmädchen ist und »kaum fähig, einen Brief zu schreiben, während er eine Art Notar war« (53/12), muß früher oder später dem Idealisierungsbedürfnis des Räubers zuwiderlaufen. Und dann verweigert sie ihm auch noch kindisch einen Gruß in der Öffentlichkeit (54/12), woraufhin er so tut, als sähe er sie nicht im Konzertsaal (54/12). Hier fällt einem das im Gespräch mit der Henri Rousseaufrau erwähnte Beethovenkonzert ein: übersah der Räuber vielleicht auch deshalb die kleine Wanda, weil er im Konzert seiner Gefühle noch einer anderen, der Mutter, angehörte? Zwar sieht Wanda »in Grün und Rosa« entzückend aus, »aber die Liebe ist vom Entzücken himmelweit entfernt« (54/12).

> »Als Wanda zutraulich sagte: ›Komm doch‹, blätterte der Räuber in einem Theaterblatt. (...) aber *ein ganz anderes* ›Komm doch‹ *fing in ihm an zu leben.* (...) Er, der ihr so oft nachgesprungen, entgegengesprungen war, um mitten im Entgegenspringen stillzustehen, *erwartungsvoll,* was für Bewegungen sie mache, sagte später für

sich: ›Sie läuft mir nach.‹ *Als sie* auch noch *in's Alter kam,* wo sie einen langen Rock trug, *gefiel sie ihm nicht mehr.* Sie hatte nun das Drollige, Glöckelige, Zierliche, Manierliche nicht mehr an sich.« (55/12)

Damit ist die Wanda-Episode eigentlich beendet. Sie ist nicht mehr das kleine bockige Kind, welches er in seiner Phantasie vergolden kann, sie wird anhänglich, läuft ihm nach. Das beengt seinen Freiheitsdrang, das widerspricht seinem – wenn auch oft nur spielerisch vorgetragenen – Unterwerfungsbedürfnis; kurz: »›Sie ist nicht bös genug, und darum bin ich nicht lieb mit ihr.‹« (55/12) Interessant in diesem Abschnitt ist noch folgende Bemerkung: »*Ich liebe bereits eine, die ich noch nicht kenne‹, sprach es in des Räubers Seele. ›Du sollst sie kennenlernen‹, donnerte es ihn aus der Weltseele an.*« (54/12) Das klingt bedrohlich, und es ist möglich, daß diese dunkle Voraussage, »ein ganz anderes ›Komm doch‹«, mit zur Auflösung seiner Wanda-Liebe beiträgt. Gleich darauf heißt es jedenfalls: »*Ihr Seelen der in den Schlachten Gefallenen, vergebt* diesem von Kaufhaus zu Kaufhaus Eilenden, um sich *Krawatten* auszuwählen, mit denen er vor der *kleinen* Wanda glänzen würde, die ihn für ein Kind hielt, aber nicht wissen konnte, was das Kind für Eigenschaften besaß.« (54/12)
Die Strafe, die Wanda am Ende trifft, »weil sie ihm einmal vom Balkon herunter zugerufen hatte: ›Sag, was willst du hier?‹« (125/30), was eine arge narzißtische Kränkung für den Räuber sein muß, ist außerordentlich hart: nicht nur bekommt sie Schläge mit der Rute, sondern: »Häufig stellte man sie unter eine eiskalte Douche, und wenn das nicht viel abtrug, so stellte man sie in einen Glaskasten aufs Dach an die heißeste Sonne, daß sie durchsengt wurde.« (125/30) Vielleicht spricht bei dieser sadistischen Züchtigungsphantasie des Erzählers ein Element der mütterlichen Rachsucht mit, die den Versuch des Mädchens ahndet, ihren Räuber an sich zu binden. Im *Glas*kasten muß Wanda durch die exponierte Stellung in der Situation der Scham besonders leiden; Hitze

345

und Kälte entsprechen den emotionalen Wechselbädern, die eine typisch schizophrenogene Mutter ihrem Kind bereitet. Zusammenfassend ließe sich der Reiz der Klein-Wanda-Verehrung in ihrer Drolligkeit und Kindlichkeit und dem damit vergleichsweise übertrieben romantischen Gebaren des Räubers ausmachen. Bis zu dem Moment ihres Erwachsenwerdens hat Wanda noch all das unbedarft Zierliche, das aus einem Sich-seiner-selbst-nicht-bewußt-Sein, einer gewissen Anspruchslosigkeit auch, entspringt, wie sie gerade Kindern eigen ist. Und weil Kinder auf den Grenzgänger weniger gefährlich wirken als reife Frauen, deshalb können besonders kleine Mädchen für ihn erotisch anziehend sein; und letztlich fällt die in dieser Phase sich ereignende Knaben- und Wanda-Verehrung auch noch ein wenig in den Bereich der »Geschwisterliebe«, welche in Teil II dargestellt wurde.

Dieses Hübsche, Kindliche, geht dagegen den Stalder-Töchtern, die im Anschluß an die Wanda-Episode besprochen werden, völlig ab. Sie sind heiratswillige, nörgelnde »Bildungsschwatzbäschen« (57/13), nach deren Gutfinden der Räuber hätte

> »eine oder lieber schon beide Töchter frischweg *heiraten* sollen, möglichst ins Blaue hinein und in den hellsten Optimismus hinaus und auf's *Stockhorn* hinauf, welches ein *Berg* im Berner Oberland ist, dessen *Gipfel* Ähnlichkeit mit einem *Horn* hat. Hierauf würde der Räuber dann jeden frühen Morgen aus voller Leber in's *Horn seiner Erledigtheit* haben blasen können.« (57/13)

Grimmig klingt diese Verhöhnung der Stalderischen Verehelichungsabsichten und ist auch als eine Antwort darauf zu begreifen, daß »er *im Familienschoß* der Stalder förmlich *eingekreist* wurde« (56/13). Es wäre zu überlegen, ob der empfindliche Widerstand gegen Fesselungs- und Einkreisungsversuche als eine Reaktion des Räubers auf seine Kindheitserfahrungen verstanden werden könnte oder, noch direkter, als ein Folgeleisten der verinnerlichten Forderungen seiner ihn eifersüchtig bewachenden Mutter, d. h.: entweder weil die Mutter ihn besessen hat und er solche Fesselungsmanöver kennt, entzieht er sich jedem derartigen Versuch, ihn einzukreisen, oder weil ihn die Mutter an sich gebunden hat, darf er keiner anderen gehören und muß gehorsam jede Bindung an andere Frauen meiden. Letztere Deutung leitet über zum Thema der Verfolgungen.

In dieser zweiten Phase seiner »psychosexuellen Entwicklung« hat der Räuber die eingangs angekündigten Lösungsversuche von den ihn beengenden ödipalen Familienbindungen ausprobiert: er hat sich mit der Lust am Spielerischen und dem Triumphgefühl eines einmal schon erotisch erfolgreich gewesenen (Löffeli-)Liebhabers einem kleinen Jungen und einem kleinen Mädchen zu- und von beiden wieder abgewendet, er hat sich betrunken und ist ins Variété gegangen, und er hat sich gegenüber Ansprüchen von außen bzw. »von so tief unten, so hoch oben und von so weit entfernt« in ihm deutlich – aber eben nicht erfolgreich, wie gleich zu zeigen sein wird – zur Wehr gesetzt. Das alles geschieht mit dem kaum verhohlenen freudigen Draufgängertum eines Halbstarken, der nur darauf wartet, seine Kräfte mit der Welt messen zu können – um im entscheidenden Moment doch der Mutprobe auszuweichen.

2.2.2 Die Verfolgung

Im Zusammenhang mit des Räubers Verliebtheit in die kleine Wanda tauchen die warnenden, mahnenden, drohenden Stimmen in seinem Innern auf. Daß diese überhaupt in einer unmittelbaren Folgebeziehung stehen mit des Räubers Versuchen, sich liebend einem anderen Menschen zuzuwenden, und wie sie zu verstehen sind, sollen die nächsten Abschnitte deutlich machen.

Nach seinem Widerstand gegen die heiratssüchtigen Staldertöchter hat der Räuber »einmal einer niedlichen Brünetten, die auf einer *Kasse* arbeitete, in fast nur schon zu flüchtiger Bereitwilligkeit einen *Heiratsantrag* gemacht, der als unernsthaft empfunden und darum abgelehnt wurde. *Und nun verfolgte man ihn.*« (44/11) (Bemerkenswert ist hier wiederum die Verknüpfung von Geld und Liebe.) Warum wird der Räuber verfolgt?

> »Verfolgte man ihn wegen der Flüchtigkeit seiner *Heiratsanträge*? Wegen der *Liederlichkeit seiner Ernsthaftigkeiten*? Wegen der Tragik seiner Komik oder um seiner *nichtssagenden Nase* willen? Oder deshalb, weil er diese *Nase* mehr als einmal schon mit *bloßen Fingern geputzt* hatte, statt sich zu diesem Geschäft seines Nastüchleins zu bedienen?« (44/11)

Außer dem erstgenannten würde keiner dieser Gründe in Wirklichkeit ausreichen, eine Verfolgung auszulösen. Die symbolische Bedeutung der »Nase« als männliches Genitale[379] sowie die erwähnte Liederlichkeit und die Heiratsanträge bestätigen vielmehr den Verdacht, daß die Verfolgung des Räubers als psychologische Konsequenz seiner sexuellen Strebungen, genauer gesagt: als eine Folge der Unterdrückung seiner sexuellen Strebungen zu verstehen ist. Weder die zumindest latent mitschwingende homoerotische Neigung zu dem kleinen »internationalen Knaben« noch die gegenüber Wanda aufkeimenden heterosexuellen Gefühle werden ausgelebt, und der soeben zitierte Heiratsantrag garantiert wegen seiner Flüchtigkeit bereits eine Abweisung. Die sexuellen Bedürfnisse des Räubers fallen also offenbar einer wenn nicht absoluten, so doch weithin streng wirksamen Verdrängung zum Opfer. Nun hat Freud in seiner berühmten Analyse des Falles Schreber erkannt, daß »die psychischen Abkömmlinge jener primär zurückgebliebenen Triebe«[380], die aufgrund einer frühen Fixierung von jeder Reifung ausgeschlossen wurden, der Verdrängung unterliegen. Mißlingt

348

diese Verdrängung, dann kann es zum Durchbruch, zur
»Wiederkehr des Verdrängten« kommen; dieser »Durchbruch erfolgt von der Stelle der Fixierung her und hat eine
Regression der Libidoentwicklung bis zu dieser Stelle zum
Inhalte.«[381] Einen solchen Durchbruch des Verdrängten, die
Wiederkehr des Ödipuskomplexes, hatten wir für den fünften Abschnitt der Exposition geltend gemacht. Die im Anschluß daran sich zeigenden homo- und heterosexuellen Strebungen müssen nun wegen ihrer Verquickung mit dem ödipalen Komplex ebenfalls der Verdrängung anheimfallen.
Dabei kann es aber nach Freud – insbesondere bei einer Unterdrückung von (latenten oder manifesten) homosexuellen
Bedürfnissen – zur Ausbildung einer Paranoia persecutoria
kommen:

> »Eine innere Wahrnehmung wird unterdrückt und zum
> Ersatz für sie kommt ihr Inhalt, nachdem er eine ge-
> wisse Entstellung erfahren hat, als Wahrnehmung von
> außen zum Bewußtsein. Die Entstellung besteht beim
> Verfolgungswahn in einer Affektverwandlung; was als
> Liebe innen hätte verspürt werden sollen, wird als Haß
> von außen wahrgenommen.«[382]

Freud nennt diesen Vorgang eine Projektion und erinnert sogleich daran, daß diese »nicht nur bei Paranoia, sondern auch
unter anderen Verhältnissen im Seelenleben vorkommt, ja,
daß ihr ein regelmäßiger Anteil an unserer Einstellung zur
Außenwelt zugewiesen ist.«[383] Der von Freud beschriebene
Vorgang der Bildung eines Verfolgungswahns bei unter-
drückter Homosexualität bestünde also zunächst in einer
Leugnung des männlichen »ich liebe ihn«, was zu seiner Um-
kehrung in »ich hasse ihn« führt und dann auf den eigentlich
Geliebten projiziert wird: »er haßt mich«, d. h. er verfolgt
mich.
Nun ist aber bei allen den Szenen im Roman, die explizit die
Verfolgungsvorstellungen des Räubers thematisieren und

diskutieren, nicht von einem konkreten männlichen Verfolger, sondern von einer unbestimmten Verfolgung, von ihn verfolgenden Stimmen, also mehreren, die Rede. Deshalb muß dieses Problem noch von einer die Freudsche Erklärung erweiternden Position her betrachtet werden. Auch Herbert A. Rosenfeld[384], der ebenfalls unter psychoanalytischen Gesichtspunkten den Zusammenhang von männlicher Homosexualität mit paranoiden Ängsten und Narzißmus zu ergründen versucht hat, versteht das Auftreten einer Paranoia persecutoria als Folge einer Unterdrückung sexueller, insbesondere homosexueller Bedürfnisse. Vor allem dann, wenn eine Neigung zur Triebentmischung besteht, können beim Rückzug der Libido vom Sexualobjekt in der Verdrängung die freiwerdenden destruktiven Impulse, »anstatt vom Ich als Aggression registriert und auf ein äußeres Objekt gerichtet zu werden«, sich gegen die eigenen libidinösen Impulse richten, was einen Mangel an Gefühl verursachen und verschiedene Prozesse der *Spaltung* und *Projektion* in Gang bringen kann. Dabei werden die *destruktiven Impulse* innerhalb des Ichs als fremd (abgespalten) und deshalb *als Verfolger* erlebt. »Auf das Innere des mütterlichen Körpers gerichtete oral- und analsadistische Impulse verstärken ebenfalls die Verfolgungsangst.«[385] Außerdem hat Rosenfeld – so wie andere sich mit diesen paranoiden Ängsten befassende Autoren – bei den von ihm analysierten Patienten in allen Fällen »das Vorhandensein einer verfolgenden Mutterfigur« feststellen können, wobei diese als verschlingend, bei Anna Freuds Patienten als beißend und kastrierend erlebt wurde. Daneben taucht bei Rosenfelds Untersuchungen immer wieder auch die verfolgende Vaterfigur auf, die Freud bereits herausgearbeitet hatte.

Für die den Räuber verfolgenden Stimmen muß eine solche Unterscheidung nicht getroffen werden. Vielmehr ist anzunehmen, daß in den Mahnungen aus seinen seelischen Abgründen ebenso die Besitzansprüche einer eifersüchtigen

Mutter wie die phantasierten Rachedrohungen des ödipalen Vaters und vielleicht nicht zuletzt auch gegen alle narzißtische Wut die Gewissensstimme des mit Schuldgefühlen belasteten Kindes laut werden. Mit diesem Zusatz sollte der hier bereitgestellte theoretische Hintergrund ein besseres Verständnis für die in den folgenden Textstellen erörterten Verfolgungsvorstellungen des Räubers ermöglichen.

> »Und dann löste sich ja eine Stadtbekanntheit seinetwegen in Nichts auf, indem sie den Gashahn wie unabsichtlich, wie aus Zerstreutheit öffnete, wonach sie umfiel und den Tod fand. Einige behaupteten, da und dort lebten fünf Jünglinge, die ihn als ihren Papa reklamierten. Bleiben wir ernsthaft. *Verfolgte man ihn also, weil man ihn so sehr bevorzugte? Das hat ja etwas Wahrscheinliches.*« (45/11)

Also *wahrscheinlich* verfolgte man ihn, »weil man ihn so sehr bevorzugte«: ein Selbstmord aus Liebe und fünf unehelich gezeugte Söhne geben das Bild eines in der Tat rasanten Liebeslebens des Räubers ab. Wenn man hier verstehen will, daß die ihn liebenden Frauen den Räuber verfolgen, weil jede ihn für sich haben möchte, dann läge beim Räuber eine realistische Wahrnehmung seiner Verfolgung vor, und seine sich daran anschließende Fluchtbewegung wäre nach dem Grenzgänger-Prinzip als Distanzierungszwang verständlich. Andererseits wäre denkbar, daß eine wirkliche Verfolgung des Räubers durch verschiedene Heiratswillige den Aspekt der eifersüchtigen, inzestuösen Mutter-Repräsentanz betrifft, die ihn dann mit ihren fürchterlichen Besitzansprüchen in seiner Phantasie verfolgt. Und letztlich könnte mit der Bevorzugung auch direkt die mütterliche gemeint sein, womit das von Rosenfeld beobachtete Bild der verfolgenden Mutterfigur angesprochen wäre. Das würde zusätzlich eventuell bedeuten, daß der Liebesselbstmord und die fünf Söhne des Räubers als reine Phantasieprodukte zu verstehen wären, worin die bereits von Freud bemerkten Omnipotenzvorstellungen, die im Zusammenhang mit den Verfolgungsängsten stehen, eine Ausgestaltung gefunden hätten:

> »Der Kranke, der sich aus primärer Neigung verfolgt glaubt, soll aus dieser Verfolgung den Schluß ziehen, er müsse doch eine ganz besonders wichtige Persönlichkeit sein, und darum den Größenwahn entwickeln. Für unsere analytische Auffassung ist der Größenwahn die unmittelbare Folge der Ichvergrößerung durch die Einziehung der libidinösen Objektbesetzungen, ein sekundärer Narzißmus als Wiederkehr des ursprünglichen frühinfantilen.«[386]

Der Ich-Erzähler hat auch diesen Zusammenhang bemerkt:

> »*Und dann fing er das alles an zu lieben*. (...) *Er fand sich im Zustand des Beobachtetseins interessant*. Ihm schmeichelte, daß [man] ihn *der Ehre werthielt,* gleichsam kontrolliert, überwacht zu werden. Er wäre sich sonst vielleicht schon längst fad vorgekommen. *Das sogenannte Verfolgtwerden bedeutete für ihn das Auferstehen einer versunkenen Welt, wir meinen seine eigene*, die nach seiner Meinung der Belebung bedurfte. Indem man sich mit ihm schon nur abgab, beschäftigte, begriff man ihn. Das tat ihm natürlich wohl. Zugleich machte er die Erfahrung, daß sich *im Ernst keine Seele um ihn kümmerte. Man vertrat ihm bloß stets so ein bißchen den Weg,* aber das war vielleicht schon immerhin etwas, war vielleicht sogar viel, denn Hinderliches bewegt, belebt, erhebt uns ja. *Er sagte sich, daß er aufpassen müsse; der der Unruhigste hätte werden können, wurde der Ruhigste. Aber er nahm sich Zeit dazu.*«
> (50/11)

Es ist immer wieder beeindruckend, mit welcher Schärfe und Genauigkeit Walser die verschiedenen von ihm thematisierten Vorgänge faßt und zur Sprache bringt. Seine Fähigkeit, ein Problem vollständig zu durchdringen, die Kraft seiner Reflexionen und die Schonungslosigkeit aller darin enthaltenen Selbsterkenntnis seiner Figuren erreichen dabei eine Lu-

zidität und Präzision, die wohl keiner Steigerung mehr Raum
gäbe. Hier im letztzitierten Absatz wird die Umkehr der Verfolgungsängste in Größenvorstellungen genannt: »Er fand
sich im Zustand des Beobachtetseins interessant.« Der Räuber entwickelt also aus seiner tatsächlichen Einsamkeit, dem
Mangel an liebender Gemeinsamkeit, und aus der Vorstellung, zu »fad« für eine solche zu sein, d. h. aus seiner eigenen
Selbst-Geringschätzung, in der Unterdrückung seiner erotischen Bedürfnisse genau die Verfolgungsphantasien, die ihm
das (Größen-)Gefühl geben, so interessant zu sein, daß man
sich um ihn kümmert, sich mit ihm beschäftigt, ja ihn begreift: »Das tat ihm natürlich wohl.« Und es tut dem Leser
weh, so viel Versagung als Ursache solchen Wohlseins verstehen zu müssen. Und schon schaltet sich die kritische Instanz des Erzählers ein: »Zugleich machte er die Erfahrung,
daß sich im Ernst keine Seele um ihn kümmerte. Man vertrat
ihm bloß stets so ein bißchen den Weg, aber das war vielleicht
schon immerhin etwas, war vielleicht sogar viel.« Diese
Stelle macht deutlich, wieviel Realitätssinn auf der Seite des
Erzählers bewahrt bleibt, während für den Räuber gilt: »Wer
lebhaften Geistes ist, spinnt eben ab und zu mal.« (49/50/11)
– muß vielleicht spinnen, wenn man ihm stets den Weg vertritt, denn »der Glückliche phantasiert nie (...), jede einzelne
Phantasie ist (...) eine Korrektur der unbefriedigenden Wirklichkeit.«[387] Und diese phantastische Korrektur erlaubt dann,
diese unbefriedigende Wirklichkeit doch noch zu lieben.
Es ist hier noch darauf aufmerksam zu machen, daß das »so-
genannte Verfolgtwerden (...) für ihn das Auferstehen einer
versunkenen Welt, wir meinen seine eigene, die nach seiner Meinung der Belebung bedurfte«, bedeutet, womit der unmittel-
barc Zusammenhang seiner Verfolgungsvorstellungen mit
den Erlebnissen seiner eigenen Kindheit genannt wäre.[388]
*»Wurde er wegen seiner Kindlichkeit verfolgt? Gönnte man sie ihm
etwa nicht? Das ist wohl möglich.«* (51/12) – was erneut eine Anspielung auf den inzestuösen Anspruch der possessiven Mut-

ter enthält. Und genau hier, in diesem Zusammenhang, teilt uns der Erzähler schließlich mit:

> »Und dann ist folgendes im Auge zu behalten: er kam um ›jene Zeit‹ sicher krank in unsere Stadt, voll seltsamer Unausgeglichenheit, Unruhe. Es plagten ihn da sozusagen gewisse innere Stimmen. Kam er zu uns, um zu gesunden, um sich in einen heiteren und zufriedenen Mitbürger umzuwandeln? Jedenfalls litt er damals an Anfällen, die darin bestanden, daß ihm ›alles‹ verleiden wollte. Er war ziemlich lang nachher noch ungemein mißtrauisch. Glaubte sich verfolgt. Nun, das wurde er ja in der Tat, aber nach und nach lernte er – wieder lachen.« (51/52/12)

Nur noch wenige Fragen bleiben jetzt zu klären, z. B.: »Worin bestehen nun die Verfolgungen? Man versucht ihn *mürbe* zu machen, unmutig, nervös, gereizt. Man hat mit einem Wort versucht, ihm Moral einzupflanzen.« (46/11) Der Zusammenhang zwischen der Erziehung zur »Moral« und der seelischen Verunsicherung und Zermürbung des so erzogenen Kindes ist dem Erzähler also bewußt.

> »Immer ist versucht worden, ihm das Gefühl der *Unsicherheit*, der *Spaltung*, der *Uneinigkeit mit sich selbst* einzuflößen. Er sollte sich *aufregen, in die Sprünge, Sätze, d. h. in Wut* sollte er geraten, hitzig sollte er werden. *Aber dem Räuber gingen Lichter bezüglich dieses Vorhabens auf.*« (52/12)

Bemerkenswert ist hier das deutliche Gefühl der »Spaltung«, die mit Rosenfelds Erklärung als Grund der sich entwickelnden Verfolgungsideen erkannt wurde, sowie der genannte Zusammenhang zwischen dem »in die Sprünge«-Gehen, den »Sätzen« und der »Wut«: Daraus wird erkennbar, daß die Wut, ein aus dem Unbewußten aufsteigender ungebundener Aggressionstrieb, den Impuls für das Schreiben, die »Sätze«, abgibt, oder umgekehrt, daß das Schreiben dieser Sätze ein

Versuch ist, dem In-die-Sprünge-Gehen, d. h. der Fragmentierung des Selbst, entgegenzuarbeiten. Dies letztere schiene mir auch im Hinblick auf das Ende des Romans ein wichtiger Hinweis, der im Auge zu behalten ist. Als Ergebnis einer derartigen »Spaltung« und »Uneinigkeit mit sich selbst« könnte man bereits die Aufteilung in die Figuren des Ich-Erzählers und des Räubers betrachten, deren Konstruktion dann die Bearbeitung solcher »Uneinigkeit mit sich selbst«, die versuchte Verhinderung einer endgültigen Ab-Spaltung der strukturschwachen Selbstanteile anzeigen würde.

> »Verdiente er, daß man ihn verfolgte? Wußte er das überhaupt? Ja, er *wußte, ahnte, spürte* es. Dieses Wissen verlor sich und kehrte wieder zu ihm zurück, es *zerbrach, um sich wieder hübsch zusammenzufügen.*« (44/11)

Also nicht nur der Ich-Erzähler, auch der Räuber weiß um seine Verfolgung. Aber dieses Wissen verliert sich von Zeit zu Zeit, um dann wieder zurückzukehren, »es zerbrach, um sich wieder hübsch zusammenzufügen«, und das bedeutet, daß in Phasen der »Selbst-Stärke« der Verfolgungsmechanismus ausgeschaltet ist. Selbst-Stärke wiederum wird in all den Situationen empfunden, in denen die strukturschwachen Bereiche des Selbst nicht gefordert sind: dann also, wenn der gesamte ödipale Kontext nicht berührt wird, treten keine Verfolgungsphantasien auf, weil für sie der psychodynamische Auslöser, der psychologische Grund fehlt.

> » ›Du wirst verfolgt‹, sprach irgendwelche *Persönlichkeit von Belang* zum *unschuldigsten* aller Teilnehmer an den Wirkungen und Aufgaben unserer Zivilisation. *Er horchte nur so auf dies eigenartige Wort. Das klang wie eine Mahnung aus dem Abgrund herauf.* ›Laß das schon lieber‹, gab er aber nur zur Antwort, ›*ich weiß es seit langem,* aber ich halte es ja ganz und gar nicht für wichtig, siehst du. Verfolgt zu werden hat gar nichts Wesentliches auf sich. Ich möchte es als etwas durchaus Nebensächliches ansehen, als etwas, was gar nicht verdient, bemerkt, beach-

tet zu werden. Es ist etwas Ernstes, das man nicht ernst nimmt. Hie und da kitzelt's ein bißchen.‹ Hiermit schien dieses Thema erschöpft. Unglaublicher Leichtsinn.« (45/11)

Zu Recht hält das Ich diese Verfolgungen für schwerwiegender und gefährlicher als der Räuber. Dieses sein Nicht-für-wichtig-Halten der ihn verfolgenden Stimmen kann als Versuch einer Verdrängung verstanden werden, als ein Nichtwahrhabenwollen; oder als Versuch, damit zu leben; oder als Abwehr der Not, sich mit den Stimmen auseinanderzusetzen zu sollen, zu müssen, gegen die Qual einer Bearbeitung dieser Verfolgungsängste. Der Erzähler weiß, wie wichtig solche Bearbeitung ist, auch deshalb – so könnte man vielleicht sagen – versucht er, schreibend diese Phantasien zu durchdringen und für den Räuber, respektive für die auf ihn projizierten Selbstanteile, zu bewältigen. Wird ihm das gelingen? Oder findet er einen Weg, der dem Räuber weiterhin erlaubt, sie nicht so ernst nehmen zu müssen? Damit sollen unsere Überlegungen zu den Verfolgungsvorstellungen, die im ersten Drittel des Romans einen Schwerpunkt bilden, vorläufig abgeschlossen sein. »Aber alle diese Fragen sind damit noch lange nicht beantwortet.« (45/11)

2.2.3 Das Duell mit Willi

Obwohl der Erzähler hier deutlich macht, daß er die Fragen nach dem Grund der Verfolgungen nicht für restlos beantwortet hält, tauchen nur noch selten derartige Vorstellungen bis zum Schluß des Romans auf; die Stimmen aus seinen seelischen Abgründen lassen den Räuber von nun an weitgehend in Ruhe, auch wenn er nach wie vor ein recht abenteuerliches Liebesleben an den Tag zu legen scheint. Wie ist das zu verstehen? Zunächst muß man sich noch einmal bewußt machen, daß die Klein-Wanda-Verehrung nicht *vor,* sondern *parallel* zu den Verfolgungsideen des Räubers erzählt wird; nur ihre Untersuchung in dieser Arbeit hat sich aus Gründen der Konzentration auf den jeweiligen Problemkreis nacheinander erst das Liebesstreben und dann die dabei auftauchenden Verfolgungswahrnehmungen vorgenommen. Daß letztere mit der Wanda-Liebe auftauchen und auch verschwinden, ist als weiteres Anzeichen für ihre Zusammengehörigkeit zu werten. Deshalb ist hier noch ein Blick auf das Ende der Wanda-Episode zu werfen, das von einer seltsamen Beiläufigkeit zu sein vorgibt: »der Räuber war im Wanda-Lieben von einer Unermüdlichkeit ohnegleichen. Er ist dann allerdings eines Tages ohne jede Zeremonie zur anderen übergegangen.« (53/12) Er also, der sich »mit Haut und *Knochen, mit Leib und Seele ›unter‹ Wanda, in Wandas Macht*« (53/12) befand, der ihr also verfallen ist »*bis hinab in die Geiergruben des Wahnsinns*« (53/12), geht so einfach von ihr fort? Einige Gründe für seine Abwendung von Wanda hatten wir schon genannt: sie entpuppt sich, verliert ihre Kindlichkeit, läuft ihm nach. Aber noch ein weiteres Moment mag hier mitwirken:

> »Sie änderte auch ihre Frisur. In den niederhängenden Locken glich sie *einem verkleideten Prinzen,* einer Erscheinung aus Märchenländern, als wäre sie aus dem Kaukasus oder aus Persien hergekommen. *Aber da hatte er ja die andere bereits kennengelernt.* Man kann nicht zwei Mädchen gleich hoch einschätzen. Er schrieb: ›Ich ging zur anderen in der Zerstreutheit, *weil's mich Wandas wegen so umhertrieb,* und ahnte nicht, daß die mir nun viel mehr bedeuten würde. Wo mag Wanda sein? Ist mir ihretwegen reuig? In keiner Weise. Neben Edith fand er übrigens diese Julie hübsch. Doch nun entschieden einmal zu Edith.« (55/12)

Nicht einer Prinzessin, nein, einem »Prinzen« gleicht Wanda nach Veränderung ihrer Frisur: hier verrät sich noch einmal die homoerotische Neigung des Räubers, die aber dem absoluten Verbot unterliegt. Erinnern wir uns an die Mitteilung des Erzählers: »In Wahrheit hatte sich der Räuber Wanda ge-

357

genüber als Vater gefühlt« (133/31), dann könnte man daraus schließen, daß der Räuber »als Vater« Wanda hier wie den femininen Knaben (verkleideten Prinzen) liebt, als der er sich selbst fühlt; mit anderen Worten: nach der Veränderung ihrer Frisur drängt sich dem Räuber plötzlich das Bedürfnis auf, sie so zu lieben, wie er einst sich gewünscht hatte, vom Vater geliebt zu werden. Jedenfalls muß gerade die Prinzenähnlichkeit Wanda dem Räuber besonders reizvoll gemacht haben – »Aber da hatte er ja die andere bereits kennengelernt.« Und weil man nicht zwei Mädchen gleichzeitig lieben kann, reflektiert der Erzähler, war es eben aus mit Wanda. Zum Glück für den Räuber, so ließe sich vermuten, denn Wandas Knaben- respektive Prinzenhaftigkeit hätte ihm gefährlich werden können; und deshalb könnte man vielleicht auch die angebliche »Zerstreutheit« eher als Verwirrtheit verstehen, zumal sie im Widerspruch zu ihrem Nachsatz steht: »weil's mich Wandas wegen so umher*trieb*«, was auf eine starke emotionale und triebhafte Reaktion beim Räuber schließen läßt. Der Vorteil, den Edith gegenüber Wanda beim Räuber genießt, ist, wie wir bereits gesehen haben, ihre Verehrungswürdigkeit. Sie »bedeutet« dem Räuber mehr, weil er sie idealisieren kann, weil sie »hoch vor ihm« steht – und d. h. auch: weit weg –, und gerade deshalb ist sie ihm »*unerhört wert*« (20/4).

Die akuten Verfolgungen hören also auf, weil die ihn sexuell erregende Wanda-Liebe beendet wird. Sie hören vielleicht auch auf, weil es dem Erzähler gelungen ist, dieses Problem einmal schriftlich zu fassen und damit ansatzweise einer gewissen Bearbeitung zu unterziehen. Jede Bewußtmachung bedeutet eine Stärkung des Ichs gegenüber dem Es, darauf basiert auch der therapeutische Effekt der Psychoanalyse. Die vom Erzähler zugelassenen potentiell gefährlichen homo- und heterosexuellen Strebungen sowie die dabei entstehenden Verfolgungsängste sind damit durchaus keiner dauerhaften Lösung zugeführt worden; aber ihre Bewältigung in der Vorstellung, d. h. auf dem Papier, kann möglicherweise als vorübergehend wirksame Selbststärkung erfahren werden. Und von dieser Position der Stärke aus ist dann vielleicht die Phantasie eines nachträglich regulär durchgeführten Ödipuskampfes möglich – oder müßte man hier andersherum argumentieren: um diese jetzt gewonnene größere Selbststärke (die darin besteht, daß der Räuber sich seinen sexuellen Wünschen und den sie begleitenden Verfolgungsängsten überhaupt hat stellen können und nicht zuvor schon weggelaufen ist) zu untermauern, wird nun eine in entwicklungspsychologischer Hinsicht regulär verlaufende ödipale Auseinandersetzung beschrieben? Gewiß gibt es keine psychologisch absolute Notwendigkeit für den korrektiven Eintritt in den alten tabuisierten Vorstellungskreis des Ödipusszenariums, vielleicht gibt es verschiedene und andere Gründe dafür. Festzuhalten bleibt die Tatsache, daß das im folgenden Abschnitt beschriebene Duell mit Willi eine solche Korrektur am Scheideweg des Ödipus darstellt, so daß für ihre Stellung im Erzählgeschehen nur zu sagen bliebe: dieses Duell und sein Ausgang ist nach der bisherigen seelischen Bewegung entweder nötig oder möglich geworden – wobei ich eher letzterem zuneigen würde, da der Erzähler offenbar selbst den Zeitpunkt für diesen »Entwicklungsschritt« als leicht retardiert empfindet – ohne dies zu kritisieren:

> »Ja, es gibt noch aufwachsende Menschen, die nicht im Handumdrehen mit einer entsetzeneinflößenden Geschwindigkeit mit ihrem Innen- und Außenleben fertig werden, als wären Menschen bloß Semmeln, die man in fünf Minuten herstellt und hierauf verkauft, damit sie verbraucht werden. Es gibt gottlob noch Zweifler und solche, die zu zaudern den Drang haben.« (58/13)

Und nun kann also ein Ödipuskampf einmal ordnungsgemäß durchgefochten werden. Psychologisch bereitet er sich so vor: »Hier steht vor dem Räuber *plötzlich* wieder *jene Abgetane* und *Erledigte. Es heißt vorsichtig sein mit so einer. Der Le-*

ser könnte sonst aus *Schamhaftigkeit* husten oder vor *Indignation* womöglich sogar ausspucken und mir davonlaufen.«
(58/13) Und davonlaufen soll der Leser gerade jetzt nicht, wo
er Zeuge einer wichtigen Begegnung werden kann. Es folgen
Überlegungen zum Motiv des »*Naseputzens*«, und dann ist
noch einmal von einer hübschen Frau die Rede,

> »die das kleine Fingerchen an den Mund legte, als hätte
> [sie] dem Räuber bedeuten wollen: ›*Sei lieb und still wie
> ein Felsblock in der Brandung.*‹ Diese sehr hübsche Frau
> *legte später den Finger nicht mehr an den Mund, als hätte das
> ›nun keinen Zweck mehr‹. Speziell dieser lieben Frau hat der
> Räuber hundertmal, wenn er ihr begegnete, tief in die Augen
> geschaut,* als hätte er versucht, darin zu lesen, was für ihn
> *Freudigkeit, Hoffnung* usw. bedeute.« (59/13)

Der Räuber hält sie jedenfalls »für eine Liebe, eine Gute. *Aber
die Guten können es unter Umständen nur zu gut* meinen.«
(59/13) Die Richtung dieser Kritik war in Teil I und II als
Angst vor Überfremdung gedeutet worden, und es stellt sich
hier immerhin die Frage, ob die Erwähnung dieser beiden
Frauenfiguren unmittelbar vor dem Ödipusduell den Versuch anzeigt, sich von der geliebten und Liebe fordernden
Mutter (den diese Aspekte betreffenden Repräsentanzen) zu
distanzieren, sie als »abgetan«, »erledigt« zu betrachten,
d. h. den Inzestcharakter dieser Mutterbeziehung auszuschalten, denn nur auf diesen müßte der Leser mit »Schamhaftigkeit« und »Indignation« reagieren. Daß solche dem Fu-
sionsgebot der Mutter widerstrebende Distanzierung vom
Kind als gefährlich erlebt wurde, teilt sich dann – geht man
einmal auf diese Deutung ein – in der Anmerkung mit: »Es
heißt vorsichtig sein mit so einer.« Insofern wäre auch die
Aufspaltung der Mutter in die Abgetane, die als erledigte gefährlich ist, und in die gute, liebe: die verehrungswürdige,
die sie dann letztlich doch noch bleiben soll, ein psychologisch verständlicher Vorgang. »Daß uns doch nur schon endlich einmal diese *Nasen* und diese *Spazierstöcke* in Ruhe lie-

ßen« (59/13), wünscht der Erzähler, und beginnt nun so mit der Schilderung der ödipalen Schlüsselszene:

> »Weg jetzt mit euch, ihr *Nasen*, wir sind jetzt bei einem *Revolver* angelangt, *der übrigens vielleicht gar nicht existierte. Man drohte ihm vielleicht bloß damit.* Er hatte *der Dame nicht Platz gemacht, die mit dem Herrn ging, dessen Frau sie zu sein schien. Herrgott, wie der sich für seine Gemahlin einsetzte. Wenn es doch nur alle Ehemänner so machten. Eine Lust war's, zu sehen, wie er auf den Räuber losstürzte,* indem er den Ausruf hervorstieß: ›Dir *will ich zeigen, was Höflichkeit ist.*‹ Aber der Räuber legte ein Löwenherz an den Tag. *Schon sind beide enganeinander. Den Räuber trifft ein Stockhieb über die Hand.* Auf den Hieb sprang er derart auf den Hauenden, daß die arme Frau laut schrie: ›Um Gotteswillen, Willi.‹ Der Aufschrei durchschnitt die Luft wie ein regelrechter Notschrei. *Der Stock wurde dem Verfechter des Artigseins auf offener Straße entrissen.* ›Geh oder ich schieße‹, schrie oder rief bloß der *Herr Immermann oder Immerhin.* In der Tat schien er immerhin ein aufrichtiger, seiner Frau ergebener Mensch. *Vor Pistolen fürchtet sich nun zufällig unser Räuber sehr.* Auf Grund dieser *Schwäche,* und *weil er einsehen mußte, daß er im Fehler war, verließ er den Kampfplatz.* Über diesen Rückzug lächelte die angstvolle Gattin siegreich. Ihr *Willi hatte gewonnen.* Aber der Räuber zog *hocherhobenen Hauptes* von dannen, so, als hieße das Schlachtfeld Marignano und *er zöge sich mit Wahrung seiner Würde aus einer großen Affäre zurück.* Eine *prächtige Elastizität* durchlief ihn. Es war dies *einer seiner vergnüglichsten Tage,* und die *Hand,* die sich für seine *Verschuldung gleichsam hatte aufopfern müssen,* die den Schlag eines *Ehelicherzürnten* auffing, der immerhin vielleicht etwas hitzig vorgegangen war, *küßte er zu Hause.* Es kommt also vor, daß man sich die eigene Hand küßt. Der Räuber bewunderte die duldende Hand und es lag ihm daran, *sie zu liebkosen, als wenn sie ein Kind gewesen sei, das unschuldigerweise gezüchtigt wurde.*« (59/60/13)

Wie sähe nun die diesem Duell entsprechende Szene in der klassischen Ödipussage aus? Ödipus, nach der Befragung des

Orakels auf der Flucht vor seinem Schicksalsfluch, begegnet seinem ihm unbekannten Vater Laios, der in einem Wagen unterwegs ist nach Delphi; Ödipus macht dem Wagen nicht Platz, es entspinnt sich ein Streit und heftiger Kampf, in dem Ödipus Laios erschlägt. Man kann hier ohne weiteres zugeben, daß die Parallelität der Ereignisse zwischen diesem Teil der Sage und des Räubers Auseinandersetzung mit Willi geringfügig ist; zwar symbolisiert der Wagen in Freuds Traumanalysen zumeist den Mutterleib, aber daraus darf nicht geschlossen werden, daß die Dame neben Willi nun den Wagen des Laios symbolisiert. Der Schnittpunkt beider Begebenheiten liegt vielmehr allein im auslösenden Moment des Kampfes: sowohl Ödipus als auch der Räuber sind nicht bereit, den Begegnenden Platz zu machen. Und darin verrät sich genau der aufbegehrende Stolz, der dem jugendlichen Selbstbehauptungswillen eigen ist. Bezieht man nun aber noch den psychologischen Ödipus in den bisherigen Vergleich mit ein, dann werden die Gemeinsamkeiten deutlicher: der Knabe will die Mutter, geht ihr also nicht aus dem Weg, deshalb muß der Vater ihn in seine Schranken zurückweisen, sein Recht als Gatte geltend machen, es kommt zur Kastrationsdrohung, die den kleinen Sohn letztlich zur Kapitulation zwingt: er läßt von der Mutter ab, akzeptiert die Zusammengehörigkeit der Eltern, räumt den beiden den Weg. Im Duell mit Willi sieht das folgendermaßen aus: der Räuber macht einer Dame nicht Platz, die »mit dem Herrn ging, dessen Frau sie zu sein schien«. Daraufhin stürzt sich dieser auf den Räuber, »eine Lust war's zu sehen«, um ihm Anstand, »Höflichkeit« beizubringen. »Herrgott, wie der sich für seine Gemahlin einsetzte. Wenn es doch nur alle Ehemänner so machten.« So lautet der lustige Kommentar des Erzählers, der damit aber – nimmt man den in Teil I konzipierten Modellfall zur Grundlage – dem schwachen, jeder Auseinandersetzung ausweichenden Vater einen direkten Verweis erteilt: denn dieser Modellvater hat weder den ödipalen Wünschen des Sohnes noch dem inzestuösen Begehren der Mutter gewehrt und dadurch das Kind in einem entscheidenden Konflikt allein gelassen.

Der Räuber ist hier nun einmal sehr mutig, so mutig vielleicht, wie der kleine Sohn immer hat sein wollen: er legt sogar »ein Löwenherz« an den Tag. Und dann kommen die beiden entscheidenden Sätze: »Schon sind beide enganeinander. Den Räuber trifft ein Stockhieb über die Hand.« Das ist zugleich mit der Manifestation des Kampfes auch die entscheidende Berührung: beide sind nun *»enganeinander«* – so eng, daß beide Worte zu einem werden –, und *hier* erfolgt auch die Symbolisierung der Kastration: den Räuber »trifft ein Stockhieb über die Hand«. Die zentrale Stelle, die diese beiden Elemente in der Duellszene einnehmen, wird nicht zufällig durch das Präsens hervorgehoben, das genau diesen Augenblick zoomartig dem Leser ganz nahebringt und dadurch in seiner Vorstellung vergrößert; alle anderen Begebenheiten in diesem Duell werden nämlich im Präteritum erzählt. Und das bedeutet hier wie allgemein: Der für die psychosexuelle Entwicklung des Kindes notwendige Kampf zwischen Vater und Sohn, der in der Kastrationsdrohung gipfelt, ermöglicht letzterem mit der Beendigung der ödipalen Rivalität auch eine Befestigung seiner Identifikation mit dem Vater, dessen Stärke und Durchsetzungskraft gerade in der ödipalen Auseinandersetzung zum hoffnungsvollen Vorbild für den heranwachsenden Sohn werden. Dabei findet diese Kastrationsdrohung im Duell mit Willi aber noch eine andere Einkleidung, deren Doppelbedeutung weiter unten behandelt wird, und zwar in einen Revolver, »der übrigens vielleicht gar nicht existierte. Man drohte ihm vielleicht bloß damit.« Eine merkwürdige Unentschiedenheit liegt in dieser Formulierung: der Zweifel an der Existenz des Revolvers und an der Drohung, die dann doch ganz konkret ausgesprochen wird: »›Geh oder ich schieße‹, schrie oder rief bloß der Herr Immermann oder Immerhin.« Er wird »Immermann«

genannt, weil er sich hier verhält wie einer, der *immer »Mann«* ist, und »Immerhin«, weil dieser »Ehelicherzürnte« *in dieser Szene immerhin* ein anständiger Verteidiger seiner Frau und seiner Eherechte zu sein scheint. Aber ob es zu dieser den Ödipuskonflikt entscheidenden Drohung auch gekommen ist, läßt der Erzähler durch den die ganze Szene einleitenden Zweifel grundsätzlich im Ungewissen.

Es wird jedenfalls berichtet, daß der Räuber, weil er sich überhaupt vor Pistolen fürchtet und »weil er einsehen mußte, daß er im Fehler war« (!), den Kampfplatz »hocherhobenen Hauptes« verläßt, so als zöge er sich »mit Wahrung seiner Würde aus einer großen Affäre zurück. Eine prächtige Elastizität durchlief ihn. Es war dies einer seiner vergnüglichsten Tage«. Also keine Blamage, keine Scham oder Wut über diese Niederlage, sondern das genaue Gegenteil: Freude, seine Würde ist gewahrt, eine große Affäre ist bewältigt – und in der Tat, die Bewältigung des Ödipuskampfes ist eine große Affäre, ihr entwicklungspsychologisch regulärer Ausgang wahrt die Würde des Kindes, das andernfalls im wiederholten Scheitern seiner inzestuösen Strebungen (schon allein infolge seiner biologischen Unreife) hoffnungslos steckenbliebe. Kohut beschreibt sehr eindrücklich die Freude seiner narzißtisch gestörten Patienten beim verspätet nachgeholten Eintritt in den Ödipuskonflikt, der sie endlich in die Lage versetzt, sich als abgegrenzt von der Mutter und schuldlos gegenüber dem Vater zu fühlen[389]. Er hält bei einem solchen nachträglichen Erleben in der Vorstellung »für sehr wahrscheinlich, daß diese ödipalen Konstellationen neu sind, daß sie ein positives Resultat einer zuvor nie erreichten Konsolidierung des Selbst«[390] sind, und hat beobachtet, daß diese »kurze ödipale Phase trotz gleichzeitiger leichter Angst von einer warmen, glühenden Freude begleitet (ist, CSH) – von einer Freude, die alle Kennzeichen der Emotionalität besitzt, die mit einer Reifungs- oder Entwicklungsleistung einhergeht«[391]. Eine solche Freude und Erleichterung vermittelt sich dem Leser von Anfang an in diesem Duell. Es liegt ja auch überhaupt nichts Schreckliches in der Beschreibung des Zweikampfes, weil es auf verrückte Weise toll und bewunderungswürdig ist, wie dieser Willi sich für seine Gemahlin einsetzt, so daß man am Ende, wenn der Räuber den Kampfplatz verläßt, mit Vergnügen lesen kann: »Über diesen Rückzug lächelte die angstvolle Gattin siegreich. Ihr Willi hatte gewonnen.« Und Walser ist mit diesem Sieg Willis auf eine für ihn so charakteristische Weise der Umschlag vom Tragischen ins Heiter-Komische geglückt. Vielleicht hat also, wieder psychologisch gesprochen, der Mut des Räubers zur Wahrnehmung seiner sexuellen Bedürfnisse und die vorläufige Bewältigung der dabei auftauchenden Verfolgungsängste durch ihre Bewußtmachung zu genau der Konsolidierung des Selbst geführt, die als eine Art Entwicklung jetzt verspätet den Eintritt in die ödipale Auseinandersetzung mit dem Vater ermöglicht und in der Phantasie auch ordnungsgemäß durchstehen läßt.

> »Es gibt ja Seelen, die ihre Fröhlichkeit, die tief eingebettet liegt, nur darum erstehen sehen und *nach langer Zeit in's Bewußtsein steigen fühlen,* (...) *darum, daß sie den Schmerz aushielten, darum, daß sie um eines Höheren willen Ungunst haben hinnehmen, Verachtung und Kränkung* haben saugen und über sich nehmen dürfen.« (60/61/13)

So weit ist das Duell mit Willi als reguläre Ödipus-Kampfszene ohne weiteres verstehbar. Zu fragen bliebe jetzt noch nach der Bedeutung des Doppelcharakters dessen, was in unserem Verständnis für die Kastration steht, die ja einerseits mit einer Pistole – vielleicht? – angedroht und in Aussicht gestellt, andererseits mit einem Stockhieb über die Hand des Räubers symbolisch auch vollzogen wird. Gewiß könnte man in solcher Dopplung lediglich eine Unterstreichung dieses zentral entscheidenden väterlichen Einspruchs erkennen; der zunächst auf die Hand geschlagene Räuber entreißt dann ja Willi den Stock, und daraufhin erst setzt dieser die Pistolendrohung hinzu – und das hieße übersetzt: der Versuch des Räubers, sich das väterliche Vorrecht anzueignen oder den ödipalen Vater zu entmannen, führt zur notwendigen Korrektur der kindlichen Vorstellungen über die Größen- und Machtverhältnisse, indem deutlich wird, daß die Pistole des Vaters dem Stock des Sohnes überlegen ist. Man könnte auch mit Freud sagen: »Eine technische Regel: Vervielfältigung der Penissymbole bedeutet Kastration, ist hier bestätigt.«[392] Oder man könnte es auch so verstehen, daß die zu Beginn in Zweifel gezogene Drohung mit dem Revolver die in der ängstlichen Vorstellung des Kindes bereits vollzogene Kastration per Stock dementiert. Oder aber man versteht den Stockhieb und die Pistolendrohung überhaupt nur als solche oder nur eines von beiden als Kastrationsdrohung.

Es gibt aber noch eine weitere Möglichkeit des Verständnisses. Freud hat am Beispiel einer »Teufelsneurose«[393], des Falles Schreber[394] sowie des Wolfsmannes[395], aber auch im Rahmen seiner Überlegungen zum sogenannten femininen Masochismus[396] dargetan, daß die Kastrationsvorstellungen bei homosexueller Anlage auch lustvoll erlebt werden können, indem sie dem mit der Kastration Bedrohten gewissermaßen eine Geschlechtsumwandlung in Aussicht stellen. In solchen Fällen heischen dann die zärtlichen, femininen Strebungen des Sohnes, die sich auf den Vater richten, gleichsam nach der Kastration, die als schmerzhafte Voraussetzung für die ersehnte sexuelle Befriedigung durch den Vater hingenommen würde. Ohne diesen Sonderfall detailliert zu besprechen, soll hier auf die Möglichkeit einer solchen Ausdeutung des Duells mit Willi immerhin aufmerksam gemacht werden, zumal eine homoerotische Tendenz beim Räuber bereits mehrfach in Frage stand. Man könnte dann die zentralen Sätze dieser Szene: »Schon sind beide enganeinander. Den Räuber trifft ein Stockhieb über die Hand.« genau in diesem Sinne interpretieren: erstens als erotisierende körperliche Berührung und zweitens als Kastration des Räubers, der dann gleichsam in femininer Position dem Vaterrepräsentanten gegenübersteht, wobei die Drohung mit der Pistole, »›Geh oder ich schieße‹«, in diesem Zusammenhang nach dem klassischen Freudschen Symbolverständnis als Ankündigung des Koitus aufgefaßt werden könnte. Die Freude des Räubers am Ende des Duells müßte bei dieser Lesart als Folge der vorgestellten Erfüllung seines kindlich-femininen Wunsches nach der Liebe des Vaters aufgefaßt werden.

Es soll und kann hier keine definitive Entscheidung für die eine oder andere Ausdeutung des Duells in psychologischer Hinsicht gegeben werden, und nichts spricht schließlich dagegen, daß auch in dieser Szene verschiedene Strebungen einer erdichteten Wunscherfüllung teilhaftig werden: eine männliche Auseinandersetzung des Räubers als Akt der Selbstbehauptung; der lange vergeblich wiederholte Versuch des ödipal fixierten Kindes, sich von der Mutter abzugrenzen und den Konflikt mit dem Vater zu beenden; und warum sollte nicht gleichzeitig mit dieser verspäteten Bewältigung des alten Ödipuskonflikts eine untergründige Erfüllung der verdeckten homoerotischen Vaterstrebungen mitgenossen werden können? So ließe sich dann in mehrfacher Hinsicht verstehen, daß der Räuber nach Beendigung seines Zweikampfes seine »duldende Hand«, die sich »*für seine Verschuldung* gleichsam hatte *aufopfern* müssen«, küßt und liebkost, »als wenn sie *ein Kind* gewesen sei, das *unschuldigerweise* gezüchtigt wurde.«[397]

Damit ist hinreichend begründet, daß das Duell mit Willi den zweiten Kulminationspunkt der im Roman beschriebenen »psychosexuellen Entwicklung« des Räubers bildet und zugleich den »Zyklus des Kindes« abschließt. Die nachträgliche Bewältigung des Ödipuskonflikts kann als Vollzug eines Reifungsschrittes verstanden werden, der den Räuber nun gegenüber den Repräsentanten seiner Kindheit in einen Bereich größerer Autonomie verbringt. »Verzeihung, wenn ich diese Stockgeschichte etwas breit ausgesponnen habe, da ich glaubte, sie verdiene Beachtung.« (60/13) Dieser Meinung des Erzählers kann man seine Zustimmung schwerlich verweigern.

2.3 Zweiter Zyklus: Die Mutter

Ein entscheidender Reifungsschritt ist durch die Beschreibung des regulären Kampfausgangs im ödipalen Duell gelungen – wie geht es jetzt von dieser neu erreichten Entwicklungsstufe aus weiter? *»Wie zitterten mir heute früh Hände und Beine bei nur oberflächlicher Vorstellung, ich müsse nun einen Ungezogenen vor sie hinführen. Vor wen?«* (62/13) So endet der soeben besprochene Abschnitt. Im Duell hat sich der Räuber von Willi aus dem Feld schlagen lassen, d. h., der ehemals ödipal Ungezogene erweist sich in der Wiederholung des Rivalitätskampfes als erzogen. Dafür wird die Kehrseite dieser »Erziehung« jetzt deutlich: er hat die Mutter im Stich gelassen, indem er sie dem Vater überließ, und deshalb ist er nun in ihren Augen ein »Ungezogener«. Genau an dieser Stelle wird somit die Unlösbarkeit eines komplizierten Problems erkennbar: der tragische Schuldkomplex des Grenzgängers, der ihm keine Chance gibt, sich jemals endgültig zu entschuldigen. Denn entweder willfährt er der Mutter und lädt sich dadurch dem Vater gegenüber die ödipale Schuld auf. Oder er fügt sich dem Verbot des Vaters, wendet sich von der Mutter ab und übernimmt so die Schuld des treulosen Kindes am Unglück der Verlassenen. Daß diese solche Distanzierung nicht widerstandslos hinnehmen wird, ist bei der in unserem Modellfall konzipierten, zumindest tendenziell als pathogen zu charakterisierenden Mutter-Sohn-Beziehung ohne weiteres absehbar. Wenn also der durch den regulären Ausgang des Ödipuskampfes endlich von der Mutter abgegrenzte Sohn, hier: der Räuber, die Errungenschaften dieser für ihn vorteilhaften Entwicklung befestigen will,

dann kann er das nur durch eine Verteidigung seiner Autonomie gegen den schizoiden Fusionszwang der inzestuösen
Mutter. Auch seine weitere Entwicklung wird sich also unter
erschwerten Bedingungen zu vollziehen haben. Dabei ist
schon unter relativ normalen Voraussetzungen die Ablösung
des Kindes von den Eltern in der Zeit der Pubertät eine große
Aufgabe, deren Bewältigung, wie Freud erkannte, nicht selten nur unvollkommen oder gar nicht gelingt:

> »Die Aufgabe besteht für den Sohn darin, seine libidi-
> nösen Wünsche von der Mutter zu lösen, um sie für die
> Wahl eines realen fremden Liebesobjektes zu verwen-
> den, und sich mit dem Vater zu versöhnen, wenn er in
> Gegnerschaft zu ihm verblieben ist, oder sich von sei-
> nem Druck zu befreien, wenn er in Reaktion auf die in-
> fantile Auflehnung in die Unterwürfigkeit gegen ihn
> geraten ist. Diese Aufgaben ergeben sich für jedermann;
> es ist beachtenswert, wie selten ihre Erledigung in idea-
> ler Weise, d. h. psychologisch wie sozial korrekt, ge-
> lingt. Den Neurotikern aber gelingt diese Lösung über-
> haupt nicht, der Sohn bleibt sein lebelang unter die
> Autorität des Vaters gebeugt und ist nicht imstande,
> seine Libido auf ein fremdes Sexualobjekt zu übertra-
> gen. Dasselbe kann mit Veränderung der Beziehung das
> Los der Tochter werden. In diesem Sinne gilt der Ödi-
> puskomplex mit Recht als Kern der Neurosen.«[398]

Dreierlei wäre also in der verspäteten, zur Zeit der Pubertät
erst erreichten »postödipalen Phase« des Räubers zu beobachten: Gewinnt er einen neuen stabilen (inneren) Bezug zu
seinem Vater, der ihm eine Identifikation mit diesem ermöglicht und eventuelle homoerotische Strebungen und melancholische Aspekte seiner einst unerfüllten Liebe aufzuheben
vermag? Kann er sich dauerhaft dem Besitzanspruch der gefährlichen, sinnlich aufreizenden und idealisch verehrten
Mutter verweigern? Und gelingt es ihm, eine neue, auch erotisch erfüllte Liebesbeziehung einzugehen? Die Schwierigkeit einer Neuordnung seiner Vaterbeziehung wird vom

Erzähler vorerst zurückgestellt; das ist auch insofern verständlich, als fürs erste ein Problem mit dem Vater, nämlich das ödipale, erledigt ist. Viel drängender ist folglich die Verteidigung des Räubers gegen die Ansprüche der Mutter, die in dieser veränderten Situation sofort laut werden müssen. Und vom Erfolg dieser Verteidigung wird dann auch das Gelingen oder Scheitern seiner Edith-Liebe abhängen. Es ist also psychologisch verständlich, daß die folgenden Szenen im Roman zunächst die Bewältigung des Mutter-Komplexes zu erschreiben versuchen.

2.3.1 *Die Abrechnung*

Also einen Ungezogenen will der Ich-Erzähler vor sie hinführen: »Vor wen?« Die Antwort, die der nächste Abschnitt auf diese Frage gibt, nennt erwartungsgemäß Ediths Namen; ihr will der Erzähler offenbar den Räuber gegenüberstellen. War denn der Räuber Edith gegenüber ungezogen? Alles, was auf den nächsten Seiten von ihm berichtet wird, scheint dies zu widerlegen. Oder ist hier die früher erwähnte Ungezogenheit gemeint, »in ihrer und anderer Gäste Gegenwart« ausgerufen zu haben: »›Hoch der Kommunismus‹« (16/3)? Gewiß, für diese vorlaute Exklamation muß sich der Räuber, laut Beschluß des Erzählers, bei Edith noch entschuldigen. Dennoch scheint mir die Frage »Vor wen?« damit nicht beantwortet, zumal es im folgenden keineswegs um die Schuld-Abbitte eines Ungezogenen geht, sondern im Gegenteil: »In aller Höflichkeit rechne ich aber nun ein wenig mit dir ab.« (62/14), teilt der Erzähler Edith mit. Anstatt also den Räuber in einen unmittelbaren Dialog mit Edith eintreten zu lassen, schiebt sich das Ich zwischen beide und startet, wie wir sehen werden, eine Art Selbst-Verteidigung in Form einer Anklage. Er, der Ich-Erzähler, verteidigt den Räuber gegen ein Verhalten Ediths, das in vieler Hinsicht dem mütterlichen unseres Modellfalles zu entsprechen scheint. Erinnert man sich an die bereits diskutierte Bemerkung des Erzählers, daß sich der Räuber Edith gegenüber als Knabe gefühlt habe (133/31), dann ist es für das Verständnis der folgenden Passage in psychologischer Hinsicht hilfreich, davon auszugehen, daß hier eine Vermischung der Objektrepräsentanzen vorliegen könnte, wie Lorenzer sie beschrieben hat: zwar ist Edith die allein Angesprochene, aber zumindest teilweise ist es die Mutter, mit der jetzt abgerechnet wird. Die Frage »Vor wen?« ist deshalb durchaus nicht rhetorisch zu verstehen, sondern weist auf genau diese Unklarheit bezüglich des Adressaten der nachfolgenden Abrechnung hin, d. h., es ist dem Erzähler mehr oder weniger bewußt, daß er jetzt zwar Edith ansprechen wird, aber im wesentlichen doch die Mutter meint. Und weil diese Mutter nach der Distanznahme des Räubers von ihr durch sein Verlassen des ödipalen Kampfplatzes besonders gefährlich und angriffig zu werden droht [»Es heißt vorsichtig sein mit so einer.« (58/13)], weil sie diesen Entwicklungsschritt des Kindes rückgängig machen muß, um ihr Terrain, ihren Besitzanspruch auf den Sohn zu verteidigen, weil sie also dem Räuber klagen oder ihn verklagen wird, sie verlassen zu haben, deshalb kommt ihr der Ich-Erzähler rasch mit einer Gegen-Anklage zuvor. Der Räuber selber, »dieser arme Träumer und Gefangene von Frauenaugen und -erscheinungen«, dessen »Gesinnungen als weich wie Butternudeln allgemein bekannt sind« (56/13), dieser Räuber also, den wir als Projektionsfläche für die strukturschwachen Selbstanteile aufgefaßt haben, wäre nach dem gerade durchkämpften Duell mit Willi, nach der keineswegs gefestigten, erst jüngst errungenen »Selbst-Konsolidierung«, noch nicht in der Lage; diesem mütterlichen Angriff standzuhalten. Selbst dem Ich zittern »Hände und Beine bei nur oberflächlicher Vorstellung« einer Gegenüberstellung mit der Mutter – vor Edith zu zittern fehlt dagegen jeder erkennbare Anlaß, erst recht für den Erzähler. Und weil sogar die strukturstärkeren Selbstanteile in der Figur des Ich-Erzählers vor dieser Wiederbegegnung mit den gefährlichen Aspekten der Mutter-Imago erzittern, verbündet sich das Ich hier nachdrücklich mit dem Leser(-Analytiker), dessen Beistand und Rückenstärkung es in dieser Abrechnung ganz besonders nötig zu haben scheint.

> »Was wir dich hier wissen lassen wollten, ist unsere vollkommene *Voreingenommenheit vor dir*. Mit dem *Räuber, dessen Geliebte du bist,* steht es diesbezüglich anders. *Er befindet sich in unserer Obhut,* und auf unser Ersuchen *erzählt er uns alles* bis auf's Haar, was zwischen ihm und dir an Romantik usw. vorfiel. Er gab zuerst vor, er habe dir Diamanten geschenkt, die du, *ohne die Miene im mindesten zu verziehen,* angenommen habest. Nachher aber gestand er uns, er habe uns da etwas vorgelogen. Wir unterließen nicht, ihn zu rügen. (...) *Du kommst gegen die Leitung der Dinge, die wir in unseren Händen haben, gar nicht auf.* Der Räuber versicherte uns, er habe dir allerlei Aufmerksamkeiten erwiesen. *Wir nehmen ihn nur insofern in Schutz, als uns scheint, daß er's verdient.*« (62/63/14)

Hier nun werden die Positionen deutlich markiert: »Wir«, das sind der Ich-Erzähler und sein Partner, der in diesem Buch Angesprochene, der Leser(-Analytiker), mit dem sich das Ich verbündet hat[399]. Beide zusammen sind Edith (beziehungsweise den an ihr attackierten Aspekten der mütterlichen Objektrepräsentanzen), gegen die eine »vollkommene Voreingenommenheit« besteht, nicht nur gewachsen, sondern auch überlegen: »Du kommst gegen die Leitung der Dinge, die wir in unseren Händen haben, gar nicht auf.« Weder gegen diese Autor-Leser-Union noch gegen den Räuber vermag sie etwas auszurichten, da letzterer »sich in unserer Obhut« befindet. Außerdem ist das Verhältnis zwischen dem Räuber und dem »analytischen Bündnis« von Schreiber und Leser durch Anteilnahme und restlose Offenheit charakterisiert: »auf unser Ersuchen erzählt er uns alles«. Die so erbetenen Berichte des Räubers, z. B. über sein Liebesleben (»was zwischen ihm und dir an Romantik usw. vorfiel«), werden dann einer verständnisvollen Kritik unterzogen: »Wir nehmen ihn nur insofern in Schutz, als uns scheint, daß er's verdient.« Aber auch: »Wir unterließen nicht, ihn zu rügen.« Gerügt wird aber vor allem Edith. Sie, deren »Hauptvorzug« lediglich darin bestehe, daß sie »in jenem Sälchen« das war, »was man die Schönste nennen konnte« (62/63/14), hat sich gegen die artigen Aufmerksamkeiten des Räubers anscheinend recht schnöde und herablassend verhalten und muß sich nun sagen lassen: »Jedes Lokal hat jeweilen so seine ›Schönste‹. Aber wie steht's mit deinen Manieren?« (63/14) Die Frage ist berechtigt, denn:

> »Er übergab dir sodann durch eine dritte Person Rosen im Werte von zwölf Franken, die es dir paßte zu behalten. Ein sonderbares Benehmen, Geschenke zu akzeptieren und den Schenkenden keines Blicks zu würdigen. Sage uns doch, du Goldene, wo lerntest du das?« (63/14)

Dieses Beispiel scheint für alle die Fälle zu stehen, in denen der Räuber die Lieblosigkeit ihrer Reaktionen schmerzhaft empfunden hat, denn der Erzähler kommt zwei Seiten später nochmals auf diesen Vorfall zu sprechen:

> »Aber *warum sprachest du auf's Rosenbouquet hin nicht eine Silbe mit ihm? Das ging ihm kolossal nah.* Er fand hierauf lange nicht *den richtigen Schlaf,* und *Kinder* haben doch so sehr nötig, daß sie eines gesunden Schlafes genießen. Merktest du nicht, wie *in deiner Nähe, vor deinem Anblick, der ihn so sehr bezauberte, alles Kindliche aus ihm lebendig herauswuchs?* Warum gabest du ihm nicht wenigstens von Zeit zu Zeit die *Hand* oder *nahmest ihn bei der seinigen* und sagtest ihm: ›*Sei schön still‹?* Was hätte dich *diese einfache Vorkehrung* gekostet, *die* ihm *genügt hätte, um vollauf zufrieden mit dir und mit sich zu sein? Aber er war es auch ohnedem mit dir, aber mit sich nicht. Du mußt also auf dich laden lassen, daß du ihn nie auch nur im Geringsten be-*

373

griffest. Du tauchtest einmal in einem grünen *Hut* vor ihm auf, was aber auch alles ist, was du tatest, um ihm etwas zu sein, den doch schließlich nicht nur grüne Hüte *seelisch sättigen. Alles in allem warst du sehr bequem.* Der Räuber ahmte dich nach und wurde es ebenfalls. Er sagte uns, daß *er dich millionenmal höher einschätzte als seine vorherige(n) Flamme(n).* Er hätte dir das vielleicht sagen sollen, aber dir lagen immer nur jene dummen nichtswürdigen *literarischen hundert Franken* im Sinn, und *deshalb sahst du in dem Räuber keinen Menschen* vor dir sitzen, sondern nur einen *Schuldigen,* einen *Müßigen.*« (65/14)

Sie hat das »Kind« in ihm »seelisch« nicht »gesättigt«. Sie hat ihn, der von ihrem Anblick so sehr bezaubert ist, daß in ihrer Nähe »alles Kindliche aus ihm lebendig herauswuchs«, ihn, der sie »millionenmal höher einschätzte als seine vorherige(n) Flamme(n)«, gar »nie auch nur im Geringsten« begriffen. Dabei hätte es nur von »Zeit zu Zeit« eines Wortes bedurft, eines Blickes, einer Berührung mit der Hand, um ihn zufrieden zu machen. Und eben dieser zutiefst unverständliche Mangel an der einfachsten »Vorkehrung« und Beachtung »ging ihm kolossal nah«, raubt ihm den »gesunden Schlaf« und führt dazu, daß er mit sich selbst unzufrieden wird: nicht ihre Lieblosigkeit klagt das Kind an, sondern sich selbst, weil es bei ihr die Erfahrung macht, nicht liebenswert zu sein. Und sie, die zu »bequem« ist, seine vorsichtigen Liebesbezeugungen zu würdigen, ihn darin verstehen zu lernen, sie, die »nur jene dummen nichtswürdigen literarischen hundert Franken im Sinn hat«, hält ihn für einen »Schuldigen«, einen »Müßigen«.

»(...) *alle sind der Ansicht, daß dich der Räuber schlecht behandelt habe. Ich aber, sein Beaufsichtiger, bin anderer Ansicht. Er hat dich geliebt und liebt dich noch heute, wie dich kein Zweiter wieder wird lieben können oder je geliebt hat.*« (63/14)

Er hat sie geliebt und liebt sie noch heute. Warum hält sie ihn dann für müßig und schuldig, warum nimmt sie diese Liebe nicht wahr? Die »literarischen hundert Franken« werden im ersten Abschnitt der Exposition in der Form »hundert Franken«/»hunderttausend Mark« erwähnt, und nun heißt es daran erinnernd: »Er erzählte nämlich einmal in einem Manuskript, er habe einer Saaltochter hundert Franken ins Händchen gedrückt, und nun warteten alle Saaltöchter dieser Stadt auf Aushändigung dieses poetischen Geldes.« (65/14) Wir hatten als ungenannten, vielleicht unbewußten Adressaten des Romananfangs die schizoide Mutter verstanden und vermutet, daß die jetzige Abrechnung mit Edith wenigstens zum Teil auch dem mütterlichen Konto zu belasten wäre. Danach addieren sich folgende Aspekte: sie versteht seine Art der Liebe nicht, weil sie eine »reine«, kindliche Liebe ist; sie hält ihn für »müßig«, weil er ihren inzestuösen Forderungen nicht nachkommt; und entweder deshalb oder weil er sich im Duell von Willi hat vertreiben lassen: weil er sich von ihr abgewendet hat, ist er in ihren Augen nun ein »Schuldiger«. Daß solche Argumentation über den erotischen Hintergrund der Beziehung Räuber–Edith (+ Mutter) nicht abwegig ist, macht der Erzähler im selben Abschnitt deutlich durch die Einführung einer Persönlichkeit, die sich »unter anderem gesprächsweise« so äußert: »›Wer sich sexuell nicht ordentlich auslebt, verkümmert geistig.‹ Es fände eine Art von Vertrottelung statt« (66/14). Der Räuber aber kann sich gerade deshalb sexuell nicht »ordentlich« ausleben, weil er mit einem Teil seines Selbst noch immer der Mutter verhaftet ist, gerade weil er sie noch immer liebt und ihr Verhalten ihm auf rätselhafte Weise zweideutig erscheint:

> »Aus welchem *besonderen* Grund *putztest* du *damals* übrigens *zu jener Zeit* die Tuch*schuhe* mit der Serviette ab? Was das wohl zu bedeuten gehabt haben mochte? (...) *Der Räuber dachte tage-, ja wochenlang daran, ohne daß er imstande gewesen wäre, es herauszubringen.«* (64/14)

Diese für ihn ungelöste Frage nach der Bedeutung des mütterlichen Verhaltens blockiert seine psychosexuelle Entwicklung. Zwar bewirbt er sich »gleichzeitig auch noch um die Gunst einer andern« Saaltochter (63/14) und besucht des öfteren eine Lehrerin, die während ihres Beisammenseins allerdings »einen *geladenen Revolver* auf den Tisch legte, um jede Unziemlichkeit mit *Gebrauch der Waffe* zu beantworten.« (63/14) Aber als er ganz unzweideutig gefragt wird: »›Gehen Sie zu den Mädchen?‹«, antwortet der Räuber mit einem schlichten »›Nein‹« (66/14). Für all dies hätte sie, wenn sie es geahnt hätte, kein Verständnis aufbringen können. »Du gabest dir da offenbar nicht die nötige Mühe. Wußtest du nicht zur Genüge, daß er *ein Kind* ist und zugleich einer, der verfolgt wird, weil er sich einst von einem englischen Kapitän hat *ins Bein kneifen* lassen?« (64/14) Er hat also auch bei Gelegenheit einer Verführung »einst« seine homoerotischen Neigungen unterdrückt, was zu seiner Verfolgung führt, beantwortet allerdings die zarte Frage des Engländers: »›Wie freuen Sie sich denn Ihres Daseins?‹« sehr galant: »Statt ihm zu sagen, wie er sich vergnüge oder wie er es verstehe, *Vergnügungen zu entbehren,* neigte er sich zu des Engländers Hand herab und küßte sie.« (66/14)

Und dieses delikate Verhalten in einer heiklen Situation findet sie lediglich »brav«. Das ist kränkend, das zeugt von »Geringschätzung« und Mangel an »tieferem Interesse«; und das »ist denn auch vom Räuber, der einen feineren als einen Dutzendverstand besitzt, als beinah beleidigend empfunden worden, und wir müssen ihm völlig Recht geben.« (66/14) Das Verhängnisvolle und Verletzende dieser Mutter-Sohn-Beziehung, die an der Edith-Räuber-Liebe widergespiegelt wird, erkennt der Erzähler in der Unvereinbarkeit der gegenseitigen Forderungen und Wünsche beider, die als innerer Zwiespalt alle Erlebnismöglichkeiten des Räubers auf eine schmerzhafte Weise nur in ihrer Widersprüchlichkeit erfahrbar macht. Da aber der Räuber damals und offenbar noch heute die Vorrechte eines Kindes genießt, ist er »völlig im Recht«, und Edith ist im Unrecht. So begegnet den einstigen Klagen der Mutter in diesem Abschnitt die dezidierte Gegen-Anklage des erwachsenen Ichs, das die Tragödie der Kindheit voll erfaßt hat und mit dieser Einsicht nun versucht, ihren weiterreichenden Folgen zu wehren.

Das wäre also die Abrechnung mit den Aspekten der verständnislosen, bequemen, erotisch zweideutigen Edith (+ Mutter), der hier keine Chance der Rechtfertigung einge-räumt wird. Deshalb beleuchtet der Erzähler selber am Schluß seiner Klageführung die – auch positiven – Wirkun-gen ihres Verhaltens:

»Übrigens benahmst du dich vielleicht ganz richtig. Er gestand uns sehr ausdrucksvoll, daß er dir viel ver-danke. *Er habe, bevor er dich kennengelert habe, nie Tränen gefunden, doch nun wisse er, wie es einem sei, wenn man weine, der Seelenschmerz sei ihm wie ein Paradies erschienen.* Wir haben ihn hierum lange nicht begriffen, aber er sel-ber wird ja gewußt haben, was er uns erzählte, und sein Gesicht wies dabei auf nicht mißzuverstehende Offen-heit hin. Du bist also doch sein Engel gewesen, obwohl du es nicht wußtest, aber du warst es gerade darum. Einst *[ver]weigertest* du ihm etwas, d. h. du wiesest ihn gelegentlich *eines Ansuchens* ab, da lief er davon, aber er kam ja wieder. (...) Du bist also doch die *namenlos Liebe,* nur daß du selber das nie verstanden hast, weil uns die *Bedeutung, die uns beigelegt wird,* stört. Wir ziehen ein jedes vor, in mittelmäßigem Sinn beliebt zu sein. (...) *Keiner mag gern das Heiligtum des andern sein, da er sonst ja ein Bild sein müßte.* Vorbildlich sein ist ja doch denkbar langweilig. Aus diesem Grund, liebe Edith, bist du eine denkbar große, große Sünderin. (...) Übri-gens hat ja der Räuber, was er braucht. *Er sagte mir, daß ihm um's Herz sei, als habest du ihm das Gehen beigebracht, das er vorher noch nicht so gut verstanden habe.* Hier haben wir schon wieder so eine *Anspielung auf's Kindhafte.*« (66/67/14)

Mir scheint, daß an dieser Stelle die Akzentverschiebung von der Mutter weg auf Edith hin erfolgt: seit er sie kennt, kann er wieder weinen, und das Wiederfinden des Seelenschmerzes, der seit den Tagen der Kindheit tief und unfühlbar in ihm vergraben war, ist ihm »wie ein Paradies« erschienen. So unbegreiflich ist das nicht, wenn man bedenkt, daß das Leiden an der eigenen Gefühllosigkeit z. B. bei Depressiven, aber auch bei narzißtischen Störungen von den Betroffenen letztlich schwerer ertragen wird als das Empfinden des Schmerzes, der gegenüber einem Gefühl innerlichen Abgestorbenseins wie ein echtes Lebenszeichen wahrgenommen wird[400]. Indem Edith dem Räuber dazu verhilft, wieder weinen zu können, bringt sie ihm genau »das Gehen« bei, das den Fortschritt ermöglicht, das Gehen, »das er vorher noch nicht so gut verstanden« hat. Und indem dies zugleich eine »Anspielung auf's Kindhafte« ist, wird deutlich, daß die Abrechnung mit der Mutter – nach der Kritik an ihren Manieren, ihrer alltäglichen Verständnislosigkeit und ihrem für den ödipalen Sohn verhängnisvollen, sexuell stimulierenden Verhalten – bis auf die Stufe zurückgreift, auf der das Kind damals laufen gelernt hat, und das ist auch die Zeit, in der die idealisierte Mutter-Imago als (Übergangs-)Selbst-Objekt fixiert wurde. Dieses archaisch idealisierte mütterliche Selbst-Objekt wird nun auf Edith übertragen: Edith, »sein Engel«, soll sein »Heiligtum«, sein Vorbild sein, aber sie hat das nicht begriffen, »weil uns die Bedeutung, die uns beigelegt wird, stört«, weil sie lieber bloß »in mittelmäßigem Sinn« beliebt sein will. Und der Erzähler kommentiert kritisch: »Keiner mag gern das Heiligtum des andern sein, da er sonst ja ein Bild sein müßte.« Warum Edith in diesem Zusammenhang als Sünderin bezeichnet wird, ist hier nicht restlos zu klären: entweder weil sie nicht sein »Heiligtum« hat sein wollen – das beträfe dann auch die entsprechende Erfahrung des narzißtisch gestörten Kindes mit seiner unempathischen Mutter – oder weil sie es war, ohne es je begriffen zu haben, d. h. weil sie diese

Bedeutung, die der Räuber ihr da beilegte, nicht korrigiert hat.

Allein, daß es dem Erzähler möglich wurde, eine derart scharfe Abrechnung mit der an Edith wiederbelebten Mutter-Erfahrung vorzunehmen, kann als Fortschritt im Versuch einer Befestigung der neuerworbenen postödipalen Abgrenzung von den inzestuösen Mutteraspekten verstanden werden. Daß der Erzähler dabei gewissermaßen regressiv bis zum Ursprung der Idealisierungsneigung des Räubers vordringt und damit die eigentliche Funktion Ediths als zu verehrendes, zu vergötterndes Heiligtum erkennt – und als solches durch alle in diesem Abschnitt vorgebrachten Anschuldigungen zugleich demontiert –, das kann durchaus als ein Akt erstaunlich klarer Selbst-Erkenntnis betrachtet werden. Die deutlich spürbare Entspannung, die im Verlauf der endlich erfolgten harten Anklage der Edith(+ Mutter) eintritt, ermöglicht dann im versöhnlichen Übergang zur letztlich doch verbleibenden Schönheit dieses idealisierten Mutterbildes die Einsicht in die eigenen Abhängigkeiten, die Abhängigkeiten des Räubers von seiner »namenlos Lieben«.

2.3.2 *Der Tanz mit dem Tod*

Nun hat also das Ich durch seine Anklage der Edith(+ Mutter) die Abgrenzung des Räubers von den mütterlichen Besitzansprüchen unterstrichen. Der Erzähler ist damit zunächst einmal als Anwalt seines Protagonisten aufgetreten, und es liegt nun an diesem, unter Beweis zu stellen, ob er die durch den Ich-Erzähler ausgemessene größere Distanz zwischen Mutter und Sohn ertragen und befestigen kann. Dabei muß man nun sehen, daß die Verteidigung des Räubers durch den Erzähler ersterem zwar eine gewisse Schonfrist gewährt und somit den Ablösungsprozeß vor frühzeitiger Intervention schützt, andererseits aber gerade durch den Versuch einer Etablierung der neuen postödipalen Strukturen die Schuldlast des Kindes am Unglück der Verlassenen erheblich beschwert. Daraus kann man in etwa abschätzen, wie prekär die Gefühls-Situation des Räubers sein muß, wenn der Erzähler ihn nun wieder auf den Weg schickt. Und so überrascht es nicht allzu sehr, wenn als zentrales Motiv der nächsten Assoziationen immer wieder das *Wasser* auftaucht. Am Ende von Teil II war mit Freud und Rank gezeigt worden, daß Phantasien, die am oder im Wasser situiert werden, zusammen mit den Geburts- und Koitusängsten auch das Gefühl der Todesbedrohung signalisieren können; d. h., in der Angst vor der Bewältigung psychisch schwieriger Situationen kann als Gegenbewegung zum Schmerzhaften eine Fluchtreaktion in der Phantasie hin zur pränatalen Glücksbefindlichkeit eintreten, die zugleich mit dem Wunsch nach der Rückkehr in den Mutterleib, dem »Koitusersatz des Impotenten«[401], die alten Kastrationsängste nach dem Muster des Geburtstraumas erweckt und somit das Urmuster der Todesgefahr reproduziert. Da anzunehmen ist, daß beim Räuber der Versuch einer Verselbständigung durch seine ambivalente Haltung, nämlich der Angst vor und der Sehnsucht nach der Mutter, kompliziert wird, ist diese Widersprüchlichkeit im Symbolgehalt der Wasser-Motivik dem seelischen Geschehen der nächsten Szenen durchaus adäquat. Und weil die psychischen Prozesse, die dabei beschrieben werden, auf eine Änderung in der Triebökonomie abzielen und insofern die Selbst-Anteile des Es-Bereiches wesentlich mitbetreffen, ist anzunehmen, daß diese strukturelle Umbildung und Neuformung weitgehend unbewußt geschieht – weshalb die folgenden Erzählpassagen auch wieder verstärkt auf ihren Symbolgehalt hin zu befragen sind. Der Abschnitt beginnt nun so:

»*Diese Vergangenheitsstimmungen* in alten kleinen *Ostsee*-städten, wie z. B. Ribnitz mit *schlanken Kirchen* und *ade*-

ligen Fräuleinhäusern voll Ergebenheit und *hochmutvoller Andacht,* und dann diese *bergumgebenen Seen* in Steiermark, die der Räuber in Modejournalen abgebildet fand und für die er *schwärmte.* Edith hatte ihm einmal das geistvolle Wort gesagt: ›O, auf Magglingen oben ist's wohl schön und etwa noch am *Ufer des Bielersees.*‹ (...) *Diese Anspielung auf den Kurort Magglingen, der tausend Meter über dem Meerspiegel liegt, erinnerte den Räuber an Walther Rathenau,* der ihm einmal gesagt hatte, *er kenne Magglingen auch,* er habe es zwar *etwas still* dort oben gefunden. (...) *Aus den blauen Fluten des Bielersees steigt ja sodann auch die bekannte Petersinsel idyllisch hervor«* (68/15).

Was man also in den Eingangssätzen dieses neuen Abschnitts beobachten kann, ist ein vorsichtiges Herantasten an das Motiv des Wassers in freier Assoziation: von den »Ostseestädten« über die »bergumgebenen Seen«, für die er »schwärmte«, hin zum »Ufer des Bielersees« und nach Magglingen, das »tausend Meter über dem Meerspiegel« liegt – bis endlich das Element des Wassers auch sinnlich näherrückt im idyllischen Auftauchen der Petersinsel »aus den blauen Fluten des Bielersees«. So freundlich und schwärmerisch der Räuber hier das Wasser umkreist, auf »tausend Meter« Abstand bedacht – gemahnt an Walther Rathenau, den »ödipalen Vater«! – und mit dem Ziel eines idyllischen Aufstiegs aus den blauen Fluten, dem Wunsch nach einer schönen Neugeburt, so sehr durchziehen diese »Vergangenheitsstimmungen« auch die widersprüchlichsten Empfindungen von »Ergebenheit und hochmutvoller Andacht«. Und dann plötzlich wird die schrecklich lockende Anziehungskraft des Wassers immer mächtiger:

»Der Räuber war eines Tages beim Baden nahe am *schönsten Ertrinkungstod.* Infolge wackern *Schaffens mit Wellen* usw. *blieb er als flotter Herausarbeiter aus Näßlichkeitsmächten am Leben,* d. h. kam wieder *an's sichere*

Trockene. Er ist aber dabei *fast außer Atem* gekommen. O wie er still Gott dankte. *Ein Jahr später ertrank dann in demselben Fluß jener Molkereischüler. Der Räuber weiß also aus Erfahrung, wie es demjenigen ist, den die Nixen an den Beinen herunterreißen.* Er kennt die Kraft des reißenden Wassers und er hat dort gespürt, was der Tod für eine barsche Art hat, sich uns bekannt zu machen. Wie er da *geschuftet, um sich gerungen, still aus beinah schon ersticktem Hals geschrien hat, lautlos und eiskalt und siedendheiß*, das war wert, daß man's mitansah. *Drei Jünglinge sahen es, und sie standen ganz starr, und er lachte sich dann nachher noch aus*, der Dumme. Aber er *betete und lachte, jubelte und spottete zu gleicher Zeit. Eines Nachts hat er sich als Tänzer versucht, der über das Geländer einer von unseren Brücken tänzelte.* Die Tänzelei gelang spielend, und die Zuschauer wurden von der Gewagtheit ganz böse. Und *dieser Waghalsige zitterte vor Ediths Gesicht. Es ist zum Zähneausreißen, zum Totlachen.*« (68/69/15)

Die lustvolle Angst, die ängstliche Lust sind hier im Begriff des »*Totlachens*« gefaßt; und das »*Zähneausreißen*« kann nach Freuds Symbolverständnis Geburt, Kastration, Masturbation und Tod bedeuten[402]: der letztzitierte Satz faßt also die Facetten des seelischen Erlebens dieses Textes noch einmal in zwei Bildern verdichtet zusammen. Zunächst verweist der »*schönste* Ertrinkungstod« auf die Sehnsucht nach dem intrauterinen Glück. Doch dem darin verborgenen Todeswunsch tritt sogleich der Lebenstrieb energisch entgegen und bringt den Räuber »an's sichere Trockene«. Diese seine Selbst-Rettung aus der anziehenden »Kraft des reißenden Wassers« gleicht der Beschreibung nach einem Geburtsvorgang: »Wie er da geschuftet, um sich gerungen, still aus beinah schon ersticktem Hals geschrien hat, lautlos und eiskalt und siedendheiß« – »Der Räuber weiß also aus Erfahrung, wie es demjenigen ist, den die Nixen an den Beinen herunterreißen«. Hier wie im vorhergehenden Satz schwingen alle vier Bedeutungsebenen miteinander, die oben im Symbol des »Zähneausreißens« mit Freud genannt wurden. Und damit wird klar, welche Gefahren der Räuber durch »tausend Meter« Abstand von der Mutter meiden muß. Fürs erste ist er dem Sog der »Näßlichkeitsmächte« entkommen. Aber: »Ein Jahr später ertrank dann in demselben Fluß jener Molkereischüler«, heißt es warnend.

Dennoch tanzt er, wie gleich darauf berichtet wird, eines Nachts über ein Brückengeländer und riskiert so erneut den tödlichen Absturz. Warum tut er das? Will er sich seiner Fähigkeiten zur Selbst-Rettung durch Wiederholung, durch erneute Angstbewältigung vergewissern? Ist er gar übermütig geworden? Oder zieht es ihn erneut in die Tiefen seiner konfliktreichen Mutterliebe? All das kann zutreffen. Außerdem versinnbildlicht diese riskante Gratwanderung auf dem Brückengeländer aber die Labilität seines narzißtischen Gleichgewichts, das durch die noch nicht abgesicherte postödipale Umstrukturierung das Seelenleben des Räubers gefährlich ins Wanken gebracht und dadurch womöglich auch den Todeswunsch in ihm verstärkt hat.

Immerhin: der Räuber hat sich aus dem Wasser retten können, und das bedeutet auch, daß er die Trennung von der Mutter selbsttätig herbeigeführt hat. Diese damit ihr gegenüber bewiesene Treulosigkeit wird in den nächsten Sätzen ausdrücklich gelobt: »Treulosigkeit ist sittlich viel wertvoller als sentimentales Anhängen und Treubleiben.« (69/15) Und genau an dieser Stelle wird von der Treulosigkeit des Kindes berichtet, das von der Mutter wegstrebt und lieber zum Vater möchte[403]! Schließlich vergießt der Ich-Erzähler auch noch in Gegenwart einer »Fürstin« eine »ganz kleine, fast unbemerkliche, ganz bezaubernd feine und schöne Träne wegen einer andern.« (72/15)

Es liegt in diesen Szenen ein heiterer Stolz auf ein endliches Ablassen von allem »sentimentalen Anhängen« – aber das Aufgeben langjähriger Anhänglichkeiten bringt eben auch gefühlsmäßig den Verlust der einstigen Geliebten mit sich.

Mit anderen Worten: Der Räuber hat seine Edith(+ Mutter) in Distanz verbracht, aber *nun fehlt sie ihm*. Und so geht er,

> »an Edith denkend, *die ihm entwichen war (...). Also mit der Pistolenkugel der Liebe zu diesem Mädchen mit den Goldaugen in der Brust entfernte sich der seelengute Räuber immer mehr von der Stadt, wo diejenige lebte, der er ergeben war.* Mit gewisser Berechtigung könnte man sie *seine ›unerbittliche Herrin‹* nennen, um *im Stil vergangener Zeiten* zu sprechen. (...) Nach einer Weile begann es in ihm zu *klagen,* daß er *sich genötigt sah zu seufzen. Das wäre ihm früher nie passiert. War er demnach also ein schönerer Mensch geworden?* Wir wollen es zu seinem Vorteil glauben. Und in dieser Minute dachte vielleicht die liebe, schnöde, schöne Edith an ihn. Vielleicht lächelte sie höhnisch. Es blieb ihm nichts übrig, als sie lächeln zu lassen, obschon ihn die *Grausamkeit* dieses Gedankens *fast* zu Boden warf. Wir können sagen, daß *seine Seele* vor *Liebe* geduftet habe, wie ein Strauch voll aromaausströmender Blüten. Und *der Duft dessen, was er empfand, betäubte ihn.«* (73/16)

Man bemerke die feine Unbestimmtheit dieser Mitteilungen: er denkt an Edith, die ihm entwichen ist, und entfernt sich dabei immer mehr von derjenigen, der er »ergeben« ist, die der Erzähler »seine unerbittliche Herrin« nennt. Ist hier wirklich ausschließlich von Edith die Rede? Oder ist, wenn schon »im Stil *vergangener Zeiten*« gesprochen wird, mit seiner »unerbittlichen Herrin« die Mutter gemeint? Und klagt und seufzt er dann nicht um diese? Ist er nicht gerade deshalb »ein schönerer Mensch« geworden, weil er sich endlich von der Mutter hat entfernen können? So könnte man hieraus ersehen: Er liebt Edith noch, die »Pistolenkugel der Liebe« zu ihr steckt in seiner Brust, oder: er trägt die Pistolenkugel der Liebe bei sich, und zwar der »Liebe zu diesem Mädchen mit den Goldaugen in der Brust«[404]. Und weil er sich von der Mutter abgewendet hat, liebt er Edith (und in ihr seinen Mutter-Ersatz) jetzt erst richtig, so daß der Gedanke, sie könne höhnisch über ihn lächeln, ihn »fast zu Boden« wirft. Der

Verlust seiner Mutter-Bindung macht ihn empfindlicher, schutzloser, sein Leid um Edith und seine Liebe zu ihr sind folglich größer als zuvor. Ein »Edith-Geläute« »durchhimmelte die Luft«, das »ihm das *ohnehin bewegte Herz spaltete*« (73/16)! Dann »rauschte aus tiefblauem Himmel ein *Platzregen* auf den *Kopf des Liebenden* herab, und innerhalb fünf Minuten war *der gesamte Räuber platschnaß. Das Wasser tropfte nur so an ihm herunter.*« (73/74/16) Dann wiederum liegt er »ausgestreckt«, einer »*liederdichtenden Nonne*«(!) gleich, »die die Leiden und das Weh der Erde und *alles Schöne* und *alles Schmerzliche und Süße* auf sich wirken ließ« (74/16), in der »sammetausgeschlagenen Chaise« eines glitzernden Karussells, welches einem »*Lusttempel*« ähnelt.

> »Der Räuber *nahm sein Herz heraus, schaute es an, verschloß es wieder* und wanderte dann weiter, *in's Tal hinab,* wo ein *Schloß mitten in einem Park* stand und ein *Springbrunnen* inmitten eines *Teiches,* worin *Forellen umherschwammen,* deren rötliche Tupfen lächelten wie *Mädchen im Fieber,* und er ging *in's Schloß* und ließ sich einen *denkwürdigen Saal* zeigen, wo auf dem glatten Boden noch *jahrhundertealte Blutspuren* zu sehen waren. Er fragte nach ihrer Bedeutung, und es wurde ihm *alles, was zum Verständnis gehörte,* bereitwillig erzählt. Das Schloß war das schönste, größte in der ganzen Umgegend, und nun zog also unser *Friedliebender* weiter, und die *Blumen im Gras wurden alle auf einmal ungeheuer groß wie Bäume von Wäldern aus sagenhafter Urwelt,* um dann wieder die bekannte Form anzunehmen.« (74/16)

Daß die Blutspuren jahrhundertealt sind, deutet auf den einstigen ödipalen Sieg hin und verweist diesen in die endgültig abgeschlossene, unwiederbringliche Vergangenheit, in die »sagenhafte Urwelt«, aus der erektile Blumen mächtig auferstehen und zu Bäumen werden – (der Räuber nimmt »sein Herz« heraus, schaut es an und verschließt es wieder) –, »um dann wieder die bekannte Form anzunehmen.« Zuletzt verweilt er noch »eine Stunde lang vor dem Hause (...), worin er mit Edith gesprochen hatte, als sie noch drin gewesen war. Er wagte nicht hineinzutreten, weil er fürchtete, sie sei drin, und weil er zweitens wiederum fürchtete, er fände sie nicht.« (75/16) Und während er noch so bange im Bann seiner ambivalenten Gefühle für Edith vor dem Haus steht, worin er einst mit ihr gesprochen hatte, verliebt er sich in die Frage: »›O wo bist du?‹« (75/16) – wobei ihm der komische Versuch einer Abendgesellschaft in den Sinn kommt, ihn mit einem Mauerblümchen zu verkuppeln. Und wieder durchdringen sich Tagträume und Erinnerungsbilder:

> »Die *Schwäne* dort im *Schloßteich,* die Renaissancefassade. Wo sah ich das? Vielmehr, wo hat das der Räuber gesehen? *An Stämmen von alten Bäumen herauf führten Treppen.* Ganze Teegesellschaften konnten da heraufgehen, um unter grünem Dache Cercle abzuhalten. Und jene Wirtschaft auf *einsamer Berganhöhe,* jene *Wäldchen* von *Birken,* oder was es sonst für eine *Baumart* gewesen ist. Und der *Pavillon auf dem Hügel,* das *Haus* und das Mäuerchen, und hinter Fensterscheiben stehend und *ernst zu den Ankömmlingen herausschauend die stolze Dame.*« (76/17)

Alle diese Phantasien zeigen den äußerst anstrengenden und schwierigen Versuch, nicht in die alte »ödipale Situation« zurückzufallen. Riesenhaft aufsteigende Blumen, Treppen, die ganze Teegesellschaften auf alte Bäume heraufführen, und all die anderen Vorstellungsbilder, deren Symbolbedeutung hier nicht im einzelnen erläutert werden muß, sind Zeugen einer jetzt verstärkt auftretenden sexuellen Triebspannung, die in immer neuen szenischen Varianten während des Schreibens entsteht und schreibend auch bearbeitet und bewältigt werden muß.

Die Belohnung für solche Mühe ist dann auch wirklich verdient: Zu diesem »*Kranken*«, der »mit Freude Abende lang« hätte schaffen wollen, »wenn *sein Zustand* es« nur zugelassen hätte (76/17), »kam da also eines Tages *ein Herr* aus Kreisen der Intelligenz« (77/17). Dieser äußert sich nun ohne Abstriche *anerkennend* über den Räuber, meint, daß er »sicher in jeder Hinsicht im Aufstieg begriffen« (77/17) sei und »blieb sehr ernsthaft, und dann sprachen sie zusammen von Möglichkeiten des *moralischen und gewerblichen Wiederaufbaus. Die Unterhaltung nahm einen gewünschten* Verlauf.« (77/17) Hier wird wieder der Zusammenhang zwischen psychosexuellen Problemen und der Möglichkeit zu arbeiten deutlich. Und daß dieser Herr zum Räuber kommt (und nicht etwa umgekehrt), um sich wirklich ernsthaft mit ihm zu unterhalten, wobei er ihm auch noch zu verstehen gibt, daß er vom »Aufstieg« des Räubers überzeugt ist, das ist ein in seiner Tragweite und Bedeutung für den Räuber gar nicht zu überschätzendes Ereignis. Zuletzt äußert dieser Herr »die sehr angenehme Überzeugung, (...) daß etwas Nichtleichtausderfassungzubringendes um Sie schwebt und lebt« (77/17). Der Räuber »*dankte ihm für die Vergnügungen seines Besuches*« (77/17). »Der Herr schaute auf seinen *Anzug*, und *ein Lächeln überflog sein Gesicht*, das indessen in den Zügen der Höflichkeit verblieb.« (77/17) Damit ist der Räuber sozusagen aufgenommen in den Kreis der Männer, der reifen Erwachsenen, er ist durch diesen Besuch als Mann vor – und vielleicht auch von – seinem Vater rehabilitiert worden.

Es folgt jetzt (!) die in diesem Roman einzige, hier nicht weiter zu erörternde Schilderung einer *geglückten Ehe* (77–79/17), deren Gelingen darin begründet liegt, daß dieses »Mädchen erfuhr, was *Bewegung* sei, *Umpflanzung, Veredlung, Arbeit an sich selber.*« (79/17) Und ebenso hat der Räuber bewiesen, daß er an sich selber zu arbeiten, sich zu »veredeln« noch imstande ist.

Bis hierher ist nun schon einiges gewonnen; man merkt am gleichmäßigeren Erzählfluß, den länger anhaltenden und sehr subtilen Reflexionen des Erzählers und seiner Figuren, z. B. über das Verhalten des Räubers und die allgemeinen Erwartungen an ein solches (79–82/18), daß sich eine neue Ausgangsbasis für den Räuber bildet. Gewiß ändert er sich nicht so schnell, wie es durch die hiesige Darstellung seiner »Entwicklungsschritte« den Anschein haben mag. Aber geht man davon aus, daß der Räuber sich ohne fremde Hilfe vor dem »Ertrinkungstod« hat retten können, daß er auch den gefährlichen Balanceakt zwischen Lebenswunsch und Todessehnsucht glücklich bestanden hat, ohne in die dunklen Tiefen der mütterlichen Verheißungen abzustürzen, ohne in die ödipalen Strebungen zurückzufallen, und daß er dafür auch seine Anerkennung in der Männerwelt bekommen hat, dann ist anzunehmen, daß sich zu diesem Zeitpunkt ein Gefühl von zumindest vergleichsweise größerer Sicherheit bei ihm eingestellt hat. Absolut und ein für allemal gefestigt ist diese Sicherheit deshalb nicht, aber sie erlaubt genau das, was die nächsten Passagen ausstrahlen: Ruhe und Heiterkeit, die sich im Falle der Selma-Episode bis zur spitzbübischen Lust steigern kann.

Der Räuber unternimmt jetzt allerlei Ausflüge, seine »Schritte waren beflügelt« (82/19), und ein sportlicher Antrieb verleitet ihn zu den freiesten Luftsprüngen über Parkbänke hinweg »zur Belustigung und Kräftigung seiner Glieder« (83/19).

> »Der Räuber kam nun zu einem *nicht mehr vorhandenen alten Haus,* oder besser gesprochen, zu einem alten Haus, das man *wegen seines Altertums abgebrochen* hatte und *jetzt nicht mehr dastand,* indem es *aufgehört hatte, sich bemerklich zu machen.* Er kam also rund herausgesagt zu einer *Stelle, an der einst ein Haus gestanden hatte.*« (84/19)

Eine merkwürdige Formulierung ist das: er kam zu etwas nicht mehr Vorhandenem, zu einer Stelle, wo einst ein Haus gewesen war, das aufgehört hatte, »sich *bemerklich* zu machen«. Der Erzähler entschuldigt seine »Umschweife« mit der Notwendigkeit, »*Zeit auszufüllen*« (84/19) und ein »Buch von einigem Umfang« zu schreiben. Deutet man aber das »Haus« nach Freud als »Symbol des Weibes«[405], hier vielleicht: der Mutter in ihren weiblichen = erotisierenden Aspekten, dann kann man diese Sätze, die sich lesen wie ein Traumbericht, als Manifestation der Verdrängung der ödipalen Mutter verstehen: schreibend führt das Ich den Räuber an eine »Stelle«, an der früher die Vorstellung von der beängstigend lockenden mütterlichen Inzestforderung »sich bemerklich« gemacht hatte – und sie ist nun »nicht mehr vorhanden«, ihr alter Einfluß ist »abgebrochen«. Der Räuber kann also von hier aus getrost am »*Gesundheitsamt*« vorbeispazieren (84/19). Natürlich kommt ihm weiterhin noch manches in den Sinn und vor Augen, was an seine alten Schwierigkeiten erinnert, sofern man die hier kurz skizzierten Bilder symbolisch auffaßt: die Züge in der Bahnhofshalle, die Schuhputzer und ähnliches. Schließlich wird die seelische Bewegung noch einmal sehr anschaulich in Szene gesetzt:

> »Und dann begegnete ihm schon wieder einmal diese(r) *Einarmige* (...). Eine *Mutter klagte* ihm vor, wie sich *ihr Sohn* so *gar nicht um sie kümmere,* und ein *Sohn* machte ihn mit *seinem Verlangen nach dem Umhegen seiner Mutter* bekannt, die keine Zeit für ihn hatte, (...) und *eine ältere Frau* besaß *nur noch eine halbe Nase,* aber gab es da nicht auch schon *Museumsdirektoren mit Gesichtern, denen die Hälfte langsam abfiel*« (85/86/19).

So klingen die Klagen von Mutter und Sohn über die gegenseitige Vernachlässigung im Innenleben des Räubers nach: der Verhaltens- und Beziehungsaspekt, der, wie wir mit Lorenzer gesehen hatten, die Selbstrepräsentanz mit der Objektrepräsentanz verbindet, führt zu einer affektiven Verknüpfung von klagendem Sohn und klagender Mutter, d. h.: die Mutter ist verlassen, aber dann ist auch der Sohn verlassen. Immerhin scheint die ödipale Korrektur bereits ansatzweise zu einer psychostrukturellen Veränderung geführt zu haben. Alles ist neu, soll neu sein: »Was für eine *neue und niedagewesene* Farbe würden Sie als *Gewand für den Wald* vorschlagen?« (86/20) Und das bedeutet zunächst einmal, daß – verglichen mit dem bisherigen Zustand – manches nur noch »halb« ist: nur ein Arm, eine halbe Nase, und den *Museumsdirektoren* (den Hütern alter Bilder also) fällt langsam die Hälfte ihrer Gesichter herunter: der alte, kranke Ödipus »fällt langsam herunter«, wird abgespalten – verdrängt. An dieser Stelle erfolgt dann die Einladung »zum Besteigen der Kanzel« (86/19), die bereits den Schluß des Romans voranmeldet, dessen Aussage also im Zusammenhang mit dem Ertragen der neuen postödipalen Bedingungen zu verstehen ist, ja vielleicht diese sogar zu seiner notwendigen Voraussetzung hat.

»Er wohnte jetzt plötzlich ganz woanders« (91/20), teilt der Erzähler schon bald darauf mit. »Ob wir aber da nicht vorgreifen? Aber wenn auch? Was schadet das? So genau braucht das nicht genommen zu werden.« (91/20) Der Räuber hat seine Räuberhöhle verlassen, hat einen anderen Standpunkt eingenommen, er ist nicht mehr der, der er zu Beginn dieses Romans gewesen ist. Ob er sich als der Neue aber auch bewährt, das wird sich jetzt in der Situation der Versuchung zeigen, in der gewissermaßen überprüft werden soll, ob der Räuber denn das Räubern lassen kann. Die Beute, die ihm da verführerisch in Aussicht gestellt wird, ist die Liebe einer alleingelassenen Gattin, die wohl gar nicht so abgeneigt wäre, die räuberliche Liebe zu empfangen. Das geht so:

> »Und nun saß da in einem Raum, wo Leute sich treffen, *ein braver Gatte mit einer andern und wollte vom Räuber gese-*

hen sein. Der Räuber sah ihn, aber der brave Gatte sah das nicht. Der hier gerne bemerkt worden wäre, dachte zu seinem Bedauern, *man nehme ihn nicht wahr,* und er hatte sich so sehr auf's Wahrgenommenwerden gefreut. *Hier spielte nämlich der brave Gatte endlich einmal so den Lebemann.* Recht nach Noten. *Und da hätte er gern gesehen, sein Bekannter, der Räuber, würde ihn bewundert haben. Aber der Räuber dachte an nichts als an den Weg, ein braver Gatte zu werden.* Er fragte die Kellnerin: ›*Glauben Sie, daß ich noch würdig sein könnte, eine Frau zu bekommen?*‹ Diese Frage beantwortete das Mädchen mit: ›Ei, mein Gott, warum nicht? Sie sind ja so nett.‹ Und über diese erbauliche Antwort geriet der Räuber in die höchste Freude, und während er in die höchste Wonne geriet, darüber, *daß er noch Gelegenheit fände, brav zu werden,* sah sich *der brave Gatte, der ein Rendezvous mit einer andern hatte, von des Räubers Aufmerksamkeit im höchsten Grad vernachlässigt. Grade vor niemand anderem als vor seinem Freund, dem Räuber, hätte er gern ein bißchen geleuchtet mit seiner andern.* Der Räuber würde gedacht haben: ›Daheim sitzt sie nun allein, seine brave arme Gattin, und er amüsiert sich hier.‹ Der Räuber würde vom braven Gatten gedacht haben: ›Was er doch für ein *Gauner* ist.‹ Für Gauner wollen ja alle ehrlichen Leute gehalten werden, denn ehrlich sein kann jeder Schlufi. Für ehrlich gehalten zu werden ist ja gar nichts anderes als blamabel. Hier gaunerte nun der ehrliche brave Gatte ganz herrlich, und jetzt bemerkte man das nicht einmal. War das häßlich vom Räuber, daß er seinerseits brav zu werden wünschte. Der brave Gatte sah ihm die Ehelichkeitsabsichten an, und er wurde ganz wütend auf ihn. Kein Auge zu haben für einen *Casanova!* War das Unverschämtheit oder Dummheit? Und als der Räuber sich nach dem casanovaspielenden braven Gatten umsah, war er weg. *Offenbar hielt er's nicht aus, daß man ihn nicht anerkannte.*« (91/92/21)

Der Gatte ist mit einer anderen unterwegs, d. h. die Gattin ist allein zu Hause. Indirekt ist damit die Aufforderung an den Räuber ergangen, diese alleingelassene Frau durch seine Aufwartung zu beglücken. Zwei Seiten später heißt es dann ja auch sehr deutlich: »*Möglich ist ja, daß jener besagte brave Gatte seinen Freund, den Räuber, dadurch, daß er sich mit einer anderen blicken ließ, darauf aufmerksam machen wollte, daß seine Gattin den Räuber längst schätze und ihn gern sähe.*« (92/93/21) Der Räuber aber widersetzt sich der Wiederbelebung seines ödipalen Kindheitsmusters, er widersteht der Versuchung, die Frau eines anderen haben zu können oder von ihr begehrt zu werden. Deshalb tut er so, als sähe er nicht, was da so fein drängend angezeigt wird, und fragt statt dessen eine Kellnerin, ob sie glaube, daß er »noch heiratsfähig« sei, denn »der Räuber dachte an nichts als an den Weg, ein braver Gatte zu werden.« Und das klingt schon beinahe nach einer Identifikation mit der väterlichen Position.

Aber was wird da für ein Gatte vorgestellt? Einer, der gern ein bißchen vor dem Räuber – »grade vor niemand anderem als vor seinem Freund, dem Räuber« – als *Casanova* aufgetreten wäre, der mit einer Freundin angeben möchte und dabei doch nichts anderes als ein braver Gatte ist. Und wie schlimm ist es nun für diesen Möchtegern-»Lebemann«, daß er glauben muß, der Räuber beachte ihn nicht, denn einzig, um von ihm »bewundert« zu werden, hat er sich so angestrengt, den Frauenhelden zu spielen. Nun muß er glauben, »man nehme ihn nicht wahr, und er hatte sich so sehr auf's Wahrgenommenwerden gefreut.« Er, als »*Gauner*«, von seinem Freund, dem *Räuber!* Man könnte meinen, daß der Erzähler hier die Position des geringgeschätzten Vaters nachzeichnet, und versteht man es so, dann wird in dieser Szene schmerzlich nachfühlbar, wie sich der Große heimlich um die Gunst des Kleinen bewerben muß. »Und als der Räuber sich nach dem casanovaspielenden braven Gatten umsah, war er weg. Offenbar hielt er's nicht aus, daß man ihn nicht anerkannte.« Heißt das: Der Vater wurde in seiner Familie nicht anerkannt und hätte daher die Liebe und Bewunderung seines Sohnes so sehr nötig gehabt? Wenn dem so ist, dann sieht man hier, wie das Problem der Vaterbeziehung den »Mutterkomplex« abzulösen beginnt. Für letzteren ist aber erst einmal entscheidend, daß der Räuber dem verlockenden Angebot des braven Gatten entsagt und sich noch einmal auf die ödipalen Aspekte seines Vaterbildes konzentriert, um die bis jetzt errungene Abgrenzung zu untermauern.

Während nämlich der Räuber »Glückimwinkelideen nährte« (93/21), wie der Erzähler solche Absichten ironisch kommentiert, »*schoß unweit eine entrüstete Frau auf ihren Gatten, weil er mit einer andern ging und sie und seine Kinder im Stich ließ*« (93/21) – hier ergeht also gewissermaßen verspätet, oder vom vorhergehenden Vaterrepräsentanten (dem casanova-spielenden Gatten) abgetrennt und auf ein anonymes Beispiel übertragen, die Rüge an den verantwortungslosen Gatten und Vater –, und ein anderer wieder schießt, weil er »das Gefühl hatte, er gehöre nirgends hin« (93/21) – d. h. weil er glaubt, er wird nicht gebraucht, geliebt, geachtet –, »auf einen Schneider, und er zielte so vorzüglich, daß der Schneider in's Herz getroffen wurde« (93/21), so daß man für die Hinterbliebenen sammeln muß; »und einer brachte wieder aus nichts als Eifersucht seine Liebste um, die ihm nach und nach die Unliebste geworden war« (93/21) – eine merkwürdige Ambivalenz macht sich hier bemerkbar: Eifersucht, auf die inzwischen Unliebste? Oder teilen sich hierin die widersprüchlichen Gefühle des Räubers mit, der doch noch eifersüchtig ist auf die ihm inzwischen unliebste Mutter, die er in seiner Haßliebe schier umbringen könnte? Und dann wieder schreibt »eine unzufriedene Gattin« eine »Geschichte (...), worin sich ihr Gatte aufknüpfte« (93/21), und nachdem die Geschichte veröffentlicht ist, gibt sie sie ihm zu lesen, woraufhin er ihr »ein schäbiges Gutmütigkeitsküßchen« (93/21) gibt. »Was es doch für *mords*friedliche Leute gibt. Sie fiel in Ohnmacht.« (93/21) Ja, das kann man wohl verstehen: solche mordsfriedliche Gutmütigkeit auf ein derart provokantes, man könnte sagen: verzweifelt provokantes Verhalten der Frau ist genau der vollständige Entzug des Gegners, den von

Matt bereits herausgearbeitet hatte[406] und der nicht nur die seelische Berührung zwischen Mann und Frau verunmöglicht, sondern auch, wie man dann wohl schließen kann, diejenige zwischen Vater und Sohn. Da wird jedenfalls hin und her gemeuchelt, da erweisen sich Verletzungen als letzte Möglichkeit der Kontaktaufnahme, und es herrscht ein Unfriede in den Ehen. Die Moral von der Geschicht: »*Bedauernswerte Frauen, die Männer haben, die nicht zornig werden können. Lieber möchte ich begraben sein, als so einen Mann haben.* Der Räuber, ha, das war einer, der doch noch hie und da aufbegehrte.« (93/21)

Aus Raumgründen verzichte ich auf die Untersuchung der herrlich frechen und gewitzten Begegnung mit Selma, die seine neue Zimmervermieterin wird und allen komisch dreisten Attacken, einschließlich seines plötzlichen Heiratsantrages (der wievielte?), ein wenig auf den Leim geht, denn in psychologischer Hinsicht könnte man sie deuten als Vorgang der Erprobung und Einübung der neu gewonnenen Selbst-Sicherheit. Hinweisen möchte ich zum Abschluß dieser vom Räuber so glänzend bestandenen Versuchung auf die eintretende Wirkung solcher Leistung:

> »Seltsam, wie es nun in uns genügelt. Auf meinem Betragen schimmert in letzter Zeit die Sonne der *Selbstzufriedenheit*. Das ist schrecklich. Aber leider scheint es sich zu bewahrheiten. Allen meinen Mängeln gegenüber bin ich von einer totalen Gnädigkeit. *Meine Selbsteinschätzung bietet eine Sehenswürdigkeit dar. Das befreundete Paar* scheint sich *ziemlich genützt* zu haben. *Früher schadete es sich.* Aus lauter Süffisantheit berechne ich, wer sich geschadet und wer sich genützt haben kann, und wo und in wiefern. Solche Gedankengänge bilden einen hohen Genuß.« (97/23)

Diese Selbstzufriedenheit von Ich-Erzähler und Räuber, von »uns«, mag man ihnen wahrhaftig gönnen. Die Frage ist, wer zu diesem befreundeten Paar zu rechnen ist. Es läge nahe, das Ich und den Räuber darin zu sehen. Die Übersetzung von Nutzen und Schaden in die Selbst-Psychologie Kohuts würde dann lauten: Der Versuch der gesunden Selbstanteile, die strukturschwachen Bereiche einer heilsamen Bearbeitung zu unterziehen, ist nützlich gewesen; früher schadete diese Strukturschwäche in bestimmten Situationen auch dem gesunden Selbstbereich durch eine mehr oder weniger umfassende Beeinträchtigung der Ich-Funktionen, auch der Möglichkeit zu dichten – und vielleicht schreibend die Überschattung der szenenbildenden Phantasie von z. B. Riesen und Unheimlichen aufzuhellen durch den strukturbildenden und das unbewußte Material in diese Struktur integrierenden Akt der Kreativität.

Damit ist der Mutter-Zyklus abgeschlossen. Der Räuber hat auch bei günstigster Gelegenheit darauf verzichtet, die Liebe der Frau eines anderen zu »rauben«. Die Verlockungen der Mutter haben – vorerst wenigstens – ihre Wirkung verloren, die Lieder der Sirene erreichen ihn nicht mehr. Nur aus der Ferne hört er manchmal leise ihren Ruf, spricht sie auch später noch in seine Gedanken hinein, malt er sie in die Bilder seiner phantastischen Welt, die immer von der Gefahr des Zer-springens, des Zusammenbrechens, der Fragmentie-rung (des Selbst) Kunde gibt.

> »Einmal, auf einem Spaziergang, *stellte sich der Räuber so vor, wie er in einem Auftrag, den ihm Edith gegeben habe, springe und springe und wie er zusammenbräche, und wie sie's sähe und nur so ein ganz klein wenig deswegen besorgt lächle,* und er fand dies zum Bezaubern, und ein anderes Mal *stellte er sich vor, wie er außer Landes gezogen sei,* sich in unbekannten Gegenden umherwerfe, durch fremde Straßen ziehe, *fremde Türen öffne* und mit fremden Menschen zu tun habe und nun an's *weithintenzurückgelassene Land* und an *Edith denke,* in einem fort, und an die *Paläste der Liebe, die er so fromm aufbaute,* und die in lauter *ehrlicher Neigung* bestanden, aus lauter Herzensfreuden, *und da ginge, ginge er nun und finde sie nicht mehr, aber vielleicht*

fände er's schön so, er unterstände sich nicht, es jetzt zu ent-
scheiden. Wir kommen passenden Platzes noch ausdrücklich hierauf sorgsam zurück.« (107/08/25)

2.4 Dritter Zyklus: Der Vater

Die Bedeutung des zweiten Zyklus liegt vor allem in einer
Verteidigung dessen, was am Ende des ersten Zyklus erreicht
worden war. Indem die größere Distanz zur Mutter ertragen und befestigt werden konnte, haben sich die neuen
»postödipalen« Strukturen vorläufig stabilisiert. Daß dieser
Ablösungsprozeß des Sohnes von der Mutter schwierig,
schmerzhaft und auch gefährlich ist, wurde gezeigt. Die
»Selbstzufriedenheit«, die der Erzähler und sein Räuber daraufhin zu erkennen geben, ist von daher sehr gut verständlich;
sie bildet nun die Ausgangsposition für den dritten und letzten
Zyklus des psychologischen Geschehens im »Räuber«-Ro-
man, der im Zeichen des Vaters steht. Und weil der in unserem Modellfall skizzierte Vaterkomplex sehr viel komplizierter strukturiert ist als die zirkuläre Beziehung zur Mutter,
dürfte es für das Verständnis des Folgenden hilfreich sein, den
theoretischen Erwartungshorizont abzustecken, innerhalb
dessen die nun einsetzende seelische Bewegung Raum erhält.
Rekapitulieren wir kurz: Die ödipale Schuld am Vater ist ab-
getragen, der Räuber ist durch einen freundschaftlichen Her-
renbesuch rehabilitiert und dadurch in die »Männergesell-
schaft« aufgenommen worden. Nun bringt die Erledigung
des ödipalen Konflikts ohne Zweifel eine *Aufwertung des
Selbst* (der Selbstrepräsentanzen) mit sich, von der der Erzähler ja auch laut und deutlich Kunde gibt (97/23). Aber genau
die somit gewonnene Aufwertung des Selbst muß jetzt der
melancholischen Seite der Vaterliebe entgegenstehen, denn
diese hatte ja durch Identifizierung mit dem geliebten Objekt, dem lieblosen Vater, eine *Abwertung des Selbst* zustande

gebracht, die dann beim Grenzgänger im Ideal des Kleinsein-
wollens zum Ausdruck kam. Es wäre also zu erwarten, daß
die Beendigung des Ödipusproblems zu einem Spannungs-
anstieg in Richtung auf den melancholischen Komplex
führt.[407]
Eine solche Störung des im ödipalen Zustand vermutlich
noch wirksamen relativen Gleichgewichts der (ödipalen ver-
sus melancholischen) Vaterstrebungen nimmt in der Situation der Versuchung seinen Anfang. Denn nicht nur bietet da
ein braver Gatte indirekt seine Frau dem Räuber zur Beglük-
kung an, sondern er ringt mit diesem Verführungsangebot
und mit der Demonstration seiner eigenen Untreue gleichsam um die Gunst, die Bewunderung und Beachtung des
Räubers! Und dieser, der gewöhnt ist, selber um die Gunst
des Vaters zu werben, muß nun, um den Entwicklungspro-
zeß nicht wieder rückgängig zu machen, das Angebot durch
Nichtachtung entwürdigen, d. h., der Räuber stellt jetzt, wie
erforderlich, unter Beweis, daß er *groß* und beständig genug
ist, den heimlich-unheimlichen (Freundschafts-)Antrag aus-
zuschlagen, was den braven Gatten ein wenig erniedrigt und
d. h. *klein* macht. Entsprechend hart werden dann auch solche kläglichen Ehemänner, »die nicht zornig werden können« und ihren Gatten- und Familienvaterpflichten nicht
nachkommen, kritisiert und herabgesetzt. Welche Umkeh-
rung des bisherigen Kräfteverhältnisses zwischen Vater und
Sohn!
Der zweite Konfliktbereich, der in dieser veränderten Situation virulent werden könnte, umfaßt die sexuellen Strebungen des Räubers. Da dieser nämlich als ein Adoleszenter im
Anschluß an den nachträglich erreichten, regulären Ausgang
des Ödipuskampfes nicht in eine psychobiologische Latenz-
phase eintritt, erhebt sich die Frage, wo die von der ödipalen
Mutter abgezogenen libidinösen Triebe untergebracht werden. Eine Neubesetzung ist nicht so geschwind möglich,
selbst wenn Edith potentiell dafür zur Verfügung stünde.

Wahrscheinlicher dagegen ist, daß dieses freigewordene Quantum Libido jetzt den latenten homoerotischen Strebungen zufließt, was dann zur Verstärkung der auf den Vater gerichteten Liebesbedürfnisse führt, und es ist zu vermuten, daß diese Bedürfnisse in irgendeiner Form abgewehrt und unterdrückt werden müssen.

Um es gleich vorwegzunehmen: die Analyse der psychischen Prozesse im dritten Zyklus kam zu dem Ergebnis, daß die Harmonisierung dieser komplizierten und zum Teil kontradiktorischen Beziehungsmuster nicht gelingt, beziehungsweise daß der Versuch einer Bewältigung ihrer Unverträglichkeiten an seinem höchsten Spannungspunkt abgebrochen wird und in einer kurzfristigen Depression erstickt. Was dies für die in diesem Roman explorierte »psychosexuelle Entwicklung« überhaupt bedeutet, soll dann im dritten Kapitel dieses Teils erörtert werden.

2.4.1 *Die Folgen der Armut*

Wir hatten am Ende des Mutter-Zyklus einen deutlichen Zuwachs an Selbstzufriedenheit des Erzähler-Räuber-Gespanns festgestellt, und wahrscheinlich macht jetzt genau diese Aufwertung des Selbst eine Begegnung mit den *Eltern* des Räubers möglich. Man kann in unserem Fall unterstellen, daß dazu Mut erforderlich ist, zumal es sich nicht um ein beschönigend aufpoliertes Erinnerungsbild handelt. Jedenfalls wird hier die Kindheitsgeschichte des Räubers offenbar in ihren wesentlichen Aspekten so kritisch wie schmerzlich ins Bewußtsein gehoben, wobei dann – dem Stand der Entwicklung entsprechend – die Mutter nur noch eine marginale Rolle spielt:

»Des Räubers Mutter *schrieb* in ihrer Jugend in einem *kleinen, spärlich erhellten Stübchen, tief hinten in der Wala-*

chei, ihre Schulaufgaben. Auch aus diesem Grund scheint
man ihm dies bißchen Vertrauen, das er genossen hat,
gebieterisch entzogen zu haben. Ob das durchaus nötig
gewesen ist? Und dann noch das, *sein Vater hatte keinen
geschäftlichen Erfolg. Hauptsächlich deswegen* also sind
dem Räuber seine *zierlichen Epauletten abgenommen* worden und ist er zum *Stubenmädchen degradiert* worden.
Alle seine Freunde waren gegen alle diese *Schonungslosigkeiten* machtlos. Wer sich als sein Freund auswies,
machte sich gesellschaftlich unmöglich. In eine *Magd*
also wurde er *verwandelt.* Es scheint, daß er in einer
Schürze umherlief, und es scheint zugleich, daß er sich
dieses lieblichen Schmuckes aufrichtig *freute.* Er nahm
sich ja auch eigentümlicherweise ganz vorzüglich darin
aus. Also *weil sein Vater gutherzig und arm war – o Gott.*
Wir brauchen das übrige nicht zu wiederholen. Wie oft
sprach *die liebe Edith* zu ihnen: ›Schweigt!‹ Doch *sie hätten lieber alles andere getan, als daß sie das Räuberchen, das so
unglaublich zarte, in Ruhe und Frieden gelassen hätten.
›Lump‹ war noch das Zärtlichste, was sie ihm sagten.* Und
warum sagten sie ihm das? Ganz einfach deshalb, *weil
ihm   immer   noch   kein   passender   Roman   erstand.*«
(108/09/26)

Die Deutung der ersten Sätze müßte im Spekulativen verbleiben, da vorerst keine Bezugspunkte auftauchen, die dieses
Schulaufgabenschreiben der jugendlichen Mutter im »spärlich erhellten Stübchen, tief hinten in der Walachei« und die
Kausalität des anschließend vermerkten Vertrauensentzuges
in ein helleres Licht stellen könnten. Da aber die Mutter mit
diesem Hinweis auch schon abgehandelt ist, möchte ich auf
jede ungesicherte Interpretation verzichten und nur allgemein
bemerken, daß hier nochmals die Distanz zwischen dem Räuber und der Mutter unterstrichen wird. Er verbringt sie in ihre
weit zurückliegende Jugend, in die weit entfernte Walachei,
vielleicht auch, damit sie seine nunmehr anstehende Auseinandersetzung mit dem Vater nicht stören kann, und dort hat
sie im kleinen Stübchen ihre bittere Lektion zu lernen: der
Räuber ist – vorerst – ihrem unmittelbaren Einfluß entwichen.

Dann erst kommt das eigentliche Thema dieses Abschnitts zur Sprache: der Vater. Zunächst wird vermerkt, daß der Vater »keinen geschäftlichen Erfolg« gehabt hat, und was dies für die seelische Entwicklung des Sohnes bedeutet, wurde ausführlich in Teil I gezeigt. Im Alltag macht sich das ruinöse Geschäftsgebaren des Vaters dem Sohn dadurch bemerkbar, daß ihm die »zierlichen Epauletten« abgenommen werden: er wird »degradiert«, und wer sich von da an noch als sein Freund zu erkennen gibt, »machte sich gesellschaftlich unmöglich«. Ein »Stubenmädchen« hat der Vater aus ihm gemacht! Ein Stubenmädchen, das vielleicht der Mutter in ihrem »Stübchen« zur Hand gehen muß, anstatt mit den Freunden in der Stadt auf Abenteuer ausziehen zu können, wie es einem richtigen Räuber ansteht. Das ist der Verrat des Vaters an des Sohnes Männlichkeit. Aber – und hier enthüllt der Vorwurf seine zweite, tieferreichende Anklage – seine Verwandlung in eine »Magd« scheint ihn zugleich aufrichtig gefreut zu haben, denn schließlich war der arme Vater ja auch »gutherzig«, so daß der Sohn wiederum gern die Konsequenzen der väterlichen Mißwirtschaft auf sich nahm und ihn trotz aller erfahrener »Schonungslosigkeiten« liebte. Und natürlich wollte auch er sich vom Vater geliebt fühlen – »o Gott. Wir brauchen das übrige nicht zu wiederholen.«

Edith setzt der elterlichen Einsprache in die Seelenruhe des Räubers ihr »Schweigt!« entgegen. »Doch sie hätten lieber alles andere getan« – und darin verrät sich ein sadistischer Zug dieses elterlichen Verhaltens –, »als daß sie das Räuberchen, das so unglaublich zarte« – was auf seine Kindlichkeit hinweist –, »in Ruhe und Frieden gelassen hätten« – wobei dies doch das Mindeste ist, was ein Kind erwarten können sollte, wenn es schon keine Liebe findet. »Lump war noch das Zärtlichste«, was sie diesem zarten Räuberchen sagten, und all dies nur, so behauptet der Erzähler, »weil ihm immer noch kein passender Roman erstand.« D. h., schon im Kind entsteht die verzweifelte Hoffnung, daß es eine *Geschichte* geben müsse, die es nur erst zu (er-)finden gelte, die diese Vorwürfe und Lieblosigkeiten *erklären,* es aus seinem Dilemma befreien und zugleich mit dem eigenen den Mangel an Erfolg und Glück der Eltern ausgleichen könnte. Und weil ihm dieser Roman (»Roman« wäre hier vielleicht auch als *Liebes*geschichte aufzufassen), der einen Ausweg aus allem unverständlichen Leid, aus seinem Lumpendasein eröffnen soll, noch nicht eingefallen ist, »*raubte* (der Räuber, CSH) dann Geschichten, indem er immer solche kleinen Volksbüchlein las und sich aus den gelesenen Erzählungen ureigene zurechtmachte, wobei er lachte.« (37/8)

> »Einst, ganz früh, hatte freilich seinerseits der Räuber einmal *einen Herrn angeherrscht, nicht mündlich, sondern bloß brieflich,* aber das bleibt sich gleich. Später wurde ihm speziell *diese Verfehlung stark angestrichen. Aber daß sein Vater arm war, das, das war unverzeihlich. Alles andere würde man ihm haben verzeihen können, nur das nicht, denn das war ja einfach gräßlich. Armut ist in einer Epoche der allgemeinen Verarmtheit haarsträubend. Es gibt in solch einer Zeit gar kein größeres Verbrechen. Und die Armseligkeiten, d. h. Sünden der Väter werden an den Kindern heimgesucht,* bis in's ich weiß nicht wievielte Glied, meinetwegen bis in's hundertste. Wenn *der gute brave Vater* das gewußt hätte, doch lieber jetzt still davon.« (109/26)

Deutlicher noch als im vorher zitierten Abschnitt fällt jetzt die Klage über die Armut des Vaters auf, und daß sie als unverzeihlich, gräßlich, haarsträubend, ja als Verbrechen und Sünde bezeichnet wird, macht eindrücklich auf die davon zurückbehaltene tiefe Verletzung des Kindes aufmerksam. Zugleich erinnert sie an die bereits mehrfach erwähnte Verarmungsangst des Melancholikers, der, wie Freud erkannte, unter einer besonderen »Ichverarmung« leidet[408]. In Teil I wurde ausführlich dargestellt, warum der Melancholiker sich selber all der Versäumnisse beschuldigt, die er dem einstigen Geliebten zur Last legt. Hier aber fällt nun auf, daß nicht das Ich den Räuber oder dieser sich selber anklagt, sondern der Vorwurf richtet sich direkt an den Vater, *er* hat das »Verbrechen« der Armut an seinen Kindern begangen, und sie haben nun darunter zu leiden »bis in's ich weiß nicht wievielte Glied, meinetwegen bis in's hundertste«. Wenn man nun bedenkt, wieviel ausdauernde therapeutische Arbeit im Falle einer melancholischen Erkrankung geleistet werden muß, bis der Patient in die Lage kommt, seine Aggressionen anstatt gegen sich selbst auf die eigentlichen Adressaten, die unbefriedigenden Objekte seiner Umwelt, zu richten, dann erscheint die Tatsache der Vaterbeschimpfung in psychologischer Hinsicht durchaus im Lichte eines Fortschritts; insofern könnte nach dem Freudschen Melancholieverständnis diese Textstelle ein Hinweis darauf sein, daß ein einziges Mal wenigstens die für den melancholischen Mechanismus charakteristische narzißtische Identifikation mit dem enttäuschenden Objekt »rückgängig« gemacht wurde, wodurch es endlich einem direkten und gezielten Angriff zugänglich wird; und das wiederum mag eine Folge der Selbst-Distanzierung von den Aspekten der fusionierenden Inzest-Mutter und der Erledigung des Ödipuskomplexes sein. Dabei ist allerdings zu berücksichtigen, daß nach wie vor das *Ich* über diese dem Räuber zugemutete Armut *klagt,* der melancholische Zustand also nicht beendet ist. Der nächste Schritt müßte eigentlich darin bestehen, daß der *Räuber* dem Vater die einstigen Versäumnisse vorwirft, und dieser hatte ja auch schon einmal, »einst, ganz früh (...) einen Herrn angeherrscht, nicht mündlich, sondern bloß brieflich«, was ihm dann später als »Verfehlung stark angestrichen« wurde. Man könnte vielleicht sagen, damals bildeten der Räuber und das Ich noch eine Einheit, zum jetzigen Zeitpunkt ist nur der Erzähler imstande, Kritik am Vater zu üben, die übrigens sogleich wieder abgemildert wird, denn er räumt ein, daß »der gute brave Vater« wohl nicht gewußt habe, welchen Schaden er mit dieser Armut bei seinen Kindern anrichtete. Das Verbrechen ist also aus Ahnungslosigkeit begangen worden – und in dieser Zurücknahme seiner Anklage könnte dann gerade der für die Melancholie entscheidende Ambivalenzkonflikt zum Ausdruck kommen.

Jedenfalls scheint die Möglichkeit zur Verklagung des Vaters im Zusammenhang mit der erwähnten Aufwertung der Selbstimago (der »Selbstzufriedenheit«) zu stehen. Denn diese kommt nach Jacobson – aufgrund einer Tendenz zur Triebentmischung – nur dadurch zustande, daß sich »die libidinöse Besetzung vom Objekt auf die Selbstimago verlagert«[409], während sich die Aggression nach draußen, d. h. auf die Objekte und Ersatzobjekte der Außenwelt, entlädt. Die Folge der damit verbundenen aggressiven Besetzung der Objektrepräsentanzen ist aber, daß sie die zum Schutz des hilflosen Selbst unbedingt notwendige gute, idealisierte Objektimago entwertet, weshalb dieser Vorgang alsbald rückgängig gemacht werden muß: die Objektimago wird wieder libidinös überbesetzt (der Vater ist wieder der gute, brave, liebe Vater), und die aggressiven Triebe richten sich erneut gegen die Selbstrepräsentanzen. »Somit kann jede Aggression, die sich in den manisch-depressiven Patienten regt, ihr empfindliches narzißtisches Gleichgewicht erschüttern und einen Regressionsvorgang auslösen, der zu einer Depression führt.«[410] So weit geht der Erzähler an dieser Stelle allerdings noch nicht, und man muß beim Rückgriff auf solche metapsychologischen Konzepte in der hier versuchten konkreten Textanalyse immer im Auge behalten, daß damit in keinem Fall eine diagnostische Absicht verknüpft ist; es geht vielmehr lediglich darum, das Verständnis für die Psycho-Logik des Romangeschehens zu vertiefen und die Reichweite der Bedeutung und Besonderheit einer Textpassage zu erkennen, wobei die befragten Theorien aufschlußreich sein können.

Darum zurück zu unserem letzten Zitat, denn es ist auch hier wie immer bei Walser zu beachten, daß jede Aussage durch eine in ihr bereits enthaltene gegensinnige wieder aufgehoben oder breiter aufgefächert sein könnte. Und so muß man denn auch fragen, ob diese gräßliche Sünde, die dem Vater zugeschrieben wird, sein großes Verbrechen, wirklich ein Verbrechen, eine Sünde gewesen ist? Denn wie auch sollte einer »in einer Epoche der *allgemeinen* Verarmtheit« nicht verarmt sein? Wurde die väterliche Armut vielleicht erst durch die Vorwürfe der darüber klagenden Mutter so unverzeihlich? Und entpuppt sich damit das, was der Erzähler dem Vater am meisten zur Last legt, nämlich seine Armut, gerade als ein absurder Vorwurf, der letztlich nur dem Zweck dient, den Vater vor jeder Beschuldigung überhaupt in Schutz zu nehmen? Deutet man diese Stelle also nach der für Walser typischen Ironie, dann muß man etwa lesen: alles, was der Vater tat, war verzeihlich, nur einzig seine Armut nicht – da aber Armut in Zeiten allgemeiner Verarmtheit nicht mehr so ohne weiteres nur als eigenes Verschulden betrachtet werden kann, ist auch die Armut, mithin alles väterliche Handeln verzeihlich. Es bleibt zuletzt doch beim »guten braven Vater«. Eine kleine Einschränkung wäre dieser Auffassung jedoch nachzuschicken: es ist immerhin nicht nur von Armut, sondern auch von »Armseligkeiten« die Rede, und diese betreffen ja eher moralische und charakterliche als ökonomische Qualitäten.

> »Zu etwas anderem. O *jener alte zerzauste Hund* in jenem Roman. Aber was gehen uns *Romane andrer Autoren* an? Hier handelt sich's um den unsrigen, der davon handelt, daß vielleicht *zeitweise der Räuber wirklich ein Mädchen, so eine Art Mägdlein geworden war.* Ich sage: zeitweise, und aller Wahrscheinlichkeit nach *nur innerlich,* so aus der Gabe der *Anschmiegung,* da es *dringend nötig* war, daß er sich allen diesen *Verfolgungen* zart anpaßte, was ihm ja denn auch größtenteils glückte. Er studierte die Manieren, die Mienen, Bewegungen, Gesichter, die Auffassungsweisen der Mädchen mit, man darf schon dreist sagen, beispiellosem Erfolg, indem er sie nachahmte.

Wenn z. B. Mädchen ausgelacht, *verhöhnt* werden, so gefallen sie sich sozusagen in diesem Verhöhntwerden, sie finden es lustig. Solches und andere Eigenheit[en] merkte er sich sehr genau und *umgürtete sich damit wie mit einer Art Waffe.* Er nannte das für sich backfischeln, und so backfischelte er denn heiter drauflos und *erhielt sich doch immerhin dabei geistig gesund.* Backfischeln ist natürlich nicht leicht, ich möchte keinem anraten, es zu probieren, *man muß dabei furchtbar auf sich aufpassen...«* (109/10/26)

»Zu etwas anderem«, will der Erzähler kommen, oder, wie es im Satz davor heißt: »doch lieber jetzt still davon« – und »davon«, das ist die traurige Geschichte vom armseligen Vater. Aber was fällt ihm anderes ein? Nur »jener alte zerzauste Hund«, und schon ist das Ich wieder bei den Folgen der väterlichen Unterlassungssünden: der Räuber wurde ihretwegen nämlich »so eine Art Mägdlein (...) zeitweise, und aller Wahrscheinlichkeit nach nur innerlich«, und das bedeutet: der Vater hat die Entwicklung seines Sohnes zur Männlichkeit nicht gefördert, er hat ihn vor den tatsächlichen oder phantasierten Verfolgungen durch die fusionierende Mutter nicht in Schutz genommen, nicht herausgelöst aus der Dualunion des Anfangszustands, und deshalb blieb der Sohn »aus der Gabe der Anschmiegung« mit der mütterlichen Position identifiziert und kam von seinen femininen, auf den Vater gerichteten Strebungen nicht los. Und diese Fixierung seiner weiblichen Komponente verbindet sich, wie der Text deutlich macht, mit dem von Freud sogenannten »femininen Masochismus«, der seine *Lust* aus der *Erniedrigung, z. B.* aus einem »Verhöhntwerden«, bezieht[411]. Damit wird die zugefügte Verletzung zum Geschenk umgedeutet. Und möglicherweise ist es gerade diese masochistische Seite seines Wesens, die ein Ausleben der homoerotischen Bedürfnisse unterbindet – etwa auch im Sinne Baks, der » ›die Regression sublimierter Homosexualität auf den Masochismus‹ als ›erste Abwehrmaßnahme des Ichs‹ «[412] versteht. Jedenfalls bildet der Räuber eine Geschicklichkeit im »Backfischeln« heraus »und umgürtete sich damit, wie mit einer Art Waffe«. Diese Waffe der »masochistischen Femininität« mag als Selbstschutz gegenüber inzestuösen Forderungen der Mutter dienen, sie soll aber zugleich auch als weibliche Waffe der Liebe den begehrten Vater ins Herz treffen und aus dem Ausbleiben seiner Zuwendung dem Sohn eine heimliche Lust erjagen.

Man sieht: in solcher Strategie der Selbstverteidigung wohnt eine geheime zersetzende Kraft, die an den auf das Kind einwirkenden destruktiven Kräften der es umgebenden Welt gewachsen ist und dem Räuber offenbar den einzig noch offenen Weg gezeigt hat, »sich doch immerhin dabei geistig gesund« zu erhalten. Der Ich-Erzähler weiß aber auch, daß solche Rettungsmaßnahmen, wie das »Backfischeln«, für einen selbst äußerst gefährlich werden können: »man muß dabei furchtbar auf sich aufpassen« – sonst fällt man am Ende der eigenen Waffe zum Opfer.

> »*Weswegen wurde er zum Räuber? Weil sein Vater herzensgut, aber arm war.* Und so hat er denn leider hie und da *mit nichts als seinem Witz Verfolger von oben bis unten zerspalten,* wofür er jegliche *Verantwortung* ohne Murren übernimmt. Der Räuber ist nämlich zu fein veranlagt, um ein *großes Gewissen* zu haben, *er hat nur ein ganz leichtes, kleines, er spürt es kaum,* und weil es ein so zweigiges schmiegeliges Gewissen ist, plagt es ihn auch gar nicht, und er ist natürlich darüber herzlich froh.« (110/26)

Zwei in unserem Zusammenhang interessante Probleme werden hier noch zum Ende der Kindheits- und Vatergeschichte des Räubers angesprochen: der Spaltungsvorgang (im ersten Zyklus war dargestellt worden, wie sich die Verfolgungsideen aufgrund von Spaltungsprozessen bilden, und hier werden nun wiederum die Verfolger »von oben bis unten zerspalten«) und das Gewissen, das beim Räuber so leicht zu sein scheint, daß er es kaum spürt, daß es ihn nicht plagt.

Mit Freuds Überlegungen zum Masochismus läßt sich dies durchaus psychologisch erklären:

> »Gewissen und Moral sind durch Überwindung, Desexualisierung des Ödipuskomplexes entstanden; durch den moralischen Masochismus wird die Moral wieder sexualisiert, der Ödipuskomplex wieder neu belebt, eine Regression von der Moral zum Ödipuskomplex angebahnt. (...) Der Einzelne kann zwar neben seinem Masochismus sein volles oder ein gewisses Maß von Sittlichkeit bewahrt haben, es kann aber auch ein gutes Stück seines Gewissens an den Masochismus verloren gegangen sein.«[413]

Sicher wäre es sehr gewagt zu behaupten, daß sich nach der im vorigen kurz aufscheinenden masochistischen Tendenz, der Lust am »Verhöhntwerden«, die von Freud beobachtete Regression »von der Moral zum Ödipuskomplex« direkt am Text nachzeichnen lasse. Allerdings wird im Anschluß an den eben besprochenen Abschnitt über eine Dreierkonstellation in einer Oper reflektiert, vermutlich Mozarts »Entführung aus dem Serail«, die durchaus Assoziationen zur Ödipusproblematik aufkommen läßt. Zwar fällt es dem Erzähler nicht erst an dieser Stelle ein, vom Opernbesuch zu berichten, aber er berichtet jedenfalls erst *hier* davon, und zudem stehen die zuvor getätigten Ankündigungen – die erste (56/13) kurz vor der Schilderung des Duells mit Willi, die zweite und dritte (93/21 und 97/22) im Anschluß an die bestandene Situation der Versuchung – in einem engen Zusammenhang mit den von uns so gedeuteten Ödipusvariationen. Wenn also der jetzt erzählte Opernbesuch nach Freuds Überlegungen zum Masochismus als Regression der Moral auf den Ödipuskomplex aufgefaßt werden könnte, dann würde dies zunächst einmal nur die Stellung dieser Passage im psychologischen Ablauf des Romangeschehens erklären. Außerdem ist aber bemerkenswert, daß im Gegensatz zu den bisherigen triadischen Situationen, in die der Räuber direkt involviert war, die Triangulierung des Liebesgeschehens nun in Distanz, d. h. auf die Bühne, verbracht wird, wodurch es dann dem Opernbesucher, der sich »mit Aug und Ohr über die Balustrade« lehnt, um doch »den Vorgängen näher zu sein« (110/26), möglich ist, einmal in der Ruhe des nicht unmittelbar Betroffenseins aufmerksam zu verfolgen, wie das Problem der geschilderten Szene einer schönen Lösung zugeführt wird. Es wäre also zu überlegen, in welcher Beziehung dieser Opernausschnitt zur Kindheitsgeschichte des Räubers stehen könnte und ob nicht das Ich mit seiner besonderen Interpretation des Bühnenvorgangs, die vielleicht in erster Linie dem Räuber gilt – »hier steht er nun« (110/26) –, eine gezielte Gegenbewegung zur oben festgestellten Gewissensschwäche des Räubers unternimmt.

»Es handelte sich da um einen wahren *Engel,* den ein *schöner mächtiger Mensch gefangen hielt.* Der Engel trug übrigens, wie das ja im *Orient* Sitte war, *weitfaltige Hosen, und die Schuhspitzen krümmten sich nach oben, es war eine Art Kinderpantöffelchen, und nach kurzer Zeit tat mir, ich weiß nicht recht warum, der Machthaber leid,* er benahm sich ja erstens sehr, sehr gut, und vielleicht mußte er ja im Grunde seines Gedankenlebens *wissen, wie machtlos alle seine Macht sei. Er kam mir vor, als erliege er einer schönen Krankheit, der Wehmut.* ›Kannst du mich unmöglich lieben, Teure?‹ So sang er. ›Was hätte ich nötig darauf zu antworten‹, sang sie, ›da du es weißt. Du weißt ja auch unter anderem, daß *der Befreier in allernächster Nähe ist, und wie du nichts gegen ihn vermagst, trotz all deines Reichtums, und wie dein Rang und deine Stellung an seiner unermüdlichen Liebe zersplittern. Du fühlst ja, wie hoch und wie mächtig die Liebe ist.‹ Sie sang immer wieder nur eines, und* es war doch immer etwas Neues, *sie sprach und sang das Gleiche ungleich, und nun kam der Liebende, und mit einem Sturm gemilderten Siegens, mit stürmischem Selbstbezwingen umarmte er sie singend, sang sich in die Umarmung. Ehe er an sie sinken durfte, mußte er also zuerst singen,* mußte sich *im Schönen üben, er hätte sie nie umarmen dürfen, bevor ihm nicht die Umarmungsarie gelungen wäre.* Wie er dann *in sein eigenes Singen sank,* denn *seine Geliebte war ja der Ge-*

genstand seines Gesanges, war sein Gefühl, Gesang und seine Welt, seine eigene Seele. Sie war ja er, und er war ja sie, und wenn sie nun auch zusammen unglücklich würden, so gehörten sie zusammen, und wenn jener Mächtige sie auch glücklicher gemacht haben könnte, so löste das Gebot, das mit Buchstaben aufgezeichnet worden war, sie von ihm los, und wenn sie ins Unglück gegangen wären, so war das Unglück ein Glück für sie, denn die Liebe ist viel, viel mehr als Glück, sie ist ein Eigentum und ein Eigenes, *ein Nichtanderskönnen, ein süßes Müssen, ein grandioses Geringfügigsein,* und so hätte ich denn doch schon etwas näher von der Oper gesprochen.« (110/11/26)

Mir scheint, hier versucht der Erzähler, den Räuber und die in ihm zankenden Eltern, respektive die verschiedenen, sich bekämpfenden Bedürfnisse zu versöhnen, indem er die in diesem Stadium der »Entwicklung« offenbar hochnotwendige Katharsis gerade über eine Ästhetisierung der psychischen Konflikte anstrebt. Und so komplex das szenische Geschehen in der Oper sich darstellt, so klar gehen doch die damit intendierten Lösungsvorschläge daraus hervor.

Zunächst zur Figur des Machthabers. Handelt es sich um Mozarts »Entführung aus dem Serail«, dann ist er nicht der Gatte dieses orientalisch gekleideten Engels, d. h., er hat eigentlich keine legitimen Ansprüche auf seine Geliebte, was hinsichtlich des Ödipuskonflikts eine Entschärfung der Beziehung zwischen Vater und Sohn bedeuten würde. Sieht man nun von diesem Aspekt ab, dann kommt immerhin noch zur Geltung, daß dieser »schöne mächtige Mensch« die Frau, die er gefangenhält, liebt, und er liebt sie vielleicht ebenso sehr, wie der von ihr geliebte Befreier, an den er sie verliert. Im Gegensatz zu des Räubers Vater ist der Machthaber reich, aber all sein Reichtum, mit dem er sie vielleicht sogar hätte »glücklicher« machen können als der andere, kann ihm nicht die Liebe dieses schönen Engels gewinnen helfen. Mit anderen Worten: arm oder reich, gleichviel, die Liebe selber ist »ein Eigentum und ein Eigenes« und nicht mit Geld zu erwerben. Darin steckt eine Entschuldigung für den Vater: seine geschäftliche Untüchtigkeit hätte ihn nicht die Liebe seiner Frau kosten dürfen. Nun benimmt er sich aber in seiner Position als verschmähter Liebhaber »sehr, sehr gut«, und das *Ich* hat mit ihm und seiner ohnmächtigen Macht *Mitleid,* wenn er schließlich, »als erliege er einer schönen Krankheit, der Wehmut«, auf die Liebe dieses Engels verzichtet. Und das ist vielleicht die wichtigste Funktion dieser Figur, daß sie ein positives Identifikationsangebot enthält (er benimmt sich »sehr, sehr gut«), das in der Form des Mitleids bereits eingelöst ist. Der Sohn kann sich also mit dem Vater identifizieren, um so mehr, als dieser seine Machtposition nicht gewaltsam durchsetzt. Aber: es ist eine Identifikation mit dem Verlierer, mit der Wehmut – und damit wäre der Melancholieaspekt wieder eingeholt.[414]

Die Geliebte in »Kinderpantöffelchen« ist nun von schnöder Kälte und Einförmigkeit: » ›Was hätte ich nötig darauf zu antworten‹ « – nichts anderes fällt ihr auf die traurige Klage des Abgewiesenen ein, und was immer sie von der Liebe ihres Befreiers singt, es ist immer das gleiche, wenn auch ungleich vorgetragen. Aber: sie (und in ihr die Mutter?) setzt ihren Willen durch, sie findet die Erfüllung ihrer Liebe. Doch in welcher Form?

Und »nun kam der Liebende«, so beginnt der folgende Text sich dramatisch aufzugipfeln, und entwickelt dabei ein zweites Identifikationsangebot in der Figur des geliebten Befreiers, der sich nun »mit einem Sturm *gemilderten Siegens,* mit *stürmischem Selbstbezwingen*« in ihre Umarmung hineinsingt. Und es wird dabei ausdrücklich bemerkt: »Ehe er an sie sinken durfte, mußte er also *zuerst singen,* mußte sich *im Schönen üben,* er hätte sie *nie* umarmen dürfen, *bevor ihm nicht die Umarmungsarie* gelungen wäre«, d. h. für den Räuber: *jetzt* darf er die Mutter noch nicht umarmen, »weil ihm noch immer kein passender Roman erstand.« (109/26) Damit aber entwirft diese Liebesarie eine Lösung und Kultivierung der einstmals grell verzerrenden psychosexuellen Spannungen aus den Tagen der Kindheit zu Beginn des Romans, die Sublimierung der rohen Triebe in die Kraft der Poesie, und diese Sublimierung lautet: »Wie er dann *in sein eigenes Singen sank,* denn seine Geliebte war ja der Gegenstand seines Gesanges, war sein *Gefühl, Gesang* und seine *Welt,* seine eigene *Seele.*« Diese »Verschmelzung« mit dem geliebten Objekt *ist die Kunst* – sie nur »ist das Gebot, das *mit Buchstaben* aufgezeichnet worden war« und das die Geliebte von ihrem Machthaber loslöst, d. h., nicht ganz und für immer muß er auf die Mutter verzichten, aber nur im Rahmen der Kunst ist die Vereinigung mit der ödipalen Mutter erlaubt und möglich und auch (für den Grenzgänger) notwendig, denn es ist »ein Nichtanderskönnen, ein süßes Müssen, ein *grandioses Geringfügigsein*«.

Damit hat diese Opernbetrachtung ein echtes Kunststück vollbracht: sie hat erstens die Rehabilitierung des machtlosen Vaters, zweitens die Befriedung der unzufriedenen (inzestuösen) Mutter und drittens die Versöhnung des Sohnes mit beiden durch mitleidige Identifikation mit dem Vater und die Sublimierung seiner Liebe zur Mutter in einer Szene harmonisch verbunden. – Oder wäre hier die andere Verständnisvariante zu berücksichtigen: der Räuber als verschmähter Liebhaber und der Vater als geliebter Befreier? Wie dem auch sein mag, die handfesten Schwierigkeiten einer im psychoanalytischen Sinne klassischen Ödipuskonstellation kann der Ich-Erzähler hier vernachlässigen, weil es ihm jetzt – so wäre vor dem Hintergrund der Freudschen Überlegungen zu vermuten – um die Befestigung einer *moralischen* Lösung geht. Zwei Wege werden dafür angeboten, die beide aus dem alten Dilemma zu führen versprechen: die Größe des vollständigen Verzichts und die Sublimierung der Liebe in der Kunst – und es ist wohl keine Frage, für welchen Weg sich der Erzähler und Dichter entscheidet. Nach der erinnernd durchlebten und durchlittenen Wiederbegegnung mit den Eltern des Räubers muß dieses Opernglück ein schöner An- und Ausblick und Sinnbild einer reiferen Form der Liebe sein.

Das sieht schon fast nach einem Happy-End aus. Aber man täusche sich nicht, sondern überdenke nochmals kurz die psychologische Struktur dieses ganzen Abschnitts. Und da fällt sogleich auf, daß hier fast ausschließlich das Ich zu Wort kommt – dies entspräche etwa der Abrechnung des Erzählers mit Edith im zweiten Zyklus –, und das bedeutet, daß der Räuber sich den in dieser Erzählphase vorgetragenen Problemen erst noch selber stellen muß. Daß sie vom Ich scheinbar bewältigt werden, ist verständlich, wenn man für es den strukturstarken Selbstbereich in Anschlag bringt. Scheinbar, sage ich, denn es macht den Eindruck, als ob der melancholische Aspekt, obwohl er vom Erzähler aus der Distanz behandelt wird, d. h. als Bericht über einen anderen, den Räuber, und damit nicht aus eigener Betroffenheit heraus, vorzeitig abgebrochen wird (als Klage über des Vaters Armut) oder unbewußt wieder eingeholt wird (als Identifikation mit dem wehmütigen Verlierer) oder zumindest abgelöst wird vom Problemkreis Homosexualität und Masochismus, für den dann interessanterweise der Räuber direkt figuriert. Meine Vermutung wäre jedenfalls, daß die Konturen der masochistisch getönten Homosexualität dem Erzähler klarer faßbar sind als das Problem der Melancholie, die genetisch wahrscheinlich früher, d. h. in der prääodipalen Phase des Kindes, ihren Anfang nimmt, so daß zu befürchten ist, daß diese sich einer direkten Bearbeitung letztlich doch entzieht. Aber wahrscheinlich läßt sich dies alles gar nicht so klar voneinander trennen, wie es die Theorie glauben machen könnte. Und vielleicht ist es auch so, daß der melancholische Angriff des Erzählers auf den Vater des Räubers in seiner Klage über dessen Armut das ödipale Angriffsschema mit ausgelöst hat, möglicherweise weil eine Störung des relativen Gleichgewichts zwischen den melancholischen und ödipalen Komplexen das ganze System des Unbewußten in Aufruhr bringt, und das würde die Unmöglichkeit einer isolierten Bearbeitung der Melancholie verdeutlichen. So weit, so vage hier die theoretischen Überlegungen; sie sollen nicht mehr als zur Vorsicht in der Beurteilung des oben erzielten Opernglücks mahnen. Und so lese man denn mit besonderer Beachtung der sich darin mitteilenden Stimmungslage die letzten Sätze dieses bedeutungsvollen Abschnitts:

> »Ganz im Anfang seines *hiesigen* Aufenthaltes geriet der Räuber, nebenbei bemerkt, *in einen Garten,* wo ein *statuengezierter Brunnen* unter *entlaubten Bäumen* stand. Es war damal[s] März. Und *er glich damals noch so einem Anfänger,* der noch *von seiner Umgebung gar kein Bild hatte,* und dann *kam er auf einen Hügel hinauf* und fand da *ein Denkmal.* Es war der *Denkstein eines Generals,* und der Räuber las die *Inschrift,* die in den Stein eingehauen war, und wunderte sich zugleich, daß *kein Aufseher komme und ihn etwa fortjage.* Nein, *es jagte ihn niemand fort.* Das fand er damals sehr artig von den Umständen. Ja, es kommt viel auf's *Weben von Umständen* an. ›Unter Umständen‹, das ist ein wichtiges Wort.« (111/12/26)

2.4.2 *Der berechtigte Zorn*

Wie sind die Umstände beschaffen, in denen der Räuber sich jetzt befindet? Offenbar neuartig, vielleicht ein wenig fremd, er gleicht darin »einem Anfänger, der noch von seiner Umgebung gar kein Bild hatte«. Immerhin jagt ihn keiner fort, er kann in Ruhe die Inschrift auf einem »Denkstein eines Generals« lesen. Später wird er sich allerdings von einem Offizier provozieren und zu einem Wutanfall hinreißen lassen. Aber diese Begegnung muß noch vorbereitet werden, und so schickt der Erzähler seinen Räuber zunächst einmal, wie beabsichtigt (72/15), zu einem Arzt, den wir als »Seelenarzt« verstanden haben. Einem Nerven- und Gemütsarzt war der Räuber bereits zu Beginn des dritten Zyklus begegnet

(103/24); es handelte sich dabei um einen ehemaligen Schulkameraden, der es in seinem Beruf zu einem ansehnlichen Erfolg gebracht hatte, mit dem jetzigen Arzt des Räubers aber sicher nicht identisch ist. Diesem trägt nun der Räuber seine psychischen und sexuellen Probleme vor. Wir hatten diesen Abschnitt schon ausführlich besprochen[415], weshalb hier nur nochmals das an dieser Stelle entscheidende Moment für seine Konsultation herausgegriffen werden soll:

> »›Ich hätte sie also hier mit einem *Widerspruch* bekannt gemacht, und *der Knabe in mir benimmt sich sehr oft ungezogen, was für mich natürlich ein Vergnügen ist,* aber nun liebe ich bei all diesen *Wesensverzweigtheiten* ein Mädchen, und zwar rein und herzlich, mächtig und zugleich sanft, *so wie's sich für einen braven Menschen schickt,* aber *meine Sinne sind dabei vollkommen ruhig,* und ich bin *aus diesem Grund vor ihr ohnmächtig.* Diese Ohnmacht anerkenne ich aber in keiner Weise, *sie spielt für mich keine Rolle, und doch fällt sie in's Gewicht und ist entscheidend und entscheidet wieder nicht das Kleinste, aber auch dieser Umstand macht mich nicht unglücklich –– ‹«* (115/27).

Worin also bestehen die seelischen Widersprüche, die mit Hilfe des Arztes, wenn möglich, einer harmonisierenden Angleichung zugeführt werden sollen? Das Hauptproblem ist, so könnte man sagen, ein Konflikt zwischen dem Ich und dem Er: das Ich will den Räuber in eine ganz normale Liebesbeziehung mit einem anständigen Mädchen, Edith, einbinden, eben »so wie's sich für einen braven Menschen schickt«. Er, der Räuber, geht auch folgsam in die Sprechstunde, trägt seine Besonderheiten dort ungeniert und so genau und wahrheitsgetreu wie möglich vor, z. B. seine Mädchenhaftigkeiten, scheint aber nicht recht motiviert zu sein, sich bezüglich seiner »Wesensverzweigtheiten« wirklich ändern zu wollen. Er räumt zwar ein, daß »der Knabe« in ihm sich oft »ungezogen« benehme, gesteht aber sogleich, daß ihm dies »ein Vergnügen« ist. Er liebt ein Mädchen, »rein und herzlich, mächtig und zugleich sanft«, aber seine »Sinne sind dabei vollkommen ruhig«. Diese seine »Ohnmacht«, seine Impotenz, fällt zwar »ins Gewicht und ist entscheidend«, weil sie die Realisierung seiner Edith-Liebe verhindert, aber »sie spielt *für mich* keine Rolle«, denn »dieser Umstand macht mich *nicht* unglücklich«. Warum also sollte er sich ändern wollen? Nein, eigentlich will der Räuber so bleiben, wie er ist, will seine homoerotische Neigung gar nicht aufgeben, und das erkennt der Arzt sehr genau, so daß er unmittelbar darauf zum Räuber sagt: »›Lassen Sie sich so, wie Sie sind, leben Sie so weiter, wie Sie bisher gelebt haben. Sie kennen sich ja anscheinend ausgezeichnet, finden sich ausgezeichnet mit sich ab‹« (115/27). Damit hat sich aber der Räuber als Figur des Erzählers von diesem emanzipiert und hat sich dessen Intentionen klar widersetzt. Und deshalb muß das Ich auch den nächsten Abschnitt mit einer trotzig-ärgerlichen Selbstbehauptung beginnen:

> »Und so behalte *ich* denn jedenfalls über diese Räubergeschichte *hier* die *Direktion. Ich glaube an mich. Der Räuber traut mir nicht recht, ich lege jedoch keinen großen Wert darauf,* daß man an mich glaubt. Ich muß hiezu selber in der Lage sein.« (116/28)

Das klingt ein bißchen beleidigt. Es ist dem Erzähler nicht gelungen, das Problem der Homosexualität zu entschärfen, um so weniger, als sich zwischen dem Arzt und dem Räuber ein freundschaftlicher Kontakt anzubahnen scheint. Denn nach seinem Rat lädt der Arzt

> »den Räuber noch zu einem Geplauder über andere Gegenstände ein, sagte ihm, *er freue sich über seine Bekanntschaft und lud ihn ein, ihn hie und da zu besuchen* (...). Als der Räuber ihn fragte, was die Mühe, die sich der Doktor gegeben habe, koste, sagte er: ›*Woran denken Sie?*‹« (115/27)

Und hier muß der Erzähler schnellstens unterbrechen: »Aber wovon sprachen die beiden Mädchen im Spiegelsaal? *Gut, daß wir dran denken.*« (115/27) Und dann denkt er ausführlich über die Bequemlichkeit und Schädlichkeit eines Verhaltens nach, das sich in einem einfachen »an jemanden Glauben« kundtut. Das Ich legt also nach der Arztvisite »keinen großen Wert« darauf, daß man (z. B. der Räuber) an ihn glaubt, er behauptet seine Unabhängigkeit, er ist verletzt:

> »Mir ist tausendmal lieber, man glaube nicht an mich, *man liebe mich nicht, denn das hängt einem nur so an.* Man hat das Gefühl, man *schleppe etwas nach.* Schon viele Menschen haben Geliebtwordensein zu schleppen gehabt. Man hat an sie geglaubt, man hat sie geehrt und hat sie *in der Stunde der Anfechtung doch hübsch bequem und auf's schönste im Stich gelassen*« (118/28).

So wie der Räuber jetzt »in der Stunde der Anfechtung«, hier: in seinem Gespräch mit dem Arzt, das an seinem Ende offenbar eine homoerotische Tendenz erhält, den Erzähler und seine Absicht, ihn »gesund« zu machen, »hübsch bequem und auf's schönste im Stich gelassen« hat? Oder umgekehrt: So wie der Erzähler seinen Räuber in der Stunde der Anfechtung nicht im Stich läßt, sondern durch seine Intervention rettet? Jedenfalls ist damit der springende Punkt der bestimmten Vatererfahrung genannt: das Kind wird in den entscheidenden Situationen im Stich gelassen. Der Vater gibt ihm ein bequemes Wort der Aufmunterung: »Ich glaube an dich« im Sinne eines: »Du machst das schon richtig«, und kümmert sich nicht, und sorgt sich nicht, und dieses bequeme »Geliebtwordensein« hat es durch sein ganzes Leben nachzuschleppen. Mir scheint, daß das Ich hier unbewußt erneut an den melancholischen Komplex rührt, betroffen ist, verzweifelt und sich wehrt gegen den wieder aufkeimenden Schmerz der bitter enttäuschten Sohnesliebe.

> »*Es wagen, jemandem initiativ zu begegnen, ihn zu schütteln, zu packen und ihm zu sagen, diesen Weg gehst du und diese Bahn beschreitest du mir, ich, ich will es, das, das ist doch wertvoller. Daraus kann sich doch etwas bilden,* während

beim bloßen Glauben ganz und gar kein Verdienst ist, da der, an den ich bloß glaube, *nur sich hat, der ihm hilft, und ich ihm daher vollständig Luft bin,* oder wenn nicht das, so dann doch jedenfalls nicht von großer Bedeutung.« (117/18/28)

Das Kind ist alleingelassen, der Vater hilft ihm nicht, zeigt ihm nicht den Weg, und ebensowenig, wie er es packt und schüttelt, bekommt das Kind diesen Vater zu fassen, für den es »vollständig Luft« zu sein glaubt oder »doch jedenfalls nicht von großer Bedeutung«. Wenn man den letztzitierten Satz genau liest, dann sieht man ganz deutlich den Umschlag von der Reflexion des allgemeinen Prinzips, der Bequemlichkeit des an jemanden Glaubens, in die eigene Betroffenheit. Denn es heißt allgemein: *der,* an den *ich* bloß glaube, hat nur *sich* selbst, der ihm hilft; und jetzt müßte es weiter heißen: und *er mir* (z. B. in der Situation der Anfechtung) vollständig Luft ist oder bedeutungslos, denn darin liegt ja die Bequemlichkeit dieses angeklagten »Geliebtwordenseins«, daß sie tätige Hilfe nicht einschließt; es heißt aber: *ich* bin *ihm* Luft oder nicht von großer Bedeutung – wem? Dem, an den ich bloß so glaube? Wohl kaum. Hier tritt der Erzähler in die eigene Erlebnissituation über, der Vater hat bequemlichkeitshalber bloß an ihn geglaubt, und des weiteren war ihm der Sohn bedeutungslos. Deshalb versammelt das Ich jetzt noch einmal alle seine Kräfte zur Korrektur dieser bitteren Erfahrung:

»Der Räuber glaubte an Edith nicht mit dem kleinen Finger, aber er liebte sie. *Liebe ist ein Reich für sich,* das an die Gebiete des Glaubens und der Hoffnung bloß angrenzt. Wenn's dasselbe wäre, so gäb' es auch nur einen einzigen Ausdruck dafür. *Liebe ist etwas ganz und gar Unabhängiges. Der Glaube ist etwas Bedürftiges. Die Hoffnung bettelt.* Der Räuber brauchte weder die Hoffnung noch den Glauben. Er brauchte ein Eigentum, und das besaß er.« (118/28)

Aus der Situation der Bedürftigkeit erwächst in der Not (und wider bessere Erkenntnis) der Glaube, z. B. der Glaube daran, daß dem Bedürftigen doch noch Hilfe zuteil wird [vom religiösen Glauben ist hier nicht die Rede (116/17/28)]. Die Hoffnung, z. B. die Hoffnung auf Hilfe und Zuwendung, »bettelt« – was auf die fürchterliche Erniedrigung derartigen Hoffens hinweist. Die Liebe aber ist von all dem *unberührt*, »ein Reich für sich«, Glaube und Hoffnung grenzen da bloß an (das schwache Argument des Erzählers, sonst »gäbe es auch nur einen einzigen Ausdruck dafür«, zeugt gerade von einer verzweifelten Hilflosigkeit); und dieses Reich der Liebe ist so unerreichbar, wie es unabhängig sein und in dieser Unabhängigkeit seinen Freiheitscharakter bewahren soll. Auch der Abschluß dieser sich über vier Seiten hinziehenden Reflexionen über Glaube, Liebe, Hoffnung stützt also meinen Eindruck, daß der Erzähler in diesem Abschnitt aufgrund der fehlgeschlagenen Arztvisite völlig in die Defensive geraten ist. Er muß nun, will er (als strukturstarker Selbstbereich!) nicht von den Textereignissen in eine Depression gezogen werden, mit aller Kraft dem Räuber verschaffen, d. h. zusprechen, was er selber nicht zu erlangen vermochte: die Liebe. Und so behauptet er – und hat darin ja auch gar nicht so unrecht –, daß der Räuber Edith liebt, und fügt hinzu: »Er brauchte ein Eigentum, und das besaß er.« Ist dieses Eigentum die Liebe? Und wenn ja, besitzt er sie wirklich, oder muß er sie sich erst rauben? Darüber wird noch zu reden sein. Vorerst aber bleibt festzuhalten, daß der Erzähler gewillt und auch nach dem Arztbesuch des Räubers nicht davon abzubringen ist, die Edith-Liebe zu realisieren und aus dem Räuber einen »ordentlichen« Mann zu machen. Bemerkenswert ist nun, daß diese Absicht sich sogleich gegen jegliche Unbotmäßigkeit kritisch absetzen muß:

> »*Offizieren*, die sich in öffentlichen Lokalen *unritterlich, breitspurig,* würde*störend* aufführen, sollte augenblicklich *ihr Grad genommen* werden. Kolossales Wort in der *Nachkriegszeit,* die durch *pöbelhafte Denkweise* glänzt, die

durch *Impertinenz wiederzugewinnen hofft, was sie durch Hartnäckigkeit verloren hat.* Offiziere, die nicht nötig zu haben glauben, *zu wissen, was sich schickt,* gehören *in den Stall,* punktum. *Eminent mutig, was ich da sage,* nicht wahr? Das *Papier* verträgt's gut, ob allerdings etwa nachher *der Leser* oder gar der Durchschnittsleser, ist eine andere Frage.« (123/30)

Man fragt sich, was den Erzähler denn so heftig aufbringt gegen die Breitspurigkeit von Offizieren, die »in öffentlichen Lokalen« und wohl fern von der häuslichen Kontrolle ein Glas über den Durst trinken. Wir hatten im Gegenzug zu solcher Angriffigkeit in Teil I das versteckte Werben um die Freundschaft der »Herrscherähnlichen«, zu denen auch die bei Walser immer wieder auftauchenden Offiziersfiguren gerechnet wurden, bemerkt und es dahingehend zu erklären versucht, daß ihnen zumindest teilweise die Funktion der Vaterrepräsentanten zukomme. Und hier wird nun vorgeschlagen, Offizieren, die nicht »wissen, was sich schickt«, zur Strafe »augenblicklich« ihren »Grad« abzunehmen – dabei fällt einem sogleich das Räuber-Kind ein, das aufgrund der väterlichen Mißwirtschaft »degradiert« wurde, dem man »seine zierlichen Epauletten« abgenommen hatte. Und das bedeutet, daß das Ich diese Erniedrigung des Räuber-Kindes durch den Vater auf diesen zurückwendet, jetzt, nachdem viele Jahre vergangen sind, sozusagen in der »Nachkriegszeit«, hofft er, dem Räuber »durch Impertinenz wiederzugewinnen«, was er damals »durch Hartnäckigkeit verloren« hat: durch die Hartnäckigkeit der kindlichen Hoffnung auf die väterliche Liebe hat er seine Selbstachtung, sein gesundes Selbstwertgefühl – vielleicht nicht gänzlich, aber doch zu einem beträchtlichen Teil – verloren. Das Ich greift also erneut den Vater an, zahlt ihm mit gleicher Münze heim, um dadurch dem Räuber einen Freiraum für seine Selbstentfaltung zu verschaffen: »Eminent mutig, was ich da sage, nicht wahr?«

419

Der Grund, warum der Erzähler sich hier auf die Offiziere so einschießt, ist folgender: Der Räuber, der zu Beginn des ersten Zyklus noch als »Dätel«, als Soldat bezeichnet wurde, für den sich das Weintrinken nicht schicke (25/6), hat so nebenbei seiner Zimmerwirtin Selma, bei der er »den kuriosen Kerl spielte« (125/30), einen *Heiratsantrag* gemacht. Selma hat diesen zwar nicht abgelehnt, aber sie ist hoffnungslos verliebt in einen Offizier, und zwar über beide Ohren, »so, daß ich beim leisesten Gedanken an eine Offiziersuniform förmlich anfange zu beben.« (123/30) Aus dieser durch ihre grenzenlose Idealisierung bis ins Verrückte übersteigerten Liebe zu ihrem Offizier erwächst ihr das Bedürfnis, den Räuber von der Verehrungswürdigkeit des Offiziersstandes schlechthin zu überzeugen. »*Die Zukunft hat alles Gute bloß noch von Offizieren zu erwarten* und höchstens noch *von Soldaten, die für ihren Offizier mit Jubel durch's Feuer gehen.*« (123/30) Das gilt ihm, dem Räuber-Soldat. »*Der ganze Wiederaufbau der Zivilisation* hängt für jeden Klardenkenden und *hauptsächlich für jeden Gefühlvollen* von der *Heiligsprechung des Offiziersgrades* ab.« (123/30) Ironie, Sarkasmus, die entlarvende Verteidigung des Wahnsinns kennzeichnen den Zeit- und Gesellschaftskritiker Walser, doch nicht darum geht es hier, und diese »Geschichte hat *mit Militär* überhaupt gar nichts zu tun, sie bewegt sich ganz und gar innerhalb des Rahmens der *zivilisierten Gesellschaft.*« (128/30)

Und innerhalb dieser soll der Offiziersstand als Instanz mit Leit- und Vorbildfunktion etabliert und »heiliggesprochen« werden, weshalb der Räuber, wenn er nur klar denkt und richtig fühlt, sich jedem Offizier »mit Jubel« unterzuordnen habe. Die Forderung nach Unterordnung muß aber an infantile Erfahrungsmuster anstoßen[416], hier vielleicht um so mehr, als Selma mit einem Offizier eine Art Liebesbeziehung unterhält. Zwar kann man den Heiratsantrag des Räubers nicht als einen wirklich ernstgemeinten verstehen, und dieser Offizier ist deshalb auch kein echter Rivale für den Räuber, aber es zeichnet sich da bereits wieder eine Dreierkonstellation ab, innerhalb derer dem Räuber eine subalterne Position zudiktiert werden soll. Selma begründet das so:

> »›Haben Sie *kein Gedächtnis für das, was die Offiziere im Kriege Unmögliches leisteten? Indem sie ihr Möglichstes taten, verrichteten sie das Menschenunmögliche* und aßen namentlich ihren Untergebenen nicht so sehr das Brot auf, als daß sie *das Brot, das sie den Soldaten verpflichtet waren, zu geben, an Schieber verkauften, um dafür Champagner zu bekommen,* dessen Genuß ihnen für die Verteidigung ihres *Vaterlandes* wichtig schien!‹« (123/24/30)

Das ist nun eine ganz erstaunliche Verteidigung des Offiziersverhaltens, und unüberhörbar wird hier wieder der Vorwurf der Verantwortungslosigkeit laut: anstatt, wie es ihre Pflicht gewesen wäre, den Soldaten Brot zu geben, verschieben und verkaufen die Offiziere dieses Lebensnotwendigste, um sich mit Champagner zu betrinken. Und das läßt an den Vater denken, der seine Familie durch sein ruinöses Geschäftsgebaren in Armut und Schande stürzte. Nun ist Selma aber sicher nicht ironisch, und was sie meint, sagt sie auch sehr deutlich: den Offizieren erschien eben der Champagnergenuß wichtig für die Verteidigung des Vaterlandes, die ihnen ja auch tatsächlich gelungen ist, womit ihr Verstoß gegen die Sorgepflicht für ihre Soldaten nicht mehr von Belang ist. Und dahinter könnte folgender Gedanke lauern: Sein »Möglichstes« zur Verteidigung des Familienfortbestandes konnte der Vater nur leisten, indem er die Existenzgrundlage der Familie seinem Vergnügen opferte, was ihm dann einzig noch ermöglichte, in der Familie zu verbleiben und so das »Vaterland« zu verteidigen. Dies anzunehmen, wäre für den »geopferten« Sohn allerdings eine arge Zumutung, und so ist es wieder von einer für Walser charakteristischen Doppelsinnigkeit, wenn dieses Möglichste/Unmögliche, das die Offiziere im Krieg leisteten, zu einem »*Menschenunmöglichen*« gesteigert wird. Selma jedenfalls scheint dies alles bei klarem Verstand zu bejahen, so daß sie sagen kann:

> »›Nun gut, als die *treue Seele,* die Sie sind oder mindestens zu sein scheinen, müssen Sie *unbedingt in Offiziersverehrung untergehen* bis über den Kopf hinaus, das ist *nie so sehr Pflicht eines anständig denkenden Menschen gewesen wie gerade heute.* Jede Epoche hat ihre Schwelgerei, ihren Unsinn, und unsere Epoche schwelgt eben im Offiziersunsinn, und Sie müssen da natürlich als der fromme Mensch, der Sie doch wohl *sein wollen, tapfer* mitmachen, *und wenn es Ihnen auch Ihren Verstand kostete.*‹« (124/30)

Der Räuber, der außerordentlichen Spaß hat am Unsinn dieser »drolligen Gespräche« (124/30), ist um eine Antwort auf solche Zumutung nicht verlegen:

> »›Ich bin ganz *geblendet* von der Auslegeordnung Ihres Geistes, liebes Fräulein Selma, und ich will in Zukunft auf der Straße *hinknien,* jedesmal, wenn so ein Herr Offizier auf *mich armen Sünder* hinzukommt.‹ (…) *Flüchtig dachte er übrigens an die Ausgemerzte, die jetzt nicht mehr zu sehen war.*« (124/30)

Solch ehrerbietiges Verhalten legt der Räuber nun gerade nicht an den Tag. Dabei gäbe ihm gleich die nächste Szene Gelegenheit, sich darin zu üben. Folgendes passiert:

> »Lächerlich das, den Räuber wegen des damaligen Benehmens zur Verantwortung zu ziehen. Daraus wird nichts, rund heraus erklärt. *Damals machte dicht hinter ihm ein Offizier Lärm, um ihn zu stören,* aus dem Wohlbefinden zu wecken. Ganz *knabenhaft-artig* saß er da. Edith schenkte ihm Wein ein. Es war Neuenburger. In die Flasche war ein Korkstückchen hinuntergefallen. Sie ging mit der Flasche weg, um das Korkstückchen zu entfernen, nein, das ging ja nicht an, sondern um eine andere Flasche herbeizuholen. *Mehrere Herren machten also hinter seinem Rücken in auffallendster Weise Radau, und unter den Herren befand sich ein Offizier. Schließlich verging dem Räuber alle Lust, sich ferner da wie ein dummer Junge artig aufzu-*

führen, umgeben von einer Aufführung, die durchaus nicht
passend sein konnte, und da schmiß er Edith das Trinkgeld vor
Zorn nur so hin, daß sie ihrerseits wie versteinert da-
stand. *Aber er benahm sich ganz natürlich. Sein Zorn war*
berechtigt, weil er wissentlich geweckt worden ist. Der Räuber
hat keinen Offizier, und wäre [es] der höchste der Erde, um
Entschuldigung zu bitten. Eher wird er zuhauen. Und wenn
er das tut, werde ich ihm lachend eventuell noch helfen, daß
man's weiß. Jener Offizier verunehrte ganz einfach sein
Corps.« (127/30)

Da haben wir tatsächlich wieder »eine schwierige Nuß« zu
knacken, »doch probieren wir's«. (21/5) Um die Darstellung
des Deutungsverfahrens zu vereinfachen, behandeln wir die
Figur des Offiziers nach der Gleichung Offizier = Offizier
(+ Vater) im Sinne Lorenzers, d. h., es wird davon ausgegangen, daß zwar der Offizier bewußtseinsdominant ist, der
Vater aber dynamisch dominant die Reaktionen des Räubers
bestimmt. Was passiert in dieser Szene? Der Räuber sitzt
»knabenhaft-artig« im »öffentlichen Lokal«, Edith schenkt
ihm Neuenburger ein, geht mit der Flasche weg, weil ein
Stückchen Kork hineingefallen ist. Und währenddessen machen also Herren, insbesondere ein Offizier, »hinter seinem
Rücken in auffallendster Weise Radau« und das, »um ihn zu
stören«. Welcher Art dieser Lärm ist, wird leider nicht mitgeteilt, so daß man da nur spekulieren könnte: vielleicht sind
es höhnische, anzügliche Bemerkungen, die seiner Beziehung zu Edith gelten? Vielleicht enthalten sie Spott über
Edith oder den Räuber? Vielleicht zeigen sie an, daß Edith
mit den Herren paktiert und der Räuber sich also betrogen
fühlen kann? Wie dem auch sein mag, Tatsache ist, daß der
Räuber nicht etwa auf den Offizier losgeht, sondern seinen
Zorn an Edith ausläßt, ihr schmeißt er das Trinkgeld vor die
Füße. Und der Erzähler kommentiert dies so: »Sein Zorn
war berechtigt, weil er wissentlich geweckt worden ist.«
Aber wissentlich, was? Auch das bleibt unklar. Jedenfalls fin-
det der Erzähler des Räubers Verhalten »ganz natürlich« und

423

geht in seiner Verteidigung sogar so weit, daß er jede Entschuldigung für den Räuber kategorisch ablehnt: »Der Räuber hat keinen Offizier, *und wäre [es] der höchste der Erde«* – und der höchste ist für ein Kind der Vater –, »um Entschuldigung zu bitten. Eher wird er zuhauen.« Ja, warum hat er eigentlich nicht zugehauen? Ein *Offizier* stört ihn absichtlich, und er wirft *Edith* voll Zorn das Trinkgeld vor die Füße?! Genau an dieser Stelle steckt das Problem. Selbst wenn man einen Fall konstruiert, der möglichst geeignet ist, diese Reaktion als angemessen erscheinen zu lassen, z. B. daß der Offizier lauthals bekanntgibt, Edith rede in der Stadt schlecht vom Räuber oder ähnliches, selbst dann wäre eine »ganz natürliche« Reaktion doch die, den Offizier als Verleumder zu betrachten; und sogar wenn eine solche Rede sofort als zutreffend erkennbar ist, richtet sich der Zorn in der Regel immer noch gegen den Verursacher dieser unangenehmen Erkenntnis und nicht gegen das Erkenntnisobjekt. Hier aber ist es anders, und das verlangt nach einer Erklärung.

Zunächst ist es so, daß der Erzähler dieses Verhalten grundsätzlich verteidigt, er, der in so vielen anderen Szenen durchaus Kritik am Räuber geübt hat, findet es jetzt nachgerade »lächerlich«, ihn wegen seines Benehmens »zur Verantwortung zu ziehen«. Ja, mehr noch, er würde ihm sogar helfen, wenn der Räuber sich in eine Prügelei mit dem Offizier einzulassen entschlösse. Ja, wenn! Das Argument: »Jener Offizier verunehrte ganz einfach sein Corps«, ist dabei so schwach wie verräterisch, denn es knüpft an das verantwortungslose Offiziersverhalten an (Champagner trinken statt Brot verteilen) und weist damit zurück auf den Vater, der durch seine Armut seine Familie »verunehrt«, in die gesellschaftliche Schande getrieben hat. Und damit wird deutlich, daß der Erzähler seine Stellungnahme auf zwei verschiedene Ebenen gründet: unbewußt wird hier der melancholische Komplex durch Aggressionsabfuhr nach außen gegen den Verursacher der melancholischen Erkrankung bearbeitet, und wenn erst der Räuber noch zuschlüge, dann hätte das Ich wahrhaftig zu lachen, d. h., dann bestünde die Aussicht, die melancholische Vaterliebe zu erledigen; bewußt geht es dem Erzähler aber darum, jede Störung in der Entwicklung einer Beziehung zwischen Edith und dem Räuber zu bekämpfen: nun sitzt endlich der Räuber im Lokal bei seiner Edith, und da wird er durch provozierenden Radau schon wieder in seinem »Wohlbefinden« gestört, sein Zorn ist also berechtigt und sein Verhalten »ganz natürlich«. Der Erzähler freut sich, daß der Räuber sich jetzt wehrt. Aber merkt er nicht, daß die »Aufführung« des Räubers eigentlich nicht ganz zur Situation paßt?

Um das zu verstehen, möchte ich wieder Jacobsons Theorie der zyklothymen Depression beiziehen, in der sie zeigt, daß Manisch-Depressive vielfach auf einen Erfolg in gleicher Weise reagieren wie auf ein Versagen. »Ihre Reaktion hängt davon ab, was der Erfolg für sie bedeutet, nämlich eine aggressive Selbstbehauptung, bei der sie das Liebesobjekt herabsetzen und zerstören, oder ein Geschenk, das ihnen das mächtige Liebesobjekt macht.«[417] Der Erfolg, von dem Jacobson hier spricht, wäre im Falle des Räubers die tapfere Bewältigung des Ödipuskonflikts und die standfeste Behauptung seiner Errungenschaften, und beides ist wahrhaftig nicht als Geschenk empfangen, sondern zumindest teilweise auch als durchaus aggressive Selbstbehauptung erstritten worden. Daß es aber ein Erfolg ist, zeigt die »Selbstzufriedenheit« des Räuber-Ich-Duos, und mit ihm umzugehen, ist nach Jacobson für den Depressiven eben deshalb schwierig, weil er auf Kosten der idealisierten Objektimago erreicht wurde, die ja der Garant seines narzißtischen Gleichgewichts ist. Die »Selbstzufriedenheit« liegt also gewissermaßen nur an der psychischen Oberfläche, während sie in den tieferen Schichten gerade eine *Verunsicherung* hervorruft. Und nun erlaubt sich der Erzähler noch, ermutigt durch dieses oberflächlich erhöhte Selbstwertgefühl, eine erinnernde Wiederbegegnung mit den Eltern des Räubers, die für sich allein genommen schon belastend genug wäre, jetzt aber, durch die erhöhte Spannung zwischen oberflächlicher Selbstzufriedenheit und tiefgreifender Verunsicherung, kaum noch verkraftet werden kann. So spitzt sich die Empfindlichkeit des Räubers immer weiter zu, bis er in der zufälligen Begegnung mit einem Offizier, der, auf welche Weise auch immer, als Vaterrepräsentant aufgefaßt wird, eine Fehlreaktion produziert (anstatt dem Offizier eins herunterzuhauen, Edith das Trinkgeld vor die Füße zu werfen). Diese Fehlreaktion kann nach Jacobson als psychotische Verarbeitung beschrieben werden:

> »Psychologisch gesehen, kommt die psychotische Verarbeitung wahrscheinlich dadurch in Gang, daß infantile Konflikte wiederbelebt werden, die zunächst im wesentlichen mit den elterlichen Liebesobjekten oder deren Ersatzobjekten zusammenhängen, dann aber eine Ausdehnung auf die gesamte Objektwelt erfahren. Das unzulängliche *(defective)* Ich der präpsychotischen Persönlichkeit ist unfähig, diese Konflikte mit Hilfe neurotischer Abwehrmechanismen zu meistern. Es versucht Konfliktlösungen mittels Besetzungsverlagerungen, erst der libidinösen, dann auch der aggressiven Besetzungen von den Objektrepräsentanzen auf die Selbstrepräsentanzen. In einem weiteren Versuch bemüht sich das Ich, die Objekte wiederzubesetzen: schließlich finden zunehmende Fusionen von Objektimagines und Selbstimagines statt. (...)«
> »Bei solchen Psychotikern versagt das sekundärprozeßhafte Denken, und sie zeigen schwere Störungen ihres Realitätssinnes, das heißt Störungen bezüglich ihrer Wahrnehmungen und Einschätzung der Objektwelt wie auch ihres eigenen Selbst. Die emotionalen Beziehungen zu realen, persönlichen wie auch unbelebten Objekten verschlechtert sich, und die Ich-Funktionen sind beeinträchtigt; Fehlinterpretationen der Objektwelt, verbunden mit inadäquaten Reaktionen, häufen sich.«[418]

Man könnte also mit Jacobson das Verhalten des Räubers als psychotische Verarbeitung einer Streßsituation infolge der wiederbelebten Kindheitskonflikte betrachten: der Radau des Offiziers könnte dann vielleicht gar nicht dem Räuber gegolten haben, er hätte ihn also irrtümlich auf sich bezogen – vielleicht auch aufgrund seiner erhöhten Anspannung: er weiß, was der Erzähler von ihm bezüglich seiner Edith-Liebe erwartet und fordert –, und die zornige Geste Edith gegenüber wäre als inadäquat im oben beschriebenen Sinne zu bezeichnen.

Damit hätten wir also zwei Erklärungen für unsere Szene, die sich ergänzen: die Manifestation des von Freud beobachteten Ambivalenzkampfes in der Melancholie, hier: den aggressiven, das verlorene Objekt bekämpfenden Teil dieses Kampfes; und nach Jacobson die psychotische Verarbeitung einer akuten Streßsituation. Soweit könnte man dann verstehen, daß der Erzähler das Verhalten des Räubers billigt, entweder unbewußt als direkten Angriff auf das melancholische Introjekt oder als noch nicht moderierte Reaktion auf ein an sich reaktionswürdiges Ereignis (»sein Zorn war berechtigt«).

Einen Grund aber für die merkwürdige Aufführung des Räubers übersieht der Erzähler, sonst könnte er den Räuber nicht mehr entschuldigen, und das ist das abgewehrte homosexuelle Verlangen des Räubers nach dem Offizier. Freuds Überlegungen »Über einige neurotische Mechanismen bei Eifersucht usw.«[419] können aufhellen, was in dieser Szene vor sich geht: Nachdem Freud eine Unterscheidung vorgenommen hat von »drei Schichten oder Stufen der Eifersucht«[420] in 1. die *konkurrierende* oder *normale*, 2. die *projizierte*, die aus dem eigenen, verleugneten Untreuestreben erwächst, und 3. die *wahnhafte*, wird der hier interessierende Vorgang so erklärt:

> »Die durch solche Projektion entstandene Eifersucht hat zwar fast wahnhaften Charakter, sie widersteht aber

427

nicht der analytischen Arbeit, welche die unbewußten Phantasien der eigenen Untreue aufdeckt. Schlimmer ist es mit der Eifersucht der dritten Schicht, der eigentlich *wahnhaften*. Auch diese geht aus verdrängten Untreuestrebungen hervor, aber die Objekte dieser Phantasien sind gleichgeschlechtlicher Art. Die wahnhafte Eifersucht entspricht einer vergorenen Homosexualität und behauptet mit Recht ihren Platz unter den klassischen Formen der Paranoia. Als Versuch zur Abwehr einer überstarken homosexuellen Regung wäre sie (beim Manne) durch die Formel zu umschreiben: *Ich* liebe ihn ja nicht, *sie* liebt ihn.

In einem Falle von Eifersuchtswahn wird man darauf vorbereitet sein, die Eifersucht aus allen drei Schichten zu finden, niemals die aus der dritten allein.«[421]

Interessant ist hier noch die Erkenntnis, daß im Falle der projizierten Eifersucht diese nicht völlig grundlos ist; diese Eifersüchtigen »projizieren sozusagen nicht ins Blaue hinaus, nicht dorthin, wo sich nichts Ähnliches findet, sondern sie lassen sich von ihrer Kenntnis des Unbewußten leiten und verschieben auf das Unbewußte der Anderen die Aufmerksamkeit, die sie dem eigenen Unbewußten entziehen.«[422] Auf unsere Szene angewandt, läßt sich damit die Reaktionsweise des Räubers so erklären: unbewußt erfaßt er, daß Edith als Saaltochter ihre Sympathien nicht nur ihm allein schenkt, sondern auch anderen Gästen, vielleicht sogar dem Offizier. Darin liegt der *Ansatz* ihrer Untreue, die zur Eifersuchtsreaktion des Räubers führt: er schmeißt ihr wütend das Trinkgeld vor die Füße, d. h., er behandelt sie wie ein billiges Mädchen, wie eine Hure. Der Grund seiner Reaktion liegt aber nach Freud in seinem eigenen Untreuestreben. Wem will er untreu sein? Der Mutter? Dem Vater? Vielleicht beiden, vielleicht auch Edith?

»Er hielt für *erlaubt,* ja *fast* für *notwendig,* so um seine Edith herum, an die er nicht herankam oder *vielleicht aus sich heraus gar nie herankommen wollte, Schwärmereien* zu haben, gleichsam *Nebenschönheiten,* nebensächliche Sachen zu leisem Lachen, damit er nicht etwa sentimental werde, was er abscheulich hätte finden müssen, und was // in der Tat auch nicht anders gewesen wäre. *Treulosigkeit ist sittlich viel wertvoller als sentimentales Anhängen und Treubleiben.*« (69/15)

Abgesehen von dieser Befürchtung der Untreue[423], gibt es im »Räuber«-Roman eine Vielzahl von Szenen, in denen der Räuber sozusagen neben Edith auch mit anderen Frauen anbandelt, und man könnte überhaupt sagen, daß die Treulosigkeit ein dynamisches Prinzip des Grenzgängers sei. In unserem konkreten Fall kommt nun die homosexuelle Strebung hinzu. Einleitend zum dritten Zyklus war vermutet worden, daß das von der Mutter abgezogene Libidoquantum dem homosexuellen Verlangen nach dem Vater zufließt und dieses damit verstärkt[424]. Die homosexuellen Bedürfnisse, die jetzt, durch diesen Zuwachs vermehrt, auf Abfuhr drängen, werden auf den Offizier(+ Vater) gerichtet, müssen aber zurückgestaut werden, weil ihre Realisierung dem Verbot unterliegt, und produzieren (wie am Beispiel der Verfolgungsideen des Räubers bereits beschrieben) eine Paranoia persecutoria in der Form einer plötzlichen Eifersuchtsreaktion, die besagt: Ich, der Räuber, liebe ihn, den Offizier, ja nicht, sie, Edith, liebt ihn. Damit wäre die seltsam verschobene Reaktionsweise des Räubers erklärt: Der Offizier macht sich dem Räuber bemerkbar, vielleicht sogar mit Anspielungen auf dessen erkennbare Neigungen[425], aber der Räuber, der wie damals als Kind »*knabenhaft*-artig«, »*wie ein dummer Junge* artig« im Lokal sitzt, darf dieser Neigung keinesfalls nachgeben und richtet jetzt seine darüber entstehende Wut auf Edith, von der er meinen kann, sie wolle ihm mit dem Offizier untreu werden.

So erscheint diese rätselhafte Szene verständlich: der Räuber kämpft mit der Unterdrückung seiner Homosexualität –

Edith gegenüber sind seine Sinne ja »vollkommen ruhig« –, und der Erzähler bemüht sich unterdessen, den Räuber mit Edith zu verbinden, während sich bei ihm unbewußt der melancholische Komplex regt. Aber darf man zwei von einem Autor geschriebene Figuren wie völlig selbständige Einheiten betrachten? Ich glaube schon. Die Eigenständigkeit, die sie auch ihrem Verfasser gegenüber zu entwickeln vermögen, hängt wohl damit zusammen, daß der Autor sich in verschiedene Figuren versetzen kann, so daß seine »Persönlichkeits-Aufspaltung«, von der ja bereits Freud ausgegangen ist[426], dem jeweiligen Konfliktbereich (hier: der Aufteilung in den starken und schwachen Selbstbereich) volles Leben, Eigenleben verleiht, was seinerseits dem Wirklichkeitscharakter der szenischen Phantasie entspricht. Festzuhalten wäre nach unserer Analyse jedenfalls, daß der Räuber sich mit seinen homoerotischen Neigungen verselbständigt hat, oder zugespitzt formuliert: der ganze Bereich der Sexualität hat sich hier vom Ich »abgespaltet«; der Ich-Erzähler hat die Kontrolle über seinen Protagonisten verloren, er erliegt aufgrund seiner bestimmten Intention (nämlich: den Räuber mit Edith zu verbinden) einem entscheidenden Mißverständnis dessen, was sich in dieser Szene zwischen dem Räuber und dem Offizier abspielt. Mit anderen Worten: seine Interpretation des räuberlichen Verhaltens entspricht seinem Wunschdenken ebenso wie seinem Konflikt mit dem melancholischen Introjekt, so daß man vielleicht mit aller Vorsicht die Vermutung anschließen könnte, daß sich an dieser Stelle des Romans der melancholische Aspekt der Vatererfahrung im Ich, der homoerotische aber im Räuber niederschlägt. Beide Konfliktbereiche finden keine Lösung.

Erschöpft von seinem Bemühen um eine Bewältigung dieser Konflikte, deren Scheitern offenbar auch dem Ich irgendwie fühlbar wird, schlägt der Erzähler nun vor: »*Um lieben zu können, strenge man sich an, nicht zu lieben. Auf einmal liebt man dann.*« (128/31) Ein trauriger Rat, sicher dem Räuber zugedacht, der, wenn er schon nicht in der Lage ist, Edith lieben zu können, sich doch wenigstens anstrengen soll, eine Zeitlang überhaupt nicht zu lieben. Man spürt die Entmutigung, die den Erzähler ergriffen hat, auch in seinen anschließenden Reflexionen über die Mittelmäßigkeit, die über allerlei Für und Wider am Ende erneut in eine wehmütige Klage über die Grunderfahrung der Verständnislosigkeit und Unsensibilität im menschlichen Zusammenleben einmündet:

> »...aber am allerlustigsten finden die Mittelmäßigen den Dummkopf in Menschengestalt, den *Kindlichen,* den Gläubigen. Wenn das aber der Gläubige, der Harmlose merkt, mißt er sich eben eine *Bedeutung* bei, und es kann ihm belieben, sich *danach zu verhalten.* Aber vielleicht *schmerzt ihn seine Einsicht in seine Lage.* Wie aber, *wenn er diesen Schmerz schön fände?* Wenn er über diese Art Schönheit *lachen* würde und wenn er [in] dieser Art von Lachen nur Schönes sähe? Und trotzdem nun *diese Mittelmäßigkeit* allgemein verbreitet zu sein scheint, *ich meine, diese Vortrefflichkeit,* so ist es möglich, daß alle diese Mittelmäßigen gar keine richtigen Mittelmäßigen sind, daß sie das bloß meinen.« (131/31)

Ohne Einsicht in die Bedürfnisse des Kindes findet der Mittelmäßige (der hier vielleicht für den so mittelmäßigen wie unangreifbaren Vater steht) bloß lustig, was ihm im Kindlichen entgegentritt. Und weil zu belustigen auch ein kleines Zeichen dafür ist, einem anderen überhaupt etwas zu sein, spielt der Kindliche die Rolle des Dummkopfes, die ihm innerlich immer fremder wird, je weiter sie ihn vom eigentlichen Ziel seiner Sehnsucht, der verständnisvollen Liebe, entfernt. Die Einsicht in diese Lage schmerzt, und dieser Schmerz, der ursprünglich mit dem Lachen des Mittelmäßigen, sodann mit dem eigenen verbunden ist, wird als etwas Schönes zuletzt melancholisch-masochistisch geliebt und genossen. Mit einer letzten Anstrengung versucht der Erzähler noch einmal, solche Mittelmäßigkeit zu adeln: sie sei eine »*Vortrefflichkeit*«, – aber ach, die meisten Mittelmäßigen sind nicht einmal richtige Mittelmäßige. Klägliche Gestalten sind sie, wie Ediths Beschützer, von dem es bald darauf heißen wird: »In seiner Mittelmäßigkeit fand er *nicht einmal die passenden paar Worte, sie zu trösten.*« (134/32)

> »(...) und *in der Stadt erhob sich über den Häusern die Kirche, gleich einem zur Einigkeit und zur Liebe mahnenden Wächter,* oder *wie eine große junge Frau mit den Anwandlungen des rechten Familienernstes,* denn *ewig jung sind die Momente des Gefühls,* daß das Leben *ernst* ist und daß es grünt, *lächelt* und *blutet,* und *wie der Glaube das Erste und nach langer Zeit vielleicht des nicht viel oder gar nichts mehr Glaubens allgemach das Letzte wird und mit dem Aufkeimenden verwandt ist, und Erstes und Letztes, Beginnendes und Aufhörendes zusammenhängen. Wie sich der stolze Turm in seiner Unbiegsamkeit zu biegen schien. Unbeugsames biegt sich oft unsichtbar-innerlich, und Unbewegliches hat ein Sehnen, Bewegung hervorzurufen, und es bewegt sich rund herum und kommt herbei, um ihn anzuschauen, und bekommt ihn nicht zu Gesicht, aber es hat sich doch bemüht.* Die, die gehen, übernehmen etwas für die, die am Gehen verhindert sind, und *das Steinerne ist's, das man weich zu stimmen sucht, und das Weiche artet in Stein aus.* Warum erbaut [man] für den Glauben ein schweigsames Gebäude und singt dann in's Licht hinauf und verläßt getröstet, gestärkt, von Jubel umjubelt die Halle?« (135/36/32)[427]

Der Ermüdung des Erzählers, dem Nachlassen seiner Bemühungen, gegen den Sog des Leidens einem Funken gesundenden Glücks noch zum Durchbruch zu verhelfen, folgt die Auflösung der bewußten, sinnvermittelnden Sprachstrukturen in eine depressive (vorbewußte) Bedeutungsebene, die nurmehr komplex sich selbst zu erfassen versucht: »und es bewegt sich rund herum und kommt herbei, um ihn anzuschauen, und bekommt ihn nicht zu Gesicht, aber es hat sich doch bemüht.« Und die Bemühung läßt nach und schöpft aus der verschwimmenden seelischen Bewegung die Konturen einer neuen, klaren Erkenntnis. »Die, die gehen, übernehmen etwas für die, die am Gehen verhindert sind, und das

Steinerne ist's, das man weich zu stimmen sucht, und das Weiche artet in Stein aus.« Der Chiasmus dieses letzten Satzes entspricht der Einkapselung der darin enthaltenen Bewegung: Langes vergebliches Bitten petrifiziert den Wunsch nach Nähe und liefert ihn der Rigidität des endgültig den dunklen Mächten des Unbewußten Überlassenen aus. Der Erzähler wird weitergehen, er nimmt auch seinen Räuber mit, auch dieser wird also weitergehen, aber etwas bleibt auf der Strecke zurück: die liebende Sehnsucht nach dem Vater, die hier, einmal mehr, erstarrt, »am Gehen verhindert«, erstorben ist.

2.5 Das große Finale: Auftritt des Räubers

Wie kann der Erzähler aus dieser deprimierten Verfassung heraus – wenn meine Deutung denn zutreffend ist – die Kraft sammeln für das große Finale? Und welche Bedeutung hat die jetzt einsetzende Schlußphase mit ihren außerordentlichen Ereignissen für die seelische Bewegung, die sich im »Räuber«-Roman vollzieht? Der Räuber besteigt eine Kanzel, hält vor versammeltem Auditorium eine Rede über die Liebe, insbesondere über seine Liebe zu Edith, provoziert sie dabei zu einem Attentat auf sich, erhält einen Kuß von ihr und wird »gesünder als je« aus dem Roman entlassen – das ist wahrhaftig ein reiches Schlußbukett auf den wenigen noch verbleibenden Seiten! Und es ist nicht leicht, seinen psychologischen Sinn zu verstehen.

Hilfreich ist da zunächst wieder eine Bewußtmachung der an dieser Stelle im Roman eingetretenen seelischen Verfassung des Erzähler-Räuber-Gespanns. Wie wir gesehen hatten, beendete der Erzähler den zweiten Zyklus mit einer geharnischten Rüge aller säumigen Ehemänner und pflichtvergessenen Familienväter aus einem Gefühl gesteigerter »Selbstzufriedenheit« heraus, das sich als Folge der unter Beweis gestellten

Standfestigkeit des Räubers in der Situation der Versuchung entwickeln konnte. Mit Jacobson hatten wir dann darauf aufmerksam gemacht, daß dieses erhöhte Selbstwertgefühl möglicherweise nur an der psychischen Oberfläche wirksam ist, während sich in den tieferen Schichten eine gefährliche Störung des narzißtischen Gleichgewichts gerade durch die Herabsetzung der idealisierten Vaterimago bemerklich macht. Dieser Spannung zwischen der äußerlich gesteigerten Selbstsicherheit und der innerlich zunehmenden narzißtischen Verunsicherung sind letztlich beide, sowohl das Ich als auch der Räuber, nicht gewachsen. Das Ich führt einen massiven Angriff auf den armseligen Räuber-Vater, verfängt sich dann in seinem krampfhaften Bemühen, seinen Helden mit Edith zu verbinden, und erschöpft sich schließlich in einer langen Klage über die Mittelmäßigkeit der Mittelmäßigen, die nicht einmal richtig mittelmäßig sind. Der Räuber dagegen kämpft mit der Unterdrückung seines homosexuellen Verlangens nach dem Offizier und produziert dabei eine Fehlreaktion, die gleichzeitig als eine Abwehr aller, insbesondere aller sexuellen Forderungen von Edith an ihn verstanden werden kann. Nach der Beschädigung seiner idealisierten Imago ist also die Abwendung vom Vater eine doppelte: ein Rückzug des Ich-Erzählers in die Depression und ein Rückzug des Räubers von seinen homosexuellen Strebungen. Man könnte vielleicht sagen, daß beide an der Unangreifbarkeit dieses Vaters – sowohl der charakterlichen als auch der körperlichen – scheitern müssen.

Um von hier aus das Folgende besser verstehen zu können, empfiehlt es sich, nochmals auf Jacobsons Überlegungen zu den Strategien der Abwehr einer Depression zurückzukommen. Sie konnte bei ihren manisch-depressiven Patienten Zustände libidinöser Erschöpfung beobachten, von denen aus die Gefahr einer vollständigen Entwertung sowohl des Selbst als auch des Liebesobjekts drohte, die mit einem zunehmenden Rückzug von der Welt und der Anteilnahme am

Leben einherging. Gegen eine derartig fortschreitende Depression werden, wie sie feststellen konnte, verschiedene Abwehrmaßnahmen und Restitutionsversuche eingeleitet, deren intensives Bemühen um die Wiederaufrichtung einer idealisierten Objektimago darauf abzielt, das gestörte narzißtische Gleichgewicht erneut zu stabilisieren.

>>Wir werden jetzt die Abwehrvorgänge untersuchen, die der Patient zu diesem Zweck einsetzt. Da seine eigenen libidinösen Reserven schwinden, besteht die erste Abwehrlinie darin, daß er sich an die Welt der äußeren, realen Objekte wendet und dort Unterstützung sucht; er wird versuchen, den inneren Konflikt mit äußerer Hilfe zu lösen. Die Liebe eines Außenstehenden, mit dem er die Imago seines idealen Objekts verbindet, soll ihm als Stimulans für seine versagende Fähigkeit zur Liebe und Zuwendung dienen. In dieser Phase klammert sich der Patient in seiner verzweifelten Anstrengung, den depressiven Prozeß aufzuhalten, hartnäckig und immer stärker an einen Menschen, den er zu diesem Zwecke ausersehen hat. Er sammelt alle ihm zur Verfügung stehende Libido und überschüttet damit diesen einzelnen Menschen. In diesem hoffnungslos verzweifelten Appell versucht er einen derart überzeugenden Beweis von unendlicher Liebe, unzerstörbaren Kräften und Werten zu geben, daß in ihm selbst wieder eine libidinöse Reaktion entsteht, wodurch er auch wieder fähig wird, eine ideale Objektimago aufzurichten, die nicht entwertet und zerstört werden kann.<<[428]

Im Behandlungsfalle ist dieser eine Mensch z. B. der Analytiker, von dem der Patient so viel Wärme und Zuwendung erhofft, wie es braucht, um ein libidinöses Echo bei ihm hervorzurufen. Wird seine Hoffnung enttäuscht, d. h. bleibt dieses Echo bei ihm aus, dann kann der Patient in seiner >>Angst vor einem völligen Zerfall der Objektimago<< so weit regredieren, daß er >>wenigstens an der neubelebten Imago eines allmächtigen, nicht liebenden, sondern strafenden und sadistischen Objekts festzuhalten (versucht, CSH). Dies äußert sich in den zunehmenden masochistischen Provokationen, durch die der Patient den Zorn des Analytikers wecken möchte«[429]. Man spürt darin auch die verzweifelte Bitte um Zuwendung überhaupt: wenn schon nicht eine liebende, dann doch wenigstens eine strafende, die dem Schuldgefühl des Depressiven zwar zu einer vorübergehenden Erleichterung verhilft, den pathologischen Prozeß aber, wie Jacobson betont, in Wirklichkeit fördert.

Ausgerüstet mit diesen Kenntnissen der verschiedenen Strategien zur Abwehr schwerer Depressionen können wir uns nun wieder den Geschehnissen in der Schlußphase des »Räuber«-Romans zuwenden. Wir hatten zum Ende des zweiten Zyklus vermutet, daß der libidinöse Rückzug von der Mutter eine libidinöse Hinwendung zum Vater zur Folge haben könnte, und im dritten Zyklus genau dieses in der Form der Verstärkung sowohl der melancholischen als auch der homoerotischen Vater-Liebe festgestellt. Die grundsätzliche Ambivalenz, die das Liebesverhalten zur Mutter wie zum Vater so schwankend und widersprüchlich gestaltet, darf dabei an der Intensität dieser Liebe nicht zweifeln lassen. Nun können wir am Ende des dritten Zyklus den libidinösen Rückzug vom Vater beobachten, was dann im Schlußteil des Romans eine erneute Hinwendung zur Mutter einleitet, wobei noch zu erörtern bleibt, welche Objektrepräsentanzen der Mutter hier den libidinösen Zustrom auffangen sollen. Und damit, mit diesen libidinösen Umbesetzungen, ist bereits in ersten Umrissen ein dynamisches Prinzip der für den Grenzgänger typischen Pendelbewegung erkennbar geworden.

Nun konkret zum Text. Die Verschiebung der libidinösen
Besetzung von der Vater- auf die Mutterimago und der Auftritt des Räubers als Prediger der Liebe kündigen sich bereits
zum Ende des dritten Zyklus an:

> »(...) und in der Stadt erhob sich über den Häusern *die
> Kirche*, gleich einem *zur Einigkeit und zur Liebe mahnen-
> den Wächter*, oder *wie eine große junge Frau mit den An-
> wandlungen des rechten Familienernstes*« (135/32).
> »Warum erbaut [man] für den Glauben *ein schweigsames
> Gebäude* und singt dann in's Licht hinauf und verläßt, *ge-
> tröstet,* gestärkt, von Jubel umjubelt die Halle?«
> (136/32)

Damit ist die Lokalität der folgenden Szene vorgestellt und
der Zweck der Predigt, Trost zu finden, zumindest angedeutet. Auch Edith tritt zum Schluß dieses Abschnitts wieder auf
in der Überzeugung des Räubers, »daß sie dann und wann an
ihn denke.« (136/32) Und dann endlich sind die Zuhörer »zur
anberaumten Stunde« in der Kirche versammelt: es sind »*fast
nur Mädchen,* darunter immerhin einige *hervorragende weibliche Erscheinungen,* man kann sagen, *Repräsentantinnen,* wie
z. B. *Frau von Hochberg,* eine bekannte *Wohltäterin*« (135/33).
Auch »*Finanz* und *Gelehrsamkeit* hatten je eine Vertreterin ge-
sandt.« (136/33) Die »*Herrenwelt*« ist »natürlich« ebenfalls
vertreten, »wenn auch in etwas *geringerem Maßstab*« (136/33).
Man sieht: der Erzähler hat dem Räuber ein vorwiegend
weibliches Publikum versammelt, eines, das sich vor allem in
Gediegenheit und Achtbarkeit auszeichnet – wofür der
Name der bekannten Wohltäterin, »Frau von Hochberg«,
mit feinem Witz zeichnet.
An dieser Stelle, unmittelbar vor dem Beginn der feierlichen
Veranstaltung, erlaubt sich der Erzähler noch eine kleine Reflexion über die Zeit, die wie ein Zögern vor den zu bewälti-
genden Ereignissen anmutet und zugleich ein letzter Aus-

druck seiner zum Ende des dritten Zyklus eingetretenen Erschöpfung, seiner inneren Müdigkeit ist:

> »Die Uhren deuteten mit ihren Zeigern auf halb vier Uhr. Natürlich machte die Zeit von Minute zu Minute Fortschritte. Daß sie nie den Einfall hat, *endlich einmal stillzustehen,* berührt // manchen intelligenten Menschen als etwas Eigentümliches. Es wäre so interessant, so neu, wenn *alles, alles gleichsam friedlich im Bettchen läge und schliefe und ruhte, ruhte.* Aber das wird vermutlich nie vorkommen.« (136/33)

Nun erscheint der Pfarrer, »ein imposanter Herr«, und stellt den Räuber als »›lieben Freund und arbeitenden Mitmenschen‹« (137/33) vor. Dieser hat sich für seinen Auftritt extra einen neuen Anzug gekauft, so daß er nun »*geziemend* gekleidet, *ernst,* wenn vielleicht auch etwas *billig*«, und übrigens ohne »Manschetten« (137/33) die Kanzel besteigt, »mit einer *Selbstverständlichkeit,* d. h. mit so *leichten,* man möchte sagen, *lieblichen Schritten,* es waren schon nicht mehr Schritte, sondern *eher Schrittchen*« (137/33), daß alle »etwas besorgt« atmeten.

> »Auf seinem Gesicht zeichnete sich eine leise *Abgehärmtheit* aus, wie man sie auf dem Antlitz von Menschen findet, die sich *nach dem Frieden der Seele sehnen, den sie zu entbehren scheinen, mit dessen Erringung sie still in Tages- und Nachtstunden kämpfen.*« (137/33)

Aus welchen Elementen setzt der Erzähler hier das Bild des Räubers zusammen? Bedeutsam ist zunächst die »Abgehärmtheit«, die Sehnsucht nach dem »Frieden der Seele«, auch das Kämpfen um diesen Seelenfrieden, der nun, zum Ende des Romans, doch noch errungen werden soll. Das neue Gewand kündet vom Neubeginn, von der Änderung des Räubers, der, wenn auch nur versuchsweise, als »lieber Freund und arbeitender Mitmensch« vorgestellt werden kann, was auf die Absicht seiner Wiedereingliederung in die bürgerliche Gesellschaft, und das heißt in unserem Zusammenhang: auf die bevorstehende Reintegration der an den dissoziierten Selbstbereich verlorenen psychischen Energien hinweisen könnte. Die Einschränkung, der Anzug sei etwas »billig«, erinnert an das Problem der Armut und läßt so vielleicht den melancholischen Unterton erkennen, der im Ernst seiner »geziemenden« Kleidung jedoch zu einem tragfähigen Realitätsbezug gefunden hat.

Die »Selbstverständlichkeit«, die der Erzähler hier in den Gang des Räubers legt, überrascht ein wenig: gab es in diesem Roman je eine Situation, in der der Räuber sich so mutig exponiert hätte? Man hat ihn als gewitzt und vielen kleinen Situationen durchaus gewachsen kennengelernt, aber einen langen Vortrag zu anberaumter Stunde vor großem Publikum über ein so gewaltiges, pathosgefährdetes Thema wie die Liebe, die obendrein noch ganz persönlich zur Sprache gebracht wird als seine besondere Liebe zu Edith, zu halten und dies mit schierer »Selbstverständlichkeit«, das wäre denn doch nach allem Bisherigen kaum zu erwarten gewesen. Mir scheint, hier drückt das Ich ganz energisch dem Räuber seinen Willen auf, und wenn die Schritte des Räubers erst als leicht, dann als lieblich und zuletzt doch »eher« als »Schrittchen« bezeichnet werden, dann könnte darin eine stufenweise sich durchsetzende Zurücknahme dieser »Selbstverständlichkeit« in Richtung auf seine wachsende oder doch innerlich mitschwingende Zaghaftigkeit liegen – wenn damit nicht lediglich auf eine spitzbübische Lust aufmerksam gemacht werden soll, die sich ja auch zu Beginn der Ansprache in seinem zarten Hüsteln aus Schicklichkeitsgründen (137/33) wiederfinden ließe. Wahrscheinlich trifft beides zu, eindeutig entscheiden läßt sich das wohl nicht, aber diese Szene wäre nicht von Walser geschrieben, wenn sich nicht auch hier die Angst mit der Lust verbinden würde.

Bevor wir uns mit der Analyse der räuberischen Liebes-Rede befassen, sollen noch zwei bemerkenswerte Bilder betrachtet werden, in die der Erzähler Wanda und Edith unter den Zuhörern eingetragen und besonders hervorgehoben hat:

»*Wanda* saß in der *dreizehnten* Reihe. Es ist dies *ganz genau festgestellt* worden, *zwischen einem bejahrten Mann und einem Knaben. Es ist ja und bleibt ja Aufgabe der Kleinen, den Großen zu dienen. Seltsam, daß wir das gerade jetzt sagen.* Wir wollen uns jedoch nicht den Kopf dieser Bemerkung wegen abstudieren, sondern betreffs Wanda mitteilen, daß sie wunderhübsch aussah, zart wie eine Kirschblüte, *umgeben von schwarzen Schleiern, die nicht durchaus Trauer zu bedeuten brauchten, oder war ihr etwa der Verlobte gestorben? Wir wissen es nicht und sollen es auch nicht wissen und wünschen es auch nicht.*« (137/38/33)

»Und war denn *Edith* auch da? Gewiß. Sie saß *ganz vorn* und sie war *ganz schneeweiß angezogen,* und *ihre Wangen, über diese Wangen stürzte sich ein Rot herunter wie ein todesmutiger Ritter über eine Felswand in einen Abgrund, um eine Landschaft so mit seiner Aufopferung zu entzaubern. Ach, ihr Glühen war schön.* Die *feinbeschuhten Füßchen* klöpfelten gegeneinander, als hätte sich *alle Erregung dort hinabgezogen* und als sprächen, stritten die Füße zusammen, die zwei Täubchen glichen, die miteinander zürnen. *Edith war die Unschuld selber.* Es war, als habe sie gar nicht herbeikommen wollen, sondern sei *von silbernen Schnüren herangezogen* worden. *Ihr Beschützer saß neben ihr.* Ob er als Eingeweihter hier saß oder nicht, soll nicht untersucht werden« (138/33).

Wanda sitzt, wie »ganz genau festgestellt« wird, in der »dreizehnten Reihe« – die Zahl 13 gilt gemeinhin als Unglücks- oder Todeszahl – und ist mit »schwarzen Schleiern« umgeben, was ebenfalls auf Todestrauer hinweist, erst recht durch die Anmerkung des Erzählers, daß diese schwarzen Schleier »*nicht durchaus* Trauer zu bedeuten brauchten, *oder war ihr etwa der Verlobte gestorben?*« Könnte man den Räuber als ehemaligen »Verlobten« Wandas betrachten? Dann wäre er entweder *für sie* gestorben, d. h. für sie nicht mehr zu haben, oder er wäre überhaupt »als Räuber« gestorben und jetzt ein anderer Mensch, dann wäre diese Entwicklung als »nicht durchaus« traurig zu betrachten. Das Wissen darum wird vom Erzähler allerdings als unnötig und unerwünscht be-

zeichnet. Interessant ist, daß Wanda »zwischen einem bejahrten Mann und einem Knaben« sitzt: hier läßt sich zunächst das Zwerg-Riese-Motiv assoziieren, das Vater-Sohn-
Verhältnis, wozu die »seltsame Bemerkung« gehört, daß es
Aufgabe der Kleinen *sei und bleibe,* »den Großen zu dienen«:
diese Position, die ja z. B. auch die Schlußvision im »Jakob
von Gunten« prägt, wird also beibehalten; nur, daß dort das
Fräulein Benjamenta stirbt, während hier Wanda *zwischen*
Mann und Knabe sitzt, was weniger auf eine mütterliche als
auf eine die Freundschaft zwischen Vater und Sohn störende
Rolle Wandas hinweisen könnte. Zuletzt wäre zu bedenken,
daß Freud in der Dreizahl die symbolische Darstellung des
männlichen Genitales erkannte[430], was hier in der Verbindung mit Wanda die femininen Züge des Räubers, und bezüglich der Trauer die Versagung der Sexualität bedeuten
könnte.

Edith sitzt dagegen »ganz vorn«, d. h., ihr kommt jetzt eine
absolute Vorrangstellung zu. Sie ist ferner »ganz schneeweiß« angezogen, wodurch sie zu Wandas schwarzen Schleiern in einen vollkommenen Gegensatz gebracht wird: das
Weiß, als die Farbe der »Unschuld«, kann sich somit abheben
vom Schwarz, als der Farbe der Schuld, der versuchten sexuellen Sünde. »Edith war die Unschuld selber«, heißt es; sie
wird also als die verkörperte Reinheit in ihrer Funktion als
idealisierbares Selbstobjekt belassen, und nur als solches
kann sie dann für den Räuber die Rolle der »idealen Braut«
spielen, die aber – »ihr Beschützer saß neben ihr« – notwendigerweise unerreichbar bleibt. Ihrer Funktion als idealisiertes
Selbstobjekt entspricht dann die *Spiegelung* der seelischen
Vorgänge im Räuber auf ihrem Gesicht: Der Räuber als »todesmutiger Ritter« stürzt sich in die »Landschaft« des mütterlichen Körpers, in den »Abgrund« des mütterlichen Genitales[431], um so das Geheimnis des Weiblichen, die Bannkraft
des mütterlichen Schoßes »mit seiner Aufopferung zu entzaubern« – das sich über ihre Wangen herunterstürzende

441

»Rot« verbindet damit gleichzeitig die Liebe mit dem Blut, dem Tod, und kündet den Schuß auf den Räuber an. Insofern ist dann auch die in die »feinbeschuhten Füßchen« hinabgezogene »Erregung« Ediths, ihr innerer Streit, verstehbar als ein Begehren und Nicht-Dürfen; sie ist »von silbernen Schnüren«, also gleichsam durch die magischen Kräfte des Räubers oder des Erzählers, vielleicht durch »ein unsichtbares Mächtiges« (139/33) »herangezogen worden«. Aber ihr »Beschützer« sitzt ja neben ihr. Bezieht man zuletzt noch beide Bilder aufeinander, dann dementiert die Wandagruppe als versagtes, gestorbenes sexuelles Verlangen die Spiegelphantasie auf Ediths Gesicht als Vollzug des Inzests – für dessen Unterbleib ja auch Ediths »Beschützer«, dieser Mittelmäßige, ob nun als »*Eingeweihter*« oder nicht, zu sorgen hat.

2.5.2 *Die Funktion der Liebespredigt*

> »›Verehrte Anwesende, mit Erlaubnis des Herrn Pfarrers, der die Güte hatte, mich bei seiner Hand an diese Stelle der Andacht und geistigen Erhebung zu geleiten, *rede ich [zu] Ihnen von der Liebe,* und sie, die ich liebe, wird gekommen sein, um zu vernehmen, wie ich mich ausdrücke und was mir einleuchten wird zu sagen. O was für ein schöner Moment das für mich sein muß.‹« (137/33)

So lauten die ersten Worte der räuberischen Liebespredigt. Die Gefahr einer Überinterpretation riskierend, möchte ich hier kurz assoziieren: der Sohn an der Hand des Vaters – denn das An-der-Hand-Gehen hat etwas unverkennbar Kindliches – an die Stelle der »geistigen Erhebung« gebracht, kündet genau in der Mitte des Satzes das Thema seiner Rede an: die Liebe, um sich anschließend dem Gegenstand seiner Liebe, Edith, und mit ihr seiner idealisierten Mutterimago zuzuwenden. Der Räuber als Liebesprediger zwischen Mutter und Vater – eine schwierige Aufgabe hat der Erzähler ihm da zugedacht, und so gehorsam sich der Räuber ihm fügt, so wenig kann er doch sein inneres Sträuben verbergen: er sagt nicht, daß dieser Moment für ihn schön *ist,* sondern, daß er schön *sein muß.* Jedenfalls ist von der Liebe die Rede, und die Eindringlichkeit, die der Räuber bei diesem Thema entfaltet, ist durchaus dem Ort und Publikum seiner Ansprache angemessen:

> »›Man solle *die Menschen schlechtweg lieben* und *ihnen dienen,* werden Sie mir sagen, und ich gebe Ihnen recht. Ich aber liebe *alle diese Zeit, die da verflossen ist,* dieses Mädchen, über das ich lache, weil ich sie liebe, denn *die Liebe zu einem Mädchen, der Besitz einer Geliebten hat etwas so* Aufhelfendes, *endlos Zufriedenstellendes,* daß man zu beinah nichts als *fröhlicher Dankbarkeit* neigt, und wenn es dann auch nicht einmal noch eine unglückliche Liebe gibt, sondern *jede Liebe eine glückliche ist, weil sie einen ja bereichert,* und uns die ganze Erde ein liebes Gesicht entgegensetzt, nur *weil das Herz lebendig wurde,* so sitzt sie da unten wie *eine, die mich ausstattete,* ohne daß sie das vielleicht gewollt hat, und wie eine, *die mich bedient hat,* als wäre ich ein Herr und als wäre die Arme meine Dienerin gewesen, was sie vielleicht nie und nimmermehr sein wollte.‹« (139/40/33)

Auf das Edith Provozierende dieser Rede soll sogleich eingegangen werden. Zunächst aber ist festzustellen, daß diese Feier der Liebe einer ganz bestimmten Motivation, einer inneren Not und Notwendigkeit entspringt. Die »*Liebe* zu einem Mädchen, der Besitz einer Geliebten hat etwas so Aufhelfendes, endlos *Zufriedenstellendes* (…) *weil das Herz lebendig wurde*«, so lautet verkürzt und auf einen Nenner gebracht die Kernaussage dieses Abschnitts. Der Räuber spricht davon, wie es ist, wenn »jede Liebe eine glückliche ist«, aber es ist nicht jede Liebe glücklich, und so muß hier ihr Glücklichsein beschworen, emphatisch mit immer neuen Worten herbeigeredet, besprochen werden, damit zuletzt eintritt, was hier unbedingt erreicht werden soll: die Wiederverlebendigung des Herzens. Die Liebe soll dem Räuber aus der Depression aufhelfen. Es ist ersichtlich, daß sich diese Interpretation von den oben referierten Überlegungen Jacobsons zu den Strategien der Depressions-Abwehr herleitet. Akzeptiert man diesen Ansatz, dann läßt sich folgendes verstehen: der Ich-Erzähler spürt die drohende Depression, spürt, daß ihm die Regie seiner Räuber-Figur entgleitet; er nimmt daher alle ihm noch verbleibenden Kräfte zusammen und stellt seinen Protagonisten auf die Kanzel vor ein zahlreich versammeltes Publikum, womit er die von Jacobson beschriebene Hinwendung zur »Welt der äußeren, realen Objekte« beschreibt. Während er damit seinen Realitätsbezug allgemein abzusichern versucht, konzentriert er sich besonders auf einen Menschen, Edith, die er nun, via Räuber, durch ein öffentliches Bekenntnis verbürgt, mit aller ihm zur Verfügung stehenden Libido überschüttet, in der verzweifelten Hoffnung, damit einen »überzeugenden Beweis von unendlicher Liebe, unzerstörbaren Kräften und Werten zu geben«[432]. Sie, die immerhin gekommen ist, ihm zuzuhören, soll, durch des Räubers Werben für die Liebe motiviert, ihm ihrerseits so viel Liebe geben, daß in ihm selbst »wieder eine libidinöse Reaktion entsteht«[433]. Der Räuber wird diese Zuwendung am Schluß auch erhalten, Edith wird ihn küssen, aber es braucht dazu etwas mehr als schöne Worte, es braucht zusätzlich noch genau die masochistischen Provokationen, die Jacobson in der zweiten Abwehrlinie bei drohenden Depressionen erkannte. Und die Provokationen des Räubers sind so raffiniert wie zwingend:

> »›(...) daß sie nun da unten sitzt und mir zuhört, daß sie gekommen ist, um *mich zu züchtigen und küssen,* bildet ja für mich eine eigentümliche *Genugtuung,* und *ich lache sie innerlich mit der hellsten Berechtigung aus,* und daß das wieder so ganz und gar nicht schön von mir ist, *verdoppelt* natürlich *meine Eitelkeit* und *befestigt* nur noch mehr *den*

Genuß, aus dem ich bestehe und *den ich wie einen Flügel-schlag fühle und wie ein Zusammenströmen aller Eigenschaf-ten.*‹« (139/33)

»›*Ihr,* die mir zuhört, *verdanke ich all diese klingende Fröh-lichkeit,* um die sie mich zu beneiden Grund hätte, wenn sie davon etwas ahnte, aber *ich hielt sie immer für etwa nicht ganz genügend intelligent.*‹« (140/33)

»›Und nun hört sie das alles, und *alle meine Worte zielen darauf hinaus, sie zu verletzen, so recht tüchtig, damit sie fühle, wie ich ihr überlegen bin,* wie der Geist ihr überlegen ist, der aus mir spricht, *der Geist eines Vaters und einer Mutter,* der Geist der Erziehung und der Geist der Menschlichkeit und der Sitten, der Geist auch des Va-terlandes.‹« (141/33)

Die masochistischen Provokationen, die in der Formel »züchtigen und küssen« zusammengefaßt werden, sind zahl-reicher, als hier zitiert[434]. Schon allein diese öffentliche Bloß-stellung Ediths ist eine ungeheure Herausforderung. Was er ihr aber dann noch attestiert: ihre Langweiligkeit (141/33), daß er »sie nicht für ganz gescheit hielt« (141/33), ihre Ge-fühllosigkeit (142/33), ihre Feigheit (142/33) und die »tadel-lose Gewöhnlichkeit« ihres Beschützers, der ihn nicht einmal daran hindern kann, »sie in einem *Treppenhaus, das mit Teppi-chen geschmückt ist und das ich ja nicht näher zu umschreiben brau-che, zu küssen*« (142/33), das alles schreit förmlich nach Ra-che, zumal die Absicht der Kränkung offen zugegeben wird: »alle meine Worte zielen darauf hinaus, sie zu verletzen« – und dies gelingt ihm ja letztlich auch vortrefflich. *Der Räuber will Edith verletzen, damit sie ihn verletzt.* Es verlangt ihn nach ihrem Attentat, das er durch seine Schmähreden geschickt herbeizuführen weiß, und deshalb, weil er es provoziert hat, wird ihm allein die Verantwortung dafür übertragen, wäh-rend Edith, wie Frau von Hochberg im Gespräch mit ihr spä-ter zu erkennen gibt, von jeder Mitschuld freigesprochen wird:

»›Er hat Sie schwer beleidigt, und Sie haben sich an ihm auch schwer gerächt. Vielleicht zu sehr. Aber er ist ja ein so *starkes Individuum, daß ihm ein Schmerz süß war.* Auch ist ja in der ganzen Stadt anerkannt worden, daß *er Sie hypnotisierte, daß er Ihre Rache suchte, daß Sie das Opfer seiner Kunst geworden sind, Ihnen seinen Wunsch aufzuzwingen,* weswegen Sie auch freigesprochen worden sind.‹« (146/34)

Der Räuber hat Edith also manipuliert, und sie hat sich von ihm manipulieren lassen. Das läßt bereits erkennen, daß Edith in dieser Schlußszene für den Räuber eine bestimmte Funktion hat, die oben schon im Zusammenhang mit Jacobsons Überlegungen zur Depressionsabwehr allgemein erörtert wurde und jetzt noch in ihrer bildlichen Darstellung verstanden werden kann:

2.5.3 Die Funktion Ediths

»›Er muß büßen‹, fuhr es stromhaft durch Edith, als sei *ihre Person Glas* und *ein Entschluß zittere über ihre gläserne Wesenheit,* die davon erklinge. Sie hatte also durchaus keinen Entschluß gefaßt. *Der Entschluß durchstrahlte sie wie Sonne einen durchsichtigen Körper.*« (138/39/33)

Eine gläserne Person mit einem durchsichtigen Körper – Edith scheint hier gewissermaßen eine körperlose Frau zu sein, die als solche den Räuber sexuell nicht ängstigen muß. Aber nicht nur die Aussparung des erotisch Beängstigenden ist hier bemerkenswert, sondern auch die Tatsache, daß sie gleichsam nur als Projektionsfläche und Erfüllungsgehilfin für des Räubers Omnipotenzphantasien auftritt. Nicht nur war sie ja – womöglich gegen ihren Willen – wie eine Marionette »von silbernen Schnüren herangezogen« worden, sie scheint auch die Empfangsstation fremder Entschlüsse zu sein, die sie durchstrahlen, erzittern und erklingen lassen – und das sind, wie wir im Zusammenhang mit den masochi-

446

stischen Provokationen bereits gesehen haben, die Entschlüsse des Räubers. »Wenn ich bei ihr sein wollte und zu ihr sprach: ›*Erscheine mir*‹, so tat sie's augenblicklich. Sie war immer eine so Gefügige, wie ich sie mir nur wünschte. Sie hat nie gezögert, mir alles zu sein« (141/33) – was sie mir in meinen Träumen sein sollte, so etwa könnte man diesen Satz zu Ende führen. Das heißt: Edith erfüllt hier, wenngleich sie vom Erzähler als eigenständige Person unter die Zuhörerschar gesetzt wird, lediglich die Funktion eines ausführenden Organs – auch das begründet und garantiert ihre persönliche Unschuld –, sie ist für ihn nur das Glas, das von seiner Rede beschlagen wird. Und indem sie die Bedürfnisse des Räubers, seinen masochistischen Wunsch nach Bestrafung, befriedigt, ist sie eine, »*die mich ausstattete, ohne daß sie das vielleicht gewollt hat,* und wie eine, *die mich bedient hat,* als wäre ich ein Herr und als wäre die Arme meine Dienerin gewesen, was sie vielleicht nie und nimmermehr sein wollte.« (140/33) Man spürt in solcher Rede den Wunsch des Kindes, die Mutter nach seiner Pfeife tanzen zu lassen, die Allmachtsträume des narzißtisch gestörten Sohnes von der absoluten Verfügbarkeit seiner Mutter und damit die Ausdehnung seines Größenselbst auf sie als sein idealisiertes Selbst-Objekt. Edith wird also keine Eigenständigkeit zugebilligt, und deshalb führt sie, diese »Gefügige«, das Attentat auf den Räuber gehorsam aus, als er es von ihr verlangt:

> » ›Bereiten Sie sich nun auf einen unangenehmen Vorfall vor. Es wird übrigens noch einige Minuten dauern, denn sie findet noch nicht den Mut, sich zu rächen. Sie weiß, wie feig sie ist. Ich bin ihr immer unmöglich angezogen erschienen, *um sie zu ärgern,* und nun habe ich bereits Honorar in der Tasche, das davon herrührt, daß *ich Geschichten über sie ersonnen habe, wobei ich vor Lachen vom Stuhl fiel. Wie schön würd' ich es finden, könnte ich jetzt umsinken. Ich wäre gerade so in der richtigen seelischen Verfassung, mich aufheben und auf grüne Blätter tragen und betten zu lassen,* [in] ein Zelt hinein.‹ Hier sank er um. Ein

leiser Schrei durchschnitt die hohe Halle. *Edith stand hochaufgerichtet. Ihren Händen entglitt ein Revolver.* Die Kanzeltreppe hinab tröpfelte kostbares Räuberblut. Nie wurde intelligenteres Blut vergossen.« (142/43/33)

Edith schießt also genau im richtigen Moment, genau dann nämlich, wenn der Räuber »gerade so in der richtigen seelischen Verfassung« ist, und d. h.: *er läßt sie schießen.* Daß Edith mit einem »Revolver« auf den Räuber schießt, könnte zum Bild der »phallischen Mutter« passen, der im Falle der Homosexualität eine vielfach entscheidende Rolle zuerkannt wird[435]. In eben dieser Hinsicht könnte man vielleicht auch symbolisch die Aussage des Räubers deuten, »daß sie zu meinem *Baum* geworden ist, unter dessen Blättern ich es mir habe wohl sein lassen können.« (140/33)[436] Und so möchte sich der Räuber zuletzt ja auch »auf grüne Blätter tragen und betten lassen«. Die Sinnlichkeit dieser Bilder, verbunden mit der masochistischen Lust an der körperlichen Verletzung durch die »Pistolenkugel der Liebe« (73/16) zeigt, daß der erotische Bezug zu Edith doch nicht restlos ausgeblendet werden kann. »Jedesmal, wenn ich sie sah, *stürmte etwas Verdunkelndes auf mich ein.* Sie sehen, hieß für mich, sie verlieren oder *allzu groß* vor mir sehen, so groß, *daß sie mir mit ihrer Erscheinung alles verdeckte, mich und sich selbst.*« (142/33) Dennoch behauptet der Räuber fünf Sätze später, sie im teppichgeschmückten Treppenhaus geküßt zu haben. Das Verdunkelnde, auf ihn Einstürmende, das den Räuber in der Begegnung mit ihr zu überwältigen droht, hatten wir bereits als Symptom der Angst vor der verbotenen Befriedigung eines unbeherrschbar mächtig werdenden sexuellen Triebes zu erklären versucht. Demnach läßt die Angst vor der Sexualität, die hier als Überfremdung erfahren wird – in ihrer Überdimensionierung ist sie alles verdeckend –, erneut auf eine Vermischung der Objektrepräsentanzen im Sinne von Edith = Edith(+ Mutter) schließen; und so heißt es ja denn auch: »Ich sehe [sie] vor mir *in einem einsamen Stübchen* wie eine Geplünderte, wie eine Verlassene« (140/33), womit die Verbindung zur jugendlichen Mutter des Räubers, die »*in einem kleinen, spärlich erhellten Stübchen*« ihre Schulaufgaben macht (108/09/26), angedeutet sein könnte[437].

Edith als phallische Mutter-Figur und idealisiertes Selbstobjekt? Wenn es zutrifft, daß Edith für den Räuber eine solche Doppel-Funktion zu erfüllen hat, dann gilt auch, daß auf der Bewußtseinsebene jetzt jedenfalls der Aspekt ihrer Reinheit, ihrer Asexualität, prävalent ist. Denn nicht grundlos wird diese Liebespredigt gleich zu Anfang als eine »›*Reinwaschung*‹« (139/33) des Räubers bezeichnet, und dieser Zweck seiner Rede lenkt unsere Aufmerksamkeit zuletzt wieder auf den tragischen Schuldkomplex des Grenzgängers, der zu Beginn des zweiten Zyklus bereits umrissen wurde, und damit auf sein moralisch–masochistisches Strafbedürfnis.

2.5.4 *Der Schuldkomplex*

Kohut spricht vom »*Schuldigen Menschen*« dann, »wenn die Ziele auf Triebbefriedigung gerichtet sind, und vom *Tragischen Menschen,* wenn die Ziele sich auf die Erfüllung des Selbst richten«[438], wenn also seine Bemühungen »jenseits des Lustprinzips« liegen. Ich würde diese Unterscheidung hier so nicht treffen wollen, sondern vom »tragischen Schuldkomplex« des Grenzgängers sprechen, denn tragisch ist seine Schuld in bezug auf eine Triebbefriedigung insofern, als ihm *beide* Wege zu einer solchen versperrt sind, der Weg zur Mutter/Frau ebenso wie der Weg zum Vater/Mann, und tragisch ist dies auch deshalb, weil ihn nicht einmal die Verhinderung einer Triebbefriedigung von der Schuld gegenüber seinen Eltern befreit und er doch letztlich an der »Erfüllung seines Selbst« dadurch gehindert ist. Konkret bedeutet das für den Räuber, daß seine Akzeptanz des väterlichen Vorrechts im Duell mit dem (Willi-)Vater eine Verletzung des mütterli-

chen Anspruchs auf den Sohn, die Erfüllung dieses (inzestuösen) Anspruchs aber ein Verstoß gegen das väterliche Recht
bedeuten, die Schuld des Räubers also zunächst einmal mit
dem Ödipuskomplex verknüpft ist. Folgerichtig beginnt
seine »Reinwaschung« auch mit einem versteckten Sünden-
bekenntnis:

> »›Ich bin oft im Leben *durch irgendwelche Nebenum-*
> *stände in eine Flut von Beheiterung gekommen,* derma-
> ß[en], daß ich *mit fortgetragen* worden bin, als sei ich
> *etwas Gleitendes, Schwebendes.* Ich bitte für diese gewiß
> nicht große, *vielleicht aber doch wieder sehr große Sünde*
> meine lieben Mitmenschen um Verzeihung.‹ – ›*Und*
> *auch hier nicht einmal denkt er an seinen Gott‹,* ging es als
> Rechts*idee mehr durch Ediths Seele als durch ihren Kopf.*
> Es war, als ob sie sich hätte sagen wollen: ›*Er hat ge-*
> *standen.*‹« (139/33)

Was aber sollte er damit gestanden haben? Ein einfaches Gefühl der Beheiterung im Sinne einer Fröhlichkeit? Wahrscheinlicher ist, daß diese »*Flut von Beheiterung«,* in die ihn
»irgendwelche« (vielleicht aber auch ganz bestimmte) »Ne-
benumstände« bringen, die ihm das Gefühl geben, »*etwas*
Gleitendes, Schwebendes« zu sein, zusammen mit dem oben zitierten »*Genuß, aus dem ich bestehe und den ich wie einen*
Flügelschlag fühle und wie ein *Zusammenströmen aller Eigen-*
schaften«, im erotischen Kontext zu verstehen sind. Und genau dies tut Edith, wenn sie darin ein Geständnis erblickt und
bemerkt, daß er nicht einmal bei seiner »Reinwaschung« an
»*seinen Gott«* denkt, und sein Gott wäre in diesem Falle der
ödipale Vater. Daß sie diese Zusammenhänge unmittelbar,
d. h. mehr mit der Seele als mit dem Kopf, durchschaut, ist
dadurch zu erklären, daß sie ja hier die Funktion einer Projektionsfläche für die Gedanken und Gefühle des Räubers hat
und dieser seine eigenen Aussagen besser versteht als verständlich macht. Dennoch wäre der Schluß auf den ödipalen
Vater mehr gewagt als belegbar, wenn nicht Ediths Attentat-

Begründung nach vollbrachter Tat in dieselbe Richtung wiese:

> »Ihr Mündchen bebte. Es versteht sich, daß sie im Fieber gehandelt hatte. Sie bewies übrigens, daß sie viel auf den Räuber hielt. Jedermann sah das sogleich ein. Sie wurde von der Meinung zum voraus freigesprochen. *›Weshalb taten Sie das?‹* fragte Frau von Hochberg, auf die Schöne hinzutretend. *›Weil man mir hinterbrachte, er habe den Tod Walther Rathenaus beklatscht.‹* Diese Aussage weckte eine gewisse Bewunderung bei denen, die das Glück hatten, sie zu vernehmen. Edith wirkte als die Beauftragte irgendeines Komitees. *›Ist das die Wahrheit?‹* forschte Frau von Hochberg. *›Nein, ich sagte das bloß so.‹*« (143/44/33)

Also steht das Attentat zunächst im Zusammenhang mit dem ödipalen Triumph des Sohnes, wie er am Ende der Exposition dargestellt wurde, d. h., Edith als Verkörperung der »reinen« Mutter, als »eine große junge Frau mit den *Anwandlungen des rechten Familienernstes*«, hat den ödipalen Sieg des Sohnes über den Vater zu *mißbilligen*. Als aber Frau von Hochberg eindringlicher nachforscht: »›Ist das die Wahrheit?‹«, kommt die zweite Seite seiner abzubüßenden Schuld in der plötzlichen Verneinung dessen, was Edith kurz zuvor noch behauptet hatte, zum Vorschein: »›Nein, ich sagte das bloß so.‹« Das heißt, es fiel ihr bloß so ein und bestätigt gerade als spontaner Einfall die erste Aussage, muß jetzt aber andererseits verneint werden, weil in »Wahrheit« für die Edith-Mutter die Schuld des Räubers nicht in seinem ödipalen Sieg, sondern in dessen Gegenteil, in seiner Abwendung von der Inzestforderung nach dem Duell mit Willi liegt. Seine Schuld ihr gegenüber besteht darin, daß er sie verlassen, ausgebeutet, beraubt hat, was vom Räuber ja auch offen zugegeben wird:

> »›Sehen Sie mich denn nicht, meine Herrschaften, über sie hinwegblicken, *als wäre sie gar nicht mehr vorhanden,* die ich doch gleichsam in jeder Weise ruhig und wohlwollend *ausbeutete*? (...) und wenn sie auch tausend

Freuden hätte, so gliche [sie] immer noch einer *Beraub-ten* in meinen Augen, und ich kann aus dem *Gefühl, ihr Sieger zu sein,* gar nicht herauskommen und falle fast um wie ein mit Früchten eher schon beinah zu voll beladener Wagen, und *diese Früchte gehören eigentlich ihr, sie sind ihr entwendet, meine Seele gehört mit all ihrer Glücklichkeit, Glöckeligkeit ihr.*‹« (140/33)

Merkwürdig ist diese Vorstellung, »fast« umzufallen, »wie ein mit Früchten eher schon beinah zu voll beladener Wagen« – die symbolische Bedeutung von »fallen« = gebären, »Wagen« = Mutterleib/Schwangerschaft und »Früchte« = Kinder[439] deutet auf eine Schwangerschaftsphantasie hin, und daß es eine solche sein könnte, wäre, wie Freud am Beispiel der Fallgeschichte Schrebers zeigt, bei ausgeprägt femininen Zügen und latenter Homosexualität durchaus denkbar. Nun weist die Parallelität der beiden äußeren Nebensätze in: »*diese Früchte gehören eigentlich ihr,* sie sind ihr entwendet, *meine Seele gehört* mit all ihrer Glücklichkeit, Glöckeligkeit *ihr*«, auf eine Identität von Seele und Frucht hin, woraus sich etwa der Sinn ergeben könnte: die »phallische Mutter« hat den Sohn befruchtet, die Frucht ist seine Seele, sein Glück – seine Dichtkunst, so könnte man vielleicht weiterfahren, womit das bekannte Bild vom Schwangergehen mit einem Buch, vom Gebären eines Kunstwerkes entsteht, das nun, am Ende des »Räuber«-Romans, als reife Frucht aus ihm herausfallen, von ihm abgetrennt werden muß. Das würde dann den erotischen Bezug zur Mutter auf der in der Kunst sublimierten Ebene beinhalten.

Aber es heißt auch: »meine Seele gehört ihr«, er hat sie ihr »entwendet«, also geraubt, und das könnte soviel bedeuten wie: er ist ihr Eigentum und hat sie seiner selbst beraubt durch seine Entwicklung zur Selbständigkeit. Diese Interpretation lenkt den Blick auf das Mutter-Kind-Verhältnis, und erinnert man sich in diesem Zusammenhang an die in unserer Modell-Skizze erörterten Klagen der Mutter und das

Erlebnis der Ohnmacht des Sohnes, effektiv auf sie einzuwirken, so kann sich im Falle einer Erkrankung der Mutter (Schwermut), ihres langen Krankseins und ihres frühen Sterbens ein Schuldgefühl im Sohn herausbilden, das ihm die Verantwortung für ihren Tod aufbürdet, weil er glauben muß, ihr zu ihrer Gesundung nicht genügend Liebe gegeben zu haben: die Mutter liebt den Sohn (zumindest in seiner Phantasie) verschlingend, der Sohn rettet sich durch Rückzug, die Mutter verklagt ihn: »Jakob, ich sterbe, weil ich keine Liebe gefunden habe.« (VI, 145) Sie hat dem Sohn ihre Liebe gegeben, der Sohn hat sie nicht zurückgegeben, weil er sie nicht hat zurückgeben *können,* und d. h.: er hat *ihr* ihre Liebe geraubt. Oder mit anderen Worten: in den Augen des Kindes findet der Liebesaustausch (nach den Reaktionen der Mutter zu urteilen) ganz offenbar zu Ungunsten der Mutter statt, das Kind nimmt ihr (so wie es sich selbst versteht), was es braucht, es wird zum Räuber der Liebe seiner Mutter. Da es sich überhaupt als unfähig erlebt, Liebe zurückzugeben (die schizoide Mutter kann sie nicht annehmen), erhält Liebe für es den Charakter des zu Raubenden, Geraubten. Wen immer es liebt, den beraubt es. Indem ihm solcher Raub gelingt, wird es zum »Sieger« im Kampf um die Liebe.

> »›*Ich nutze sie aus* und kann sie belächeln. Ich gehöre ihr an, *ohne daß sie das Mindeste von mir hat.* Es beliebt mir sie zu lieben. *Diese Liebe kostet mich nichts.*‹« (141/33)
> »›Und dieses Mädchens Gesicht war mir *schrecklich,* und Sie verstehen ja nun weshalb, denn es war das Gesicht der *Beraubten.*‹« (141/33)

Warum also ist der Räuber ein Räuber? Auch deshalb, weil er Edith ihrer Liebe beraubt hat. Er nutzt sie aus, indem er sie zum Zielpunkt seiner masochistischen Provokationen macht, sie hat, indem sie der Gegenstand seiner Liebe ist, für ihn nur diese eine Funktion: seine Liebesphantasien aufzufangen, ihm aus der Depression aufzuhelfen, »ohne daß sie das Mindeste von mir hat.« Er benutzt sie und weiß zugleich um seine Not, die ihm kein anderes als ein solches ausbeuterisches Liebesverhältnis zu Edith erlaubt. Er befriedigt an ihr seine sadistische Lust durch eine Verspottung Ediths coram publico, und er befriedigt auf diesem Wege seinen Masochismus, dessen erotische Seite durch seine besondere Körperverletzung (Ediths Schuß mit dem »Revolver«), dessen moralische Seite durch die darin vollzogene Bestrafung eine Erfüllung finden. Er beraubt sie dieser ihrer Zuwendung, dieser einzigen ihm möglichen Befriedigung: »›Und dieses Mädchens Gesicht war mir *schrecklich,* und Sie verstehen ja nun weshalb, denn es war das Gesicht der *Beraubten.*‹«

2.5.5 *Die Schlußereignisse*

Verglichen mit der Komplexität der in dieser Auftrittsszene des Räubers angesprochenen seelischen Bezüge sind die den Roman abschließenden Ereignisse von großer Simplizität. Zwar muß Edith den Räuber noch küssen, aber dies ist nunmehr ein Leichtes, und es entspricht Walsers Sinn für Dramaturgie, daß er den Kuß Ediths nicht auf den Höhepunkt der Spannung setzt, sondern erst dann, wenn die Bewegung nach dem erfolgten Attentat auf den Räuber bereits wieder eine abfallende ist.

Edith wird erst einmal »anstandshalber« und »in schonungsvollsten Formen verhaftet« und in einen Park verbracht, wo sie »die Pflicht, d. h. leiser gesprochen, die Aufgabe« übernimmt, sich an eine »*Säule, die malerisch geborsten* ist« (144/33), anzulehnen und abzuwarten. Der Räuber, sorgsam ins Spital verbracht und auf Kosten der Gemeinde fürsorglich gepflegt,

> »war so sehr nirgendsanderswo als *bei ihr,* daß ihm die Unlöslichkeit selbstverständlich und *die Trennbarkeit ganz unverständlich* vorkam. Sie hätte ihn *in ihr Täschchen stecken können, so klein, winzig klein,* schien es ihm, ma-

che ihn die *Edithangehörigkeit. Je kleiner wir im Gefühle sind, desto glücklicher sind wir.*« (145/34)

Die Strafe ist erfolgt, die Inzestschuld gerächt, »zum Lohn für alle seine wohldurchdachten Untaten« (86/20) hat ihn dieser Schuß getroffen, »Walter Rathenau ist gebührend gerächt«! (149/35) Die Entspannung ist spürbar. Schon hundert Seiten vor dem Attentat, nach Befestigung der postödipalen Errungenschaften durch Einhalten der Distanz zur Mutter, hatte der Erzähler im Anschluß an die Einladung zur Kanzelbesteigung festgestellt, daß »(...) ein Aderlaß not tut. Es wird ihm dann ein bißchen leichter« (86/20) – und so ist es denn auch. Der Räuber ist glücklich bis zur Winzigkeit, sie »hätte ihn in ihr Täschchen stecken können«, und d. h.: alles hätte nochmals von vorn beginnen können: die »Trennbarkeit« kommt ihm »ganz unverständlich« vor, sein Glück hat embryonales Ausmaß: »Je kleiner wir im Gefühl sind, desto glücklicher sind wir.« Unverkennbar zeichnet sich hier eine seelische Bewegung hin zur guten nährenden und liebenden Mutter ab, womit genau die Beziehung zwischen Edith und dem Räuber angebahnt wird, die einzig den Kuß zuläßt: die Beziehung zwischen einer liebevollen Mutter und ihrem »ganz kleinen, winzig kleinen« Sohn, der nicht einmal mehr präödipal, sondern nur erst ein Säugling ist. Und nun kommen Frau von Hochberg und Edith zum Räuber ins Krankenhaus, und erstere macht letzterer folgenden Vorschlag:

> »›(...) und nun würde ich es *hübsch* finden, wenn *Sie ihn küßten.* Er schläft, da brauchen Sie nicht zu befürchten, daß er über Ihr Wohlwollen lachen wird. Er muß nämlich über alles Gute und Schöne, Heilige und Sinnhafte lachen, und gerade das ist's, was ihm die Leute übel nehmen, womit sie aber bloß zeigen, daß sie sentimental sind. Ja, ja, die meisten von uns Heutigen sind sentimental.‹ Mit diesen Worten traten sie in's Zimmer. ›*Sehen Sie, was er für ein Knabengesicht hat. Er kann natürlich trotzdem vielleicht ein ganz braver Mann sein‹*, bemerkte

455

Frau von Hochberg. *›Edith, hast du mir verziehen?‹* kam es von den Lippen des Schlafenden, in einer Betonung, die fast ein bißchen lachen machte. *Er sprach das im Traum. Also besaß er auch noch im Traum die Unverschämtheit, ihr zu nah zu sein. Sie beugte sich über ihn, nahm seinen fieberischheißen Kopf in die Hand, die er so oft angeschaut hatte, und drückte den Mund, den er so über alles, alles liebte, der ihm schon an und für sich zum Heiligtum geworden war, auf den seinigen. ›Den Pelz hat er mir auch nie gekauft. Er ist der Böseste auf der ganzen Erde.‹ Aber in seinem Traum war sie die Liebste,* die jetzt so etwas von ihm gesagt hatte. Da war sie *die Hohe, und eine um so unschönere Meinung sie von ihm hatte, zu einer um so Höheren und Schöneren wuchs sie in ihm.* ›Sind wir denn berufen, einander zu verstehen, *sind wir nicht vielmehr auserlesen, uns zu verkennen,* damit es nicht zu viel Glück gibt und das Glück noch geschätzt wird und *damit sich die Verhältnisse zum Roman gestalten, der nicht möglich wäre, wenn wir uns kännten?‹«* (147/34)

Für dieses eine Mal wenigstens hat der Schuß ihn von seinen Schuldgefühlen entlastet. Edith hat sich gerächt und kann ihm nun verzeihen. Der Weg ist frei für den Versöhnungskuß, und damit ist das Ziel der psychischen Entwicklung dieses Romans erreicht[440]. Edith nimmt dieses »Knabengesicht«, diesen »fieberischheißen Kopf« des schlafenden Räubers in ihre Hände und küßt ihn auf seinen Mund: eine schöne, eine ganz und gar mütterliche Geste. Doch auch wenn es in diesem »Räuber«-Buch um nichts anderes als um diesen einzigen mütterlichen Kuß gegangen wäre, wenn alles nur darauf hingewirkt hätte, diesen einen Kuß der Liebe und der Versöhnung zu ermöglichen, so wäre doch der »Räuber«-Roman von Robert Walser ein echter, ein fabelhaft verschmitzter *Liebesroman.* Nein, der Räuber ist kein Held, er hat sich diesen einen Kuß nicht im Sturm erobert; er ist auch kein Märtyrer, obwohl er beinahe (aber nur beinahe) für diese Liebe gestorben wäre; er hat die Augen geschlossen, und die Liebe ist zu ihm gekommen wie im Traum, sie ist

ihm – obwohl er sie sich erst hat rauben müssen – am Schluß
doch noch geschenkt worden: »Ganz besonders freut uns,
daß wir den Räuber nicht zu Edith hinzuschleppen nötig hatten (...). So hat also nicht er sie aufsuchen müssen, sondern
er ist von ihr aufgesucht, demnach also hochgradig beehrt
worden.« (148/35) Zwar schmollt sie noch: » ›Den Pelz hat er
mir auch nie gekauft. Er ist der Böseste auf der ganzen
Erde.‹« Aber es ist gut, daß sie so denkt, denn nun kann der
Räuber sie erst recht verehren: die Verschiedenheit ist die
Spannung, die das Glück nicht überborden und »die Verhältnisse zum Roman« sich gestalten läßt.

Der Räuber kann das Spital verlassen. »*Der Spitzbube guckt
hinter einem mächtigen Baumstamm hervor (...) Er ist gesünder als
je. Edith steht auf dem höchsten Berg der Angebetetheit.*« (148/35)
Mag sie ihm dort oben stehen bleiben zur Freude seiner An-
betungslust, zum Heil seiner liebenden Räuberseele, als Ziel
seiner dichterischen Suche. Den Pelz wird er ihr auch künftig
nicht kaufen.

3. Die Kunst der Selbstheilung und die Selbstheilung der Kunst

3.1 Die Logik der Entwicklung

»Er ist gesünder als je.« (148/35) Dieser Aspekt steht einer abschließenden Beurteilung noch aus, wofür jetzt die Ergebnisse unserer Roman-Analyse in aller Kürze schwerpunktmäßig rekapituliert werden sollen:

Exposition: Wir hatten im ersten Abschnitt des »Räuber«-Romans die schizoide Defensivstruktur des Textes als einen Versuch des Erzählers verstanden, die gefürchteten Besitzansprüche der auf den Leser projizierten Mutter-Figur abzuwehren und gleichzeitig ihre Präsenz durch die Ankündigung spannendster Räuber-Geschichten sicherzustellen. Nach einer anschließenden Rebellion gegen das Vorrecht des ödipalen Vaters (der arme Säufer), hatte sich der Erzähler zur Unterstützung seines Protagonisten entschlossen und ihn so mit den Inzestforderungen der Henri Rousseaufrau konfrontiert. Den Abschluß und Höhepunkt der Exposition bildete die Berner Ödipustragödie, die parallel zur Sophokleischen Vorlage mit der Ermordung Rathenaus (Laios) und der erotischen Leistung der Löffeliliebkosung (Heirat Jokastes) die Persistenz des Ödipuskonfliktes deutlich machte.

1. Zyklus: Im Anschluß daran hatten wir den Räuber als einen Adoleszenten bei seinen Bemühungen beobachtet, Distanz zu den ödipalen Eltern und damit eine größere Selbständigkeit zu gewinnen und diese durch ausgiebigen Weingenuß und erste Annäherungsversuche an neue erotische Objekte (Knaben- und Wanda-Verehrung) unter Beweis zu stellen. Das innere Verbot seiner sexuellen Befriedigung führte dann zu den Verfolgungsphantasien des Räubers und zu einem endgültigen Ablassen von Wanda. Dieses Ablassen von den neuen Objekten seiner erotischen Strebungen bereitet schließlich den Boden für den Höhepunkt des ersten Zyklus, das Duell mit Willi, das als eine Rückkehr zur ödipalen Konstellation dem Räuber die Möglichkeit gibt, nachträglich, d. h. entwicklungspsychologisch verspätet, durch sein Verlassen des Kampfplatzes das Gatten-Vorrecht zu akzeptieren und damit den Ödipuskonflikt fürs erste zu einem regulären Abschluß zu bringen.

2. Zyklus: Die Erledigung des Ödipuskonflikts entlastet den Räuber zwar von der ödipalen Schuld am Vater, führt aber gleichzeitig zu einem Schuldzuwachs gegenüber der somit verlassenen Mutter. Im zweiten Zyklus muß folglich der Erzähler den zu erwartenden Klagen der Mutter durch eine Gegenanklage in Form einer Abrechnung mit Edith zuvorkommen, womit er die im ödipalen Duell erreichte Abgrenzung von der Mutter zu befestigen sucht. Der durch die Abgrenzung akut gewordene (vorübergehende) Verlust ihrer als idealisiertes Selbstobjekt und die neue ödipale Verfassung, für die das zuvor bestehende labile narzißtische Gleichgewicht aufgegeben wurde, führen beim Räuber zu psychischen Störungen (Todesangst und Todeswunsch) und zu einem unentwegten Kreisen um die ödipale Kernfrage zum Zwecke ihrer Bearbeitung (Strukturfestigung). Nach der Bewältigung dieser Krise wird die behauptete Abgrenzung von der Mutter in der Situation der Versuchung (der untreue Gatte) auf die Probe gestellt, wobei es dem Räuber gelingt, standhaft zu bleiben.

3. Zyklus: Diese unter Beweis gestellte Standfestigkeit führt an der psychischen Oberfläche zu einer Steigerung des Selbstwertgefühls, die in Fortsetzung der Kritik an der Säumigkeit mancher Ehemänner den Erzähler zu einer ausführlichen Verklagung des armseligen Räuber-Vaters veranlaßt.

Die Herabsetzung des Räuber-Vaters gefährdet aber vollends die am Ende des zweiten Zyklus bereits angegriffene väterliche Objektimago, was in den tieferen Schichten zu einer massiven Verunsicherung des narzißtischen Gleichgewichts führt und eine Depression beim Erzähler einleitet (Klage über die Mittelmäßigkeit). Sein Versuch, den Räuber mit Edith zu verbinden, scheitert an dessen abgewehrter Homophilie (Ärger über den Offizier) und führt mit dem Rückzug von allen sexuellen Strebungen zum vorzeitigen Abbruch der Arbeit an der Vatererfahrung.

Schluß: Der libidinöse Rückzug des Erzähler-Räuber-Gespanns vom Vater leitet dann im Schlußteil über zu einer erneuten Hinwendung zur Mutter (Edith). Der Erzähler stellt den Räuber auf die Kanzel vor versammeltes Auditorium und läßt ihn – zum Zwecke seiner psychischen Restitution – eine Rede über die Liebe, insbesondere über seine Liebe zu Edith, halten. Seine damit zu beweisende Liebesfähigkeit und seine masochistischen Provokationen Ediths wurden als Maßnahmen zur Depressionsabwehr verstanden. Dabei wurde deutlich, daß Edith für den Räuber an dieser Stelle eine Doppelfunktion zu erfüllen hat: bezüglich seiner erotischen Strebungen wurden auf sie die Repräsentanzen der »phallischen Mutter« projiziert, wohingegen die Wahrnehmung ihrer auf der Bewußtseinsebene als reine, unerreichbare Geliebte ihre Rolle als idealisiertes (manipulierbares) Selbstobjekt erkennbar machte. Ihr Attentat auf den Räuber führt zuletzt zu einer Spannungsverminderung seines komplizierten Schuldkomplexes und ermöglicht schließlich den Versöhnungskuß zwischen Edith und dem Räuber: Mutter und Sohn.

Versucht man nun, den Ablauf des Romangeschehens in Form eines Psychogramms darzustellen, dann zeigt sich der Weg des Räubers als eine Art Prozeß »psychosexueller Reifung« vom angstgestörten ödipalen Triumph (am Ende der

Exposition) über den regulär absolvierten Zweikampf (am Ende des 1. Zyklus) zur Standfestigkeit in der Versuchung (am Ende des 2. Zyklus), bis hin zum erstmalig gewagten und einzigen Näheerlebnis im Kuß Ediths (am Ende des Romans). Zwischen diesen Knotenpunkten der Entwicklung liegen Phasen der Spannung (schraffiert dargestellt), die das Erreichte zu befestigen und den jeweils nächsten Schritt zu ermöglichen oder zu bedingen scheinen. Die gezeigten Spannungen ergeben sich jeweils aus dem Widerspruch zwischen Hochgefühl und Depression oder zwischen bewußten und unbewußten Strebungen oder zwischen den Intentionen des Ich-Erzählers (I) und der Durchsetzungskraft und dem Leidensdruck des Räubers (R).

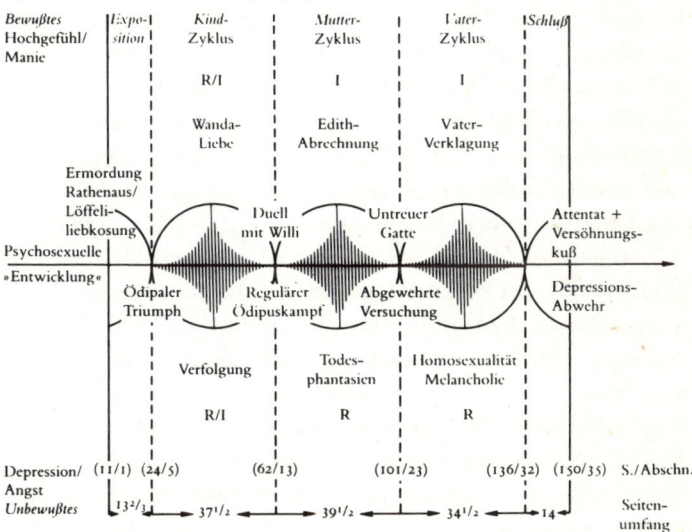

Im 3. Zyklus, der eigentlich unabgeschlossen bleibt, hatten wir ein deutliches Überwiegen der Spannungen hin auf den melancholischen Komplex und die unterdrückte Homosexualität analysiert. Pauschal könnte man als Grund dafür, daß die Arbeit an der Vatererfahrung zu keinem spannungslösenden Ergebnis gelangt, die in Übereinstimmung mit un-

serem Modellfall stehende Hypothese anführen, daß hier eine starke, die Identifikation ermöglichende Vaterfigur als wirksames Gegengewicht fehlt, was in der Klage über die Mittelmäßigen sehr gut zum Ausdruck gebracht wird. Darüber hinaus zeigt das Psychogramm, daß Vater und Sohn durch die Mittelstellung der Mutter voneinander *getrennt* sind, und interessanterweise entspricht diese Anordnung genau dem letzten Bild Wandas in schwarzen Schleiern »zwischen einem bejahrten Mann und einem Knaben«. Wie immer die zyklische Abfolge des Romans in dieser Hinsicht zu beurteilen ist, deutlich wurde durch seine Analyse, daß mit dem Vater nur der Ödipuskonflikt vorübergehend bereinigt werden konnte. Was nicht gelungen ist, vielleicht weil es dem Erzähler als Problem nicht bewußt geworden ist, das ist das Problemfeld der melancholischen und der homoerotischen Vater-Beziehung. Das homosexuelle Verlangen des Räubers wird energisch unterdrückt, die melancholische Vater-Liebe schleicht sich neben der ödipalen Auseinandersetzung vorbei und bleibt erhalten, weshalb auch zuletzt das Problem auf eine kurze Formel gebracht so heißt: »Ich bin ich, und er ist er. Ich habe *Geld,* und er hat keines. Darin besteht der *große* Unterschied.« (149/35) Wenn aber die Aussöhnung mit dem Vater, wie er dem Sohn nun einmal gewesen ist (Modell), wenn die Bearbeitung des melancholischen Introjekts nicht *mit* der Bewältigung des Ödipuskomplexes gelingt, dann kann das neu etablierte ödipale Verbot, das den Vater in seinen Vorrechten respektiert, irgendwann wieder zusammenbrechen, der ödipale Konflikt erneut virulent werden und das gerade restabilisierte Gleichgewicht abermals gefährden. Die Tendenz dazu ist ja bereits in der Charakterisierung von Ediths Beschützer angelegt: »Der *Mittelmäßige* sorgt für sie. Ich schätze ihn *deswegen* sehr und möchte ihn ersuchen, wie bisher weiterzufahren. (...) An meinem Beifall braucht er nicht [zu] zweifeln. Immer habe ich ihre Hände geküßt. Hätte *sie* mir denn verbieten können, sie [in] die Prachts-

tücher der Zärtlichkeit zu legen?« (141/33) *Sie* hätte es vielleicht nicht gekonnt, wohl aber hätte *er,* sofern er hier Vater-
stelle zu vertreten hat, ihm dies verbieten können – oder müssen. Deutlicher noch wird der Spott auf diesen Mittelmäßigen zwei Seiten später. »Und ihr Beschützer ist von *tadelloser
Gewöhnlichkeit,* er *strotzt förmlich davon, was mich aber nicht hin-
derte,* sie in einem *Treppenhaus,* das mit Teppichen geschmückt ist und *das ich ja nicht näher zu umschreiben brauche,*
zu *küssen.«* (142/33) Damit ist die Entwertung dieses Beschützers eigentlich perfekt; was ihm zu tun bleibt, ist, sie zu
versorgen, während der Räuber sie ungeniert »in einem
Treppenhaus« küßt, womit die Tendenz zur erneuten Regression auf den Ödipuskonflikt deutlich angezeigt ist.

Es gibt aber noch einen zweiten Grund für die hier gesehene
Regressionsneigung, und dieser ist über eine Beurteilung der
am Ende des Romans erreichten psychischen Befindlichkeit
des Räubers zu ermitteln. Wir hatten gesagt: das Attentat auf
den Räuber ist eine direkte Folge seiner masochistischen Provokationen Ediths und entspricht seinem Wunsch nach Bestrafung, der wiederum aus seinem komplizierten Schuldkomplex resultiert. »›Edith, hast du mir verziehen?‹«
(147/34), so lautet folgerichtig die Frage des »schlafenden«
Räubers, als Edith ihn im Spital besucht. Bestrafung und
Verzeihen bedeuten – nebst ihrer darin sich vermittelnden
Zuwendung – eine *Entlastung* depressiver Schuldgefühle. Statt
einer Antwort nimmt Edith »seinen fieberischheißen Kopf *in
die Hand, die er so oft angeschaut hatte,* und drückte *den Mund,
den er so über alles, alles liebte, der ihm schon an und für sich zum
Heiligtum geworden war,* auf den seinigen.« (147/34) An dieser
Geste war bereits das Mütterliche hervorgehoben worden,
unterstützt von dem Hinweis auf sein »*Knabengesicht«* und
vielleicht eingedenk der generellen Regressionsneigung
Kranker, die vielfach den Wunsch nach »Bemutterung« ver-
spüren, und von daher wäre nun zu eruieren, von welcher
Art das Erleben dieser Berührung mit der »Mutter« ist.

Ihr über alles geliebter, ihm zum »*Heiligtum*« gewordener Mund deutet auf den Aspekt der idealisierten Mutter hin: »*Edith steht auf dem höchsten Berg der Angebetetheit.*« (148/35) Und: »Da war sie die *Hohe,* und eine um so unschönere Meinung sie von ihm hatte, zu einer um so *Höheren* und *Schöneren wuchs sie in ihm.*« (147/34) Das hier ganz deutlich werdende Idealisierungsbedürfnis erfüllt, wie wir mit Kohut gezeigt haben, in der Entwicklungsgeschichte des Menschen sehr früh, im ersten Lebensjahr, die wichtige Funktion, dem Kind die Erfahrung einer unvollkommenen Mutter, einer Störung seiner archaischen Glückserwartungen zu erleichtern; das Gegenstück in der Beziehung zum archaisch idealisierten (Übergangs-)Selbst-Objekt ist das Größenselbst des Kindes, von Walser gefaßt in der Formel vom »grandiosen Geringfügigsein« (111/26). Befinden wir uns damit am Ende des »Räuber«-Romans gleichsam am Anfang einer Lebensgeschichte, dann wird auch deutlicher, wie die Vorstellung (das Erleben), daß *sie in ihm wächst,* zu verstehen wäre: es könnte sich dabei um eine Art Einverleibungsphantasie handeln, die wiederum (entsprechend den Anfängen der Psychogenese) auf eine *orale* Lustbefriedigung im Kuß Ediths schließen läßt, und d. h., daß die versöhnende Wiederbegegnung mit der Mutter auf die allerersten Anfänge des Kindes, seine *Säuglings*phase, zurückgreift. Dieser Kuß ist also deshalb so entspannend – und überhaupt erlaubt –, weil er weit vor den ödipalen Ängsten situiert und so wie etwas zutiefst Nahrhaftes genossen wird, wie etwas, woran sich der Räuber »seelisch sättigen« (65/14) kann. »Ediths *Mund* bleibt für den Schlingel von Räuber *ein unauflösliches Rätsel.*« (149/35) Aber noch weiter geht der Räuber zurück:

> »Er war so sehr *nirgendsanderswo als bei ihr,* daß ihm die Unlöslichkeit selbstverständlich und die *Trennbarkeit ganz unverständlich vorkam. Sie hätte ihn in ihr Täschchen stecken können, so klein, winzig klein,* schien es ihm, ma-

che ihn die *Edithangehörigkeit. Je kleiner wir im Gefühle sind, desto glücklicher sind wir.*« (145/34)

Daß hier ein pränataler Glückszustand von embryonalem Ausmaß imaginiert wird, war bereits bei der Analyse des Roman-Endes angedeutet worden. Auch der Ausruf des Räubers nach seinem Verlassen des Krankenhauses: »›*Überall ist nur sie. Sie ist das Weltall.*‹« (149/35), skizziert einen solchen intrauterinen Lebensraum in vollständiger »Edithangehörigkeit«, die alle »Unlöslichkeit« für immer ganz »selbstverständlich«, hingegen jede »Trennbarkeit« dieser leiblich-seelischen Verbundenheit nur noch »ganz unverständlich« finden kann. Sie wächst in ihm – er wächst in ihr: solches Alternieren von Phantasien eines Verschlingens der Mutter oder eines Verschlungenwerdens von ihr ist kennzeichnend für die Phase der noch unzureichenden Subjekt-Objekt-Differenzierung und weist ebenfalls auf den psychischen Entwicklungsstand des ersten Lebensjahres hin.[441]
Nun war aber gerade dieses Wieder-klein-sein-Wollen, der Traum von der Rückkehr in den warmen, nährenden und beschützenden Mutterbauch, mit Freud auch als »Koitusersatz des Impotenten« bezeichnet worden[442], und damit gerät auf einmal der auf die Mutter bezogene psychische Prozeß dieses Romans offen ins Blickfeld: denn spätestens an dieser Stelle wird endgültig klar, daß obige Reflexionen (z. B. über die Oralität der Schlußphase) nicht lediglich als psychologische Spitzfindigkeiten zu betrachten sind, sondern die Gesamtbewegung des »Räuber«-Romans ebenso wie die Dynamik des Grenzgänger-Prinzips zu erschließen helfen.
Zu meiner eigenen Überraschung zeigte sich nämlich nach Abschluß der Roman-Analyse, daß die dabei explorierte »psychosexuelle Entwicklung« eine ähnliche Kreisbewegung vollzieht, wie sie in Teil I als charakteristisch für die Mutter-Sohn-Beziehung erkannt worden war. Ich habe also die Ergebnisse der Räuber-Analyse mit den Stationen auf dem Be-

ziehungszirkel des Kindes um die Mutter verglichen und dabei folgende Parallelität festgestellt: Der Roman setzt ein (im Beziehungszirkel oben) im Zustand erhöhter Angst vor der befürchteten und erwarteten Inzestforderung und damit vor einem Verschlungenwerden von der Mutter. Die Inzestforderung ist aber stärker als die Abwehrkräfte des Räubers, er erliegt ihr, und das gibt den Impuls für die Fluchtbewegung (in die rechte Hälfte des Kreises) aufgrund der Angst, in dieser Wiederverschmelzung mit der Mutter ausgelöscht zu werden; Verstärkung findet der Fluchtimpuls durch die Angst vor der

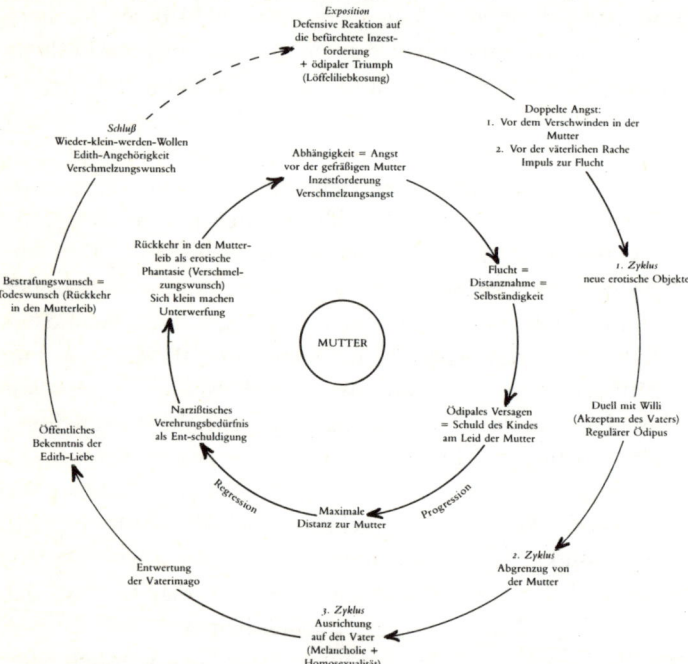

väterlichen Rache. Die Distanznahme von den ödipalen Eltern führt dann im 1. Zyklus zu einer größeren Selbständigkeit und ermöglicht in deren Folge einen regulären Durchgang durch den Ödipuskampf.

Die damit manifestierte Abgrenzung von der Mutter wird im

2. Zyklus durch den Erzähler untermauert und durch die Aktionen des Räubers bestätigt, so daß nun im Zustand der maximalen Distanz zur Mutter (unten, diametral zur Ausgangsposition im Beziehungszirkel) die Hinwendung zum Vater im 3. Zyklus möglich und nötig wird. Bis hierher ist die Entwicklung progressiv und zielt auf eine ständig sich vergrößernde Autonomie. Die nun aber einsetzende Entwertung der väterlichen Objektimago führt zur erneuten Regression, zu einer libidinösen Rückwendung zur Mutter im Schluß des Romangeschehens. Und dieser Schluß (der fast die ganze linke Kreishälfte ausfüllt) zeigt nun in der öffentlichen Feier der Liebe zu Edith das Verehrungsbedürfnis des Räubers, in seinen Provokationen seinen Wunsch nach Bestrafung und Entschuldigung und im Gefühl seiner Winzigkeit seinen Wunsch nach Wiederverschmelzung mit der Mutter, nach dem Wiederfinden des einstigen pränatalen Glückszustands.

Die im Versöhnungskuß wiedergefundene Mutter ist also die im Beziehungszirkel auf der linken Seite eingetragene idealisierte Mutter der allerersten Lebenszeit; sie ist die Ungefährliche, die Schöne, der die Seele des Räubers zustrebt, um mit ihr, vom einstmals glückhaften Beginnen ausgehend, den Weg seiner Entwicklung nochmals, aber in eine bessere Welt, zu finden. Aber es wird in der graphischen Darstellung sichtbar, daß der Wunsch nach Wiederverschmelzung nicht die Korrektur der Psychogenese einleitet, sondern genau die Verschmelzungsangst reproduziert, die die Kreisbewegung der psychischen Reaktionen perpetuiert. D. h.: die Entspannung der Schlußphase ist eine Entspannung auf Zeit. Ihr folgt die Inzestangst und die Flucht vor dieser, und wenn es nicht gelingt, im Moment der maximalen Distanz zur Mutter eine die Probleme mit ihm bewältigende, spannunglösende Beziehung zum Vater aufzubauen, dann ist absehbar, daß diese Psyche sich der ungeheuerlichen Bannkraft der Mutter niemals wird entziehen können. Und damit wird zuletzt verständlich, daß die zunächst linear dargestellte »psycho-sexuelle Entwicklung«, die im Romangeschehen beschrieben und vollzogen wird, mit ihren drei Zyklen und den Öffnungen zu Beginn und Schluß des Räuber-Buches sich schließlich rundet zum Kreis, der in einem vierten Zyklus – den man vielleicht den Zyklus des Todes(-triebes) nennen könnte – Anfang und Ende dieser Geschichte zusammenschließt. Was wir also »Entwicklung« genannt haben, meint die progressiv-regressive Bewegung auf genau das Stadium hin, das einst zum Ausgangspunkt der Pathogenese geworden ist, das Stadium, an dem jetzt – und immer wieder? – der Umschlag erfolgt von der kindlich liebenden in die sexualisierte Vereinigung mit der Mutter.[443]

Umschlag- oder Pendelbewegung: wenn die Geschichte endet, ist die Entwicklung an ihr Ziel gelangt, die Bewegung kommt also – scheinbar – zum Stillstand. Aber nur scheinbar. Die Kreisskizze der Roman-Analyse deutet an, wie es weitergeht, und es muß weitergehen, sonst hätte der Räuber das Grenzgänger-Prinzip durchbrochen. Wir erinnern uns, daß wir seine Dynamik auf die Kurzformel der Nähe-Distanz-Problematik gebracht hatten. Und was wir im phänomenologischen Teil dieser Arbeit vielfach beobachten konnten, das stete Hin und Her des Grenzgängers zwischen Annäherung und Flucht vor der erreichten Nähe, das können wir nun im »Räuber«-Roman gewissermaßen als Großaufnahme im Zeitlupentempo verfolgen: es beginnt mit dem furchtbaren Sog in die lebensgefährliche Inzestnähe der Mutter und führt dann durch diesen ganzen Roman hindurch eine einzige Bewegung der Flucht und langsamen Wiederannäherung vor. Der Wechsel von Progression und Regression erklärte sich dabei aus den Verschiebungen der libidinösen Besetzung zwischen der väterlichen und der mütterlichen Imago, und der tragische Schuldkomplex des Räubers erwies sich als ein weiteres energetisches Moment, das für den Grenzgänger in Anschlag zu bringen wäre. Somit zeigt sich, daß auch der Räuber ein Grenzgänger ist, nur eben ein besonders langsamer.

3.2 Die funktionelle Rehabilitierung des Selbst

Wie immer es hypothetisch-psychologisch *nach* dem Ende des »Räuber«-Romans weitergehen könnte, deutlich läßt sich jedenfalls erkennen, daß im Gegensatz zur Problematik der sexualisierten Objekt-Beziehungen, die der Räuber in den Phasen eingeht, die auf der rechten Hälfte der Kreisbahn um die Mutter situiert sind, das Erreichen der linken Hälfte eine deutliche Entspannung und, wie der Erzähler kundtut, eine Gesundung des Räubers bedeutet: »Er ist gesünder als je.« Gesundheit wird hier verortet in einer Entwicklungsphase (etwa das erste Lebensjahr), in der alle sexuellen Strebungen, sowohl die auf die Mutter als auch die auf den Vater gerichteten, weitgehend ausgeschaltet sind. Wie schmal der Grat ist, auf dem da der Grenzgänger zu stehen kommt, wie labil dieses mühsam wiederhergestellte innere Gleichgewicht, wie prekär die darin errungene Überlegenheit des Geistes, der doch immer verbunden bleibt mit dem »Geist eines Vaters und einer Mutter« (141/33), das konnte anhand der graphischen Darstellungen und ihrer Auswertung deutlich gemacht werden. Und dennoch vermittelt der Schluß eben diese vom Erzähler behauptete Gesundung, die nun auch noch im Zusammenhang mit unserer Arbeitshypothese von der Aufteilung des Selbst in den strukturell gefestigten Bereich, der durch den Ich-Erzähler repräsentiert wird, und den sogenannt strukturschwachen Teil, der auf die Figur des Räubers projiziert wird, erklärt werden soll.

Kohut unterscheidet in der »Kern-Psychopathologie der narzißtischen Persönlichkeitsstörungen«[444] zwischen den (primären) Strukturdefekten des Selbst und sekundären Strukturbildungen, die auf diese Strukturdefekte bezogen sind und entweder defensive oder kompensatorische Funktionen zu erfüllen haben. Sowohl die primären als auch die sekundären Strukturen werden nach Kohut in der Zeit der frühen Kindheit gebildet.

»Ich nenne eine Struktur defensiv, wenn ihre einzige oder hauptsächliche Funktion darin besteht, den primären Defekt im Selbst zu überdecken. Ich nenne eine Struktur kompensatorisch, wenn sie diesen Defekt kompensiert, statt ihn nur zu verdecken. Sie durchläuft eine eigene Entwicklung und führt zu einer funktionellen Rehabilitierung des Selbst, indem sie die Schwäche an einem Pol des Selbst durch die Stärkung des anderen Pols ausgleicht.«[445]

Die von Kohut beschriebenen Analysen von narzißtisch gestörten Künstlern (Malern, Autoren), die wegen Arbeitshemmungen oder -unfähigkeit in die Behandlung kamen, wurden als erfolgreich abgeschlossen, wenn eine dauerhafte Stärkung eben der kompensatorischen Strukturen erreicht war, deren Schwächung oder Einbruch zuvor erst die Arbeitsunfähigkeit und dann eine allgemeine Beeinträchtigung der Gesamtpersönlichkeit hervorgerufen hatte.

Der Räuber, als Träger des strukturschwachen Selbstbereichs, ist erklärter Coautor des Ich-Erzählers. »Heute ist der Räuber ganz bleich vor lauter Dichten, denn Sie können sich ja denken, wie er mir wacker bei der Niederschrift dieses Buches mithilft.« (133/32) Kontinuität und Ausdauer allerdings zeigt nur der Ich-Erzähler, vom Räuber heißt es lediglich, »er *helfe* einem Schriftsteller an einem Roman« (134/32). Allerdings wird er grundsätzlich auch für fähig gehalten, als eigenständiger Autor zu arbeiten; so hat er einmal im Sinn gehabt, »unter Ediths Augen, im Beisein also derer, die er liebte, d. h. im Saal, wo sie diente, seinen längst von seinen Freunden erwarteten Roman zu schreiben.« (39/10) Diese Vorstellung (die an Simons Briefschreiben im Beisein seiner Herrin erinnert) scheitert »natürlich« in sich – so der Erzähler. Und doch entwickelt auch die Autorenschaft des Räubers im Laufe des Romans anerkennenswerte Qualitäten, so daß der Ich-Erzähler am Schluß mitteilen kann: »Sein Talent in der Mitarbeiterschaft an hervorragenden Zeitungen und speziell seine Gehülfenleistungen bei *vorliegender Handschrift* fangen an gewürdigt zu werden. Universitätsprofessoren grüßen ihn verbindlich.« (150/35) Wie läßt sich das erklären?

In relativ störungsfreien Zeiten bilden nach Kohut die kompensatorischen Strukturen ein wirksames Gegengewicht zur Schwere der Strukturdefekte des Selbst. D. h., trotz bestehender psychischer Defekte kann der Grenzgänger arbeiten (schreiben), und weil er arbeiten kann, kann er wiederum relativ störungsfrei leben. (Die seelischen Einbrüche im Zusammenhang mit der Unfähigkeit zu arbeiten, die wiederum mit einem Durchbruch sexueller Triebregungen gekoppelt ist, waren in Teil II vorgestellt worden.) Nun kann sich mit der Zeit durch feine Verschiebungen in diesem psychischen Gleichgewichtsverhältnis, z. B. durch andauernde Belastung (anhaltender Mißerfolg), durch die psychische Prozesse auslösende Kraft der szenischen Phantasie oder durch plötzliche Ereignisse eine sukzessive oder immediate Schwächung der kompensatorischen Strukturen einstellen, die diesen Gleichgewichtszustand in einen labilen verwandelt oder gar zum Zusammenbruch bringt. Kohut, der sich auch mit Fragen der Kreativität befaßt hat[446], vermutet:

> »daß die psychische Organisation mancher schöpferischen Persönlichkeiten durch eine gewisse Labilität der narzißtischen Konfigurationen gekennzeichnet ist, daß auf Perioden narzißtischen Gleichgewichts (stabiles Selbstwertgefühl und fest verankerte Idealisierung der inneren Werte: stetige, ausdauernde Arbeit bei Beachtung der Details) prä-kreative Perioden mit Gefühlen von Leere und Rastlosigkeit folgen (Besetzungsabzug von den Werten, niedriges Selbstwertgefühl; suchthafte oder perverse Strebungen: es wird nichts geschaffen), worauf wieder kreative Perioden eintreten (die freien narzißtischen Besetzungen, die von den Idealen und vom Selbst abgezogen waren, werden nun im Dienste des kreativen, künstlerischen oder wissenschaftlichen Schaffens verwendet: originelle Gedanken, intensives, leidenschaftliches Arbeiten). Wenn man diese metapsychologischen Formulierungen in Aussagen über das

Verhalten umformuliert, könnte man sagen, daß auf eine Phase fieberhaften Schaffens (originelle Gedanken) eine Phase ruhiger Arbeit folgt (die originellen Einfälle der ersten Phase werden geprüft, geordnet, in unmittelbare Form gebracht, d. h. niedergeschrieben); diese Phase wird unterbrochen durch eine unfruchtbare Phase prä-kreativer narzißtischer Spannung, die eine Phase erneuter Kreativität einleitet usw.«[447]

Demnach lassen sich verhaltenspsychologisch und metapsychologisch die drei Phasen der Kreativität bezeichnen und mit der Arbeit an der funktionellen Rehabilitierung des Selbst sowie dem psychologischen Verlauf des Romangeschehens verbinden: Der Beginn des »Räuber«-Romans wäre auf der Grenze zwischen der präkreativen und der kreativen psychischen Verfassung zu verorten; die zu Beginn der Roman-Analyse beobachteten narzißtischen Spannungen der präkreativen Periode (frei flottierende narzißtische Libido, Gefahr einer Fragmentierung) werden auf die Schreibarbeit hingelenkt (disparater Stil der ersten Abschnitte) und erwirken in dieser Fokussierung die Erhöhung der Kreativität, die den großen Entwurf des ganzen Romans ermöglicht. Es schließt sich dann (nach der Exposition) eine Phase ruhigerer Arbeit an [»Wir fangen nun langsam an, geordnet zu erzählen.« (29/7)], die die allmähliche Wiedergewinnung des narzißtischen Gleichgewichts über verschiedene Krisen durch fortgesetzte Stärkung der kompensatorischen Strukturen erstrebt; der (relative) Erfolg dieser Bemühungen ist im Zyklus des Vaters gefährdet und im Schlußergebnis erreicht. Die hier nach Kohut sich wieder anschließende präkreative Periode, in der nichts gearbeitet wird – vielleicht infolge des am Ende des Romans erreichten Glückszustands, der das Schreiben so überflüssig wie unmöglich macht? –, führt dann zu einer erneuten Schwächung des strukturellen Gleichgewichts des Selbst: den tieferen Grund für diese Schwächung hatten wir mit Hilfe der Kreisskizze des Romangeschehens gefunden.

Anhand seines Drei-Phasen-Modells macht Kohut deutlich, daß das Werk eines Künstlers »mit transitorischer narzißtischer Libido besetzt ist«[448], weshalb das Kunstwerk, dieser Theorie zufolge, für den Künstler den Wert eines »Übergangsobjekts«[449] (ähnlich einem Fetisch) haben und seine Fertigstellung, insbesondere wenn es sich um die Beendigung einer längeren Arbeit handelt, zu enormen Ablösungsschwierigkeiten führen kann; diese Ablösungskrise kann ein weiterer Grund für das Wiederauftreten einer Störung des narzißtischen Gleichgewichts sein und so den Impuls zu erneuter kreativer Tätigkeit abgeben. Und somit wird nach Kohut deutlich, daß der künstlerischen Produktion selbst – indem sie das gestörte narzißtische Gleichgewicht restabilisiert – kompensatorische Funktion zukommt.[450]

Für den »Räuber«-Roman bedeutet dies, daß es durch die Aufteilung in ein Ich und einen Räuber möglich wird, an den durchgebrochenen Konflikten, die zunächst einmal aus dem ungelösten Ödipuskonflikt herrühren, zu arbeiten bei gleichzeitiger Erhaltung beziehungsweise sukzessiver Restabilisierung der Schreibfähigkeit; der relativ strukturstärkere Selbstbereich (das konstante Ich), eigentliches Zentrum der Kreativität (Bewußtes und Vorbewußtes), tritt in einen Dialog mit einem Teil des Strukturdefekts (dem Räuber), an den es einen Teil seiner kompensatorischen (kreativen) Energien verloren hat. D. h., in der Figur des Räubers sind kreative Energien gebunden, die für das Schreiben im Zustand des strukturellen Ungleichgewichts *nicht* nutzbar gemacht werden können: »(...) dieser Kranke, der mit Freude Abende lang schaffen wollte, wenn sein Zustand es zuließe« (76/17)!

Die Bearbeitung einer Reihe von im wesentlichen psychosexuellen Konflikten in den dargestellten Etappen (zentriert um den Ödipuskomplex) führt dann, nach dem langen Weg durch den Roman, zu einer Redintegration der an den Strukturdefekt (Räuber) abgeflossenen Energien. D. h., die funktionelle Rehabilitation des Selbst wird dadurch erreicht, daß es den kompensatorischen Strukturen (Ich-Erzähler) gelingt, den Strukturdefekt auf die Position seiner Minimalausprägung zu verschieben, wodurch genau die Energien wieder frei beziehungsweise den kompensatorischen Strukturen zugänglich werden, die zuvor zur Abwehr einer drohenden Fragmentierung des Selbst gebraucht wurden. Infolge dieser Restitutionsleistung kann es dann am Schluß auch vom Räuber heißen: »Sein Talent in der *Mitarbeiterschaft* an hervorragenden Zeitungen und speziell seine *Gehülfenleistungen* bei vorliegender Handschrift *fangen an gewürdigt zu werden.*« (150/35) Das heißt nun aber *nicht,* daß am Ende der Räuber mit dem Ich vollständig identisch würde:

> »*Er* und *ich* sind jedenfalls *zweierlei.* Wir halten ihn für einen Löl, weil es ihm *an Geld gebricht,* das der *Zauberstab* im Leben ist, womit die Freuden und Liebesüberschüttetheiten aus den Verborgenheiten und Ungenossenheiten hervorgezaubert werden. Er hat *schwarze Trauerränder* um die Kreise seiner *Leidensaugen.* Überlassen wir diesen Schurken seinem Meer von Naivität.« (148/49/35)

Das bedeutet, daß der primäre Strukturdefekt als ein jetzt wieder klar umgrenzter, den anderen Selbstbereich nicht beeinträchtigender *fortbesteht*: den Räuber charakterisiert nach wie vor die Armut, die »schwarzen Trauerränder« und die »Leidensaugen« als Zeichen seiner Melancholie, und ebenso machen die »Verborgenheiten« und »Ungenossenheiten« der »Liebesüberschüttetheiten« Mitteilung von der Unterdrückung seiner Sexualität. Dagegen setzt sich der Erzähler nachdrücklich ab:

> »*Ich bin ich, und er ist er. Ich habe Geld, und er hat keines. Darin besteht der große Unterschied. Auf Wanda haben wir herunterblicken gelernt, indem wir an uns arbeiteten. Leckte je ein Mensch von Stand wie ich ein Löffeli ab? Unmöglich. Erscheinungen wie ich reden mit feinen jungen Leuten sonntagsvormittags über Goethe.*« (149/50/35)

Der Erzähler behauptet, Geld zu haben, d. h. er schiebt den melancholischen Aspekt vollständig auf die Seite des Strukturdefekts (Räuber). Auf Wanda, den »verkleideten Prinzen« (55/12), blicken beide herab, nachdem sie an sich – und ihrer homosexuellen Neigung – gearbeitet haben. Für den Inzest (Löffeliliebkosung) wird dagegen ausschließlich der Räuber verantwortlich gemacht, während der Erzähler für sich ein ausreichendes Maß an Sublimierungsfähigkeit (sonntags über Goethe reden) in Anspruch nimmt. Alles in allem werden die Untaten des Räubers schließlich so kommentiert: »Wir lehnen es natürlich ab, uns für solche *Verstiegenheiten* verantwortlich zu fühlen, sondern bringen seine *Verstandesangespanntheiten* bloß zur Kenntnis. Uns hält man gottlob für nüchtern.« (149/35) Die Nüchternheit, d. h. der Realitätssinn des Ichs, besteht in seiner Stärke, sich dem grausam lokkenden Sog in die psychopathischen Untiefen erfolgreich widersetzen zu können: Es kann als eine tendenzielle Heilung des Selbst aufgefaßt werden, daß das Ich seine Souveränität untermauert und das psychische Gleichgewicht mit der Abfassung des »Räuber«-Romans stabilisiert hat.

Gleichgewicht setzt *zwei* verschiedene Pole voraus, und das bedeutet hier, daß zwischen dem Strukturdefekt und dem strukturell gefestigten Selbstbereich genau die Spaltung bestehen bleibt, die »die Sätze« (52/12) evoziert: je tiefer und breiter die Kluft zwischen den Gegensätzen, desto größer wird die Spannung, die in der Angst vor dem *Auseinanderfall,* dem Zerbrechen des Selbst, die Wut, und mit der Wut zur Selbstrettung die Sätze (Dichtung) hervorbringt. So zeigt sich Walsers Dichtung als Sprung über den Abgrund, als notwendige Verbindung von Gegensätzen, als Vermittlung von Defiziten, insofern sie das sein kann und muß, was *fehlt*: ein Schutz vor dem Zerfall der inneren und der äußeren Welt. Es ist die Liebe, die dem Räuber fehlt, und wenn er zuletzt den Kuß mit *geschlossenen Augen* empfängt: »Dann geht alles und steht doch alles still, und es [ist] wie Traum.« (89/20) Die

Liebe, die sich ihm zeigt, ist eine erfundene, sie ist vom Erzähler in der seelischen Not kreiert worden und ist deshalb doch nicht minder schön, denn »unsere Einbildungen sind genauso wirklich, wie es unsere sonstigen Wirklichkeiten sind.« (X, 109)

Die Kunst, einer unbefriedigenden Wirklichkeit auf Dauer wirksam zu begegnen, das Defizit ihrer Liebesfähigkeit durch die schöpferische Kraft der Phantasie auszugleichen, nicht der Resignation sich zu überlassen in einer dann erkaltenden Welt, das ist für den Dichter eine Frage von lebenswichtiger Bedeutung. Kohut hat für die entscheidende Prüfung der Selbststabilität nicht die schwierige Phase der Adoleszenz, sondern die des späteren mittleren Alters bezeichnet, »wenn die Lebenskurve sich der endgültigen Abwärtsbewegung nähert«[451]. Mit dem allgemeinen Nachlassen der psychischen und physischen Kräfte fehlt dann vielleicht gerade der entscheidende Betrag an Energie, der in früheren Zeiten zur Krisenbewältigung nutzbar gemacht werden konnte. Zunächst einmal aber ist durch die Rückführung der kreativen Energien in die kompensatorischen Strukturen des »gesunden« Selbstbereichs, durch die für einmal (halbwegs) gelungene Bewältigung seines ganzen psychosexuellen Dilemmas der konfliktuöse Räuber rehabilitiert, so daß der Schlußsatz zu Recht heißen kann: »Der Ernst schaut uns an, ich schaue auf, und *so unlogisch das auch scheint,* bin ich des Glaubens und erkläre ich mich mit allen denjenigen einverstanden, die meinen, es sei schicklich, daß man den Räuber angenehm finde und daß man ihn von nun an kenne und grüße.« (150/35)

3.3 Spiele mit alten Mustern

Bis hierher hatte sich zeigen lassen, auf welche Weise in diesem Roman die Gesundung des Räubers erschrieben wird. Interessant wäre jetzt zu ermitteln, inwieweit dieser Vorgang der Selbstheilung in einem *bewußten* Zusammenhang von psychischer Problematik und konzeptioneller Absicht des Dichters zu verstehen ist. Da wir in unserer Analyse des Romangeschehens an den entscheidenden Stellen immer wieder ödipale Konstellationen erkannt und im Hinblick auf eine Veränderung im Verhalten des Räubers ihnen gegenüber beobachtet haben, konzentriert sich unsere Frage jetzt auf eben diese Ödipusproblematik: bildet sie den Kern, den Ausgangspunkt des dichterischen Entwurfs, die Struktur und Dynamik der szenischen Abfolge des ganzen Romans? Oder haben sich die ödipalen Konstellationen lediglich einem unbewußten Wiederholungszwange folgend immer wieder gegen die Intentionen des Autors, von diesem selbst unbemerkt, durchgesetzt?

Daß die Ödipus-Tragödie an einer Stelle beinahe namentlich genannt wird, darauf wurde schon hingewiesen. Es geschieht dies im Zusammenhang mit der Ermordung Rathenaus, der als Repräsentant des ödipalen Vaters gedeutet wurde, und diese wiederum steht im Zusammenhang mit der stattlichen »Leistung auf erotischem Gebiet«, der Löffeliliebkosung, der die fröhliche Wanderung auf den Gurten hinauf folgt. Als der Räuber, von seiner Bergbesteigung zurückkehrend, vom Tod Rathenaus erfährt, bleibt er, in die Hände klatschend, entzückt stehen »vor der höchlich betroffen machenden Nachricht, die gleichsam etwas Fröhliches, Griechisches enthielt, etwas vom Lebendigen uralter Sagen.« (24/5) Es ist einleuchtend, daß der ganze Spaß am Lesen (wie vermutlich auch am Schreiben – der Tarnkappen-Effekt) nicht nur dieser Stelle, sondern des ganzen Romans verdorben gewesen wäre, wenn hier der Name »Ödipus« aufgetaucht

477

wäre. Das Reizvolle liegt vielmehr in der Heimlichkeit mannigfaltiger Verkleidungen der ödipalen Konstellationen, die, ohne als solche gekennzeichnet zu werden, so alltäglich wie unpathetisch das uralte Muster immer wieder neu beleben.

Nicht nur kannte Walser selbstverständlich den Sophokleischen Ödipus[452], sondern er folgte auch ziemlich genau dieser Vorlage, wie wir bei der Interpretation der Löffeli-Episode gezeigt haben. Die Wahl der Bezeichnung »Räuber« für den Protagonisten seines Romans enthält damit eine klare Aussage: Die Thebaner nehmen zunächst an, eine Räuber-Bande habe Laios ermordet, bis sich herausstellt, daß Ödipus der Mörder seines Vaters gewesen ist. Diesbezüglich den Räuber, »dem wir zum Erstaunen der Leser noch immer keinen Namen angehängt haben« (148/35) (!), einfach »Räuber« zu nennen, bedeutet dann zu sagen: Der Räuber war es nicht, der den Vater erschlagen hat (»ich bin unschuldig«), und insofern könnte man den »Räuber«-Roman auch als eine an den Vater gerichtete Bitte um Verzeihung der Inzest- und ödipalen Triumphphantasien verstehen, als einen Versuch, sich endlich ihm gegenüber (im eigenen Gewissen) zu entschuldigen – und damit vielleicht doch noch die vorenthaltene Vaterliebe zu erringen. Ganz gewiß aber muß man unter Einbeziehung aller Aspekte die Idee des »Räuber«-Namens als eine aus vielen verschiedenen Bedeutungen zusammengesetzte, mithin als eine symbolische Verdichtung verstehen.[453]

Aber Walser kannte nicht nur den alten Sagenstoff, sondern auch seine Bedeutung für die Psychoanalyse. »Das ›Tagebuch‹-Fragment von 1926« (X, 61–13), das aber auch noch zum Jahresende 1925, dem Jahr, in dem Walser am »Räuber«-Roman gearbeitet hat, geschrieben worden sein kann[454], teilt mit:

> »...daß ich gestern abend gleichsam eine recht angenehme Bekanntschaft *weiter*gedeihen lassen durfte? Ich unterhielt mich nämlich gestern abend sehr spät noch

auf der stillen und wie ich offen gestehe nächtlichruhigen Straße mit einem von unseren jungen Intellektuellen, einem Studierenden, über den Sinn und den Wert der ›Psychoanalyse‹.« (X, 62)

Diese Bekanntschaft bestand also schon *vor* dieser Begegnung, sie wurde *weiter*geführt. Es ist unwichtig, ob es eine solche Begegnung im Leben Robert Walsers tatsächlich gegeben hat oder nicht. Entscheidend ist, daß ihm die *Psychoanalyse* bekannt war – und der zentrale Punkt, der alles öffentliche Interesse auf sich konzentrierte, das Neue und Aufsehenerregende an der Psychoanalyse war damals verknüpft mit der Bedeutung des Ödipuskomplexes. Diese muß Walser also gekannt haben, und es ist anzunehmen, daß ihn dieses Thema beschäftigt und fasziniert hat. Möglicherweise war es Anlaß zum Nachdenken über die eigene Kindheit und möglicherweise auch hat dieses Nachdenken Konflikte wiederbelebt und psychische Prozesse ausgelöst, die dann vielleicht im »Räuber«-Roman bewältigt werden sollten oder wurden. Und so ist denkbar, daß ihn der Ödipuskomplex gereizt hat, daß er zum Leitmotiv für diese schönen dichterischen Variationen wurde, die sich im »Räuber«-Roman versammelt haben respektive dort gestaltet wurden. Das Duell mit Willi, die Situation der Versuchung und der Schluß weisen jedenfalls (einmal abgesehen von der Löffeli-Episode) darauf hin, daß mehr noch als die Sophokleische Tragödienvorlage der psychologische Ödipuskomplex das eigentliche dichterische Motiv gewesen ist; denn bis auf die Löffeli-Episode nehmen die anderen Ödipus-Situationen nicht den klassisch-tragischen Verlauf und Ausgang, sondern den durch die Psychoanalyse ermittelten, in der psychosexuellen Entwicklung notwendigen bzw. angestrebten.
Allein Walsers Kenntnis der Psychoanalyse würde diese Vermutungen nicht genügend rechtfertigen. Aber es gibt im »Räuber«-Roman eine Figur, die diesen über die Psychoanalyse debattierenden jungen Intellektuellen zu porträtieren

scheint. Er heißt im Roman z. B. die »Persönlichkeit von Belang«, der »Sexualverfechter« (106/25) oder kurz der »Sexuelle oder Intellektuelle« (110/26) und wird so eingeführt:
»Ein Angehöriger der Kreise der Intelligenz und des Wissens
lud ihn zum Nachtessen ein. Es gab weiße Böhnli. So und
nicht kostbarer essen Mitglieder des Verbandes zur Aufrechterhaltung der Kultur.« (30/7) Dieses Intelligenzmitglied
empfängt den Räuber mit dem Vorwurf, er entziehe sich ihrem Kreis, woraufhin sich folgende seltsame Szene abspielt:
Der Räuber behauptet:

> »›Ich bedeute das Schöne Leiden.‹ Mit diesen Worten, die
> fast Anlaß gaben, daß der Angehörige des Verbandes
> zur Verbreitung gesunder Geisteskost lachte, öffnete
> der Räuber die Aufschläge seines Kittels, und das Mit-
> glied sah, was es nie vermutet hätte, sehen zu müssen, es
> erblaßte. *Von anderer Seite her betrachtet, fand es diese Ge-
> schichte interessant.* (…) ›*Das Einst und das Heute hängen
> zusammen*‹, ließ der Räuber sich hören, ›*ich bitte, was ich
> gewesen bin, zugunsten dessen, was ich bin, nicht zu über-
> schätzen.*‹ (…) Es war, als habe der Aufsteigende, der
> sich mit Erbsli ernährte, etwas Wahrgenommenes nicht
> wahrgenommen. (…) Aber *kleine Kinder dulden unver-
> schuldet Krankheiten,* und wir sollen uns deswegen auch
> etwas schöner gehen lassen, ruhiger werden und die *Ge-
> gebenheiten lieb gewinnen und mit uns auskommen, solang es
> geht. War's vom Intellektuellen eine Berufspolitik,* ein Pri-
> vatinteresse, daß er vermied, zu denken, er habe gese-
> hen, was man ihn sehen ließ? (…) Aber was wies der
> Räuber dem Mitglied vor? Wir sind ganz ohne Ahnung.
> Für uns ist das ein Rätsel« (30/31/7).

Der Räuber sagt also von sich selbst, daß er »das Schöne Leiden« *bedeute,* und dies bestätigt ein weiteres Mal unsere eingangs gewählte Arbeitshypothese. Was er aber durch das
Öffnen der Kittelaufschläge vorzeigt, das ist wirklich rätselhaft – vielleicht könnte man hier anführen, daß sich die Ge-
heimpolizei durch diese Geste zu erkennen gibt, indem unter
ihren Kittelaufschlägen ihre Sicherheits- oder Erkennungs-

marke befestigt ist. Eine solche Deutung würde anschließen an den Ausruf der *Gescheiterten*: »›Gesteh es nur, du bist [von der] Polizei‹« (48/11), und damit wäre ein weiteres (Verwirr-)Spiel in den Text gelegt: der Räuber wäre dann ein Räuber und zugleich ein geheimer Polizist, der aufpaßt, daß nichts Unrechtes geschieht. Oder ist dies eine Geste, mit der sich Homosexuelle gegenseitig zu erkennen geben? Das Mitglied des »Verbandes zur Verbreitung gesunder Geisteskost« nimmt diese gestische Mitteilung ja einerseits ganz persönlich: »es erblaßte«, und so verstünde sich dann sein »Privatinteresse«, »daß er vermied zu denken, er habe gesehen, was man ihn sehen ließ«. Aber: »Von anderer Seite her betrachtet, fand es diese Geschichte *interessant*«, und letzteres könnte, wie der Erzähler mutmaßt, eine Art »*Berufspolitik*« sein. Wäre dann dieser Beruf, der ihn veranlaßt, so zu tun, als habe er »etwas Wahrgenommenes« (in seinem persönlichen Aufforderungscharakter) »nicht wahrgenommen«, der psychoanalytische? Die Gesprächsbeiträge des Räubers weisen jedenfalls in diese Richtung: Nicht nur, daß er sich als »das Schöne Leiden« bezeichnet, auch sein Hinweis auf den lebensgeschichtlichen Zusammenhang von »Einst und Heute«, Psychogenese und psychische Konstitution, sowie seine Bitte, erstere nicht überzubewerten, ließen sich in den Rahmen eines Gesprächs über Psychoanalytisches integrieren, und so könnte man dann auch verstehen, warum von den unverschuldeten Krankheiten kleiner Kinder die Rede ist und von der Notwendigkeit, die »Gegebenheiten« lieb zu gewinnen und mit sich auszukommen, »solang es geht«.
Eben diese Persönlichkeit von Belang macht den Räuber ferner darauf aufmerksam, daß er »verfolgt« wird (45/11), und äußert die Ansicht: »›Wer sich sexuell nicht ordentlich auslebt, verkümmert geistig.‹ Es fände eine Art Vertrottelung statt« (66/14). Wie sich zeigt, bleiben solche Bemerkungen beim Räuber nicht ohne Wirkung. Der bereits interpretierten Stelle: »Weswegen wurde er zum Räuber? Weil sein Vater

herzensgut aber arm war (...)«, folgt nämlich eine interessante Erklärung:

> »*Wir von uns aus* würden ja *von diesen Verfolgungen nie gewagt haben zu reden ohne die strikte Aussage jenes Mannes von Belang*, bei dem der Räuber eines Abends Tee trank und dem die Bemerkung entfiel: ›*Ja, ja, Lieber, wenn man sich verhaßt macht.*‹ Vor der Zusammenkunft mit diesem Intellektuellen ahnte der Räuber ›*von allem dem*‹ noch nichts. *Der Sexuelle oder Intellektuelle hatte ihn aufgeweckt.* Der Räuber lag da gleichsam unschuldig wie in einem Bett und schlief. Würde ich meinerseits so ein Kind nicht lieber schlafen lassen, statt ihm Bemerkungen wie oben erwähnte *ins Ohr zu gießen,* ihn da fest zu zupfen, um ihm hochintellektuell zuzurufen: ›Du, steh auf, es ist Zeit‹? Und so mußte denn natürlich der Räuber aufstehen, und hier steht er nun. *Andernfalls hätte man nie etwas von ihm gehört.*« (110/26)

Die Folgen der ödipalen Aufklärung durch den »Sexuellen«, wie er so schön knapp tituliert wird, schlagen sich offenbar unmittelbar im »Räuber«-Roman selber nieder: »Andernfalls hätte man nie etwas von ihm gehört.« Und dies bestätigt unsere Vermutung, daß der »Räuber«-Roman die bewußte Gestaltung »›von allem dem‹«, d. h. des Ödipuskomplexes, ist – wobei noch hinzuzufügen wäre: »Ein Aquarellbildchen, das ein jugendlicher, kaum dem Knabenalter entwachsener Maler ausführte, gab uns zu all diesen kulturellen Zeilen den Anlaß.« (148/35)[455] Daß schließlich auch der Intellektuelle wieder ein Stückweit abrückt von der Überbetonung des Sexuellen, macht auf den Räuber nicht minderen Eindruck:

> »Inzwischen wurde von jener Persönlichkeit von Belang, bei der der Räuber einmal Böhnchen aß, wobei, wie bekannt, *Sexuelles* zur Sprache kam, in einer Art von Almanach ein Aufsatz veröffentlicht, der für die *Wichtigkeit der Existenz des Herzens plädierte.* Offenbar ist da also der *Sexualverfechter* der Sexualverfechtung sozusagen untreu geworden, indem er zu allerlei liebenswürdigen Einsichten gekommen sein dürfte, wie z. B.

zur Einsicht, daß der Wert der Betätigung des Herzens höher anzurechnen [sei] als der Wert der Betätigung der Sinnesorgane. Wir selbst verhalten uns diesbezüglich, wir möchten sagen, oberflächlich oder neutral. Dem Räuber aber kam dieser Aufsatz zu Gesicht, er las ihn *in dunkelster Einsamkeit, umkost von Düsternissen,* und er hat den Eindruck nicht abgestritten, den er auf ihn gemacht hat.« (106/07/25)

Ob Böhnchen oder Erbsli, es ist bekannt, daß beides gelegentlich Verdauungsbeschwerden verursacht, und mit feiner Lustigkeit führt Walser vor, wie so ein aufsteigender Studierender und Intellektueller gelegentlich an geistigen Blähungen leidet, die ihn dann dazu verleiten, anderen etwas ins Ohr zu gießen oder zu blasen, was für den so Versehenen enorme Folgen haben kann. Zuletzt sind dann aber doch die »sexuellen Erbsli (...) aufgegessen« (149/35), die ödipale Rivalität für den Moment überwunden, und »Walther Rathenau ist gebührend gerächt« (149/35) – der Roman hat zu einem glücklichen Ende gefunden.
Aus all diesem läßt sich nun folgern, daß der »Räuber«-Roman eine Gestaltung der Walserschen Ödipus-Variationen darstellt. Der klassische Ödipuskomplex ist sozusagen das Grundmuster, das in diesen Roman eingewoben ist. Seine Verarbeitung geschieht damit vorwiegend bewußt. Die Grundidee könnte etwa lauten: einer mit einem Ödipuskomlex (der aber nicht ein Mörder, sondern nur ein Räuber ist) soll von seiner Schuld erlöst werden, soll zuletzt ent-schuldigt und damit gesellschaftlich rehabilitiert sein. Es ist, als solle da eine Entwicklungsgeschichte zurückgedreht werden, als bekomme der Grenzgänger die Chance, seine gefährliche Kindheit nochmals und vielleicht »besser« zu bestehen. Dieser relativ konkrete Vorwurf vom ödipalen Sünder kann dann sehr frei variiert werden. Es ist nicht entscheidbar, inwieweit die psychodramatische Entwicklung des Romans als solche mit ihren genannten Schwerpunkten und den dazwi-

schenliegenden Phasen der Spannung bewußt in der dargelegten psychologischen Folgerichtigkeit von Walser konzipiert wurde. Aber es scheint mir begründet, davon auszugehen, daß neben, oder besser: *während* der bewußten künstlerischen Gestaltung des Ödipuskomplexes eine seelische Bewegung in Gang gekommen ist, ein psychischer Prozeß sich vollzogen hat, der dann am Ende zu der beschriebenen Heilung des Selbst geführt hat.

Und damit hat zuletzt auch das Ergebnis dieser Untersuchungen die Methode unseres Vorgehens, die Psychoanalyse des Romangeschehens, gerechtfertigt. Gewiß ist der »Räuber«-Roman von Robert Walser für das psychoanalytische Verfahren so geeignet wie wenige andere literarische Texte. Aber er mag auch überhaupt als Beispiel dafür genommen werden, wie eindringlich sich Seelisches in der Kunst mitteilt, wie bewußt manchmal solche Mitteilung vom Autor selbst in den Text mit hineingenommen wird und wie aufschlußreich die Psychoanalyse dieser Vorgänge für die Werkinterpretation sein kann.

3.4 Der kreative Prozeß im »Räuber«-Roman

Da ist also einerseits ein klar gefaßtes Grundmuster, das diesen Roman strukturiert, der Ödipuskomplex, und andererseits der beobachtete Selbst-Heilungsvorgang, der sich während des Schreibens (und vielleicht auch während des Lesens?) ereignet, jedoch am Ende der Geschichte erst an sein Ziel kommt. Aber dieses Ziel wird bereits im allererersten Abschnitt anvisiert: »Edith liebt ihn.« (11/1), heißt der Eingangssatz, und damit ist zugleich mit der *Präsenz* dieser Edith-Liebe ein *initiales Moment* des kreativen Vorgangs genannt wie auch seine *Zielorientierung,* die erst im Kuß der Versöhnung diese erfundene Liebe – wenn auch nur in der Phantasie – zu einer spürbar erreichten macht. Auch das Ende des ersten Abschnitts: »Und daß ihm Direktoren die Hand geben. Ist das nicht sehr eigentümlich? Diesem Räuber?« (12/1) antizipiert eindeutig das Schlußergebnis, die Akzeptanz des Räubers durch das Ich und alle anderen. Ebenso liefern eine Reihe von Vorgriffen des Erzählers auf spätere Ereignisse (z. B. die schon im ersten Abschnitt angedeuteten Verfolgungsphantasien, das Problem der Mittelmäßigkeit, die früh angekündigte Rede des Räubers auf der Kanzel, sein Aderlaß, der mehrfach vorab erwähnte Opernbesuch) eindrückliche Beweise von der ganz bewußten Schaffenstätigkeit des Verfassers, so daß ich zuletzt noch einmal die Frage nach dem Zusammenspiel von bewußten und unbewußten Vorgängen in der sich hier vermittelnden Kreativität aufwerfen möchte.

Wenn der Autor bei der Niederschrift der ersten Sätze schon gewußt hat, wie der Schluß der zu schreibenden Geschichte aussehen würde, kann man dann noch von einem sich während der Arbeit erst entwickelnden Heilungsvorgang sprechen? Ist dann nicht alles reines Kalkül? Ich glaube, Entwicklung ist immer Entwicklung auf ein bestimmtes Ziel hin. Möglicherweise macht ein Psychoanalytiker z. B. die Erfahrung, daß ein Analysand in der (den) ersten Stunde(n) unbewußt schon den Endzustand seiner Analyse skizziert, indem er das Ziel, auf das hin er sich zu entwickeln wünscht, als persönliche Utopie vorstellt, oder, im Negativen, indem er durch die Darlegung seiner Probleme zu verstehen gibt, welche Störung er beseitigen will, und d. h. was ihm fehlt und was er erreichen will. Ähnlich kann der Analysand gelegentlich die Erfahrung machen, daß im ersten Satz, der ihm in den Sinn kommt, bereits das Thema einer ganzen Stunde oder deren Ergebnis implizit enthalten sind. Das ist kein Mysterium und auch keine Kunst, sondern lediglich ein Ausdruck der Kohärenz und Logik des Psychischen, das sich in seiner je besonderen Konfiguration ganz individuell zum Ausdruck bringt.

Für den Künstler wären nun zusätzlich noch die in den psychoanalytischen Kreativitätstheorien dargestellten Vorgänge zu berücksichtigen. Im konkreten Fall, Walsers »Räuber«-Roman, läßt sich mit ihrer Hilfe dann erkennen, wie der erste große Entwurf des poetischen Tableaus zustande kommt und für den ganzen Text tragfähig bleibt. »Edith liebt ihn.« Mit diesem Anfangs-Satz wird bereits eine ungeheure Dynamik (des Unbewußten) entfesselt, die von den strukturierenden Leistungen der kreativen Ich-Funktionen aufgenommen und sukzessive entfaltet wird: Denn dieser erste Satz spricht indirekt auf der Ebene des Vorbewußten die Impotenz des Räubers Frauen gegenüber und damit seine homosexuellen Neigungen an, während im System des Unbewußten die miteinander konfligierenden mütterlichen Objektrepräsentanzen der Inzestbeziehung und des archaisch idealisierten Selbstobjekts auftauchen, um sich dynamisch dominant den bewußten Edith-Repräsentanzen beizumischen; zugleich aber hält das (bewußte) Ich durch die klare Struktur des Satzes und seiner Aussage den »Realitätsbezug« der Dichtung fest: sowohl die eindeutige Bestätigung der Präsenz dieser Edith-Liebe (und damit aller ihrer Implikationen) als auch die Nennung dieser Liebe als Ziel sind bereits als das andrängende Material organisierende Leistungen der kreativen Ich-Tätigkeit zu verstehen. Liest man jetzt den ersten Abschnitt nochmals vor dem Hintergrund unserer Analyse-Ergebnisse, dann wird die Komplexität der gleich zu Anfang aus dem Un- und Vorbewußten auftauchenden Problemstellung bereits deutlich, und dies soll wenigstens stichwortartig skizziert werden:

»Nichtsnutz, der *kein Geld* besitzt« =	Melancholie
»daß sie *Abgeordnetinnen* (…) *nach ihm aussendet*« =	Verfolgungs-phantasien
»er hat (…) *Freundinnen,* aber es ist *nichts mit ihnen*« =	Impotenz gegenüber Frauen

»Wenn man *ihn auslacht, so lacht er mit*« / »sie behandeln ihn (...) wie einen (...) Abgetanen, und *dessen (er)freut er sich noch*«	= Femininer Masochismus
»Nicht einmal einen *Freund* hat er.«	= Unerfüllte Homosexualität
»nachts noch um halb zehn Uhr *baden*«	= Todestrieb
»Sie hat ihn gleichsam *vom ersten Augenblick* an herzlich lieb gehabt«	= Regression zur ersten Mutterliebe der Säuglingsphase
»diese um ihn gestorbene *Witwe*«	= Inzest- und Ödipusthematik

Es wird nicht behauptet, daß hier bereits ein ausgeprägtes Problembewußtsein vorhanden ist; vielmehr deuten sich diese psychischen Probleme zunächst gewissermaßen selber an, was so zu verstehen ist, daß sie sich aufgrund einer verstärkten Dynamik bemerkbar machen und von den Ich-Funktionen sogleich aufgenommen und symbolisch überformt, d. h. in kleine szenische Abläufe eingebunden werden. Mit anderen Worten: »Unbewußte Inhalte werden vom Unbewußten mehr oder minder ›freigegeben‹, um dann vom erkennenden Ich aufgenommen und verarbeitet zu werden; das Symbol ist Produkt eines Erkenntnisvorganges, bei dem eine ›innere Wahrnehmung‹ die schlecht zugänglichen Wahrnehmungsmaterialien aufnimmt.«[456] Wir haben also zu Beginn des Romans ein großes Potential von mehr oder weniger locker Verdrängtem und Vorbewußtem, das, aufgerufen vom Initialsatz oder von einer uns unbekannten aktuellen psychischen Verfassung des Autors, ins Vorbewußte und Bewußte hineindrängt. Diesem Andrang kommt das Ich durch eine gezielte Regression entgegen, bei der es vorübergehend seine volle Leistungsfähigkeit einbüßt (disparater Stil, Inkohärenz der Mitteilungen auf der Inhaltsebene), um das auftauchende Material in seiner ganzen Komplexität auffangen zu können. Die Dynamik des Unbewußten, die es sich dabei zunutze macht, trägt dazu bei, der Vielschichtigkeit der psychischen Thematik projektiv zu entsprechen: Der Entwurf des Entwicklungszieles des »Räuber«-Romans in seinem ersten Abschnitt ermöglicht nämlich eine schrittweise Entfaltung und Bearbeitung jedes einzelnen Problems während der fortlaufenden Schreibarbeit. Es muß gerade als eine enorme Leistung der kreativen Ich-Tätigkeit verstanden werden, daß die bei Roman-Beginn eingetretene Konfliktmassierung nicht in eine akute Schaffens-Krise führt, sondern zu einer kreativen Verarbeitung in einem poetischen Text von immerhin 150 Seiten Länge.

Man kann also sehen, daß von Anfang an die psychischen Konflikte und ihre Eigendynamik an die strukturbildende Tätigkeit des Ichs gebunden werden. Allerdings ist bis zum Abschluß der Exposition, der Darstellung des ödipalen Triumphes, die Einwirkung der Triebkraft größer, als dies für den kreativen Arbeitsprozeß günstig ist. Dennoch ist gerade die logische Abfolge der Entwicklungsstufen der Ödipusvariationen ein deutliches Zeichen für den zunehmenden Einfluß der autonomen Ich-Tätigkeit. Und diese vermittelt sich auch sehr eindrucksvoll in der Gliederung des Romans: die graphische Darstellung der Analyse-Ergebnisse zeigte, daß sich die drei Zyklen umfangmäßig in etwa gleichen; es ist sicher nicht entscheidbar, ob darin vorwiegend die strukturierende Leistung des Bewußtseins: die Konzeptionskraft des Autors, oder lediglich sein Gefühl für die Proportionen des Textes, mithin eine Wirkung des Vorbewußten, zum Ausdruck kommt. Aber es ist an die Tatsache zu erinnern, daß Walser von Beginn seines Schaffens an – vielleicht am deutlichsten in »Fritz Kochers Aufsätze« – immer diese Exaktheit in der Planung und Begrenzung des Umfangs seiner Texte bewiesen hat. Und deshalb muß es auch nicht weiter erstaunen festzustellen, daß Exposition und Schluß sich nur um genau 21 Zeilen (zugunsten des letzteren) unterscheiden. Ge-

488

wiß sind solche graphischen Darstellungen eines literarischen Kunstwerkes nicht überzubewerten, aber sie lassen doch – zumindest in groben Umrissen – die Prinzipien seiner Konstruktion erkennen. Man kann wohl nicht in jedem Einzelfall abklären, inwieweit die Ereignisse im Roman, deren psychologische Kohärenz durch unsere Analyse nachgewiesen wurde, infolge einer bewußten Planarbeit oder aufgrund der Durchsetzungskraft einer unbewußten Dynamik zu Papier gebracht wurden. Aber es läßt sich dazu (mit Kubie) anmerken, daß schon allein durch den Vorgang des (relativ) störungsfreien Assoziierens in der Kreativität die Psycho-Logik des Roman-Geschehens in den rhythmischen Bewegungen der szenischen Abläufe textstrukturierend zur Wirksamkeit gelangt. Allgemeiner läßt das erkennen, daß über den Wert oder Unwert eines Kunstwerkes und seiner Bauformen letztlich nicht die perfekt konzipierten Pläne des Künstlers und ihre sorgfältige Ausarbeitung entscheiden; vielmehr ist entscheidend, inwieweit diese Konzeptionen den individuellen psychischen Prozessen entsprechen und flexibel auf sie reagieren können, die sich während der kreativen Arbeit noch ereignen und die als vorbewußte nicht planbar sind: »Vielleicht ist dies eines der Geheimnisse besserer Schriftstellerei, d. h. es muß eben ein Impulsives ins Schreiben hineinkommen.« (64/14)

Damit haben wir den kreativen Prozeß bei Walser als eine Bewegung im Zusammenspiel von Struktur und Dynamik, Bewußtem und Unbewußtem, funktionsfähigen und defizienten Selbstbereichen, Erzähler und Protagonist, Ich und Welt kennengelernt. Die Spannung, die dabei zwischen den jeweiligen Polen entsteht und die gleichermaßen psychologisch wie ästhetisch für Walsers Dichtung charakteristisch ist, provoziert einen geistig-seelischen Rezeptionsvorgang von seltener Intensität: Wieviel Leid offenbart sich im »Räuber«-Roman und wieviel Freude bereitet er dem Leser trotzdem in allen seinen Phasen! Den klassischen alten Ödipus noch einmal vorzunehmen und daraus eine Berner Tragödie zu zimmern, den schmerzhaften Kampf des Sohnes mit dem Vater als Duell mit Willi zu präsentieren, das heißt der Tragik des Schicksals eine vergnügliche Seite abzugewinnen und der Gewöhnlichkeit des Alltags eine klassische Dimension zu verleihen. Natürlich ist dies, das Moment der Spannung zwischen Gegensätzlichem, als poetisches Prinzip seit je ein Geheimnis aller Dichtung. Wie diese Spannung aber bei Walser aufgebaut und umgesetzt wird, das hat die vorliegende Untersuchung auf verschiedene Weise zu zeigen sich bemüht. Das Neue ist eben auch hier nicht das ganz andere, sondern das spezifisch andere.

An dieser Stelle nun müßte derjenige weiterforschen, der nicht nur verstehen will, welche psychologischen Gesetzmäßigkeiten in der Dichtung Robert Walsers zur Wirksamkeit gelangen, sondern wie genau in seinen Texten *das Schöne entsteht*. Weder darauf noch auf den feinen Humor der das Romangeschehen stets begleitenden Rand- und Zwischenbemerkungen des Erzählers bin ich auf den zurückliegenden Seiten näher eingegangen. Indem ich die Zitate manchmal umfangreicher gefaßt habe, als es für meine besonderen Zwecke nötig gewesen wäre, wollte ich diesen Mangel stillschweigend ein wenig ausgleichen und so den Reichtum seiner Phantasie, den Witz seiner Einfälle und das Durchdringungsvermögen seines Intellekts selbst zu Wort kommen lassen. Was hier nun als Mangel empfunden werden kann, wäre jedoch über den Rahmen meiner Aufgabenstellung hinausgegangen; Ansätze zu einem Versuch, die Psycho-Logik der Ästhetik in Walsers Werk zu verstehen, befinden sich im phänomenologischen Teil dieser Arbeit[457] und wären weiterzuführen im Zusammenhang mit der Überlegung, daß die mythenbildende Kraft der Neurose sich nur im dialektischen Spiel mit den strukturbildenden Leistungen des bewußten Ichs zum Kunstwerk entfaltet – das jedenfalls hat die Analyse des »Räuber«-Romans ganz deutlich gemacht. Und für alle

offengebliebenen Fragen kann ich hier nur noch seinem Erzähler das Schlußwort geben: »Es soll nicht alles aufgedeckt,
erhellt sein, sonst hätte ja der Genießer nichts zu sinnen. Sorgen wir, daß es Sinnende, Denkende, Empfindende in unserer Mitte gibt.« (148/35)

Schlußwort

Auf den letzten Seiten eines Buches, vor allem eines so umfangreichen, wie es dieses nun geworden ist, eilt man als Leser, um nach aller aufgewandten Mühe der Konzentration und Geduld im Verfolgen der vorgelegten Gedanken die Lektüre endlich abzuschließen. Und so geht es auch mir, jetzt, nach Abschluß der Schreibarbeiten an diesem GRENZGÄNGER, der mich, von einigen Unterbrechungen abgesehen, kontinuierlich durch die vergangenen drei Jahre begleitet hat – das Schlußwort soll kurz sein:

Durch alle Stadien dieser Untersuchungen zur Psycho-Logik im Werk Robert Walsers hindurch hat mich ein einziger Gedanke geleitet: ich wollte *verstehen,* besser und genau verstehen, was in diesen Texten vor sich geht, welche Mitteilungen der Autor seiner Kunst anvertraut hat, welche darüber hinaus in seinen Werken enthalten sind, was sich bei uns, seinen Lesern, während der Lektüre ereignet und wie wir auf diese Mitteilungen antworten. Das war nicht immer einfach, und es gab Textstellen, vor denen ich glaubte, kapitulieren zu müssen: der in einem Lokal von einem Offizier provozierte Wutausbruch des Räubers gegenüber Edith mag als ein Beispiel dafür stehen. Und doch, obwohl ich mir darüber im klaren war, daß es – bei Walser wie bei anderen Autoren – Texte gibt, die zuwenig Informationen für ein klares Verständnis ihrer Mitteilungen enthalten und die trotzdem schön sind und uns zutiefst berühren, die wir vielleicht sogar unbewußt verstehen und die, möglicherweise gerade weil ihnen der Autor ein für unser Verständnis notwendiges Verbindungsglied seiner Gedanken und Assoziationen entnahm, für uns ein fortgesetzter Ansporn, gleichsam ein energetisches Moment in einem unendlichen geistig-seelischen Prozeß sind, trotz alledem gab ich die Überzeugung nicht auf, daß auch das zunächst Unverständliche verstanden werden könne. Hilfreich waren mir dabei immer wieder ein genaues Wort-für-Wort-Lesen dessen, was Walser geschrieben hatte, sowie ein gründliches Überdenken der jeweils erreichten Verständnisgrundlage, die zur Ausgangsbasis für den anstehenden problematischen Komplex wurde. Ob dieses Vorgehen zu den nötigen Aufschlüssen geführt hat, bleibt jetzt dem Leser dieses Buches zur Beurteilung überlassen. Gefreut hat es mich jedenfalls, bei meiner Arbeit zu erfahren, daß solches Reflektieren über einen poetischen Text das Vergnügen an seiner Lektüre keineswegs beeinträchtigt – ja vielfach, scheint mir, dieses noch zu steigern in der Lage ist. Ich hoffe, daß es mir möglich war, diese Erfahrung auf den zurückliegenden Seiten zu vermitteln.

Zum Schluß habe ich mich gefragt, ob ich im Laufe dieser Arbeit dem Menschen Robert Walser näher gekommen bin, und ich bin froh, dies für mich verneinen zu können. Der Wunsch, seine Dichtung besser zu verstehen, sollte mich nicht zu Spekulationen über ihren Verfasser verleiten. Er bleibt für mich diese von mancher Fotografie und von manchem biographischen Detail her vertraute Gestalt, so unbekannt und liebenswürdig wie der Fremde, dem man gern einmal begegnen möchte. Aber wie immer wir uns jeweils die besondere Persönlichkeit der Schriftsteller und Schriftstellerinnen vorstellen mögen, deren Texte wir lesen und erforschen wollen –: Die Überlegungen zur Psycho-Logik eines Werkes geben nur eben über dieses Auskunft – und vielleicht auch ein wenig über uns selber, denn: »Bekanntlich legt man ja in das, was man liest, eigenes Gedankliches.« (III, 395)

Anhang

Überlegungen zu einer psychoanalytischen Theorie des Lyrischen

Eine Skizze

> »Warum wird es nie stumm und kalt in mir, und weshalb schallen
> so helle Rufe aus ruinenhaften Lebens Hallen?« (VII, 394)

Es ist sicher nicht unbemerkt geblieben, daß meine Überlegungen zur Psycho-Logik im Werk Robert Walsers die Gedichte nicht berücksichtigt haben, und dies soll im Anhang
nicht linkerhand noch nachgeholt werden, verlangt aber vielleicht doch nach einer Erklärung. Das Problem, das sich mir
dabei stellte, bestand nicht etwa darin, daß Walsers Gedichte
den Ergebnissen meines Bemühens um ein psychologisches
Verständnis seiner Texte widersprochen hätten, sondern es
zeigte sich, daß sie nicht hinreichen, das Phänomen des Lyrischen selber zu erklären. Gewiß, man stößt in seinen Versen
immer wieder auf Stellen, die man nach dem hier erarbeiteten
Erfahrungsmuster der Beziehung zur Mutter [»seine Ruhe zu
ermorden, / stieg sie zierlich vor ihm auf« (VII, 388)] oder
zum Vater [»Ich hab' ihn nicht ermahnt, bin nicht zu ihm
gestanden, / als sie ihn all' zusammen ungebührlich fanden.«
(VII, 395)] deuten könnte, und findet sogar unverhüllt Biographisches [»Eltern und Kinder« (VII, 352)]. Trotzdem
helfen unsere psychologischen Vorinformationen bei der Interpretation der Gedichte nicht recht weiter oder fügen jedenfalls den bisherigen Erkenntnissen keine neuen hinzu. Es
wäre nun aber ersichtlich falsch, der Lyrik in derselben Weise
zu begegnen wie dem Prosatext, und so müßte man also versuchen, mehr zu verstehen von der spezifischen Differenz der
psychologischen Bedeutung lyrischer und prosaischer Aus-
sageweisen. Da aber die »Lyrik« als eine ganz heterogene
Textsorten umgreifende Gattungsbezeichnung nicht identisch ist mit dem »Lyrischen«, welches für Emil Staiger »der

literaturwissenschaftliche Name für eine fundamentale Seinsmöglichkeit des Menschen«[458] ist, sollen die folgenden Überlegungen beschränkt werden auf den Bereich der sogenannten »lyrischen Lyrik« in dem Bewußtsein, daß auch diese Einschränkung nur durch offene Grenzen markiert werden kann.

Es mag zunächst befremdlich erscheinen, daß das Gedicht einem psychologischen Verständnis schwerer zugänglich sein sollte als der erzählende Text, denn gerade im Lyrischen begegnet dem Leser – nicht nur, aber auch besonders intensiv – das »Gefühlshafte« in einer Unmittelbarkeit, die jede Prosa scheut. Dem psychoanalytisch interessierten Literaturwissenschaftler müßte sich da doch ein besonders vielversprechendes Arbeitsgebiet eröffnen. Sein Vorgehen ließe sich dann (in etwa vergleichbar mit dem des Psychoanalytikers) zunächst unter dem Begriff der Empathie fassen. Aber genau hier zeigt sich im Falle der Lyrikinterpretation schon die Schwierigkeit, das bloß Erahnte vom Erkannten zu scheiden, ohne damit ersterem jede Trefflichkeit absprechen zu wollen. Der Analytiker hat immerhin für seine Empfindungen und Vermutungen den ständigen Rückbezug auf die Reaktionen des Analysanden, dessen Wirklichkeit sie damit fortgesetzt angepaßt werden können; dem Literaturwissenschaftler hingegen fehlt ein vergleichbarer Kontrollbezug bei seiner Arbeit mit der Lyrik mehr als anderswo.

Versuchen wir, den Unterschied zwischen der lyrischen und der prosaischen Aussageweise mit Hilfe der in Teil III dieser Arbeit berücksichtigten Kreativitätstheorien zu fassen, dann liegt erst einmal die Vermutung nahe, daß es sich da innerhalb der breiten Zone der flexiblen Symbolik im Vorbewußten, die als das eigentliche Zentrum der Kreativität bezeichnet wurde, um Unterschiede im *Symbolniveau* handelt[459]: Möglicherweise teilt sich das Seelische im Gedicht eher auf der niederen Stufe der präsentativen Symbolik mit, während der prosaische Text mit einer Symbolschicht auf relativ höherem Niveau, der diskursiven Ebene angenähert, arbeitet. (Daß es dabei nicht um Differenzen der Symbol*qualität* geht, muß vielleicht noch einmal betont werden.) Des weiteren wäre zu überlegen, inwieweit der Unterschied zwischen *Szene* und *Bild* bedeutsam sein könnte: ist die szenische Darstellung spezifisch prosaisch, die bildhafte dagegen spezifisch lyrisch – oder sitzt man damit einem alten Vorurteil auf? Jedenfalls führt eine solche Unterscheidung zur nächsten Überlegung: die szenische Aussage präsentiert einen Interaktionszusammenhang[460], und das heißt, daß sie geeignet ist, einen *Konflikt* darzustellen, was wiederum bedeutet, daß sie sich über mindestens zwei Pole oder Gegensätze erst konstituiert. Auch ein Gedicht kann etwas wie eine Szene vorstellen – gerade bei Walser finden sich solche Fälle –, aber es fragt sich, ob dieses Szenenhafte nicht am Ende des Gedichts doch ein Bild geschaffen hat, und das hieße dann, daß sich das Gedicht um *ein Zentrum* bewegt und gerade nicht mit verschiedenen Polen arbeitet. Dieses Zentrum muß, wenn es auf niedrigem Symbolniveau liegt, mit hoher affektiver Besetzung ausgestattet sein[461]. Affekte sind, nach Jacobson, Ausdruck eines »energetischen Flusses«, und sie treten dann auf, wenn »dieser Energiestrom eine bestimmte Spannungsschwelle überschritten hat.«[462] Könnte man folglich sagen, daß die prosaische Mitteilung im Dienst einer Konfliktbearbeitung und -lösung steht, während die lyrische Rede einen Spannungszustand oder seine Veränderung ausdrückt?

Falls diese Überlegungen nicht gänzlich in die falsche Richtung gehen, hätten sich aus dem vorigen drei Ansatzpunkte für ein psychoanalytisches Verständnis des Lyrischen ergeben: 1. ein niedriges Symbolniveau, d. h. Grenznähe des Vorbewußten zum Unbewußten, 2. eine hohe affektive Besetzung – wie sie allen Symbolen auf dieser Stufe eignet und wie sie im Lyrischen besonders spürbar wird – und 3. die Zentrierung um ein Bild. Liest man in diesem Zusammenhang nun Freuds Aufsätze über »Die Verdrängung«[463] und

»Das Unbewußte«[464], dann entsteht in groben Umrissen der Entwurf einer Theorie der Psycho-Logik des Lyrischen, der hier in aller Kürze einmal vorgestellt werden soll: Zunächst zerlegt Freud die Triebrepräsentanz in einen *Vorstellungs-* und einen *Affekt*anteil und zeigt, daß bei der Verdrängung nur die Vorstellung durch Entzug von Besetzung unbewußt wird[465]. Die bewußte (Objekt-)Vorstellung läßt sich aber selbst wiederum unterteilen in eine *Wort-* und eine *Sachvorstellung,* wobei gilt, daß durch die Verdrängung nur die Sachvorstellung unbewußt wird, wohingegen die Wortvorstellung im Vorbewußten verbleibt[466]. Daraus ergibt sich:

> »das System Vbw entsteht, indem diese Sachvorstellung durch die Verknüpfung mit den ihr entsprechenden Wortvorstellungen überbesetzt wird. Solche Überbesetzungen, können wir vermuten, sind es, welche eine höhere psychische Organisation herbeiführen und die Ablösung des Primärvorganges durch den im Vbw herrschenden Sekundärvorgang ermöglichen.«[467]

Vereinfacht könnte man also sagen: im Zustand der Verdrängung sind Bild (Vorstellung), Wort und Affekt voneinander getrennt. Bei ihrer Bewußtwerdung, d. h. bei ihrem Wiedereintritt ins Vorbewußte, schließen sich Wort, Bild und Affekt zusammen, wobei dem Wort eine entscheidende Mittlerrolle zukommt: das Wort wird überbesetzt, der Affekt kommt zum Wort, und dadurch erst wird die unbewußte Vorstellung ins Vorbewußte gehoben, mithin bewußtseinsfähig – aber nicht zwangsläufig auch bewußt.

Auf die Lyrik übertragen, könnte man daraus folgende Hypothese ableiten: Das Gedicht entsteht, indem sich auf der Ebene des Vorbewußten ein Affekt, beziehungsweise der ihm zugrunde liegende Energiebetrag, mit einem Wort oder einer (kleineren) Wortgruppe verbindet (= Besetzung), wodurch eine unbewußte Vorstellung (respektive Vorstellungsgruppe) ins Vorbewußte gehoben wird: *Der Affekt stellt das bewegende Moment im Gedicht dar, das Wort ist sein Zentrum, das*

Bild ist sein Ziel. (Es geht dabei übrigens nicht um jedes einzelne Wort im Gedicht, sondern um ein, zwei, drei zentrale Wörter, von denen die Bewegung im Gedicht ausgeht.) Da bei der Verdrängung aber nicht nur eine Vorstellung unbewußt, sondern auch die dazu assoziierte Umgebung mit außerordentlicher Empfindlichkeit ausgestattet wird – wobei es den Anschein hat, »als ob der Widerstand des Bewußten gegen sie eine Funktion ihrer Entfernung vom ursprünglich Verdrängten wäre«[468] –, ist denkbar, daß das Gedicht einen Weg zurücklegt, der dem des analytischen Prozesses wiederum ähnlich ist: über eine – scheinbar – zufällige affektive Besetzung eines Wortes werden nacheinander verschiedene Assoziationen mit immer höherem Empfindlichkeitsgrad berührt, bis es schließlich zu einer Verknüpfung mit der verdrängten Vorstellung kommt – die dann aber noch im Zustand des Vorbewußten verbleibt. Ich betone letzteres ganz besonders, weil ich den Eindruck habe, daß das Gedicht (d. h. eigentlich seine Mitteilung) nicht unbedingt einen vollen Bewußtheitsstatus erlangen muß, um ein gutes Gedicht zu sein. Das Gelingen des Gedichts wäre vielmehr genau dann spürbar, wenn Affekt, Wort und Vorstellungsbild in ihrer originalen Zusammengehörigkeit im Vorbewußten zusammentreffen. Das nicht notwendige, aber mögliche Verharren der gedichteten Mitteilung im Zustand des Vorbewußten teilt sich dem Leser dann dadurch mit, daß er nach der Lektüre ein intensives Empfinden bemerkt, über dessen Ursache er aber noch kein klares Bewußtsein erlangt hat – und in manchen Fällen vielleicht niemals erreichen kann[469]. Denn die Gefühle sind nach Freud niemals bloß vorbewußt, sie sind entweder unbewußt oder bewußt[470], sie eilen in solchen Fällen also gewissermaßen als Boten voraus und ermöglichen so überhaupt die Bewußtwerdung der vorbewußten Vorstellung, indem sie anzeigen, in welcher Richtung eine verstärkte Besetzung und Nachforschung zu erfolgen hätte.

Das alles schmälert keinesfalls die Leistung des Ich, das, wie wir gesehen hatten, schon allein für die Symbolbildung zuständig ist – und wenn man den hier mit Freud beschriebenen Vorgang nach Lorenzer verstehen will, dann zeigt sich dabei nichts anderes als die Rückverwandlung eines Klischees in symbolische Sprache, d. h. ein Wiedereinschluß des Verdrängten in die Sprachkommunikation. Und natürlich ist das Ich auch für alle Ordnungsphänomene im Gedicht verantwortlich, worunter das vielleicht interessanteste die Ordnung der Assoziationen ist, der Ausschluß der vom Ziel entfernteren oder ablenkenden und die hierarchische Gliederung der zu ihm hinführenden, ein Vorgang, der nach Kubie im Vorbewußten stattfindet. Überhaupt wäre die Erforschung der Assoziationswege und -weisen auch für das psychologische Verständnis des Lyrischen ein so ergiebiges wie umfangreiches Unternehmen. Man könnte dabei vielleicht beobachten, daß Sachassoziationen eher auf einer bewußten Ebene verlaufen, wohingegen die im Lyrischen so außerordentlich bedeutungsvollen Klangassoziationen vorbewußt den Weg auf das entscheidende Wort hin aufzeichnen: der Klang selbst wäre dann dem Echo des verlorenen Wortes vergleichbar, dem der Dichter nachlauscht, es ständig variierend wiederholend, bis er das Gesuchte wiederfindet; thematische Assoziationen, die den gesamten Gefühls- und Erinnerungsbereich betreffen, bildeten nach der Darstellung des Vorigen die verschiedenen Stufen, die das Gedicht zur verdrängten Vorstellung hinab ins Unbewußte führen.

Auf einige kurze Formeln gebracht, könnte man so vielleicht sagen: die Arbeit am Gedicht ist der vom Ich strukturierte Versuch einer libidinösen[471] Wiederbesetzung einer verdrängten Vorstellung über ein zentrales Wort (Wortgruppe); ist der Wiederbesetzungsvorgang der unbewußten Vorstellung erschwert oder blockiert, dann könnte man eventuell ein Anklammern an das bereits besetzte Wort bemerken. Das Gedicht ist dann der Weg, den die vereinigende Bewegung der zuvor getrennten Elemente: Wort, Affekt und Bild zurücklegen muß, um ihr Ziel zu erreichen. Die zentrale Stellung des Wortes liegt darin begründet, daß ihm zuerst die Besetzung zuteil wird, der Affekt ergibt die Suchbewegung, und das Bild kann erst als deren Erfolg entstehen. Der Wahrheitswert eines Gedichts entspricht dann dem Annäherungswert an die gesuchte verdrängte Vorstellung.

Die Entwicklung des Gedichts ist, so gesehen, ein vom Ich gefaßter und im Vorbewußten statthabender Bewußtwerdungsprozeß. Und hier kann man auch die Ähnlichkeit wie den Unterschied zur Traumarbeit deutlich machen:

> »Bei der Traumarbeit handelt es sich offenbar darum, die in Worte gefaßten latenten Gedanken in sinnliche Bilder, meist visueller Natur, umzusetzen. Nun sind unsere Gedanken aus solchen Sinnesbildern hervorgegangen; ihr erstes Material und ihre Vorstufen waren Sinneseindrücke, richtiger gesagt, die Erinnerungsbilder von solchen. An diese wurden erst später Worte geknüpft und diese dann zu Gedanken verbunden. Die Traumarbeit läßt also die Gedanken eine *regressive* Behandlung erfahren, macht deren Entwicklung rückgängig, und bei dieser Regression muß all das wegfallen, was bei der Fortentwicklung der Erinnerungsbilder zu Gedanken als neuer Erwerb dazugekommen ist.«[472]

Gemeinsam ist beiden die starke Bildhaftigkeit, die beim Traum durch *regressive* Umsetzung des latenten Traumgedankens ins Visuelle unmittelbar, bei der Lyrik durch *progressive* Verknüpfung der unbewußten Vorstellung mit dem vermittelnden Wort den Weg ins Bewußtsein findet.

Mir selber ist noch völlig unklar, ob eine so skizzierte psychoanalytische Lyrik-Theorie überhaupt für die konkrete Deutungsarbeit nützlich sein könnte. Man kann gegen sie einwenden, daß es unwahrscheinlich sei, daß jedes Gedicht – auch wenn man das Modell in seiner Anwendung auf den Typus der Innerlichkeits- und Stimmungs-Gedichte einschränkt – den Versuch einer Aufhebung von Verdrängung darstellt, und daß wohl kaum jedes gelungene Gedicht eine solche unbewußte Vorstellung ins Vorbewußte hereinnimmt. Zwar kann eine vorbewußt gewordene Vorstellung durchaus wieder unbewußt werden, dann nämlich, wenn die Besetzung von ihr zurückgezogen wird, so daß es theoretisch denkbar ist, daß ein und dieselbe unbewußte Vorstellung über viele verschiedene Assoziationswege in immer neuen Gedichten wiederholt ins Vorbewußte gehoben wird, um anschließend wieder dem Unbewußten zu verfallen. Aber man muß auch sehen, daß viele Gedichte sicher aus länger anhaltenden Gefühlszuständen und Stimmungen entstehen, die selbst wiederum aus vielen verschiedenen Affektkomponenten zusammengesetzt sind[473], so daß der oben skizzierte Vorgang zweifellos zu schematisch ausgefallen ist und in dieser Reduktion auf den einzelnen Affekt (in dieser Konzentration) wahrscheinlich selten vorkommt. Und weiter bleibt fraglich, ob denn, wenn ein Gedicht in einem konkreten Erlebnis sein auslösendes Moment hat, dieses Erlebnis nur deshalb zur lyrischen Produktion führt, weil es einen bestimmten Affekt auslöst, der sich mit einem Wort verbündet, um nach der verdrängten Vorstellung zu greifen?[474]

Vielleicht wollen ja auch manche Mitteilungen des Seelischen im Gedicht nicht so vollständig klar und nur eindeutig erfaßt werden, vielleicht soll ihnen, zumindest dann, wenn ihr Ort im Vorbewußten liegt, das Privileg des teilweise und letztlich Unbestimmbaren verbleiben. Zum jetzigen Zeitpunkt sehe ich jedenfalls für meine Möglichkeiten eines psychologischen Verständnisses des Lyrischen bescheidene Grenzen. Und deshalb soll auch, statt eines ersten Versuchs der Anwendung solcher Überlegungen auf die praktische Deutungsarbeit im Text, zuletzt ein Gedicht Robert Walsers in seiner eigenartigen Schönheit und Eindrücklichkeit – wie rätselhaft auch immer – für sich selber sprechen.

Das Sonett von den Krallen

Auch sie sieht dieses nasse, schwere Schneien,
sie, die so lieb ist: ich hab' das erfahren
und alle, die mit ihr verbündet waren;
hört ihr den Jüngling zum Erbarmen schreien?

Nie gingen sie im Abendlicht zu zweien;
schwerfällig senken sich die nassen Scharen;
sie rissen ihn bei seinen goldnen Haaren;
der Laienbruder sang die Litaneien.

Sie, die so lieb ist, schaut nun auch dies Fallen.
Was fiel nicht Hohes schon seit Adams Zeiten?
Weshalb sollt' man sich nicht auch Weh bereiten?

Durch blutgerötete, verlaßne Hallen
seh' ich sie auf den ausgespreizten Krallen,
sie, die so lieb ist, still von dannen schreiten.

(VIII, 395)

»...und siegen würde das Vergnügen«

Das Geheimnis der Mikrogramme in Robert Walsers Nachlaß[*]

Lange mit Spannung und Vorfreude erwartet, sind im Frühjahr 1985 die ersten beiden Bände mit bislang unbekannten Texten von Robert Walser aus seinen Berner Jahren 1924/25 veröffentlicht worden. Die Schwierigkeiten, mit denen die Herausgeber Bernhard Echte und Werner Morlang über drei Jahre lang bei der Entzifferung dieser Manuskripte zu kämpfen hatten, werden bei einem Blick auf die Umschläge schon augenfällig: Robert Walser hatte diese Texte in einer ein bis zwei Millimeter kleinen und durch Abkürzungen und wechselnde Schreibmaterialien in ihrer Deutlichkeit zusätzlich beeinträchtigten Sütterlinschrift verfaßt, weshalb Walsers Vormund, Carl Seelig, sie für eine »unentzifferbare Geheimschrift« halten konnte. Jochen Greven und mit ihm Martin Jürgens erbrachten aber durch die Transkription des »Räuber«-Romans und der »Felix«-Szenen – beide 1925 entstanden und in der Gesamtausgabe bereits veröffentlicht – den Nachweis ihrer Lesbarkeit, woran sich die Hoffnung knüpfte, auch den nur in dieser Miniaturschrift vorhandenen dichterischen Nachlaß Robert Walsers – dessen Prosa allein einem geschätzten Umfang von über 2000 Buchseiten entspricht – seiner Leserschaft zu retten.

Dieser Hoffnung haben nun die Literaturwissenschaftler Bernhard Echte und Werner Morlang durch die Herausgabe

---

[*] Dieser Essay entstand aufgrund eines Auftrags von Dr. Beatrice von Matt zur Rezension der ersten beiden Bände von Robert Walser, Aus dem Bleistiftgebiet. Mikrogramme 1924/25. Im Auftrag des Robert Walser-Archivs der Carl Seelig-Stiftung/Zürich entziffert und herausgegeben von Bernhard Echte und Werner Morlang, Frankfurt, 1985. Eine gekürzte Fassung dieses Textes wurde in der Ausgabe vom 24./25. August 1985 der Neuen Zürcher Zeitung abgedruckt.

der ersten beiden Bände »Aus dem Bleistiftgebiet« Robert Walsers entsprochen, und man kann ihnen (wie übrigens auch den geistigen und finanziellen Förderern ihrer Arbeit) nur dafür danken, daß sie den Mut gefunden haben, sich auf diesen langen, mühevollen Weg zu begeben, der sie wohl noch viele Jahre unterwegs sein läßt in den poetischen Gefilden dieses noch immer meist verkannten, irritierenden und verborgenen Dichters, der ohne Zweifel zu den größten des 20. Jahrhunderts zu zählen ist. Man muß sich bezüglich der nun vorliegenden editorischen Leistung im klaren sein: mit der berühmten Apothekertugend allein ist diesen Mikrogrammen schwerlich beizukommen, d. h., ohne eine subtile Kenntnis des Walserschen Werkes und ohne die Fähigkeit zur Einfühlung in diese Texte wäre ihre Transkription wohl kaum gelungen, und bei einer solchen, über Jahre sich hinziehenden, täglichen Vertiefung in das Werk eines Dichters, die ein unausgesetztes Sicheinlassen in die kreativen Bewegungen seiner jeweiligen geistig-seelischen Verfassung bedingt, mag die notwendige Identifikation mit dem Verfasser für die Herausgeber gelegentlich bis an die Grenze des Erträglichen geführt haben. Der Einsatz hat sich allerdings gelohnt. Einen kleinen Einblick in ihre Arbeit geben die Herausgeber im Nachwort (Morlang) sowie im editorischen Bericht (Echte), beides kenntnis- und aufschlußreich geschrieben und im Hinblick auf allfällige Vermutungen in angenehmer Weise vorsichtig formuliert. Über 150 Seiten umfaßt der Anhang, der die Sorgfalt seiner Verfasser dokumentiert: interessant sind die Entwürfe zu bereits bekannten Walser-Texten, die die vom Autor vorgenommenen Veränderungen zeigen, hilfreich die Anmerkungen und für die Walser-Forscher ergiebig die Hinweise auf editorische Eingriffe sowie die Übersichtstabelle der einzelnen transkribierten Manuskriptblätter. Bei aller editorischen Akribie sind beide Bände aber doch glücklicherweise so herausgekommen, wie es der Dichtung Robert Walsers allein entspricht: in einer schönen, lesefreundlichen Ausgabe, die Lust zum Schmökern macht und einer vergnüglichen Lektüre nicht durch philologische Beflissenheit im Wege steht.

Was sind das nun für Texte, die in den Jahren 1924/25 in mikrographischer Fassung entstanden sind und von Walser selbst nicht in eine lesbarere Form gebracht wurden? Der erste Band der nun vorliegenden Transkriptionen enthält Prosa, der zweite Gedichte und Dramatische Szenen. Alle drei Gattungen nehmen sich – wie das bei Walser auch gar nicht anders zu erwarten ist – die Vielfalt des Alltäglichen zum Thema: Beobachtungen an allen Orten des öffentlichen und privaten Lebens, die dazu passenden Gedanken, sich anschließende Assoziationen, Erinnerungen und Phantasien zeigen, wie Gesehenes, Gehörtes, Gelesenes, Gedachtes, Gefühltes und Gewünschtes ineinandergreifen im unablässigen Spiel mit den Motiven, das Walser so scharfsinnig wie liebevoll, so witzig wie ernst mit feinen Bleistiftstrichen auf dem Papier vollführt. »Ach, hätten Sie mich sehen können, wie ich zugleich tiefbescheiden und hochunverschämt dasaß. Wer sich verschwendet oder wer sich spart, zieht unwillkürlich eine Art Marmormiene an, als gestatte er sich selbst nicht, sich zu durchdringen.« So stellt sich das Ich an einer Stelle vor und zeigt damit zugleich mit seiner Beobachterrolle die ganze Spannweite seiner Empfänglichkeit für alles, was ihm begegnet. Von hier aus entsteht eine Fülle von Bemerkungen, die manchmal ob ihrer ungewöhnlichen Vergleiche verblüffen: »Ja, das Menschenherz ist eine Schachtel voll Schlechtigkeiten!« und zum Lachen reizen: »Ich bin im gütigen Verstehen, namentlich was Schnelligkeit betrifft, ein wahres Flugzeug«, von feiner Beobachtungsgabe zeugen: »Man sieht ihr an, daß ein Gespräch mit ihr eine Heidenarbeit wäre« und zugleich charakterisierend sind: »Den Abend, den die lebhafte Frau veranstaltete, zierte unter anderem auch ein Auslandsschweizer mit seiner Gegenwart«, aber auch sentenzenhaft: »Respektlose versuchen mit ihren Respektlosig-

keiten bloß den Respekt, den sie im Grunde haben, zu be-
mänteln« und ergreifend schön: »Der Ertrunkene umklam-
mert mit toten Händen die kühle Flußmasse, die ihm in den
Leib gedrungen ist.« Was sich in diesen Texten ereignet,
entfaltet sich in einzelnen Sätzen und Satzteilen, in kleinen
Szenen, die sich in ihrer kritischen Potenz mit der Walser eigenen Komik selber dekuvrieren. So schwärmt z. B. in den
Dramatischen Szenen eine Frau im Grunewald:

> »Es ist doch zu hübsch hier. Rings dieser Friede. Die
> Grasbüschel am Boden. Überall möchte man hinsitzen.
> Jeder Augenblick wäre zum Verzehren einer Stulle
> denkbar geeignet. Der Wald ist eine Stube, und ich bin
> ein wahres Kind, wenn ich in dieser Stube bin. Was
> doch Grün für eine nette Farbe ist, so verlogen und doch
> so anziehend. Hier ist keine lebendige Seele als wir.
> Herr Inwendiger ist doch ein rechter Dickkopf, nicht
> wahr? Den Eiferer sollte man einsperren. Irma, du sagst
> nichts. Wie froh ich bin, dich hier zu haben. Ich be-
> trachte dich als mein Eigentum.«

Immer wieder ist beeindruckend zu sehen, wie präzise Walser seine Texte aufbaut und wie folgerichtig er die im Leser
induzierten Emotionen dabei wechselt; die Rede der Frau im
Grunewald mag als kleines Beispiel dafür stehen. Und es ist
dieser für Walser so charakteristische, rasch und scheinbar
leicht dahinfließende Strom der Rede eines Erzählers, der
mittels einer ganz feinsinnig lenkenden, souverän gehandhabten Erzähltechnik den Leser ergreift und mitreißt in die
Strudel seiner vielen treffenden, überraschenden und schönen und in ihrer Schönheit zutiefst erfreuenden Einfälle. Daß
es ihm dabei gelingt, stets aufs neue im Alltäglichen etwas
Besonderes zu entdecken, ist sein Geheimnis, seine Kunst,
sein Glück: »Nur ihm fiel es ein, diesem Ihm inmitten von
mir, diesem Einfällehaber, den ich in mir beherberge. Ich
versichere euch, daß ich von mir persönlich aus fast nie lachen würde. Er ist's, der immer voller Lachen ist, der Märchenhafte.« Der Märchenhafte, der Dichter, er, der mit sei-

ner Phantasie den engen Kreis der Wirklichkeit übersteigt, ohne doch je den Kontakt mit ihr zu verlieren. Aber gerade in der Unaufhörlichkeit dieser Rede, im endlosen Tanz der Worte um die Erheiterung des Lesers schwingt eben die Traurigkeit des Choreographen mit, die im Lächeln des Betrachters sich selbst vergessen möchte: »ausgetrunken ist der Brunnen der Trauer, und ganz / in der Unbefangenheit Glanz / steht die Schwermutabgeschütteltheit / wirklichkeitbefreundet da« – nur eben: ausgetrunken ist der Brunnen, die Trauer ist immer innen.

So kennt man Walser. Und es entsteht die Frage, warum diese Texte nur in mikrographischer Fassung vorliegen. Hat Walser sie selber verworfen, sie für mißlungen gehalten? Hat er sich einfach nicht die Zeit zum Abschreiben nehmen wollen, lieber Neues produziert, zumal ja noch eine Reihe von Abschriften zur Veröffentlichung bereitlag? Anders gefragt: worin unterscheiden sich diese mikrographischen Texte von den anderen? Tragen sie, wie man gern vorschnell annimmt, erste Spuren einer beginnenden seelischen Störung? Sind sie unfertig? Oder unterscheiden sie sich in nichts von den bereits bekannten Walser-Texten?

Doch, es gibt meines Erachtens einen wesentlichen Unterschied, der sich freilich erst in feinen Umrissen abzeichnet, dessen Nachweis aber von ganz entscheidender Bedeutung nicht nur für die Walser-Rezeption sein würde. Um diesen aufzuzeigen, sei erlaubt, von einer ganz subjektiven Leseempfindung als einer Arbeitshypothese auszugehen und für diese nach Argumenten pro und contra zu suchen. Es entstand nämlich während der Lektüre der Prosatexte bei mir der Eindruck, daß es sich hierbei nicht um die für Walser typischen Prosastückli, Geschichten, also: Kurzprosa handle, sondern um *eine Art Roman*. Ich sagte mir: es spricht immer dasselbe Ich, es spricht ohne Unterlaß mit mir, mit dem Leser, endlos möchte es ihn mit seiner Rede umgarnen, um ihn niemals als Zuhörer zu verlieren. – ? –

Nun kennt man ja von den bereits veröffentlichten Prosa-
stücken Walsers die immer wieder auftauchenden Gedanken
über den Roman, etwa in der Form der Mitteilung, man
erwarte von ihm (dem jeweiligen Ich des Textes), daß er
endlich wieder einen Roman schreibe, oder daß ihm dieser
immer noch nicht entstanden sei, und auch in den Mikrogrammen wird gelegentlich die Frage nach dem Roman thematisiert: »Und nun spielte er leider Klavier, daß es wie eine
tiefinnerliche Verheißung klang, man fängt zwar einen Roman nicht so an«, beginnt ein Abschnitt und endet drei Seiten
später mit dem Satz: »O du kleiner, anscheinend feiner, immer eigentümlicher Roman, ich schließe dich hiermit.« Mit
»Und nun...« beginnt man keinen Roman, und die Roman-
Vorstellung, die dahintersteht, ist die ganz traditionelle. Das
Stück Prosa, das hier seinen erklärten Abschluß findet, enthält aber doch offensichtlich etwas von dem Eigentümlichen
des Romans. Aber worin besteht dies?
Walsers Auseinandersetzung mit den Möglichkeiten und
Grenzen, vor allem mit der Metamorphose des Romans, die
um die Jahrhundertwende in Gang kam, ist sicher nicht nur,
vielleicht nicht einmal wesentlich außengesteuert, d. h. von
Publikumserwartungen abhängig gewesen, sondern hat sich
im deutlichen Bewußtsein der literarischen Umbruchsitua-
tion seiner Zeit entwickelt, der dann auch die großen Romane von Proust, Joyce, Döblin, Kafka und Beckett ent-
stammen. Längst war es auch Walser nicht mehr möglich,
einen Roman wie »Der Gehülfe« (übrigens der für ihn unty-
pischste Text) zu schreiben. Bereits im »Jakob von Gunten«
(1909) hatte Walser die traditionelle Romanform aufgebro-
chen, indem er »durch listige Denk- und Sprachbewegung«
eine Verbindung zwischen der »Überdifferenzierung der
Augenblickszergliederung« und einer »möglichst linearen,
fast archaischen Erzähltechnik« herzustellen unternahm
(Walter Höllerer). Wie man weiß, war dem »Jakob von Gunten« kein Erfolg beschieden, obwohl sich das phantastische

Szenarium noch im Rahmen einer konkreten Lokalität und vermittels einer klar erkennbaren Handlung entspinnt.

Bedenkt man nun, daß als Spezifikum der Modernität in der Kunst des 20. Jahrhunderts die Zeit-, Wirklichkeits- und Ich-Auflösung zur Montage von Gesten und Figuren (resp. Figuranteilen) führt als Darstellungsmittel einer tief empfundenen Selbst- und Weltentfremdung der sich aus aller lebensgeschichtlich erkennbaren Kontinuität und gesellschaftlichen Integration lösenden Existenzweise, dann läßt sich rückblickend erahnen, in welcher Krise sich die Autoren damals, vor der Entdeckung dieser neuen Techniken, befunden haben mögen. Walser begegnet dieser Krise, indem er schreibt, und schreibend, ganz langsam und keineswegs von Anfang an bewußt konzipiert, entwickelt sich etwas Neues. Es ist die produktivste, sicher schwierigste, aber auch lebhafteste und erregendste Zeit seiner Dichterlaufbahn: er ist auf dem Weg, eine völlig neue Form der epischen Prosa zu entwickeln. Er spürt das ganz andere, erst noch zu Findende und weiß nicht, ob er es je zu fassen bekommt: »Hie und da sieht man mich vor der Fülle dessen, was ich mir vornehme, beben«, schreibt er um die Jahreswende 1924/25.

Zunächst entstehen einzelne Prosa-Abschnitte ohne Überschriften in der für Walser vertrauten Länge. Da Walser aber immer äußerst sorgfältig mit seiner Arbeit verfahren ist, darf man bezweifeln, daß das Weglassen der Überschriften, denen ja in der Kurzprosa eine ganz wichtige, manchmal sogar tragende Funktion zukommt, einfach aus Nachlässigkeit geschieht. Dies ist um so unwahrscheinlicher, als in diesem Nachlaß von 1924/25 noch betitelte Prosastücke zu finden sind (von den 104 jetzt veröffentlichten Texten sind dies 20). Es ist also möglich, daß diese titellosen Textabschnitte eine dem Verfasser selber noch nicht klar erkennbare Bedeutung hatten, die sie von den Prosastücken mit Überschriften vorläufig unterschied: erste Spuren des Übergangs in literarisches Neuland.

Aber nach wie vor ist doch in den Texten von 1924/25 von einzelnen Prosastücken die Rede. Da heißt es z. B.: »Diesen Aufsatz werden übrigens ausschließlich ›gebildete Leute‹ lesen« und: »womit ich ja beinahe etwas Essayhaftes vorbrachte« und: »Ich schrieb dies Prosastück, wie ich gestehen muß, auch ganz mechanisch« und: »Dieses Artikelchen kann sicher nicht anders als äußerst kurz sein.« Mal bezeichnet Walser seine Texte als »Geschichte«, dann als »Novelle« und schließlich wieder als »Prosaprobe«. Die neue Form ist noch nicht da, aber fast schon greifbar, oder eben noch nicht eingestanden, definiert sie sich selbst im März 1925: »*O, wenn ich in diesem Seltsamkeitsstil Bände füllte? Was hast du diesbezüglich für eine Meinung? Selbstverständlichkeiten zu Unerhörtheiten auseinanderspannen. Enorm! Nicht wahr, du freust dich auch, so wie ich mich schon heute freue, daß ich das einmal machen werde? Ich fühle das Ausmirherauszuhebende kommen. Vielleicht dauert es übrigens noch sehr lang, bis es da ist, aber es wird eines Tages da sein. Was wird da sein? Was sind das für Andeutungen?*« Und im Mai/Juni 1925: »*Seltsam, wie ich da verworren, gestrüppartig durcheinander erzähle*« und zur selben Zeit: »*Käme es auf mich an, so füllte ich ein Buch mit lauter Entzückendheiten.*« Die Idee scheint so reizvoll wie verrückt: ist es die Vorstellung, einen gleichsam unendlichen Roman (Bände) mit nichts als lauter gestrüppartig durcheinandererzählten Entzückendheiten in diesem herrlich verworrenen, jedes Gedankenspiel, jede geistige Freiheit ermöglichenden Seltsamkeitsstil zu schreiben?

Im Juli/August 1925 unternimmt Walser einen neuen Versuch mit dem Roman als einer in Frage gestellten literarischen Form, die jetzt vor den Augen des Lesers demontiert werden soll: er schreibt in circa sechs Wochen den »Räuber«-Roman. Dabei schafft der Ich-Erzähler, den Prozeß des Gestaltens demonstrierend, einen fiktiven Helden, den Räuber, und zeigt, wie er mit dieser Figur und den von ihm raffiniert verwendeten Motiven, die den durchbrochenen Handlungsplan unterlegen, spielt: alles ist als Erfindung gekennzeichnet

(Desillusionierung), der Laune des jeweiligen Einfalls preisgegeben (Desordre), die Kausalität des Geschehens ist, zumindest an der Textoberfläche, aufgelöst (wobei allerdings die Kausalität des psychischen Geschehens nicht aufgehoben ist, oder besser: nicht aufgehoben werden kann), die Kohärenz der einzelnen Erzählelemente erscheint gefährdet, und immer wieder wird der Leser einbezogen in die Fragen nach dem Roman, der da entstehen soll und sich verweigert und am Ende eben doch entstanden ist. (»Der moderne deutsche Roman, der Roman des Diskurses, ist… vor allem ein Diskurs über den Roman.« Ulf Eisele) Aber trotz aller hier schon angewandter Darstellungsmittel, die den »Räuber« (das Lieblingsbuch der Walser-Kenner) zu einem explizit modernen Roman machen, scheint Walser, vielleicht gerade deshalb, weil dieser Text sich gewissermaßen von selbst an sein natürliches Ende geschrieben hatte, unzufrieden gewesen zu sein mit dem Ergebnis seines Versuchs, dem Roman eine neue, nur ihm allein gemäße Form zu geben.

Denn über ein ausreichendes Maß an Selbstbewußtsein als Schriftsteller verfügte er ohne Zweifel. Einem Freund, der ihm zugesteht, »das Zeug zu einem Dostojewski« zu haben, entgegnet er mit der Überlegung: »Solche Äußerungen begegnen in mir einer Stimme, die mir sagt, es sei durchaus nicht nötig oder wünschenswert, irgendeinem anderen Schriftsteller ähnlich zu sehen, ähnlich aufzutreten wie einer, der schon da war, sondern es sei hier das Gesündeste und Dringlichste, ruhig ich selbst zu sein.« Und: »*Ich glaube nicht, Veranlassung zu haben, an eine geistige Minderwertigkeit bei mir (zu) glauben, habe aber vielleicht Grund zur Annahme, daß es Leute gibt, die an der Ausstreuung interessiert sind, ich wäre geistig nicht munter.*« Vorsicht also mit dem Kurzschluß von der Kleinheit seiner Schrift auf die »Selbstverkleinerung eines Dichters«.

Es wäre also denkbar, daß weder ein Mangel an Selbstsicherheit noch der Charakter des Privaten Walser davon abgehalten haben, den »Räuber« zu veröffentlichen, sondern die Unzufriedenheit seines Verfassers mit dem Ergebnis der darin erreichten Formgebung. Nirgendwo, weder in seiner Korrespondenz noch in einem seiner Prosastücke, erwähnt Walser diesen Roman: Der Versuch ist in seinen Augen mißlungen, er hat das von ihm angestrebte Ziel nicht erreicht. Seine langjährige Freundin Frieda Mermet bemerkt in dieser Zeit, daß Walser durch eine auch für ihn ungewöhnlich hohe Reizbarkeit und Empfindlichkeit aufzufallen beginnt: die Anspannung ist so groß, wie die Verunsicherung tiefgreifend und die Ungewißheit quälend sind. Dennoch schreibt er weiter, suchend, experimentierend. Ein zwischen September und November 1925 geschriebener Prosaabschnitt beginnt so:

> »Spät bis in alle Nacht herumziehende Jünglinge besangen auf Mandolinen, die sie meisterhaft zu handhaben schienen, die Größe des Verhaltens der Wirtschaftlichkeit des Vaterlandes. Auf den nahen Bergen standen riesige Erinnerungsgestalten, obwohl ich kaum sagen kann, was ich eigentlich damit meine, aber nicht wahr, es klingt so schön, und meine Worte können vielleicht mit Tänzerinnen verglichen werden, die die Verlumpung und Verhudelung alles Ideellen zur vielleicht etwas grotesken Darstellung bringen. Ich saß bis Mitternacht in einer unvergleichlichen Mutterseelenalleinigkeit auf einer der zahlreichen Bänke, die die Anlagen und Promenaden unserer lieben und guten und von braven und fleißigen Einwohnern erfüllten Stadt mit ihrer Nützlichkeit und Brauchbarkeit schmückten, denn es ist doch überaus angenehm, mein Herr, ...« usw.

Es sind hier bereits, wie sich vermuten läßt, wesentliche Elemente der angestrebten neuen Stil- und Formprägung versammelt: das Ganze als eine unendliche Kette von Einfällen, von winzigen »Selbstverständlichkeiten« aller Art, und d. h.: die Reduktion des Erzählten, Erzählbaren auf jeweils einen Augenblick, wobei schon jeder Satz eine oder mehrere

Szenen vorstellt (was aber auch längere, meist sich gegenseitig durchkreuzende Erzählpassagen nicht ausschließt), der beständige thematische Wechsel von Wahrnehmung, Vorstellung und Reflexion sowie ein spielerisch-kritischer Umgang mit der Sprache und dem Schreibvorgang, sodann das ahistorische Ich als Ausgangspunkt des Erzählens im Sinne eines »narro ergo sum« und das Du (der Leser, Zuhörer, der Herr, die Dame, Sie, ihr – oder wer immer) als Konstituens der Erzählmöglichkeit, mithin als Sinnträger des Erzählvorgangs.

Und hierin unterscheidet sich Walser von den Autoren seiner Zeit ganz besonders: keiner hat so hartnäckig und verzweifelt an diesem Zuhörer und Leser festgehalten wie er. Die kommunikative Geste taucht schon in seinen ersten Texten auf und zieht sich konstant durch sein ganzes Werk. Nie zuvor aber ist der Leser in solcher Dichte und Konsequenz der unablässig angesprochene, gefragte und: gebrauchte Zuhörer, wobei man fast über diese Art zu reden sagen könnte: ein Mund spricht zu einem Ohr: »Mit meinem Mund, der ein anerkannt hübscher, gesunder, gescheiter, unverbesserlich dummer und einfältiger Mund ist, stelle ich euch einen Herrn vor...« und: »Leihet mir zum Anhören einer der vorsichtigsten Geschichten euer liebenswürdiges und aufmerksames Ohr und vernehmt...«

Und hierin, in seinem Angewiesensein auf einen Zuhörer und Leser, könnte nun auch der Grund dafür liegen, daß Walser einen Teil der mikrographisch verfaßten titellosen Texte in mehr oder weniger veränderter Fassung abgeschrieben und als Prosastücke verschiedenen Feuilletonredaktionen und Verlagen angeboten oder zur Einsendung bereitgehalten hat. Durch diese Abschriften und Einsendungen hat er seine Prosatexte ja offenbar selber als in sich abgeschlossene und voneinander unabhängige gekennzeichnet, und das könnte durchaus dem damaligen Bewußtseinsstand seines Experimentierens mit der zu schaffenden neuen Form entsprochen haben – abgesehen davon, daß bei einer gleichsam unendlichen Erzählung der beschriebenen Art an jeder Stelle ein kleineres oder größeres Stück »herausgelesen« werden könnte.

Dankenswerterweise haben die Herausgeber der Mikrogramme einige Beispiele der mikrographischen Texte in den Anhang mit aufgenommen, die Walser selber abgeschrieben und dabei verändert hat. Morlang kommentiert: »Keineswegs beschränkte sich nämlich die Reinschrift der Texte auf das bloße Kopieren einer Vorlage, wie der im Rychner-Brief verwendete schamhaft-ironische Ausdruck ›bürohaftes Abschreibesystem‹ anzudeuten scheint. Walser pflegte zwar die Gesamtkonzeption der Vorlage, meist sogar die Konstruktion der Sätze, in die Reinschrift zu übernehmen, veränderte aber mit Vorliebe einzelne Adjektive und Wendungen. Daneben gibt es Beispiele einer stark umbildenden Redaktion (siehe die Entwürfe zu veröffentlichten Texten im Anhang).« Der Einblick, der dort gewährt wird, stellt natürlich nur eine schmale Basis dar für eine andersgerichtete Betrachtung dieses »bürohaften Abschreibesystems«, ein Ausdruck, den Walser durchaus nicht in schamhaft-ironischer Weise oder gar »etwas geringschätzig« (Echte/Morlang) verwendet haben muß (waren doch die Bürogehilfen immer bevorzugte Figuren in Walsers Dichtung), sondern der ebensogut über einen schlichten Tatbestand informiert haben könnte. Sind aber die Mikrogramme wirklich durch die sie verändernden Abschriften als Dichtung der »Vorläufigkeit«, Poesie im Entwurfsstadium gekennzeichnet, die erst durch den »Überarbeitungsprozeß« der »Reinschrift« sozusagen »fertig« und für Walser akzeptabel wurden?

Sicher gibt es dafür Beispiele. Die im Anhang abgedruckten muten allerdings weniger unfertig an, stellen sich gleichberechtigt neben die Fassung der Abschrift, und sie zeigen, daß Walser sich in diesen zur Veröffentlichung bestimmten Texten vor allem zurückgenommen hat, sowohl was die Länge der Prosastücke anbelangt als auch was den Mut der Gestaltung und die Freiheiten seines Einfallsreichtums betrifft, und dadurch gehen dann auch schöne Stellen verloren. So heißt es z. B. in der mikrographischen Fassung von »Ich soll arbeiten« von einer Frau, die dem Ich in einem Hausgang begegnet: »Im Vorübergehen sprach sie: ›So? So? Hier also hält man sich auf‹, und fügte bei: ›Grüß Gott‹, und ich sagte: ›Ja‹, und sah, daß sie Trauer trug, demnach also einen Verlust gleichsam uniformierte. Wer es wohl sein mochte, um den sie so ostentativ klagte…« In der veröffentlichten Fassung lautet diese Stelle: »›So? Hier wohnen Sie?‹ Und sie trug Trauer. Wer's wohl sein mochte, um den sie ostentativ klagte?« In meinen Augen ist diese Änderung keine Verbesserung (wie überhaupt diese ganze Szene in ihrer Urfassung reicher und auch psychologisch genauer gestaltet ist), sondern ein Zugeständnis an den biederen Publikumsgeschmack, der sich wahrscheinlich an der Charakterisierung des Trauertragens als »Uniformierung eines Verlusts« gestoßen hätte. Solche Konzessionen waren aber nötig, weil Walser, nicht primär aus finanziellen Gründen, sondern aus Gründen der psychischen Sicherung seiner Schriftstellerexistenz, gezwungen war, immer wieder zu veröffentlichen. Er brauchte den Leser, konnte nur schreiben mit der Vorstellung, daß es ihn – noch – gab.

Wie ging es von hier aus weiter? 1926 setzt sich Walser in dem von Carl Seelig so betitelten »Tagebuch«-Fragment mit dem Wirklichkeitsbegriff auseinander, wobei er diesen nicht auf ein »photographisch treu abgebildetes Stück Wirklichkeit« beschränken will. »Ich meine, es gehöre zur Vervollständigung dessen, was wirklich ist, daß man sich hie und da etwas einreden oder einbilden dürfe, mit anderen Worten, unsere Einbildungen sind genau so wirklich, wie es unsere sonstigen Wirklichkeiten sind. Das Gefühl ist nicht minder Wirklichkeit wie der Verstand.« So ganz neu ist dieser erweiterte und eben spezifisch moderne Wirklichkeitsbegriff, bei dem »die Differenz zwischen Realem und imago grundsätzlich kassiert wird« (Theodor W. Adorno), allerdings auch bei Walser nicht. Schon 1916 heißt es bei ihm: »Was wir zu betrachten und an uns anzuziehen meinen, gießt sich aus unserem eigenen Innern hervor usw... Eigentümlich ist, wie mir Frühes und Spätes, Jetziges und Längstvergangenes, Deutlich-Gegenwärtiges und Halbschonvergessenes in- und übereinanderschwimmen und schimmern und wie blitzende Lichter, schwerfällige Wellen zusammenfallen und übereinanderwogen.« Man sieht hier, daß Walser – ebenso wie es z. B. von Döblin, Musil und Broch auf verschiedene Weise auch theoretisch formuliert wurde – die Grundvoraussetzungen des konventionellen Erzählens: ein sicheres Wissen um das, was (z. B. in einer Geschichte) wirklich und der Fall ist, schon lange aufgegeben hat, um sich schreibend auf die Suche nach einer neuen Basis für die epische Prosa zu begeben – wobei er einen Weg einschlägt, der ihn von seinen Zeitgenossen entfernt.

In diesem Bewußtsein grenzt Walser sich zunächst einmal von den üblichen Erwartungshaltungen ab: »Da ich hier keinen Roman, vielmehr bloß... eine sich in angemessene Länge ziehende Kurzgeschichte schreibe, die auf absolutestem Eigenerleben fußen muß, so lautet nämlich der Auftrag, dem ich mich widme, so brauche ich mir auch gottlob keinerlei Sorgen wegen einer allfälligen Romanidee zu machen.« Diese »allfällige Romanidee«, um die sich das Ich in diesem Text »gottlob keinerlei Sorgen« zu machen braucht, entspräche eben genau den Publikumserwartungen, die Walser nicht mehr erfüllen kann und will: einen bürgerlichen Roman der herkömmlichen Art zu schreiben, worunter auch die moderneren Versionen dieser »weitläufigen epischen Zusammenhänge« zu verstehen sind, von denen er sagt, daß sie ihn »sozusagen zu irritieren begonnen hatten«: Erfaßt man die Wirklichkeit nämlich in der von Walser oben beschriebenen Weise als eine in unendlich viele nur subjektiv wahrnehmbare Augenblicke zersplitterte, dann lassen sich keine weitläufigen Handlungszusammenhänge mehr herstellen, dann besteht die Aufgabe darin, einer solchen Wirklichkeitserfahrung eine adäquate Form poetischer Diktion zu finden.

Und diese wird nun im »Tagebuch«-Fragment von 1926 als ein übernommener Auftrag bezeichnet, »ein Ichbuch zu schreiben.« Das Ich als einziger Ort, an dem Wirklichkeit statt hat, als einzig denkbarer Ausgangspunkt, als Zentrum des Erzählens. Dies aber muß Walsers Tendenz zur Selbstverbergung zuwiderlaufen – und ist doch eine unerbittliche Konsequenz dieser Wirklichkeitsauffassung. Walser setzt sich im selben Stück mit diesem Problem auseinander: »Es hat sich, wie ich gestehen muß, in den letzten Tagen etwas in mir gegen die Art gesträubt, wie ich mich da ausschließlich mit mir selber abgebe. Ich lief in der starken Befürchtung durch die Straßen, es wäre denkbar, daß ich der Leserwelt eitel erscheinen könnte.« Und diese Leserwelt ist für sein Schreiben ja konstitutiv. Aber das Ich vermag gegen derartige Befürchtungen aufzukommen: »Hinsichtlich des Vorwurfs der Ichsucht bin ich also vollständig beruhigt, indem ich glaube, daß es kleinlich, schwächlich wäre, dem Ich und dem, was damit zusammenhängt, aus dem Weg zu gehen. Eine Erzählung im Ich-Stil oder in der Ich-Vortragsart erfordert eben an sich etwas wie Mut, was übrigens eine ganz schlichte moralische Erscheinung ist.«

Wird aber die literarische Wirklichkeitsgestaltung um ein einziges Ich zentriert, ergeben sich für Walser zwei weitere Schwierigkeiten: Wie nämlich läßt sich verhindern, daß der Erzählvorgang zur privaten Mitteilung mißrät? Und wie muß diese allein aus der Ich-Perspektive gesehene Welt beschaffen sein, wenn sie den Leser noch ansprechen soll? Nahezu programmatisch formuliert derselbe Text die Lösung dieses Problems: »ich soll und will... lediglich einer *Kette von Erlebtheitserscheinungen* den denkbar statthaftesten Ausdruck verleihen, indem ich um möglichst angenehme, gefällige Einteilung besorgt bin. In meinen Augen ist nämlich die

Pflicht, sich beim Schreiben von Selbsterlebtem einen gewissen, erträglich scheinenden Zwang in bezug auf Form usw. aufzuerlegen, etwas ohne weiteres Annehmbares. *Meiner Ansicht nach hat sich ein Schriftsteller Mühe zu geben, so zu schreiben, als säße oder stände er in einem Salon und erzähle anwesenden netten, für das, was sich schickt empfindlichen Menschen mündlich eine nicht gar zu amüsant sein sollende Geschichte«.*

Das literarische Formprinzip ist damit inhaltlich auf den Begriff gebracht: das Ich als einziger Ort der jeweiligen Wirklichkeitserfahrung, als »Erzähler in einem Salon«, spricht – die mündliche Rede als Stilprinzip verlangt dann eben auch das, was den Charakter des Flüchtigen, Unfertigen und Launenhaften an sich trägt – zu empfindlichen Menschen zum Zwecke ihres feinen Amüsements. Und d. h.: diese dichterische Rede möchte und muß, um vor sich selbst zu bestehen, seinen Zuhörer nicht nur erreichen und erhalten, sondern auch erfreuen; und sie muß sich unausgesetzt zu ihrem Ursprung, dem Autor, bekennen. All das, was in diesem Sinne geschrieben werden kann, kann dann sinnvollerweise nur noch das »Ich-Buch« heißen – wobei ein Hinweis auf ein Gespräch über die Psychoanalyse in diesem »Tagebuch«-Fragment dem Titel »Ich-Buch«, nebst seiner ohnehin enormen Modernität, noch einen zusätzlich interessanten Aspekt verleiht.

Es läßt sich hier nicht im einzelnen verfolgen, wie sich die literarische Produktion Walsers unter dieser Perspektive weiterentwickelt hat. Genaueren Aufschluß darüber werden weitere Veröffentlichungen aus den Mikrogrammen erteilen. Aber unverzichtbar ist zuletzt noch ein Zitat aus einem von Walser selbst unveröffentlichten, in der Gesamtausgabe abgedruckten Text von 1928/29 mit dem Titel »Eine Art Erzählung«. Es zeigt, daß Walser inzwischen ein klares Bewußtsein für diesen unendlichen »Roman«, dieses große Ich-Buch, bestehend aus vielen Teilen »einer langen, handlungslosen, realistischen Geschichte« gewonnen hatte:

»Ich weiß, daß ich eine Art handwerklicher Romancier bin. Ein Novellist bin ich ganz gewiß nicht. Bin ich gut aufgelegt, d. h. bei guter Laune, so schneidere, schustere, schmiede, hoble, klopfe, hämmere oder nagle ich Zeilen zusammen, deren Inhalt man sogleich versteht. Man kann mich, falls man Lust hiezu hat, einen schriftstellernden Drechsler nennen. Indem ich schreibe, tapeziere ich. Daß mich einige freundliche Menschen für einen Dichter meinen halten zu dürfen, lasse ich mir aus Nachgiebigkeit und Höflichkeit gefallen. *Meine Prosastücke bilden meiner Meinung nach nichts anderes als Teile einer langen, handlungslosen, realistischen Geschichte. Für mich sind die Skizzen, die ich dann und wann hervorbringe, kleinere oder umfangreichere Romankapitel. Der Roman, woran ich weiter und weiter schreibe, bleibt immer derselbe und dürfte als ein mannigfaltig zerschnittenes oder zertrenntes Ich-Buch bezeichnet werden können.«*

Ich glaube nicht, daß Walser sich mit dieser Mitteilung »über die gescheiterten Roman-Unternehmungen hinwegtrösten« wollte (Morlang), nicht nur, weil ich glaube, daß Walser sich niemals, und schon gar nicht bezüglich seines Schreibens, über etwas hat hinwegtrösten wollen – dazu scheinen mir alle seine Texte viel zu klar in der Einschätzung, Erkenntnis und Annahme der jeweiligen Situation –, sondern auch deshalb, weil ich die Erfahrung gemacht habe, daß man mit dem Verständnis der Walserschen Dichtung am weitesten kommt, wenn man diese Texte wortwörtlich ernst nimmt, was übrigens ihren Witz und auch ihre Ironie (siehe dazu Martin Walser) geradezu enthüllt. Zwar kann erst eine Herausgabe der noch zu transkribierenden Mikrogramme, die bis in das Jahr 1933 reichen, einen definitiven Entscheid darüber ermöglichen, ob Walser uns in seinem Nachlaß tatsächlich ein Ich-Buch von in diesem Falle monumentalem Ausmaß hinterlassen hat und wie weit er sich dieses Formschaffens bewußt war. Aber es wäre zumindest ein heikler, da folgenreicher Vorentscheid, solche Mitteilungen über seine Arbeit als

Schriftsteller als Bemäntelung eigener Unfähigkeit aus Schamhaftigkeit, als Selbsttäuschungsmanöver oder Selbstverspottung und -ironie zu interpretieren.

Es ist Zeit, nochmals darauf hinzuweisen: Die hier vorgetragenen Überlegungen gehen davon aus, daß die jetzt edierten Mikrogramme aus den Jahren 1924/25 erste, feine Spuren der langsamen Entwicklung einer neuen Roman-Idee bei Walser zeigen: die Metamorphose einer literarischen Form in einer für ihn ganz charakteristischen Weise; und sie sind, wenn es denn möglich sein sollte, diese Metamorphose gewissermaßen im Zeitlupentempo in den noch zu transkribierenden Texten zu beobachten, auch als zu entziffernde Bewegung eines sich wandelnden schöpferischen Arbeitsprozesses von großem Interesse. Nicht also möchte ich behaupten: so ist es, wohl aber: so könnte es sein. Dennoch, von unmittelbar praktischem Wert können solche Spekulationen für den Leser schon heute sein, denn liest man diese Texte wie vereinzelte Prosa-Stücke (neben und nach all den vielen anderen Prosa-Stücken, die man von Walser schon kennt), könnten sich doch Gefühle der Irritation, Anstrengung oder auch Übersättigung sowie vielleicht der Eindruck des Unfertigen, Ungenügenden dieser Texte einstellen. Liest man sie aber fortlaufend, mit der Einstellung auf eine unendliche Erzählung von einem, der unterhalten und erfreuen möchte, dann bekommt man einen ganz anderen Zugang zu den einzelnen Szenen, Gedankenflügen und Abschnitten dieser Prosa. Dann allerdings ist etwas störend, daß die Texte der Prosa-Mikrogramme mit den jeweiligen Anfangszeilen oder -sätzen überschrieben sind und daß sie, der Tradition der Gesamtausgabe folgend, in thematische Gruppen eingeteilt wurden. Denn ein Unterhalter, der seinen Zuhörer fesseln möchte, wird sich um Vielfalt und Abwechslungsreichtum bemühen und nicht jeweils etwa 60 Seiten lang bei einem Thema verweilen, um auf den folgenden 60 Seiten ein anderes abzuhandeln usw. So gesehen, wäre ein überschriftsloser

523

Abdruck der einzelnen Prosa-Abschnitte in ihrer von den Herausgebern so mühevoll eruierten und sorgfältig rekonstruierten ungefähren Chronologie eher in Walsers Sinne gewesen. Aber dank des immensen Ideenreichtums dieser Dichtung ist auch die thematische Ordnung nicht eigentlich störend.

Für die Walser-Rezeption wie für die Literaturgeschichte des 20. Jahrhunderts überhaupt würde das bedeuten: Wenn man, auf jeweils einen kurzen Nenner gebracht, sagen kann, daß Proust mit seiner Recherche (1913–27) die Entfaltung des Denkens anhand des Erinnerns als Vorgang literarisch gestaltet hat – wobei die gerettete Erinnerung immer noch die für die Nachwelt gerettete ist (Walser spricht in den Mikrogrammen übrigens von »Menschen, für die es unmöglich ist zu glauben, es könnte auch anderswo als nur in Paris ein Marcel Proust existieren«), Joyce mit seinem Ulysses (1922) den »stream of consciousness« mit einer minutiösen Schilderung der leib-seelischen Vorgänge während eines einzigen Tages, eines Weltalltages, zum Formprinzip der dichterischen Wirklichkeitsgestaltung erhoben hat und Beckett später in seinen Romanen (Anfang der 50er Jahre) seine Protagonisten ganz in Sprache, in endlose, ins Nichts gesprochene Monologe auflöst, dann wäre ein 1000 bis 2000 Seiten umfassendes Ich-Buch von Robert Walser, entstehungsmäßig zwischen Joyce und Beckett liegend, der letzte große Dialog mit dem Leser. Spricht man von der deutschsprachigen Moderne, dann liest man vor allem die Namen Kafka, Döblin, Musil, Schnitzler und Broch. Robert Walser fehlt in dieser Reihe fast immer.

Walser war nicht der Mensch, der das Ungewöhnliche eines solchen Vorhabens offensiv gegen die zum Ende seiner Schriftstellerlaufbahn sich verstärkende Ablehnung seiner Arbeit hätte durchsetzen wollen. Vielleicht war es sogar für sein psychisches Gleichgewicht notwendig, bei der Ungeheuerlichkeit seiner Unternehmung, dem Wissen um die Größe dieser nur ihm so möglichen Entdeckung eines neuen

Paradigmas in der Literatur, dem Gefühl für das Schöne und Überwältigende, das durch diese Formschöpfung möglich wurde, daß er genau in dieser Zeit, in der er – so ließe sich dann sagen: den konsequenten Abschluß seines dichterischen Auftrags, d. h. sein Meisterwerk zu schreiben begann, vermehrte Absagen geradezu provozierte. Auch die Kleinheit seiner Schrift mag dann nicht nur ein Schutz des noch Unfertigen, in seinem Gelingen Ungewissen vor neugierigen Zugriffen gewesen sein, sondern, wieder psychologisch gesprochen, neben anderen Komponenten auch die Funktion einer Kompensation der selbst erahnten Größe seiner Leistung und Leistungsfähigkeit gehabt haben. Denn diese ist trotz äußerlicher Erfolglosigkeit ungebrochen vorhanden: weder Walser als Mensch und Schriftsteller noch seine Texte, selbst die von ihm nicht ins »reine« geschriebenen, bedürfen daher einer Verteidigung oder Nachsicht. Walsers Werk spricht an jeder Stelle am besten für sich selbst und kann jeder sachlichen Kritik unterzogen werden. Auch hier also ist Vorsicht geboten: Die Latenz der von Walser möglicherweise selbst beim Leser induzierten Geringschätzung schlägt manchmal sogar bei denen durch, die sein Werk schätzen, gerade dann, wenn sie glauben, es entschuldigen oder verteidigen zu müssen.

Über die im zweiten Band der Mikrogramme veröffentlichten Gedichte und Dramatischen Szenen ist hier nun nicht geredet worden. Sieht man einmal von der Notwendigkeit ab, diese Überlegungen zu einem Abschluß zu bringen, dann kann man darin auch ein Zeichen des Neuen und nicht so ohne weiteres Abzuhandelnden erkennen. Die späte Lyrik Robert Walsers, diese »art brut«, unheimlich und bezaubernd schön zugleich (Peter von Matt), ließe sich vielleicht zum Teil (aber nur zum Teil) von diesem Sprecher- und Erzählergestus her verstehen und würde dann, wie sie sich jetzt schon gelegentlich in die mikrographierten Prosa-Abschnitte einfügt, zum Bestandteil des Ich-Buches werden. Ob das für

die immer wieder von einer schier berstenden Komik und dabei raffinierten Gesellschaftskritik erfüllten, auch das Ab-
surde nicht scheuenden Dialoge der Dramatischen Szenen
ebenso möglich wäre, mit anderen Worten: ob Walser auch
noch die drei Gattungen in dem einen großen Projekt Ich-
Buch zusammenschließen wollte, das bliebe, wie auch die
Beweisführung für und wider das hier Dargelegte, abzuwarten. Aber lesen läßt sich dieser Nachlaß aus seiner Werkstatt
vor allen weiteren Forschungen unbeschadet schon heute als
ein großes, nicht enden wollendes, von Walser jedem einzelnen seiner Leser erzähltes Ich-Buch voller gestrüppartig im
Seltsamkeitsstil durcheinandererzählter Entzückendheiten.
In diesem Sinne sollte man sich ansprechen lassen von seinen
mikrographierten Texten, wunderbar unterhaltsam wäre das
und immer wieder neu und aufschlußreich, »...und siegen
würde das Vergnügen«.

Anmerkungen

1 Sigmund Freud, Gesammelte Werke. Chronologisch geordnet. Unter Mitwirkung von Marie Bonaparte, hrsg. v. Anna Freud. Bände I–XVIII, London–Frankfurt, 1940–1968. Hier immer zitiert mit Bandnummer und Seitenzahl. I, S. 227.

2 Hierzu siehe auch Peter von Matt, Die Herausforderung der Literaturwissenschaft durch die Psychoanalyse. Eine Skizze. In: Walter Schönau (Hrsg.), Literaturpsychologische Studien und Analysen, Amsterdam, 1983.

3 So erkannte Freud, X, S. 293: »Es ist bemerkenswert, daß das Ubw eines Menschen mit Umgehung des Bw auf das Ubw eines anderen reagieren kann. Die Tatsache verdient eingehendere Untersuchung, besonders nach der Richtung, ob sich vorbewußte Tätigkeit dabei ausschließen läßt, ist aber als Beschreibung unbestreitbar.«

4 A.a.O., VII, S. 223.

5 A.a.O., X, S. 173/74.

6 Auf diesen Zusammenhang hat bereits Fritz Meerwein hingewiesen: Unter Bezugnahme auf eine bei Ernest Jones, Das Leben und Werk von Sigmund Freud, Bern, 1960, S. 430, zitierte Postkarte Freuds an seine Frau mit dem Wortlaut: »Plötzlich *durch* Michelangelo verstanden« folgert er: »Freud fühlte sich also durch Michelangelo in der Mosesstatue ›interpretiert‹, eine Vermutung, die ihre Bestätigung darin findet, daß sich Freud selber 12 Jahre später (...) mit dem historischen Moses identifiziert und zwar in einem Moment, da manche seiner Mitarbeiter von ihm abfallen, das durch Freud gegebene (eben zunächst naturwissenschaftliche) ›Gesetz‹ nicht mehr als bindend ansehen und den ›Tanz um das goldene Kalb‹ antreten«, wozu Meerwein noch in einer Fußnote anmerkt: »Möglicherweise hat die Art, wie Jones den Postkartensatz Freuds wiedergibt, ›Plötzlich durch Mich.(elangelo)‹, noch den tieferen Sinn, daß ›Mich.‹ und ›mich‹ synonym verwendet werden sollen, d. h. Fremdinterpretation führt zur Selbsterhellung.« Fritz Meerwein, Psychiatrie und Psychoanalyse in der psychiatrischen Klinik, Basel, New York, 1965, S. 67.

7 Freud, VI, S. 136.

8 Martin Jürgens, Robert Walser. Die Krise der Darstellbarkeit. Untersuchung zur Prosa, Kronberg Taunus, 1973.

9 Karl Joachim Wilhelm Greven, Existenz, Welt und reines Sein im Werk Robert Walsers. Versuch zur Bestimmung von Grundstrukturen. Diss., Köln, 1960, S. 29.

10 Hans Bänziger, Heimat und Fremde. Ein Kapitel »Tragische Literaturgeschichte« in der Schweiz: Jakob Schaffner, Robert Walser, Albin Zollinger, Bern, 1958.

11 Paul Müller, Aufbruch, Einfahrt, Zerfall. Bemerkungen zu Robert Walsers Prosa, in NZZ vom 17. 6. 1962.

12 Werner Günther, Dichter der neueren Schweiz, 2 Bde., Bern und München, 1968.

13 In dieser Arbeit wird Robert Walser zitiert nach der Werkausgabe im Suhrkamp Verlag: Robert Walser, Das Gesamtwerk in 12 Bänden, hrsg. von Jochen Greven, Zürich, 1978. Die Zitate werden im Text nachgewiesen durch Angabe der Bandnummer und Seitenzahl in Klam-

mern nach dem Zitat. Alle Prosastücke werden im Anhang gesondert nachgewiesen durch Angabe der Titel geordnet nach den Seitenzahlen dieses Buches. Hervorhebungen in Kursivschrift in allen Walser-Zitaten sind von mir. – Interessant ist zur Frage des Zusammenhangs von Biographie und Dichtung ein Aufsatz von Johannes Cremerius, Die Konstruktion der biographischen Wirklichkeit im analytischen Prozeß, in: Freiburger literaturpsychologische Gespräche 1, hrsg. v. Johannes Cremerius, Wolfram Mauser, Carl Pietzcker u. Frederick Wyatt, Frankfurt, 1981, weil hieraus einmal mehr hervorgeht, daß die Rekonstruktion von biographischen Daten und Fakten allenfalls eine Art »äußerer«, nicht aber die »innere« oder eigentliche Biographie zu erschließen vermag. S. 19: »Ich bin geneigt, diese Wendung von der Interpretation von Lebensgeschichte als objektiver (und objektivierbarer) Geschichte zu ihrem Verständnis als Produkt von – meist unbewußten – Phantasien über geschichtliche Ereignisse als eine Sternstunde in der Geschichte der psychoanalytischen Therapie zu bezeichnen. Und zwar deshalb, weil der Patient erst in dem Moment, in dem er seine Geschichte nicht mehr als gegeben ansehen kann – gegeben durch definierte äußere Ereignisse und Folge von äußeren Umständen wie dem Charakter der Eltern, der angewandten Erziehungsmethode, der Stellung in der Geschwisterreihe etc. – zu erkennen vermag, was er daraus gemacht hat. Jetzt erst wird er der Tatsache ansichtig, daß er der Autor seines Lebens ist – einer Tatsache, die ihm Freiheit und Verantwortung schenkt.«

14 Eine gute Auswahl von Aufsätzen über Robert Walser befindet sich in: Katharina Kerr (Hrsg.), Über Robert Walser, drei Bände, Frankfurt, 1978 und 1979. Ferner siehe auch: Katharina Kerr, »Bibliographie zu Robert Walser 1898–1974« in: Text + Kritik, Zeitschrift für Literatur, hrsg. von Heinz Ludwig Arnold, Nr. 12/12a, dritte Auflage 1978 (hier zitiert: 1978a).

15 So erkennt Mechthild Curtius hinsichtlich einer Verwendung von Tagebuchmaterialien im Rahmen literaturwissenschaftlicher Untersuchungen an dem dafür besonders dankbaren Beispiel Thomas Mann: »Wo ein derart vielgestaltiger Nachlaß existiert, ist Überprüfung der Literatur-Psycho-Analysen exakter möglich als in den meisten Fällen.« Mechthild Curtius, Kreativität und Antizipation. Thomas Mann, Freud und das Schaffen des Künstlers. In: Mechthild Curtius (Hrsg.), Seminar: Theorien der künstlerischen Produktivität, Frankfurt, 1976, S. 388.

16 Genau auf diesen Punkt weist auch Didier Anzieu hin, der hier zitiert werden soll, weil er als Professor für klinische Psychologie, Psychoanalytiker *und* Schriftsteller sowohl über die fachliche Kompetenz als auch über die Erfahrung der Besonderheiten im Prozeß kreativer Produktion und der psychoanalytisch interessierten Rezeption seiner Dichtung verfügt: »Die psychoanalytische Kritik hat bisher hauptsächlich darin bestanden, das dem Werk zugrundeliegende Phantasma mit dem in Zusammenhang zu bringen, was die Biographie des Autors – die persönlichen Dokumente, die er hinterlassen hat, Briefe, Tagebücher, durch vertrauliche Mitteilungen seiner Angehörigen ergänzte Autobiographien – über seine unbewußten persönlichen Phantasmen erahnen läßt. (...) Das entscheidende Problem wird kaum in Angriff genommen, nämlich die Beantwortung der Frage, ob im Leben eines Künstlers dieselben Phantasmen wirksam sind wie in seinem Werk (was manchmal

vorzukommen scheint) oder ob sein Werk von einem Bereich seines Seelenlebens ausgeht, der im Vergleich zu seinen anderen Aktivitäten – Liebe, etwaiger Beruf, soziales Leben – nebensächlich ist (was der viel häufigere Fall zu sein scheint).« Didier Anzieu, Die Spuren des Körpers im Geschriebenen: Eine psychoanalytische Untersuchung des Erzählstils. In: Didier Anzieu u. a., Psychoanalyse und Sprache. Vom Körper zum Sprechen, Paderborn, 1982, S. 215.

17 Auch geht es nicht umgekehrt darum, aufgrund von dichterischen Aussagen Aufschlüsse über die Person Robert Walser zu gewinnen, wie dies versucht wird von Hans Holderegger, Robert Walser. Eine Persönlichkeitsanalyse anhand seiner drei Berliner Romane, Berlin, 1973.

18 Im Gegensatz dazu hat Nagi Naguib nach seinen sorgfältigen Textbeobachtungen eher willkürlich Einzelphänomene durch Teile verschiedener Theorien zu erklären versucht; z. B. Benjamenta als Jungsche »Mana«-Persönlichkeit, mit der sich Jakob identifiziere (107 f.), und in der Beziehung zwischen Simon und Klara nach Freud »die ›infantile Fixierung‹ an die Mutter«, was mit der »Überhöhung, Hochwertung der Frau, die den Weg einer wirklichen Beziehung zu ihr versperrt« (177), begründet wird – ohne daß dabei deutlich würde, warum sie nicht ebenso als Jungsche Anima zu verstehen wäre. Daß Naguib in seinen psychologischen Erklärungen oft unbestimmt bleibt, ist dann eine Folge der Zusammenhanglosigkeit der von ihm verwendeten tiefenpsychologischen Ansätze – siehe z. B. seine Interpretation von »Die Verlassene« (dazu später in Teil II). Nagi Naguib, Robert Walser. Entwurf einer Bewußtseinsstruktur, München, 1970.

19 Über das Verhältnis zu Bruder und Schwester in der Dichtung wird im phänomenologischen Teil dieser Arbeit die Rede sein.

20 Hierzu siehe die Einleitung von Mechthild Curtius in: Curtius, 1976.

21 Hierzu siehe Alfred Lorenzer, Antagonistische Interaktionsformen beim »Double-bind«, in: Alfred Lorenzer, Sprachspiel und Interaktionsformen, Frankfurt, 1977, S. 73: »Soll das Verhältnis von Individuum und Gesellschaft nicht objektivistisch einnivelliert werden, so müssen die Individuen in ihrer sinnlich greifbaren Subjektivität analysiert werden. Nur über eine Analyse der individuellen Struktur als einem Gegenstück zur soziostrukturellen Bedingungsanalyse können Bildung und Mißbildung individueller Erlebnisweise und Erlebnisinhalte, kann der Persönlichkeitsstatus ›wirklicher‹ Individuen erschlossen werden. Nur eine Untersuchung der individuellen Ontogenese gibt die Ebene her, auf der die individuellen Formen in ihrer gesellschaftlichen Formbestimmung gesehen werden können.« Mit diesen und ähnlichen Fragen setzt sich Lorenzer im ganzen Teil II desselben Buches unter der Überschrift »Das Verhältnis von subjektiver und objektiver Struktur« auseinander.

22 Hierzu gibt Wolfgang Mertens einen guten, knappen Überblick. Wolfgang Mertens, Psychoanalyse, Stuttgart, 1981.

23 Urs Herzog, Robert Walsers Poetik. Literatur und soziale Entfremdung, Tübingen, 1974. Und: Urs Herzog, »goldene, ideale Lügen«. Zum Schneewittchen-Dramolett, in: Kerr, Bd. 2, 1978, S. 239–254.

24 Peter von Matt, Die Schwäche des Vaters und das Vergnügen des Sohnes. Über die Voraussetzungen der Fröhlichkeit bei Robert Walser, in: Neue Rundschau, Berlin, Frankfurt, 1979, S. 197–213.

25 Herzog, 1974.

26 Bateson, Jackson, Laing, Lidz, Wynne u. a. In: Schizophrenie und Familie, Frankfurt, 1969. Die hier verwendete Ausgabe ist von 1978.

27 Herzog, 1974, S. 36.

28 Murray Bowen, Die Familie als Bezugsrahmen für die Schizophrenieforschung. In: Bateson u. a., 1978, S. 193.

29 A.a.O., S. 198/99. Interessant ist in diesem Zusammenhang auch noch die Vertiefung dieses Zusammenhangs durch Theodore Lidz, Alice Cornelison, Stephen Fleck und Dorothy Terry, Spaltung und Strukturverschiebung in der Ehe. In: Bateson u. a., 1978, S. 109: »Wir stellen die Hypothese auf, daß die Ich-Schwäche des Schizophrenen in Zusammenhang stehen könnte mit der Introjektion der elterlichen Schwäche, etwa als Abhängigkeit der Mutter vom Kind in der Erfüllung ihrer eigenen Bedürfnisse, mit der Introjektion elterlicher Ablehnung des Kindes im Verlauf früher Identifizierung mit einem Elternteil, schließlich mit den entwerteten Identifikationsbildern, die durch die Herabsetzung eines Elternteiles durch den anderen hervorgerufen werden.« Im übrigen sollte man noch darauf hinweisen, daß es nicht nur Hilflosigkeit ist, die bei der Mutter Angst erzeugen kann, sondern auch andere Gefühle, wie z. B. eine unterdrückte Feindseligkeit.

30 Gregory Bateson, Don D. Jackson, Jay Haley und John H. Weakland, Auf dem Wege zu einer Schizophrenie-Theorie. In: Bateson u. a., 1978, S. 25.

31 A.a.O., S. 27.

32 Lorenzer, 1977, S. 70.

33 Herzog, 1974, S. 7.

34 A.a.O., S. 51.

35 Bateson u. a. in: Bateson u. a., 1978, S. 27.

36 Bateson u.a., 1978.

37 Luc Ciompi, Affektlogik. Über die Struktur der Psyche und ihre Entwicklung. Ein Beitrag zur Schizophrenieforschung, Stuttgart, 1982.

38 A.a.O., S. 201.

39 Martin Walser, Einübung ins Nichts, in: M. Walser, Selbstbewußtsein und Ironie. Frankfurter Vorlesungen, Frankfurt, 1981. Dazu mehr in Teil II dieser Arbeit.

40 A.a.O., S. 134.

41 Ciompi, 1982, S. 202.

42 v. Matt, 1979.

43 A.a.O., S. 197.

44 A.a.O., S. 198.

45 Herzog, 1974, S. 75. Die von Herzog a.a.O., S. 19–21 als Folge des krankmachenden Denkens, wie es durch das schizophrenogene »double-bind« indiziert ist, gedeutete Melancholie wird in dieser Arbeit innerhalb eines anderen Erklärungsversuches unter Punkt 3 des ersten Teiles behandelt.

46 Arnold Rothstein, Oedipal Conflicts in Narcissistic Personality Disorders, in: The International Journal of Psycho-Analysis, London, 1979, Volume 60, S. 189–199.

47 Ciompi, 1982, S. 40.

48 v. Matt, 1979, S. 203.

49 A.a.O.

50 A.a.O., S. 209.

51 Rothstein, 1979, S. 192. (Zu deutsch: Das wirkliche, aber vor allem in

der Sichtweise der Mutter bestehende Versagen des Vaters im Geschäft, im Bett oder durch die Tatsache seines Todes, kombiniert mit einem gewissen Grad an mütterlicher Verführung, hinterläßt in diesen Knaben das Gefühl, den ödipalen Kampf gewonnen zu haben. Das trägt zur Erhaltung einer narzißtisch omnipotenten Sicht des eigenen Selbst und einem übermäßigen Schuldgefühl bei, verbunden mit einer ständig präsenten Furcht vor der Rache des besiegten Vaters. Diese Furcht vor Rache durch eine Objekt-Repräsentanz des Vaters, der zur Gewaltsamkeit neigte und als wütend repräsentiert ist, trägt zu der heftigen Kastrationsangst bei. (…) In demselben Maße, wie sie glauben, ihre omnipotenten Wünsche hätten den Vater zerstört, fürchten sie eine Vergeltung. Eine präödipal getönte Sicht der Mutter als ausziehend – aussaugend/ herausfordernd? – und als verantwortlich für die Zerstörung des Vaters trägt ein Übriges bei zu den heftigen Kastrationsängsten des Kindes. Übers. CSH)

52 v. Matt, 1979, S. 209.
53 A.a.O., S. 211.
54 Rothstein, 1979, S. 194. (Zu deutsch: Er sucht einen starken, liebevollen, achtbaren Vater. In diesem Sinn kann das provokative Verhalten – welches so ein kleiner ödipaler Sieger zeigt, CSH – begriffen werden als eine Schutzmaßnahme gegen die Trauer und Depression, die in der Akzeptanz der Realität des Vaters läge – d. h. den Vater zu nehmen, wie er war. Übers. CSH)
55 A.a.O. (Zu deutsch: er sehnt sich nach einem Vater, den er lieben und respektieren kann und der Grenzen für ihn setzt. Implizit sehnt er sich nach der Lösung seines Ödipuskonflikts. Übers. CSH)
56 A.a.O., S. 192. (Zu deutsch: Diese Patienten leiden, weil sie einfach nicht besiegt worden sind. Übers. CSH)
57 Peter von Matt, Literaturwissenschaft und Psychoanalyse. Eine Einführung, Freiburg, 1972.
58 A.a.O., S. 62.
59 A.a.O., S. 68.
60 A.a.O., S. 69.
61 A.a.O., S. 50f.
62 A.a.O., S. 66.
63 Robert Mächler, Das Leben Robert Walsers. Eine dokumentarische Biographie, Genf und Hamburg, 1966. Hier Frankfurt, 1978, S. 100.
64 Freud, XIV, S. 521/22.
65 A.a.O., S. 528/29.
66 A.a.O., S. 518.
67 A.a.O., S. 527.
68 Hierzu siehe Mertens, 1981, S. 88–99.
69 A.a.O., S. 95.
70 Freud, XIII, S. 261.
71 A.a.O., S. 262.
72 Freud, XIII, S. 257.
73 A.a.O., S. 259.
74 Freud, X, S. 137f.
75 Mertens, 1981, S. 43.
76 A.a.O., S. 45.
77 Heinz Kohut, Narzißmus. Eine Theorie der psychoanalytischen Behandlung narzißtischer Persönlichkeitsstrukturen, Frankfurt, 1973.

78 A.a.O., S. 14/15.
79 Heinz Hartmann, Ich-Psychologie. Studien zur psychoanalytischen Theorie, Stuttgart, 1972, S. 125. Hartmann entwickelt folgenden Gedanken: »Daß das Ich mehr sein könnte – und wahrscheinlich auch ist – als nur ein Nebenprodukt des Einflusses der Realität auf die Triebe; daß es einen teilweise unabhängigen Ursprung hat, jenseits der erwähnten formativen Einflüsse (…) und daß wir von einem autonomen Faktor in der Ich-Entwicklung sprechen können (…), genauso wie wir die Triebe für autonome Kräfte der Entwicklung halten.« S. 124.
80 A.a.O., S. 132.
81 Kohut, 1973, S. 43.
82 Hierzu siehe auch Edith Jacobson, Das Selbst und die Welt der Objekte, Frankfurt, 1978, insbesondere Teil I.
83 Alfred Lorenzer, Sprachzerstörung und Rekonstruktion. Vorarbeiten zu einer Metatheorie der Psychoanalyse, Frankfurt, 1976, S. 113.
84 Kohut, 1973, S. 70.
85 A.a.O., S. 45–47.
86 A.a.O., S. 82.
87 A.a.O., S. 67.
88 A.a.O., S. 87.
89 S. a. Rothstein, a.a.O.
90 Kohut, 1973, S. 132. Ein weiterer Grund für das Kleinseinwollen der Walser-Helden wird unter 2.1.2 genannt.
91 Hierzu später.
92 Freud, XIII, S. 369–383.
93 A.a.O., S. 375.
94 A.a.O., S. 376.
95 A.a.O., S. 377. Freud hatte den Begriff des Todestriebes in »Jenseits des Lustprinzips« eingeführt und ihm gegenüber den Lebenstrieben das Primat zuerkannt unter folgender Überlegung: »Wenn wir annehmen, daß das Lebende später als das Leblose gekommen und aus ihm entstanden ist, so fügt sich der Todestrieb der erwähnten Formel, daß ein Trieb die Rückkehr zu einem früheren Zustand anstrebt.« XVII, S. 71. Dieser Todestrieb richtet sich zunächst gegen das eigene Subjekt und wird dann mit Hilfe der Libido nach außen abgeleitet, wo er sich als Destruktionstrieb oder Bemächtigungstrieb bemerkbar macht. »Im oralen Organisationsstadium der Libido fällt die Liebesbemächtigung noch mit der Vernichtung des Objekts zusammen, später trennt sich der sadistische Trieb ab«, XIII, S. 58. Man kann also davon ausgehen, daß in der ersten postnatalen Phase, d. h. vor der Subjekt-Objekt-Differenzierung, der gegen das eigene Subjekt gerichtete Todestrieb auch als objektvernichtend erlebt wird; und daß später trotz einer unzureichenden Subjekt-Objekt-Trennung, wie sie für das Kind einer narzißtisch fusionierenden Mutter anzunehmen ist, für das Kind das Bedürfnis besteht, seine destruktiven oder Bemächtigungstriebe auf die Mutter als seinem nächsten Objekt zu richten.
96 A.a.O., S. 380.
97 A.a.O., S. 382.
98 A.a.O., S. 383.
99 A.a.O.
100 Béla Grunberger, Vom Narzißmus zum Objekt, Frankfurt, 1982, S. 70.

101 Freud, XIII, S. 270.
102 Freud, XIV, S. 519/20. Siehe auch Anmerkung 95.
103 A.a.O., S. 531. Hierzu s. a. Herzog, 1974, S. 54. Einen weiteren Aspekt
    der Angst, vom Vater verschlungen zu werden, erkennt Michel de
    M'Uzan, Zum Prozeß des literarischen Schaffens, in: Curtius (Hrsg.),
    1976, S. 156: »Das Grauen vor dem Verschlungen- und Zerstückelt-
    werden findet seinen ausgeprägtesten Ausdruck in der Folklore der
    ganzen Welt, wo das Ungeheuer auch der kastrierende Vater ist. Indem
    er zwar etwas von seinem archaischen Ursprung beibehält, wird er
    doch gemäßigt, humanisiert durch das entscheidende Eingreifen des
    kleinen Däumling, der, immer bedroht und immer im Kampf zur Ver-
    teidigung seiner Integrität, im Märchen zugleich der Held und Organi-
    sator der Szenarios wird.«
104 Otto Rank, Das Trauma der Geburt und seine Bedeutung für die Psy-
    choanalyse, Wien, 1924.
105 Freud, II/III, S. 364 und XI, S. 158.
106 Martin Walser, Über den Unerbittlichkeitsstil. Zum 100. Geburtstag
    von Robert Walser, in: Martin Walser, Wer ist ein Schriftsteller? Auf-
    sätze und Reden, Frankfurt, 1979, S. 69.
107 Murray Bowen, Die Familie als Bezugsrahmen für die Schizophrenie-
    forschung, in: Bateson u. a., 1978, S. 200.
108 Freud, X, S. 166.
109 Kohut, 1973, S. 48.
110 Kleinsein bedeutet hier die Möglichkeit der Rückkehr in den Mutterleib
    und ist als solche Ausdruck einer sexuellen Phantasie – dazu später noch
    in Teil II, 3.3.
111 Ciompi, 1982, S. 229, betont ebenfalls, »daß – wie die neuere Familien-
    dynamik und -therapie hervorhebt – die Beziehungen zwischen ›Opfer‹
    und ›Verursacher‹ einer pathologischen Symbiose durchaus zirkulärer
    Art sind. Nicht nur beherrscht der ursprüngliche ›Verursacher‹ (mei-
    stens ein Elternteil) mit seiner ›stärkeren Realität‹ sein narzißtisches Ob-
    jekt (meist ein Kind) manchmal bis zur totalen Unselbständigkeit, son-
    dern es ist zugleich auch umgekehrt: das Kind bekommt für diesen in
    seinem Selbstwertgefühl ungefestigten Erwachsenen eine derartig vi-
    tale Bedeutung, daß damit nicht nur infantil narzißtische Größenideen
    mächtig gefördert bzw. ungenügend korrigiert, sondern auch völlig re-
    ziproke Abhängigkeits- und Machtverhältnisse geschaffen werden. Die
    Beziehungen lassen die vereinte Abwehr gegen jede Veränderung, die
    ein therapeutisches Problem erster Güte darstellt, verständlicher wer-
    den.«
    Auch Herzog, 1974, S. 73, weist auf die Kreisbewegung innerhalb des
    Schneewittchendramoletts hin: »In ästhetische Form zusammengezo-
    gen ist Walsers Stilfigur des Kreisens die Übersetzung einer existentiel-
    len Schutzform: des Einkreisens, Insichbergens, des hermetischen Ab-
    sicherns gegen äußere Gefahr.« Desgleichen S. 28. »Das Widerspiel
    zwischen Mutter und Tochter ist ein notwendig endlos zyklischer Pro-
    zeß zwischen der Erinnerung (Anamnese) und deren Widerstand im
    Bedürfnis nach einem Vergessen, das aufheben müßte, doch nur ver-
    drängen kann, was dem erinnernden Denken schließlich bis zum
    Wahnsinn unerträglich wird: die Sünde der Mutter, die Sünde zwischen
    Mutter und Tochter, das ›Weh der Zeit‹ und der Welt.« Da der Begriff
    der Sünde über einen in psychologischer Hinsicht deskriptiven weit

hinausgeht, bleibt dieser Aspekt in meiner Arbeit unberücksichtigt. Herzogs Untersuchung ist auch nicht vorrangig auf ein Verständnis der psychologischen Dimension im Werk Robert Walsers ausgerichtet, sondern zielt letztlich auf die »Objektivität säkularer Entfremdung im Spiegel der sie vermittelnden Selbstentfremdung«, S. 62. Damit erhält der Begriff »Krankheit« bei Herzog eine andere Stoßrichtung: »Walsers Erfahrung einer versagten Existenz – seine ontologische Unsicherheit, nicht ›seine‹ Krankheit – ist und bleibt unverheilt eine Wunde, die nicht ›als Gesundheit‹ sich ›erleben‹ läßt, die aber als ein von falscher Psychiatrie nicht betäubtes, nicht entfremdetes Organ von Erfahrung und Erkenntnis ihm in der Entfremdung als der Krankheit der Welt zu überleben gestattet. (...) Daß Walser nur mit ästhetischem Verhalten der Entfremdung standhielt, ist die Wahrheit«, S. 60. Auf die hier gesehene Verknüpfung von individuellem und kollektivem »Wahn« wird in meiner Arbeit (Teil II und III) nur gelegentlich hingewiesen.

112 Freud, X, S. 151.
113 Mertens, 1981, S. 57.
114 A.a.O., S. 58f.
115 Kohut, 1973, S. 87f.
116 Bateson u. a., 1978.
117 Heinz Kohut, Die Heilung des Selbst, Frankfurt, 1981, S. 171.
118 Freud, XIII, S. 116.
119 Harold F. Searles, Das Bestreben, den anderen verrückt zu machen – ein Element in der Ätiologie und Psychotherapie der Schizophrenie, in: Bateson u. a., 1978, S. 152.
120 Theodore Lidz, Alice Cornelison, Stephen Fleck, Dorothy Terry, Spaltung und Strukturverschiebung in der Ehe, in: Bateson u. a., 1978, S. 114.
121 A.a.O., S. 125.
122 Paul Watzlawick, Janet H. Beavin, Don D. Jackson, Menschliche Kommunikation. Formen, Störungen, Paradoxien, Bern, 1969.
123 Hierzu siehe Lorenzer, 1977, S. 70f.
124 Hierzu siehe auch: Elisabeth Camenzind-Herzog, Robert Walser – »eine Art verlorener Sohn«, Bonn, 1981.
125 Walser, 1979, S. 86.
126 Freud, IX, insbesondere S. 177f.; auch ders. XIII, S. 330f. Das Verhältnis zum Vater als prägend für das Verhältnis zu Gott ist auch ausführlich beschrieben in: Erik H. Erikson, Der junge Mann Luther, Frankfurt, 1975. Daß Glaubensprobleme aus den besonderen Problemen der jeweiligen Entwicklungsgeschichte eines Menschen erklärbar sind, ist dargestellt in: Michael Klessmann, Identität und Glaube. Zum Verhältnis von psychischer Struktur und Glaube, München, 1980.
127 Daß diese Haltung gegenüber den Vaterrepräsentanten – insbesondere gegenüber Gott – obendrein noch als typisch protestantisch gelten kann (siehe: Gerhard Schmidtchen, Protestanten und Katholiken. Soziologische Analyse konfessioneller Kultur, Bern u. München, 1973), würde auch in der Familiengeschichte der Walsers (Großvater Walser war Pfarrer in Grub und Liestal) einen Anknüpfungspunkt finden. Auch könnte das als enttäuscht charakterisierbare Verhältnis zum (Modell-)Vater unter religionssoziologischen und -psychologischen Aspekten evtl. verständlich machen, warum sich das religiöse Empfinden der Walser-Helden viel freier als Natur-Mystik, denn als Liebe zur Vater-Figur Gott äußern kann.

128 v. Matt, 1972, S. 73.
129 Freud, X, S. 427–446.
130 A.a.O., S. 435.
131 A.a.O., Hervorhebung von mir.
132 A.a.O., S. 431. Hier wäre die Verbindung zu dem Sich-klein-Machen in der Verehrung der Mutter zu sehen – beide Aspekte würden sich gegenseitig verstärken.
133 A.a.O., S. 432/3.
134 Walter Benjamin, Gesammelte Schriften, II – 1, Frankfurt, 1977, S. 327.
135 Freud, X, S. 444.
136 A.a.O., S. 445.
137 A.a.O., S. 442.
138 A.a.O., S. 446. Nach Kohut ließe sich die manische Phase erklären durch eine Aktivierung des abgespaltenen Größen-Selbst; dazu sogleich mehr.
139 Ein anderes Beispiel, das den Helden in einer möglicherweise manischen Überstimuliertheit zeigt, wäre die äußerst freimütige, überschwengliche Rede der Ich-Figur an eine unbekannte Frau, die ihn entfernt an eine Schauspielerin erinnert in III, S. 223–25.
140 Edith Jacobson, Depression, Frankfurt, 1977, S. 287 ff.
141 A.a.O., S. 287.
142 A.a.O.
143 A.a.O., S. 291.
144 A.a.O., S. 296.
145 A.a.O., S. 298. Béla Grunberger, der sich ebenfalls mit der Klärung des Zusammenhangs zwischen narzißtischer Störung und Depression befaßt hat, erklärt die Notwendigkeit einer Hinwendung zum Vater dadurch, daß die narzißtische Bestätigung in der primären Mutter-Kind-Beziehung unvollkommen geblieben ist, so »daß das Kind sie zur Rettung seines Narzißmus auf einen der Elternteile projizieren muß (…) Diese Projektion richtet sich bei beiden Geschlechtern auf den Vater (…), da sich das erste Objekt in dieser Hinsicht als ungenügend erwiesen hat. Von nun an spielt im Leben des Kindes diese Instanz eine sehr wichtige Rolle.« Grunberger, 1982, S. 250.
146 Weitere deutliche Beispiele für Ödipuskonflikte in Walsers Werk werden später eingehend besprochen – siehe z. B. die Interpretation von »Die Verlassene« in Teil II und die Interpretation des »Räuber«-Romans in Teil III.
147 Rothstein, 1979, S. 193. (Zu deutsch: Weil der Knabe das Gefühl hat, daß die Rache unvermeidbar ist, sucht er lieber aktiv nach einer geringen Bestrafung, als daß er passiv darauf warten möchte, von einem Vater zerstört zu werden, der als kastrierend, wütend, eifersüchtig und rachsüchtig repräsentiert ist. Übers. CSH)
148 Freud, XIII, S. 331.
149 A.a.O., S. 315–353.
150 Freud, VIII, S. 287.
151 Freud, XII, S. 227–268.
152 A.a.O., S. 254.
153 A.a.O., S. 248.
154 Hierzu schreibt Naguib, 1970, S. 161: »Deutlich genug handelt es sich bei dem ›Riesen‹, Tomzack benannt, nicht um eine selbständige Gestalt

mit eigener Existenz, vielmehr um eine Emanation des Selbst. Genauer wäre hier von einer Selbstverdopplung zu reden, die verständlicherweise eine vorhandene, tief verwurzelte innere Widersprüchlichkeit voraussetzt, wie sich dies unverkennbar im Symptom der Verfolgung und Bedrohung durch diese Erscheinung kundtut. Die Gestalt des ›Riesen‹ ist schlechthin die Verkörperung einer unglücklichen Vergangenheit und eines verfehlten Strebens, die der Spaziergänger von sich abtun will.«

155 Jacobson, 1977, S. 350/51.
156 Hierzu siehe auch: Anna Freud, Das Ich und die Abwehrmechanismen, München, 1982.
157 In Teil II und III soll gezeigt werden, wie die diese psychische Grundstrukturierung bildenden bewußten und unbewußten Strebungen sich dynamisch zueinander verhalten; siehe »Die Verlassene« und »Der Räuber«.
158 Freud, XIII, S. 259.
159 Karl Abraham, Psychoanalytische Studien, 2 Bde., Frankfurt, 1971. Der hier zitierte Aufsatz erschien 1924 unter dem Titel: »Versuch einer Entwicklungsgeschichte der Libido auf Grund der Psychoanalyse seelischer Störungen«.
160 A.a.O., S. 147. Was Abraham hier skizziert und was bei Walser immer wieder anzutreffen ist, daß nämlich ursprünglich, d. h. zu Anfang, die Mutter-Kind-Beziehung erfüllend und gut gewesen ist, dann aber »plötzlich« traumatisiert wird, ließe sich wahrscheinlich am besten erklären mit Margaret S. Mahlers Theorie von den Problemen in der Loslösungs- und Individuationsphase des Kindes: demnach verläßt das Kind zwischen dem 7. und 8. Lebensmonat sozusagen probehalber die Mutter kurzfristig, indem es sich immer wieder vergewissert, daß diese jederzeit noch erreichbar ist; gleichzeitig mit der Entwicklung seiner motorischen Fähigkeiten entfernt es sich dann etwa ab dem 10. Lebensmonat weiter von der Mutter und »erobert die Welt«; ab dem 14. Lebensmonat kommt es dann zur sog. »Wiederannäherungskrise«, in der das Kind scheinbar in frühere, wieder größere Abhängigkeit von der Mutter (und ihrem Rockzipfel) zurückfällt; und hier geschieht es dann häufig, daß die Mutter diesen »Rückschritt« in der Entwicklung ihres Kindes nicht akzeptiert und es von sich fortstößt. Siehe Mertens, 1981, S. 48 f., und Gertrude und Rubin Blanck, Angewandte Ich-Psychologie, Stuttgart, 1981, S. 73 f.
161 Abraham, 1971, S. 150.
162 Freud, X, S. 445.
163 Freud, VIII, S. 298.
164 A.a.O.
165 Benjamin, 1977, a.a.O., S. 327.
166 A.a.O.
167 Freud, V, S. 141.
168 Von Matt, 1972, S. 37; siehe auch a.a.O., Kap. III, S. 31–45.
169 A.a.O., S. 40.
170 Lorenzer, 1976, S. 143.
171 A.a.O., S. 200.
172 A.a.O., S. 142.
173 A.a.O., S. 79.
174 A.a.O., S. 164.

175 A.a.O., S. 193.
176 Lorenzer, 1977, S. 105–129.
177 Lorenzer, 1976, S. 146.
178 Lorenzer, 1977, S. 120.
179 Psychoanalytisch soll erst zum Ende dieses Teils etwas über die Angst und ihre Entstehung gesagt werden.
180 Kohut, 1973, S. 29.
181 Fritz Riemann, Grundformen der Angst. Eine tiefenpsychologische Studie, München, 1961.
182 A.a.O., S. 20.
183 A.a.O., S. 21.
184 A.a.O.
185 A.a.O.
186 A.a.O., S. 22.
187 A.a.O., S. 25.
188 A.a.O., S. 29.
189 A.a.O., S. 26.
190 A.a.O., S. 31/32.
191 A.a.O., S. 54.
192 A.a.O., S. 57
193 A.a.O., S. 53.
194 A.a.O., S. 56/57.
195 A.a.O., S. 60.
196 A.a.O.
197 A.a.O., S. 62.
198 A.a.O., S. 71.
199 A.a.O., S. 99.
200 A.a.O., S. 83.
201 A.a.O., S. 101.
202 A.a.O., S. 102.
203 A.a.O., S. 104.
204 Siehe Walser, 1981.
205 Der Name »Grenzgänger« versteht sich nicht als Übersetzung des klinischen Begriffs der »Borderline«-Persönlichkeit. Zur letzteren gibt es eine umfassende Darstellung von Otto F. Kernberg, Borderline-Störungen und pathologischer Narzißmus, Frankfurt, 1978.
206 Nicht zu übersehen ist der ironisch-kritische Ton dieser Äußerung in bezug auf die Manipulierbarkeit solcher, die keine eigenen Interessen haben und sich daher für fremde einspannen lassen. – Es wird im folgenden nicht möglich sein, *alle* Bedeutungen der jeweiligen Textstellen auszulegen, sie sind aber, wenn hier der Blick auf den psychologischen Aspekt gerichtet bleibt, dadurch nicht geleugnet, sondern nur ungenannt.
207 Siehe Kohut, 1973. Zu den Schlagephantasien siehe auch Freud, XIII, S. 378: »der richtige Masochist hält immer seine Wange hin, wo er Aussicht hat, einen Schlag zu bekommen.« Und Grunberger, 1982, S. 266 f.: »In seiner konflikthaften Objektbeziehung ist der Masochist seinem Partner durchaus überlegen; er beherrscht ihn, denn er ist es, der *sich schlagen läßt* (...) Er läßt sich bestrafen, um sich lieben und Lust verschaffen zu können (...) Somit erweist sich die masochistische Bewegung aus ökonomischer Sicht als positiv, sie gibt dem Ich des Subjekts eine Struktur.«

208 Friedrich Nietzsche, Sämtliche Werke. Kritische Studienausgabe, München, Berlin/New York, 1980, Bd. V, S. 102 (Jenseits von Gut und Böse, § 170).

209 Siehe auch Walser, 1979, S. 88.

210 Hierzu siehe Teil I, 3.3 und besonders: Jacobson, 1977, S. 287 ff.

211 Erik H. Erikson, Identität und Lebenszyklus. Drei Aufsätze, Frankfurt, 1966, hier zitiert nach Frankfurt 1981, S. 137/8.

212 A.a.O., S. 108.

213 A.a.O., S. 114.

214 A.a.O., S. 158.

215 Oder, unter anderer Perspektive betrachtet: »Die literarische Produktion sozialisiert die Sozialisationsverweigerung.« Peter von Matt, Seminarpapier zum Sommersemester 1977.

216 Zu einigen der in diesem Walsertext berührten Kindheitsmustern können erst später bei der Interpretation von »Die Verlassene« und in den Bemerkungen zur Psychoanalyse der Angst erklärende Hinweise erfolgen.

217 Ernst Kris, Die ästhetische Illusion. Phänomene der Kunst in der Sicht der Psychoanalyse. Frankfurt, 1977, S. 174.

218 Psychoanalytische Kreativitätstheorien sollen in Teil III zu Wort kommen.

219 Siehe auch Adolf Muschg, Literatur als Therapie? Ein Exkurs über das Heilsame und das Unheilbare. Frankfurter Vorlesungen, Frankfurt, 1981, S. 60: »Schreiben war mein Abwesenheitsverfahren, mit dem ich Anwesenheit simulierte: hergestellte Gelegenheit nach verpaßter Gelegenheit, Nähe aus der Ferne, Dispens, der mit Kunst zahlte, was ich einem Menschen schuldig geblieben war; damals hielt ich diesen Menschen noch für den *andern*. Das Gegenüber, auf dem Papier zur Rede gestellt, wurde durch diese Rede aufgehoben. Gefragt wurde es nur der Form nach, mitreden konnte es nicht. Was nicht aufgehoben, sondern bekräftigt wurde, war die Distanz. Papier und Stift waren zugleich Mittel und Verhinderer der Rede. Zum Zeichen, daß sie Wiedergutmachung sein sollte, versuchte ich sie besonders gut zu machen. Ich hatte nötig, zu zeigen, wie gut ich war, da ich offenbar nicht genügt hatte; sonst hätte der andere ja zu mir gut gewesen sein müssen. Da ist eine Wunde geblieben, die durch Schreiben geheilt werden will – und der Wunsch, ein Vater feiner Formulierungen, möchte den Versuch nicht für untauglich halten. Umso dringender versucht er seine Kompetenz dem Papier zu beweisen, wie der Schimpanse einen Ast schüttelt, um ein Weibchen auf sich aufmerksam zu machen. Schreibend setzt sich der Bedürftige ins Recht – ins Recht des Gefühls, das ihm zur rechten Zeit nicht geworden ist. *Jetzt* kann er alles sagen – jetzt = danach. Schreiben – als nachgetragenen Glanz, der dann nicht einmal ausreicht, den Urheber lange zu bestechen.«

220 Siehe auch: v. Matt, 1972, S. 102.

221 Kris, 1977, S. 20.

222 So z. B. Leo Navratil, Schizophrenie und Sprache. Schizophrenie und Kunst. Zur Psychologie der Dichtung und des Gestaltens, München, 1976. Gaetano Benedetti, Psychiatrische Aspekte des Schöpferischen und schöpferische Aspekte der Psychiatrie, Göttingen, 1975.

223 Zum Thema »Ich-Buch« hat sich mir inzwischen noch eine andere Erklärungsmöglichkeit eröffnet: siehe meinen Versuch über die Mikro-

gramme im Anhang dieses Buches mit dem Titel: »…und siegen
würde das Vergnügen«.
224 Hierzu hat Martin Walser unter der Überschrift »Einübung ins Nichts«
das Wesentliche der Ironie bei Walser herausgearbeitet. Meine Ausführungen beziehen sich zum großen Teil auf seine Ironie-Analyse. Walser,
1981.
225 A.a.O., S. 135.
226 A.a.O., S. 123.
227 Freud, XIV, S. 385.
228 A.a.O., S. 384.
229 A.a.O., S. 385.
230 Warum dann Lust entsteht, siehe Freud, a.a.O.
231 v. Matt, 1979.
232 Hierzu siehe auch die »Überlegungen zu einer psychoanalytischen
Theorie des Lyrischen« im Anhang dieses Buches.
233 Siehe dagegen: Walter Lüssi, Robert Walser. Experiment ohne Wahrheit, in: Philologische Studien und Quellen, Heft 89, Berlin, 1977.
234 Searles, in: Bateson u. a., 1978. Und Ronald D. Laing, Mystifizierung,
Konfusion und Konflikt, in: Bateson u. a., 1978, S. 287.
235 A.a.O.
236 Mit: Wiederholung, Vorläufigkeit, Veränderung, Erinnern – Vergessen, Destruktion, Utopie und Idylle, Konjunktivität, Kombination,
Reden und Schweigen im Werk Walsers hat sich befaßt: Dierk Rodewald, Robert Walsers Prosa. Versuch einer Strukturanalyse, in: Literatur und Reflexion 1, Bad Homburg, 1970. Ihm geht es um die Organisation sprachlicher Aussageformen und das Verhältnis des Dichters zur
Sprache und Literatur.
237 Dieter Fringeli, Robert Walser. Ein Beispiel für die Situation der
Schweizer Lyrik vor 1933. In: Kerr, Bd. 2, S. 211.
238 Alexander Mitscherlich, Auf dem Weg zur vaterlosen Gesellschaft.
Ideen zur Sozialpsychologie, München, 1973, S. 332.
239 Mit der Figur des Außenseiters hat sich vor allem befaßt: Dagmar
Grenz, Die Romane Robert Walsers. Weltbezug und Wirklichkeitsdarstellung, München, 1974, S. 76, »indem er (Simon Tanner, CSH) als
Zuschauer, als Außenstehender immer auf das Ganze der Wirklichkeit
bezogen bleibt, vermag er jede Einzelerscheinung zu bejahen und doch
immer eine letzte Distanz zu ihr zu bewahren, so daß er jeweils im Augenblick lebt, ohne jedoch in ihm aufzugehen bzw. sich an ihn zu verlieren; und insofern ließe sich sein Weltverhältnis als ein ästhetisches bestimmen.« Grenz übersieht aber m. E. den scharfen Blick, die genaue
Beobachtungsgabe und die kritische Haltung der Walserschen Figuren.
»Da ihnen die Wirklichkeit fremd und unverständlich erscheint, bleiben
sie lieber an der Oberfläche der Dinge, bei ihrem bloßen Anblick stehen, um überhaupt noch weiterleben zu können und – das ist für Walser
ebenso kennzeichnend – um das bißchen Glück, das von dieser Position
aus noch möglich ist, zu genießen.« A.a.O., S. 226. Nicht »das bißchen
Glück« soll erhalten, sondern das eigene Verderben, der Untergang
(z. B. in der Masse) soll vermieden werden. Walsers Protagonisten erkennen und durchschauen die Verhältnisse viel zu genau, um sie nicht
fürchten zu müssen.
240 Zitiert nach: Grimms Märchen, Vollständige Ausgabe, hrsg. von Carl
Helbling, 2 Bde., im Manesse Verlag, Zürich. Diese Ausgabe beruht

auf der 1857 von Wilhelm Grimm betreuten siebenten Auflage der Kinder- und Hausmärchen.

241 Lyman C. Wynne, Irving M. Ryckoff, Juliana Day und Stanley J. Hirsch, Pseudo-Gemeinschaften in den Familienbeziehungen von Schizophrenen, in: Bateson u. a., 1978, S. 44 f.

242 Leider scheint Paul Müller, 1962, keinen Spaß am oben zitierten Absatz aus »Kurt« zu haben. »Dieser scherbenhaft klirrende, sarkastische, ja zynische Ton, die abrupten Assoziationssprünge und das verkrampfte, gegen den Dichter selbst gerichtete böse Gelächter bezeichnen das Auseinanderfallen einer Welt, aus der die Liebe und damit jeder bindende Sinn geschwunden ist. In den Trümmern dieser verlorenen Heimat das All-Eine des Lebensstroms zu fühlen, ist Walser nicht mehr möglich: das Fließende ist für ihn erstarrt, das Schöpferische tot, das Dasein verödet. (...) er wußte, daß ihn das längst geahnte Schicksal eingeholt hatte und daß es für ihn nun nichts anderes mehr geben würde, als hinter den Mauern von Irrenanstalten ›möglichst unauffällig zu verschwinden‹.«

243 Bemerkenswert ist die klare Abgrenzung zwischen Dichtung und Malerei: »Ich liebe es nicht, mit dem Pinsel zu dichten, zu fabulieren, zu phantasieren, zu erzählen (...) Wofür haben wir Dichter?« (I, 71) »Jede Kunst soll und muß ihre *Grenzen* haben, damit nicht die eine die andere *verschlingt.*« (I, 67) Das bedeutet für den Grenzgänger als Dichter die Versicherung der Unantastbarkeit seines Arbeitsbereichs.

244 Die Verbindung von Liebe und Todesgefahr wird später nachgewiesen, siehe »Die Verlassene«.

245 Die Interpretationen der folgenden beiden Textpassagen mögen zunächst noch befremdlich wirken, sollen aber bei der Analyse von »Die Verlassene« spätestens ihre methodische Begründung finden.

246 Zur Problematik der psychoanalytischen Interpretation von Symbolen in der Literatur wird zu Beginn von Teil III ausführlich Stellung genommen.

247 Freud, XI, S. 158 und 197.

248 A.a.O., S. 160.

249 Freud, II/III, S. 392.

250 A.a.O., S. 359, 697, XI, S. 156, 195, XIII, S. 182.

251 A.a.O., VIII, S. 197 f.

252 A.a.O., XII, S. 70.

253 A.a.O., XI, S. 157 f.

254 A.a.O., S. 158.

255 A.a.O., S. 156.

256 A.a.O., X, S. 394.

257 Über die Verarmungsangst in der Melancholie, Freud, X, S. 439.

258 Freud, XIV, S. 111–205.

259 A.a.O., S. 120.

260 A.a.O., S. 121. Siehe auch Otto Rank, 1924.

261 Freud, XIV, S. 120.

262 A.a.O., S. 172.

263 A.a.O., S. 169.

264 A.a.O., S. 170.

265 A.a.O., S. 197.

266 A.a.O., S. 199.

267 A.a.O., S. 232.

268 Freud, XIII, S. 274 und V, S. 140.

269 Freud, V, S. 105.
270 Freud, XIII, S. 250. S. a. Alfred Lorenzer, Kritik des psychoanalytischen Symbolbegriffs, Frankfurt, 1972, S. 97: »Szenisches Arrangement darf übrigens nicht eingeengt auf Realvorgänge verstanden werden. Auch Phantasiesituationen können, wenn sie sich zusammenfügen, eine Auslösefunktion haben.«
271 A.a.O., XI, S. 157 und X, S. 394.
272 A.a.O., X, S. 439.
273 A.a.O., XI, S. 157f.
274 A.a.O., II/III, S. 409. Oder evtl. in zweiter Linie der Schlupfwinkel des Sohnes (siehe Interpretation des »Räubers« in Teil III).
275 A.a.O., II/III, S. 360.
276 A.a.O., XI, S. 159, II/III, S. 362.
277 Dieser erste Glückszustand nach der Geburt, die Innigkeit zwischen Mutter und Kind, wurde schon versucht nach Mahler mit Mertens und Blanck zu verstehen (siehe Anmerkung 160). Kohut beschreibt ebenfalls diese Situation: »...scheint die Mutter völlig auf die Bedürfnisse ihres Sohnes eingestellt gewesen zu sein, als er ein Baby war, doch wegen eines durchdringenden Mangels in ihrem eigenen Selbstwertgefühl war sie unfähig, die empathische Toleranz für die Selbstbehauptung ihres Kindes aufzubringen (einschließlich des Bedürfnisses des älter werdenden Kindes nach billigenden Reaktionen auf seine wachsende Fähigkeit, Frustration zu ertragen), die es in seiner späteren Kindheit brauchte.« Kohut, 1981, S. 164, Fußnote.
278 Freud, XIV, S. 201: »Alleinsein, Dunkelheit, fremde Personen – konnten wir als Reaktionen auf die Gefahr des Objektverlusts verstehen«.
279 Hierzu vergleiche man die vollständige Deutung von »Die Verlassene« durch Naguib, 1970, der sich immerhin auf Jung, Freud und Rank beruft. »Der Ich-Erzähler setzt unmittelbar mit der Beschreibung der eigenen und der allgemeinen Hoffnungslosigkeit und Leere ein. Auf knapp zwei Seiten breitet er sich zunächst darüber aus (...) bis auf den freudigen Ausklang der Geschichte herrscht in ermüdender Wiederholung der Wortschatz der Verzagtheit und Hoffnungslosigkeit (...) Daß das Ganze eine traumhafte, von Raum und Zeit losgelöste Einbildung ist, bedarf keines Kommentars. Der Ich-Erzähler, der auch der Held der Geschichte ist, erfindet sie, bringt sie zugleich selbst erst hervor. Gerade die Fügung ›und ich kannte sie...‹ verrät den Als-ob- und Wunsch-Charakter des Erzählten. In ›Die Verlassene‹ kommt es (...) auf den allgemeinen psychischen Vorgang an, auf den jähen Umschlag von der abgründigen Öde und Verlorenheit in den radikal entgegengesetzten Zustand, in Rausch, Verzauberung und Jugendkraft. Dichtung hat offensichtlich hier eine persönlich psychische Bedeutung für den Produzierenden. Die extreme Verzweiflung, das Hinabsinken in den Abgrund der schreckhaften Leere, die Ausgeliefertheit erweist sich als imaginärer Vorgang der Selbstbefreiung und der beglückenden Selbstüberhöhung (...) Diese Grenzerfahrungen, die regredierende Verfinsterung und der Überschwang gehören zusammen, ihre symptomatische Funktion und Bedeutung sind deutlich.« (S. 155/56)
280 Rank, 1924.
281 A.a.O., S. 26f.
282 Zur Identität von Liebes- und Todesgöttin s. a. Freud, X, S. 31ff.
283 Die in »alle Unerbittlichkeit hinausgeworfene Kugel oder Erdkugel«

symbolisiert nach Benjamin die Depression des Melancholikers: Über das Sternzeichen des Saturn, der der Melancholie zugeordnet ist, stellen sich »vermöge seiner Qualität, als erdschweres, kaltes, trockenes Gestirn« einerseits, »vermöge seiner Lage aber, als höchster der Planeten«, d. h. durch größte Erdferne andererseits die gegensätzlichen Erscheinungen von grübelndem Tiefsinn und heller Erleuchtung durch »hohen Geist« ein, womit die »Gefahren des Trübsinns oder der irren Ekstase« verbunden sind. Benjamin führt seine Überlegungen zur »Analogiereihe, welche Denken – Konzentration – Erde – Galle umfaßt«, fort über die Kugel, als ein »Denksymbol des Grübelnden«, bis hin zu einem alten Symbol der Melancholie: dem Stein. Benjamin, 1974, Bd. I. 1, S. 326 ff.

284 Die in diesem Teil meiner Arbeit verwendeten Walser-Zitate sind nahezu ausschließlich dem »Räuber«-Roman entnommen, der hier nicht nach der Werkausgabe zitiert wird, sondern nach der revidierten Fassung: Robert Walser, Aus dem Bleistiftgebiet, Band 3, »Räuber«-Roman und »Felix«-Szenen. Im Auftrag des Robert Walser-Archivs der Carl Seelig-Stiftung/Zürich neu entziffert und herausgegeben von Bernhard Echte und Werner Morlang, Frankfurt, 1986. Beiden Herausgebern sei an dieser Stelle herzlich dafür gedankt, daß sie mir vorzeitig die Druckfahnen der von ihnen revidierten Fassung zur Verfügung stellten, wodurch es mir möglich war, die hier verwendeten Zitate auf den neuesten Stand der Forschung zu bringen. Die Zitate werden im Text nachgewiesen durch die Seitenzahl in runder Klammer, und zur Benutzung aller anderen Ausgaben des »Räuber«-Romans in der ersten, von Jochen Greven erstellten Fassung sind durch Schrägstrich abgetrennt an letzter Stelle die Nummern der von 1 bis 35 durchgezählten Abschnitte angegeben: der Nachweis des ersten Zitats (93/21) bedeutet also: Zitat auf S. 93 der Neuausgabe im 21. Textabschnitt des Romans. Weiterhin gelten folgende Bezeichnungen: Die auch bei der neuen Überarbeitung nicht mit Eindeutigkeit entzifferbaren Wörter sind durch eine abweichende serifenlose Satztype gekennzeichnet; offensichtlich fehlende, von den Herausgebern eingefügte Wörter sind ebenfalls in der serifenlosen Satztype in eckige Klammern gesetzt; ungewisse Buchstaben oder Silben wurden in runde Klammern gesetzt; Varianten, die in der Suhrkamp-Ausgabe unten auf der Seite angegeben wurden, werden ggfls. in den Anmerkungen aufgeführt; zwei Querstriche // bedeuten jeweils das Ende eines Manuskriptbogens. Alle übrigen Zitate aus Walser werden wie bisher nachgewiesen. Hervorhebungen durch Kursivschrift sind weiterhin von mir.

285 Heinz F. Schafroth, Wie ein richtiger Abgetaner. Über Robert Walsers »Räuber«-Roman, in: Kerr, 1978.

286 A.a.O., S. 287.

287 A.a.O., S. 292.

288 A.a.O.

289 A.a.O., S. 293. Das, was Schafroth als »innere Autobiographie«, »innere Faktizität« etc. beschreibt, ließe sich in unserem Zusammenhang durch den Terminus der phantasierten Objektbeziehung zwischen dem Ich und dem Räuber (s. Teil I, 2.1) erfassen.

290 A.a.O., S. 294.

291 A.a.O., S. 296.

292 A.a.O., S. 297.

293 Urs Widmer, Der Dichter als Krimineller. Robert Walsers im Nachlaß entdeckter Roman »Der Räuber«, FAZ 1974, in: Kerr, 1978, S. 21.

294 A.a.O., S. 23.

295 A.a.O.

296 A.a.O.

297 A.a.O., S. 24.

298 A.a.O., S. 25.

299 A.a.O.

300 Ernst Osterkamp, Commis, Poet, Räuber – Eigengesetzlichkeit und Selbstaufgabe bei Robert Walser, in: Sprache im technischen Zeitalter, hrsgg. von Walter Höllerer und Norbert Miller, Heft 66, Berlin, 1978, S. 97–113.

301 A.a.O., S. 104.

302 A.a.O., S. 107.

303 Malcolm Pender, A Writer's Relationship to Society: Robert Walser's »Räuber«-Roman, in: The Modern Language Review, 1982.

304 A.a.O., S. 103. (Zu deutsch: Einerseits ist deshalb die Wahrnehmung des Schriftstellers identisch mit derjenigen der Gesellschaft, von der finanziell abhängig zu sein, er freimütig zugibt. Andererseits jedoch ist sein Eingeständnis eine Übung, die beschrieben werden könnte als ›reculer pour mieux sauter‹ [nochmals zurückgehen, um einen neuen Anlauf zu einem besseren Absprung zu nehmen], denn es dient dazu, seine Unabhängigkeit in anderer Hinsicht zu unterstreichen. Übers. CSH)

305 Zitiert und interpretiert in Teil I, 3.1.

306 Pender, 1982, S. 107. (Zu deutsch: Der Fortgang des Romans demonstriert, daß der Räuber den Kampf mit der Gesellschaft in zwei Punkten verliert: aufgrund der Tatsache, daß er ein Außenseiter ist, kann er keine Unterstützung [Lebensunterhalt] aus seiner Beziehung zur Gesellschaft bekommen, und doch beginnt es sich langsam abzuzeichnen, daß er unheilbar geprägt ist von der Gesellschaft, zu der er sich in Außenseiterstellung befindet. Übers. CSH)

307 Osterkamp, 1978, S. 101.

308 Hierzu siehe Teil II, 2.3.

309 Freud, VII, S. 216.

310 Kris, 1977, S. 162 ff.

311 Wenn in bezug auf die Freudsche Psychoanalyse vom Unbewußten (Ubw), Vorbewußten (Vbw) und Bewußten (Bw) einerseits, und den Instanzen Es, Ich und Über-Ich andererseits die Rede ist, dann ist diese terminologische Verschiedenheit in Freuds eigener Entwicklung der Psychoanalyse begründet. Hierzu geben einen guten Überblick: Joseph Sandler/Christopher Dare/Alex Holder, Die Grundbegriffe der psychoanalytischen Therapie, Stuttgart, 2. Aufl., 1979. Danach reicht die *1. Phase* der Psychoanalyse bis etwa in das Jahr 1897; es ist die Zeit, in der Freud mit Breuer zusammenarbeitete und anhand seiner »Studien über Hysterie« (1895) die »These vom aktiven Charakter des Dissoziationsvorgangs« in einen bewußten und einen unbewußten Anteil des Psychischen aufstellte, S. 12. In der *2. Phase,* die bis in die frühen zwanziger Jahre hineinreicht, entwickelte Freud einen Großteil des psychoanalytischen Instrumentariums und verfeinerte die Idee vom Psychischen als einem »seelischen Apparat«, der unterteilt wurde in »einen bewußten und einen umfangreichen unbewußten Bereich«; das Unbewußte (Ubw) als »System« enthält die Triebe (Libido und Aggression),

die Freud als »Energien« verstand, welche verschiedene seelische Inhalte und Vorstellungen besetzen können, im Ubw frei verschiebbar sind (Primärvorgang) und nach Abfuhr drängen. Das Vorbewußte (Vbw) als System ist zwar auch unbewußt, enthält aber Gedanken und Kenntnisse, die nicht der Verdrängung unterliegen und deshalb bewußt werden können; hier herrscht – ebenso wie im Bewußtsein – der Sekundärvorgang. »Das Modell des seelischen Apparates in der zweiten Phase ist allgemein als ›topisches‹ Modell bekannt; die Stellung des Systems *Vorbewußt* lag darin zwischen dem System *Unbewußt* und dem Bewußtsein (der Qualität des Systems *Bewußt*).« S. 14. Die *3. Phase* begann 1923, als Freud in »Das Ich und das Es« das »Strukturmodell« entwarf und eine Dreiteilung des »seelischen Apparates« vornahm in die Instanzen Es, Ich und Über-Ich – ohne jedoch das topische Modell zu verwerfen, was dazu führte, »daß wir kein konsistentes, zusammenhängendes und voll integriertes theoretisches Modell in der Psychoanalyse besitzen.« S. 16. »Seine Auffassung vom Es entsprach in vielen Hinsichten dem, was er zuvor unter dem Begriff des *Unbewußten* konzipiert hatte. (...) Es steht unter der Herrschaft des Lustprinzips und folgt dem Primärvorgang. Durch Reifung und Entwicklung und infolge der Interaktion mit der Außenwelt erfährt ein Teil des Es eine Verwandlung und wird zum Ich.« S. 16 – hierzu siehe Hartmann, Anmerkung 79. »Die dritte Instanz, das *Über-Ich*, entwickelt sich als eine Art innerer Vorwegnahme oder Niederschlags der frühen Konflikte und Identifizierungen des Kindes, besonders aus der Beziehung zu den Eltern und anderen Autoritätsfiguren. (...) Die Rolle des Ich wird nun als die eines Vermittlers, eines Problemlösers gesehen, der jederzeit und ständig mit den Anforderungen umgehen muß, die vom Es, vom Über-Ich und von der Außenwelt kommen.« S. 16. Wichtig ist hier noch zu beachten, daß nicht nur das Es, sondern auch große Bereiche des Ich (z. B. seine Abwehrmechanismen) und des Über-Ich (z. B. ein Teil der Schuldgefühle) unbewußt sind.

312 Kris, 1977, S. 179.
313 A.a.O., S. 185.
314 A.a.O., S. 179.
315 A.a.O., S. 186.
316 A.a.O., S. 187.
317 A.a.O.
318 Lorenzer, 1972, S. 55.
319 Freud, XI, S. 391.
320 Kris, 1977, S. 188.
321 Lawrence S. Kubie, Die Wechselwirkungen zwischen schöpferischen und neurotogenen Vorgängen (aus: L. S. Kubie, Psychoanalyse und Genie, Hamburg, 1966), in: Psycho-Pathographien I, Schriftsteller und Psychoanalyse, hrsg. von Alexander Mitscherlich, Frankfurt, 1972, S. 1.
322 Kubie, zitiert nach Lorenzer, 1972, S. 58/59.
323 Kubie in: Mitscherlich (Hrsg.), 1972, S. 7.
324 Lorenzer, 1972, S. 60.
325 Kubie, zitiert nach Lorenzer, 1972, S. 60/61.
326 Bernd Urban, Über Schwierigkeiten im Umgang mit Psychoanalyse und Literatur. Einleitung zu Bernd Urban (Hrsg.), Psychoanalyse und Literaturwissenschaft, Tübingen, 1973, S. XLI/LII.

327 A.a.O., S. 34.

328 A.a.O., S. 68/69.

329 Die Bedeutung des Begriffs »präsentative Symbolik« erklärt Lorenzer mit Susanne K. Langer wie folgt, a.a.O., S. 52: »Langer sieht gerade in den primitiveren Stufen der präsentativen Symbolik eine Dynamik am Werk, die genau dem Wirken der Primärvorgänge entspricht: Wunscherfüllung und Projektion. Beachtenswert ist dabei folgendes: Wenn nach Langer die präsentative Symbolik Emotionales abbildet, so ist eben darin eine Leistung der ›symbolic transformation‹ zu sehen. Mehr noch, Langer schreibt pointiert: ›Jedem Symbol obliegt die logische Formulierung oder Konzeptualisierung dessen, was es vermittelt.‹ Präsentative Symbolik kann nicht als Ausdruck, als Darstellung von Gemütsbewegung und von Stimmungen angesehen werden, sondern sie ist das ›logische Bild‹ der Emotionen. Präsentative Symbolik ist für Langer also nicht weniger eine Leistung des menschlichen Geistes als die Begriffsarbeit.«

330 A.a.O., S. 69/70.

331 A.a.O., S. 70/71.

332 Der Vollständigkeit halber soll hier wenigstens darauf hingewiesen werden, daß es sich bei dieser Darstellung bereits um eine grobe Vereinfachung handelt. Denn die »Bewunderung« ist ein zusammengesetzter Affekt, der, indem er auf der Ebene des Bewußtseins die Aspekte der Objektrepräsentanz (großer Vater) und der Selbstrepräsentanz (kleines Ich) verknüpft, die komplizierten psychischen Vorgänge der melancholischen Introjektion, der Idealisierung sowie der Verstellung vom väterlichen (und eigenen) Größenselbst verdeckt. Der einfache und ursprüngliche Vorgang sähe etwa so aus: dem Affekt der »Liebe« entsprächen die Aspekte »der liebe Vater« und »das liebe Ich«, während dem Affekt der »Wut« entsprächen »der böse Vater« und »das böse Ich«, woraus sich erahnen läßt, welche komplizierten Umstrukturierungsprozesse abgelaufen sein müssen, wenn sich z. B. zum Affekt der »Liebe« oder »Bewunderung« die Aspekte »der *gute* Vater« und »das *schlechte* Ich« gruppiert haben.

333 Lorenzer, 1972, S. 93.

334 A.a.O., S. 112.

335 A.a.O., S. 107/8.

336 A.a.O., S. 114.

337 A.a.O., S. 120.

338 A.a.O., S. 98.

339 A.a.O., S. 105.

340 A.a.O., S. 121.

341 A.a.O., S. 122.

342 A.a.O., S. 79.

343 A.a.O., S. 96. Der hier erwähnte Zusammenfall von Sachrepräsentanz und Wortrepräsentanz wird von Freud, X, S. 300 so verstanden: »Was wir die bewußte Objektvorstellung heißen durften, zerlegt sich uns jetzt in die *Wortvorstellung* und in die *Sachvorstellung,* die in der Besetzung, wenn nicht der direkten Sacherinnerungsbilder, doch entfernterer und von ihnen abgeleiteter Erinnerungsspuren besteht. Mit einem Male glauben wir nun zu wissen, wodurch sich eine bewußte Vorstellung von einer unbewußten unterscheidet. Die beiden sind nicht, wie wir gemeint haben, verschiedene Niederschriften desselben Inhaltes an

verschiedenen psychischen Orten, auch nicht verschiedene funktionelle Besetzungszustände an demselben Orte, sondern die bewußte Vorstellung umfaßt die Sachvorstellung plus der dazugehörigen Wortvorstellung, die unbewußte ist die Sachvorstellung allein. Das System Ubw enthält die Sachbesetzungen der Objekte, die ersten und eigentlichen Objektbesetzungen; das System Vbw entsteht, indem diese Sachvorstellung durch die Verknüpfung mit den ihr entsprechenden Wortvorstellungen übersetzt wird. Solche Übersetzungen, können wir vermuten, sind es, welche eine höhere psychische Organisation herbeiführen und die Ablösung des Primärvorganges durch den im Vbw herrschenden Sekundärvorgang ermöglichen. Wir können jetzt auch präzise ausdrücken, was die Verdrängung bei den Übertragungsneurosen der zurückgewiesenen Vorstellung verweigert: Die Übersetzung in Worte, welche mit dem Objekt verknüpft bleiben sollen. Die nicht in Worte gefaßte Vorstellung oder der nicht übersetzte psychische Akt bleibt dann im Ubw als verdrängt zurück.«

344 Lorenzer, 1972, S. 80.
345 A.a.O., S. 82/83.
346 A.a.O., S. 84.
347 A.a.O., S. 85.
348 Hierzu siehe auch: Heinz Kohut, Jenseits der Grenzen der Grundregel. Einige neuere Beiträge zur angewandten Psychoanalyse, in: Heinz Kohut, Introspektion, Empathie und Psychoanalyse. Aufsätze zur psychoanalytischen Theorie, zur Pädagogik und Forschung und zur Psychologie der Kunst, Frankfurt, 1977.
349 Freud, II/III, S. 409.
350 Über die Bedeutung des Geldes siehe auch Ernest Bornemann, Psychoanalyse des Geldes. Eine kritische Untersuchung psychoanalytischer Geldtheorien, Frankfurt, 1977.
351 Freud, X, S. 439/40.
352 Über die Figur des Räubers reflektiert auch Dieter Borchmeyer, Dienst und Herrschaft. Ein Versuch über Robert Walser, Tübingen, 1980, S. 50: »Die Gestalt des Räubers bezieht sich ausdrücklich ironisch auf die Räuberfigur des Trivialromans, eine Gattung, der Walser – wohl nicht zuletzt aus Opposition gegen die ›hohe‹ Literatur – besondere Aufmerksamkeit geschenkt hat.« – S. 52: »Räuber ist er also nicht, weil er jemandem seinen Besitz geraubt, sondern weil er die herrschenden – bürgerlichen – Wertvorstellungen ihrer allgemeinen Gültigkeit, ihrer Verbindlichkeit auch für ihn, ›beraubt‹ hat, weil er auf die gesellschaftliche Reputation verzichtet, die der Kriminelle sich verscherzt hat.«
353 Kohut, 1973, S. 20.
354 S. a. Freud, VII, S. 220/21: »Der psychologische Roman verdankt im ganzen wohl seine Besonderheit der Neigung des modernen Dichters, sein Ich durch Selbstbeobachtung in Partial-Ichs zu zerspalten und demzufolge die Konfliktströmungen seines Seelenlebens in mehreren Helden zu personifizieren.«
355 Insofern wäre dann Schreiben für den Erzähler Vorspiel wie Ersatz für eigenes (Er-)Leben – was wieder auf die Gleichung hinausläuft: Schreiben = Leben.
356 Siehe auch Teil I, 1.3.
357 Hierzu siehe auch die entsprechende Stelle der Interpretation aus dem »Leben eines Dichters« in Teil I, 2.2.2.

358 Natürlich weisen die dem Arzt gegenüber geäußerten Gedanken auch andere, z. B. soziale Bezüge auf und verdienen in dieser Hinsicht eine andere Interpretation, die die meinige allerdings nicht ausschließt. Solche möglichen anderen Deutungen, so wichtig sie auch für ein Verständnis des »Räuber«-Romans sind, sollen in diesem dritten Teil wiederum nicht im Zentrum meines Interesses stehen.

359 Hierzu siehe III, 1.2.3. Daß obendrein der von Kris in III, 1.2.1 beschriebene Vorgang der Immediaterscheinung von Es-Inhalten, die also nicht den Weg über das Vorbewußte nehmen, sondern direkt halluziniert werden, wirksam werden könnte, das wäre von Fall zu Fall zu überprüfen.

360 Hierzu siehe II, 2.3.

361 Es gibt im »Räuber«-Roman eine Reihe von markanten Hut-Geschichten, z. B. die getadelte »Strohhut«-Aktion (21/5), die Szene im Hutsalon der Witwe (34/35/8), der Zylinder-Mützen-Vergleich (100/01/23) u. a., die nicht im einzelnen interpretiert werden können. Vorgreifend aber auf die folgenden Überlegungen sei hier schon gesagt, daß diese Szenen ebenso wie die obige Erwähnung des Hutes dieses Mittelmäßigen dann eine besondere Bedeutung erkennen lassen, wenn man den Hut nach Freud, II/III, S. 360f. und XI, S. 157 als Phallus-Symbol versteht.

362 Die Variante: »damit mir Ediths Gesicht *fruchtbar* sei«, ergäbe unter psychologischer Perspektive wenig Sinn – wie sich auch durch den Schluß des »Räuber«-Romans zeigen läßt.

363 Freud, V, S. 102/03.

364 A.a.O., XI, S. 154, 163, 199–201.

365 Freud, XI, S. 157.

366 A.a.O., XIV, S. 314. »So verdankt der Fuß oder Schuh seine Bevorzugung als Fetisch – oder ein Stück derselben – dem Umstand, daß die Neugierde des Knaben von unten, von den Beinen her nach dem weiblichen Genitale gespäht hat.«

367 A.a.O., II/III, S. 360.

368 Siehe Widmer in: Kerr, 1978.

369 Der sozialkritische Aspekt (Peinlichkeit in der Konfrontation mit dem Elend) soll nicht übersehen werden, steht hier nur nicht im Vordergrund des Interesses.

370 Freud, II/III, S. 360 und XVIII, S. 855.

371 A.a.O., II/III, S. 364.

372 Dazu auch Rank, 1924, und Freud, II/III, S. 405, sowie Interpretation von »Die Verlassene« in Teil II.

373 Wer den inzestuösen Aspekt dieser im vierten Abschnitt vorgestellten Szene nicht sehen kann oder mag, der wird doch immerhin zugeben müssen, daß die Forderungen, Klagen und Anschuldigungen der Henri Rousseaufrau wenigstens auch sexueller Natur sind.

374 Variante: »Suche einer uns *nun* das Händeklatschen zu erklären «

375 Herbert J. Rose, Griechische Mythologie. Ein Handbuch, München, 1982, S. 179. Die Wiedergabe des Sagenstoffes ist orientiert an diesem Werk sowie an Robert von Ranke-Graves, Griechische Mythologie. Quellen und Deutung, 2 Bde., Reinbek bei Hamburg, 1982.

376 Über diesen Abschnitt reflektiert Wolfgang Baur, Sprache und Existenz. Studien zum Spätwerk Robert Walsers, Diss. Göppingen, 1974, S. 21: »Der ›Räuber‹ (...) ist eine durchsichtige Rolle für Walser selbst, transparent auf zahlreiche Fakten, die biographisch belegt sind, zusätz-

547

lich bestätigt durch einige ›versehentliche‹ Identifikationen des Verfassers mit seinem vorgeblichen literarischen Objekt, dem Räuber.« Dann führt Baur die Begegnung Walsers mit Rathenau in Berlin an und weist auf Ressentiments des ersteren gegen letzteren hin. S. 22: »Nur so ist es *zunächst* und *halbwegs* zu verstehen, daß im ›Räuber‹-Roman geschildert wird, wie der ›Räuber‹ eines Vormittags von einer Bergbesteigung zurückkehrend, auf einem Plakat von der Ermordung Rathenaus liest und dabei in die Hände klatscht, Bravo rufend. In diesem Zusammenhang steht seltsamerweise ein Satz, der die kurz danach beginnende Löffeli-Episode andeutet: ›Die Beifallskundgebung dürfte vielleicht mit einem Löffeli zusammenhängen‹«. Daß dies fast komisch wirke, »nachdem die Verbindung über mehr als zwei Seiten hinweg als realistische Möglichkeit bestanden hatte« S. 22, erklärt Baur dann so: »Da die Löffeli-Episode unter dem Vorzeichen erzählt wurde, eventuell eine Erklärung für das ›rohe Bravo‹ zu liefern, entsteht der Verdacht, diese Motivation der Erzählung sei fingiert, um einen Vorwand für die Erzählung zu haben, einen Vorwand, der nach der Beendigung der Erzählung nicht mehr nötig ist und leichten Herzens fallen gelassen werden kann. Erhärtet wird dieser Verdacht dadurch, daß schon vor der Löffeli-Episode andere Erklärungsversuche unternommen werden: ›Diese Gottesluft auf dem Berg, die Atemübungen im Tannenwald…‹ (…) Aber diese Erklärungsversuche werden nicht weiterverfolgt und bekräftigt, vielleicht erscheinen sie als zu harmlos« S. 22/3. Ferner hält Baur es für »eine gewisse Unschärfe der Gedankenführung« S. 23, daß Walser es als »Tragödie« bezeichne, wenn »ein Großer« von »einigen Unbedeutenden« »überwältigt« werde, denn für die Tragödie gelte, daß »deren Helden scheitern an einer Macht, die ihnen überlegen ist, sei es ein Orakel oder ein Volk, oder sie scheitern (…) an sich selbst« S. 23. Auch das »Fröhliche, Griechische« bringt Baur nicht auf die Ödipus-Spur, so daß seine Interpretation dieser Stelle am Ende sehr allgemein ausfällt: es liege darin die »Struktur des Überleben-Wollens« S. 23, und der Gegensatz von ›Kulturwelt‹ als Folie für das Private und seine bescheiden-extravaganten Glücksmöglichkeiten« S. 24, und zuletzt gehe es um eine »Grundstruktur im Walserschen Gesamtwerk, die darin besteht, daß alles auf sein Gegenteil verweist, also z. B. der Tod auf das Leben«, letzteres sei die »thematische Pointe« dieser ganzen Passage S. 25.

377 Freud, VIII, S. 303/04.
378 A.a.O., XI, S. 349.
379 A.a.O., II/III, S. 392.
380 A.a.O., VIII, S. 304.
381 A.a.O., S. 305.
382 A.a.O., S. 302/03. S. a. XIII, S. 271: »Bei der Paranoia persecutoria erwehrt sich der Kranke einer überstarken homosexuellen Bindung an eine bestimmte Person auf eine gewisse Weise, und das Ergebnis ist, daß diese geliebteste Person zum Verfolger wird, gegen den sich die oft gefährliche Aggression richtet.« Und S. 272: »Die analytische Untersuchung des Vorganges bei der paranoischen Umwandlung macht uns aber mit der Möglichkeit eines anderen Mechanismus vertraut. Es ist von Anfang an eine ambivalente Einstellung vorhanden und die Verwandlung geschieht durch eine reaktive Besetzungsverschiebung, indem der erotischen Regung Energie entzogen und der feindseligen Energie zugeführt wird.«

383 A.a.O., S. 203.
384 Herbert A. Rosenfeld, Zur Psychoanalyse psychotischer Zustände, Frankfurt, 1981. Siehe darin besonders die ersten vier Aufsätze. Rosenfeld gehört der in dieser Arbeit nicht berücksichtigten Melanie-Klein-Schule an.
385 A.a.O., S. 35.
386 Freud, XI, S. 439/40.
387 A.a.O., VII, S. 216.
388 Hierzu Borchmeyer, 1980, S. 52: »Das große Idol der Gesellschaft: den Nutzen wagt er zu schmähen, decouvriert dies Idol als ›Krämergeist‹, der keinen Winkel ›sozial unausgenutzt‹ lassen kann. Für seine Person nimmt er ein ›Unnützsein‹ in Anspruch (...), das ihn – als Menschen ohne ›Abstempelung‹ mithin als ›Asozialen‹ – in eine Reihe mit den Kriminellen rückt. ›Du erfüllst Deine Pflicht als Mitglied der Gesellschaft nicht.‹ Kein Wunder, daß diese ihn also verfolgt. Aber selbst dieses ›Verfolgtwerden‹ ist für ihn provozierenderweise ein Wert: ›bedeutete für ihn das Auferstehen einer versunkenen Welt‹, die von anderen Gesetzen bestimmt war als die gegenwärtige. (Die große Sehnsucht Robert Walsers! Die Sympathie mit versunkenen Welten, die Einbildung, ›es sei eine längstvergangene Geschichtsepoche in die Welt hereingebrochen‹ [III, 9] durchzieht leitmotivisch sein Werk.)« Hervorhebung von mir, CSH.
389 Kohut, 1981, S. 236 f.
390 A.a.O.
391 A.a.O.
392 Freud, XVII, S. 47.
393 A.a.O., XIII, besonders S. 336 f.
394 A.a.O., VIII, besonders S. 283 f.
395 A.a.O., XII, besonders S. 73 f.
396 A.a.O., XIII, S. 373 f.
397 Borchmeyer, 1980, S. 53/54, interpretiert das Duell wie folgt: »Die Paradoxie des Räubernamens zeigt sich nirgends deutlicher als in dem Duell, bei dem der ›seelengute Räuber‹ (...) aus Furcht vor der Gewalt den Kampfplatz verläßt. Nicht diese Schwäche aber weist ihn als ›Schuft‹ aus, sondern daß er, alle Werte umwertend, die Schwäche als Stärke, die Niederlage als Sieg wertet. (...) Das ist der gleiche umgestülpte Stolz, wie er sich in dem ›widersinnigen Duell‹ des Räubers ausdrückt.«
398 Freud, XI, S. 349.
399 Da der Leser an vielen Stellen in diesem Roman direkt angesprochen ist – wie in III, 1.3.4 gezeigt –, schiene es mir abwegig, das »wir« im Sinne eines Pluralis majestatis zu verstehen.
400 S. a. Jacobson, 1977, S. 109: »Bei schwer depressiven Patienten, die ihre Libido von der Objektwelt abgezogen haben, kann während der Behandlung sogar eine starke Sehnsucht nach Traurigkeit auftreten. Mehr noch: sie erkennen bewußt, sie empfänden wieder ›Gefühle für die Welt‹, wenn sie nur traurig sein und weinen könnten. Erst wenn es ihnen gelingt, ihre verlorenen Liebesobjekte, und die mit ihnen zusammenhängenden angenehmen Erinnerungen, wieder libidinös zu besetzen, bricht bei ihnen vielleicht eine erleichternde ›süße Traurigkeit‹ durch.« S. a. Christian Scharfetter, Allgemeine Psychopathologie. Eine Einführung, Stuttgart, 1976, S. 222 u. 224.
401 Freud, XIV, S. 170. S. a. Teil II, 3.3.
402 Freud, XVIII, S. 857 (Symbolregister).

403 Diese Stelle ist zitiert in Teil I, 3.1.

404 Daß für den Säugling beim Stillen Auge und Brust der Mutter zu einem Sinneseindruck verschmelzen, könnte in diesem Ausdruck »Goldaugen in der Brust« enthalten sein. Die schmerzhafte Verbindung von Blick und Kuß (d. h. Mund) war mit Herzog in Teil I gezeigt worden. Und die vielbesprochene Verbindung zwischen einer besonderen Muttererfahrung und dem Antrieb zum Dichten drückt sich dann auch wieder als Wunschvorstellung aus in drei Zeilen aus dem Gedicht »Erinnerung«: »In einem winz'gen Stübchen ich an Versen feilte,/ die Tage hatten goldne Augen,/ woran ich ungehindert durfte saugen« (VII,353).

405 Freud, XI, S. 157f., 165.

406 Von Matt, 1979.

407 Hierzu siehe Jacobson, 1977, S. 287ff.

408 Freud, X, S. 431; interessant für den Aspekt der Homosexualität könnte die folgende Überlegung sein, S. 439: »Es liegt dann noch nahe, für den einen auffälligen Charakter der Melancholie, das Hervortreten der Verarmungsangst, die Ableitung der aus ihren Verbindungen gerissenen und regressiv verwandelten Analerotik zuzulassen.«

409 Jacobson, 1978, S. 322.

410 A.a.O., S. 325.

411 Freud, XIII, S. 374.

412 Bak, zitiert nach Jacobson, 1978, S. 393.

413 Freud, XIII, S. 382. Allgemeiner, d. h. unabhängig vom Problem des Masochismus betrachtet, läßt Freuds Theorie der Über-Ich-Bildung verstehen, daß ein schwächlicher Vater und ein latent offengebliebener Ödipuskomplex kein gut ausgebildetes Gewissen im Kind entstehen lassen. (Das Ergebnis unserer Roman-Analyse, das eine erschriebene Bewältigung des Ödipuskomplexes am Ende des ersten Zyklus erkennt, schließt nicht notwendig ein, daß diese Dichterleistung unmittelbar zur »Gewissensbildung« überleitet.) Kohuts Erklärung desselben Tatbestands geht dahin, daß durch die Verhinderung einer schrittweise umwandelnden Verinnerlichung des idealisierten Selbstobjekts dem Über-Ich gerade der idealisierende Betrag entzogen wird, der für die Nachdrücklichkeit seiner Forderungen unentbehrlich ist. Zur Frage der defizienten Über-Ich-Struktur bei Jacobson s. a. Teil I, 3.3. Die in diesem Abschnitt erneut thematisierte Figur des »Sexuellen oder Intellektuellen« (110/26) werde ich ausführlich im dritten Kapitel erörtern.

414 Auch in Mozarts »Entführung aus dem Serail« ist von Seeräubern die Rede, die Konstanze und die Ihren aus den Armen ihrer Geliebten fortstehlen.

415 Siehe Teil III, 1.3.3.

416 Siehe hierzu auch Lorenzers Beispiel von der Vermischung der Objektrepräsentanzen in der Übertragung eines Vaterprotests auf einen Chef in Teil III, 1.2.3. Von einer solchen Repräsentanzenvermischung wird hier bei den Reaktionen des Räubers auf die Offiziere ausgegangen.

417 Jacobson, 1978, S. 297.

418 A.a.O., S. 288/89.

419 Freud, XIII, S. 193–207.

420 A.a.O., S. 195.

421 A.a.O., S. 197/98. Interessanterweise beschreibt Freud in diesem Zusammenhang die Geschichte eines Patienten, die starke Ähnlichkeiten mit dem von uns konzipierten Modellfall aufweist und deshalb hier

wiedergegeben werden soll, S. 200/01: »Der Zustand der Homosexualität war bei diesem Patienten leicht zu überblicken. (...) Die geringe Bedeutung des Vaters in seiner Familie und ein beschämendes homosexuelles Trauma in frühen Knabenjahren hatten zusammengewirkt, um seine Homosexualität in die Verdrängung zu treiben und ihr den Weg zur Sublimierung zu verlegen. Seine ganze Jugendzeit war von einer starken Mutterbindung beherrscht. Unter vielen Söhnen war er der erklärte Liebling der Mutter und entwickelte auf sie bezüglich eine starke Eifersucht von normalem Typus.« Ein zweiter Fall konzentriert sich mehr auf die Vaterbindung, S. 201: »Es bestand bei ihm eine Ambivalenz im Verhältnis zum Vater von ganz außerordentlicher Spannweite. Er war einerseits der ausgesprochenste Rebell, der sich manifest in allen Stücken von den Wünschen und Idealen des Vaters weg entwickelt hatte, andererseits in tieferer Schicht noch immer der unterwürfigste Sohn, der nach dem Tode des Vaters sich in zärtlichem Schuldbewußtsein den Genuß des Weibes versagte.«

422 A.a.O., S. 199.

423 S. a. Teil III, 2.3.2.

424 Interesssant ist in diesem Zusammenhang ein Untersuchungsergebnis Rosenfelds, 1981, S. 47, der bemerkte, daß das Manifestwerden einer Homosexualität im Dienst der Abwehr einer Depression stehen kann.

425 Siehe hierzu z. B. die Szenen im »Räuber«-Roman. 14/2 und 24/5.

426 Siehe Fußnote 354.

427 Variante: »(...) daß das Leben ernst ist und daß es *zürnt,* lächelt (...)«

428 Jacobson, 1978, S. 299.

429 A.a.O., S. 300.

430 Freud, XI, S. 166. Des weiteren s. Symbolregister, XVIII, S. 857.

431 A.a.O., XVIII, S. 851.

432 Jacobson, 1978, S. 299.

433 A.a.O.

434 Ergänzen könnte man obige Interpretation noch durch folgende Überlegung: die Kurzformel *»züchtigen und küssen«* greift auf der Handlungsebene vor: Schuß und Kuß; auf der Kommunikationsebene stellt sie den paradoxalen Bezug der »double-bind«-Situation dar: Haß und Liebe; und tiefenpsychologisch motiviert, vermittelt sich darin der Wunsch nach einer endlichen Bestrafung für seine unzureichende Mutterliebe und die Sehnsucht nach einer endgültigen Versöhnung.

435 Freud, VIII, S. 162 ff. Das Bild der phallischen Frau (oder Mutter) wird bei J. Laplanche/J.-B. Pontalis, Das Vokabular der Psychoanalyse, 2 Bde., Frankfurt, 1972, hier: 1982, S. 382 wie folgt erklärt: »Die Frau, die in der Phantasie mit einem Phallus ausgestattet ist. Ein solches Bild kann zwei Hauptformen annehmen, je nachdem ob die Frau entweder als Trägerin eines äußeren Phallus bzw. eines phallischen Attributs oder mit dem in sich aufbewahrten männlichen Phallus vorgestellt wird. (...) Auf der klinischen Ebene hat Freud zum Beispiel gezeigt, wie der Fetischist in seinem Fetisch einen Ersatz für den mütterlichen Phallus findet, dessen Fehlen er verleugnet. In einer anderen Richtung haben Psychoanalytiker (...) insbesondere in den Analysen männlicher Homosexueller die angsterzeugende Phantasie herausgearbeitet, daß die Mutter den beim Koitus empfangenen Phallus im Inneren ihres Körpers zurückgehalten hat.«

436 Die im Freudschen Symbolregister aufgeführten Bedeutungen für den

Baum sind sowohl das *männliche Genitale* als auch das *Weib* – womit das Bild der phallischen Frau gegeben wäre. Freud, XVIII, S. 846.

437 Siehe auch die Interpretation von »Die Verlassene« in Teil II, 3.3.

438 Kohut, 1981, S. 120.

439 Freud, XVIII, Symbolregister.

440 Im Gegensatz dazu erkennt Hans H. Hiebel, Robert Walsers »Jakob von Gunten«. Die Zerstörung der Signifikanz im modernen Roman, in: Kerr, 1978, S. 315: »Den richtungslosen, nichtkumulativen Charakter der Romane dokumentieren pointiert die ersten beiden Sätze des ›Räubers‹: ›Edith liebt ihn. Hievon nachher mehr.‹« Somit sei in den Romanen auch die »Richtung des Erzählens (...) leicht umkehrbar (...) Weder eine kumulative und teleologische Zeitstruktur noch eine empirische Situierung im Raum-Zeit-Kontinuum sind erkennbar.« S. 318. »Das Nur-im-Augenblick-Sein und die Beschränkung auf ein Dasein, das sich nur als Moment einer umgreifenden Struktur weiß, sowie die Reduktion des Daseins auf eine sprachliche Existenz (...) – das korreliert mit der formalen Struktur der Romane, die kein Telos, keine signifikative Kohärenz aufweisen« S. 319. Daß diese sehr wohl deutlich nachweisbar ist, wurde in den vergangenen Seiten belegt. Danach kann ich Hiebel nicht zustimmen, der die Handlungen als »folgenlos und unmotiviert« S. 320 bezeichnet. »Walser gibt keine Anhaltspunkte für kausale, vorbereitende, psychologische Motivierungen: spontan-anarchisch sind die Entschlüsse der Helden; der Erzähler kennt keine motivierende Kontinuität, weder in Beziehung auf den Helden noch auf das übrige Roman-Personal. Zeitlich und motivational sind die Begegnungen von Ich und Welt ›bedeutungslos‹, es entwickelt sich kein signifikatives Miteinander der Elemente.«

441 Freud, XIII, S. 116 u. XIV, 531. Mit dieser Problematik hat sich besonders intensiv auseinandergesetzt Melanie Klein, Das Seelenleben des Kleinkindes, Stuttgart, 1983, vor allem S. 187–224.

442 Freud, XIV, S. 170.

443 Interessanterweise entspricht das Ergebnis unserer Roman-Analyse, welches neben der zunächst linear dargestellten Entwicklung des Romangeschehens nicht nur die zyklische Abfolge zwischen Exposition und Schluß, sondern auch die Gesamtbewegung in der Tiefenstruktur als kreisförmig erkannte, den Überlegungen Frederick Wyatts, dessen »drei Faustregeln für die Deutung von *fiction*« hier deshalb wiedergegeben werden sollen: »(1) Unterscheide die ›Oberfläche‹ der durch spezifische Kapazitäten des *Ich* ausgebauten und bearbeiteten Phantasien, die *manifeste ›Geschichte‹*, von ihrer Tiefenstruktur. (2) Der Ablauf der ›Geschichte‹ ist im wesentlichen *linear,* der der thematischen Elemente und damit der *Tiefenstruktur zyklisch* oder *radial.* (3) Brüche in der Kohärenz des Ablaufs und aller seiner Ausdrucksformen sind ein Zeichen für Veränderungen im Verhältnis von Trieb und Kontrolle; sie weisen gewöhnlich auf ein für die Geschichte bedeutungsvolles, unbewußtes Thema. Auf die Erkenntnis eines solchen Bruches in der Kontinuität der ›Geschichte‹ reagieren wir gewöhnlich mit: ›Das folgt aber doch nicht aus dem Vorhergehenden!‹; oder ›Das paßt ja gar nicht hierher!‹ und beginnen uns dann zu fragen, warum es zu dieser Fissur gekommen sein sollte. (4) Ein besonderer Fall von Diskontinuität – ein Begriff, der auf jede größere Abweichung von dem sich aus der Situation und der Stimmung der in ihr handelnden *fabulae personae* bezieht – ist die Unan-

gemessenheit des Affektes (...) Auch sie gibt Anlaß, an einen störenden psychischen Einfluß (Affekt, Impuls, Hemmung) zu denken, der im manifesten Text nicht in Erscheinung tritt.« Frederick Wyatt, Anwendung der Psychoanalyse auf die Literatur: Phantasie, Deutung, klinische Erfahrung. In: Mechthild Curtius (Hrsg.), 1976, S. 353. Die unter Punkt (3) und (4) genannten Brüche in der Erzählkontinuität hatten wir bei unserer Textanalyse berücksichtigt – z. B. beim Abbruch des Gespräches zwischen dem Räuber und dem Arzt durch die Intervention des Erzählers.

444 Kohut, 1981, S. 20.

445 A.a.O., S. 20/1.

446 Heinz Kohut, Die Zukunft der Psychoanalyse. Aufsätze zu allgemeinen Themen und zur Psychologie des Selbst, Frankfurt, 1975.

447 A.a.O., S. 109.

448 A.a.O., S. 157/58.

449 Hierzu s. a. Donald W. Winnicott, Vom Spiel zur Kreativität, Stuttgart, 1979.

450 Für denjenigen, der an der Persönlichkeit Robert Walsers interessiert ist, wäre in diesem Zusammenhang vielleicht ein weiterer Hinweis Kohuts, 1975, S. 108 aufschlußreich: »Ich behaupte (...), daß manche schöpferisch begabten Menschen in Zeiten erhöhter Kreativität (besonders in den Anfangsstadien) eine ganz spezifische Beziehung zu einem anderen Menschen brauchen: eine Kreativitäts-Übertragung, ähnlich der, die sich in der psychoanalytischen Behandlung bei einer Hauptgruppe narzißtischer Persönlichkeitsstörungen herstellt.« Bei dieser Übertragung handelt es sich nach Kohut um eine Selbst-Objekt-Übertragung, die dazu führt, daß sich das allgemeine Wohlbefinden des narzißtisch Gestörten erhöht. Es wäre möglicherweise ergiebig, in dieser Hinsicht die Briefe Walsers an Frieda Mermet zu lesen (z. B. »Liebe und, wie ich annehme, *frohe* Frau Mermet, genannt die *Vorzügliche!* (...) und unterbreite meiner *vortrefflichen lieben Mama* (...)« Brief vom 23. 2. 1925; in: Robert Walser, Briefe, hrsgg. v. Jörg Schäfer unter Mitarbeit von Robert Mächler, Frankfurt, 1979.

451 Kohut, 1981, S. 246.

452 Hierzu siehe auch Carl Seelig, Wanderungen mit Robert Walser. Neu herausgegeben im Auftrag der Carl Seelig-Stiftung und mit einem Nachwort versehen von Elio Fröhlich, Zürich, 1977, S. 150: »Lange unterhalten wir uns über den ›König Ödipus‹ von Sophokles und die Hölderlinsche Nachdichtung. Robert ist von diesem Werk hingerissen und hält die sexuellen Beziehungen zwischen Mutter und Sohn nicht für eindeutig abstoßend. Es könne daraus auch etwas Schönes entstehen, beispielsweise die Antigone. Aber aus sozialen Gründen müsse der Inzest selbstverständlich verboten werden. Das sei der Schutz des Nachwuchses gegen die Erhaltungs- und Besitzgier des Alters.«

453 Ein persönliches Moment mag bei der Wahl des »Räuber«-Namens auch noch eine Rolle gespielt haben: So schreibt Walser in einem Brief »gegen Ende Juli im gelobten Jahre 1924« an Frieda Mermet über seine Schwägerin Fridolina, die ihm eigene Gedichte zur Begutachtung vorgelegt hatte »(...) und *ich Räuber* raubte ihr diese Hoffnung« (Walser, Briefe, 1979, S. 217). Außerdem ist »Räuber« vielleicht eine phonetische Assimilation an das »Röbi«, das Walser gelegentlich unter seine Briefe setzte, z. B. a.a.O., S. 215.

454 Berechnungen nach X, 554.
455 Gemeint sein dürfte das Aquarell von Karl Walser, »Robert als Karl Moor« von 1894. Es ist abgebildet in Elio Fröhlich u. Peter Hamm, Robert Walser, Leben und Werk in Daten und Bildern. Mit einem Essay von Peter Hamm, Frankfurt, 1980, S. 49.
456 Lorenzer, 1972, S. 65.
457 Siehe II, 2.3, ferner die Überlegungen zu einer psychoanalytischen Theorie des Lyrischen im Anhang.
458 Emil Staiger, Lyrik und Lyrisch, in: Reinhold Grimm (Hrsg.), Zur Lyrik-Diskussion, Darmstadt, 1974, S. 81 f.: » ›Lyrik‹ bleibt nach wie vor Aufschrift eines Fachs oder einer Lade, in die der sammelnde und ordnende Leser gewisse, nach leicht erkennbaren äußeren Zeichen ausgesonderte Dichtungen einlegt. ›Lyrisch‹ ist der literaturwissenschaftliche Name für eine fundamentale Seinsmöglichkeit des Menschen, die nicht nur im Bereich der Dichtung, auch nicht nur im Bereich der Kunst, sondern überall in Erscheinung tritt, wo Menschen leben, sprechen und handeln. Halten wir alles Theologische fern, so scheint es richtig, diesem Menschlichen, das in der Literaturwissenschaft den Namen ›lyrisches Element‹ erhält, im allgemeinen Sinne den guten alten Namen ›Seele‹ zu geben und es dem Epischen als dem Körper, dem Dramatischen als dem Geist gegenüberzustellen.«
459 Siehe III, 1.2.3.
460 Siehe II, 1.1.
461 Siehe III, 1.2.3.
462 Jacobson, 1977, S. 39. In diesem Zusammenhang, S. 27, weist Jacobson auch nachdrücklich auf den Unterschied zwischen Konflikt und Spannung hin und läßt nur letztere als Entstehungsgrund für (einfache und zusammengesetzte) Affekte gelten, die zwar Konflikte ausdrücken können, aber nicht müssen. Die Verhältnisse sind kompliziert, und die psychoanalytische Affekttheorie ist, wie sie selbst bemerkt, noch nicht ausgereift. Vielleicht könnte man hier noch an Freuds Vermutung erinnern, daß für das Entstehen eines Konflikts ein quantitatives Moment, nämlich die Besetzungsgröße, entscheidend ist. Freud, X, S. 254.
463 Freud, X, S. 247–261.
464 A.a.O., S. 263–303.
465 Freud, X, S. 254 f.
466 A.a.O., S. 300.
467 Siehe das ausführliche Zitat in der Anmerkung 343.
468 Freud, X, S. 252 und 282.
469 Staiger, 1974, S. 76: »Lyrisches verstehen wir unmittelbar, ohne daß uns der grammatische, logische oder anschauliche Zusammenhang klar sein müßte. Das Lyrische entspringt der Einsamkeit und spricht den einsamen Menschen an, so, daß sich der Leser, ohne es zu wissen, mit dem Gelesenen identifiziert und die Verse vor sich hinsagt, als kämen sie aus der eigenen Brust.«
470 Freud, XIII, S. 250.
471 Es mag sich dabei um neutralisierte und nicht-neutralisierte Libido handeln. Freud hält es für plausibel, daß sowohl im Ich als auch im Es ein gewisses Quantum an frei verschiebbarer indifferenter Energie tätig ist, die »dem narzißtischen Libidovorrat entstammt, also desexualisierter Eros ist« und nennt diese »sublimiert«. Freud, XIII, S. 273/74. Es wäre

eben die narzißtische Libido, die dem Kunstwerk in der Phase seiner Entstehung zufließt.

472 Freud, XI, S. 183/84.
473 Jacobson, 1977, S. 28.
474 Siehe dazu auch Freud, VII, S. 221/22.

Nachweis der Titel der zitierten Prosatexte

Zur Erleichterung der Arbeit mit den verschiedenen Buchausgaben von Walsers Prosatexten werden hier die Zitate, die im Text durch Angabe der Bandnummer und Seitenzahl der Werkausgabe nachgewiesen sind, durch Angabe der Überschriften des jeweiligen Prosatextes auffindbar gemacht, wobei sich die Seitenangabe auf die Zitatstelle in dieser Ausgabe bezieht; Prosatexte, deren Überschriften beim Zitat genannt werden, sind hier nicht nochmals aufgeführt.

557

Verzeichnis der zitierten Literatur

1. Literatur von und über Robert Walser

Robert Walser, Das Gesamtwerk in 12 Bänden, Werkausgabe Edition Suhrkamp, hrsg. v. Jochen Greven, Zürich, 1978.

Robert Walser, Aus dem Bleistiftgebiet, Mikrogramme aus den Jahren 1924–1925, Band 1: Prosa, Band 2: Gedichte und dramatische Szenen. Im Auftrag des Robert Walser-Archivs der Carl Seelig-Stiftung/Zürich entziffert und herausgegeben von Bernhard Echte und Werner Morlang, Frankfurt, 1985.

Robert Walser, Aus dem Bleistiftgebiet, Band 3: »Räuber«-Roman und »Felix«-Szenen. Im Auftrag des Robert Walser-Archivs der Carl Seelig-Stiftung/Zürich neu entziffert und herausgegeben von Bernhard Echte und Werner Morlang, Frankfurt, 1986.

Robert Walser, Briefe, hrsg. v. Jörg Schäfer unter Mitarbeit v. Robert Mächler, Zürich, 1979.

Bänziger, Hans, Heimat und Fremde. Ein Kapitel »Tragische Literaturgeschichte« in der Schweiz: Jakob Schaffner, Robert Walser, Albin Zollinger, Bern, 1958.

Baur, Wolfgang, Sprache und Existenz. Studien zum Spätwerk Robert Walsers, Diss., Göppingen, 1974.

Benjamin, Walter, Gesammelte Schriften, Bd. I–IV, Frankfurt, 1972–74.

Borchmeyer, Dieter, Dienst und Herrschaft. Ein Versuch über Robert Walser, Tübingen, 1980.

Camenzind-Herzog, Elisabeth, Robert Walser – »eine Art verlorener Sohn«, Bonn, 1981.

Fringeli, Dieter, Robert Walser. Ein Beispiel für die Situation der Schweizer Lyrik vor 1933. In: Kerr, 1978, Bd. 2.

Fröhlich, Elio, u. Hamm, Peter (Hrsg.), Robert Walser. Leben und Werk in Daten und Bildern. Mit einem Essay von Peter Hamm, Frankfurt, 1980.

Grenz, Dagmar, Die Romane Robert Walsers. Weltbezug und Wirklichkeitsdarstellung, München, 1974.

Greven, Karl Joachim Wilhelm, Existenz, Welt und reines Sein im Werk Robert Walsers. Versuch zur Bestimmung von Grundstrukturen, Diss., Köln, 1960.

Günther, Werner, Dichter der neueren Schweiz, 2 Bde., Bern und München, 1968.

Herzog, Urs, Robert Walsers Poetik. Literatur und soziale Entfremdung, Tübingen, 1974.

– »goldene, ideale Lügen«. Zum Schneewittchen-Dramolett, in: Kerr, Bd. 2, 1978.

Hiebel, Hans H., Robert Walsers »Jakob von Gunten«. Die Zerstörung der Signifikanz im modernen Roman, in: Kerr, Bd. 2, 1978.

Holderegger, Hans H., Robert Walser. Eine Persönlichkeitsanalyse anhand seiner drei Berliner Romane, Berlin, 1973.

Jürgens, Martin, Robert Walser. Die Krise der Darstellbarkeit. Untersuchung zur Prosa, in: Theorie – Kritik – Geschichte, Bd. 4, Kronberg Taunus, 1973.

– Der »Räuber«-Roman, Nachwort in: Robert Walser, VI, S. 361–365.

Kerr, Katharina (Hrsg.), Über Robert Walser, 3 Bde., Frankfurt, 1978–79.

– Bibliographie zu Robert Walser 1898–1974, in: Text + Kritik, Zeitschrift für Literatur, hrsg. v. Heinz Ludwig Arnold, München, 1978, hier: 1978 a.

Lüssi, Walter. Experiment ohne Wahrheit, in: Philologische Studien und Quellen, Heft 89, Berlin, 1977.

Mächler, Robert, Das Leben Robert Walsers. Eine dokumentarische Biographie, Genf u. Hamburg, 1966 (Frankfurt, 1978).

Von Matt, Peter, Die Schwäche des Vaters und das Vergnügen des Sohnes. Über die Voraussetzungen der Fröhlichkeit bei Robert Walser, in: Neue Rundschau, Berlin,
Frankfurt, 1979, S. 197–213.

Müller, Paul, Aufbruch, Einfahrt, Zerfall. Bemerkungen zu
Robert Walsers Prosa, in: NZZ vom 17. 6. 1962.

Naguib, Nagi, Robert Walser. Entwurf einer Bewußtseinsstruktur, München, 1970.

Osterkamp, Ernst, Commis, Poet, Räuber – Eigengesetzlichkeit und Selbstaufgabe bei Robert Walser, in: Sprache
im technischen Zeitalter, hrsg. v. Walter Höllerer und
Norbert Miller, Heft 66.

Pender, Malcolm, A Writer's Relationship to Society: Robert Walser's »Räuber«-Roman, in: The Modern Language Review, 1982.

Rodewald, Dierk, Robert Walsers Prosa. Versuch einer
Strukturanalyse, in: Literatur und Reflexion 1, Bad Homburg, 1970.

Schafroth, Heinz F., Wie ein richtiger Abgetaner. Über Robert Walsers »Räuber«-Roman, in: Kerr, 1978.

Seelig, Carl, Wanderungen mit Robert Walser, neu hrsg.
i. A. d. Carl Seelig-Stiftung m. e. Nachwort v. Elio Fröhlich, Zürich, 1977.

Walser, Martin, Über den Unerbittlichkeitsstil. Zum 100.
Geburtstag von Robert Walser, in: Martin Walser, Wer ist
ein Schriftsteller? Aufsätze und Reden, Frankfurt, 1979.

– Einübung ins Nichts, in: Robert Walser, Selbstbewußtsein
und Ironie, Frankfurter Vorlesungen, Frankfurt, 1981.

Widmer, Urs, Der Dichter als Krimineller. Robert Walsers
im Nachlaß entdeckter Roman »Der Räuber«, FAZ 1974,
in: Kerr, 1978.

2. Weitere Literatur

Abraham, Karl, Versuch einer Entwicklungsgeschichte der Libido auf Grund der Psychoanalyse seelischer Störungen, in: Karl Abraham, Psychoanalytische Studien, 2 Bde., Frankfurt, 1971.

Anzieu, Didier, Die Spuren des Körpers im Geschriebenen: Eine psychoanalytische Untersuchung des Erzählstils, in: Didier Anzieu u. a., Psychoanalyse und Sprache. Vom Körper zum Sprechen, Paderborn, 1982.

Bateson, Jackson, Laing, Lidz, Wynne u. a., Schizophrenie und Familie. Beiträge zu einer neuen Theorie, Frankfurt, 1978.

Bateson, G., Jackson, D., Haley, J., Weakland, J. H., Auf dem Wege zu einer Schizophrenie-Theorie, in: Bateson u. a., 1978.

Benjamin, Walter, Gesammelte Schriften, Bd. I–IV, Frankfurt, 1972–74.

Benedetti, Gaetano, Psychiatrische Aspekte des Schöpferischen und schöpferische Aspekte der Psychiatrie, Göttingen, 1975.

Blanck, Gertrude und Rubin, Angewandte Ich-Psychologie, Stuttgart, 1981.

Bornemann, Ernest, Psychoanalyse des Geldes. Eine kritische Untersuchung psychoanalytischer Geldtheorien, Frankfurt, 1977.

Bowen, Murray, Die Familie als Bezugsrahmen für die Schizophrenieforschung, in: Bateson u. a., 1978.

Ciompi, Luc, Affektlogik. Über die Struktur der Psyche und ihre Entwicklung. Ein Beitrag zur Schizophrenieforschung, Stuttgart, 1982.

Cremerius, Johannes, Die Konstruktion der biographischen Wirklichkeit im analytischen Prozeß, in: Freiburger literaturpsychologische Gespräche 1, hrsg. v. Johannes Cremerius, Wolfram Mauser, Carl Pietzcker u. Frederick

Wyatt, Frankfurt, 1981.

Curtius, Mechthild (Hrsg.), Seminar: Theorien der künstlerischen Produktivität, Frankfurt, 1976.

– Kreativität und Antizipation. Thomas Mann, Freud und das Schaffen des Künstlers, in: Curtius (Hrsg.), 1976.

Erikson, Erik H., Der junge Mann Luther. Eine psychoanalytische und historische Studie, Frankfurt, 1975.

– Identität und Lebenszyklus. Drei Aufsätze, Frankfurt, 1966, hier: 1981.

Freud, Anna, Das Ich und die Abwehrmechanismen, München, 1982.

Freud, Sigmund, Gesammelte Werke. Chronologisch geordnet. Unter Mitwirkung von Marie Bonaparte, hrsg. v. Anna Freud, Bde. I–XVIII, London, Frankfurt, 1940 bis 1968.

Grimm, Kinder- und Hausmärchen, 2 Bde., Manesse Verlag.

Grunberger, Béla, Vom Narzißmus zum Objekt, Frankfurt, 1982.

Hartmann, Heinz, Ich-Psychologie. Studien zur psychoanalytischen Theorie, Stuttgart, 1972.

Jacobson, Edith, Depression. Eine vergleichende Untersuchung normaler, neurotischer und psychotisch–depressiver Zustände, Frankfurt, 1977.

– Das Selbst und die Welt der Objekte, Frankfurt, 1978.

Jones, Ernest, Das Leben und Werk von Sigmund Freud, Bern, 1960.

Kernberg, Otto F., Borderline-Störungen und pathologischer Narzißmus, Frankfurt, 1978.

Klein, Melanie, Das Seelenleben des Kleinkindes und andere Beiträge zur Psychoanalyse, Stuttgart, 1983.

Klessmann, Michael, Identität und Glaube. Zum Verhältnis von psychischer Struktur und Glaube, München, 1980.

Kohut, Heinz, Narzißmus. Eine Theorie der psychoanalytischen Behandlung narzißtischer Persönlichkeitsstörungen, Frankfurt, 1973.

– Die Zukunft der Psychoanalyse. Aufsätze zu allgemeinen Themen und zur Psychologie des Selbst. Frankfurt, 1975.

– Introspektion, Empathie und Psychoanalyse. Aufsätze zur psychoanalytischen Theorie, zu Pädagogik und Forschung und Psychologie der Kunst, Frankfurt, 1977.

– Die Heilung des Selbst, Frankfurt, 1981.

Kris, Ernst, Die ästhetische Illusion, Phänomene der Kunst in der Sicht der Psychoanalyse. Frankfurt, 1977.

Kubie, Lawrence, S., Die Wechselwirkungen zwischen schöpferischen und neurotogenen Vorgängen (aus: L. S. Kubie, Psychoanalyse und Genie, Hamburg, 1966), in: Psycho-Pathographie I, Schriftsteller und Psychoanalyse, hrsg. v. Alexander Mitscherlich, Frankfurt, 1972.

Laing, Ronald D., Mystifizierung, Konfusion und Konflikt, in: Bateson u. a., 1978.

Laplanche, J., u. Pontalis, J.-B., Das Vokabular der Psychoanalyse, Frankfurt, 1972, hier: 1982.

Lidz, T., Cornelison, A., Fleck, S., Terry, D., Spaltung und Strukturverschiebung in der Ehe, in: Bateson u. a., 1978.

Lorenzer, Alfred, Kritik des psychoanalytischen Symbolbegriffs, Frankfurt, 1972.

– Sprachzerstörung und Rekonstruktion. Vorarbeiten zu einer Metatheorie der Psychoanalyse, Frankfurt, 1976.

– Sprachspiel und Interaktionsformen. Vorträge und Aufsätze zu Psychoanalyse, Sprache und Praxis, Frankfurt, 1977.

Von Matt, Peter, Literaturwissenschaft und Psychoanalyse. Eine Einführung, Freiburg, 1972.

– Die Herausforderung der Literaturwissenschaft durch die Psychoanalyse. Eine Skizze. In: Walter Schönau (Hrsg.), Literaturpsychologische Studien und Analysen, Amsterdam, 1983.

Meerwein, Fritz, Psychiatrie und Psychoanalyse in der psychiatrischen Klinik, Basel, New York, 1965.

Mertens, Wolfgang, Psychoanalyse, Stuttgart, Berlin, Köln, Mainz, 1981.

Mitscherlich, Alexander, Auf dem Weg zur vaterlosen Gesellschaft. Ideen zur Sozialpsychologie, München, 1973.

Muschg, Adolf, Literatur als Therapie? Ein Exkurs über das Heilsame und das Unheilbare. Frankfurter Vorlesungen, Frankfurt, 1981.

M'Uzan, Michel de, Zum Prozeß des literarischen Schaffens. In: Curtius (Hrsg.), 1976.

Navratil, Leo, Schizophrenie und Sprache. Schizophrenie und Kunst. Zur Psychologie der Dichtung und des Gestaltens, München, 1976.

Nietzsche, Friedrich, Sämtliche Werke. Kritische Studienausgabe, 15 Bde., München, Berlin, New York, 1980.

Rank, Otto, Das Trauma der Geburt und seine Bedeutung für die Psychoanalyse, Wien, 1924.

Ranke-Graves, Robert von, Griechische Mythologie. Quellen und Deutung, 2 Bde., Reinbek bei Hamburg, 1982.

Riemann, Fritz, Grundformen der Angst. Eine tiefenpsychologische Studie, München, 1961.

Rose, Herbert J., Griechische Mythologie. Ein Handbuch. München, 1982.

Rosenfeld, Herbert A., Zur Psychoanalyse psychotischer Zustände, Frankfurt, 1981.

Rothstein, Arnold, Oedipal Conflicts in Narcisistic Personality Disorders, in: The International Journal of Psycho-Analysis, Volume 60, London, 1979. S. 189–199.

Sandler, Joseph; Dare, Christopher; Holder, Alex, Die Grundbegriffe der psychoanalytischen Therapie, Stuttgart, 1979.

Scharfetter, Christian, Allgemeine Psychopathologie. Eine Einführung, Stuttgart, 1976.

Schmidtchen, Gerhard, Protestanten und Katholiken, Soziologische Analyse konfessioneller Kultur, Bern u. München, 1973.

Searles, Harold F., Das Bestreben, den anderen verrückt zu machen – ein Element in der Ätiologie und Psychotherapie der Schizophrenie, in: Bateson u. a., 1978.

Staiger, Emil, Lyrik und Lyrisch, in: Reinhold Grimm (Hrsg.), Zur Lyrik-Diskussion, Darmstadt, 1974.

Watzlawick, P., Beavin, J. H., Jackson, D. D., Menschliche Kommunikation. Formen, Störungen, Paradoxien, Bern, 1969.

Winnicott, D. W., Vom Spiel zur Kreativität, Stuttgart, 1979.

Wyatt, Frederick, Anwendung der Psychoanalyse auf die Literatur: Phantasie, Deutung, klinische Erfahrung, in: Curtius (Hrsg.), 1976.

Wynne, L. C., Ryckoff, I. M., Day, J., Hirsch, S. J., Pseudo-Gemeinschaft in den Familienbeziehungen von Schizophrenen, in: Bateson u. a., 1978.

Inhaltsverzeichnis

Ralph Dutli
Ossip Mandelstam
»Als riefe man mich bei meinem Namen«

Dialog mit Frankreich
Ein Essay über Dichtung und Kultur
372 Seiten · Englische Broschur

Ralph Dutlis Essay ist eine Einführung in das Werk des großen russischen Dichters, eine Hilfe zum Verständnis, aber auch eine anregende Lektüre für alle, die sich mit der Poesie unseres Jahrhunderts beschäftigen.

»Zuvor sei aber noch ein großes Verdienst hervorgehoben: Ralph Dutli kann seine Einzelbeobachtungen unmittelbar am Text nachweisen. Es werden nämlich von den signifikanten Gedichten nicht nur jeweils die Übersetzungen vollständig abgedruckt, sondern ebenso auch die russischen Originale. So hat der des Russischen mächtige Leser die Möglichkeit, die angebotenen Ergebnisse selber nachzuprüfen.
…Aber dies ist keine Publikation, die nur Slawisten zu interessieren vermöchte.«   *Elsbeth Wolffheim, in: Neue Zürcher Zeitung*

»Indem Dutli den Beziehungsreichtum von als Paradigmen gewählten Gedichten entfaltet, signifikante Motive durch Phasen des Werks, deren frühere ihrerseits in den späteren reflektiert sind, verfolgt, werden nicht nur die hermetischen Gebilde durchsichtig und in ihrer Selbstverständlichkeit nachvollziehbar; es wird der Leser in eins damit am vielstimmigen Gespräch beteiligt, und dies macht die Lektüre über den Erkenntnisgewinn hinaus zum luciden Genuß.«
Herbert Gamper, in: Basler Zeitung

Ammann

14.80
31G

7,50